AF344124

PROMPTVAIRE
ARMORIAL ET GENERAL
DIVISÉ EN QVATRE PARTIES,

DANS LA PREMIERE DESQVELLES EST PARTI-culierement traitté du Blazon, & des obseruations necessaires pour bien blazonner, des mots & termes vsitez en ce noble Art; Les Emaux, leurs Noms, Nombres & Significations; Les figures des Targes, Boucliers, ou Escus, tant Anciens que Modernes, leurs vsages, Diuisions & Partitions, Auec les Blasons des Colliers des Ordres Militaires, & des Marques & Enseignes des principaux Officiers de la Couronne de France, desquelles leurs Armes sont decorées.

En la seconde Partie sont Figurées & Blazonnées les Armes des Princes du Sang Royal, des Princes Estrangers qui sont habituez en cét Estat, des Ducs & Pairs de France, des Mareschaux, Marquis, Comtes & autres Seigneurs. Auec vne Table Alphabetique & Methodique, par le moyen de laquelle la plus grande partie de la Noblesse qui composent cette Monarchie, pourra (sçachant son extraction) trouuer les Armes de sa Maison & des Alliances d'icelle, comme aussi celles de plusieurs autres Illustres Familles.

La Troisiesme Partie, Vous represente les Heros & Hommes Illustres, qui se sont signalez par leurs genereux Exploicts & Emplois sous chaque Regne, leurs noms & quelque partie de leurs belles Actions, auec leurs Armes & Blazons, depuis le Roy Pharamond iusques à nostre inuincible Monarque LOVIS XIV. Dieu-Donné.

Dans la Derniere se trouueront les Noms, Qualitez & Representations des Armes & Blazons des tres-Illustres Cheualiers des Ordres suiuantes,

Du S. ESPRIT depuis Henry III. premier Chef.
De la Toison d'Or depuis Philippes le Bon, Duc de Bourgongne, premier Chef.
De la Iartiere depuis le Roy Edouard III. Roy d'Angleterre, premier Chef.
De l'Anonciade depuis Amedée V. dit le Comte Vert de Sauoye, premier Chef.

Auec les Tables ou Indices Alphabetique des Armes des plus grandes Maisons de l'Europe, & particulierement de l'Allemagne, des Pays-bas, d'Angleterre, d'Espagne & d'Italie. & c.

Le tout Dressé & Recueilly par IEAN BOISSEAV, Enlumineur du Roy pour les Cartes Geographiques.

A PARIS.

Chez GERVAIS CLOVZIER, sur les degrez de la Saincte Chappelle.
ET
OLIVIER DE VARENNE, dans la Gallerie des prisonniers, au Vase d'or.
ET
Les Figures se vendent Chez LOVYS BOISSEVIN, ruë S. Iacques, proche la Fontaine S. Seuerin, à l'Image Ste Geneuiefue. M. DC. LVIII.

Auec Priuilege du Roy.

ET Ouurage & Recueil estant d'vne tres-penible recherche pour la difficulté qu'il y a de pouuoir auoir vne connoissance certaine & asseurée des Armes & Blasons de chaque Maison noble, & particulierement des Gentils-hommes qui n'ont point d'employ à la Cour; non seulement à cause de la multitude, mais aussi pource qu'ils sont habituées en des Prouinces éloignées de ce lieu, ce qui rend leur accez plus difficile, & mesme de la connoissance parfaite que l'on doit auoir de plusieurs Armes qui sont icy dépeintes & blasonnées : d'autant que les vns les blasonnent d'vne maniere, les autres de l'autre; l'vn met vne piece, l'autre vn autre : Vn autre change d'émail ou de brisures, qui fait sembler vne famille estre plusieurs, bien qu'ils soient de mesme nom ; tellement qu'on est bien empesché d'en connoistre le veritable blason. C'est pourquoy, TRES-ILLVSTRES SEIGNEVRS ET GENEREVSE NOBLESSE, & tous ceux qui sont rendus dignes de ce rang par les genereux exploicts & emplois de leurs Predecesseurs, ou par les leur mesmes, & qui ont interest que leurs Armes soient desormais bien representées & blasonnées de leurs vrays metails & émaux, pour l'honneur de leurs illustres familles & posterité, afin qu'à l'aduenir chacun en puisse connoistre les veritables distinctions; soit par brisures ou émaux differents, noms, sobriquets ou qualitez, sont tres-humblement inuitez & priez, pour leur honneur particulier, vouloir tant obliger le Public, & l'Auteur, de luy enuoyer leurs vrayes Armes blasonnées; (i'entends de celles particulierement qui pourroient estre mal representées ou blasonnées dans ce volume, comme aussi de celles qui y sont obmises) principalement l'originaire de la famille à laquelle ils pourrôt adiouster celles de leurs Alliâces Maternelles, auec leurs distinctions : Comme aussi celles de leurs Collateraux, auec leurs vrayes brisures, leurs qualitez, les noms des Seigneuries qu'ils possedent, principalement celles esquelles les Armes sont affectées, & en quelle Prouince elles sont situées. L'Auteur prendra vn singulier plaisir de les inserer dans son second Volume sur quoy il trauaille ; lequel contiendra, outre toutes ces remarques, vne Table generale montrant pour exemple toutes les Maisons ou Familles qui ont mesmes Armes, bien que de differents noms, toutes celles qui portent des Fleurs-de-Lys, des Lions, des Croix, Bandes, &c. *Les Alliances Genealogiques des plus illustres Familles de l'Europe, & plusieurs Ordres de Cheualerie : Et les Armes & Blasons de Messieurs les Preuosts & Escheuins de la Ville de Paris, depuis leur premiere Institution jusqu'à present,* qui ne sont compris en ce Volume : Outre que les Armes qui se trouueront auoir esté mal blasonnées & representées seront corrigées auec les autres fautes qui pourroient estre suruenuës en l'impression pour les raisons cy-dessus, par la communication des Aduertissements & Memoires qu'il plairra à ceux qui y ont plus d'interest d'enuoyer à l'Auteur, qui demeure ruë de Seine au Faux-bourg S. Germain, à l'Hostel de la Noblesse, qui est la Fleur-de-Lys d'or : Ou chez Louys Boisseuin, ruë S. Iacques, pres S. Seuerin, lequel fournira les Tailles-douces de ce Liure à part, pour ceux qui se delectent à apprédre la maniere de blasonner.

PREMIERE PARTIE
DV
PROMPTVAIRE
ARMORIAL;

TRAITANT PARTICVLIEREMENT du Blason & des Obseruations pour bien Blasonner, des Mots & Termes vsitez en ce noble Art; les Emaux, leurs Nombres, Noms, & Significations: Les Figures & Targes, Boucliers ou Escus, tant anciens que modernes; Leurs Vsages, Diuisions, & Partitions: Les Blasons & Figures des Colliers des Ordres Militaires, & des Marques & Enseignes des principaux Officiers de la Couronne de France, desquels leurs Armes sont décorées.

Auec vne Table seruant d'explication des Matieres contenuës en cette Partie.

Par IEAN BOISSEAV Enlumineur du Roy pour les Cartes Geographiques.

A PARIS,

Chez {GERVAIS CLAVSIER, sur les degrez de la Sainte Chapelle,

ET

OLIVIER DE VARENNES, en la Gallerie des Prisonniers,} au Palais.

Les Figures se vendent chez LOVIS BOISSEVIN, rue S. Iacques, prés la Fontaine S. Seuerin, à l'image Sainte Geneuiéve.

M. DC. LVII.
AVEC PRIVILEGE DE SA MAIESTE'.

PRIVILEGE DV ROY.

LOVIS par la grace de Dieu Roy de France & de Nauarre, A nos amez & feaux Conseillers les gens tenants nos Cours de Parleméts, Me des Requestes ordinaire de nôtre Hostel, Baillifs, Senéchaux, Preuosts, leurs Lieutenants, & à tous autres nos Iusticiers qu'il appartiendra, Salut. Nostre cher & bien amé IEAN BOISSEAV, l'vn de nos Enlumineurs, nous a fait remonstrer qu'il a composé diuerses Oeuures contenant *Le Promptuaire Armorial & General, diuisé en quatre Parties* ; La premiere, *Desquelles est particulierement du Blazon, & des Obseruations necessaires pour bien blazonner, des Mots & Termes vsitez en ce noble Art, les Emaux, leurs Noms, Nombre, & Significations* ; *Les figures des Targes, Boucliers ou Escus, tant anciens que modernes* ; *leurs Vsages, Diuisions, & Partitions, auec les Blazons des Colliers, des Ordres Militaires, des Marques & Enseignes des principaux Officiers de la Couronne de France, desquelles leurs armes sont decorées.* La Seconde, *sont figurées & blazonnées les Armes des Princes du sang Royal, des Princes Estrangers qui sont habituez en cét Estat, des Ducs & Pairs de France, des Maréchaux, Marquis, Comtes, & autres Seignears : Auec vne Table Alphabetique & Methodique, par le moyen de laquelle la plus grande partie de la Noblesse qui compose cette Monarchie pourra (sçachant son extraction) trouuer les Armes de sa maison, & les Alliances d'icelle : Comme aussy ceux d'autres illustres familles.* La Troisiéme, *Represente les Heros & Hommes illustres qui se sont signalez par leurs genereux exploits & emplois sous chaque regne, leurs noms, & quelque partie de leurs belles actions, auec leurs Armes & Blasons, depuis le Roy Pharamond, iusques à present.* La quatriéme, *Sont les Noms, Qualitez, & Representations des Armes & Blasons des tres-illustres Cheualiers des Ordres ; Sçauoir du S. Esprit, de la Thoison d'Or, de la Iarretiere, de l'Annonciade, & de Mantoüe: Auec les Tables ou Indices Alphabetique des Armes des plus grandes Maisons de l'Europe, partie de l'Allemagne, des Pays-Bas, d'Angleterre, & d'Italie ; & les Alliances des plus illustres Familles de l'Europe: Ensemble les Noms, Qualitez, Armes & Blasons de Messieurs les Preuosts des Marchands & Escheuins de la Ville de Paris, depuis leur premiere institution iusques à present:* Comme aussi vn Liure intitulé, *La France diuisée par Generalitez, auec les Noms des Elections, & le nombre des Paroisses dependantes d'icelle.* Desquels Ouurages il est sollicité de mettre au public, ce qu'il ne peut sans nos Lettres sur ce necessaires, qu'il nous a tres-humblement supplié de luy accorder. A CES CAVSES, desirant fauorablement traiter ledit Exposant, tant en consideration de l'excellente beauté desdits Ouurages, que du seruice qu'il nous rend, & au public, & luy donner moyen de le recompenser de son trauail, & ses grandes despenses, Nous luy auons permis & permettons par ces presentes de faire imprimer & grauer, coniointement & separément, en telle marge, caractere, & nombre de Volume que bon luy semblera, les susdites Oeuures & Liures, & icelles mettre & exposer en vente & distribuer durant le temps de vingt années, à commencer du iour qu'il sera acheué d'imprimer & grauer. Et defendons à tous autres Imprimeurs & Graueurs, Libraires Estrangers, & autres personnes de quelque qualité & condition qu'ils soient, d'imprimer ou faire imprimer, grauer, ny mettre en vente durant ledit temps lesdites Oeuures & Liures, soubs couleur de fausses marques supposées, noms & lieux des Villes, diminution, augmentation, correction, ou autrement déguisez, sans le consentement & permission dudit Exposant, ou de ceux qui auront droit de luy, à peine de confiscation des Liures, & de trois mil liures d'amende, payable sans deport, nonobstant oppositions ou appellations quelconque par chacun contreuenant, applicable vn tiers au Denonciateur, vn tiers à l'Hoſtel-Dieu de noſtre bonne Ville de Paris , & l'autre tiers à l'Expoſant , & à tous ceux qui auront droit de luy , & de tous deſpens dommages & intereſts: à la charge de mettre deux Exemplaires deſdites Oeuures & Liures en noſtre Bibliotheque publique , & vn autre en celle de noſtre tres-cher & feal Cheualier le ſieur SEGVIER Chancelier de France , auant que de les expoſer en vente, à peine de nullité des preſentes. SI VOVS MANDONS que du contenu en ces preſentes vous faſſiez ſouffrir & laiſſiez ioüyr ledit Expoſant , & tous ceux qui auront droiĉt de luy , plainement & paiſiblement. Voulons auſſi qu'en mettant au commencement ou à la fin dudit Oeuure & Liure vn extrait des preſentes y contenuës pour deuëment ſignifiées , & que foy y ſoit adiouſtée , & aux copies collationnées par l'vn de nos amez & feaux Conſeillers & Secretaires,comme à l'original : & au premier noſtre Huiſſier ou Sergent ſur ce requis faire pour l'execution des preſentes tous exploiĉts neceſſaires , ſans demander aucune permiſſion. Car tel eſt noſtre plaiſir. DONNE' à Paris le 27. iour d'Avril l'an de grace 1657. & de noſtre regne le quatorziéme. Signé , Par le Roy en ſon Conſeil, BOVCHARD.

Acheué d'imprimer pour la premiere fois le 1. d'Octobre 1657.

Les Exemplaires ont eſté fournis.

Sommaire des Chapitres contenus en ce Volume.

Finalement la Table Alphabetique contenant l'explication des mots vſitez en l'Art du Blaſon.

PROMPTVAIRE ARMORIAL.

OBSERVATIONS
PLVS NECESSAIRES,
POVR SCAVOIR ET PRATIQVER
LE NOBLE ART
DV BLASON;
ET AVOIR VNE PARFAITE CONNOISSANCE
des Figures, Noms, Termes vsitez, és chofes qu'il represente.

CHAPITRE PREMIER.

PREMIEREMENT, des diuerfes fortes de *Targes, Boucliers* & *Efcus*, tant anciens que modernes, leurs formes & Figures, & à quoy ils eftoient employez, fources & origines des Armes qui diftinguent auiourd'huy les Familles plus Illuftres de l'Europe.

1. Cette Figure reprefente la *Targe*, ou la *Parme* des anciens Romains, laquelle eftoit de forme quarrée, plus longue que large, & vn peu plus eftroitte par le haut que par le bas, ayant le mitan plus aduancé que les deux extremitez, cambrée & voutée doucement comme les faiftieres des maifons. Elle eftoit ordinairement haute de quatre pieds & demy, large par les extremitez du haut & du bas de deux pieds & demy, de façon que le Fantaffin qui la portoit, fe mettant vn genoüil en terre, en eftoit tout couuert.

2. Eft la Figure du *Bouclier* appellé des Romains *Clipeum*, de forme ronde, vn peu en oualle, que nous nommons ordinairement *Rondaches* ou *Rondelles*: lequel n'auoit guieres que trois pieds de circonference. C'eftoit auffi l'arme des Fantaffins qui alloient à la Guerre, qui eftans ainfi armez à la legere, commençoient le premier choc contre les ennemis, que nous appellons à prefent *Enfans perdus*.

Il eftoit auffi commun aux gens de cheual, qui s'en feruoient à parer les coups de traits, de fondes, de dards & iauelots qui eftoient tirez par leurs ennemis.

Sur lefquels *Targes, Boucliers*, (comme auffi fur les anciens *Efcus*) eftoient peintes diuerfes deuifes, felon la fantaifie de ceux qui les portoient.

3. La forme de l'*Efcu* des Anciens eftant de diuerfe maniere, i'ay creû eftre à propos de vous en tracer les differences. Les Allemands ont à peu prés retenu la Figure de ceftuy-cy en leurs Armes.

Les 4. 5. 7. & 8. icy defpeints, eftoient auffi portez par les anciens Gaulois; les vns en *triangles*, les autres en *quarré*, & les autres *efchancrez*.

6. Les Italiens le portent en *oualle*, conforme en quelque façon au *Bouclier* des Romains.

9. L'*Efcu* en *Banniere* a efté retenu par les Bretons, pour montrer qu'ils font defcendus des *Cheualiers Bannerets*.

10. Les Francs ou François, auoient leur *Efcu* appointy, en forme de fabots, comme on le void en diuers lieux, és fepultures tant d'hommes que de femmes. Ils eftoient faits de planches tenves & deliées, de bois de Tiller, Sureau, Bouleau, Figuer, Peuplier & Saulx, que l'on colloit & ioignoit enfemble l'vn fur l'autre, auec du glut & du drappeau: ce qu'eftant bien feiché, on couuroit ces Efcus d'vn

fort cuir de bœuf en deux ou trois doubles, pour les rendre plus fors, & pour mieux les retenir tous ensemble. Ils entouroient ces *Targes* & *Boucliers* d'vn bon cercle de fer, d'airein, d'argent, ou d'or, selon la richesse du Soldat, & l'ornoient le diuerse frange, meslée de diuerses couleurs. Au mitan d'iceux Boucliers, y auoit ordinairement vn fer pointu, long de demy pied.

11. Les François, & Espagnols, & autres Peuples voisins, ont en Armes pareil Escu que cestuy-cy, lequel est blasonné icy d'Argent plain, & peut seruir pour vn chef de Famille.

12. L'Escu d'vne femme vefue est icy representé, qui porte party au premier des Armes du deffunct, qui est d'argent plain; & au second party, des Armes de son extraction, qui est d'or plain.

13. L'Arme de leur fille est en losange (que quelques vns veulent estre fuseau, d'autant que cét outil leur est affecté) & porte comme son pere d'argent plain.

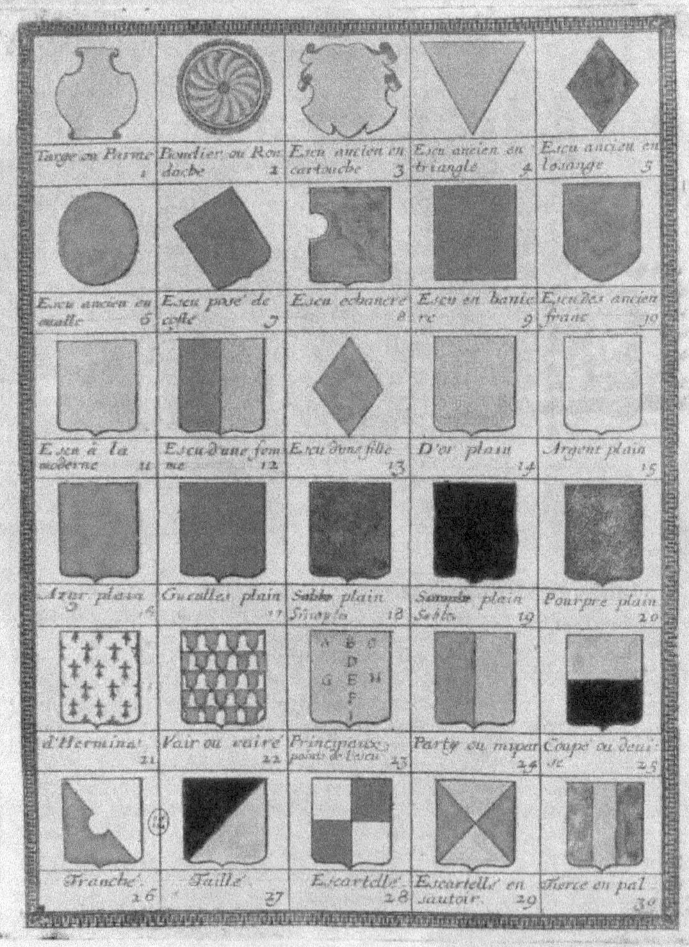

CEtte Planche represente les diuerses sortes de *Boucliers*, *Targes* & *Escus* declarez dans le premier Chapitre.

Elle represente aussi les Noms des places où s'appliquent les Emaux expliquez &
definis dans le second.

Et les diuerses Diuisions de l'Escu dans le troisiesme Chapitre, qui seront conti-
nuées dans les Planches suiuantes.

L'Escu de quelque figure qu'il soit, se multiplie neantmoins en diuerses façons,
c'est à dire qu'il en enferme plusieurs plus petits en diuerses manieres. Sa plus grande
diuision est d'estre escartellé de 32. quartiers, pour lequel on dit party de 7. couppé de 3.

LES NOMS DES EMAVX, QVI SONT LES METAVX,
& couleurs qui entrent dans le Blason des Armes : Leurs significations, & quelques
Obseruations necessaires.

CHAPITRE II.

14. L'ESCV plain, est quand il n'y a aucunes diuisions. Cestuy-cy est Blasonné d'or plain, lequel est ordinairement representé par le iaune, &
par cet Escusson pointillé.

L'or (à ce qu'on dit) signifie la Foy, la Iustice, la Temperance, la
Charité, la Clemence, la Douceur & l'Humilité, qui sont Vertus Chrestiennes : La
Noblesse, richesses, generosité, splendeur, amour, cheuallerie, pureté, constan-
ce, ioye &c. Des Planettes, le Soleil : des iours de la sepmaine, le Dimanche : des
Pierres precieuses, la Topase : des fleurs, le Soucy ou Torne.sol.

15. Cet Escusson qui est tout blanc, represente l'Argent, & en le blasonnant, il
suffit de dire d'Argent plain.

En blason, il signifie Esperance, verité, innocence, continence, pureté de vie,
temperance, benignité, felicité, qui sont Vertus Chrestiennes. Des qualitez mondaines, la beauté, gentillesse, splendeur, franchise : des Panettes, la Lune : des iours,
le Lundy : des Elemens, l'eau : des Pierres precieuses, la Perle. &c.

16. L'Azur plain est representé par le bleu celeste, & par le haché en face.

L'Azur represente le Tribunal de Dieu, le seiour des Bien-heureux : Il signifie Iustice, Temperance, Loyauté, Chasteté, fidelité eternelle ; Et des qualitez mondaines, loüange, douceur, beauté, Noblesse, victoire, richesses, perseuerance, vigilance, fidelité de cœur, & dilection : Des Planettes, Mercure : des iours, Mer-
credy : des Elemens, l'air : des pierres precieuses, le Saphir.

17. Le Gueules plain, representé par le rouge de cynabre ou vermillon, & par
le haché en pal, conuient à la Noblesse, signifie charité ardente, benignité & Iustice, qui sont Vertus Chrestiennes : Et des qualitez mondaines, vigilance, hardiesse :
des planettes, Mars : des iours, le Mardy : des Elemens, le feu, & des pierres precieuses, le Rubis.

18. Le Sable plain, representé par le noir, & par le haché en face & en pal, est
la couleur la plus abjecte. Il signifie prudence, deüil, tristesse, renoncement de soy-
mesme, simplicité, douleur, mespris du monde, &c. Des Planettes, Saturne : des
Elemens, la terre : des iours, le Samedy : des pierres precieuses, le Diamant.

19. Le Sinople plain, representé par le vert, & par la hacheure en bande, est vne
couleur qui plaist merueilleusement à la veüe, & la resioüit. Il signifie Charité &
Esperance, dont elle est le simbole ; diligence & allegresse d'esprit : Des qualitez
mondaines, honneur, amour, ioye, force & abondance : des Planettes, Venus : des
iours, le Vendredy : des pierres precieuses, l'Emeraude.

20. Le Pourpre plain est la derniere couleur, laquelle est Amphibie, estant composée de deux autres, sçauoir d'Asur & de Gueules. Il signifie generosité, temperance, foy, chasteté, deuotion : Des qualitez mondains, Noblesse, grandeur, tran-
quilité, grauité, & abondance de richesses : des Planettes, Iupiter : des iours, le
Ieudy : des pierres precieuses, l'Ametiste, & autres.

Il n'entre point d'autres couleurs dans les Armes que celles-cy, bien que l'on peut
mettre vne couleur d'incarnation, ou au naturel de quelque beste : pour laquelle
faut sçauoir qu'elle ne peut seruir de champ, ains est posée sur l'vn des Emaux cy-
dessus.

Par ainsi faut conclure qu'il n'y a que deux Metaux, qui sont Or & Argent.

Et cinq couleurs, qui sont Asur, Gueules, Sable, Sinople, Vert pourpre, qui entrent en la composition des Armes.

Qu'il ne faut iamais mettre metail sur metail, ny couleur sur couleur, si on n'en exprime la raison; autrement c'est fausseté; & il faut dire en les blasonnant, que c'est pour enquerir.

Que celuy qui blasonne, commence tousiours par le champ de l'Escu, soit metail, ou couleur. *Exemple.* Si le champ est de Gueules, & que le chargé soit d'Argent, on dira de Gueules *à telle* ou *telle chose* d'argent. Ainsi des autres.

Et si la premiere partie de l'Escu est de metail, sçauoir le costé droict, on dira party de tel metail à telle couleur.

Outre ces deux metaux, & ces cinq couleurs, il y a les Pennes ou Fourures, nommées en Armes, Hermines, & Vair.

L'Hermine est la peau d'vn petit Animal grand enuiron comme vn Rat, qui est parfaictement blanc par le corps, & n'a de noir que le bout de la queuë.

Les Emaux de laquelle sont Argent & Sable; pour le champ, l'Argent; & pour les mouschetures, le Sable: qu'on represente par trois branches faites de plusieurs lignes, eslargies aux extremitez, & posées en croix autour d'vn Poinct, soutenuës d'vne autre branche qui descend perpendiculairement en bas, d'vne longueur notable, s'eslargissant par le bas, terminée de cinq lignes.

Les contre-hermines sont les mesmes Figures, mais sont d'Argent, & ont le champ de Sable, que quelques vns disent poudré d'Argent.

22. Le Vair ou varié, est tousiours d'Argent & d'Asur. S'il est d'autre couleur ou metail, le faut exprimer.

Quant à sa Figure, il a la forme de cloches, pots, ou chappeaux rangez en droite ligne, dont les vns semblent renuersez, & les autres debout: parfois ils sont rangez de sorte, que les bords d'vne de celle d'Argent touchent à celle d'Argent qui luy est opposée, & de mesme l'Asur, l'ors on dit contre-vairé. Elles sont quelquefois rangées cul sur pointe, principalement en pal.

Le Vairé ordinaire est de quatre tires ou rangées; s'il excede, faut le specifier. Le plus gros est nommé Beffroy, & est de trois tires ou rangées.

Le plus petit est appelé menu-vair, & est de six.

CHAPITRE III.

23. CET Escu vous montre les poincts, ou principalles places d'iceluy. Comme ils doiuent estre nommez & disposez, pour bien placer les pieces qu'on y veut mettre.

A, B, C. Marquent le premier, second, & troisiesme poinct du chef.

D. Le lieu plus honorable, appelé le Poinct d'honneur.

E. Le Centre, le cœur, ou abisme de l'Escu.

F. Le nombril de l'Escu.

G. Flanc dextre. H. Flanc senextre.

I. La pointe de l'Escu.

PREMIERE DIVISION.

24. Party. C'est separer l'Escu en deux parties esgalles, par vne ligne perpendiculaire, tirée du milieu du chef à la pointe, & on dit, Party d'Or & d'Azur.

25. Couppé. Est quand on diuise l'Escu par le milieu, tirant vne ligne du flanc droict au senextre, & on dit, Couppé d'Or sur Azur, ou de Gueules sur Or, ou autrement.

26. Le Tranché est quand l'Escu est partagé en deux parties esgalles, tirant vne ligne du premier angle, du chef à l'extremité d'en bas du flanc senextre, on dit Couppé de sur de, &c.

27. Le Taillé est quand l'Escu est partagé en deux parties esgales, au contraire du Tranché, commençant à l'angle senextre du chef, tirant au flanc droict, & dit on Taillé de sur de.   28. Escartelé

28. Escartelé ou Party couppé, est quand on tire vne ligne du chef perpendiculaire à la pointe, & vne autre tirée du flanc dextre au senextre, partissant l'Escu
en 4. quarters. Et on dit en blasonnant, Escartelé au premier d'Or à &c. Au second d'Azur &c. Au tiers ou troisiesme d'Argent &c. Et au dernier de Sinople &c.
ou autrement, selon la position des Emaux.

29. Escartelé en sautoir, qui est le Tranché-taillé, & se blasonne ordinairement
ainsi, d'Or flanqué d'Azur, ou autrement.

30. Est la derniere Figure de nostre Planche, qui represente le Tiercé en pal,
lequel est tousiours de deux couleurs, & d'vn metail, ou de deux metaux, & d'vne
couleur. On dit Tiercé en pal d'Azur, d'Or & de Gueulle, ou autrement.

Dans la Planche suiuante, qui est la seconde, on trouuerra la suitte des Diuisions &
Partitions de l'Escu.

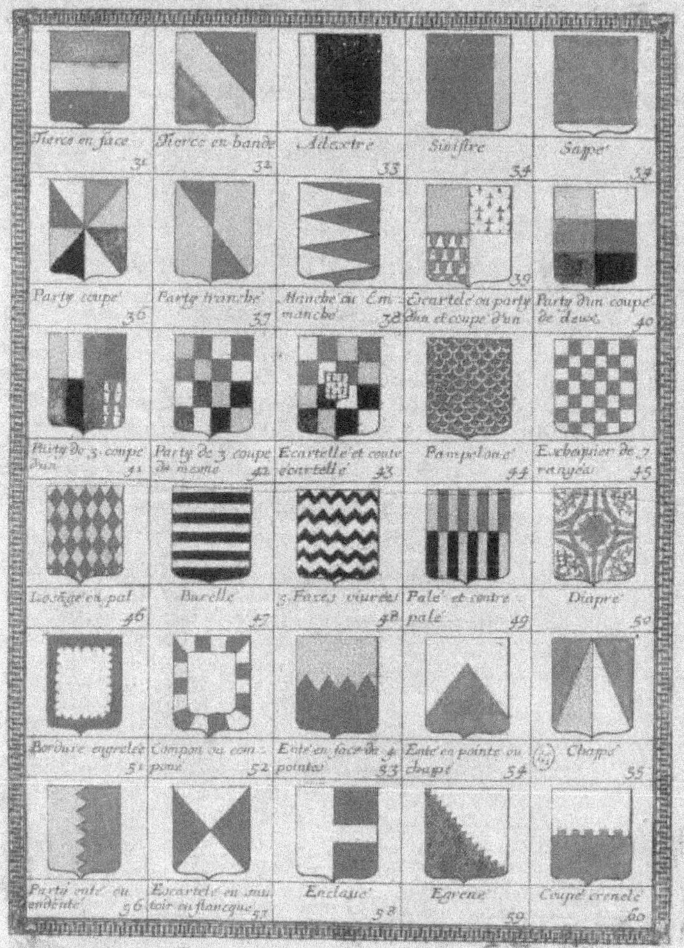

31. **R**Epresente le Tiercé en face. Lequel doit tousiours estre de deux metaux &
d'vne couleur, ou de deux couleurs & d'vn metail.
Tierces ou Tierches, se sont Faces en deuise, qui se mettent trois à trois, comme les iumelles.

32. Tiercé en bande doit estre estendu de mesme que le Tiercé en face. Il y a aussi le Tiercé en barre, qu'il faut blasonner de mesme.

33. & 34. D'Argent à dextré de Sable & d'Or, à dextré, est quand l'Escu est party d'vn quart du costé droict, ou mesme quand on adjouste vne piece à costé droict de la piece principale du mitan de l'Escu. Le senextré est de mesme.

Sapé, est quand vne piece est mise à l'escu à la pointe, occupant enuiron la 10. partie.

36. Party, couppé, taillé, tranché ou gironné de 8. pieces.

37. D'Or party & tranché de Gueules.

38. Manché ou emmanché, est quand l'Escu est party, & que la partie dextre entre en plusieurs pointes dans la partie senestre, ou du party: lors on dit emmanché de & de telle couleur ou metail.

Par cet Escu on commence à blasonner les quartiers auec charges, les distinguans les vns des autres.

39. Escartelé au premier d'Or: au 2. de Bretagne, ou d'Hermines: au 3. de Vair ou Vairé: au 4. d'Argent plain, qui est le premier escart, auec Figure.

40. Party d'vn couppé, de deux, ou party tiercé. Le premier soustenu d'Or, en face d'Azur, & en pointe de Sinople. Le 2. party d'Argent en chef, soustenu de Gueules en face & en pointe d'Argent.

41. Party de 3. & couppé d'vn, ou party escartelé au premier d'Or, au second d'Argent, au 3. de Pourpre, au 4. de Sable. Le second party ou contr'escartelé d'Argent. Le premier d'Azur: le second de Gueules: le 3. de Sinople: le 4. de Vair.

42. Party de 3. & couppé de mesme, qu'on peut dire aussi eschequé de 4. traits ou rangées, & est aussi escartelé & contr'escartelé. Au premier escart du chef d'Or & d'Azur: le second escart du chef d'Argent & de Gueules: Le 3. escart, qui est le premier de la pointe d'Argent & de pourpre: Finallement le dernier escart, ou 4. qui est le second de la pointe, d'Or & de Sable.

43. Escartelé & contr'escartelé. Le premier d'Argent & d'Azur, le 2. d'Or & de Gueules, le 3. d'Or & de Pourpre, le 4. d'Argent & de Sable. Sur cet escart & contr'escart est mis vn escusson; & on dit sur le tour (simplement) de Bretagne, qui est d'Hermines.

44. Pampelonné, sont escailles couuertes à demy les vnes sur les autres, dont les vnes sont de metail, & les autres de couleur; et on dit pampelonné d'Azur & d'Or, ou autrement, à discretion, selon les esmaux.

45. Eschequé de 7. traits ou rangées. Les eschés ou points d'eschequier, sont pieces quarrées, qui representent vn Ieu d'eschets ou de dames. En blasonnant il suffit de dire Eschequé d'Argent & d'Azur, ou autre couleur & metail. Cela s'entend tousiours de six traits ou rangées; mais s'il y en a plus ou moins, il le faut exprimer.

46. Lozangé en pal d'Or & de Gueules: (car on pose aussi des lozanges en bandes & en barres.) La Lozange est vne Figure assez connuë, laquelle on pose diuersement, soit seule ou accompagnée, ou chargée, le tout à discretion.

47. Burelé d'Argent & de Sable de 10. pieces. Le burelé n'est ordinairement que de 6. pieces, & lors suffit de dire burelé, sans specifier le nombre.

48. D'Argent à 5. faces vinrées de Sable. Viure est vn Serpent tortueux, autremét Giure, ou Couleuvre. On pourroit aussi bien dire faces ondées, ou bande ondée.

49. Pallé & contre-pallé d'Or & de Gueules, & en pointe de Sable & d'Or. Nous parlerons du pal & du pallé en autre lieu.

50. Diapré se figure & trace à fantaisie, soit en compartiment de Iardin, soit qu'on y represente des oyseaux, ou autres animaux, ou fleurs. Faut obseruer qu'il ne doit estre que d'vn esmail; & on dit diapré d'Argent ou d'Azur, comme cestuy-cy est representé.

51. D'Argent à la bordure engreslée de Gueules. Engreslé est quand le vuide qui est entre les points est en rond.

52. Compon ou componé, c'est vne bordure qui enuironne l'Escu, & est de 2. esmaux separez, diuisez par filets forts és recoins que les jointures sont faites en pieds de chevre. Cet Escu represente le componé d'Argent & de Gueules. Compon est chaque piece de la componure, dont l'vne doit estre de metail, l'autre de couleur.

53. Enté est quand 2. ou 3. parties de l'Escu entrent dans l'autre. Cestuy-cy est enté d'Or & de Gueules. Il y a aussi des entures rondes & quarrées, qu'on pourroit di-

re emboiſtures. Il y a auſſi des Eſcus entez en pointe, comme l'Eſcu de Saxe. Cettuy-cy eſt blaſonné enté d'Or & de Gueules.

54. Enté en pointe d'Argent & d'Azur.

55. Chappé ſe dit lors que l'Eſcu eſt diuiſé en chevron en trois parties eſgales, par 2. lignes: lors on dit chappé d'Azur & d'Argent. Et dautant que le chappé eſt party en cet Eſcuſſon, il faut dire d'Azur au chappé party d'Or & d'Argent.

56. Party endenté ou denché d'Or & d'Azur. Endenté eſt quand il y a des pieces garnies de deux longues & pointuës.

57. Eſcartelé en ſautoir, qu'on dit auſſi flanqué d'Argent & de Gueules.

58. Enclaué, eſt quand l'Eſcu eſt tranché, couppé ou taillé, ou autrement diuiſé, qu'vne partie entre en l'autre en forme quarrée, ou à angles droicts: A cettuy-cy faut dire party enclaué de Gueules & d'Argent, ou d'Argent aux deux cantons ſeneſtres de Gueules.

59. Egrené, tranché, eſgrené d'Argent & de Sinople.

60. Couppé crenelé de 5. creneaux d'Argent & d'Azur.

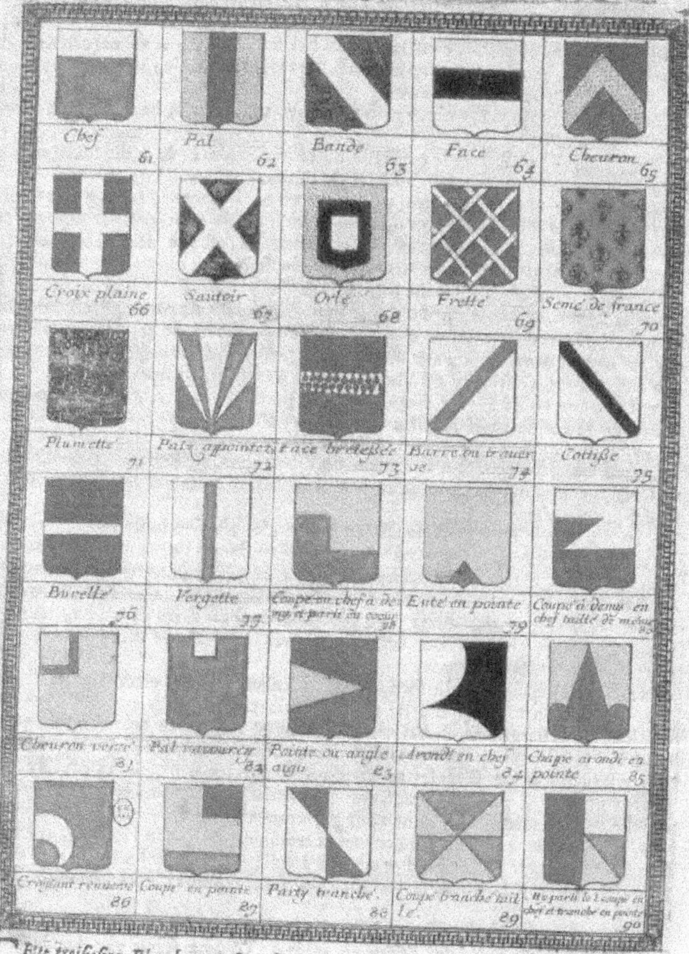

Cette troiſieſme Planche repreſente les Noms & Figures des pieces honorables de l'Eſcu, qui ſont le chef, le pal, la bande, la face, auec leurs diminutifs.

61. Le chef se prend ordinairement de 2 sortes. La premiere c'est la partie superieure de l'Escu. Cette partie se diuise en 3. à le prendre en la largeur de l'Escu, la dextre, le milieu, & la senestre partie du chef, comme il est monstré et la demonstration des Poincts de l'Escu.

Le chef (dont nous parlons presentement) se prend pour vne piece qui est posée au haut de l'Escu, joignant le haut bord d'iceluy, que nous auons marqué comme dit est, par les lettres A , B , C. qui sont les 3. premiers Poincts de l'Escu: lequel chef doit tousiours occuper la tierce partie d'iceluy, & est la premiere piece honorable.

Le chef doit estre de metail quand l'Escu est de couleur : mais si le chef est de couleur aussi bien que l'Escu, on l'appelle chef cousu, autrement les Armes seroient faussés : car comme le chef est vne piece qui se pose sur l'escu, & que couleur sur couleur ne se mettroit point sans fausseté, l'on dit piece cousuë ou collée, laquelle piece retient tousiours le nom de chef: mais auec cette difference, qu'il est appellé chef cousu; au lieu que les autres sont appellez simplement chefs. Les vns & les autres doiuent occuper le tiers de l'Escu. Le chef cousu aussi-bien que l'autre peut receuoir des charges, soit fleuues, animaux ou meubles.

Il y a encor le chef Pal, c'est lors qu'au bas du chef, il y a vn pal attenant & contigu sans aucune ligne, ny separation, & que les 2. sont d'vn mesme esmail, on dit d'Argent au chef pal de Gueules.

Chef surmonté, quand la tierce partie d'iceluy, tout au plus haut, est d'vn autre esmail que le reste.

Chef soustenu, c'est tout le contraire du chef surmonté, & se dit soustenu lors que les deux tierces parties sont au haut de l'Escu.

62. Le pal est vne piece droite, posée perpendiculairement, & qui partit l'Escu en 2. tiers par le milieu, tire son nom de ce qu'il est en ouurage comme paulx ou pieux, qui se mettrent ordinairement és pallissades. C'est vne des pieces honorables, laquelle estant seule, doit occuper le tiers de l'Escu.

S'il y en a nombre pair, on dit bandé de & de

S'il est impair, ou le blasonné d'Argent ou d'Or à tant de partie, il est demesme le tiercé : mais il differe en ce que le tiercé est tousiours de 2. metaux & d'vne couleur, ou de deux couleurs & d'vn metail, mais le pal est tousiours d'vn metail & d'vne couleur. Cestuy-cy est blasonné d'Or au pal de Gueules.

63. La bande est de Figure diagonalle, qui prend du haut angle droict du chef, & tire vers le bas du costé senestre de l'Escu, & est vne des pieces honorables. Ceste-cy est blasonnée de pourpre à la bande d'Argent.

Quand elle est moindre que le tiers de l'Escu, on dit Bandes en deuise: Cela s'entend quand il ny en a qu'vne en tout l'Escu: Il y a des bandes bretessées, crenelées, gringolées, &c.

Quand la bande est seule fort estroitte & ronde, c'est vn baston.

64. La face est vne piece qui trauerse l'Escu d'vn flanc à l'autre, couurant tout le milieu d'iceluy, entre la place d'honneur & le nombril , & partit l'Escu en tiers, & est aussi vne des pieces honorables, & doit contenir la tierce partie de l'Escu ; que si elle est plus estroitte elle sera prise pour deuise : il en entre dans l'escu tel nombre qu'on veut, comme nous verrons cy-apres. La presente est blasonnée d'Argent à la face de Sable.

Neantmoins quand on dit facé, s'entend seulement de 6. pieces.

65. Le chevron est composé de 2. bandes plates, jointes & appointees en haut vers le chef, s'eslargissant en bas vers les flancs de l'Escu, en forme d'vn compas ouuert , (& est aussi piece honorable) occupant la tierce partie d'iceluy. Le present est blasonné de Gueules au chevron d'Or : les deux pieces d'iceluy s'appellent Estayes. Il y en a aussi ainsi que des bandes, de plusieurs sortes, renuersées, couchées, escartelées, &c. dont nous parlerons cy apres.

66. Croix doit, estant seule, occuper la troisiesme partie de l'Escu, & n'est besoin de l'exprimer : il suffit de dire comme à celle cy de Gueules à la Croix d'Argent. Les differentes Croix se verront cy-apres, & auront leurs Blasons & Figures à part.

67. Sautoir ou sauteur, est vne sorte de Croix appellée vulgairement Croix de S. André , qui est posée sur l'Escu en trauers, comme seroit vne bande & vne

barre

barre: est aussi vne piece honorable, ainsi que la Croix. Le present est blasonné de pourpre au sautoi. d'Argent. Nous parlerons des autres sautoirs cy-apres.

LES NOMS ET BLASONS DES PIECES SIMPLES, DONT les Armes sont ordinairement chargées, & dont les principales sont l'Orle, la Frette, le Semé, plumetté, &c.

CHAPITRE IV.

68. L'Orle est faite en façon d'vne ceinture tout d'vne piece, qui enuironne tout l'Escu sans le couvrir, & parfois aussi composée de diuerses pieces separées, & disjointes les vnes des autres, mises en suitte à l'entour du dedans de l'Escu, distant quelque peu des bords d'iceluy, comme camponés engreslées &c.

La Filiere est vn diminutif de la bordure, estant vn filet de metail ou couleur qui enuironne l'Escu. Cestuy cy est blasonné de Sable chargé d'vn Escu d'argent, à l'orle ou bordure d'or.

69. Le Fretté est composé de cotisse & de barres ou trauerses entrelassées. La cotisse est vn diminutif de la bande, & la trauerse le diminutif de la barre. On blasonne cestuy cy de Gueules, fretté d'Argent.

70. Semé de France, c'est d'Azur semé de fleurs de Lys d'or sans nombre: pour le blason, il suffit de dire semé de France.

71. Plumeté, doit estre exprimé de quoy, comme cestuy-cy est plumeté de Pourpre & d'Argent, qu'on dit aussi de Pourpre paillé d'Argent.

72. d'Azur à 3. pieces d'Argent, ou trois pals appointis en pointe de l'Escu, posez en bande, pal & barre.

73. De Gueules à la face bretessée & contre-bretessée d'Argent.

Bretessé est ordinairement vne rangée de creneaux carrez ou arondis sur les costez de la piece blasonnée, comme sur vne face, & est simplement bretessee quand le sur le dessus de la face seulement.

Bretessé à double, c'est quand il y en a des deux costez, mais qui sont vis à vis les vns des autres.

Bretessé & contre-bretessé, est comme il est peint au present Escusson, que la bretesse du haut se rencontre ou soit vis à vis de l'entre-deux de celle du bas, & ainsi du bas.

74. D'Argent à la barre ou trauerse d'Azur, est vne piece semblable à la bande, qui contient sur l'Escu autant de place: mais elle est posée au contraire, & prend du costé senestre, & a aussi son diminutif, qui est la presente Figure, nommée trauerse, qui n'occupe que le tiers de la barre, que quelques-vns appellent contre-bande. On dit aussi barré de & de; que s'il y a plus de 6. pieces, le faut exprimer.

75. D'Argent à la cotisse de Sable. La cotisse (comme nous auons dit) est vn diminutif de la bande, & en occupe les deux tiers.

76. La Burelle est le diminutif de la face, & la trangle aussi: C'est pourquoy ils sont tousiours posez en face. Leur difference est quand le nombre est impair, de plus de 6. pieces du champ, & le moins en assise. Si c'est en pal, & qu'il passe 9. se sont vergettes; si c'est en bande, se sont bastons; & en barre, trauerses. Celle-cy est blasonnée de Gueules à la burelle d'Argent. Nous parlerons cy-apres plus amplement du burelé.

77. D'Argent à la vergette d'Azur: la vergette est le diminutif du pal, c'est pourquoy elle est tousiours posée de mesme.

78. Couppé en chef à demy, party en cœur, & recoupé en poinct d'or sur Azur.

79. Enté en pointe d'Or & de Sinople.

80. Couppé à demy en chef, taillé de mesme, & recoupé en pointe d'Argent & de Gueules.

81. D'Or au cheuron versé, mouuant du chef & du flanc dextre, mis en canton d'Azur.

82. D'Azur au pal racourcy d'Argent, mouuant du chef.

83. De Gueules à la pointe ou angle aigu, mouuant du flanc dextre, posé en face d'Or.

84. Arondy en chef, & en pointes d'Argent & de Sable.

85. Chappé, arondy en pointe d'Or & de Gueules.

86. D'Azur au demy croissant d'Argent renuerié, mouuant du flanc droict & de la pointe.

87. Couppé en pointe d'Or & d'Azur au canton seneftre de Gueules.

88. Party, tranché d'Argent & de Gueules, ou d'Argent à 2. girons de Gueules.

89. Couppé, tranché, taillé d'Or & d'Azur de l'vn en l'autre, ou gironné de six pieces.

90. My-party, le premier de Gueules, le 2. couppé en chef d'Argent, & tranché en poinct d'Or & D'Azur.

Dans la Planche fuiuante, qui eſt la 4. ſont contenuës les differentes ſortes de Sautoirs, de Cheurons, Faces & Pals. —CHAP. V.

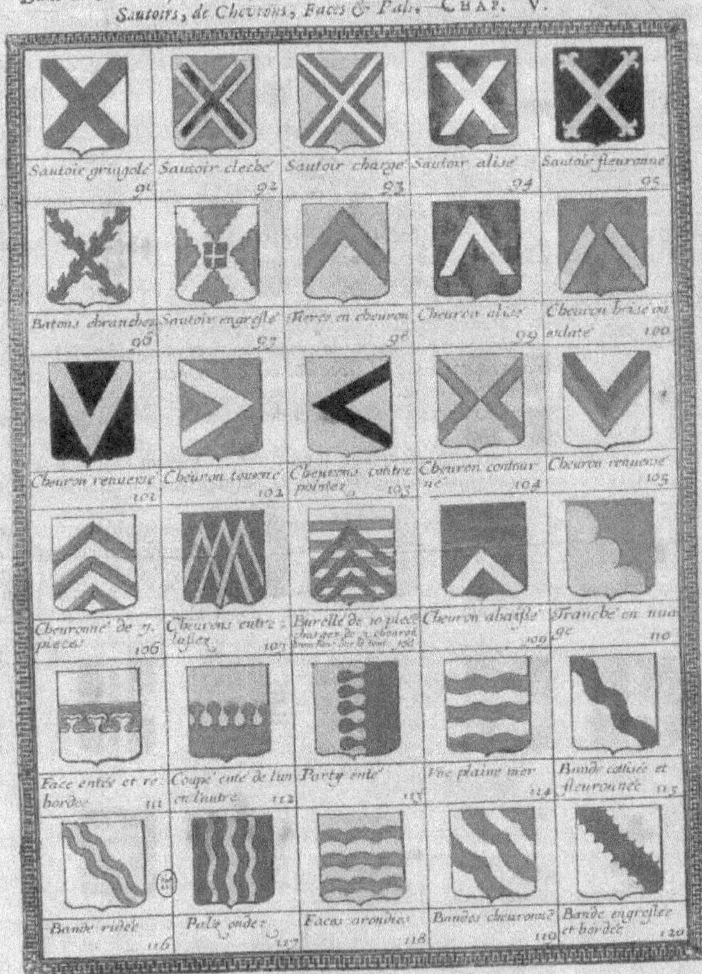

91. D'Argent au Sautoir de Gueules, gringolé d'Or.

Gringolé, eſt quand vn Sautoir, bandes, ou autres pieces, ſont ornées de teſtes de Dragons, de Lions, Serpents, ou muſcles d'autres animaux, par les bouts, qui ſemblent les vouloir engloutir.

92. D'Azur au Sautoir d'Or cleché ou percé, remply de Sinople.
Cleché, c'est comme vne longue mortoise carrée faite sur la piece, laissant quelque distance aux extremitez.
93. D'Or au sautoir de Gueules, chargé d'vn autre sautoir d'Argent.
94. De Sinople au sautoir, couppé ou alisé d'Argent.
95. De Sable au sautoir fleuré ou fleuronné d'Or.
96. D'Argent à deux bastons esbranchez, passez en sautoir de Gueules.
97. D'Azur au sautoir engreslé d'argent, chargé d'vn Escu en abisme de Gueules.

Differentes sortes de Chevrons.

98. Chevron simple, ou tiercé en chevron, ou d'Or au chevron d'Azur.
99. De pourpre au chevron alisé d'Argent.
100. D'Azur au chevron brisé ou esclaté d'Or.
101. De Sable au chevron renuersé d'Or.
102. D'Azur au chevron torné d'Argent.
103. D'Or à deux chevrons d'Azur, mouuant des deux flancs de l'Escu, contrepointez en abisme.
104. D'Or au chevron contourné, mouuant du flanc senestre de Sable.
105. D'Argent au chevron renuersé de Gueules, soustenu d'vn autre d'Azur.
106. D'Argent à 3 chevrons partis d'Azur & de Gueules.
107. De Gueules à 3 chevrons entrelassez d'Or.
108. Burelé de dix pieces d'Argent & d'Azur à 3. chevrons de Gueules, bronchant sur le tout.
109. De Gueules au chevron abbaissé d'Argent.
110. Tranché en nuage d'Or & d'Azur.
111. D'Argent à la face entée par embas d'Azur, rebordée d'Or.
112. Couppé enté de l'vn en l'autre, d'Or & d'Azur.
113. Party enté de l'vn en l'autre, de Gueules & d'Or.
114. D'Argent à vne mer plaine, ondée d'Azur.
115. D'Argent à la bande de Gueules cotissée & fleuronnée d'Or, chargée de trois Fleurs de Lys d'Argent.
116. D'Argent à la bande vidée d'Azur, remplie d'Or.
117. De Gueules à 3. pals ondez d'Or.
118. D'Or à 3. faces arondies d'Azur.
119. D'Azur à 2. bandes chevronnées d'Argent.
120. D'Argent à la bande engreslée de Gueules, bordée d'vne filiere d'Azur.

DES BRISVRES.

CHAPITRE VI.

LES Brisures sont pieces posées sur les Armes, par lesquelles on distingue les Armes plaines d'vne Maison ou Famille. Entre les freres & leurs descendans, les pieces sont ordinairement le Lambel, de 3. ou plusieurs pendans: La Bordure simple, camponée, engreslée, ou autrement: Le Baston, la Bande, la Barre, qui dénotent bastardise.

L'aisné de la Maison porte les Armes paternelles sans aucune brisure ny diminution.

Le 2. fils prend le Lambel de 3. pieces en chef pour brisure: Il y en a qui escartellent leurs Armes paternelles de la maternelle.

Le 3. la simple bordure.

Le 4. la bordure engreslée ou autrement.

Le 5. le baston bronchant sur le tout, posé en bande.

Le 6. la bande bronchante, de mesme sur le tout.

Le 7. le chef.

S'il y en a dauantage, ils peuuent prendre le canton, lenté, &c.

Le fils aisné du second porte de mesme que son pere.

Le 2. le Lambel de quatre pieces.

Le 3. le pareil Lambeau, mais mouuant du chef; c'est à dire qui touche les deux costez de l'Escu.

Le 4. & les suiuans, le Lambeau de mesme, mais chargé d'vne molete d'esperon d'Estoilles, Fleur, Oyseau, ou autrement, à discretion.

Le deuxiesme fils issu du 3 portera la bordure chargée de besans, & ses autres freres aussi de mesme, mais brisée à discretion.

Le 2. fils du 4. frere aura de mesme son pere la bordure camponée, mais les campons brisez d'Estoilles, ou autrement, à discretion.

Les suiuans la bordure endentée, chargée d'anelets, ou d'autres chose à discretió.

Pardessus ces degrez chacun en peut faire à sa fantaisie: mais il faut tousiours remarquer que celuy qui porte le moins est le plus. Voila pour les Brisures & pour l'ordre d'icelles: quant à leurs Emaux, ils seront descripts dans les Armes esquelles ils se trouueront employez.

Dans cette 5. Planche ou Table sont remarquées & descriptes les differentes sortes de Croix, dont les Armes sont ordinairement chargées, auec leurs Emaux.

121. DE Gueules à la Croix plaine d'Argent: il suffit de dire de Gueules à la Croix d'Argent.

122. D'Argent à la Croix engreslée d'Azur.   123. De

123. De Gueules à la Croix d'Argent chappée d'Azur.
124. D'Or à la Croix escartellée de Sable & d'Azur.
125. De Pourpre à la Croix eschequée de 2. traicts d'Argent & de Gueules.
126. D'Argent à la Croix lozangée d'Or & d'Azur en Pal.
127. D'Azur à la Croix d'Or fretée de Gueules.
128. De Sinople à la croix pattée d'Argent.
129. D'Argent à la croix alisée de Gueules.
130. D'Or à la Croix patée & alisée de Gueules.
131. D'Or à la croix encrée de Gueules.
132. D'Argent à la croix potencée de Sinople.
133. De Gueules à la croix recroissetée d'Argent.
134. D'Azur à la croix ondée d'Argent.
135. D'Or à la croix bastonnée de Gueules.
136. De Gueules à la croix fleurée ou fleuronnée d'Or.
137. D'Azur à la croix fleurdelisée d'Argent.
138. De Sable à la croix bourdonnée ou pommetée d'Or.
139. De Gueules à la croix d'Or, clechée & pommettée d'Argent.
140. D'Argent à la croix racourcie ou alisée d'Azur.
141. D'Azur à la croix vidée d'Or.
142. D'Or à la Croix d'Argent recercelée de deux filets d'Azur.
143. De Gueules à la croix gringolée d'Or.
144. D'Azur à la croix fourchée d'Argent.
145. De Sinople à la croix ayguisée d'Argent.
146. D'Azur à la croix de Caluaire d'Or.
147. De Sable au raph ou croix S. Anthoine d'Argent.
148. D'Or à la croix patenostrée d'Azur.
149. De Gueules à la croix cablée d'Or.
150. D'Argent à la croix patriarchale, ou de Lorraine d'Azur.

DES FIGVRES QVI SONT PEINTES DANS LA PLANCHE
suiuante, qui est la 6. Et premierement du Quarré.

CHAPITRE VI.

LA Figure quarrée est le symbole de la Sapience, & represente la fermeté, verité, probité, constance & equité ; ces quarrez sont nommez & figurez diuersement ; & sont pieces qui entrent dans les Armes, & se blasonnent à discretion.

Tablettes sont esgalement quarrées, & n'ont, estans seules, autre nom : Estans placées 9. ensemble, on dit 5. points d'eschiquier, esquipolez à 4. de &c.

Estans rangées en 3. 4. ou plusieurs rangées, on dit eschiqueté : lequel eschiquier est tousiours composé de metail & couleur. Cette Figure est estimée la plus noble des pieces qui entrent dans les Armes, representent vn champ de bataille.

Eschequé ne doit estre que de six tires ou rangées : quand il est autrement le faut exprimer.

Dez à ioüer : c'est vn quarré cube qui est assez connu.

L'ozange est vne Figure quarrée, composée de 2. ysopleures, ou triangles parfaits. Elle est aussi appellée rhombe ou quadrangle irregulier. Triangle est la moitié d'vne l'ozange : Elle se pose en bande, en face, en pal, & reçoit des charges à discretion, & des noms selon sa position.

Macles ne sont autre chose que l'ozanges percées, & se posent ainsi que les lozanges : mais elles ne reçoiuent aucune charge.

Rustres sont de mesme les Macles, sinon que les Macles sont percées en lozanges, & les Rustres en rond.

Mortaise. Cette Figure est quarrée & creuse : est aussi nommée emboiture.

Billettes sont Figures en quarré, berlong, & ne monstrent aucune espaisseur.

Briques sont ainsi que les billettes, mais ils monstrent vne espaisseur.

Des Figures rondes.

La Figure ronde est le simbole de l'eternité : represente le Ciel, le Monde, la Fortune, & les richesses. Il y a les Besans, qui sont tousiours de metail : les Tour-

D

teaux, qui font toufiours de couleur.

Les Befans-tourteaux : c'eft quand ils font partis de metail ou couleur, pate-no-
ftre ou chapeler, qu'on range ordinairement en chevron, en face, ou autrement,
comme à l'entour de l'Efcu des Chevaliers de Malthe.

Annelets ou anneaux, reprefentent la franchife, la foy, la fidelité : Les Annelets
fe nomment auffi Vireot.

Les Cercles, appellez anciennement Syamors.

Fuzee, c'eft vn outil dont les femmes fe feruent pour filer.

Nauette eft l'outil dont le Tifferant fait la toille.

Les Lozanges, Macles, Ruftres, Billettes, Fuzées, Torteaux ou Bezans, Soleils,
Croiffans, Cometes & Eftoilles, y font pareillement figurées.

151. TRianglé & contre-trianglé de 7. traits d'Argent & d'Azur.

152.   Cinq poincts d'Argent equipollent à 4. d'Afur. Equipoler, c'eft metre
en mefme rang, tous les poincts font efgaux.

153. D'Or à 3. lofanges de Gueules, appointées l'vne contre l'autre.

154. De Gueules à 3. lofanges d'Argent.
155. D'Azur à 3. lofanges mifes en bande d'Argent.
156. Lofangé en bande d'Or & de Gueules.
157. D'Or à 3. macles de Gueules.
158. De Gueules à 6. ruftres d'Or.
159. Billeté & contre-billeté d'Argent & d'Azur de 3. traits.
160. D'Azur à 3. billettes d'Argent.
161. De Gueules à 1. billettes à pointes en cœur d'Argent.
162. De Gueules au pal d'Or à cofté de 10. billettes, pofées de mefme d'Argent.
163. D'Argent à la face d'Azur, accompagnée de 10. billettes couchées en face de Gueules.
164. De Sable à 3. fufées mifes en pal d'Or.
165. D'Azur à la bande fufelée d'Argent.
166. D'Or à 3. torteaux de Gueules.
167. De Sinople à 2. demies roües mouuantes l'vne du flanc dextre, l'autre du flanc feneftre d'Or, clouées de Gueules.
168. D'Argent à 5. Efcuffons d'Azur pofez en Sautoir, chacun chargé de 5. points d'Or, mis auffi en fautoir.
169. De Gueules aux raiz d'Efcarboucle fleuronnée d'Or, pofée fur vn Efcu d'Argent en abyfme.

L'Efcarboucle, ainfi que les autres Pierres precieufes, iette des rayons. Les Herauts en la blafonnant luy en font ietter 84. en forme de croix tracée à angles, ordinairement les autres en croix S. André, & les ornent de Boutons & Fleurs de Lys.
170. D'Azur au Soleil rayonnant d'Or.
171. D'Azur à la croix d'Argent, accompagnée de 4. ombres, ou Soleils de Gueules.
172. Efcartelé, le 1. eft d'Or de Gueules à 2. pals d'Argent: le 2. & 3. d'Azur au demy Soleil rayonnant, mouuant du cofté feneftre du chef.
173. D'Azur au Croiffant montant d'Argent.
174. De Sable au croiffant renuerfé d'Or.
175. De Gueules à deux croiffans adoffez d'Argent.
176. D'Azur à 3. croiffans à frontés d'Argent, celuy de la pointe montant.
177. De Sable à la Comette d'Argent cheuelée d'Or.
178. De Gueules à la mollette d'efperon d'Or.
179. D'Azur à l'Eftoille à 6. rays d'Argent.
180. De Gueules à l'Eftoile de 16. rayx d'Or rayonnants.

CHAPITRE VII.

LES Plantes & les Arbres en general font comparez aux hommes bons & mauvais, denotent fertilite & multiplication, & chacun des particuliers a vn fens myftique & fymbolique caché fous fon efcorce.

Ainfi le Sapin, a caufe qu'il furpaffe en hauteur tous les Arbres, reprefente la Souueraineté.

Le Palmier d'autant que plus il eft chargé de fruicts, fe redreffe plus haut, fignifie la Victoire, & la Iuftice.

Le Laurier eft le fymbole de Triomphe & de la Victoire.

L'Oliuier, la Paix, l'Obeyffance, la Douceur & la Concorde.

Le Chefne englanté reprefente la Vertu, la Force, fermeté & longue vie.

Le Grenadier ainfi que le Mirtre, reprefente l'Amirié.

Le Frefne eft ennemy des Serpents, & autres animaux venenenx: car ils ne peuvent demeurer long temps fous fon ombre qu'ils ne meurent, & reprefente vne amitié parfaite.

Le Cyprez eft le fymbole du deüil & de la mort: Eft côparé à la beauté fansbonté.

Le Pin eft auffi le fymbole de la mort: car eftant vne fois couppé il ne rejette plus, & fait mourir par fa puanteur les Plantes voifines de luy, ainfi qu'vne contagion.

Le Noyer reprefente l'innocence perfecutée, & qui fouffre tout auec patience, fans fe plaindre ny murmurer.

La Vigne est le symbole d'intemperance. Elle l'est aussi de resiouyssance & de liesse.
Boutôs de Rozes rouges au naturel, hyrog. de la beauté, de l'amour & de la jeunesse.
Rozier, dont la Roze est le symbole de beauté & bonne grace.
Orangers, dont l'Orange est le symbole de dissimulation & d'hypocrisie.
Pomier symbole de fœcondité.
Les fleurs de Pensée, d'Ancolies, & de la Violette, sont le symbole d'amour en-
uers Dieu, & de charité enuers le prochain.
La fleur du Torne-soleil est le symbole de l'homme de bien, lequel a tousiours
son cœur & ses actions tournées vers Dieu.
Deux Amalthées ou cornes d'abondance passées en sautoir, pleines de fleurs &
de fruicts, appellées pour ce *Cornes d'abondance*, signifient liberalité, opulence, fe-
licité, paix, concorde, prouision, liesse, amour, fertilité & prosperité.
En cette Planche sont dépeintes diverses sortes de Fleurs, feüilles & fruicts.

181. **D**'Azur à deux Sceptres ou Bastons Royaux fleurdelisez d'Or, passez en
sautoir. On peut mettre des bastons, espées, hallebardes, lances & autres
pieces en sautoir.   182. De

182. De Gueules a trois Fleurs de Lys, au pied couppé, où nourry d'Argent. *Toutes les Armes comme nous auons dict, ou il y a trois pieces, il n'est point necessaire de dire comme elles sont posées, cela s'entend tousiours deux & vn, qui est deux en chef, & vn en pointe.*

183. D'Argent a trois Lys de Iardin, espanoüis de Gueule, grenée d'Or, tigées & feüillée de Sinople.

184. D'Or a trois Lys de Iardin, d'Azur, feüillées & tigées de Sinople, grenez de Gueules, sortant d'vne mesme tige.

185. D'Azur au Lys renuersé d'Or, ayant double queuë de Sinople, & grené d'Argent.

186. D'Argent à la double Rose, de Gueules, soûtenuë de Sinople, le cœur d'Or.

187. De Gueules à la quinte feüille d'Hermine.

188. D'Azur à la quinte fueille d'Argent percée de Gueules en cœur.

189. D'Or à trois Barbeaux ou bleuets d'Azur soustenus, füeillez & tigez de Sinople.

190. D'Azur à trois soucix d'Or füeillez & tigez de Sinople.

191. D'Argent à trois mouches de Sable, posée en pal.

192. D'Argent à vn Essein dabeille d'Azur, la Ruche d'Or façonné de Sable.

193. D'Azur à trois espics d'orge, tigez & füeillez d'Argent sortant d'vne terrasse de Sinople.

194. De Sinople à la Gerbe d'Or, liez de mesme en pal.

195. D'Argent au chevron de Gueules accompagné de trois grapes de Raisin d'Azur, la queuë en haut de Sinople.

196. D'Or à trois Cyprez de Sinople posez en pal, les tiges & les racines de Gueules entre lassez d'vn lacs d'Argent.

197. D'Argent au Palmier de Sinople.

198. D'Asur à trois Fleurs de Chardons d'or, feuillez & tigez d'argent.

199. De Gueules à la Poire d'Or posée en bande, tigée de Gueules, feuillée de Sinople.

200. De Pourpre au chevron d'Hermine accompagné de trois branche de Chesnes d'Argent, suportant chacune troisglands d'Or.

201. D'Asur à trois Glands de Chesne posez en pal, la tige & le chaperon d'or retranchez ou façonnés de Sable, les pointes en haut de Sinople.

202. D'Or à trois pomme de Pin, de Gueules, les tiges en bas de Sinople.

203. D'Asur à la Grenade ouuerte d'Or couronnée de mesme la tige & fueille d'argent. Les grains & semance de Gueules.

204. D'Argent à cinq fueilles de Figuier posée en Sautoir de Sinople, les tiges en bas.

205. De Gueules à cinq fueilles de Peuplier d'Argent passée en Sautoir, les tiges en bas.

206. D'Argent à trois fueilles de Nenufar ou treffles de Sinople.

207. D'Asur à trois espics d'orge, posez en bande bare & pal, les deux du chef apointez sur celuy de la pointe.

208. De Sable à deux pics ou pioches de pionnier passez en Sautoir, les fers d'argent en chef, & emmanchez d'or.

209. D'Argent à trois fers de Houllette de Berger d'Asur, les manches coupez de Gueules.

210. De Gueules au Rateau emmanché d'Or, les dents d'Asur, posez en pal.

CHAPITRE VIII.

LE Lion ne se blasonne pas rampant, par ce que c'est son ordinaire, s'il estoit posé, autrement le faudroit exprimer, & doit estre tousiours veu & posé de profil, ne montrant qu'vn œil & la moitié de la teste ses diuerses postures sont assez exprimées en la planche ou table suiuante, & est a noter que le Lion à tousiours la queuë tornée vers le dos, quand il est passant, on l'appelle Leopardé.

Le Lion que les anciens ont estimé estre le Roy de tous les Animaux Quadrupede est le Hyroplisique des Heroes & Illustres personnages, le Simbole de la Vigilance, de commandement, de domination, magnanimité & terreur, & denotre aussi vn Prince Clement, lequel pardonne à ceux qui s'humilient, qui d'estruict & renuerse ceux qui luy font resistance.

Cette Table est la neufiesme.

Le Leopart est engendré d'vn Lion & d'vne Panthere, nous represente les vaillans & genereux Guerriers qui ont executé quelques hardie entreprise auec force & courage, promptitude & legereté.

211. De Gueules au Leopart d'Or le Leopart est tousiours passant, & n'est besoin de l'exprimer.

212. D'Argent au Leopart, Lionné d'Asur : Langué de gueules, le Lion, Leopardé est de mesme, sinon que le flocquet de sa queuë se renuerse vers sa teste, & passant.

213. D'Or au Lion, rampant de Sable, la queuë passée en Sautoir, il n'est besoin de repetter ce terme de rampant, comme nous auons dict.

214. De Sable au Lion d'Argent, Couronné d'Or, acollé de gueules, la queuë passée en Sautoir.

215. De Sinople au Lion d'Or, mordant sa queuë, armé de Gueules.

216. De Poupre au Lion, tourné ou contourné d'Argent : tourné, c'est qu'il est tourné vers la partie Senextre de l'Escu, & retourne la teste vers sa queuë.

217. D'Asur au Lion d'Or (la teste tournée, regardant à Senextre vers sa queuë, quoy que le reste de son corps soit dans sa veritable assiette & posture) Armé & lampassé de Gueules.

218. D'or au Lion, diffamé de Gueules, c'est à dire sans queuë.

219. Escartellé en Sautoir, au Lion escartellé, de mesme de l'vn en l'autre d'Argent & de gueules.

220. De Gueules au Lion de vair, qu'on dict aussi, au Lion vairré.

221. De Sinople au Lion d'Hermines, qu'on dict aussi au Lion semé d'Hermines

222. D'Argent au Lion de gueules chargé ou semé de Besans d'Or, qu'on dict aussi besanté D'or

223. D'Azur au Lion facé d'Argent & de Gueules, qu'on peut dire aussi Burelle.

224. D'Or au Lion de Sable, Pallé d'Argent.

225. De Sable au Lion Eschiqué d'Or & d'Asur.

226. Bandé de dix pieces d'Or & de Gueules à l'ombre d'vn Lion de Sable.

227. De Sinople au Lion d'Or tenant de ses deux pattes vne Hallebarde, le fer, d'Argent, le Manche d'Or.

228. De gueules au Lion, timbré d'Argent, timbré, c'est auoir vn Casque en teste.

229. De Pourpre au Lion d'Argent, masqué d'Or, masqué, c'est auoir la teste affublée d'vn masque.

230. D'Argent au Lion de Gueules, Aisté de Sinople, Armé lampassé d'Asur.

231. D'Asur à deux Lions d'Argent affrontez.

Affrontez, c'est quand ils sont tournez l'vn deuant l'autre, & adossez, c'est quand ils tourne le dos l'vn à l'autre.

232. D'Argent à deux Lions adossez d'asur.

233. De Gueules à deux Lions passez en Sautoir d'Or, leur queuë passé de de mesme.

234. D'Asur à 3. Lions, les deux du chef mouuant d'iceluy le haut en bas ; celuy de la pointe couvrant de sa teste les testes des deux autres veuë de frond.

235. De Sable au Lion passant d'Or, ou Leopardé.

236. De Gueules au Lion assis d'argent.

237. D'Asur au Lion couchant d'Or sur vne terrasse de Sinople.

238. De Sable au Lion mort, d'Argent sur vne terrasse de Sinople, c'est qu'il na ny dents, ny ongles.

239. De Sinople au Lion n'aissant d'Or.

240. De Sinople à 5. Lionceaux d'Argent

EN CESTE TABLE SONT REPRESENTEZ LA SVITE DES
Animaux Quadrupedes, & des Poissons qui entre en la composition des
Armes, leurs Blasons, & significations.

CHAPITRE IX.

LA Penthere est simbole de Felonie, Legereté, Varieté, & changement. L'Once est Semblable au Penthere, excepté qu'il n'est pas si grand, il n'y à Animal qui ayt la veuë si bonne & si aygue que luy, est Simbole de Vitesse, Legereté & Finesse.

Le Griffon est imaginaire, l'equel ne s'est iamais veu qu'en peinture, non plus que plusieurs autres, denotte Vitesse & Vigilance.

Le Cerf est le Simbole de Vitesse, legereté de crainte, & notte aussi ceux qui se laissent abuser par les flatteurs, & l'homme sans cœur.

La Licorne est Animal tres-beau & rare, ennemy de Venin, & des choses impures, & pourtant il sert de Simbole à ceux qui fuyent les vices, le venin de l'ame, il denotte aussi vne pureté de vie, & les genereux Guerriers qui ayment mieux mourir que de tomber és mains des ennemis.

Le Sanglier represente la fureur guerriere & de brutalité impitoyable.

Le Loup est comparé à vn vaillant Capitaine, lequel apres auoir esté long-temps, serré dans vn fort, ce jette en fin dans le Camp des Ennemis, il denotte aussi vn homme Paillart & manteur.

Les Louues sont accomparée aux Putains & Maequerelles.

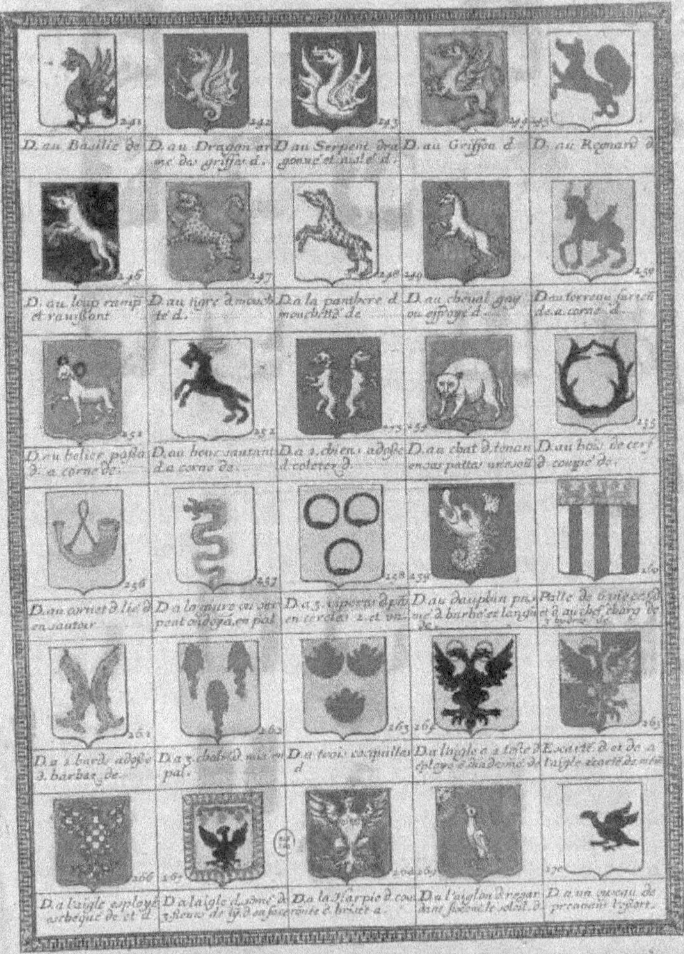

Les Poissons indifferemment s'ils montrent les deux yeux & le dos à plain sont dicts vifs s'ils ont la gueules fermée: S'ils l'ont ouuertes ou beantes, sont dict pas-
mez,

241. D'Argent au Basilic de Sinople.
242. De Gueules au Drag on armé de Griffe d'Or.
243. De Pourpre au Serpent Dragonné, & Aiflé d'Argent.
244. D'Afur au griffon d'Or.
245. D'Argent au Renard de Gueules represente l'homme cofteleux & rufé.
246. De Sable au Loup rampant & ramiffant d'Argent.
247. D'Afur au Tigre d'Or, Mouchetté de Sable.
248. De Pourpre à la Panthere d'Argent, Mouchettée de Gueules.
249. De Sinople au cheual gay ou effroyé d'argent.
250. D'or au Torreau furieux de Gueules à corné d'Afur.
251. D'afur au Belier paffant d'argent à corné de Sable.
252. D'argent au bouc fautant de Sable à corné d'Afur, represente l'homme Luxurieux.
253. De Gueules à 2. chiens adoffez d'argent, coletez d'afur, ayant leurs queuë paffée en Sautoir, le chien represente la fidelité & amirié.
254. D'Afur au chat d'argent, tenant en fes pates vne Souris d'or fur vne ter-raffe de Sinople, il doit toufiours eftre reprefenté Heriffonné comme preft à fauter ou effarouché.
255. D'or au bois de Cerf de Sable couppé de Gueules, cheuillé de dix cornichons.
256. D'or au huchet ou cornet d'Afur, lié de Gueules en Sautoir, Virolléd'or
257. D'argent à la civre ou Serpent Ondoyant en Pal à l'enfant naiffant ou for-tant de fa Gueules, de Gueules
258. D'or à trois Viperes de Sable, fe mordant le bout de la queuë pofez en cercles, deux & vn.
259. De Gueules au Dauphin pafmé d'argent, barbé & langué d'Afur.
260. Pallé de fix pieces d'argent & de Gueules au chef d'or, chargé de trois Hydres d'Afur.
261. D'argent a 2. bards adoffez d'Afur, barbez de Gueules.
262. D'or à 3. chabots de Gueules mis en Pal, 2. 1.
263. D'or à 3. cocquiles d'argent, 2. 1.
264. D'or à l'Aigle à 2. teftes de Sable efployé, & Diadefiné de Gueules.
265. Efcartelé d'or & de Gueules à l'Aigle efcartelé de mefme de l'vn en l'autre.
266. D'afur à l'Aigle efployé, Echequé d'argent & de Gueules.
267. D'or à l'Aigle de Sable, fommé de 3. fleurs de Lys d'Afur en face, fur-montez d'vn Lambel de 3. pieces de Gueules à la bordure, endenchée d'argent & d'Afur.
268. D'afur à l'Aiglon ou d'argent, regardant fixement le Soleil d'or.
269. De Sinople à la Harpie d'argent couronnée d'or, brifez à l'endroict des mamelles de 2. Croiffans d'or
270. D'afur à vn oyfeau de Sable prenant l'effort.

Des Oyfeaux & Poiffons, auec leurs noms, Figures, & Blafons.

CHAPITRE X.

EN blafonnant des oyfeaux, on dict becquez & menbrez, becquez, à caufe de leur becs & manbrez pour leurs pieds.

L'aigle eft eftimé le Roy des oyfeaux defquels il y en a de fix fortes d'efpeces, le plus eftimé eft le noir & de plus petite corpulence que les autres : Mais doüé de toutes autre vaillance & pieté enuers fes petits qu'il nourit foigneufe-ment au lieu que les autres, chaffent leurs petits : & ce trouues ès lieux bas & aquatique, prés des charongnes, au lieu que l'Aigle noir fait fa demeure ès Montagnes plus efleuée, pour s'approcher de plus prés des Rayons du Soleil.

On le blafonne ordinairement, efployé c'eft à dire a deux teftes, becquè. langué, lampaffe, c'eft a dire tirant fa langue, onglé, ou Armé, Diadefiné, c'eft vn cercle qu'il a fur la tefte en Couronne.

Son diminutif eft l'Alerion qu'on blafonne ordinairement fans jambes, ny bec, mais les Aifles eftenduë

Les Merlettes font diminutifs de Merle qu'on reprefente toufiours fans jambes, ny bec, les Aifles ferrée reprefentent l'ennemy vaincu.

F

Les Espreuiers sont le plus souuent blasonnez, chapperonnez, grilletez, liez & perchez, leurs Aisles ouuertes ou pliez à discretion.

Chasteau, maison ou quelque autre bastiment de Massonnerie sont tousiours d'vn esmail, & les Liaisons de Sable, c'est à dire que les pieres du bastiment sont tousiours d'argent, où d'or, où autre esmail, & les liaisons de Sable.

Les Tours & Tóurnelles ont leurs Figures de diuerses sortes, les vnes ronde, les autres quarrées, autres à Pans où de Figures, Ortogonnes sans Creneaux, Crenelées ou Carnelées, quelque fois leur nombre est exprimé, les vnes sont sans aucune ouuertures, autres sont ouuertes de portes & de fenestres, sommée d'vne ou plusieurs Tours, sommée de banieres & giroüettes.

271. D'asur au Cygne d'argent, becqué & patté de Gueules.
272. D'or au Heron de Sable.
273. D'argent à 3. Merlette de Sable.

274. D'afur au faucon au naturel perché & chapperonné, huppé & grille-
ré d'or.

275. De Gueules au Lainier d'argent, bequé & manbré d'Afur chapperonné &
huppé d'or, fupporté d'vn bras mouuant du cofté fenextre enganté d'or.

276. D'afur au vautour d'argent fondant fur vne perdrix d'or.

277. D'argent à la Coulombe d'Afur menbrée & becquée d'or, tenant en fon
bec vn Rameau d'Oliuier de Sinople au chef racourcy d'Afur chargé de 3. Fleurs
de Lys d'or.

278. D'afur au Cocq d'or, manbré, crefté, barbé, bequé de Gueules.

279. De Gueules au Pont d'or chargé de deux Cocq iouftant de Sable manbrez
& bequez d'Afur, barbez de mefme.

280. De Sable à la Chouette d'argent couronnée d'or, perchée fur vn bafton
de mefme.

281. D'afur au Paon rouant d'or, manbré & becqué de Gueules mirouetté
d'Afur.

282. De Sinople au Pelican auec fes petits fe becquant l'eftomach enfanglanté de
Gueules.

Suiuent les Chafteaux, Tours, Portails, &c.

282. de Gueules au Chafteau d'or, fommè de 3. Tours de mefme la porte des
feneftres ouuertes d'Afur maffonées de Sable.

284. D'afur a la porte accompagnée de deux Tours d'argent crenellée de mefme
ouuertes de Gueules.

285. D'argent au Chafteau fommé de 3. Tours d'Afur enuironnée d'vne muraille
de mefme maffonnée de Sable.

286. De Gueules à la Tour crenelée d'argent, accompagnée ou acoftée d'vne
petite de mefme.

287. De Sable à trois Chafteaux d'or, fommez chacun de 3. Tours de mefme
maffonnée de Sable.

288. Cinq points de Leon efquipolez à 4. de caftille.

289. D'or à la Tour Crenelée de Gueules donjonnée de mefmé, le Donjon fo-
mé d'vne girouette ou Bannieres d'Afur.

290. D'argent à l'Eglife ou Chappelle d'Afur efforée ou couuerte de gueules,
accompagnée d'vne Tour quarrée efforée de mefme au chef d'or chargé d'vne
Aigle de Sable.

291. De Sable au Portail ouuert de 2. guichets ou portes d'or, fuportant vn
Lion Leopardé ou paffant d'argent, l'ouuerture d'Afur.

292. D'afur au portail ouuert de 2. guichets d'argent fommée de deux Chapiteaux de mefme percée de Gueules.

293. D'afur à la maifon d'argent couuerte ou efforée de gueules, les portes &
ouuertures de mefme.

294. De Gueules à la Clef d'or pofée en pal, L'agneau a l'antique.

295. D'Afur à 2. clefs d'argent en Sautoir.

296. De Sable à 3. clefs, s'entretenant par leur anneau ou abifme les deux enchef
ou bande & bare, celle de la pointe ou Pal.

297. D'afur à la coulonne d'argent, fon couronnement ou chapiteau & pied
d'eftal ou bafe d'or couronné d'argent.

298. D'argent à la coulonne d'or, le chapiteau & la bafe de gueules couronnée de mefme, entortillée d'vne Givre ou Serpent, d'Afur à l'enfant yffãt
de Gueules.

299. De Sinople à 3. coulonnes mifes en Pal d'argent, leur bafe & chapiteaux
de gueules fuportant vn Lion paffant d'or ayant vne patte pofée fur chafque coulonnes, & l'autre en l'air au chef d'or, chargé d'vne Aigle de Sable.

300. D'argent à la Salemandre d'or, Bruflantes dans des flames de Gueules.

DES DIADESMES OV COVRONNES ROYALLES,
& Imperialles des Princes, & Ducs Souuerains, tant anciennes
& autres.

CHAPITRE XI.

PREMIEREMENT des anciennes.
Entre les Romains, il y en auoit de plusieurs sortés, les vnes plus esti-
mées que les autres. Comme elles sont despeintes cy-dessous.

1 La Couronne Triomphalé estoit t'issuë de branche de Laurier, & apres de
fin or, elle estoit donnée au General qui auoit emporté la victoire sur quelque
ennemy redoutable.   2. La

2. La Graminée estoit la plus exquise, d'autant qu'elle estoit donnée par tout le Peuple, elle estoit composée de Veruaine & de l'herbe dite dent de chien, estoit la moins de valeur, mais la plus excelente en honneur, & estoit donnée au General de l'Armée Romaine qui deliuroit les siens sans perte contraignant l'ennemy de se retirer.

3. La Ciuique estoit plus estimée que les precedentes, faites de branches de chesne vert estoit dōnée au Citoyen Romain, qui auoit sauué la vie à son Concitoyen en vn Siege ou bataille rangées, elle se donnoit aussi a celuy qui auoit bien merité du publc.

4. La Muralle estoit releuée de Bretesse, Parapets & Creneaux d'or, elle estoit la recompense & prix d'honneur à celuy qui montoit le premier sur la muraille de la Ville assiegée, & y plantoit l'estandart.

5. Couronne Pallicée ou vallaire estoit d'or, mais releuée de pals ou de pieux, le General de l'armée la donnoit au Capitaine ou Soldat, qui premier franchissoit le Camp de l'ennemy, & forçoit la Palissade.

6. La Couronne Naualle estoit aussi faite d'vn Cercle d'or releuée de prouës & de Poupes de Galeres & Nauires de mesme metail, elle estoit donnée au Capitaine ou Soldat, qui premier acrochoit & sautoit dans le Nauire ou gallaire ennemy.

7. La Couronne Oualle estoit fait de Mirtre (Arbriceau dedié à la Déesse Venus) estoit donné au General, qui auoit le dessus d'vn Ennemy sans coup ferir.

8. La derniere estoit composée de branches d'Oliuier, elle estoit donnée à celuy qui mesnageoit la Paix & la Concorde entre deux Ennemis.

9. Couronne à l'antique, dont le Cercle est rehaussé de 12. Rayons en pointes telle l'ont portée les Roys de France auparauant le Roy Clouis, & telle la porte encor à present, les Seigneurs qui iouyssent des Principautez, & ne sont pas Princes.

10. La Couronne Imperialle est faite à peu pres comme vné mitre d'Euesque, ioincte au sommet par vn globe, representant le monde sommée d'vne croix de Perles.

11. La couronne Royalle de France (comme nos Rois la portent) depuis, François *Premier* est fermée à l'Imperialle de 8. Rayons ou bandes, ou demis *Dia*desme terminée ou sommee d'vne double Fleur de Lys d'or, la Couronne releuée ou rehaussée de Fleur de Lys tout au tour, & esmaillée & enrichie de *Pier*reries.

12. Celle des Dauphins de France la portent de mesme, sinon qu'elle n'est que de quatre bandes.

13. Celles des Freres des Rois de France sont sans bande; mais rehaussée de 8. Fleurs de Lys d'or.

14. Celles des Princes du sang François sont rehaussée de 4. Fleurs de Lys, & de 4. Tresles ou Fleurons.

15. Les Rois d'Angletere & d'Escosse la portent rehaussée de quatre Fleurs de Lys (a cause de la pretention qu'ils ont eu autre fois sur la France) & de quatre croix pattée, sommée d'vn Globe surmonté d'vne croix de mesme.

16. Les Couronnes des autres Rois comme, d'Espagne, Polongne Suede, Portugal & Dannemarc la portent aussi fermée de 8. pieces rehaussée de hauts Fleurons de Tresles ou de fueilles de Chesnes, esmaillées de diuerses *Pierreries.*

17. Celles des Ducs & Princes Souuerains, comme de Sauoye, Mantoüe, *Par*mé & autres, sont releuée de 8. grands Fleurons d'or.

18. Celle des Marquis est rehaussée de 4. bas Fleurons, meslée de 12. pointes, soustenant autant de perles.

19. Celle des Comtes, est vn cercle d'or garny aussi de *Pierreries*, rehaussée de 18. *Perles.*

20. Celle des Vicomtes est vn cercle esmaillé, surmonté de quatre grosses Perles.

21. Celle des Barons, vn cercle enuironné de Perles enfilées, en guise d'vn Chappelet tortillé.

22. Les Vidames ont aussi vn cercle enrichy de Pierreries, greslé de Perles, surmonté de 4. croix pattees.

G

Des Timbres, Casques ou ornemens de testes, dont les Armes sont ordinairement Timbrées.

23. LE Casque ou Timbre Royal, est d'or ou dorré, tarré entierement de front & ouuert, ou ceux des autres sont seulement d'argent damasquinez d'or, ou d'acier, poly.

24. Les Casques des Ducs doiuent auoir neuf grilles ou barreaux, & sont tarez de front.

25. Les Casques des Marquis ou enfans des Souuerains ont onze grilles tarez de mesme.

26. Ceux des Marquis & des Comtes qui ne sont souuerains n'ont que 7. grilles.

27. Ceux des Barons 5.

28. Ceux des Cheualiers & gentils-hommes de 3. races, sont parez de Chapeaux de Triomphe & Bourelets,

29. Ceux des Escuiers tornez de porfils & fermez.

30. Ceux des Bastards, sont contournez & fermez.

LES MARQVES ET ENSEIGNES DES DIGNITEZ Ecclesiastiques. Dont leurs Armes sont ordinairement timbrées.

LA Thiare ou Mitre Papalle, est vn espece d'Armet ou Bonnet de toille d'or, reuestuë & parrée de 3. couronnes, surmontée d'vne boulle croisetée de fines perles, le tout enrichy de pierrerie.

Les Cardinaux timbrent leurs Armes d'vn chappeau rouge à deux cordons entre-lassez & terminez de cinq houppes de mesme couleur.

Les Archeuesques timbrent les leurs d'vn Chapeau de vert ou Sinople à deux cordons de mesmes: mais terminez de quatre houppes, & sous le chapeau vne croix d'or treflée, (& s'ils sont François fleurdelisée) dont le baston est caché sous l'escu.

Les Euesques le portent de mesme: mais au lieu de la Croix, ils mettent vne Crosse, & leurs Cordons sont terminez de 3. houppes.

Les Abbez & Protonotaires portes sur leurs Armes le chapeau noir de Sable dont les cordons entre-lassés, & pendans se termines en deux houppes.

Les Prieurs ont leurs Armes enuironnée d'vn chappelet de Sable, & derriere le Baston Pastoral faict en forme de bourdon d'or.

Anciennement, les Euesques & les Abbez portoient la Mitre & la Crosse au lieu du Chappeau, auec ceste difference que l'Euesque portoit la Mitre & la Crosse tornée a droict & l'Abbé tournée à gauche.

Les Abbesse portent leur Escu en Losange, enironné d'vn chappelet de Sable, & la Crosse tournée à gauche.

Les Cheualiers de Malthe porte l'Escu de leur Armes posez sur la croix de leur Ordre dont les extremitez paroissent, entre-lassées d'vn chappelet.

Pour les casques, les Estrangers en mettent iusques a trois, principalement les Allemands.

Quant à l'ornement du Heaume il est ordinairement à compagné de plumages Feüillars Acantes panaches ou lambrequins qui doiuent estre blasonnez de tous les Emaux differends dont l'escu est composé.

Pour les tenans ou supors que l'on met à costé des Armes sont sauuages, Anges Lions Licornes, Cerfs, Leopards Aigles, Harpies, & autres especes d'Animanx.

Les Armes des Rois sont couuertes d'vn Pauillon qui represente le manteau Royal marque de Souueraine Majesté, les Princes Souuerains Ducs ou Archiducs, leur Armes ne sont couuerte que du chappeau retroussé sans courtine, ou quand il y à des Courtines, ils sont sans chappeau qui tiennent lieu de Manteau Ducal.

Les Dames d'illustres maisons leurs Armes ne sont ornées & enuironnée que de cordeliers noüées en quatre endroits & enlassez de quatre lacs d'amour, & principalement les Dames veufues, aucunes portent deux branches de Laurier ou de Palmier

Les Anciens Gaulois auoiét pour habillemens de testes des Heaumes & morions dairain au n'érail esleué sur le visage, & pour Cimier des Cornes d'Animaux terestres de diuerses façons , & des oyseaux aux aisles esployées ; & en auoient de 2. façons pour la la Caualerie & pour l'infanterie , car les gens de pied portoient des coiffes de cuir boully, & telle coiffure s'appeloit *Galea* , du nom de *Galerus* chappeau ou pot de testes , & quand au casque ou morion , il estoit fait de l'ame de fer ou dairain.

Ces morions de fer ou dairain appeléz ey deuant Bourguignottes , acause (peut-estre) des Bourguignons , leur Ennemis mortels qui se seruoient ordinairement de telles armes : representoient le plus souuent ou figuroient le musle d'vn Lion, d'vn Dragon d'vn Loup ou de quelque Animal furieux ainsi on tient qu'anx iours de bataille, *Agamennon* s'affubloit de la peau d'vn Lion de la teste duquel il couuroit la sienne, ceste peau luy trainoit iusques au dessous des cuisses.

Et tels habits de testes estoient ornés par les anciens , comme nous auons dict de cornes de diuers Animaux, de Trompes d'Elephant, comme font encore les Princes & grand Seigneur d'Alemagne.

Les Gaulois ayant apris des Grecs la façon d'entourer leurs armes de ses plumes que nous appelons Lambrequins, & le Cimier de Cornes.

C'est habit de teste est aussi appelé Armet.

Armet est vn dimiminutif d'Armes , & selon la science Heraldique, il est où doit estre orné d'ordinaire des pieces principalles d'icelle pour exéple si l'escu est chargé d'vn Lion, d'vn Ours, d'vn Aigle, ou de quelque autre Animal , le Heaume doit auoir pour Cimier vn Lion, vn Aigle , &c. les Timbes & supost sont pris selon la naissance , où selon l'office.

Pour la naissance : Nous voyons beaucoup de Noblesse qui prennét les leurs de ceux d'où ils tirent leur origines , comme ceux de Lusignan, qui ont pour Cimier vne Cuue d'or à la femme naissante, qui se mire & peigne ceux de Cleues preuent vn cigne, &c.

Pour les Offices & la dignité d'iceux , le Chancelier , & les Presidens au Mortier és Cour de Parlement, portent pour Cimer le Mortier, le Connestable portoit l'espée nuë en Pal , & ainsi des autres qui seront aussi remarquez dans la Tables des Officiers de la Couronne.

DES ORDRES DE CHEVALERIE, LES BLASONS DE
leurs Colliers & Armes , le temps de l'institution d'iceux , auec vn sommaire des occasions qui ont meu les grands Roys , & Princes à les instituer.

LE premier fut celuy de la *Genesse* , institué par CHARLES MARTEL, Duc des François , & Maire du Palais, l'an 726. (selon aucuns) selon autres l'an 838. Apres la defaite qu'il fit la mesme année de 400000. Arabes. En ayãt tué leur chef Abdidrame auec 180000. des siens pres la Ville de Tours le 22. Iuillet, n'ayant auec soy que 30000 il prit occasion de la grande quantité de peaux de *Genesse* trouuées au camp des vaincus (ou selon autres) il institua ledit Ordre en l'honneur de sa femme, nommée *Iannete*, l'Ordre estoit tel , le Collier d'or à trois chaisnes enttelassées de roses, esmaillées de rouge, portoit de Sinople semé d'Alerions, d'or.

Charlemagne institua l'Ordre de la Couronne Royale , les Cheualiers de ceste Ordre la portoient sur l'estomach.

2. l'Ordre de l'*Estoille* fut institué par *Robert* le deuotieux Roy de France, l'an 1022. (attribué communement au Roy Iean , pour ce qu'il le restablit l'an 1351.) laquelle *Estoille* estoit portée sur la poitrine du costé gauche, elle estoit recamée d'or à cinq traits, le grand Collier fait en chaisne tortillée d'or à trois chaisnons, entre noües de roses d'or, esmailé de blanc & de rouge, lequel a esté porté par les Rois de France , iusques au regne de Louys vnzieme qui le suprima l'an mil quatre cens cinquante-cinq, en presence des Cheualiers dudit Ordre & la mit au col du Capitaine du Guet auec vn Ruban de soye noire, ce qui dure iusques à present, portoit d'Asur semé de France.

3. L'Ordre de la cosse de *Genesse*, institué par S. LOVIS IX. l'an mil deux cens trente quatre , le Collier de cette Ordre estoit composé de *Cosse* de *Genesse*, esmaillée selon le naturel, entrelassée de Fleurs de Lys d'or dedans des losanges

clechées, esmaillée de blanc enchaisnées ensemble, & au bas vne Croix Florencée d'or.

4. L'Ordre du *Nauire* & du double *Cristint*, institué par le mesme Roy, l'an mil deux cens soixante neuf, le Collier estoit entrelaslé de double coquille d'or & double croissant d'argent au bas de double chaisnes d'or attachées ensemble, les colliers finissant en oualle, dans laquelle estoit representé vn Nauire armé & fretté d'argent en champ de gueule, la pointe ondoyée d'argent & de sinople.

5. De S. *Michel*, fut institué l'Ordre en la Ville d'Amboise, par le Roy Lovis vnziesme l'an mil quatre cens soixante neuf, le grand Collier de l'Ordre est composé de double coquilles (ainsi que du Nauire) attachées d'vne esguillette ronde de soye noire à longs ferrers d'or, liées & noüées en lacs d'amour, au bout de ce collier pend sur l'estomac vne oualle d'or esmaillé d'vne terrace sur laquelle est l'Image de Sainct Michel, foulant aux pieds le Dragon, portoit d'Asur à 3. fleurs de Lys d'Or.

Le Roy François Premier changea les lacs d'amour en *Cordeliere*.

6. L'Ordre du S. *Esprit* institué à Paris l'an mil cinq cens septante neuf, par Henry III. Roy de France & de Pologne, pour marque d'vne eternelle pieté & de la reconnoissance qu'il desiroit rendre à Dieu des biens faits qu'il auoit receus au iour de l'enuoy du Sainct Esprit, ayant ce iour pris naissance, esté esleu Roy de Pologne, & succedé à la Couronne de France (à pareil iour) par le deceds du Roy Charles IX. Le grand Collier de ceste Ordre est composé de fleurs de Lys d'or couronnées & de flammes d'or, esmaillées de rouge entrelassées de trois chiffres, & monograme diuers pareillement d'or, esmaillées de blanc, le premier chiffre est vn H. & d'vn double V. le tout double, qui ce peut lire haut & bas, la croix de l'Ordre est d'or, au milieu de laquelle est vne colombe esmaillée de blanc, comme l'orle de la croix, & de l'autre costé est l'Image de Sainct Michel, les Cheualiers doiuent porter ladite Croix penduë d'vn ruban bleu celeste, le dernier iour de l'année 1794. le Roy Henry le Grand osta des grands Colliers de l'Ordre, les chiffres du feu Roy Henry III. en la place desquels il fit entrelasser des trophées d'armes, entre-meslées de H. couronnées, portoit de France party de Pologne.

7. D'*Orleans*, dict *Porc-espy*, institué sous *Charles* VI. Roy de France par le Duc d'Orleans, les Cheualiers de ceste Ordre portoient en leurs baudriers la figure de cét Animal auec ceste deuise, *Comisus & Eminus*, l'an mil trois cens nonante trois, portoit, Escartellé le premier, & le dernier semé de France au Lambel, de 3. piece d'argent le 2. & le 3. d'argent à *Giure* où serpent d'Asur engloutissant vn enfant lissant de Gueules.

8. Du Chardon de la Vierge Marie, institué par Lovis II. Duc de Bourbon, surnommé le Bon, l'an 1370. lors que les maisons d'Orleans & de Bourgongne par leurs factions sembloit auoir amené le Royaume à sa ruine (le Duc de Bourgongne ayant institué l'Ordre de la Toison, & celuy d'Orleans du Porc espy) il institua cest Ordre du Chardon qu'il employa entierement pour le Duc d'Orleans & pour ses nepueux, le Collier estoit d'or t'issu de fleurs de Lys, auec vn Entrelas de fuëille de chardon, en esgale distance où pendoit vne Croix, & autour ceste deuise, *Esperance*, portoit semé de France au baston de Gueules pery en bande bronchant sur le tout.

9. Du *Croissant*, institué en la Ville d'Angers, par René Duc d'Anjou, l'an 1464. le Collier estoit d'or, auquel estoit attaché vn Croissant auec c'este deuise, *Los en croissant*, portoit Tiercé en chef, le premier facé d'argent, & de Gueules de 8. pieces qui est de Hongrie, le 2. Semé de France au Lambel de 3. pieces d'argent qui est Sicille, le trois d'argent à la Croix potencée, d'or cantonnée de quatre Croix de mesme qui est Ierusalem, soustenus en pointe d'Anjou qui est semé de France à la bordure de Gueules party de Bar qui est d'Asur à 2. bards adossez d'argent semé de Croisettes au pieds fichez d'or, sur le tout d'Aragon qui est d'or à 4. pals de Gueules.

10. De *Bretagne*, dict de *l'Epic* institué par François, dernier Duc de Bretagne l'an 1450. pour honorer la memoire de son ayeul, le collier dudit Ordre estoit d'or, tressé d'espics de bled, & noüez en lacs d'amour, leurs queuës se iettans derriere, le tout reuenant presque à la couronne de Cerez, & à ce collier pendoit à deux chaisnettes, vne Hermine sur vne petite colline esmaillée de verd,

auec

auec ceste deuise (de I E A N L E C O N Q V E R A N T) *a ma vie*, portoit femé d'Hermines

De la T*hoifon d'Or* , inftitué par *Philippe Dvc* de Bourgongne l'an mil quatre cens vingt neuf , faifant allufion de fon Ordre à la Thoifon de Gedeon, le Collier dudit Ordre eftoit d'Or, où eftoit enlaffé vn Fuzil qui fembloit faire fortir du feu d'vn Caillou & au bout de ce Collier la Thoifon d'or : portoit Efcartellé au premier & dernier femé de France à la Bordure camponée d'argent & de Gueules qui eft Bourgongne moderne aux deux & troifiefme Bandé d'or & d'Afur à la Bordure de Gueules, qui eft Bourgongne Ancienne , party de Brabant, qui eft de fable au Lion d'or, fur le tout d'Or au Zion de Sable , qui eft de Flandres.

12. D*e la Iartiere*, le Roy Edoüard I I I. inftitua ceft Ordre pour fe purger du foupçon qu'aucuns auoient pris de la Comteffe de Salifbery qu'il aymoit fagement, de laquelle il auoit leué la Iartiere bleuë qui luy eftoit tombée en dançant, & y adjoufta par deuife, *Hony foit il qui maly penfe* , à caufe que les Gentils-hommes qui eftoient là prefent s'eftoient mis à rire, difant qu'il feroit en forte que cette Iartiere luy rendroit tout honneur & reuerence (ce qui aduint par l'inftitution dudit Ordre , d'autres difent que cefte Ordre prift fon nom d'vne Bande que ledit Edoüard bailla aux fiens pour memoire perpetuelle de la victoire obtenuë à Poictiers contre le Roy Iean , ils mettent cefte bande au deffous du genoüil gauche, laquelle ils attachent auec vne boucle , & fur leurs manteaux portent la croix rouges de Sainct Georges dans vn Efcu, pour le grand collier de l'Ordre n'eft autre que leurs Iartieres, reprifes à plufieurs doubles , où font entre meflées des Rofes blanches & noires, où eft pendant l'Image Sainct Georges, portoit efcartellé de France & d'Angleterre.

13. De *Sainct André* dict du chardon & de la Ruë au Royaume d'Efcoffe inftitué par Acayus Roy d'Efcoffe apres fon alliance auec noftre Roy Charlemagne , & nos tres-chreftiens Roys de France fes Succeffeurs, lequel fe fentant fi bien appuyé prit pour deuife le Chardon & la Ruë , & pour l'ame d'icelle (*Pour ma deffence*) & depuis en compofa vn collier lequel a duré iufques à ce temps.

La Figure de ce Collier eft telle, c'eft vn Cordon d'or repris à plufieurs nœuds, dans lequel font entez des fleurs de Chardon, portant (attachez en bas) l'Image de Sainct André , tenant deuant foy la croix de fon Martyre , portoit d'or au Lyon enfermé dans vn double Tres-cheur fleurdelifé & contre-fleurdelifé de Gueule.

Il y a eu auffi des Cheualiers de la Ruë en Efcoffe , leurs Enfeignes eftoient vn collier fait de deux branches de Ruës ou de chardon, auec la fufdite Image de S. André.

14. De Nauarre dict du Lys , inftitué en la Ville de Nagera l'an 1548. par Garcia fixiefme du nom , 14. Roy de Nauarre furnommé Nagera , quelques Hiftoriens difent qu'vne Image de Noftre-Dame fut Miraculeufement trouuée fortant d'vn Lys , qui guerit ledit Roy de quelque maladie dont il eftoit detenu, auec plufieurs autres malades , & qu'à l'honneur d'icelle le Roy & Thiennette fa femme, iffuë des Maifons de Foix & de candales, fonderent enfemble vn Monaftere de l'Ordre de clugny. Et que ledit Roy inftitua feul l'Ordre des cheualiers de Noftre-Dame du Lys , fur lequel eftoit peint l'Image de Noftre-Dame, portoit de Gueule à vn Treillis compofé de Croix, Sautoirs, Paux , Faces, & Orles ,de Chaifnes & Boucles d'or.

Le collier eftoit vne double chaifne d'or entre laffées de M. Gottiques, au bout de la Chaifne pendoit vn ouale clechée, chargée d'vn Lys d'or efmaillée de blanc, portant vne M. couronnée.

15. De S. Iacques dit l'Efpée au Royaume Leon, inftitué l'an 1175. la Sepulture de ce grand Apoftre eftant vifitée de quantité de Pelerins à caufe de la faincteté du lieu, & des Miracles qui s'y faifoient auoit tellement augmenté la deuotion qu'on y accouroit de toutes parts : Mais d'autant que les chemins [à caufe des Roches & fterilité de la terre) eftoient fort difficiles , & que les Maures volloient & pilloient les Pelerins, la crainte du danger empefchoit plufieurs d'entreprendre ce voyage, cela fut caufe que les Chanoines Reguliers de Sainct Eloy [qui auoient leur demeure proche de Compoftelle] pour y donner quelque rémede baftirent plufieurs logis fur le chemin qui vient de France pour y loger les Pelerins afin de les garantir du danger : portoit d'argent au Lyon de Gueules.

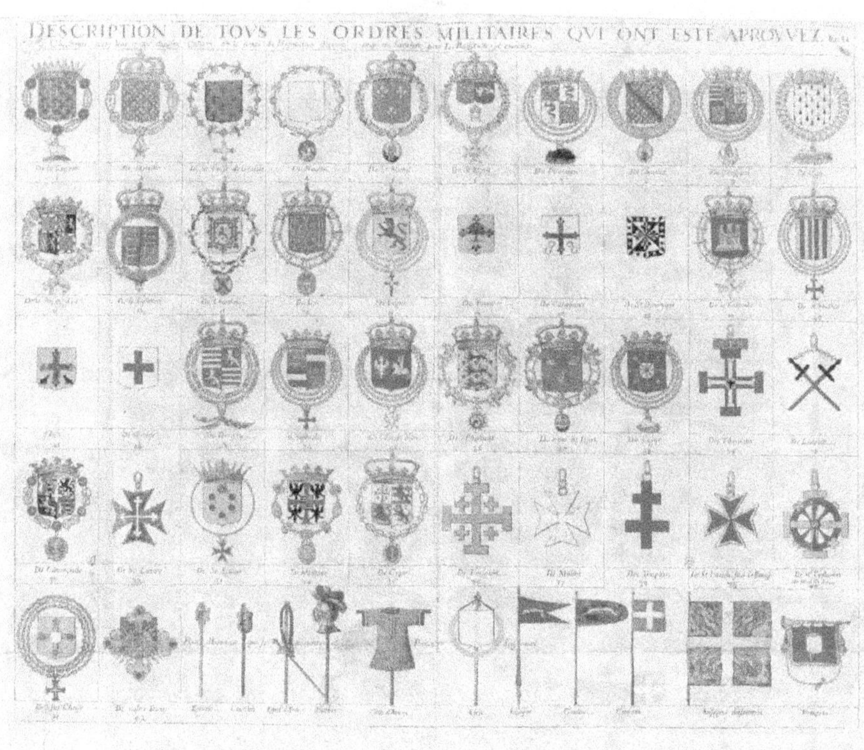

DESCRIPTION DE TOVS LES ORDRES MILITAIRES QVI ONT ESTE APROVVEZ &c.

Depuis 13. Gentils-hommes, meus de la Charité des Chanoines de S. Eloy de Galice ; enuers les Pelerins se resolurent de leurs nettoyer les chemins & les garentir des Maures, Dom Pedro premier grand Maistre fit confirmer ces Regles par le Pape Alexandre 3. l'an 1175.

Le Collier de l'Ordre estoit d'or à l'Espee de Gueule, pendantes de 3. chaisnons d'or, chargee d'vne Coquille d'argent, auec ce mot *Rubetensis sanguine Anum*) le dernier grand Maistre estant mort enuiron l'an 1393. Attdrian VI. incorpora au Royaume de Castille la grand Maison de cest Ordre.

Ceux de Palmera au Royaume de Portugal ont le mesme habit & Ordre que ceux-cy.

16. De S. *Iulien* du Poirié au Royaume de Leon l'an 1177. & confirmé par le Pape Alexandre III. du nom, Ferdinand II. en fut protecteur : Les premieres Armes de ceste Ordre, furent d'or à la Croix fleurdelisé de Sinople chargé een cœur. d'vn Escu d'or au Poirier de sinople.

17. De Calatraua & d'Alcantara, scituée au Royaume de Castille & celuy de S. Iulien cy dessus, furent incorporez audit Royaume par ledit Adrian VI. l'an 1495. Les Cheualiers portoient sur la poictrine, vers le costé gauche, la Croix verte en forme de Lys, & ceux de Alcantara portoient en leurs Armes, en signe de subjection à l'Ordre de Calatraua deux Cepz au pied de leur Escu.

18. De S. Dominique, ou Gens d'armes de *Iesus-Christ*, instituez par S. Dominique, pource ont esté appellez en ce temps là les Freres de la Milice de S. Dominique, Innocent VI. approuua ledit Ordre, portoit Gironné de 8. pieces d'argent, & de Sable & sur iceluy vne Croix, fleurdelisée partie de Lune en l'autre de mesme, à la bordure Camponée de 8. pieces de mesme, de sable & d'argent à 8. Estoilles de l'vne & l'autre de mesme a 8. Bezans où tourteaux, pareillement partis. d'argent, & de sable.

19. Celuy de la *Colombe* ou du S. *Esprit* institué à Segouie, en Castille l'an 1379. par Iean I. du nom 16. Roy de Castille, ou selon d'autres Autheurs Espagnols par Henry son fils l'an 1399. Le collier estoit de pointes & Ondes de Soleil enchaisnez, d'où pendoit vne Colombe d'argent au bec de Gueule, c'est Ordre finit l'année de son institution, portoit de gueule au Chasteau somé de 3. Tours d'or.

L'Ordre de la Iara, où du Vaze de la Vierge Marie fut institué l'an 1403. par Ferdinand Infant de castille, leur Collier estoit composé de Pots à boucquets plains de Lys entrelaissez de Griffons, & dura fort peu.

20. L'Ordre de S. Sauueur de Monstreal institué par Alphonce Roy d'Espagne, de Nauarre, d'Arragon, de Castille, & de Tollede, du costé d'*Vraca* sa femme l'an 1118. selon aucuns, & selon d'autres l'an 1120. apres que le Templiers furent exterminez au Concille de Vienne, les Roys estoient Souuerains dudit Ordre, le Collier estoit de trois chaisnes d'or, d'où pendoit vne Croix entée de rouge, portoient d'or à 4. Pals de Gueule.

Les Cheualiers de la Merced pour la Redemption des Captifs, est de l'Institution de Iacques I. du nom Roy d'Arragon, il prirent les Armes d'Arragon chargez d'vne Croix blanche en champ de Gueules.

21. D'Auis institué au Royaume de Portugal l'an 1147. leur demeure estoit au commencement en la ville d'Ebora, dont ils furent appelez Eboreaces: mais depuis leur troisiesme grand Maistre, appellé Alphonse Auensis, ayant conquis le Chasteau d'Auisin, il le donna à la Compagnie, & depuis le nom d'Auis, leur est demeuré, & portent d'or à la Croix verte fleurdelisée, & en pointe deux oyseaux de sable.

22. De *Montesse* au Royaume de Valence, de Nostre-Dame, l'an 1317. enuiron le temps que les Templiers furent abolis, de sorte que tous les biens qu'ils possedoient audit Royaume, furent consignez à ceux de Montele, ledit Ordre fut approué par Benoist XIII. & Martin V. Les Cheualiers dudit Ordre portoient deuant l'estomach, la Croix plaine de rouge sur l'habit blanc portoient d'argent à la Croix alisée de gueulles.

23. Dragon renuersé entre les Allemans, Hongrois & Bohemiens, institué l'an 1418. par l'Empereur *Sigismond*, & tient-on qu'il a esté institué pour s'opposer au Turc: Leur Collier estoit vne double chaisne d'or, au bout de laquel, le pendoit vn Dragon renuersé aux aisles abbatuës, esmaillez de diuerses couleurs

portoient escartelé le pr. & dernier Burellé d'argent & de Gueule de 8. pieces qui est de Hongrie, le 2. & 3. de Boësme qui est de Gueule au Lion d'argent, la quenë passée en sautoir.

24. D'*Austriche* & de *Cariathie*, dict de S George, institué par l'Empereur Frideric III Archiduc d'Austriche l'an 1472. pour la garde des frontieres d'Allemagne contre le Turc. Le Collier estoit de 3. chaisnons d'or à la Croix de Gueule, couronnée d'vne Couronne Ducalle, portoit escartelé le 1. & le 4. d'Austriche ancienne qui est de gueule a 3. Allöuettes d'or, le 2. & 3. de Gueule a la face d'argent qui est austriche moderne.

25. De Polongne, dit l'Aigle blanc, son Collier estoit d'or, d'où pendoit vn Aigle d'Argent couronnée, en memoire du prodige qui arriua à Leko, premier du nom, Roy de Pologne, voulant fonder la ville de Gnesne, de Gueule à l'Aigle esployée d'argent manbré, & becqué d'or qui est de Pologne, party de Lithuanie, qui est de Gueule au Caualier d'argent, tenant vn Bouclier d'Asur chargé d'vne Croix Patriarcalle d'or.

26. De Dannemarck dict de l'Elephant ou Saincte *Marie*, institué par Christierne premier, dit le Riche, les Cheualiers de cest Ordre doiuent estre Senateurs du Royaume, portent la chaisne d'or au col, où pend vn Elephant d'or, esmaillé de blanc, chargé sur le dos vn Chasteau d'argent, massonné de sable, ledit Elephant porté sur vne terrasse esmaillée de fleurs. Le Collier dudit Ordre estoit composé de Croix anchrée d'Elephans, d'où pendoit vne Nostre-Dame rayonnante, portoit d'or semé de cœurs de Gueules d'or à trois Leopards de Sinople.

27. De Suede, dit du Nom de *Iesus* des Seraphins, institué par Magnus quatriesme Roy de Suede l'an 1334. Le Collier de l'Ordre estoit composé de Seraphins & de Croix Patriarchales (en memoire du Siege Metropolitain d'Vpsale) au bout duquel pendoit vne ouaille à vn Nom de *Iesus*, & en pointe, quatre cloux esmaillez de blanc & noir, porte d'Asur à 3. Couronnes d'or.

28. De Cleues, dict du Cigne, institué en memoire du Cheualier du Cigne. Le Collier estoit de 3. chaisnons d'or au Cigne d'argent, supporté d'vne terrasse esmaillée de fleurs, portoit de Gueule chargé d'vn autre Escu d'argent, ayant vn Tourteau de Sinople duquel departent 8. Ceptres en forme de Rais pomettez & fleuronnez d'or.

29. Des Theutons, dit de Prusse, institué l'an 1191. autrement porte croix ou Marianes, quelque riches Citoyens de Lubec & Bresme edifierent vn Hospital en la Ville d'Acre pour le soulagement des Pelerins, & prirent le nom de Cheualiers Theutoniques ou de l'Hospital de la *Vierge*, sous la reigle de S. Augustin, ils portoiët sur l'estomac vne Croix potécée de blanc, chargée d'vn escu de l'Empire, S. Louis estant outre mer y adjousta le chef de France, ces Cheualiers subjuguerent toute la Prusse.

30. De Liuonie, dit des Freres, Porte-glaiues, institué par Engilbert & Thierry de Tissenk natif de Bresme, poussez du desir de combatre les infidelles de la Liuonie, ils portoient sur l'estomach deux Espées Rouges croisées de noir, les pointes en bas. L'an 1205. ceste Ordre fut approuué par Innocent III. depuis lequel pour sa foiblesse s'est vny auec les Theutons l'an 1561.

31. De *l'Annonciade* en Sauoye, institué par Amedée V. dit le Compte Vert, institué l'Ordre Militaire du Lacs d'Amour, l'an 1355. en memoire d'vn brasselet de cheueux que luy enuoya sa Dame. Le Collier estoit composé de roze esmaillées de blanc & de rouge, joinctes ensemble par vn Lacs d'Amour de soye de la couleur dudit poil, dedans estoient ces quatres lettres F. E. R. T. au bout dudit Collier pendoit vne ouaille d'or esmaillée de blanc & de rouge, & dedans S. Maurice à cheual; Mais Amedée 7. au lieu de ses Lacs d'Amour y mit des Cordeliers, & au lieu de S. Maurice, l'Annonciation de Nostre-Dame, faisant comme vn nouuel Ordre. Quand à ces quatre lettres elles signifioient (*Fortitudo eius Rhodum tenuit*) en memoire de la desliurance de Rhodes par ledit Amedée, port, escartelle le 1. & le 4. de gueules au cheual gay, tourné d'argent qui est de Saxe ancienne. party de face d'or & de sable de 8. pieces à vne Couronne de Ruë perie en bande de Sinople qui est de Saxe moderne enté en pointe à trois bouts de Fourreaux d'Espée de gueules 2. 1. le 2. de Chablais qui est d'Argent au Lion de Sable semé de billette de mesme, le 3. de Sa-

lie au Lion d'Argent qui est d'Aost, sur le tout de Malthe qui est de Gueule
à la Croix d'argent.

32. De Sainct Lazare & Sainct Maurice unis ensemble par le Pape Gregoire
treize, si bien que les Cheualiers dudit Ordre portoient vne double Croix, la
premiere pommetée, de 8. pointes de Sinople par dessus vne autre pommetée
de blanc.

Quelques Escriuains disent que l'Ordre de Sainct Lazare a commancé du temps
de S. Basile le Grand, quand à celuy de S. Maurice, fut institué par Amedée Duc
De Sauoye, qui depuis fut Pape sous le nom de Felix V.

33. De S. Estienne Pape, dit de Florence, institué par Cosme 1. l'an 1561. à
l'honneur de S. Estienne Pape 9. du nom. Patron de Florence. Le Collier estoit
vne chaisne d'or, d'où pendoit vne Croix semblable à celle de Malthe, de satin
rouge à l'orle d'vn gallon d'or, port. d'or à 5. Tourteaux de gueules, 2. 2. 1. Charles 8. Roy de France, adjousta au chef vn Tourteau d'asur chargé de 3. Fleurs
de Lys d'or.

34. L'Ordre du sacré sang de Nostre Seigneur *Iesus-Christ*, dit de Mantoüe
institué par Vincent de Gonzague, 4. Duc de Mantoüe, & 2. de Montferrat,
l'an 1608. corfirmé par le Pape *Paul* V. en l'honneur du sang miraculeux que
l'on tient estre à Mantoüe en l'Eglise de S. André.

Le Collier est composé d'oualles les vnes de long, la où il y a ces mots, *Pro-
bassi me*, les autres de haut ou en pointe, où il y a vn trippier & creuset, tenant
plusieurs verges d'or, le feu dessous : ces oualles sont entre-lassées d'annelets clo-
chez, au bout dudit Collier pend vne oualle où sont deux Anges tenant le S.
Ciboire couronné, & sont marquées trois gouttes de sang, en memoire de celles
qui sont à Sainct André de Mantoüe, la deuise est, *Nihil hoc triste recepto*, p.
d'argent à la Croix patée de Gueulles cantonnée de 4. Aigles esployés de Sable
sur le tout escartellé, le 1. & le 4. d'or a trois faces de Sable, le 2. & 3. de
Gueules au *Lion* d'or.

35. De Cypre ou de Lusignan, dit de l'espée, institué par Guy de Lusignan Roy
de Ierusalem & de Cypre, l'an 1195. Le Collier estoit composé de lacs d'amour,
entre-lassée de S. d'où pendoit dans vne oualle vne espée d'argent croisée d'or,
auec cest legende ,, *Securitas Regni.*

36. De Ierusalem & du S. Sepulchre, que l'on estime estre le plus ancien de la Palestine & Terre Saincte, les Chanoines qui auoient la garde du S. Sepulchre sous
le Gouuernement du Patriarche Baudoüyn Successeur de Godefroy furent faits
hommes d'Armes l'an 1183. Leur Croix estoit celle de Ierusalem, cantonnée de 4.
croissette d'or, l'an 1494. furent incorporez à celuy de Rhodes, par Innocent 8. porte
escartelle le 1. Ierusalem, qui est d'argent à la croix d'or potencée & cantonnee de
4. croix de mesme, le 2. de Lusignan, qui est burelle d'asgent & d'azur, au Lion de
gueules, Bronchant sur le tout, armé & couronne d'or, le 3. d'or au Lion de gueules
brisé d'vne croissette sur l'Espaulle gauche qui est d'Armenie, le 4. est de Cypre
qui est d'argent au *Lion* de Gueules.

37. L'Ordre de Malthe, dit de S. Iean de Ierusalem, autrement des freres Hos-
pitaliers, instituée par quelques Marchands Italiens de la Cité de Melphe, qui
moyennant vn tribut annuel, obtindrent des Turcs quelque petit Heberge en
Ierusalem pour ceux de leur nation qui feroient le S. Voyage, Baudoüin ayant
reconquis Ierusalem confirma cest Ordre, & leur permit le maniment des armes, à quoy ils s'obligerent l'an 1104. Leur Croix estoit de toille blanche ancrée
à 8. pointes representant les 8. beatitudes.

38. Des Templiers où Cheualiers du Temple, instituez sous Baudoüin
II. enuiron l'an 1119. Leur Croix Estoit de rouge comme celle des Patriarches, ils furent abolis par Clement V. Philippes le Bel les fit brusler à Paris l'an 1313.

39. L'Ordre des Cheualiers de S. Lazare en Portugal enuiron l'an 1321 institué par Denis Periola VI. du nom Roy de Portugal, ordonna que leurs
blasons seroient vne robe noire, & vne Croix rouge patrée, couppée d'vne autre blanche sur l'estomac, aucuns sont d'auis que ledit Ordre est semblable à la
Figure 41.

40. De Saincte Catherine du Mont de Sinay, les Calloyers & Moynes de la Grece,

faifoient Cheualiers de l'Ordre de fainſte Catherine les Pelerins qui venoient au
Mont Sinay. La Croix de l'Ordre eſtoit vne rouë percée de fix rais de Gueule,
cloüées d'argent.

41. L'Ordre de *Iefus-Chſt* inſtitué au Royaume de Portugal, & confirmé par
le Pape Iean 22. l'an 1318. ces Cheualiers ont l'habit noir, & porte la Croix partie rouge, partie blanche fe peuuent marier, porte d'or à la Croix Fleurdelifée
de Sinople chargée en abifme d'vn Efcuſſon d'argent, ledit Efcuſſon chargé de
cinq bezans d'argent rangez en fautoir à la bordure de gueule chargée de Tours
d'or.

42. Des Cheualiers de Noſtre *Dame*, inſtitué par les *Petriguans* l'an
3618.

De Sainſt Lazare en France reſtablis par Philbert de Nereſtan, & ce
nomment ces Cheualiers, les Cheualiers du Mont Carmel & de Sainſt Lazare, & portoient au col vne Croix violette où eſtoit l'Image de Noſtre-
Dame, & vne autre fur l'vn des coſtez de leurs manteaux de mefme couleur &
Figure.

La Republique de Venife a auſſi des Cheualiers qu'ils appellent de Sainſt
Marc l'Euangelifte, qu'ils repreſentent en leurs Armes, Banniers & Drappeaux
blancs par vn Lion aiſlé de Gueules, qui a pour *Legende* & deuife, *Pax tibi
Marce Euangelifta Meus*, Lequel Ordre le *Duc* ny la Seigneurie ne le conferent
iamais qu'à des perfonnes qui n'ayent rendus des fignalez feruices à la Republique
& attire auec foy le titre de Bourgeois de Venife, & priuilege de porter pour
Cimier fur leurs Armes vn Mufle de Lion qui eſt vn tres grand honneur
entr'eux ; ils ont auſſi eu vn autre Ordre nommé de la Galfa qui eſtoit
pour duyre & façonner la Nobleſſe à la Guerre, tant par Mer, que par
Terre.

La Republique de Gennes a eu auſſi les Cheualiers de S. George lefquels portoient vne Croix plaine d'or efmaillée de rouge attachée à vne chaifne de mefme
& fur leurs manteaux vne croix en broderie de pareille couleur.

Outre les Ordres Militaires dont nous auons parlé, il y a encor les Cheualiers
de bataille, de mines & d'Acolée à qui ce nom eſtoit octroyé où donné ; principalement à ceux qui s'eſtoient portez vaillamment en quelques batailles ou rencontres Mines, aſſauts & Sieges de Villes, ou prifes de places fortes.

Et D'autres, encor que les Rois & Princes faifoient en temps de paix & de
refioüiſſance, qui eſtoient appelez Cheualiers de Graces ou d'Acolée qui
eſtoient les moindres ; Et neantmoins ceſte grace ne pouuoit eſtre conferée que
par le Roy ou Prince Souuerain qui peuuent faire vn Cheualier de grace de puiſ-
fance abfoluë & de mefme vn Cheualier Roturier : Les Lettres de Cheualerie l'an-
nobliſſant, bien qu'il fut nay de pere & de mere, vilains & Roturiers.

Mais les tiltres de Cheualiers de batailles & de Mines pouuoient eſtre confe-
rez par les Lieutenans Generaux du Roy en fon abfence, en vertu de leurs charges. Deuant ou apres vne bataille, leuée de Siege, ou prife de Ville.

*De la maniere qu'on receuoit iadis les Cheualiers, & des circonſtances obferuées en leurs
receptions.*

Celuy qui vouloit eſtre Cheualier de Grace ou d'Acolée eſtoit obligé de faire
preuue de fa Nobleſſe, ou de la difpence de fa Roture obtenuë par grace. Ce
qu'ayant prouué & veriffié, l'Efcuyer fe preparoit à receuoir l'Ordre de Cheualerie, veilloit la nuict d'auparauant en vne Eglife en Prieres & Oraifons. Le
matin venu, il entroit dans vn baing pour fe lauer le corps, au fortir duquel le
futur Cheualier eſtoit reueſtu fur fa chair nuë du *Gaubiſſon*, C'eſtoit vn corps fait
comme celuy des femmes, contre-pointé (autrement appelé Hocquetton)&
fur iceluy vne chemife de Gafe ou de fine toille, ordinairement brodée d'or &
de Soye par les bouts & paremens : fur ceſte chemife, on mettoit le Hauber.
C'eſtoit vne cotte de Maille allant iufques au genoux. vn colet de Bufle par
deſſus, fur lequel on meſtoit la coſte d'Arme (ainfi nommee de ce qu'elle
eſtoit faite par Lambeaux des couleurs & Liurées du Cheualier prefenté) faite
à peu pres comme celle des Archers de la garde du Roy.

Le futur Cheualier eſtant en c'eſt efquipage eſtoit conduit vers le Prince, qui
luy faifoit chauſſer des Efperons dorrez, commençant au pied droict, acheuant

par le gauche, ce qu'eſtant fait, ſe mettoit à genoux pour faire le ſerment
entre les mains du *Prince* lequel receu le *Prince* ceignoit l'eſpée le faiſant Cheualier. *Au Nom du Pere, du Fils, & du Sainct Eſprit*, c'eſtoit ainſi que les Cheualiers le faiſoient en temps de Paix.

Les Rois & premiers Chreſtiens donnoient la Ceinture dorée, & baiſoient en
la donnant le nouueau Cheualier en la jouë gauche, & proferoient ſes paroles
en l'honneur du Pere, du Fils & du S. Eſprit, ie te fais Cheualier.

Baiſer c'eſt à dire l'acoler.

La forme & la reception des Cheualiers a eſté diuerſes, & les Ceremonies
n'ont pas eſté par tout ſemblables aux vns, les Princes donnoient le baiſer de
Confraternité & de bien-vieillance aux nouueaux Cheualiers, d'autres leurs donnoient vn ſoufflet, autres trois coups de plat d'eſpées ſur le col, ce qui s'obſer-
uoit ordinairement aux Tournois & batailles auparauant que de venir aux mains.
Les Eſcuyers demandoient eſtre faicts Cheualiers, ce qui leur donnoit courage de
bien faire, d'autant que s'ils mouroient en combatant auoient l'honneur d'eſtre
enterrez en Cheualiers, le Prince ou General leur donnoit (comme nous auons
dit) trois coups de plat d'eſpée nuë, luy diſant au nom du Pere & du Fils, &c.

Le meſme ſe faiſoit apres la bataille à ceux que le General auoit connu auoir
bien fait pour recompenſe de leur vaillance.

Les jennes garçons eſtoient appellez Bacheliers, c'eſt à dire preſt d'eſtre ou
ſoldats ou Cheualliers.

Ceux qui auoient le premier rang d'honneur en la milice Françoiſe eſtoient les
Cheualiers Banerets. Le Cheualier Baneret eſtoit celuy qui auoit tant de Gentils-
hommes ſes vaſſeaux qu'il pouuoit leuer Baniere, & faire vne Compagnie de Gen-
d'Armes, les ſoudoyant à ſes deſpens.

Le Bachelier ou bas Cheualier eſtoit celuy qui n'auoit vaſſaux à ſuffiſance pour
mener à la guerre à ſes deſpends, ains marchoit ſous la banniere d'autruy, & l'Eſcuyer eſtoit le moindre & marchoit apres les autres.

Les Romains auoient accouſtumé de reconnoiſtre pour Noble ou *Patrice*, ceux
qui auoient eu leurs ayeuls & biſayeuls, Senateurs ou *Cheualiers*, d'où on receüille
qu'il y a deux moyens pour acquerir & conſeruer le tiltre de Nobleſſe : A ſçauoir,
les Armes & les Lettres de ces deux Profeſſions ſont prouenus les titres d'Excellence, de Cheualiers d'Armes, & Cheualiers de Lettres, tellement que ceux qui
par la connoiſſance des lettres eſtoient appellez au ſeruice du Prince & de l'Eſtat,
par l'eſpace de vingt ou vingt-cinq années eſtoient appelez Comtes Palatins,
ou Comtes de Lettres, & en portoient les marques qui eſtoit le Cercle perlé,
l'eſpée & les eſperons dorez.

Suiuent les pieces d'honneur (adjouſtées pour ornemens) & qui ce portent
ordinairement en guerre, & és Conuois des grands Seigneurs. Ces pieces ſont
de taffetas, & deſſus eſt peint au Guidon ou Enſeigne les deuiſes des Seigneurs
telles qu'ils veulent, les banderolles des Trompettes doiuent eſtre chargées des
armes du Seigneurs. Notez ſi ce ſont François, on met touſiours la croix blanche ſur l'Enſeigne ou cornette, quand aux couleurs elles ſont d'ordinaire des
liurées des Seigneurs entre-meſlées à plaiſir.

Les marques & enſeignes des principalles dignitez, & des principaux Officiers de la
Couronne de France, auec les noms, Armes & Blaſons des perſonnes qui
les poſſedent, & en quoy conſiſtent leurs charges.

PREMIEREMENT.

LE Roy Louis quatorzieſme du nom Roy de France & de Nauarre, à preſent
Regnant, nay le cinquieſme Septembre 1638. lequel porte pour Arme d'azur
à trois Fleurs de Lys d'or qui eſt de France ſeulement, timbré d'vn Caſque d'or
tarré de front, ayant pour Cymier la Couronne Royalle ſommée d'vne double
Fleurs de Lys d'or, l'Eſcu enuironné des Colliers des deux Ordres, ſçauoir de
Saint Michel & du Saint Eſprit, blaſonnée cy-deuant, ſouſtenue de deux Anges
veſtus de tunique, & Cottes de l'eſmail de France, & comme Roy de Nauarre
porte l'Eſcu acollé, ou ioint à celuy de France de gueules aux chaiſnes d'or poſées en

sées en Sautoir face & orles.

Les ornemens duquel sont le manteau Royal de velours violet semé de fleurs de Lys d'or plus plain que vide, la Couronne fermée à l'Imperialle, le Sceptre d'or & l'anneau ou Cachet Royal, qui sont les marques de son absoluë Majesté. La Dalmatique sous le manteau Royal en qualité de Diacre la main de Iustice en sa main gauche, qui est vne verge d'enuiron vne coudée de haut toute d'yuoire sommée d'vne main gauche de mesme.

2. Le mesme estant cy-deuant Daufin, & durant le Regne du Roy Louis le Iuste son Pere, portoit escartelé au premier & quatriesme de France le deux & troisiesme de Daufiné, qui est d'or au Daufin pasmé d'asur posé en Croissant tourné, il ny à que le Roy & le Daufin qui puisse porter le manteau Royal, la Dalmatique, les Sandalles ou Bottines, le tout semez de fleurs de Lys d'or.

3. Le *Connestable* estoit cy-deuant la suppression chef souuerain des Armées de France, & tenoit rang immediatement apres les Princes du Sang, & deuant tous les Ducs & Pairs, la marque de son office estoit de porter l'espée nuë marchant deuant le Roy à main droite, & decoroit, ses Armes de deux Espées tenuës en Pal de chaque costé de l'Escu, par vne main armée d'vn gantelet sortant d'vne nuë. Le dernier qui a esté honoré de cette haute dignité estoit. Messire François de Bonne Duc de Lesdiguieres: lequel portoit de Gueules au Lyon d'or au chef d'azur, chargé de trois Roses d'argent.

4. L'*Admiral*. Celuy qui possede cette charge commande aux guerres de la Mer, & à pour marque exterieure de sa dignité, lors qu'il a luy seul le commandement general sur les deux Mers, deux Anchres d'or passée en Sautoir, derriere l'Escu de ses Armes, auec les Coliers des Ordres, s'il est Cheualier, & en est à present en possession M. Cesar Duc de Vandosme, lequel porte de France au baston Pery en bande de Gueules chargé de trois Lyons d'or.

5. Le *Chancelier* est le second Officier de France, & le souuerain chef de la Iustice, & quand le Roy tient son lit de Iustice au Parlement, il est assis deuant luy à ses pieds, & a pour marque de sa dignité le Mortier de toille d'or rebrassé d'Hermine, posé sur l'Escu de ses Armes, duquel sort pour Cymier vne Reine depresentant la France tenant en sa main droite le Sceptre, & en la gauche les Grands Sceaux du Royaume, celuy qui possede cette charge est Messire Pierre Seguier, qui estoit auparauant President au Mortier au Parlement, lequel porte d'azur au Chevron d'or accompagné en chef de deux Estoilles de mesme & en pointe d'vn Mouton passant d'argent.

Messire Matthieu Molé cy-deuant premier President au Parlement de *Paris*, est à present *Garde* des *Sceaux* de France, lequel porte pour Armes, escartelé au premier & quatriesme d'azur au chevron d'or accompagné en chef de deux Estoilles de mesme, & d'vn Croissant d'argent en pointe, le deux & trois d'argent au Lyon d'azur.

6. Les Mareschaux de France sont maintenant vn grand nombre dont vous aurez cy-apres leurs noms, qualitez & Armes, lesquels ont pour marques de leurs dignitez deux bastons d'azur semez de Fleurs de Lys d'or passez en Sautoir derriere l'Escu de leurs Armes, auec les Coliers des Ordres, s'ils sont Cheualiers: ils font la fonction dans les Armées que faisoit iadis le Connestable, aussi estoient-ils ses Lieutenans. Le premier desquels qui est de plus ancienne creation est Messire Annibal d'Estrée Marquis de Cœuvres, lequel porte escartelé au premier & quatriesme d'argent, fretté de Sable de six pieces au chef d'or chargé de trois Merlettes, de mesme au deux & trois d'or au Lyon d'azur.

7. Le Colonel General de l'Infanterie à authorité sur tous les gens de pied François, & à sous soy les Mestres de Camps & Colonels qui ne sont que ses Lieutenans, & ne peuuent disposer d'aucune charge sans luy; cette charge est possedée par Messire Bernard de Nogaret & de la Vallette Duc d'Espernon, ces Armes sont timbrée à cause de sa charge, de quatre ou six Drappeaux des couleurs du Roy, qui sont incarnat, blanc, & bleu, & porte Couppe de huict pieces, quatre en chef, & quatre en pointe. Le premier du Chef escartelé de Castille, & de Leon, le deux d'Arragon, le troisiesme de Nauarre, le quatriesme de Catalogne. Le premier de la pointe de Saxe, le second d'Albret, le troisiesme escartelé de Foix & de Bearn, le quatriesme escartelé, le premier party & couppé en chef, le premier d'argent à l'arbre de Sinople, qui est de Nogaret, le second

LES MARQVES ET ENSEIGNES DES PRINCIPALES DIGNITEZ, ET DES PRINCIPAVX OFFICIERS DE LA COVRONNE DE FRANCE.
Avec les noms, armes & Blasons des personnes qui les possedent, dequoy ils sont leurs charges.

de Gueule à la Croix vidée & pommetée d'or, qui est de Touloure au chef de
Gueule à la Croix potencée d'argent.

8. Le Colonel General de la Caualerie Françoise, pour marque de sa dignité
ses Armes sont Timbrée de quatre Cornettes de France, deux de chasque coste,
cette charge est possedée par Messire Henry de la Tour Mareschal de Turenne,
lequel porte escartelé au premier & quatre d'azur semé de France à la Tour d'argent, qui est de la Tour, le deux & trois de Boulongne, qui est d'or à trois tourteaux de Gueule, sur le tout party au premier d'or au confanon de Gueules
frangé & Sinople, le second d'argent à la bande de Sable.

9. Le Grand Maistre de l'Artillerie à sur-intendance sur tous les Officiers d'icelle, dont il fait l'estat en toutes les Armées du Roy, esquelles il a ses Lieutenans,
fait faire les trauaux pour l'Armée tant au Sieges de villes que dans la marche, fait
faire les poudres, foudre l'Artillerie, il a aussi pouuoir sur tous les Arcenaux de
France, & a pour marque de son Office deux canons ou coulevrines sur leurs af-
futs au dessous de ses armes, c'est Office est possedée par Messire Charles de la
Porte Mareschal de la Meilleraye, lequel porte de Gueules au Croissant, montant d'argent chargé de cinq Hermines de Sable.

10. La Sur-Intendant des Finances de France est vne commission renocable aussi
bien que l'Office des Intendans, il y auoit autrefois vn grand Thresorier General
qui auoit la mesme authorité qui est telle que toutes les Chambres des Comptes,
Cours des Aydes, Thresoriers de France, de l'Espargne, & autres Officiers des
Finances y ayant rapport, despendoient de ses ordres, la marque de cet Office
peut estre deux Clefs posez en Pal aux deux costez de ses Armes, l'vn d'or &
l'autre d'argent, celuy qui la posse est M. Seruien, lequel porte bande de
six pieces d'argent, & de Gueules au chef d'azur chargé d'vn Lyon d'or party &
Gironné de huict pieces d. & d.

11. Le Grand Maistre de la Maison du Roy est le premier Officier entre les trois
Domestiques, & à la Sur-intendance de tous les Officiers & Commen-
ceaux de la Maison de sa Majesté, à la reserue de ceux de sa Chambre & de
l'Escurie, regle tous les ans la Maison du Roy, ayant pouuoir d'appointer ou de-
sappointer iusques au moindre Officier, il a tel pouuoir sur tous que nul ne peut
se dispencer de ses commandemens, la marque de son Office ou charge est
deux grands Bastons, dont les bouts d'enhaut se ferment en Couronnes, celuy
qui la possede est Monsieur le Prince de Conty, qui porte de France au baston
de Gueule Pery en bande à la bordure de mesme.

11. Le Grand Escuyer à la *Sur-Intendance* sur le premier Escuyer & autres Officiers de l'Escurie, particulierement de la grande : Aux entrées que le Roy fait dans
les Villes, marche deuant sa Majesté à cheual, portant l'Espée Royalle au fonreau de
velours bleu parsemée de Fleurs de Lys d'or, penduë au baudrier de mesme estoffe:
mais aux entrées des villes où il y a Parlement (& non ailleurs) il porte vne Casa-
que de velours bleu parsemée de Fleurs de Lys, son cheual caparassonné de mesme, le dais qui est porté sur le Roy par les Escheuins luy appartient, cette charge
n'est pas bien ancienne, il n'en est point mention auparauant le Roy Charles VII.
sous le Regne duquel il se trouue qu'elle estoit possedée par Poton de Xaintraille
braue & genereux guerier, la marque de cette charge est deux Espées Royalles
dans leur foureau & baudrier posé en Pal aux deux costez de l'Escu, le tout de
velours bleu semé de Fleurs de Lys d'or les boucles de mesme : c'est vne des charges
domestiques de la Couronne qui est possedée par Messire Henry de Lorraine
Comte de Harcourt, Cheualier des deux Ordres du Roy, lequel porte
party de trois couppé d'vn, ou escartelé de huict quartiers au premier facé d'argent & de Gueules de huict pieces, qui est Hongrie, au second d'azur semé de
Fleurs de Lys d'or au Lambel de trois pendans de Gueule mis en chef, qui est
Naples, Sicile, au troisiesme d'argent à la Croix potencée d'or, accompagnée ou
cantonnée de quatre Croisettes aussi d'or, qui est Ierusalem, au quatre d'or à quatre Pals de Gueules, qui est d'Arragon au cinq & premier de la pointe semé de
France à la bordure de Gueules, qui est d'Anjou au sixiesme d'azur au Lyon d'or,
couronné & armé de Gueules au sept, d'or au Lyon de Sable Lampassé de
Gueules, qui est Flandres au huict & dernier d'azur a deux bars adossez d'or,
semé de Croix recroisettée au pied fiché aussi d'or, qui est de bar sur le tout d'or
à la bande de Gueules chargée de trois Alerions d'argent qui est Lorraine, le

grand

grand Escu brisé en chef d'vn Lambel à trois pendans de Gueules sous brisé d'vne bordure de Gueules chargée de huict Besans d'or.

13. *Le Grand Aumosnier* de France, appellé aussi le Grand Aumosnier du Roy est le chef de sa Chappelle, cette charge fut establie au commencement du Regne du Roy Charles 8. ou le Cardinal de Meudon fut le premier Aumosnier de France depuis le Roy François Premier, ce grand Aumosnier reçoit les Sermens de fidelité des Maistres de L'oratoire & de la Musique & Plain, chap, & de tous autres Offices qui en despendent, il ne preste Serment pour sa Charge qu'au Roy, de luy seul despendent tous les autres Ecclesiastiques de la Cour, il à la disposition de tous les Hospitaux & Maladeries de ce Royaume, neantmoins les Hospitaux intitulez Benefices ne respondent que deuant leurs Euesques, il à la charge de la deliurance des prisonniers, qui se fait és Festes solemnelles de la part du Roy, ou à son aduenement à la Couronne, & à son Sacre, ou quand il fait sa premiere entrée és Villes de son obeïssance. Et porte pour marque de sa dignité vn Liure couuert de satin bleu sur lequel sont les Armes du Roy; Celuy qui possede cette charge à present est Monsieur le Cardinal Antoine Barberin, qui en a esté pourueu par le Roy, apres le decez de Monsieur le Cardinal de Lyon, il porte d'azur à trois Mouches d'or, l'Escu de ses Armes posé sur vne Croix de Malthe.

14. *Le Grand Chambelan* de France, est celuy qui à la Sur-Inrendance sur tous les Officiers de la Chambre du Roy, & qui en reçoit le serment, & luy appartient toutes les despoüilles & habillemens de sa Majesté, qui en doit auoir neuf par iour; & bien que sa Majesté ne soit pas si curieuse de ce changement, neantmoins sa taxe en est faite, & cela se conuertit au profit du Grand Chambelan, c'est à luy de chausser & tirer la botte du Roy, le iour de son Sacre, & dans les Seances publiques, comme aux Estats, aux Parlemens, ou le Roy tient son Lit de Iustice, il est tousiours assis aux pieds d'iceluy, il est le second Officier de sa Couronne. La marque de cette dignité est deux clefs d'or, dont les manches ou l'anneau se terminent en Couronnes Royalles posées en Sautoir derriere l'Escu de ses Armes, cette charge est possedée par Messire Henry de Lorraine Duc de Guise, porte comme le Comte de Harcourt, mais sans brisures.

15. Le *Grand Panetier*, cette charge ne gist à present qu'au seul tirre, Anciennement il auoit iurisdiction sur tous les Boulangers de Paris, & sur tous Officiers de la Paneterie, à present il ne luy reste qu'vne ceremonie, qu'il y a vn Huissier de table qui crie à haute voix par vne fenestre au Grand *Panetier* qu'il vienne mettre le couuert pour le Roy, & lors il est assisté des Gentils-hommes seruans, des Escuyers tranchãs, & quand le Roy disne il fait essay des viandes qu'on sert sur la table, comme le Maistre du Goblet fait essay du vin qu'on presente à sa Majesté, il a pour marque de son Office la nef d'or, & le cadenas qu'on met à costé du couuert du Roy, cette charge est possedée par Messire François de Cossé Duc de Bris-sac, lequel porte de Sable à trois faces crenellées de par en bas.

16. *Grand Veneur*, à Sur-Intendãce sur tous les Officiers de la Vennerie du Roy, & à pour marque de son Office deux grands Cors de chasse auec leurs attaches à costé de l'escu de ses armes, & en est en possession Monsieur le Prince de Guimenay Fils de Monsieur le Duc de Montbazon, qui porte de Rohan, &c.

17. Le *Grand Fauconnier*, à la Sur-Intendance de la Fauconnerie du Roy, & tous les Officiers qui sont sous luy iouïssent des mesmes priuileges que les Cõmençeaux de la Maison du Roy, & a pour marque de son office deux Leures au dessous ou à costé de ses Armes elle est occupée par Monsieur le Comte des Marets, lequel porte tiercé en chef, le premier eschequé d'argent, & d'azur au chef de mesme chargé de 3. Fleurs de Lys d'or, au deux de Laual, le 3. de la Trimoüille, le Chevron brisé d'vne Fleur de Lys d'or party en pointe, le premier de Mõtmorency, le 2. d'azur au Lyon d'or, semé de Croissetes au pied siché de méme, sur le tout d'or à 3. bãdes d'azur.

18. *Le Grand Louuetier*, prend pour marque de son Office deux testes de Loup de front au dessous ou à costé de ses Armes; c'est Monsieur du Perray frere de Monsieur le President Bailleul qui l'occupe, lequel porte de Gueules au Lyon d'argent semé d'estoilles de mesme : ces trois dernieres charges ne sont point Officiers de la Couronne, les autres Officiers qui le sont font homage au Roy de leurs Offices, mais ils ne sont point hereditaires.

19. *Les Capitaines* des Gardes du Corps du Roy portent pour marques de leurs charges deux Bastons d'Ebenes passez en Sautoir derriere l'Escu de leurs Armes,

ayant les pommeaux & bouts d'yuoires, defquelles il y en a quatre Compagnies,
& fes quatre Compagnies ont leurs Capitaines La premiere defquelles s'appelle
Garde de la Manche ou Efcoffoife, laquelle eft compofée de cent Archers, vn
Lieutenant, quatre Exempts qui portent le Bafton dans la Maifon du Roy, de
ces cent il n'y en a que feize qui portent le Hocqueton à la Manche, & la halebarde frangée d'or, & la lame dorrée, il y en a toufiours derriere la chaire du
Roy, quand il difne ou qu'il fe trouue en quelque Ceremonie. Leur Capitaine eft Monfieur le Comte de Noüailles, qui porte de Gueules à la Barre d'argent.

Les Capitaines des Gardes Françoifes font le Duc de Trefmes, qui porte efcartelé, le premier d'azur à la Cottice de pourpre, accompagnée de deux Amphi-
ftres, ou Serpens Aiflez d'or, au deux Couppé de Gueules en chef, à l'Efcuffon
de Montmorency, & en pointe d'argent au trois de Montmorency, le quatre d'argent
au chef de Gueules au Lyon d'argent Bronchant fur le tout de l'efcart d'azur à
deux mains à dextrée d'or au Franc-quartier, efchequé d'argent & d'azur.

Le fecond eft Monfieur le Comte de Charaut, qui porte d'argent à la face de gueules en deuife vers la pointe de Gueule du Lambel de trois pieces de mefme en chef.

Monfieur Vilquier, lequel porte efcartelé au premier de Gueules à la Croix
Fleurdelifée d'or cantonnée de douze Billettes de mefme, au fecond d'or, à trois
Chabots de Gueules mis en Pal, au trois de Luxembourg, au quatre bre-
teffé, & contre-breteffé d'argent & de gueules, fur le tout d'argent au Chevron
de Gueules accompagné de fept Meriettes de mefme, quatre en chef & trois en
pointe.

20.   Les cent Suiffes de la Garde du Roy qui marchent deuant fa Majefté quand il
va à la ville, tous habillez de fes couleurs ont la tocque de velours noir, &
la halebarde en main, & pour Capitaine Monfieur de Vardes, lequel porte auffi
deux baftons noirs, & les bouts d'yuoire paffez en Sautoir derriere fes Armes
font fuzellé d'argent & de Gueules.

21.   Le Grand Efchanfon ou Bouteillier n'eft aujonr-d'huy qu'vn titre tout nud
fans aucune fonction, fa marque eft deux Bouteilles d'argent dorée, fur lefquel-
les font grauées les Armes du Roy, cette charge eft poffedée par Monfieur le
Comte de Marens, qui porte d'azur au Croiffant montant d'argent en abifme,
accompagné de fix Croix recroifettée au pied fiché de mefme, trois en chef, &
trois en pointe.

22.   Le *Grand Prenoft* de l'Hoftel du Roy a pour marque de fon Office deux faif-
feaux de Verges d'or paffez en Sautoir lié de cordons bleus auec la hache, c'eft vne
belle charge, car fon authorité s'eftend non feulement fur les Officiers de la Maifon du Roy, mais encore à fix lieuës de la Cour, empefche les defordres, con-
noift des caufes des Officiers de la Maifon du Roy, taxe le pain, vin, viande
fraifche, & ce qui eft neceffaire pour la fubftance de la Cour, il eft Iuge des caufes, tant Ciuiles que Criminelles de ceux qui fuiuent la Cour, & enterine les graces octroyez à ceux auffi de lad. Cour. Celuy qui poffede cette charge eft Meffire
Iean du Bouchet Marquis de Sourches, lequel porte de Gueules à deux faces
d'argent.

23.   Le Grand Marefchal des Logis a pour marque vne Maffe & vn Marteau
paffées en Sautoir deffous fes Armes; c'eft Monfieur le Marquis de Fourille
qui occupe cette charge, fa fonction eft de faire marquer tous les Departemens
& Logemens par les Marefchaux, des Logis & Fouriers du Roy, tant pour fa
Majefté que pour toute fa Cour, il porte d'argent au Sautoir de Sable au Lambel de mefme au chef d'argent.

24.   Le premier Efcuyer, ou grand Tranchant, a pour marque de fon Office
vn coufteau & vne fourchete paffée en Sautoir aux manches d'vne Couronne de
Fleurs de Lys, cette charge eft occupée par Monfieur de Rhodes Grand Maiftre
des Ceremouies, lequel porte d'or à la face d'azur.

Le Capitaine des Gardes, ou Archers de la porte qui ont leurs Hocquetons des
couleurs du Roy, auec des Papillottes d'or & vne clef d'Orféuerie en broderie,
& portent la Hallebarde, eft Monfieur de Bautru Comte de Nogent, lequel a
pour marque deux clefs à l'anneau orné de Couronne mife en Pal à cofté de
fes Armes qui font d'Azur au chevron d'argent, accompagné en chef de deux
Roze de mefme, & en pointe d'vne tefte de Renard arrachée auffi d'Argent.

TABLE OV INDICE ALPHABETIQVE,

SERVANTE D'EXPLICATION DES MOTS VISITEZ DANS LE

BLASON,

OV PROMPTVAIRE ARMORIAL.

AVEC LE RENVOY aux Figures.

BISME est le cœur de l'Escu.

Acolé ce prend de deux sortes, c'est vne chose qui lie ou acolé deux ou trois choses ensemble.

Acolé ou coleré veut dire le Colier de quelque Animal.

Aecompagné ou enuironné, c'est lors qu'au tour de quelque piece principale, il y en a plusieurs autres.

Acorné, c'est pour les bœufs, moutons ou autres Animaux qui ont des cornes.

Acosté, c'est quand il y à quelque piece aux costez de la principale qu'on dict aussi.

Adextré ou sinistré. * Page, 6. numero 33. & 34.

Adorssé ou adossé Page. 16. 232.

Les Animaux se peuuent adosser, les Croissans & toutes sortes de Figures qui se peuuent tourner & demeurer courbes. Pag. 19.
[232.]

Affronté est le contraire d'adosse, c'est mettre les Animaux vis à vis se regardant l'vn l'autre. Pag. 19. 231

Quant l'Aigle est representé à deux testes, il le faut specifier.

Aigle esployé. Page. 21. 266.

Aigle à deux testes. Pag. 21. 264.

Aiglons. Pag. 21. 268.

Aigle escartelé. Pag. 21. 265.

Aigle échequé Pag. 21. 265.

Aigle & son Blason. Chap. 10.

Aislé ce dict de quelque Oyseau que se fait quand elle est seulle, on dict demy vol, quãd y en à deux, l'on dict au vol ouuers ou essen-

du. *Il y a aussi des cheuaux, Bœufs, Lions, Serpens, & Dragons, Aislez.*

Alaisé ou Alisé, Aresté, Racourcy se dict du Sautoir de la Croix du Pal. &c.

Alelions, ou Allerions. Chap. 10.
[Page 21.]

Alumé se dict des yeux des Animaux Amal thée. Page 16.

Amphistre est vn Serpent qui a 2. testes, vne à la queuë.

Ancre est vne piece qui ce jette en Mer pour arrester vn Nauire, ou Basteau. Laquelle a aussi ses parties.

La Stagne dont elle est emmanchée.

La Trabe est le bois dont elle est trauersée au milieu de laquelle est vn Anneau ou est passée ou attachée la Gumene, ou corde.

Ancolie Fleur 16.

Angeme, ou Angenie est vne fleur imaginaire, à laquelle on donne six feüilles qui sont quelquefois percée.

angle. Page 9. numero 83.

Arneaux, ou Anelers. Chap. 6. lequel d'autant qu'il est rond, ce prend quelquefois pour vne boucle, ou cercle.

Anille est vne figure comme deux doubles crochets adossez liez ensemble par le milieu, se mettent au bout des poutres dans les Bastimens pour les resserr.

Anille ou fer de moulin different de la premiere, en ce que les deux crochets qu'y sont ne se touchent pas & qu'en lieu d'vn Lien, il y en a deux.

Les Animaux doiuent estre representez en leurs assietes & posture plus naturelle, comme pour exemple.

Le Lion rampant.

Le Leopart passant.

Le Cheual se cabrant gay ou effrayé.

Le Loup rauissant & Rampant.

Le Torreau furieux.

Le Belier sautant.

La Brebis paissante.

Et notez qu'en toutes ses postures, quand l'vn des pieds se doit aduancer, c'est tousiours le droict.

Les Animaux ont leur Blasons dans les Chap. 8. & 9.

Arbre se Blasonne tousiours verr, s'il est sec, le faut specifier.

Les Arbre ont leur Blasons dans le Chapitre 7. Pag. 15.

Arc est vn instrument à tirer les fleches.

Arc en Ciel est de plusieurs couleurs.

Argent est le second mérail qui entre dans les Armes. Page 3. numero 15.

Armes ou Armoirie ne seruent en ce Liure que pour vn seul mot, ne signifiant autre chose, mais hors ce lieu, il signifie tous Instrumens de Guerre, tant deffencifs, qu'offencifs.

Arraché ou teste arrachée est quand la plume ou le poil couure la chair ou ils sont arrachez.

Aresté, racourcy ou alaisé, est lors qu'vne piece principale, comme vne face, vn Pal, vne Croix ou Sautoir ne touche pas les bords de l'Escu.

Arondy ce dict du tronc, d'vn arbre ou autre piece, page 10. N. 84.

Asur. Page 3. n. 16.

Badelaire est vne espece de Coutelas courbé.

Bande doit occupper la tierce partie de l'Escu estant seule. Pag. 8, N. 63.

Bandé, c'est quand il y en à plusieurs.

Bandes en deuise. Page. 8. numero 63.

Banderolle est vne petite Banniere telle qu'on la porte au bout d'vne Lance, ou qui est mise sur les maisons Nobles, appellez Girouettes.

Il y a des Bandes Bretessée, camponnée, Crenelée Iumellée, ondée &c.

Quand la Bande est estroite de la Douziesme partie, c'est vn Baston.

Bande ou cotisse lors qu'elle ne contient que les deux tiers.

Bande en deuise ne contient que le tiers de la Bande, & est seule.

Banieres est l'enseigne des gens de Guerres appellée aujourd'huy Drappeau.

Banieres ou Gonfanons sont portées en processions par les Eglise Paroissiales, lesquelles sont ordinairement presques carrées & decoupées par en bas comme les Gonfanons.

Banerets. Pag. n. 9.

Barbeaux. Pag. 17. 189.

Bars adossez. Page.

Barils a mettre vin comme ceux ou l'on met la Poudre à Canon.

Barbé ce dict en arme d'vn Cocq, cresté & barbé.

Barre est vne contre bande côme ceant au costé senextre. Page 9. 74.

Bastillé, c'est à dire garnie de Tours Basse, bare, figure à fantaisie

Baston est tousiours posé comme la bande. page 8. 73. & 16. 181.

Bataillée ou batelé ce dict d'vne cloche qui vn batail.

Bazilic. Page. 1. N. 241.

Becqué pour vn Oyseau qui a le bec d'autre esmail.

Beffroy c'est comme des pots ou cloches. Page 4.

Belier. Pag. 21. 151.

Belic ou Belif, c'est Gueules rouge de Vermillon.

Belier est vne machine de guerre visitée entre les Romains.

Besans sont figures rondes comme les Tourteaux & different des Boucles & Anneaux en ce qu'ils sont plains, & ceux-cy sont vides & different aussi des Tourteaux, en ce que ceux-cy sont tousiours de couleur, les besans de métail. Chap. 6. Page. 13.

Ce mettent en Armoirie iusques au nombre de huict, & non plus.

Besanté ou semé de Besans.

Besan Tourteau qui est parry de métail & de couleur. Chap. 6. Pag. 14.

Billete est vne figure massiue à 4. Angles droicts, vn peu plus longue que large. Chap. 6, Pag. 13.

Billettes couchée, c'est quand elle sont posée de trauers, autrement elle sont en Pal.

Billeté, & contre.Billetté. Pag. 159.
Billete en pointe. P. 15. 161.
Bise, ou Giure est vn Serpent ou Cou-
levre,
Blanc represente Largent. P. 2. N. 15.
Bois de Cerf. P. 21. 255.
*Bordures, c'est vne espece de brisures ou Ru-
ban dequoy l'Escu est bordé, couché de plat sur
icelay d'vne certaine largeur à sçauoir de la 6.
partie.*

*Il y en a aussi de plusieurs sortes, comme es-
cartelé, camponné, D'antelé & autres.*
Bordure camponnée. P. 6. N. 52.
Bordure engrelée P. 6. N. 51.
Boucles, les vnes sont rondes, autres car-
ree, celles qui ont leur Ardillons s'appellent
fermail ou fermeaux.
*Quand vn Ours ou autre Animal à vne
boucle à la Leure on dict bouclé.*

*Boucle est aussi vn certain Anneau qu'on met
au collier des Animaux qui sont acollez.*
Bouc sautant. P. 21. 252.
Bonnets pointus comme porte les Mes-
couites.
Boucliers P. 1. N. 2.
Bourdon est vn baston de Pelerin.
*Bourdonné ce dict d'vne Croix ou baston gar-
ni de ces pommes qui sont au baston des Pele-
rins qu'on dict aussi pommeté.*
Bouterolle, c'est le fer que l'on met en
bas du foureau d'Espée.
Boutonné, c'est d'vne Rose ou Fleur pre-
ste à fleurir. Chap. 7. P. 16.
Bretessé P. 9. 73.
Bretessé à double. 9. 73.
Contre-bretessé. 9. 73.
Bricques. Chap. 6. P. 13.
Sont piece d'vn carré barlong qui montre
tousiours trois faces comme vn Dez à
joüer.
Brissures Chap. 6. P. 11.
*Ou sont expliquée toutes sortes de Brisures
qu'on doit obseruer entre les Colateraux & leurs
Descendans pour les distinguer les vns, des
autres.*
Brodequins, c'est vne espece de chaussu-
re en façon de Botines.
Bronchant, c'est vne piece qui est posée
sur l'Escu passant ou trauersant par dessus
les emaux d'iceluy, qui est vn Lambel, vn
Lion, ou autre piece.
Broyes, c'est vn outil dequoy on brise
ou braye le chanvre, lequel est ordinairement fleuronné & orné.
Brosse, ou espoussettes pour nettoyer
des habits ou la teste.
Bufles aussi bien que le Bœufs, doiuent
estre representez le musle gros & court,

& entre les cornes, vn gros floquet de
poil.
Burellé est composé de diuerses
face auec ceste particularité que le
nombre soit esgal, & qui n'y en ait
que dix, ou douze, 9. 76. & 11.
N. 108 & p. 6 N. 47.
Campon. ou Camponé
Canette se represente comme les
Merlettes les aisles serrée, mais ils ont
bec & jambes qui les distinguent des
Merlettes.
Canelé
Canton est vne partie de l'escu sans
proportion arrestée. Ne differe du
quattier, sinon que le quartier est
tousiours le quart.
*Cantonné ce dict lors qu'és quatre çan-
tons vides qui sont autour d'vne Croix,
il y a quelques piece qui orne se lieu la*
Casque, ou Timbre Royal, Ducat, dés
Marquis, Barons, Cheualiers, Gentils-
hommes, Escuyers, & Bastards, sont representez en la Page 26.
Centre de l'Escu. P. 4. 23.
Cercle simplement se prend pour
vn anneau sans chatton ou vn cercle
de tonneau qui est lié.
Cercle perlé est la Couronne que
les Vicomtes portent sur leur Armes.
Cerfs Chap. 9. P. 10.
Chaisnes aux Armes de Naua-
re.
Champ est le fonds de l'Escu.
Champagne est taillé, potencé &
contre-potence de 13. piece en bandes.
Champé d'or, c'est à dire d'or
plain, &c.
Chanter ce dict des Armes parlan-
tes, qui se raportent au nom de ceux
qui les portent.
Chappé se dit lors que l'Escu est
diuisé en Chevron d'vn seul traict,
laissant le chef & la pointe plains.
Page. 7. 55.
Chaussé est le Rebours estant diuisé en Chevron, renuersé d'vn seul
traict.
Chappé Arondy P. 10. 85.
*Il y a aussi Chappé enté, Chappé, Escar-
telé, Chappé, Crenelé, &c.*
Chappé, chaussé se dict lors que
la Losange qui tient le milieu du
champ touche de ses 4. pointes, les
extremitez de l'Escu.
Chappé, escartelé quand sur l'Escu

M

Chappé il y à vn escart.

Chappé Crenelé, ou Carnelé, lors que la chappé qui couure l'Escu est Car-nelée, Chappé, enté comme les crene-lures sont quarrée: si au lieu de ses Figu-res on en faict de rondes, cela s'appellera Enture, estant mise sur le Champ, ce-la s'aqpelle Chappé, Orlé.

Chappeaux des Patriarches, ou Cardinaux ont 15. nœuds à leurs Cordons de chaque costé.

Chappeaux d'Archeuesques ont 10 nœuds de chasque costé.

Chappeaux d'Euesques en ont 6.

Chapperonné, c'est la coiffure des Espreuiers & autre Oyseaux de Proye.

Chardons   P. 17.   168.

Chargé est quand sur le chef bande

Croix ou face, il y a quelque piece sur-chargé, se dict lors que sur diuers Escus, l'on met quelqu'autre pieces.

Chasteau se figure ou simple, ou fermé, ayant plusieurs Tours ou portes clauses ou non fermée.

Chat doit estre representé Herissoné leuant le train de derriere plus haut que la teste le blasonne ou effarouchef,   283.

Chasteau sommé de trois Tours, *Page* 23. 283.

Chasteau a costé d'vne muraille Page 23. 285.

Chef   page 8.   Numero 61.

Chef cousu la mesme.

Chef surmonté.   la mesme.

Chef soutenu.   8.   61.

Chef pal   8.   61.

Cheual guay.   Pag. 21.   N.   249.

Chevron   P. 8.   Nume. 65.

Chevron, simple.   Pag. 21.   98.

Chevronné.

Chevron brisé ou esclaté   N. 100.

Cheuron Alisé   P. N. 99.

Chevron abaissé,   N. 109.

Chevron tourné,   N. 102.

Cheuron contourné,   N. 100.

chevron renuersé,   N. 101

chevron soustenu,   N. 105.

Chevron d'Hermines   N. 220.

cheuton party.

chevrons contre pointez,   N. 103.

chevrons entre-lassez,   N. 107.

chevron versé, ou couché Mouuant du chef,   9. 81.

Chesnes englanté,   chap. 7. Pag. 15

Cheuillé,   Pag. 21. N. 225.

Chiens adossez,   Pag. 23. 280

Cinabre, Gueules ou Vermillons.

Les Euesques portent la Croce de la Mitre de frenc.

Les Abbez Mitrez la porte de pro-fil.

Les autres non Mitrez n'ont que la simple Croix.

Clarine, c'est vne petite clochete qu'on pend ordinairement aux vaches & mulets, & on dict clarinez.

Cleché, c'est à dire ouuert ou per-cé à iour,   nume. 161

Clef,   23   294

Cloches bataillée.

Cloüé.

Cocq   pag. 23   nume. 178

Cœur.   4.   numero 23

Campon ou camponné 6.   52

Coutourné, 9. 216. qui regarde le costé senextre.

Contre-bande est vne barre.

Contre-palé,   page 6.   49.

Cordeliere est vne espece de cein-ture, dont les femmes enuironnent leurs Armes.

Cor ou cornet de chasse.

Cocquiles   21.   263

Cornettes est vne enseigne de com-pagnie de Caualerie.

Corniere, c'est vne ance de pot.

Cotices est vne espece de bande, mais moindre d'vn tiers.

Coulonnes, Pag. 23.   297 98   [& 98]

Couppé en chef à demy & party en cœur & recouppé en pointe, 9.   [78]

Couppé à demy en chef   9 80

Couppé en pointe au canton se-nextre,   10. 85

Couppé, tranché, taillé, 10. 89

Couppé,   4   25

Couppé,   7   60

Couchant de

Couché se dict d'vn Angneau.

Coulombe   25   277

Cotice,   9 75

Couronnes anciennes & modernes representée,   chap. 11

La Triomphale,   1

La Graminée,   2

La Ciuique,   3

La muralle,   4

La Vallaire.   5

La Nauale,   6

L'oualle,   7

La Pacifique,   8

La Couronne des anciens Rois de France   9

Couronnes modernes.

L'Imperiale   10

La Royale de France   11

Croix de Prusse ou des Theutons.
Croix du S. Esprit.
Croix de S. Lazare.
Croix de S. Maurice.
Croix des Templiers.

Croissant est dit montant quand il a les cornes en haut, & quand les pointes regardent en bas, il est dit renuersé.

Quand il est de costé il est dit en pal. Et quand deux Croissant ont les dos tornez on dit adossez.

Debout ou en pieds se dit des Animaux, principalement de l'Ours.

Denché comme qui diroit denté.

Dentelé qui a les dents plus courtes & plus minces.

Dextrochere, c'est vn bras droit mouuant du costé senestre de l'Escu.

Deuise, c'est vne face ou autre piece mise en face posée plus haut ou plus bas que sa place ordinaire.

Donjonné est la partie la plus haute d'vn Chasteau qui peut auoir plusieurs Tours.

Embouté ou mone, c'est à dire auoir vn cercle ou virole d'Argent au bout de la piece, soit cornet ou manche de quelque outil.

Enchassé se dit lors que l'Escu est taillé depuis le milieu du flanc iusques à la pointe, soit d'vn ou d'autre costé.

Enquerir, c'est quand on met aux armes metal sur metal contre l'Ordinaire.

Englanté, c'est vn Chesne chargé de gland,

Enté se dict lors que les deux parties de l'Escu entre l'vne dans l'autre, comme enboistures, P. 6 53 & 54

DVCHEZ ET PAIRIES

Anciennes, auec leurs Blasons, & Emaux.

Duchez anciennes.

1. ACQVITAINE ou Guienne, dont Bordeaux est la Ville Captale, porte de Gueule, au Leoparit d'Or.

Guienne, son Heraut porte vne cotte de Velours rouge Cramoisi aux Armes de Guienne.

La Cornette aussi de Satin Cramoisi.

2. *Normandie*, porte de Gueules à deux Leopars d'or, son Roy d'Armés porte sa cotte de Velours Cramoisi rouge aux Armes de Normandie,

La Cornette de Velours Cramoisi rouge.

3. *Bourgongne*, Bandé d'Or & d'Asur de six pieces à la bordure de Gueule, Escartellé de France à la bordure camponnée d'argent & de Gueule.

Bourgongne, Roy d'Armée a sa cotte de Velours violet aux Armes de Bourgongne.

La Cornette de Satin bleu Celeste.

Comtez Anciennes.

Toulouse, de Gueules à la Croix clechée, & terminé de 12. pommes d'or.

Tolose, Roy d'Arme porte sa cotte de Velours Cramoisi rouge, semée des Armes du Comté en broderie d'Or.

La Cornette de Satin Cramoisi rouge.

Champagne, porte d'Asur à la bãde d'arg. à 2. Cotisses potencée & contre-potencée de treize pieces d'Or.

Champagne, Roy d'Arme porte sa cotte de Velours bleu celeste aux Armes de Champagne.

La Cornette de Satin bleu.

Flandres, porte d'or au Lion de Sable.

Flandre, Roy d'Arme porte sa cotte de Velours jaune chargée des Armes du Pays.

La Cornette de Satin jaune.

AVTRES DVCHEZ
Modernes.

Albret, porte de France, escatelé de Gueules.

Albret, Roy d'armes, porte sa cotte de Velours rouge Cramoisi.

La Cornette de satin Cramoisi.

Bretagne, d'argent semé d'Hermines.

Bretagne, Roy d'Armes a sa cotte de Velours blanc semée d'Hermines.

La Cornette de Satin blanc.

Evreux de France a la bande camponée d'argent & de Gueules.

Evreux, Roy d'armes, porte sa cotte de France

Cornette de mesme.

Vandosme, de France au baston de Gueules chargé de trois Lions d'argent.

Vandosme, Roy d'armes a sa cotte de velours violet, auec les armes.

La Cornette de mesme.

Alençon, de France à la bordure de Gueule chargée de 8. Besans d'argent.

Alençon, Roy d'arme a sa cotte de velours violet auec ses Armes.
Cornette de mesme.

Anjou, de France à la bordure de Gueules.

Anjou, Roy d'armes a sa cotte de velours violet auec les armes.

La Cornette de pareille couleur.

Touraine, de France à la bordure engreslée & camponée d'or & de gueules.

Touraine, Roy d'Armes a sa cotte de velours violet.

La Cornette de pareille couleur.

Orleans, de France au Lambeau d'argent.

Orleans, Roy d'Armes a sa cotte de velours violet, semé de France.

Cornette de satin bleu.

Milan, d'argent à la Givre d'asur a l'enfant lisant de Gueules.

Milan, Roy d'armes a sa cotte de velours blanc semé de Givre.

Cornette de double satin blanc.

Dauphiné, de France escartelé de Dauphiné, qui est d'or, au Dauphin pasmé d'azur.

Dauphiné, Roy d'armes a sa cote de velours violet.

Cornette de mesme.

Hierusalem & Sicile de France au lambel de Gueules à la Couronne de fleurs de Lys d'or.

Le Roy d'armes dudit nom, a sa cotte de velours violet, Cornette de mesme.

Hierusalem, porte d'argent à la Croix potencée d'or, accompagné de quatre Croisette potencée de mesme.

Le Roy d'armes porte sa cotte de velours blanc à la grand Croix de Ierusalem, brodée d'or de Cypre.

Cornette de mesme.

Nauarre, Roy d'armes dudit Nom porte sa cotte de velours Cramoisi rouge.

La Cornette de mesme.

L'escu de Nauarre entouré de l'Ordre du lis.

Bearn, Vicomté, porte d'or à deux vaches de Gueules, accollée, acornée, & clarinée d'asur, couronnée d'vn cercle.

Bearn, Roy d'armes a sa cotte de velours jaune.

La Cornette de satin jaune.

Limoges, porte de Bretagne à la bordure de Gueules.

Limoges, Heraut d'armes a sa cotte de velours blanc, auec les armes du pays.

La cornette de satin blanc.

Comtez.

Cominges, de Gueules a 4. ortelles ou amandes d'argent posée en sautoir, & pour deuises, *En croyant*, *Nous Amandons*.

Cominge, Heraut a sa cotte de velours rouge.

La cornette de satin rouge.

Sainct Gilles, de Gueules a six Chasteaux d'or.

Sainct Gilles, Heraut a sa cotte de velours cramoisi rouge.

La Cornette de satin cramoisi rouge.

Prouence, d'or a 4. Pals de Gueule au chef, semé de France.

Prouence, Roy d'armes a sa cotte de velours iaune.

La Cornette de satin Iaune.

Bresse d'argent a la bande d'asur a 2. Lions de mesme, l'vne en chef, & l'autre en pointe.

La cornette de satin rouge.

Artois de France au lambeau de Gueules de 4. pieces chargé de 12. Chasteaux d'or.

La cornette de satin bleu celeste.

Boulongne sur mer d'or a trois torreaux de Gueules, 2. 1. escartelé d'or au gonfanon de gueule frangé de sinople.

La Cornette de satin iaune.

Guines, vaire & contrevaire d'or & d'azur.

La cornette de satin iaune.

Vermandois, Eschiqueté d'or & d'azur de cinq traits.

Vermandois, Roy d'armes a sa cotte de velours jaune.

La cornette de satin jaune, auec les armes.

Poictou, de gueules a cinq tours d'or, massonnée de sable, posée en sautoir.

Poictou, Roy d'armes a sa cotte de velours cramoisi aux armes du Pays.

La cornette de satin de pareille couleur.

La cornette Royalle des Liurées de sa Majesté est Orangé, blanc & bleu, semée de Masses d'Hercules en broderie d'argent.

Le Penon & Guidon sont de pareilles couleurs.

Le grand Estandart de satin bleu, a la deuise & couleurs en broderie d'or de Cypre.

Le grand Estandart de satin bleu en broderie, semé de fleur de Lys d'or de Cypre plus plain que vuide à vne grande Croix plaine de satin blanc, qui est la Croix de France.

Le grand Estendart de S. Michel est de Satin bleu celeste double, semé d'estoilles d'or.

L'estendart de S Denis, de satin Cramoisi rouge, semé de flames d'or en broderie, ou Sainct Denys est reuestu à l'antique tout de blanc, portant son crane entre les mains.

L'estendart de l'Ordre du S. Esprit, est de double satin vert a vne Coulombe d'argent rayonné d'or de broderie, le reste semé de flames d'or plus plain que vuide à la bordure des Chiffres du Collier dudit Ordre frangé d'or.

Le Penon de France de velours violet semé de Fleurs de Lys d'or de Cypre.

Fin de la premiere Partie du PROMPTVAIRE ARMORIAL, où il a esté traité du Blazon, & de la maniere de Blazonner.

Suitra cy-apres la seconde Partie, qui contiendra les Armes & Blazons des Familles plus Illustres de ce Royaume.

LA SECONDE PARTIE
DV
PROMPTVAIRE ARMORIAL

Où sont representées les Armes, Noms, Qualitez
& Blazons des Princes & principaux Seigneurs
du Royaume de France.

*AVEC VN AMPLE INDICE PAR ORDRE
ALPHABETIQVE,*

CONTENANT LES BLAZONS DES ARMES DE LA
plus grande partie de la Noblesse, des Prouinces & Villes qui composent cét
Estat, & autres Familles Illustres.

Dressées & Recueillies par I. BOISSEAV, *Enlumineur du Roy.*

A PARIS.
Et se vendent au Palais,

Chez {

GERVAIS CLAVSIER, sur les degrez de la Saincte Chappelle.

ET

OLIVIER DE VARENNES, en la Galerie des Prisonniers.

Les Figures se Vendent Chez LOVIS BOISSEVIN, Ruë Sainct Iacques, prés la Fontaine Sainct Seuerin, à l'Image Saincte Geneuiefue.

M. DC. LVII.
Auec Priuilege de sa Majesté.

LES ARMES ET BLASONS DES TRES-HAVTS,

tres-excellents & tres-Illustres Princes du tres-noble & Royal sang de France,
des Princes & Estrangers qui sont habituez en cét Estat, & autres Seigneurs,
& Princes & autres Officiers de la Couronne, Ducs, Mareschaux, Marquis,
Comtes, Barons, qu'autres personnes Illustres, iusques au Regne du ROY
LOVIS XIV. Dieu-Donné.

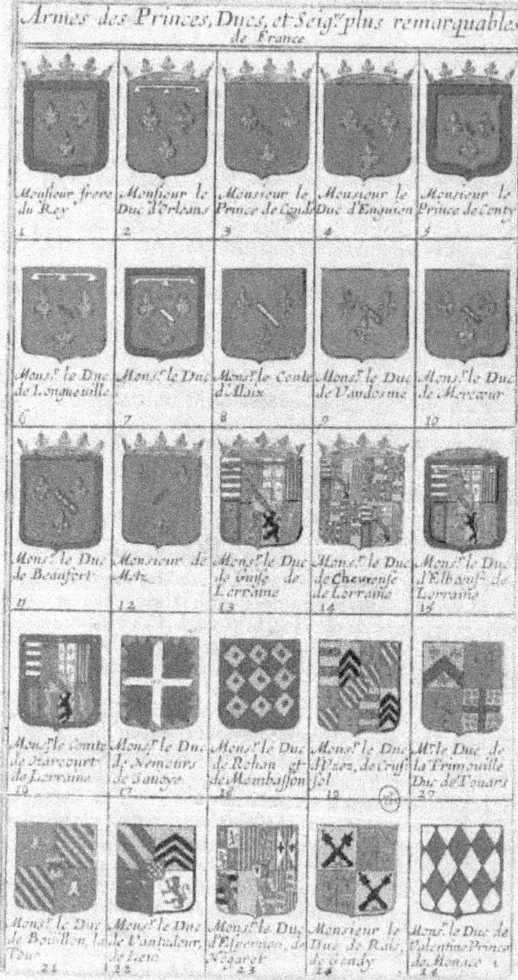

LE ROY, qui est le Chef & Souuerain de toute la Noblesse, aussi bien que de son
Estat, porte de France qui est d'azur à trois fleurs de lys d'or, à deux escus
ioints & accollez de Nauarre qui est de gueules aux doubles chaisnes d'or passée en sautoir, faces pal & orle, bande & barre.

MONSIEVR PHILLIPPES, fils de France, Frere vnique de sa Majesté, Duc d'Anjou, nay le 22. Septembre 1640. porte de France à la bordure de gueules.

2. *Monsieur Gaston Iean Baptiste de France*, Oncle du Roy, Duc d'Orleans, porte de France au Lambel d'argent de trois pendans.

3. *Monsieur Louys de Bourbon Prince de Condé*, cy-deuant Duc d'Anguien, porte de France au baston de gueules pery en bandes.

4. *Henry de Bourbon*, Duc d'Anguien son fils, & de Claire Clemence de Maillé, fille de feu Mr le Mareschal de Brezé, porte comme son pere à la bordure de gueules.

5. *Armand de Bourbon Prince de Conty*, Viceroy en Catalongne, frere du Prince de Condé, porte de France comme son frere.

Les Princes Enfans Naturels de France.

6. *Henry d'Orleans*, Duc de Longueville & d'Estouteville, souuerain de Neufchastel, porte de France, au baston pery en bande d'argent au Lambel de mesme.

7. *Charles Paris d'Orleans*, Comte de Dunois son fils, porte de mesme à la bordure de gueules

8. Sont les armes de deffunct Louys de Vallois, Duc d'Angoulesme, fils de Charles, Duc d'Angoulesme, Comte d'Auuergne, lequel estoit fils naturel du Roy Charles IX. portoit de France au Baston racourcy d'or posé en bande.

9. *Cesar de Vendosme*, Duc de Beaufort & d'Estampes, Admiral de France, fils naturel du Roy Henry IV. porte de France au baston de gueules pery en bande, chargé trois Lioneaux d'argent.

10. *Louis de Vendosme*, Duc de Mercœur son fils, à la suruiuance de son pere en l'office d'Admiral de France, & porte de mesme.

11. *François de Vendosme*, Duc de Beaufort son frere, porte de mesme à la bordure de gueules.

12. *Henry de Bourbon*, Euesque de Mets & Abbé de S. Germain des prez lez Paris, est aussi fils naturel du Roy Henry IV. porte de France au baston de gueules posé en barre.

Suiuent les Princes qui ne sont pas du sang de France.

13. *Henry de Lorraine*, Duc de Guise, est chef des armes de la maison de Lorraine, habituée en France, grand Chambellan, porte couppé de huict pieces, quatre en chef & quatre en pointe, La premiere du chef facé de huict pieces qui est de Hongrie, la seconde de Naples ou Sicille, qui est d'azur semé de Fleurs de lys d'or, au lambel de trois pendans de gueules mis en chef, la 3. de Ierusalem, la 4. d'Arragon, la premier de la pointe d'Anjou, qui est de France à la bordure de gueules, la 2. de Gueldres, la 3. de Flandres, la 4. de Bar, sur le tout d'or à la bande de gueules, chargée de trois alerions d'argent, qui est de Lorraine, brisé en chef d'vn lambel de gueules.

Louis de Lorraine, Duc de Ioyeuse estoit son second frere, & auoit espousé la fille du Duc d'Angoulesme, portoit mesmes armes à la bordure de gueules, & estoit Grand Chambellan de France.

René de Lorraine, dit Cheualier de Guise, pource qu'il est Cheualier de Malthe, est troisiesme frere du Duc de Guise, & porte mesmes armes au chef de Malthe.

14. *Claude de Lorraine*, Duc de Chevreuse leur oncle, porte escartelé au premier & dernier de Lorraine, qui est blazonné cy-dessus, qui sont les armes entieres du Duc de Guise, le second & troisiesme de Neuers qui est escartelé au 1. & 4. de gueules à l'escarboucle fleuronnée & pomerée qui est de Cleues, party de la Marck qui est d'or à la face eschequée d'argent & de gueules de 3. traicts au 2. & 3. de Bourgongne moderne qui est de France à la bordure companée d'argent & de gueules.

15. *Charles de Lorraine*, Duc d'Elbœuf septriesme fils de Claude de Lorraine, il porte comme le Duc de Guise à la bordure de Gueules, il a espousé Henriette fille naturelle du Roy Henry IV. de laquelle il a plusieurs enfans, l'aisné desquels porte la qualité de Comte de Harcourt, le second est Comte de Rieux, & le dernier est le Comte de l'Isle bonne, & portent les mesmes armes auec les briseures ordinaires.

15. *Henry de Lorraine*, Comte de Harcourt, est frere du Duc d'Elbœuf, Grand Escuyer de France, porte de mesme luy à la bordure de gueules, chargée de huict bisans d'argent, son fils aisné porte la qualité de Comte d'Armagnac.

Le Marquis de Mony est aussi de la maison de Lorraine, fils de Henry de Lorraine, quatriesme fils de Nicolas de Vaudemont. Il y a aussi François de Lorraine Euesque de Verdun. Il y a pareillement en la Cour de France Nicolle de Lorraine, fille vnique du deffunct Duc, femme de Charles Duc de Lorraine son cousin germain, laquelle a cedé au Roy tous ses droits sur la Lorraine, moyennaut la pension que le Roy luy a accordée.

17. *Emanuel de Sauoye*, Duc de Nemours fils de N. de Sauoye Duc de Nemours, & d'Isabelle fille du Duc de Vendosme.

Henry de Sauoye, Duc d'Aumale & de Nemours, par le deceds du Duc de Nemours son frere, a esté pourueu de l'Archeuesché de Reims, & porte de Sauoye, il est troisiesme fils de Henry de Sauoye Duc de Nemours & de Claire de Lorraine Duchesse d'Aumale.

Il y auoit cy-deuant la maison de Neuers qui tenoit pareil rang, de laquelle il n'est resté qu'vne fille en France, laquelle a espousé le Prince Edoüard, Comte de Palatin du Rhein, frere de l'Electeur, qui a plusieurs fils, & porte les armes du Palatinat du Rhein.

Les Seigneurs des maisons plus Remarquables.

18. La premiere estoit la maison de Rohan, qui à cause de ses alliances par le moyen desquels au deffaut de la lignée Royale, pretendent à la Couronne de Nauarre; Le dernier Duc n'a laissé qu'vne fille, qui a espousé Monsieur Chabot, qui a aussi porté en son viuant la qualité de Duc & Pair de France, à cause de son alliance. La maison de Rohan porte de gueules à 9. macles d'or, & ses mesmes armes sont portées par

Hercules de Rohan, Duc de Montbason, & Louys Prince de Guimenay son fils, lequel a aussi plusieurs enfans.

19. *Emanuel de Cruffol*, Duc d'Vzais, Prince de Soyon, Baron de Leuis & de Florensac, lequel a deux fils, & porte escartelé au premier & dernier de Cruffol, qui est facé d'or & de sinople, party de Leuis qui est d'or à trois chevrons de sable, au 2. & 3. de Galiat Genoüillac qui est d'azur à trois estoilles d'or, escartelé d'or à la bande de trois pieces de gueules sur le tout des grands quartiers de gueules.

20. *Henry Seigneur de la Trimoüille*, Duc de Touars, Pair de France, porte escartelé au premier d'or au chevron de Gueules, accompagné de trois aigles d'azur, qui est de la Trimoüille au deux semé de fleurs de lys d'or, qui est de Touars, au trois d'azur, à trois fleurs de lys d'or au baston pery en barre, qui est de Bourbon au 4. d'or à la croix de Gueules, chargée de cinq coquilles d'argent, accompagné de seize alerions d'azur, qui est Laual.

Il a deux fils, l'vn est d'Eglise Prestre de l'Oratoire, & l'autre est le Prince de Tarente, pour auoir esté reconnu heritier de la maison d'Aragon, & porte comme son pere, party de Tarente.

21. *N. de la Tour*, Duc de Boüillon, fils de Federic Maurice de la Tour, & de la Comtesse de Bery, porte escartelé au 1. & 4. d'azur semé de France à la tour d'argent au 2. & 3. d'or à cinq cottiles de Gueules sur leur tour d'or au Gonfanon de Gueules, franche de sinople.

Le Comte de la Marck, prend aussi la qualité de Duc de Boüillon, & porte les mesmes armes & liurées, à cause de ses pretentions.

22. Le Duc de Vantadour ou Danuille de la maison de Leuy, premier Escuyer de Monsieur le Duc d'Orleans, porte escartelé, au premier bande d'or & de gueules de 6. pieces, au 2. d'or à 3. chevrons & sable, au 3. de Gueules, à 3. estoiles d'or, au 4. d'argent, au lyon de gueules, sur le tout eschiqueté d'or & d'argent qui est de Vantadour.

23. *Bernard de Nogaret*, & la Vallette, Duc d'Espernon, Gouuerneur de Bourgongne, porte escartelé, le premier quartier escartelé de Castille & Leon, party d'Aragon, le second grand quartier party de Nauarre & d'Aragon, Sicille, le troisiesme grand quartier facé d'or & sablé de 8. pieces à la demy couronne de sinople posée en bandes, qui est de Saxe party d'or plain, qui est de Bordeaux Puypolin, le quatriesme grand quartier escartelé d'azur à la face d'or, accompagné de trois testes de lyon en chef, vn en pointe, qui est de Poïl en Angleterre & d'azur à la bande d'argent, chargée de trois vols de sable qui est de Suffolk, Candale au mesme pays contr escartelé de Foix & de Bearn, sur le tout des grands quartiers les armes de Nogaret, qui est de Gueules à la croix potencée d'argent, soustenu de Nogaret, qui est d'or, au noyer, ou arbre de sinople party de gueules a vne demy croix, clechée & pommettes d'or.

24. *Henry de Gondy*, Duc de Rets & de Beaupreau, porte escartelé au 1. & dernier d'or à 2. masses d'armes de sable passées en sautoir & de Gueules, qui est de Gondy, au 2. & 3. escartelé, le 1. d'Orleans, Longueville, le 2. & 3. Bourbon, Condé.

25. *Grimaldus* Prince de Monaco, Duc de Valentinois, qui porte Lozangé en pal d'argent & de Gueules.

SVITE DES DVCS ET PAIRS DE FRANCE.

Mons.r le Duc de Sully, de Bethune 26	M.r le Duc de Lesdiguieres, de Bonnes 27	Mons.r le Duc de Bouillon, la Mark 28	Mons.r le Duc d'Alluyn, de Schoinberg 29	M.r le Duc de Bellegarde, de S.t Lary 30
Mons.r le Duc de Luines, d'Albert 31	Mons.r le Duc de Chaune 32	M.r le Duc de Luxembourg, en Pinay 33	Mons.r le Duc de Brissac, de Cossé 34	M.r le Duc de S.t Simon, de Ramurcy 35
M.r le Duc de la Roche foucaut 36	M.r le Duc de Richelieu, du Plessis 37	M.r le ... de Bournonuille 38	Mons.r le Duc de la Force, de Caumont 39	M.r George de Brancas Duc de Vilars en Languedoc 40
Le Duc de Chastillon	Rene Duc de la Roche-giuo	Rene potier Duc de Tresme		

26. **L**E Duc de Sully connu cy-deuant sous la qualité de Prince de Heurechanor. Il est petit fils du Duc de Sully, Maximilien de Betune & fils du Marquis de Rosny, porte d'argent à la face de Gueules.

27. N. Duc de Lesdiguieres, fils de Charles Seigneur de Crequy Duc, Pair & Mareschal de France, & de Magdeleine de Bonnes, fille du deffunct Connestable de Lesdiguieres, porte de Gueules au lyon d'or au chef cousu d'azur, chargé de trois roses d'argent.

28. Le Duc de Bouillon la Mark, porte comme Bouillon cy-deuant.

29. *Charles de Chombert*, Duc d'Aluyn, decedé depuis peu, n'ayant laissé qu'vne fille, portoit d'or au lyon couppé de Gueules, & de sinople.

30. Le Duc de Bellegarde porte escartelé le 1. d'azur au lyon d'or, le 2. pallé d'or & de Gueules au vase d'or, le 3. à 4. flmames mouuantes du chef en pals alirez sur le tout d'azur à la cloche d'argent.

31. Le Duc de Luynes est fils de Charles Albert Duc de Luynes, Pair & grand Fauconnier de France, & de Marie de Rohan, fille du Duc de Montbason, porte escartelé le 1. & 4. d'or au lyon de Gueules courants d'or, le 2. & 3. d'azur à 2. louues affrontées d'argent sur le tout de Gueules à la masse d'armes d'or cloüée d'argent au chef d'argent chargé d'vn Gonfanon de Gueules.

32. Le Duc de Chaunes Mareschal de France, portoit comme son frere cy-dessus à la bordure engrellée d'azur, mais ayant espousé l'heritiere d'Ailly, il a pris pour armes d'or au lyon de Gueules, couronné de mesme qui est d'Albert, escartelé d'Ailly qui est de Gueules au chef eschequé de trois traits d'argent & d'azur.

33. *N. d'Albert*, Duc de Luxembourg & de Pinay, porte d'argent au lyon de gueules, la queue passée en sautoir, couronné & armé d'or.

34. *François de Cossé*, Duc de Brissac, porte d'or à trois fueilles & scie en face les dents en bas.

35. *Charles de Rouuroy*, Duc de S.Simon, porte escartelé au 1. & 4. party, eschequé d'or & d'azur au chef de mesme, chargé de 3. fleurs de lys d'or, qui est de Vermandois, & de sable à la croix d'argent, chargée de cinq coquilles de gueules qui est de Rouuroy au 2. & 3. d'or à la face de gueules, qui est de Hauesque, sur le tout lozangé d'argent & de gueules au chef d'or qui est de Precy.

36. *François Duc de la Rochefoucault*, Prince de Marsillac, Burellé d'argent & d'azur de dix pieces a trois chevrons de gueules, brochant sur le tout. Son fils aisné prend la qualité de Prince de Marsillac.

37. Le Duc de Richelieu a succedé à son grand oncle Armand du Plessis, Cardinal & Duc de Richelieu, est fils du Marquis de Pont de Courlay, & porte d'argent à 3. chevrons de gueules.

38. Le Duc de Bournonville & de Henin, porte de sable au lyon d'argent langué & armé d'or, la queuë fourchée passée en sautoir.

39. Le Duc de la Force, porte d'azur à trois leopards d'or, il est fils de ce grand & genereux Mareschal Duc de mesme nom, qui s'est signalé par les seruices qu'il a rendus à la Couronne sous les Roys Henry IV. Louys XIII. & Louys XIV. à present regnant.

40. Le Duc de Chastillon, fils de deffunct Gaspard de Colligny, & petit fils du Duc de Colligny, qui fut tué à l'attaque de Charenton, pendans les mouuemens de l'année 1649.

42. *Boist Duc de Roanois*, de la maison de Gouffier, porte d'or à trois iumelles de sable.

43. *René Potier Duc de Tresme*, porte d'azur a 2. mains addextrée d'or au franc quartier eschequé d'argent & d'azur a la bordure engrellée de gueules.

44. *René Duc de la Roche-guyon*, porte escartelé & contr'escartelé au 1. & grand quartier, escartelé au 1. & 4. d'hermines a trois tourteaux mis en chef, & vne viure de gueules mise en face, qui est de Silly, au 1. & 3. d'or a la bande d'azur de trois pieces a la bordure de gueules qui est la Roche-guyon, sur le tout de sarbruche qui est d'azur au lyon d'or semé de recroisette de mesme au 2. & 3. grand quartier escartelé, au 1. & 2. de Laual, au 2. & 3. d'Evreux, sur le tout de Vitré, qui est de gueules au lyon d'argent, sur le tout des grands quartiers d'argent a la face bandée d'or & de gueules de six pieces qui est de Pons.

SVIVENT LES ARMES ET BLAZONS DE
Messieurs les Mareschaux de France.

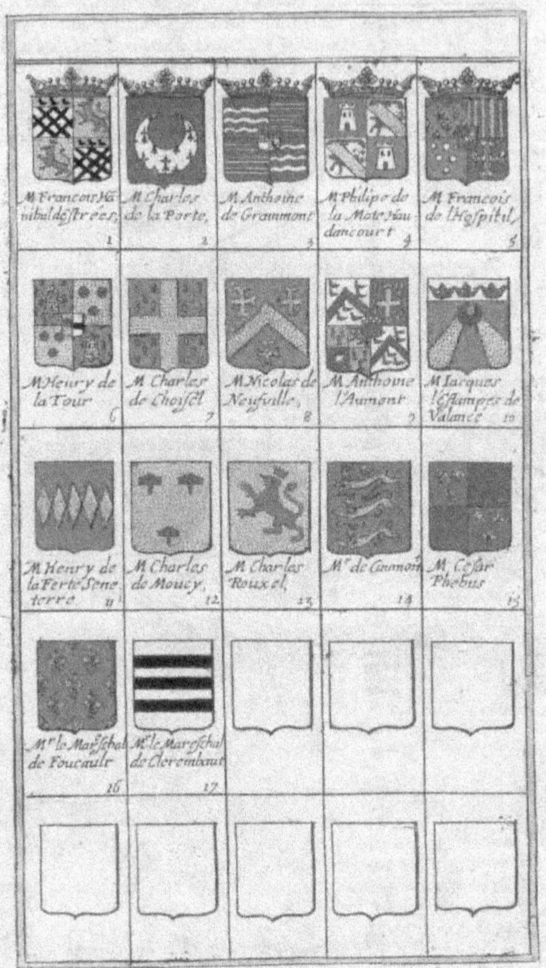

1. **M**Essire *François Hannibal d'Estrées*, Marquis de Cœuures, premier Baron & Seneschal de Boulonnois, fut pourueu en l'anneé 1626. par le Roy Louys XIII. lequel porte escartelé le 1. & 4. d'argent frette de sable de six pieces au chef d'or, chargé de 3. Merlettes de sable, qui est d'Estrée au 2. & d'or au lyon d'azur couronné, lampassé de gueules, qui est de la Cauchiée ou Chaussée du Boulonnois.

2. *Messire Charles de la Porte*, Seigneur de la Melleraye, de Partenay & de sainct Maixent en Poictou, Grand Maistre de l'Artillerie, fut pourueu du baston de Mareschal par le Roy Louys XIII. sur la breche de la ville de Hedin l'an 1656. porte de gueules, au croissant montant d'argent chargé de 3. hermines & sable.

3. *Messire Antoine de Grammont*, Comte de Guiche & de Louuigne, Souuerain de Bidache, fut pourueu de cette dignité l'an 1641. porte escartelé au 1. & 4. de gueules, à trois faces ondées d'argent, qui est de Toulongeon au 2. & 3. de gueules, à 3. iumelles d'argent, qui est de S. Cheron, sur le tout escartelé, le 1. d'or au lyon de gueules, qui est de Grammont, au 2. de gueules à 3. dards peris en pal d'argent, qui est d'Ast au 3. d'argent au chef emmanché de 5. pieces d'azur, qui est de Mucidan, le dernier d'argent au lyon passant de sable.

4. *Messire Phillippes de la Mote - Houdincourt*, Duc de Cardonne en Espagne, obtint cette dignité, l'an 1642. porte esc. au 1. & 4. d'azur à la tour crenelée d'argent, le 2. & 3. d'argent au levrier courant de Gueules aecollé d'azur à la bande d'or, accompagné de 3. torteaux de Gueules au costé de l'escu, & d'vn lambel de mesme de trois pendans.

5. *Messire François de l'Hospital*, Gouuerneur de Paris & Isle de France, fut honoré de cette charge l'an 1643. porte escartelé au 1. de Naples, qui est d'azur semé de France au lambel de Gueules, au 2. d'Arragon, au 3. de Briehanteau, qui est d'azur à six besans d'argent, au 4. de la Chastre, qui est de Gueules a la croix enerée de vair, sur le tout de l'Hospital qui est de Gueules au cocq d'argent, cresté, mambré & becqué d'or, soustenant vn escusson chargé d'azur d'vne fleur de lys d'or.

6. *Messire Henry de la Tour*, Vicomte de Turenne & de Castillon, Comte de Negrepelisse, fut pourueu de cette dignité le 16. Mars 1643. porte escartelé, le 1. & 4. d'azur semés de fleurs de lys d'or a la tour d'argent, le 2. d'or a trois torteaux de Gueule, le 3. bandé d'or & de Gueules de 10. pieces, sur le tout d'or au Gonfanon de Gueules frangé de sinople party d'argent a la face de gueules.

7. *Messire Charles de Choiseul Mareschal du Plessis Praslin*, fut admis à cette charge l'an 1645. porte d'azur à la croix d'or, accompagnée de 20. billette de mesme, cinq en chaque canton posee en sautoir.

8. *M. Nicolas de Neufville*, Marquis de Villeroy, Gouuerneur pour le Roy des Prouinces de Lyonnois, Forests & Beaujelois, lequel a esté honoré du Gouuernement de la personne du Roy, pendant sa minorité, porte d'azur au chevron d'or, accompagné de 3. croix enerée de mesme, fut admis à cette dignité apres la mort de Monsieur de Bassompierre l'an 1646.

9. *M. Antoine d'Aumont*, Mareschal de Vilquier, porte d'argent au chevron de Gueules, accompagné de 7. merlettes, 4. en chef 3. en pointe, qui est d'Aumont, au 1. de Gueules à la croix fleurdelisée d'or, cantonnée de 12. billettes de mesme, qui est de Vilquier, au 3. escartelé, le 1. & 4. d'or à 3. chabots de gueule, posez en pal, qui est des chabots, le 2. de Luxembourg, le 3. de Gueules à l'estoille de 16. rais dargeot, qui est des Baux, sur le tout des grands quartiers de Gueules, au chef eschequé d'argent & d'azur de 2. traits, qui est de Roche-Baron en Bourgongne.

10. *M. Iacques d'Estampes de Valancé*, cy-deuant la Ferté-Imbault, fut admis l'an porte d'azur à deux girons d'or mis en chevron, chargé sur la pointe d'vn croissant montant de gueules au chef d'argent, chargé de trois couronnes de gueules.

11. *M. Henry Mareschal la Ferté Seneterre*, Gouuerneur de Lorraine, porte d'azur à cinq fusées en pal.

12. *M. Charles de Moucy*, Mareschal d'Ocquincourt, receut le Baston l'an 1651. porte d'or à trois maillets de gueules.

13. *M. Charles Rouxel*, Mareschal de Grandcey, porte d'or au lyon d'azur armé, lampassé & couronné de gueules.

14. *Monsieur de Caumont*, Mareschal de la Force, porte comme cy-deuant.

15. *M. Cesar Phebus Mareschal d'Albret*, porte escartelé de France, qui est d'azur à trois fleurs de lys d'or, le 2. & 3. de Gueules plain, qui est d'Albret.

16. *Monsieur le Mareschal de Foucault.*

17. *Monsieur le Mareschal de Clerembault.*

SVIVENT LES ARMES ET BLAZONS DE
Messieurs les Marquis.

1. M. le Marquis de Tury, de Monthmorency.
2. M. le Marquis de Nesle, aux Espailles.
3. M. le Marquis d'Asserac, de Rieux.
4. M. le Marquis de Curton, de Chabanes.
5. M. le Marquis d'Alegre.
6. M. le Marquis de Calerande, de Clermont-Lodeve.
7. M. le Marquis de Lens, de Lamal.
8. M. le Marquis de Mirebeau, de Chabot.
9. M. le Marq. de Franconville, d'O.
10. M. le Marquis le Malause, de Bourbon.
11. M. le Marquis de Gordes, de Simiane.
12. M. le Marq. de Mortemar, de Roche-chouart.
13. M. le Marquis du Beloy, de Tonsse.
14. M. le Marquis de Melac, de Rosmadec.
15. M. le Marquis de Moncauel, de Monchy.
16. M. le Marquis de Camillac, de Beaufort.
17. M. le Marquis de Courtenay, de Souuray.
18. M. le Marquis d'Archise, de Bourdeilles.
19. M. le Marq. de Montespin, de Pardaillan Gond.
20. M. le Marquis d'Arts, de Villeneuue.
21. M. le Marquis de Miollens, d'Albret.
22. M. le Marquis de Lauenlin, de Beaumanoir.
23. M. le Marquis de Coetquen.
24. M. le Marq. de la Meilleraye, de Genton.
25. M. le Marquis de Beuron, de Harcourt.

1. **M**Onsieur le *Marquis de Tury*, chef du nom & armes de Montmorency, est de Normandie, porte d'or à la Croix de gueules, cantonnée de 16. alerions d'azur.

2. *M. Le Marquis de Nesle*, de Picardie, est du nom de Laual, porte comme Montmorency, la croix chargée de 4. cocquilles d'argent & d'vne fleur de Lys d'or en cœur, qui est de saincte Marie aux Espaules.

3. *Le Marquis d'Asserac* en Bretagne, chef du nom & armes de Rieux, qui sont d'azur à cinq besans d'or mis en sautoir.

4. *Le Marquis de Curton* en Guyenne, est chef des armes de Chabanes, qui sont de Gueules au lyon d'hermines.

5. Le

5. *Le Marquis de Galerande*, chef des armes de Clermont d'Anjou, qui sont d'azur à trois chevrons d'or le premier brisé.

6. *Le Marquis d'Alegre* en Auuergne, chef du nom & armes, de gueules à la tour d'argent, maçonnée de sable, accottée de six fleurs de lys de mesme en pal.

7. *Le Marquis de Lezé*, du nom de Laual, dit Anjou, porte de Montmorency, la croix chargée de cinq coquilles d'argent. Le Marquis de Sablé est de cette maison.

8. *Le Marquis de Mirebeau* en Bourgongne, du nom de Chabot, porte d'or à trois Chabots de gueules mis en pal.

9. *Le Marquis de Franconuille Dò*, porte d'Hermines au chef endenché de gueules.

10. *Le Marquis de Malause* en Guyenne, du nom de Bourbon, porte de France à la barre d'argent.

11. *Le Marquis de Gordes* en Dauphiné du nom de Simiane, porte semé de tours & de fleurs de lys d'azur.

12. *Le Marquis de Mortemar* en Limosin, du nom de la Roche-Chouart, porte escartelée, le premier escartelé de Gueules au croissant du vair, le 2. de Bourbon à la barre de Gueule, le 3. de Milan, le 4. de Nauarre, le 1. du 2. escartelé de Gueules à neuf macles d'or, le 2. de la Rochefoucault, le 3. Descars, le 4. de Bretagne, sur le tout face en ondes de six pieces de Gueules & d'argent.

13. *Le Marquis du Belay Touarce* en Anjou, chef du nom & armes du Belay, Prince d'Yuerot en Normandie, porte d'argent à la bande fuzelée de Gueules, accompagnée de six fleurs de lys d'azur, trois en chef & trois en pointe.

14. *Le Marquis de Molac* en Bretagne, du nom de Rosmadec, porte palé d'or & d'argent de six pieces.

15. *Le Marquis de Montcaurel* en Picardie, du nom de Mouchy, porte de Gueules à trois maillets d'or.

16. *Le Marquis de Canillac* en Auuergne, du nom de Beaufort, porte d'argent à la bande d'azur accompagnée de six rozes de Gueules, trois en chef & trois en pointes.

17. *Le Marquis de Courtennaut* au Maine, du nom de Soueray, porte d'azur à cinq bandes ou cottice d'or.

18. *Le Marquis d'Achiae* en Perigord, du nom de Bourdeille, porte d'or à deux pates de Griffon de Gueules, onglée d'azur posée en contre bande.

19. *Le Marquis de Montespan* en Guyenne, du nom de Pardaillant Gondrin, porte escartelé d'or au Chasteau de gueules, sommé de trois testes de More de sable tortillées d'argent, qui est Gondrin, le 2. & 3. d'azur à trois ondes d'argent, le 4. d'or à 3. tourteaux de Gueules, senextrée d'vne clef de mesme, mise en pal, sur le tout d'argent au lyon de Gueules à la bordure de sinople, chargée de sept escussons d'argent.

20. *Le Marquis des Arts* en Prouence, du nom de Villeneufue, porte de Gueules fretté de fers de lances d'or semé, escussons de mesme.

21. *Le Marquis de Miessens* en Bearn, du nom d'Albret, porte escartelé de France & de Gueules.

22. *Le Marquis de Lauerdin* au Maine, du nom de Beau Manoir, porte d'azur à vnze billettes d'argent, 4 en chef, 3. en face & 4. en pointe.

23. *Le Marquis de Coëquen* en Bretagne, porte d'argent à trois bandes de Gueules.

24. *Le Marquis de la Moussaie* en Bretagne, du nom de Gouton, porte d'argent au lyon de Gueules.

25. *Le Marquis de Escuron*, du nom de Harcourt en Normandie, porte de Gueules à deux faces d'or.

C

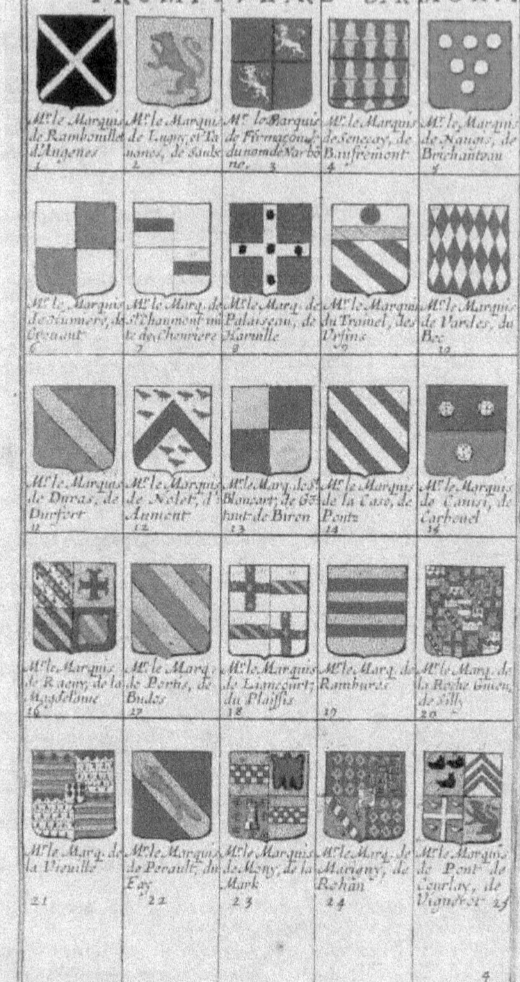

4

1. LE Marquis de Rambouillet & de Pisany, porte de sable au sautoir d'argent, & est chef du nom & armes d'Angennes.

2. Le Marquis de Lugny & de Tauannes, du nom de Saulx, d'azur au lyon d'or couronné de mesme.

3. Le Marquis de Furmaçon, du nom de Narbonne, escartelé de Gueules, au premier & 4. le 2 & 3 de Gueules au lyon d'argent.

4. Le Marquis de Seneçay, du nom de Bauffremont, porte vairré d'or & de Gueules.

5. Le Marquis de Nangis, du nom de Brichanteau, porte d'azur a six besans d'argent.

6. Le Marquis de Humieres, du nom de Creuant, porte escartelé d'argent & d'azur.

7. Le Marquis de S. Chaumont, du nom de Mitte & de Chevrieres, d'argent a la face de Gueules, party d'azur, escartelé de Mitte, Miolans & Roussillon.

8. *Le Marquis de Palaiseau*, du nom de Harville, de Gueules a la Croix d'argent chargée de cinq cocquilles de sable.

9. *Le Marquis de Trainel*, des Vrsins, bande d'argent & de Gueules de six pieces au chef d'argent, chargé d'vne roze de Gueules souftenuë d'or.

10. *Le Marquis de Vardes*, du nom du Bec, fuselé d'argent & de Gueules.

11. *Le Marquis de Duras*, du nom de Durfort, d'azur a la bande d'or.

12. *Le Marquis de Naulet*, du nom d'Aumont, d'argent au chevron de Gueules a sept merlettes de mesme, quatre en chef, deux aux deux coftez du chevron & trois en pointe 2. 1.

13. *Le Marquis de S. Blancart*, du nom de Biron, efcartelé d'or & de Gueules en Bannieres.

14. *Le Marquis de la Cafe*, du nom de Ponts, d'argent, à la bande de huict pieces de Gueules.

25. *Le Marquis de Canifi*, du nom de Carbonel, couppé de Gueules & d'azur, chargé de trois befans de Bretagne 2. 1.

16. *Le Marquis de Ragny*, du nom de la Magdelaine, efcartelé, le premier d'hermines à trois bandes de gueules, chargée de coquilles d'or au 2. d'or à la croix ancrée de Gueules, au 3. de Gueules à trois bandes d'or, au 4. bande d'or & d'azur de 4. pieces, a la bordure de Gueules.

17. *Le Marquis de Portes*, du nom de Budos, d'or à trois bandes d'azur.

18. *Le Marquis du Plaiffis Liencourt*, efcartelé 1. & 4. d'argent à la croix engreflée de Gueules, chargée de cinq coquilles d'or, au 2. & 3. d'argent, à la face bandée de 6. pieces.

19. *Le Marquis de Rambure*, d'or a trois faces de Gueules.

20. *Le Marquis de la Roche-Gayon*, du nom de Silly, porte efcartelé & contr'efc. aux premier & second grands quartiers, efcartelé 1. & 2. d'hermines a trois tourteaux mis en chef, & vne viure de gueules mis en face au 2. & trois d'or a la bande de trois pieces d'azur a la bordure de gueules, fur le tout de farbruche au 2. & 3. grands quartiers, efcartelé au premier & quatre de Laual, au deux & trois d'Evreux, fur le tout de Vitré qui eft de gueules au lyon d'argent, fur le tout du tout d'argent a la face bandée d'or de six pieces.

21. *Le Marquis de la Vieville*, efcartelé 1. & 4. face de huict pieces d'or & d'azur, le 2. premiere face du chef, chargée de 3. tourteaux de Gueules paffée, fur le tout, le 2. & 3. d'hermines au chef de Gueules, fur le tout d'argent a fept fueilles de houx de finople.

22. *Le Marquis de Perrault*, du nom de Fay, de Gueules à la bande d'or chargée d'vn renard d'azur.

23. *Le Marquis de Mony*, efcartelé de la Marck, dont il porte le nom, qui eft d'or à la face efchequée de trois traits d'argent & de Gueules, le 2. d'or au Gonfanon de Gueules, frangé de finople, le 3. de la Tour, qui eft d'azur, femé de France a la tour d'argent.

24. *Le Marquis de Marigny*, du nom de Rohan, efcartelé au 1. & 4. de Rohan, au 2. de Nauarre, au 3. de France a la bande camponée d'argent & de Gueules, fur le tout de Milan.

25. *Le Marquis du pont de Courlay*, du nom de Vignerot, efcartelé le 1. d'or a trois hures de fanglier de fable, le 2. d'argent a 3. chevrons de Gueules, le 3. d'azur a la croix d'argent, accompagnée de quatre oyfeaux d'argent, le 4. d'or au lyon de Gueules courant.

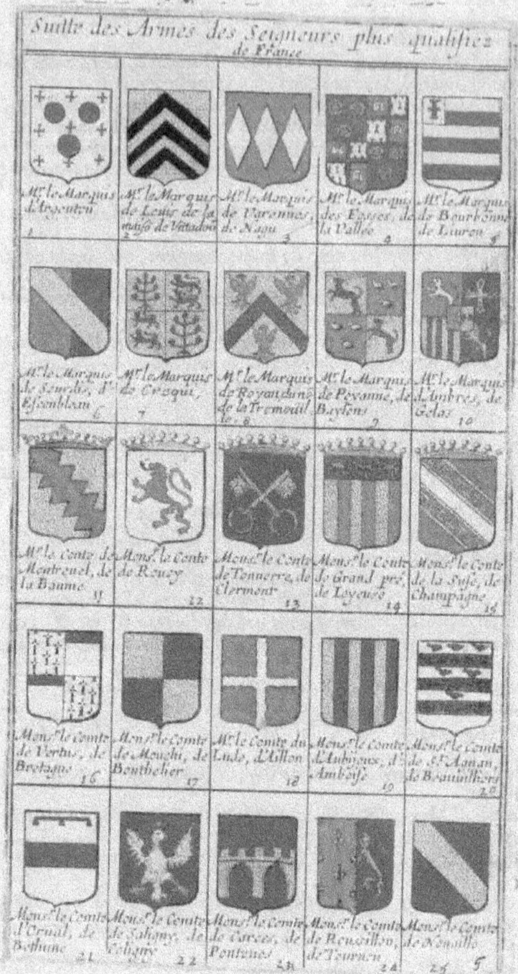

1. LE *Marquis d'Argenton*, du nom de Chastillon sur Marne, porte d'argent à trois tourteaux de Gueules, accompagné de neuf croix de mesme.

2. Le *Marquis de Lexis*, de la maison de Vantadour, porte d'or a trois chevrons de sable.

3. Le *Marquis de Varennes*, de Nagu, porte d'azur a trois fusée d'argent.

4. Le *marquis des Fossez de la Vallée*, porte escartelé au premier & quatre de Gueules a trois fermails d'or, le 2. & 3. escartelé d'azur & d'hermines a la croix de Gueules sur le tout le 1. & 4. chargé d'vne maison d'argent, maſſonnée & sable.

5. Le *Marquis de Bourbonne de Livorn*, d'argent a trois faces de Gueules, brisé au franc canton d'vn carreau d'argent chargé d'vn roch d'eschequier de Gueules.

6. Le *Marquis de Sourdy d'Escoublean*, party d'azur & de Gueules a la bande d'or bronchante sur le tout.

7. Le *Marquis de Crequi*, escartelé 1. & 4 d'or au Crequier de Gueules, le deux & trois d'or a deux leopards de Gueules.

8. *Le Marquis de Royan*, du nom de la Tremoüille, d'or au chevron de Gueules, accompagné de trois aigles d'azur 2. 1.

9. *Le Marquis de Poyane de Bailans*, escartelé, le premier & 4. d'or au chien, ou levrier rampant de Gueules, accollé d'argent, le deux & trois d'azur à trois molettes d'argent.

10. *Le Marquis d'Ambres de Gelas de Voisins*, escartelé au premier d'azur au lyon rampant d'argent, au deux d'or à la croix clechée de Gueules, au trois d'or à trois pals de Gueules, au quatriesme de Gueules au lyon d'or.

Suiuent Messieurs les Comtes.

11. *Le Comte de Morreuel la Baume*, d'or à la bande engreslée d'azur.

12. *Le Comte de Roussy*, du nom de la Rochefoucault, d'argent au lyon de Gueules.

13. *Le Comte de Grand Pré de Ioyeuse*, palé d'or & d'azur de six pieces, au chef de Gueules chargé de trois hydres d'or.

14. *Le Comte de Tonnerre de Clermont Talart*, porte de Gueules à deux clefs d'or passée en sautoir.

15. *Le Comte de la Suse Champagne*, d'azur à la bande d'argent, accompagnée de deux cottices d'or potencée & contrepotencées de treize pieces.

16. *Le Comte de Vertus d'Auaugour*, porte de Bretagne, escartelé d'Auaugour, qui est d'argent au chef de Gueules.

17. *Le Comte de Mouchy Boutelier*, de Senlis, escartelé d'or & de Gueules.

18. *Le Comte du Lude de Daillon*, d'azur à la croix engreslées d'argent.

19. *Le Comte d'Aubigeoux d'Amboise*, pallé d'or & de Gueules de six pieces.

20. *Le Comte de sainct Agnan Beauuiliers*, d'argent à trois faces de sinople, accompagnée de six merlettes de Gueules 3. 2. 1.

21. *Le Comte d'Orual de Bethune*, d'argent à la face de Gueules au lambel de trois pieces de mesme en chef.

22. *Le Comte de Saligny*, du nom de Colligny, de Gueules à l'aigle d'argent couronnée & mambrée d'azur.

23. *Le Comte de Carces de Pontrals* en Prouence, porte de Gueules au Pont de deux Arches crenelée d'or.

24. *Le Comte de Roussillon*, parry le premier semé de France, le 2. de Gueules au lyon d'or.

25. *Le Comte de Nouaille*, porte de Gueules à la bande d'argent.

D

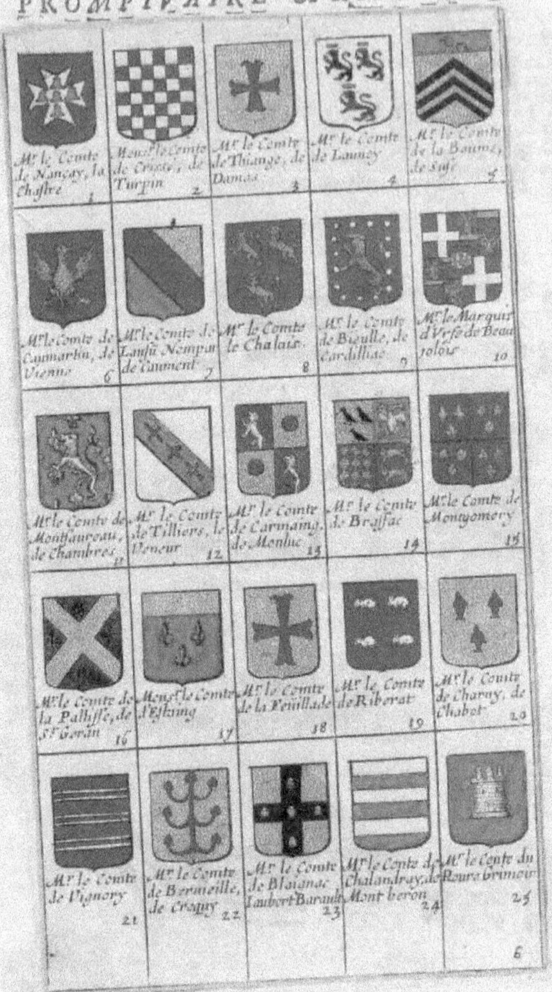

1. Monsieur le *Comte de Naīçay la Chastre*, porte de gueules à la croix encrée de vair.

    2. Le *Comte de Crissé Turpin*, eschequé d'argent & de gueules.

    3. Le Comte de Tiange de Damas, d'or à la croix encrée de Gueules.

    4. Le Comte de Lannoy, d'Argent à trois Lyonceaux de sinople ; couronnez d'or.

    5. Le Comte de Suse la Baume, d'or à trois chevrons de sable au chef d'azur, chargé d'vn lyon naissant d'or.

    6. Le Comte de Caumartin, du nom de Vienne, porte de Gueules à l'aigle esployé d'or.

    7. Le Comte de Lauzon, tiercé en bande d'or de Gueules & d'azur.

    8. Le Comte de Chalais, de Gueules à trois lyonceaux d'or, qui est de Perigord.

    9. Le Comte de Bieule de Cardillac, de Gueules au lyon d'or à l'orle de besans d'argent.

10. Le Marquis d'Vrfé de Beaujolois, efcartelé au premier & quatre de Sauoye, au fecond & trois efcartelé, au premier & 3. de Gueules à l'aigle d'or à deux teftes, le deux de Gueules au chef d'or, fur le tout du tout de vair au chef de Gueules.

11. Le Comte de Montfaureau de la Chambre, d'azur femé de fleurs de lys d'argent au lyon de mefme.

12. Le Comte de Tilliers, d'argent à la bande d'azur, chargée de trois fautoirs d'or.

13. Le Comte de Carmain de Montluc, efcartelé le premier & quatre de Gueules à la louue d'argent, 2. & 3. d'or au tourteau de Gueules.

14. Le Comte de Braffac, du nom de Galard de Bearn, porte efcartelé le premier d'or à trois corneilles de fable, le fecond d'azur à l'aigle a deux teftes d'argent, le 3. fretté d'azur & d'or, le quarre de Bearn.

15. Le Comte de Montgomery, de Gueules a trois fleurs de lys d'or, efcartelé de Gueules a trois cocquilles d'or.

16. Le Comte de la Palliffe S. Geran, du nom de la Guiche, de finople au fautoir d'or.

17. Le Comte d'Eftaing, de France au chef d'or.

18. Le Comte de la Fueillade du nom d'Aubuffon, d'or a la croix encrée de gueule.

19. Le Comte de Riberat d'Adie, de Gueules a quatre lapins d'argent.

20. Le Comte de Charny du nom de Chabot, d'or a trois Chabots de Gueules pofez en pal.

21. Le Comte de Vignory, du nom de Quinquempoix, de Gueules a trois iumelles d'argent.

22. Le Comte de Bernieule, du nom de Crequy, porte d'or au Crequier de Gueules.

23. Le Comte de Blagnac, du nom de Iaubert Barault, d'or a la croix de fable, chargée de cinq cocquilles d'argent.

24. Le Comte de Chalandray de Mauberon, facé d'argent & d'azur de fix pieces.

25. Le Comte de Grimoir duRoure, d'azur a la tour d'argent.

Suitte de Messieurs les Comtes.

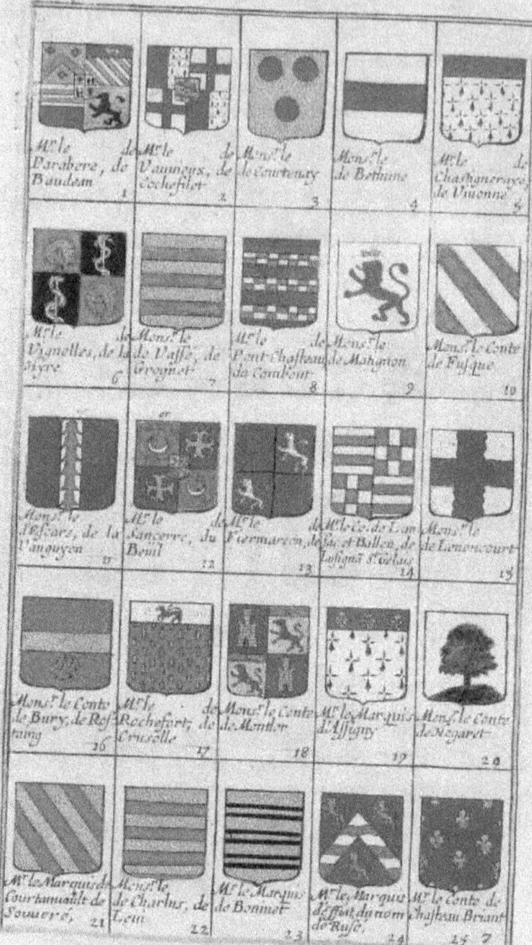

1. **M**Onsieur le Comte de Parabere, Marquis de la Motthe Sainct Heraye, porte escartelé au 1. d'or au chevron d'azur, accompagné de trois macles de Gueules, deux en chef & vne en pointe, au deux d'argent a cinq bandes cottisée d'azur au chef de Gueules chargé d'vn lyon passant d'or, au 3. d'argent a deux faces d'azur couppée de Gueules plain, au quatre d'or, au lyon de sable, sur le tout escartelé d'or a l'arbre de sinople & d'argent a deux Ours en pied de sable.

2. Le Comte de Vauuieux du nom de Cochefillet, Baron de Vaucelas, porte escartelé le premier & quatre party de Gueules & d'hermines, le second & trois d'argent a la croix de Gueules, sur le tout d'argent a deux leopards de Gueules.

3. Le Comte de Courtenay, d'or a trois tourteaux de Gueules.

4. Le Comte de Betune, d'argent a la face de Gueules.

5. Le Comte de la Chastaigneraye en Poictou, du nom de Viuonne, porte de Bretagne au chef de Gueules.

6. Le

6. Le Marquis de Vignolles, dit la Hire porte escartelé au 1. & 4. d'azur au Paon Rouant d'or, au 2. & 3. de sable, au sep de vigne d'argent, soustenu d'vn eschalat d'or.

7. Le Comte de Vallé de Grongnet, Baron de Roche-mabille, d'or a la face de trois pieces d'azur.

8. Le Marquis de Pont-Chasteau, du Camboult, porte de Gueules à trois faces eschequerée d'argent & d'azur de deux traits.

9. Le Comte de Matignon en Normandie, Comte de Torigny, du nom de Gouion, chef du nom & armes de cette maison, porte d'argent au lyon de Gueules couronné d'or.

10. Le Comte de Lauagne de Bressuire, du nom de Fiesque en Poictou, porte bandé d'argent & d'azur de six pieces.

11. Le   d'Escars de la Vauguion, de Gueules au pal de vair.

12. Le Comte de Sencerre, du nom de Beuil, escartelé d'azur au croissant montant d'argent, à six croix recroisettée au pied fiché de mesme, au second & trois de Gueules à la croix ancrée d'or, sur le tout escartelé du Dauphiné d'Auuergne & de Champagne.

13. Le Marquis de Fiermaçon, escartelé le 1 & 4. de Gueules plain, le 2. & 3. aussi de Gueules, au lyon d'argent de mesme.

14. Le Comte de Lansac & de Balon, du Maine, de Lusignan S. Gelais, burellé d'argent & d'azur, escartelé de cinq points d'azur equipolez a quatre d'argent.

15. Le Marquis de Lenoncourt, porte d'argent à la croix engreslée de Gueules.

16. Le Comte de Bury, du nom de Roittier, Baron de Brou, Seigneur de Noisy le Sec, d'azur à vne face en deuise d'or, à vne roue de huict rais en pointe de mesme.

17. Le Comte de Rochefort, Baron d'Yoles, porte d'azur semé de billettes d'or au chef d'argent, chargée d'vn lyon passant de Gueules.

18. Le Comte de Mont. lor d'Ornano, porte escartelé au 1. & 4. de Gueules, à la tour donjonnée d'or, au 2. & 3. d'or au lyon de Gueules, au chef d'azur, chargé d'vne fleur de lys d'or.

19. Le Marquis d'Assigny en Bretagne, porte de Bretagne au chef d'azur, chargé de trois fleurs de lys d'or.

20. Le Comte de Nogaret en Guyenne, d'argent à l'arbre de sinople sur vne terrace de mesme.

21. Le Marquis de Courtanuault de Souueré, porte d'or à trois bandes d'azur.

22. Le Comte de Charlus, du nom de Leuy, porte d'or à trois bandes d'azur.

23. Le Marquis de Bonniuet, du nom de Boisy, porte d'azur à trois iumelles de sable.

24. Le Marquis d'Effiat, du nom de Rusé, porte de Gueules au chevron ondé d'argent & d'azur, accompagné de trois lyonceaux d'or.

25. Le Comte de Chasteau-briand, porte de Gueules semé de fleurs de lys d'or.

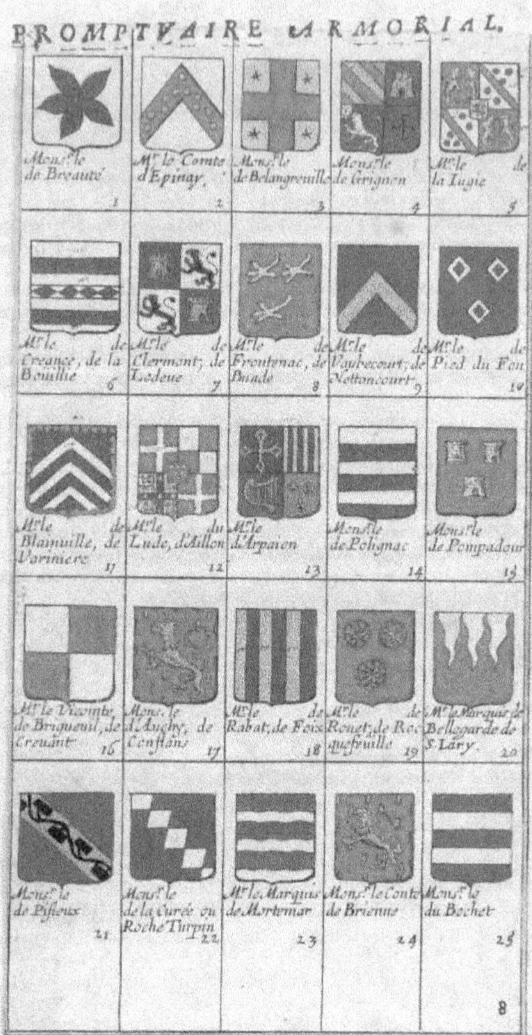

8

1. LE   de Breauté, porte d'argent à la quinte fueille de *Gueules.*

2. Le Comte d'Epinay, porte d'argent au chevron d'azur, chargé d'vnze besans d'or. Il est de la maison de S. Luc.

3. Le Comte de Belangreville, porre d'azur à la croix d'or, cantonnée de quatre molettes de mesmes.

4. Le Marquis de Grignon ou Grignan, du nom d'Ademar de Monteil, porte escartelé au premier d'or à trois bandes d'azur, au second de gueules au Chasteau d'onjonné de trois tours d'or, au 3. de Gueules, au lyon d'argent, au canton d'hermines, au 4. de Gueules à la croix alisée d'or.

5. Le Marquis de la Ingie, dit du Puy, porte escartelé au premier & quatre d'azur à deux lyons affrontez d'or, au 2. & 3. d'argent à la bande d'azur, accostée de 6. roses de Gueules, sur le tout d'or au lyon de Gueules.

6. Le Comte de Creance Boüillé, porte d'argent à la face de Gueules fretté d'argent, accompagnée de deux burelles de Gueules.

7. Le Comte de Clermont Lodeue, du nom de Castelnau, porte escartelé au premier & 4. de Gueules au chasteau d'or, au 2, & 3. d'argent au lyon de sinople.

8. Le Comte de Frontenac de Buades, porte d'azur à trois pattes de Griffon d'or posée en bande.

9. Le Marquis de Vaubecourt de Netancourt, porte de Gueules au chevron d'or.

10. Le   de Pied du Fou, porte de gueules à trois macles d'argent.

11. Le Marquis de Blainville, porte de gueules à trois chevrons d'argent à la bordure engreslée d'azur.

12. Le Comte du Lude de Daillon, porte escartelé 1. & 4. d'azur à la croix engreslée d'argent, au 2. escartelé d'argent & d'azur, au 3. de Laual au canton de Bretagne, sur le tout de Rieux.

13. Le Vicomte d'Arpajou, porte escartelé au premier de Gueules à la croix de Thoulouze, au 2. d'or a trois pals de Gueules au 3. de gueules à vne harpe d'or, le 4. d'azur a trois fleurs de lys d'or.

14. Le Vicomte de Polignac, porte facé d'argent & de Gueules de six pieces.

15. Le Vicomte de Pompadour, porte d'azur a trois tours d'argent.

16. Le Vicomte de Briqueuil de Creuant, porte escartelé d'argent & d'asur.

17. Le Vicomte d'Auchy Conslans, porte d'asur semé de billettes d'or au lyon de mesme.

18. Le Vicomte de Rabat de Foix, porte d'or a trois pals de Gueules.

19. Le Vicomte de Roüet de Roquefueille, porte d'asur a trois roües d'or.

20. Le Marquis de Bellegarde de S. Lary, porte d'azur a trois pals appointez en rais ou rayons de Soleil d'argent mouuant du chef.

21. Le Comte de Pisieux de Sillery, porte de Gueules a la bande d'or chargée d'vne trainée de cinq barils de sable.

22. Le Marquis de la Curée Roche-Turpin, porte de Gueules a la bande fuselée d'argent.

23. Le Marquis de Mortemar, porte facé de Gueules & d'argent en ondes de six pieces.

24.[7] Le Comte de Brienne, porte d'azur au lyon d'or, semé de billettes de mesme.

25. Le   du Bochet, porte de Gueules a deux faces d'argent.

CONTINVATION DV
Promptuaire Armorial,

En la Marge duquel sont cottées les noms des Prouinces où sont scituées les Sei gneuries ou Maisons representées par leurs BlaZons pour la pluspart dans ce Promptuatre.

Normandie.	BDIS, porte d'or à la croix encrée de gueules cantonnée de quatre croix d'azur.
Picardie.	*Abbeuille*, porte d'azur à trois bandes d'or, & trois fleurs de lys de mesme en chef.
Beauuoisis.	*Abbeuille*, porte de gueules à trois escussons d'argent.
Bourgongne.	*Ableges*, porte d'or à deux faces d'azur, chargée de trois estoilles d'or.
Bourgongne.	*Abos d'Heruille*, porte de sable au chevron d'or, accompagné de trois rozes de Gueules.
	Abouat, porte facé d'argent & de Gueules de six pieces.
Orleans.	*Acarie*, porte d'azur au chevron d'or, accompagné de trois estoilles de mesme.
Bretagne.	*Acerac de Rieux*, porte d'azur à dix besans d'or 4. 3. 2. 1.
Prouence.	*Achars*, porte de gueules à trois heaumes d'argent.
Auuergne.	*Acher*, porte de gueules à deux haches addossée d'or.
Normandie.	*Acher*, porte d'azur à la face d'argent accompagnée de trois escussons d'or, deux en chef, vn pointe.
Bourgongne.	*Acheu Calonne*, porte d'argent à l'aigle de sable.
Dauphiné.	*Achier*, porte d'or à la tour ouuerte, donjonnée de Gueules, massonnée & hercée de sable, sommée de deux hallebardes ou haches d'azur.
Dauphiné.	*Achy*, porte de Gueules à trois chevrons d'argent.
	Achilly, porte de Gueules au sanglier de sable.
	Achouais, porte d'azur à trois testes de chevres, arrachée d'argent 2. 1.
Bretagne.	*A Cigné*, porte d'hermines à la face de gueules, chargée de trois fleurs de lys d'or.
Auuergne.	*Acier*, porte d'or à la tour crenelée de Gueules.
Prouence.	*Ademar*, porte d'or à trois bandes de Gueules.
	Adie, de Gueules à quatre lappins au naturel passez l'vn sur l'autre.
	Adriennaie, porte d'azur semé de France au lyon d'argent ou à l'orle de neuf fleurs de lys d'or.
	Affier, porte burrelé d'or & de Gueules de douze pieces.
	Agar, porte de Gueules à vne molette d'esperon de huict rais d'or au chef d'azur, chargé d'vne croix pometée d'or.
	Agenonville, porte d'or à la bande cotticée de sable, chargée de trois merlettes d'argent.
Agenois.	*Agen*, porte de Gueules au Griffon d'or, tenant en ses pates vn escriteau, où est escrit, *Nisi Dominus custodierit*, addextrée d'vn chasteau d'argent.
Bourgongne.	*Aglenim le Duc*, porte escartelé au premier & 4. de Gueules, à trois chevrons abbaissez d'or, accompagnez de trois besans de mesme au chef d'or, le 2. & 3. d'or à la bande de Gueules, accostée de deux cottices d'or, chargée de trois Ducs d'argent.
Prouence.	*Agoust*, porte d'or au loup rauissant d'azur, armé & camponné de Gueules.
	Aguissean, porte d'azur à deux faces d'or, accompagnée de six cocquilles d'argent,

escarte'é

A

escartelé de Gueules a vne face d'argent, chargée de trois aigles de sable, accompagnée de deux cottes d'armes.

Aguenin, porte de Gueules à trois chevrons d'or, accompagnez de trois besans *Touraine.* de mesme au chef d'or.

Ahiblecourt, porte d'azur a trois iumelles d'argent. *Artois.*

Aigueres, porte escartelé au premier & quatre d'azur a l'arbre d'or, au 2. d'argent au sanglier de sable, au 3 de sinople à la patte de Griffon d'argent mise en pointe, au 4. de Gueules à trois tours d'or.

Aigremont, porte d'azur à la croix d'or, accompagnée de vingt billettes de mesme mise en sautoir.

Aigremont, porte de Gueules au lyon d'argent, armé & couronné d'or.

Aigremont, porte d'or au lyon de Gueules. *Bourgongne.*

Ailly, Vidame d'Amiens, porte de Gueules au chef eschequé d'argent & d'azur *Picardie.* de trois traits.

Ailly, porte de Gueules à la face ondée d'argent, accompagnée de six merlettes de mesme.

Ailly Piquigny, porte de Gueules à deux branches d'osier, de pourpre au chef escheque d'argent & d'azur de trois traits.

Ailbures, porte coupé d'argent & d'or, au lyon couppé d'azur & de Gueules.

Aillon, porte d'azur a la croix engrellée d'argent. *Maine.*

Aineux, porte d'or à trois croissants montans de Gueules.

Aisay, porte burellé d'or & de Gueules de dix pieces. *Bourgongne.*

Aixant, porte d'azur à la bande d'or à trois estoilles de mesme, deux en chef, *Bourgongne.* vne en pointe, chargée d'vne viure en face.

Aix, porte d'or au pal de quatre pieces Gueules au chef de Ierusalem, party de *Prouence.* Naples.

Aixon, porte d'or au lyon tourné de Gueules.

Alainde Beaumont, porte d'azur à trois pieces de Iambes de Vache, couppée & onglée d'or.

Alaire, porte de Gueules au chevron d'or, accompagné de trois papillons d'argent.

Alaix, porte d'azur à trois quinte fueilles d'argent percée d'or. *Bretagne.*

Alamanon le Roux, porte d'argent a trois pals de Gueules, à la bande d'azur *Prouence.* bronchante sur le tout, chargée de trois besans d'or.

Alart, porte d'argent à la face de Gueules, accompagnée de trois aigles de face 2. 1.

Alaumont, porte d'azur à trois lambeaux de trois pieces, posez l'vn sur l'autre d'or à deux estoilles de mesme sous le second lambeau, & d'vne Rose en pointe d'argent.

Alain, porte d'or à dix lozanges de Gueules. *Prouence.*

Alaigre, porte de Gueules à la tour d'argent, le champ semé de fleurs de lys d'or. *Percée.*

Albonas, porte d'argent à trois bandes d'azur au chef de Gueules, chargé d'vn *Prouence.* Soleil d'or.

Albert, porte d'or au lyon couronné de Gueules. *Prouence.*

Albert ou Aubert, porte d'or a loups rempans de Gueules. *Prouence.*

Albertas, porte de Gueules au loup rampant d'or.

Alberon, porte escartelé d'or & de Gueules à deux lyons & deux tours de mesme *Prouence.* de l'vn en l'autre.

Albise, porte d'or à la croix lozangée de Gueules.

Albigny, porte d'or semé de tours & de fleurs de lys sans nombres d'azur.

Albisi, porte de sable à deux anneaux d'argent.

Albon Fronsac, porte de sable à la croix d'or.

Alcan, porte d'azur à trois chevrons d'or, accompagnez de trois besans de mesme 2. 1.

Aldogny, porte de Gueules à trois fleurs de lys d'argent.

F

A

Prouence. Alemagne, porte de gueules au chasteau d'or.

Alegre-l'vsfagne, porte de Gueules à la tour carrée d'argent costoyée de six fleurs de lys d'or.

Alegre Dorfery, porte de Gueules à la tour d'argent crenelée de trois pieces.

Alegrin Caluy, party de Gueules d'argent à la croix encrée, partie de l'vne en l'autre. Alegre porte de mesme.

Alleman Aturabel, porte de Gueules au demy vol d'argent.

Alleman Pasquier, porte de Gueules semé de fleurs de lys d'or, à la bande d'argent, bronchante sur le tout.

Prouence, Allemanon, porte d'argent à trois pals de Gueules à la bande d'azur bronchante sur le tout, chargée de trois besans d'or.

Normandie. Alençon, porte de France a la bordure de gueules, chargée de huict besans d'argent.

Prouence. Aleß, porte d'azur au vol estendu d'or.

Auuergne. Alexandre, porte d'argent a l'aigle a deux testes, sur chacune vne fleur de lys de Gueules.

Almeras, porte d'azur au lyon d'or au chef de mesme chargé de trois palmes de sinople peris en bandes.

Alaigny, porte de Gueules a trois fleurs de lys d'argent mise en sautoir.

Vermandois. Aloy, porte d'argent a la bande fuselée de sable.

Alua Chombert, porte d'or au lyon coupé de Gueules & de sinople.

Alfure, porte de Gueules a la bande d'or, accompagnée de six couronnes de mesme mise en orle.

Armandardiere, porte facé d'or & de Gueulés de six pieces.

Seint Amadour, porte de Gueules a trois testes de loup d'argent lamp. d'or.

Amant Mirabel, porte de Gueules au demy vol d'argent.

Amariton, porte de Gueules au lyon d'or, au chef cousu d'argent, chargé de trois estoilles d'or.

Amautal, porte d'argent a six fleurs de lys de sable.

Amaunan, porte d'argent au perroquet au naturel mambré & becqué d'or.

Amauje, porte de Gueules a trois coquilles oreillée d'or.

Ambes, porte de Gueules a trois chevrons d'or.

Amblot, porte de sable a la bande d'or, accompagnée d'yne molette de mesme.

Amblecourt, porte d'azur a trois iumelles d'argent.

Ambly, porte d'argent a trois lyons de sable armes lamp. de Gueules.

Dauphiné. Ambrun, porte de Gueules a la croix d'argent.

Poictou. Ambusson, porte d'or a la croix encrée de Gueules.

Amfrineulle Porrier, porte d'azur au chevron d'or, accompagné de deux estoilles d'or en chef, & d'vn croissant d'argent en pointe.

Amboise, porte pallé d'or & de Gueules de six pieces.

Amboise Ville, porte d'or a deux pals de Gueules au chef d'azur, chargé de trois fleurs de lys d'or.

Paris. Amelot, porte d'azur a trois cœurs d'or surmontez d'vn Soleil de mesme en chef.

Amenincourlanoy, porte eschequé d'or & d'azur.

Picardie. Ameraal, porte d'or a trois tourteaux de Gueules.

Bourgongne. Amfart, porte d'azur a la face d'or, accompagnée de trois coquilles d'argent.

Picardie. Amiens, porte de Gueules a la lizier de pourpre, au chef cousu d'azur, chargée de trois fleurs de lys d'or.

Amiens, porte de Gueules a trois chevrons de vair.

Picardie. Amilly, porte d'argent a l'aigle esployé de sable.

Amiet, porte d'argent au chevron d'azur, chargé en pointe d'vne estoille d'or, accompagnée de trois treffles d'azur. 2. 1.

Amoncouer, porte de Gueules an sautoir d'or.

Amoraudaye, porte de sable a trois fleurs de lys d'argent.

A

Amtigny, porte d'or au lyon naissant de sable.

Amstel, porte d'or au sautoir eschequé de Gueules & d'argent de deux traits.

Anast, porte d'or à la croix engreslée de sable cantonnée de 4. estoilles de mesme. *Bretagne.*

Anasane, de Gueules au dragon aislé d'or ayant face humaine, tenant de sa patte *Prouence.* droitte sa longue barbe, qui se termine en restes de serpenteaux.

Ancenis, potte de Gueules a trois quintefuilles d'hermines.

Ancienuille de Villiers aux Corneilles, porte de Gueules a trois maillets de mesme, *Bretagne.* chargez d'vne fleur de lys d'or. *Brit.*

Ancellon, porte de Gueules semé de fleurs de lys au franc canton.

Anchre, porte d'or au chevron d'azur, accompagné en pointe d'vn anchre de sable au chef d'azur, chargé de trois merlettes d'or.

Anchremer, porte d'argent fretté de Gueules. *Bretagne.*

Ancy, porte cotticé d'argent & d'azur de dix pieces.

Anry, porte d'argent a trois lozanges de Gueules.

Andelot, porte eschequé d'argent & d'azur au lyon de Gueules bronchante sur le *Bretagne.* tout.

Andelot, porte de gueules a cinq fleurs de lys d'or.

Andesort, porte d'argent a trois molettes de sable 2. 1. escartelé d'hermines a *Champagne.* trois tourteaux de sable. *Bourgongne.*

Andely, porte d'azur au chevron d'or, accompagné en chef de deux palmes & d'vne montagne en pointe, le tout d'or.

Andran de Lorgeron, porte d'asur a trois estoilles d'argent, escartelées de gueules a quatre faces endentée d'argent a la bande semée de France.

Andresel, porte d'or au lyon de Gueules.

Andresel, porte de sable a trois chevrons brisez a la pointe d'or.

Andresel, porte d'or au lyon de Gueules, au baston d'hermines pery en bande.

Androuët, porte d'or a tsois faces de sable a la bande de Gueules bronchante sur tout.

Saint André, porte d'argent a l'aigle de sable couronnée d'or.

Anduse Viuarest, porte de Gueules a trois estoilles d'or.

Anebout, porte d'azur à trois fermails diaprez d'or.

Anebont, porte de Gueules a la croix de vair.

Ancual, porte pallé d'or & d'azur de six pieces au chef de Gueules, chargé de trois molettes d'argent.

Anceau, porte d'or au dragon ou basilic aislé & couronné de sinople

Angeloch, porte fretté d'or & de Gueulès à la face d'or sur le tout.

Angennes, porte de sable au sautoir d'argent.

Angennes, porte escartelé en sautoir d'or & d'azur.

Angenout, porte d'azur à deux espées d'argent, garnies de mesme, posée en sautoir.

Anger, porte de vair a trois croissants de Gueules. *Bretagne.*

Angeruille, porte d'or à trois annelets de sable.

Angeruille, porte d'or au leopart de sable, mouuant du premier canton en chef & en pointe de deux quinte-fueilles de mesmes.

Angeruille-Martel, porte de Gueules à trois marteaux d'argent.

Angeruille, porte de sinople à trois faces ondées d'azur. *Bresse.*

Angers, porte de Gueules a deux clefs d'argent mise en pal au chef de France.

Angest, porte d'or à la croix de Gueules, chargée de cinq coquilles d'or.

Angle, porte d'or au lyon d'azur semé de billettes de mesme.

Anglerie, porte d'argent à la rose de Gueules.

Anglure la Herce, porte de Gueules semé de croissants d'or, supportans chacun vn grillet de mesme.

Anst, porte Gironné d'argent & de Gueules.

Angoulesme Ancien, porte lozangé d'or & de Gueules.

Angoulesme Ville, porte d'azur à la tour crenelée & couuerte, accompagnée de

A

deux tours d'argent maſſonnée de ſable, ſommée d'vne fleur de lys couronnée d'or.

Angoulefme Valois, porte de France à la trauerſe d'or pery en bande.

Angoulefme, porte de France briſé d'vn lambel d'argent de trois pendans, chargez chacun d'vn croiſſant montant de Gueules.

Bretagne. *Angoulenant*, porte de ſinople à la face d'hermines.

Angouiefang, porte d'or à la croix encrée de Gueules.

Vermandois. *Angu*, porte d'or au ſautoir de Gueules, chargé de cinq beſans d'or.

Anjou Ancien, porte d'or a l'aigle de ſinople, ou ſelon aucuns de ſinople à l'aigle d'or ; autres diſent de Gueules aux rais d'eſcarboucle, pometée & fleurettée d'or à la bordure de France.

Autre Anjou, porte ſemé de France a la bordure de Gueules.

Anjou Moderne, porte d'azur a trois fleurs de lys d'or a la bordure de Gueules.

Anjou du Maine, porte de France au lambel de Gueules de cinq pendans mouuans du chef.

Anjou, Sicille ou Naples, porte de France au lambel de Gueules de trois pendans.

Anjorard de Ratigny, porte d'azur a trois fleurs de lys de Iardin boutonnées & fueillées de ſinople, vne en chef & deux en pointe.

Anjou Meſtier, porte d'azur a la fleur de lys d'or, a la bordure de Gueules, briſée au canton droict d'vn lyon d'argent a la barre de meſme.

Antual La Huſe, porte d'or a trois houſeaux ou bottes de ſable.

Anouay, porte eſcartelé d'argent & de Gueules.

Anoy, porte cotticé de dix pieces d'argent & d'azur.

Anferuille, porte d'argent au lyon de Gueules.

Auuergne. *Anſe*, porte eſcartelé au premier & 4. d'or au dauphin d'aſur, le deux & trois d'aſur a la bande d'argent.

Prouence. *Anſons*, porte de Gueules au lyon d'or.

Vermandois. *Antonaiſe*, porte vairré d'or & de Gueules.

Antigny, porte d'or au lyon naiſſant de ſable.

Bourgongne. *Anthoing*, porte d'aſur a ſept beſans d'or au chef de meſme.

Anthoing, porte d'argent au chevron de Gueules, accompagné en pointe de deux coquilles de ſable.

Prouence. *Antin*, porte de ſinople a la face d'hermines.

Anton, porte de Gueules a l'aigle d'or couronnée & m. d'argent.

Prouence. *antouille*, porte d'aſur a cinq eſtoilles d'or poſée en ſautoir.

antrain, porte d'or a trois tourteaux de Gueules, ſenextrée d'vne clef de meſme mis en pal.

antrchan, porte de Gueules a la face eſchiquetée d'argent & d'aſur.

antragues Balſac, porte d'aſur a trois ſautoirs aliſez d'argent, 2. 1. au chef d'or chargé de trois ſautoirs d'aſur.

Apauſt, porte d'azur à la gerbe d'auoine d'or, liée de meſme.

Languedoc. *apcher*, porte d'or a la tour ouuerte, crenelée de trois pieces & demie, donjonnée & grillée a la coulice leuée de ſable, à deux haches d'armes de meſme, ſur les deux cerneaux.

apchou, porte d'or ſemé de trois fleurs de lys d'azur.

Bretagne. *apigné*, porte d'argent, ſemé de fleurs d'ancolie d'azur.

apremont, porte de Gueules à la croix d'argent.

at laincourt, porte d'azur à la croix d'argent, chargée de cinq eſcuſſons de Gueules.

aps, porte d'or à trois chevrons de ſable au chef d'azur, chargé d'vn lyon naiſſant d'argent couronné d'or.

apel-croiſt ou Tiercelin, porte d'argent à deux tierces d'azur paſſée en ſautoir, accompagnée de quatre merlettes de ſable.

apremont, porte de Gueules au lyon d'or couronné d'azur.

Poictou. *aqueum*, porte de Gueules à trois chevrons d'or, accompagnez de trois beſans de meſme au chef d'or.

aquitaine

A

Aquitaine, porte d'or au leopard de Gueules.

Aquitaine ancien, portoit fuzelé d'or & d'azur.

Arablay, porte de Gueules à deux faces d'or.

Artois.   *Arras*, porte femé de France au lambel de quatre pieces de Gueules, chargée de douze chafteaux d'or.

Arras, porte d'argent au lyon de fable.

Arradon, porte de fable à fept macles d'argent.

Arbaleftre, porte d'azur à trois arbaleftres d'or.

Bourgongne.   *Arbaleftre*, porte d'or au fautoir engreflé de fable, chargé en cœur d'vn croiffant d'argent, cantonné de quatre arbaleftres de Gueules.

Prouence.   *Arbaut*, porte d'or au griffon de fable, la patte droitte d'aigle, la iambe fenextre de lyon, veftuë ou efcorchée.

Bourgongne.   *Arbelot*, porte d'azur à quatre arcs d'or cordez de fable, furmontez de quatre eftoilles d'or.

Breffe.   *Arbie*, porte d'argent à la bande d'azur, chargée de trois teftes de cerf d'or.

Arbois, porte de fable au cor d'argent lié en fautoir de mefme.

Arcé, porte efcartelé au premier & quatre d'azur, au franc canton d'or, à la bande d'or fur le tout, au fecond de Bourbon, au trois de Ferrieres.

Arcez, porte d'azur au franc canton d'or.

Bourbonnois.   *Archambault*, porte d'or au lyon de Gueules à huict coquilles d'azur, mifes en orle.

Barrois.   *Arc*, porte d'afur a vne couronne Royalle d'or, fouftenuë d vne efpée d'argent croifée & pometèe d'or en pal, coftoyée de deux fleurs de lys d'or.

Arcac, porte d'argent à trois bandes de Gueules, au chef d'or, chargé de fable.

Arc, porte d'azur à vn arc d'or, chargé de trois flefches, vne encochée d'argent, empennée d'or, les deux autres en fautoir empennée d'argent.

Archeres, porte d'or à deux pattes de griffon d'or.

Perigord.   *Archac*, porte de Gueules à deux pals de vair au chef d'or.

Arché, porte chevron de Galoc d'or & de Gueules de fix pieces.

Ardieres Combault, porte d'argent à la levrette paffante de fable.

Champagne.   *Arcie*, porte d'azur à fix befans d'argent, au chef d'or à la bordure de Gueules.

Sauoye.   *Arcie*, porte d'argent à trois quintes-fueilles de Gueules, accompagnées de fix croix fleuronnées de mefme.

Arcona, porte d'azur à cinq points equipolez d'or.

Arcolie, porte d'azur à l'efpée d'argent mife en pal la garde en bas d'or.

Arcu, porte d'argent à trois arcs de fable mis en pal 2.1.

Prouence.   *Arcuffe de l'Efparon*, porte d'or à la face d'afur, accompag. de trois arcs de Gueules.

Bretagne.   *Ardani*, porte efcartelé d'argent & d'azur, pour deuife, *l'Honneur y Gift.*

Ardenne, porte efcartelé de gueules & d'afur à vne croix pomertée d'or.

Orleans.   *Ardier*, porte d'afur au chevron d'argent, accompagné de trois flames d'or.

Bretagne.   *Arel*, porte efcartelé d'argent & d'afur comme Ardani.

Prouence.   *Arennes*, porte d'afur à deux mains fe tenans, en bande d'argent, aux bras veftus & ornez de pourpre.

Argençon, porte d'argent à la face de fable.

Auuergne.   *Argenville*, porte d'or à trois annelets d'afur.

Argence, porte d'afur à trois fermails grenetez d'or.

Berry.   *Argenton*, d'or à l'orle de tourteaux de Gueules à l'efcu de France en abyfine.

Guyenne.   *Argenton*, porte d'or à trois tourteaux de Gueules.

Poictou.   *Agenton*, porte d'argent à trois tourteaux de Gueules, accompagnez de cinq croix d'azur pofez en fautoir.

Bretagne.   *Argentré*, porte d'argent à la croix pattée d'afur.

Picardie.   *Argies*, porte d'or à huict merlettes de fable en orle.

Argicourt, porte d'or a trois faces de fable.

Argiliers du Fay, porte d'or a la face de Gueules, accompagnée de trois treflés de mefme.

A

Champagne. Argiliers, porte d'or au lyon de sable l'escu semé de billettes de mesme.

Argilemont, porte d'argent a trois pals de sable & trois merlettes de mesme.

Argouges, porte escartelé d'or & d'azur, à trois quintesfueilles de Gueules.

Normandie. Argoyers de Raniez, porte escartelé d'or & d'azur a 3. quintes-fueilles de Gueules.

Bretagne. Argonnel, porte d'or à deux faces de sable.

Argonnel, porte d'asur à trois guenons d'argent à la bordure de Gueules.

Argnyen Malagny, porte d'asur à trois moutons d'or.

Prouence. Arausie, porte d'or à la face d'azur, accompagnée de trois arcs de Gueules.

Prouence. Arles Ville, porte d'azur au lion leopardé d'or assis, la patte droitte leuée, la queuë entre ses iambes pour deuise, *Alma Leonis vri Arelatensis Hostibus est nisi.*

Arlatam, porte de Gueules à cinq lozanges d'argent mis en sautoir.

Bresse. Arlay, porte de Gueules à la bande d'or, chargée d'vne molette de sable.

Auuergne. Armand, porte d'argent au chevron d'azur, accompagné de trois roses de mesme.

Guyenne. Armagnac, porte escartelé au premier & quatre d'or, au lyon de Gueules, au 2. & 3. de Gueules au leopard lyonné d'or.

Armel, porte d'azur au chevron d'or, accompagné de deux estoilles en face, & d'vne tour en pointe de mesme.

Armandix, porte d'azur à vn homme armé d'argent, l'espée nuë au poing la lame d'argent, la garde d'or, la visiere leuée, le visage d'incarnation.

Bretagne. Armoriq, porte d'azur à sept fleurs de lys d'argent.

Lorraine. Armoise, porte gironné de douze pieces d'or & d'azur.

Arnault, porte d'azur au chevron d'or, accompagné en pointe d'vn demy vol de mesme en chef de trois roses.

Arnault d'Andilly, porte d'asur au chevron d'or, accompagné en chef de deux palmes panchées d'or & en pointe d'vne montagne d'azur ombrée d'arbres de sin.

Arpajon, porte de Gueules à la harpe d'or.

Arpents, porte d'or a l'escu en abysme de Gueules acc. de cinq coquilles de sable.

Champagne. Arpillieres, porte d'or à la croix de Gueules.

Armaes, porte d'asur à trois casques d'argent 2. 1.

Bourgongne. Arpin le Duc, porte de sable à la croix d'or encrée d'argent.

Dauphiné. Arpinal, porte d'asur au chef d'or chargé de trois fleurs de lys de Gueules.

Bourgongne. Arqueux, porte d'asur au lyon d'or couronné, lampassé de mesme.

Prouence, Art, porte de Gueules fretté de lances rompuës d'or, semez d'escussons d'argent sur le tout d'asur à la fleur de lys d'or.

Olleron. Artigosse, porte d'asur à vne anille d'argent.

arton Varenne, porte d'or au sautoir de sable, chargé de cinq fleurs de lys d'or.

artois, porte semé de France au lambel de quatre pieces d'argent chastelé de douze chasteaux de Gueules.

arton, porte d'or au sautoir de sable, chargé de cinq fleurs de lys d'or.

ara, porte escartelé d'azur au franc quartier d'or à la bande de mesine, bronchante sur le tout, au second de Bourbon, au trois de France, au quatre de Maugiron.

aruise, porte de Gueules au chevron d'or, accompagné en chef de deux larmes d'argent, & en pointe d'vne estoille d'or.

arzé Vilarius, porte d'or à cinq fleurs de lys d'azur en sautoir.

asselin, porte d'azur à cinq croix pattée d'or.

Prouence. assietz, porte de Gueules au griffon d'or à la bande d'azur, charée de quatre estoilles d'argent, bronchant sur le tout.

asnieres Loriel, d'azur à vne tour garnie d'vn pan de mur d'argent, maçonné de sable.

asnieres, porte d'hermine à la face danchée de Gueules.

Bresse. asart, porte d'or au lyon de sinople ar. lamp. de Gueules.

Maine. asse, party ou emmanché d'argent & de sable.

Bretagne. assigny, porte semé d'hermines, au chef de Gueules.

asse, porte d'azur au chevron d'or, accompagné de trois massacres de cerf posez de front, branchée de mesme.

A

Lorraine. Aspremont, porte de Gueules à la croix d'argent.

aspremont, porte de sable au chef d'argent, chargé de trois merlettes du champ.

aspremont, porte d'azur au lyon d'or couronné de sinople.

Guyenne. astarac, porte escartelé d'or & de Gueules.

asten, porte de Gueules à trois chevrons d'azur, engreslez d'argent.

asteral, porte d'azur a cinq besans d'or en sautoir.

Prouence. asteuant, porte de Gueules à l'aigle d'or.

aston, porte d'argent de sable enté en pointe d'argent.

Vermandois. athie, porte d'or à trois faces de sable.

atichy, porte d'or au lyon de sable, accompagné de 3. croissans montans de mesme.

Bretagne. auauqour, porte d'argent au chef de Gueules.

auaux, porte d'or au croissant de sable.

Bourgongne. aualon, porte d'azur à la tour crenelée d'argent.

Dauphiné. auanson, porte de Gueules à trois iumelles d'argent.

aubernilliers, porte d'azur à deux leopards d'or, ou de Gueules au loup d'or.

Anjou. aubernes, porte de Gueules à trois fleurs de lys d'argent.

aubery, porte d'azur au chevron d'or, accompagné de trois testes de dauphins d'argent à la bordure de Gueules.

aubes, porte d'or à l'ours rampant de sable.

Bourgongne. aubes *Roque-martin*, de mesme.

aubert, porte d'or à trois testes de levrier de sable.

Perigord. aubeterre, porte party, le premier d'argent à la face de sable, accompagnée de trois molettes de mesme, le second coupé en chef de Gueules à trois lyons passans d'or & en pointe de Gueules à neuf macles d'or.

aubeterre, porte beffroy d'or & d'azur.

aubespine *Chasteauneuf*, porte d'azur au sautoir alisé ou coupé d'or, accompagné de quatre billettes de mesme, & d'vne rose en pointe.

Paris. aubeterre, porte d'azur à trois faces d'or, accompagnée de trois estoilles de mesme.

Bourbonnois. aubery, porte d'azur au chevron d'or, accompagné de trois testes de dauphins d'argent, allumées de Gueules.

auberuille de *Cantelou*, porte d'azur à deux leopards d'or.

Bourgongne. aubigny, porte d'or à la bande de Gueules, chargée de trois lyonceaux d'argent.

Picardie. aubigny, porte d'argent à la face de Gueules, chargée de trois tours d'or.

Poistou. aubigny, porte de Gueules à 5. chasteaux fendus d'or, sommez de 3. tours de mesme.

aubigny, porte de gueules au lyon d'hermines.

Bretagne. aubigny, porte de Gueules à la face fuselée d'argent.

aubigné, porte de Gueules à quatre forces d'argent mises en pal.

aubin, porte d'azur à la Salemandre d'or, vomissant des flames de mesme, au chef d'argent, chargé de trois trefles de sinople.

aubijoux, porte palé d'or & de Gueules de six pieces.

aubin d'aubigné, porte d'argent à 4. fusée mises en pal. à six tourteaux de mesme.

Anjou. aubin *Malicorne*, porte de sable à trois poissons d'argent en face.

aubourg *Porcheux*, porte d'azur à trois faces d'or.

aubourg, porte d'azur à la face d'or.

aubray, d'argent au croissant de Gueules, accompagné de trois trefles de sable.

aubry, porte d'or à cinq faces de Gueules.

aubri, porte burelé de dix pieces d'or & de Gueules.

Prouence. aubrisé, porte de gueules à la face d'or, chargée de trois chevrons couchez d'or.

aucé, porte d'argent, au chef emmanché de gueules.

Bretagne. auchat, porte de sable au chat effrayé d'argent.

auchers, porte d'or au chevron d'azur, accompagné en pointe d'vne estoille de sable au chef d'azur, chargé de trois molettes d'or.

auchy, porte d'azur semé de billettes d'or au lyon de mesme.

aucy, porte d'argent à trois lozanges de gueules.

Lyonnois. audeberg, porte d'or à la face de gueules.

A

Audimville, porte d'argent a la croix de Gueules frettée d'or.

Andeley, porte d'hermine au chevron de gueules.

Audran de Langeron, porte de gueules à trois estoilles d'argent, escartelé de gueules à quatre faces endentée d'argent à la bande d'asur femée de France, bronchant sur le tour.

Aueliers, porte d'azur au chevron d'or, accompagné de deux estoilles de mesme en chef & en pointe à vne quinte fueille d'or.

Auesnes, porte bande de gueules & d'or de six pieces.

Aueroust, porte d'or a trois faces de sable au franc canton d'hermines.

Auerton, porte de gueules a trois iumelles d'argent.

Maine.　*Auerion*, porte d'argent a six faces de Gueules, au chef de mesme.

Armouraces.　*Aurafon*, escartelé de Gueules a trois iumelles d'argent, au deux & 3. d'asur, à la croix d'or, au 4. d'argent au lyon de gueules.

Auger Lanoy, porte d'or a la bande de sable chargée de trois lyonceaux d'argent.

Bourgongne.　*Augne*, porte d'argent a trois faces de Gueules, accompagnées en chef de trois merlettes de sable.

Bourgongne.　*Auges les Prenant*, porte d'argent au sautoir dantelé de Gueules, accompagné de quatre testes de mort de sable, le sautoir chargé d'vn autre sautoir d'or.

Auuergne, porte d'or au Dauphin pasmé a Gueules ouuertes d'asur.

Contat. Provence.　*Avignon*, porte de Gueules a trois clefs d'or posées de face, deuise a bec & griffe.

Provence.　*Avilla*, porte d'asur a trois besans d'or.

Bourgongne.　*Aumalle*, porte escartelé de Lorraine & de Bourbon a la barre de Gueules.

Normandie.　*Aumalle*, porte de Gueules a deux faces d'or.

Aumont Villequier, porte d'argent au chevron de Gueules, accompagné de sept merlettes de mesme, quatre en chef, trois en pointe.

Aumont Louart Pietate, porte de Gueules au sautoir d'or.

Pi à die.　*Aumont*, porte d'or au croissant de Gueules a lorle de merlettes de mesme.

Picardie.　*Aunay*, porte d'or a trois tourteaux de Gueules.

Auneuf, porte d'argent a vne face de Gueules, accompagnée de trois aiglettes de mesme.

Champagne.　*Auntcres*, porte d'asur semé de billettes d'argent.

Champagne.　*Aunay*, porte d'or au chef de Gueules, chargé au franc canton d'vne molette de sable.

Aunou, porte d'argent à vne face de Gueules, accompagnée de trois aigles de mesme becquez d'asur 2. 1.

Auray, porte lozangé d'or & d'azur.

Bretagne. Provence.　*Aurange*, porte d'argent au cornet d'azur, lié & virolé de Gueules.

Bourgongne.　*Aureillac*, porte d'argent à deux bandes d'asur.

Auuergne.　*Aurillac Ville*, porte de Gueules à 3. coquilles d'or, au chef cousu d'azur, chargé trois fleurs de lys.

Auny d'Atichy, porte d'azur au lyon d'or à la bande de Gueules, chargée de trois croissans d'or.

Normandie.　*Aurieur*, porte d'or à deux quintes-fueilles de sable, au lyon de mesme.

Aurigny, porte d'argent à trois tourteaux de Gueules.

Aufseville, porte d'argent au lyon de Gueules.

Ausigny, porte de sable à deux bas adossez d'or, semées de croisettes recroisettez de mesme.

Austrasie ancien, porte de Gueules à trois aigles d'or.

Austrasie mouerne, porte bandé d'or & d'asur de six pieces.

Prouence.　*Austeraye*, porte de Gueules a cinq espreuiers auec leurs longs & grillez d'or.

Autel, porte de Gueules à la face d'or, accomp de six coquilles de mesme 3. 3.

Bourgongne.　*Autreberg*, porte de Gueules a l'aigle d'argent.

Bretagne.　*Aurret de Miselieu*, porte d'argent a quatre ondes d'azur.

Champagne.　*Autremont*, porte d'or au lyon de sable, au lambel de trois pieces de Gueules.

Dauphine.　*Autreville*, porte d'argent a l'aigle de sable mambré & becqué de Gueules.

Auton,

A

Autun, porte de Gueules à la croix dantelée d'or.

Bourgongne. Autun, porte de Gueules au lyon d'azur, chargé de trois bandes d'or.

Avoir, porte d'argent au lyon d'azur au lambel de mesme.

Autray, porte d'argent à trois lozanges de Gueules mises en bandes.

Auuergne ancien, porte d'or au griffon de Gueules & de sinop.

Auuergne Moderne, porte d'or au gonfanon ou baniere de Gueules, frangée de sinople.

Auuery, porte d'or au Dauphin pasmé, la Gueule ouuertes d'azur.

Auesnes, porte d'azur à trois faces de Gueules, accompagnée de trois mollettes de mesme en chef.

Auuery, porte chevronné d'argent & de sable de six pieces.

Auueu, porte anté en pointe de Gueules & d'argent.

Avully, porte d'argent à l'aigle esployé de sable.

Auuer, porte d'argent à la face muraillée d'argent de quatre traits crenelez de mesme.

Auxerre, porte d'azur semé de billettes, au lyon de mesme sur le tour.

Auxerre, porte de Gueules à la bande d'or.

Normandie. Aux Espaules, porte de Gueules à la fleur de lys d'or.

Auxi, porte eschequé d'or & d'rzur.

Ayen Noaillé, porte de Gueules à la bande d'or.

Aygremont, porte d'azur à la croix d'or, accompagnée de vingt billettes de mesmes.

Aymart, porte de Gueules à la colombe essorée, tenant en son bec vn rameau d'or, au chef cousu d'azur, chargé de trois estoilles d'or.

Nauarre. Aymerac, porte d'argent au chevron de sable.

Bourgongne. Aymon, porte d'azur au besant d'or, posé en abysme.

Bourgongne. Ayjay le Chastel, porte d'argent à trois Y Grecs de sable.

Ayroilles, porte d'azur à deux chevrons d'or.

Aysay, porte burellé d'or & de Gueules de dix pieces.

Ayxant, porte d'azur à la bande d'or, accompagnée de trois estoilles de mesme.

Azincourt, porte d'or à l'aigle esployée de sable.

B

Niuernois. **B**ABVTE Fontenay, porte d'argent à trois fleurs de pensées d'azur escartelé & pallé de 6 pieces d'argent & d'azur, au chevron de Gueules bronchant sur le tout, qui est de Fontenay.

Bache, porte de Gueules au triangle d'or au chef d'azur, chargé de trois estoilles d'or.

Picardie. Bachinville Gondechat, porte d'argent à l'orle de huict merlettes de gueules.

Bacholeth, porte d'or au chef eschequé d'or & d'azur de trois traits.

Baignaux, porte d'azur au chevron d'or, accompagné de trois fueilles de grosellier d'argent.

Bacon, porte de Gueules a cinq fleurs d'aubespines d'argent, le cœur de Gueules posées en sautoir.

Bacon, porte de Gueules à six roses d'argent, au baston d'azur sur le tout.

Baconel, porte d'or à trois fleurs d'ancolis d'azur.

Normandie. Bacqueliere, porte d'or à la face d'azur, accomp. de deux roses de Gueules 1. 1.

Neuchastel. Bacqueville, porte d'or à trois marteaux de Gueules.

Touraine. Badé, porte de Gueules à la bande fleuronnée d'argent.

Bacher, porte de sinople à la bande d'or accostée de merlettes de mesme.

Badran, porte d'azur au chevron d'argent à deux perdrix d'or, affrontée en chef, & vne estoille de mesme en pointe.

Baden, porte eschequé d'argent & de sable de quatre traits.

Baden, porte d'argent au pal de sable, au chef de Gueules.

B

Alsace. *Badenvilliers*, porte de Gueules au pal d'or chevronné de 3. chevrons de sable.

Badeville, porte de Gueules à la licorne rampante d'argent.

Baffers, porte de Gueules à l'aigle d'argent mambré, becqué d'or.

Anjou. *Baffer*, porte d'hermines à la face de Gueules.

Bagie de Terins, porte d'argent à la face crenelée par embas de 3. pieces d'azur, au chef de Gueules, chargé de trois estoilles d'or.

Auuergne. *Bahus*, porte de Gueules à trois sceptres d'or mis en pal à l'orle de sept escussons chargez de quatre pals vairez d'argent & de gueules.

Auuergne. *Bahas de S. Agnet*, porte escartelé au premier d'azur, à l'agneau d'argent, attaché à vn pillier de mesme, & deux fleurs de lys d'or en chef, au second d'or a quatre pals de Gueules, au trois d'or au lyon de Gueules, surmonté en chef d'vne croix alisée de mesme, au quatre d'argent à l'arbre de sinople, la racine chargée d'vn tourteau de sable sur le tout de Bahus, cy.deuant.

Bailleul, porte d'hermines party de Gueules.

Baillant, porte de Gueules party d'hermines.

Bailleul, porte de Gueules au fer de moulin acroisetté d'argent.

Bourgongne. *Bailleul*, porte d'azur à la face d'or, accompagnée de trois estoilles de mesme.

Paris. *Baillesl*, porte d'argent fretté d'or

Bourgongne. *Bailleul Vimeu*, porte d'hermines à six escussons de Gueules.

Bourgongne. *Bailleul*, porte d'or à deux faces de Gueules.

Président. *Bailleul*, porte de Gueules party d'azur.

Bailleul Deulier, porte de Gueules au sautoir de vair.

Paris. *Baillets*, porte d'argent à la cottice de pourpre.

Baillet, porte d'argent à la face bretessée & contrebretessée d'or, escart. de gueules à trois molettes d'argent.

Bailleul Doulioux, porte de Gueules au sautoir de sinople bordé d'argent.

Bailler, d'argent à la branche de hou de cinq fueilles de sinople.

Baillonne, porte de sable à la face d'or.

Bourgongne. *Baillon*, porte d'argent à cinq bandes de Gueules.

Baillon, porte de gueules au muffle de leopard d'or.

Baillon, porte d'or à trois testes de sanglier de sable.

Baillon de Saillant, porte d'azur au lyon passant d'or, vne patte posée sur vne souche de mesme, accompagnée en chef de trois fleurs de lys d'or.

Baillon de Forges, de Gueules au muffle de leopard d'or, bouclé d'vn anneau de mesme.

Baillet de Tresme, porte d'azur à la bande d'or, accompagnée de deux dragons de mesme.

Bailli, porte d'argent à vne quinte-fueille de sable.

Bailli, porte d'azur à la face d'argent, accompagneé de trois estoilles d'or en chef & d'vn croissant en pointe.

Dauphiné. *Bailly*, porte d'azur au chevron d'hermines, accompagné de trois estoilles d'or, deux en chef & vne en pointe, au chef d'hermines.

Baiolet Martel, porte d'argent au chevron d'azur, accompagné de trois canettes de sable.

Baionne, porte d'argent à la bande de Gueules, chargée de trois alerions d'or au lambel de cinq pendans d'azur.

Bainville, porte d'argent à trois iumelles de sable.

Baiant Mareul, porte d'argent au chevron d'azur, accompagné de trois canettes de sable mambrées & becquées de Gueules.

Baiorand, porte d'azur à la croix encrée d'or à bordure de mesme.

Bais, porte d'or à trois ondes de sable.

Bail, porte d'or à la face de Gueules, chargée de trois besans d'argent.

Baisseul, porte party de Gueules & d'hermines.

Prouence. *Baisne*, porte de Gueules à la coulonne d'or, couronnée de mesme, entourée d'vne vigne de sinople.

B

Balan, porte d'azur au balancier d'or à vne estrille mise en chef, accostée de deux estoilles aussi d'or, à vn croissant d'argent en pointe.

Prouence. *Balarius*, porte d'or à l'aigle de sable.

Balarius Polenay, porte d'azur au chevron d'or au chef de mesme.

Balaton Polona, porte d'hermines a la bande de Gueules.

Balagny Monluc, porte d'or à trois aigles d'azur, membrez & becquez de Gueules qui est de Cambray.

Bretagne.
Bresse. *Balué*, porte d'argent a trois pots de sable.

Balone, porte de Gueules à la bande d'argent bordée d'vn fillet d'or, accompagnée de six besans en orle de mesme.

Bresse. *Balmes*, porte d'hermines au canton senextré d'argent, chargé d'vn aigle a deux testes de sable.

Prouence. *Balme du Gouss*, porte d'azur au chevron d'or, au chef de mesme chargé de trois sautoirs d'azur.

Prouence. *Balme Assremont*, porte de Gueules a la croix d'or.

Prouence. *Balme la Motalin*, porte palle d'or & de Gueules de six pieces, a la bande de sable sur le tout.

Balsac Entragues, porte d'azur a trois sautoirs d'argent, au chef d'or, chargé de trois vautours d'azur.

Bancquelot, porte de Gueules d'argent a la croix de Gueules.

Normandie. *Banes de Cabiac*, porte d'azur au demy vol de cerf, arraché d'or, cheuillé de six cornichons dressez en pal, party de Gueules, a la tour donjonnée d'argent.

Binville, porte de Gueules au pal d'argent, accompagné de six molettes de mesme.

Bindoches, d'argent a trois chevrons de Gueules, chargez de trois tours d'or.

Prouence. *Bindes*, porte d'or au mouton de sable.

Normandie. *Banqueville*, porte d'or a trois marteaux de Gueules.

Lorraine. *Bar*, porte d'azur a deux bards addossez d'or, semés en croix recroisettée au pied de mesme.

Guyenne. *Baradad*, porte d'azur a la face d'or, accomp. de trois roses d'argent.

Champagne. *Bar*, porte d'or a la bande de Gueules.

Champagne. *Bar sur Seine Ville*, porte de Gueules a 2. bars adossez d'argent, party de Champagne.

Prouence. *Baras*, porte d'or a trois faces d'azur.

Baraton, porte d'or a la face fuselée de Gueules, accompagnée de trois croix recroisettée de sable.

Barates, porte de sable a trois mains dextres d'or.

Barault, porte d'azur a la croix d'or, cantonnée de quatre Soleils de mesme.

Barbasan, porte d'azur a la croix d'or.

Prouence. *Barbeau*, couppé d'argent & de Gueules, le 1. chargé de trois roses mal posées de Gueules, le deuxiesme de Gueules a deux barbeaux affrontez d'or, & mis en chevron.

Guyenne. *Barbançon*, d'azur a croix d'or.

Aquitaine. *Barbesieux*, burellé d'argent & d'azur a trois chevrons de Gueules, bronchants sur le tout.

Comté. *Barbesieux*, d'or a l'escu d'azur.

Bourgongne. *Barbess*, d'argent a la croix de sable, chargée de cinq besans d'or.

Bacquesot la Fontaine, de Gueules a trois besans d'argent.

Barantin, d'azur a la face d'or, accompag. de trois estoilles de mesme en chef & de de six ondes en pointes.

Barat Montrauersier, d'argent a la nille de moulin de sable.

Barbesiers la Roche Chemeraut, porte escart. au premier d'argent a trois lozanges & deux d'hermines de Gueules mises en face, au second d'azur, a la croix à lisée d'argent, au trois d'hermines au chef de Gueules, au 4. d'or a l'aigle esployé de sable.

B

Barby, porte escartelé au premier & 4. de Gueules a la rose d'argent, au 2. & trois d'argent a l'aigle de Gueules.

Barbier, porte d'azur au cygne d'argent.

Barbesieres, d'argent a cinq fusées de Gueules.

Barby, porte d'argent a la bande d'or bronchante sur le tour.

Barboyers, escart. au premier d'argent a cinq lozanges & 2. demie de Gueules en face, au 2. d'azur a la croix d'argent, ayant les bouts dantelez de trois pieces, & alisez, au 3. d'hermines au chef de Gueules, au 4 d'or a l'aigle esployé de sable.

Bardet, de Gueules a la croix encrée d'argent.

Bardin, porte de sinople a trois dauphins d'argent.

Provence. *Bar*, porte d'or au lyon de sable couronné, d'argent.

Barsusée, porte de pourpre a la face de sinople.

Barsuse, de Gueules a la face d'argent, chargée de trois bards de sinople.

Barre Rossé, d'azur a la face d'or, chargée d'vne estoille de Gueules.

Barillon la Coste, porte d'argent au lyon de Gueules a la bande d'or, bronchante sur le tour.

Barillon Maurangis, d'azur au chevron d'or, accompagné de deux coquilles de mesmes en chef, & vne rose en pointe aussi de mesme.

Bariet ou *Bariolet*, porte d'azur au griffon d'or, tenant vn estoille de mesme en son bec.

Barieres, porte d'azur a deux bastons noüeux, mis en bonnet, accompagné de cinq estoilles mises en orle de mesme.

Bourgongne. *Bar le Duc*, semé de croix recroisettée au pied fiché d'or a deux bandes adossées de mesme dantez & allumez d'argent.

Bourgongne. *Barlet*, d'or au lyon de sable ar. couronné de Gueules.

Barme, d'azur au chevron d'or, chargé de trois roses de gueules.

Bar Pressaie, de gueules a deux bards adossez semez de croix recroisettées, au pied fiché d'or a la lozange d'argent.

Barthelemy d'Orzille, de sinople a trois testes de lyon d'or ar. lamp. de Gueules.

bartholy, pore taillé & crenelé d'or & de Gueules à 2. estoilles de l'vne en l'autre

balihalasse, de Gueules au chef d'arg. chargé de trois roses de Gueules.

barthelemy, d'argent au levrier couronné de sable acolé d'or, soustenu d'azur a vne teste de cerf d'or mise de front.

barmat, porte d'or à vn guidon d'azur au chef de Gueules, chargé d'vn leopart d'argent.

Bourgongne. *battelle la Moignon*, porte d'argent a trois hermines de sable. de mesme, vne en chef, l'autre en pointe

bartaut, d'or a la croix de sable, chargée de cinq coquilles d'argent.

bassize la demi Ville, porte de sable au loup d'argent.

baslevrier, de sable au chef d'or, chargé de trois cornets de Gueules en guiches d'argent.

bassay Longecourt, porte d'argent a trois quintes-fueilles de Gueules.

bastide, porte d'azur à 2. chevrons d'or, accomp. d'vne rose d'arg. en pointe.

basny, d'or a l'aigle de Gueules, brisé d'vn lambeau de trois pieces d'azur.

Provence. *bassing*, porte de sable fretté d'or, semé d'escussons d'argent & de meures de Gueules.

batarnay, porte escartelé d'or & d'asur.

bataille, porte d'asur a trois flames de Gueules, mouuantes de la pointe de l'escu.

batelle de Tresme, porte d'asur a la bande d'or.

Bourgongne. *baucey*, porte de Gueules a la croix encrée d'or.

Bourgongne. *baudle*, d'argent a vne merlette de sable, au chef d'asur, chargé de 3. besans d'or.

Normandie. *bauquemare*, porte d'asur au chevron d'or, accompagné de trois testes de leopards de mesme.

baudere

B

Bauclerc d'Achere, porte de Gueules au chevron d'or, accompagné en chef de trois testes de loup, & d'vn loup entier en pointe, au chef cousu d'azur, chargé sur le milieu dvn croissant d'or.

baudauche, porte d'argent à trois chevrons de Gueules au chef d'azur, chargé de trois tours d'or.

Prouence. baud, porte d'or au mouton rampant de sable, brisé d'vne cottice d'argent.

baudet, porte d'or au mouton de sable.

Poictou. baudimant, porte d'argent à trois merlettes ae sable.

baudin, porte bande d'argent & de gueules.

baubigny, d'azur à trois mains droittes d'or, deux en chef & vne en pointe.

Bourgongne. baudinel, d'or à la croisette de sinople, au chef d'azur, chargé de trois croissants d'argent.

Bourgongne. baudinet, porte d'azur à trois faces d'or, surmontées de trois croissans d'argent, diuisez de gueules.

baudincourt, porte d'argent à l'aigle esployé de sable, chargé d'vn escu d'argent, au Chappeau de Cardinal.

baudrier la Marche, porte d'argent au chef de Gueules, au chef d'or, chargé d'vne fleur de lys d'azur.

Bourgongne. baudry, porte d'or à trois mains gauches de Gueules.

bauffremont, porte vairré d'or & de Gueules.

Bresse. bauland, porte d'or à la bande alisée d'azur.

Bourgongne. baulac, porte d'argent à la croix pattée de sable.

Beausse. bauet, porte d'azur au chevron d'or, accompagné de trois roses d'argent.

baueux, porte de Gueules au chevron d'argent.

bauge, porte de Gueules au lyon d'hermines.

baume Cornillon, porte de Gueules à la bande d'or, chargée de trois corneilles de sable.

baume, porte d'or à la bande engreslée d'azur.

baumette, porte de Gueules à cinq espreuiers aux leursflonges & sonnettes d'or.

baux, porte de Gueules à l'estoille de seize rais d'or.

baynes, porte de sable à deux os de mort en croix.

bayles, porte d'azur à la rouë de sainte Catherine d'or.

bayerne, porte escartelé au premier & quatre vn Z posé en bande d'argent, le deux & trois coupé d'argent & de Gueules à l'estoille de mesme de l'vn en l'autre.

bazoches, porte d'azur au lyon burellé d'argent de Gueules.

bazon, porte eschequé d'argent & de sable de quinze pieces.

bazoches, porte de sable à la croix engreslée d'or.

baurain Thibault, porte d'azur à la face d'or, chargée de trois merlettes de sable.

bartolle, porte d'or au lyon de Gueules la queuë sourcheuë.

Normandie. basset Normanville, porte d'or au chef emmanché de trois pieces dé Gueules, au franc canton d'hermines.

bassompierre, porte d'argent à trois chevrons de Gueules.

baugy Leduille, porte d'asur à trois thrones d'or posés en pals 2. 1. & vne molette en chef de mesme.

baville Lamoignon, porte d'argent à trois hermines de sable, escartelé d'argent fretté de sable.

bautru, porte d'asur au chevrou d'argent, accompagné de deux roses en chef, & d'vne teste de loup, arrachée de my en partie.

baudricourt, porte d'argent à la croix de Gueules.

barme, porte d'asur au chevron d'or, chargé de trois pots de Gueules.

baronat, porte d'or au guidon d'azur au chef de Gueules, chargé d'vn leopard d'or.

bare Pierre-fort, comme Baronat.

barre, porte d'or au gros matin d'asur abayant, à trois estoilles de Gueules.

bearn, porte d'or à deux vaches passantes de Gueules, accollées & clarinées d'asur.

Maine. beaubigné, porte d'asur à cinq chaudrons d'or.

beaubois, porte de Gueules au croissant d'argent, chargé de quatre faces d'azur, escartelé d'argent a la bande de mesme.

beaubourg, porte d'asur à trois tours d'argent à la bordure de Gueules.

I

B

beaucamp, porte d'argent à la bande de sable frettée d'or.

beauce, porte d'argent à l'aigle de sable, mambré & becqué de Gueules, brisé d'vne cotice d'or.

beaune, porte d'argent à la croix encrée de sable.

beauchamp, porte d'asur à deux iumelles d'or, au lyon passant de mesme, en chef.

beauchamp, porte d'hermines à deux faces de sinople.

beauchamp Raulin, porte de Gueules à trois clefs d'or, portées en pal 2. 1.

Maine. *beauchamp*, porte d'or à vn dard de Gueules, à l'orle de six merlettes de mesme.

beauche, porte d'or à la croix encrée de Gueules.

Prouence. *beaudinar*, porte de Gueules au lyon d'or.

beauclere, porte de Gueules au chevron d'or, accompagné par le haut de deux testes de loup, & d'vn loup entier en pointe d'or.

beaufort, porte d'or à la bande de Gueules, chargée de deux filets d'or.

beaufort Turenne, porte d'argent à la bande d'asur à six merlettes de Gueules mises en orle.

beaufort, porte d'asur à trois escussons d'argent.

beaufort, porte d'argent au lyon de Gueules, semé de billettes de mesme.

beaufort, porte escartelé, au premier & quatre de Gueules, semé de France, le second & troisiesme d'argent à l'aigle esployé à deux testes de sable, mambré & becqué d'or.

beaufort, porte d'or à trois faces de Gueules.

beaufon, porte d'argent au lyon de Gueules, semé de billettes d'or.

Artois. *beaufort*, porte d'asur à trois iumelles d'or.

Bourgongne. *beaufort*, porte de Gueules à trois escus d'hermines.

beaubourg, porte d'asur à trois tours d'argent à la bordure engreslée de mesme, escartelé d'argent à la bande de sable, chargée de trois molettes d'argent.

beaumanoir, porte d'azur à vnze billettes d'argent.

Anjou. *beaugay*, porte de Gueules à la croix encrée d'or.

beaugis, porte de Gueules au lyon d'hermines, couronné d'or.

beaujeu, porte de sable à trois iumelles d'argent.

beaujeu Montpentier, porte d'argent au chef de Gueules, au lambel de cinq pendans d'asur.

beausyrax, porte d'argent au chef de Gueules, au chevron ondé d'argent.

beaulieu Ruse, porte de Gueules au chevron ondé d'argent & d'azur, accompagné de trois lyons d'or.

beaucaire Puyguilhem, porte d'azur au leopard lyonné d'or.

beaumanoir de Quincy, porte de Gueules à la face d'argent, accompagnée de trois quintes fueilles de mesme.

beaumanoir Lauardin, porte d'azur à vnze 4. 3. 4. billettes d'argent.

beaune, porte de Gueules au chevron d'argent, accompagné de trois besans d'or.

beaumerly, porte de Gueules à la bande fuselée d'or.

beaumetz, porte d'or à la croix de Gueules.

beaumesnil, porte de Gueules à deux faces d'hermines.

Maine. *beaumont Laual*, porte d'azur, semé de France au lyon d'or.

Anjou. *beaumont*, porte de Gueules à la bande d'or.

Prouence. *beaumont*, porte de Gueules à six lozanges d'or posées en croix.

Bretagne. *beaumont*, porte pallé d'or & de Gueules de six pieces.

Dauphiné. *beaumont*, porte eschequé d'argent & d'azur.

Bretagne. *beaumont*, porte de Gueules à la face d'argent, chargée de trois fleurs de lys d'asur.

beaumont, porte d'argent, à la quinte fueille d'hermines.

beaumont, porte de Gueules à l'aigle d'or à l'orle de fers & lances de mesmes.

beaumont Meulang, porte de sable au lyon d'or.

beaumont pied de Bœuf, porte d'argent à trois pieds de bœuf de Gueules onglez d'or.

B

Beaumont le Roger, porte de Gueules au Griffon d'or.

Beaumont Richard, porte d'argent à la face d'azur, accompagnée de quatre aigles de fable.

Beaumont le Vicomte, porte d'azur, femé de fleurs de lys d'or au lyon de mefme.

Beaumont fur Oife, porte d'azur au lyon d'or.

Beaumont, porte d'or à la fleur de fept fueilles d'argent, percée du champ,

Beaunon, porte coupé en chef de Gueules & en pointe d'or, au lyon d'argent fur le tout.

Beaune, porte de Gueules au lyon d'argent, accompagné de trois befans d'or.

Beauquerre, porte efcartelé au premier & quatre d'azur, au leopard d'or, le deux & le trois de Gueules à la croix encrée d'argent.

Beaurains, porte d'azur à l'efcu d'argent en chef à l'orle de huict coquilles de mefmes.

Beauregard Blondeau, porte d'argent à trois pommes de pin de Gueules 2. 1.

Beaufang, porte de Montmorency au franc canton d'or, chargé d'vne merlette de fable.

Beaufemblant, porte de Gueules à la bande engreflée d'argent.

Beaufol, porte de Gueules au chevron d'or, accompagné de trois teftes de leopard de mefme.

Beouuaix, porte d'argent au pal de Gueules.

Beauuau, porte d'argent à quatre lyonceaux de Gueules, à l'eftoille de huict rais d'or en abyfme.

Beauuau, porte d'azur au leopard d'or.

Beauvilain, porte pallé d'or & d'argent.

Beauvillier, porte d'argent à trois faces de finople, accompagnées de huict merlettes de Gueules.

Beauverger Mongon, porte efcartelé en fautoir, le chef & la pointe d'azur, les flancs d'hermines, à la bande d'or bronchante fur le tout.

Beauvilay, porte facé d'or & d'azur de fix pieces.

Trouence. *Beaumen*, porte party coupé, emmanché d'or & d'azur de l'vn en l'autre.

Beauvoir, porte d'or à deux bandes de Gueules.

Beauvoir, porte d'azur à deux loups paffans d'or.

Bourgongue. *Befort*, porte d'or à treize billettes arondies par haut, fommées d'vne aigle efployé de fable.

Bec Crefpin, porte fufelé d'argent & de Gueules.

Bec de Villaine, porte d'argent à trois lyons de fable au franc quartier de Caftille, efcartelé de Leon.

Bechet, porte de Gueules au fautoir d'or, accompagné de trois croifettes d'azur de l'vne en l'autre en pointe, accoftées de deux eftoilles d'or.

Bedonniere, porte d'azur à fix billettes d'argent, chargée chacune d'vne autre billette d'azur.

Prouence. *Beim*, porte de Gueules à trois annelets d'argent.

Beinac, porte de Gueules au lyon d'argent courant, en bande.

Belac, porte d'azur à la tour crenelée d'argent, baftie au milieu des ondes, & & trois fleurs de lys d'or en chef.

Belaftre, porte d'argent à quatre quintes fueilles de Gueules.

Belamprife, porte de Gueules au chef d'or, chargé de trois croix recroifettée, au pied fiché de fable.

Bellanger, porte d'argent à la bande d'azur

bellangere Tourmeville, porte de Gueules à trois tourterelles d'argent, l'efcu femé de croifettes recroifettées de mefmes.

belanger, porte lozangé d'or & de Gueules, efcartelé d'azur à la bande d'argent, chargée de trois couppes de Gueules.

belay, porte party d'azur à deux clefs adoffées, paffées de l'vne en l'autre de mefme.

belay Touarcé, porte d'or à la bande fufelée d'azur, accompagnée de fix fleurs de lys mifes en orle auffi d'azur.

belay, porte d'argent au loup paffant de finople.

B

Maine. Belay, porte de fable a trois molettes d'argent.

Belangreville, porte d'azur à la croix d'or, cantonnée de quatre merlettes d'argent.

Dauphiné. Belle-Combe, porte d'or à la bande de fable.

Belet S. Genault, porte d'azur à deux cottices engreflées d'argent, fenextrées en chef d'vne bellette d'or, accollée de Gueules.

Beler, porte d'argent à deux faces de fable.

Belefme, porte de France fans nombre à la bordure de Gueules, chargée d'vnze befans d'argent.

Belletu, porte d'hermines à deux faces d'azur.

Bellefaye, porte efcartelé au premier & quatre d'azur, au chevron d'or, le deux & trois d'or à la face de fable.

Belle-fons, porte d'azur au chevron d'or, accompagné de trois lozanges de Gueules.

Belle-fourriere, porte de fable femé de fleurs de lys d'or.

Bourgongne. Belle-Combe, porte de Gueules à la face d'or, chargée de trois fleurs de lys d'azur au lyon d'argent naiffant en chef de fable.

Bourgongne. Belle-truches, porte efcartelé au premier & quatre de Gueules, au deux & trois d'argent à deux faces d'azur.

Belle-garde, porte d'azur à la cloche d'argent bataillée de fable.

Belle-mont, porte d'azur à trois faces d'or.

Bellinghen, porte d'azur à trois faces d'or au chef d'argent, chargé de huict rofes de Gueules.

Belly, porte d'or à deux tourteaux de cardonniere de fable, celuy du chef renuerfé.

Beliere, porte party d'argent, emmanché de fable.

Bebere, porte d'or au chef enté de fable.

Believre, porte d'azur à la face d'or, accompagnée de trois treffles de mefmes.

Picardie. Belangrife, porte de Gueules au chef d'or, chargé de trois molettes de fable.

Bellenaue le Loup, porte efcartelé au premier & quatre d'azur, au lyon d'or, à la queuë fourchuë couronné de mefme, armé de Gueules, le deux & trois contr'efcartelé d'Anjou Sicille.

Bar Lorraine, fur le tout d'argent au filet de fable, fur le tout des grands quartiers d'afur, au loup paffant d'or.

Belueder, porte d'argent à trois pals de Gueules à la bande d'azur, bronchante fur le tout, chargée de trois befans d'or.

Languedoc. Belleville Herpedune, porte gironné de douze pieces de vair & de Gueules.

Bellepeuche, porte efcbequé de Gueules & d'argent.

Beloni, porte de Gueules au pal d'argent.

Beloni, porte d'azur au B capital d'or.

Provence. Beloy S. Leonard, porte d'argent a trois faces de gueules.

Belvefer, porte d'argent a trois pals de Gueules.

Bellang de Tourneville, porte de Gueules a trois tourtes d'argent, l'efcu femé de croifettes au pied fiché recroifettées.

Bellin Dauerton, porte efcartelé au premier & quatre de Gueules à trois iumelles d'argent, au fecond & trois d'azur à la croix d'or, party d'argent au lyon de Gueules.

Beloy de Candas, porte d'argent à quatre bandes de Gueules.

Benjamin, porte de fable à l'ours paffant d'argent.

Benauides, porte d'argent au lyon bandé d'or & d'azur.

Benaville, porte pallé d'argent & de Gueules de fix pieces.

Normandie. Benneville, porte de fable au chef d'or, chargé de trois rofes de fable.

Provence. Beneville, porte de Gueules à trois mains fenextres à paumée d'or.

Benevans, porte fretté d'or & de Gueules, femé d'efcuffons d'argent.

Benoift, porte d'azur au lyon d'or.

Benoife, porte d'argent à la face d'azur, chargée d'vn cœur & d'vne fleur de lys d'or, accompagnée de trois rofes de Gueules boutonnées d'or aux quatre bouts de fueilles de finople.

Benfarade, porte d'or à quatre pals de gueules.

Beoft,

Normandie. *Barbier de Vausselle*, d'azur au chevron d'or acc. de 3. trefles de mesme, 2. 1.
Bresse. *Beost*, d'or à trois croix encrée de Gueules.
Bequets, d'or au lyon de Gueules, armé de sable, à la bordure dentelée de Gueu.
Berancourt, d'argent au lyon de sable.
Dauphiné. *Berangers*, gironné d'or & de Gueules de huict pieces.
Berangers, pallé d'or & d'azur à l'escusson d'argent sur le tout.
Beray, d'or à trois molletes de sable.
Berard, d'argent à la face de Gueules, chargée de trois trefles d'or.
Berbese, d'azur à la brebis d'argent, paissante sur vne terrasse de sinople.
Dauphiné. *Berbidorf*, party de Gueules & de sable, à deux bras supportans vne couronne
   d'or sommée d'vne estoille de l'vn en l'autre d'azur.
Berbis, d'azur au chevron d'or, accompagné d'vne brebis en pointe d'argent.
Bercy, d'argent à la face de sable dantelée par haut,
Bercy Malon, d'argent à trois canettes de sable.
Berger, d'arg. à trois roses de Gueu. au muffle d'vn leopard en abysme de mesme.
Bergh, d'argent au lyon de gueul. c. ar. l. d'or à la bordure de sable, chargée de
   vnze bezans d'or.
Berger, d'or à trois faces engreslée de Gueules.
Bergerac, semé de France party de Gueules au serpent aislé d'or en pal.
Bergerons, d'or à trois restes de lyon de sable lamp. & cour. de Gueules.
Berengreville, d'azur à la croix d'or, cantonnée de quatre molettes de mesme.
Normandie. *Bere*, d'argent à trois leopards d'azur, couronnez & armez de Gueules.
Bermont, d'arg. au chef d'or, au lyon naissant de Gueules.
Bernages, d'argent à trois levrettes courantes de sables.
Berniere, d'azur à la face de Gueu., chargée de trois croissans d'or, accōpagnee
   d'vne estoille de mesme en chef, & d'vn lyon de sable en pointe.
Bert, de sinople à trois macles d'argent.
Picardie. *Berlette*, gironné d'argent & de Gueules de sept pieces.
Normandie. *Berli*, d'azur au chef d'or au baston de Gueules, brochant sur le tout.
Bermieule, d'or au cresquier de Gueules.
Berminicourt, d'azur au chef d'argent, au lambel de Gueules.
Bermont, d'azur au chevron d'or, chargé d'vn lyon naissant de Gueules.
Preuence. *Bermont*, d'or au cœur de Gueules.
Bernard, d'azur à la croix partée & alisée d'arg., chargée en cœur de six estoilles
   d'or, à la bordure camponée d'argent & d'azur.
Bernardon, d'azur au sautoir d'or, accompagné en chef d'vn croissant de mesme.
Bernaus, de sable, au chef cousu de Gueules, au lyon d'argent sur le tout.
Bernaus, de Gueules, à six lyons d'or.
Bernaus, de Gueules à la bande tranchée d'argent & de sable.
Bernasse, d'or party d'azur.
Bernefort, coupé de Gueules, & d'argent à la bande de vaire.
Artois. *Berneville*, d'or à la croix encrée de Gueules.
Bernard, d'azur à la face d'or, chargée de trois molettes de sable, accōmpagnée
   en chef de deux cymeterres passez en sautoir, la pointe en bas d'arg. les gardes
   d'or soustenant vne hure de sanglier de sable, & en pointe vne enseigne d'arg.
Bernieres, d'azur, au casque fermé d'argent.
Bernieres, d'azur à la bande d'arg. chargée de trois quintes-feuilles de Gueules.
Bernieres, d'or à la face de Gueules, à trois croissans tournez d'or.
Bermeule Rabodange, d'or à la croix encré de Gueules.
Bernon, de gueul. au chevron d'or, accom. de 3. testes de loup arrachée de mesme.
Vermandois. *Bertancourt*, de Gueul. à deux bards adossez d'arg. semées de croix recroiset-
   tées de mesme.
Bertault, d'azur à la croix d'or cantonnée de quatre lyonceaux de mesme.
Bertelot, d'azur à la face bandée d'or & de sable, à l'aigle coupé en chef d'or.
Berthe, de Gueules à trois estoilles d'or escartelé de Roche Baron.
Berthélemy, d'azur à vne montagne d'or en cœur, ac. de trois estoilles de mesme.
Bertonniere, d'azur à la face d'or, accompagnée d'vn Soleil de mesme, & deux
   croissans en pointe.
Bertrand, d'or au lyon de sinople.

K

Bertrand ou *Coulombier*, d'arg. au chevron d'azur, chargé de deux coulombes d'argent, accompagnez de trois roses de mesme.

Bertrand, escartelé en sautoir d'arg. & de Gueul. de sorte que l'argent couure le haut & le bas flanqué de Gueules.

Bertrice, d'azur à cinq fusée d'or.

Bertrier, d'azur à l'aigle d'or esleué sur deux branches d'oliuier d'argent.

Bernier, d'azur à trois vases couuerts d'or.

Beruille, de Gueules au chevron d'or, accomp. de trois molettes de mesmes.

Niuernois. *Bertier*, d'azur au bœuf effarouché d'or, marqué au front d'vne estoille d'azur, & de quatre autres sur le corps de mesmes.

Beritier, d'az. à la face d'or, à 3. glâds de mesme, au chef chargé d'vne roze d'arg.

Berton Grillon, d'or à cinq bandes d'azur.

Berré, de Gueules au chef escnequé d'argent & de Gueules.

Beffau, couppé d'azur & d'or.

Bretagne. *Beffan*, d'azur à vnze billettes d'argent.

Beseo ou *du Bois*, coupé d'or & de Gueules, à vn arbre au naturel.

Betancourt, d'argent; au lyon de sable.

Betancourt, d'argent à la bande de Gueules; chargée de trois coquilles d'or.

Vermandois. *Bethancourt Lagny*, d'or à l'orle de douze merlettes de Gueu. au lambel d'asur.

Bethune, d'argent à la face de Gueules.

Benil, d'hermines au cerf passant d'or.

Beuffay, de Gueules à la croix engreflée d'or.

Betisé, d'azur au sautoir d'or, accompagné de six lozanges de mesmes

Beuseville, d'arg. à la face de sable, accomp. de six quintes-fueilles de mesme.

Baymeres, escartelé d'or & d'azur.

Bazançon; d'or à l'aigle de sable, soustenant deux colonnes d'argent en pal.

Beziers, facé d'argent & de Gueules de six pieces, au chef de France.

Beff, de sable à sept merlettes d'or.

Bevre de grand pré, facé d'or & d'azur de dix pieces, au sautoir de Gueul. brochant sur le tout.

Bereau, d'azur au baston d'or de Gueules, à la croix engreflée.

Beufferades, de Gueules. à l'escu d'or à l'orle de huict coquilles de mesme.

Beuffey, de Gueules à la croix engreflée d'or.

Biche Clery, d'arg. à trois tourteaux de Gueu. à la bourdure de mesme, escartelé d'argent à la face d'azur.

Bicon, d'azur à deux lyon de Gueules.

Bien-faite, de sinople à l'aigle d'or.

Bien-jettée, d'argent à la viure de sable, au lambel de Gueules.

Paris. *Bide la bidiere*, d'arg. au lyon de sable, armé de Gueu., accompagné en chef d'vn croissant d'argent, bordé de sable & d'vne estoille de Gueules en chef & vne en pointe.

Bieulle Cardillac, de Gueules au lyon d'argent à l'orle de besans de mesme.

Bretagne. *Bignau*, de Gueules à trois macles d'or.

Bigorre, d'or à deux leopards passans de Gueules armez d'azur.

Bigny Desnay, d'azur au lyon d'or semé de chabots de mesmes.

Bigots, d'arg. à la face de sable, chargée de 3. lozanges d'or, & 3. trefles de sinople.

Bigot, d'argent à vn escurieu de pourpre.

Bigot, de Gueu. à la bande d'or, accomp. de huict croisettes en sautoir de mesmes.

Bigot, d'or à la croix de Gueules.

Billy, de Gueules à deux iumelles d'argent, au chef eschequé d'argent & d'asur.

Billy, escartelé au 1. vair d'or & d'azur aux deux & trois d'argent, à dix annelets de Gueules, trois en chef, trois en face trois en flanc, & vn en pointe.

Billon la Marche Treuisane, d'azur à trois billots d'or posez en bande, les vns sur les autres, originaire de Belluno, il y a eu trois Roys de Lombardie de cette famille, & vn Duc de Friul. Cette maison est alliée à celle de Bourbon du chef de Charlotte fille naturelle de Charles de Bourbon Conestable de France, qui fut tué à Rome, à celle de l'ancien Vandosme, de Babou, de la Bourdaisiere, Cheualier de l'Ordre du S. Esprit, & de Caradets, Princes d'Achaye.

B

Billard, de Gueules à trois pals d'or, à la face d'azur, chargée de trois besans d'or,

Bindran, d'or au lyon de sable.

Biragues, d'argent à face breteſſée & contrebreteſſée en carneaux de sable.

Biron, eſcartelé en banniere d'or & de Gueules.

Bizi bertier, d'azur à la face d'or, accompagnée de trois glands de meſmes.

blacas, de meſme des baux.

blainville, d'azur à la croix d'argent, l'eſcu ſemé de croiſettes d'or.

blainvilliers, de sable à la croix d'argent, accompagnée de vingt croix recroiſet-tée d'or.

blainvilliers, de Gueules à trois chevrons d'argent, à la bordure engreſlée d'azur.

blais, de Gueules à trois pals de vair au chef d'or.

blaiſi, d'or à la croix de sable, chargée de cinq coquilles d'argent.

blaiſt Molinet, eſcartelé au premier & quatre d'hermines, à la face de ſix fuſée de Gueules, au ſecond & trois d'aſur, ſemée de fleurs de lys d'or, au lyon naiſ-ſant d'argent & de Gueules, ſur le tout de Gueules à trois bandes d'argent.

blancafort, de Gueules à trois lyons d'or.

blanchefort, de Gueules à deux leopards de Gueules.

blanette, d'or au ſautoir d'azur.

blancquet, d'argent à la bande de Gueules, chargée de trois rozes d'argent, ac-compagnée en chef d'vn croiſſant renuerſé de Gueules, & en pointe vn croiſ-ſant montant de meſme.

blarne, d'hermines à l'aigle de Gueules mambré de sable.

blarne, d'or à la fleur de lys de Gueules.

blecourt, de Gueules au lyon d'argent, armé, lamp. & couronné d'or.

blemur, d'argent à la croix de sable.

blerais, d'argent à trois molettes d'eſperon de sable, celle de la pointe, ſuportant vne eſpée d'argent poſée en pal, la garde en chef.

Touraine. bletans, coupé d'argent & d'azur, au chevron d'or ſur le tout.

bleré, d'argent à trois merlettes de sable.

Bourgongne. blezi, d'or à la bande d'azur, accoſtée de dix coquilles de meſme.

bletrans de Pieclous, de Gueules à l'arbre d'or, eſcartelé de Gueules, à trois mo-lettes d'or.

blecquemalle, d'hermines au chef de Gueules, chargé de trois coquilles d'or.

blois, d'azur au lyon d'or.

bligny, pallé d'or & de Gueules de ſix pieces, au chef d'azur.

blois, Ville, d'or au porc-eſpy contourné de sable oreillé de Gueules, ſouſtenant vn eſcuſſon d'azur, chargé d'vne fleur de lys, accompagnée & affrontée d'vn regnard de sable, armé & oreillé de Gueules ſupportant l'eſcuſſon.

blond, d'argent à trois tourteaux de Gueules.

blondeau, d'or au chevron d'azur, accompagné de trois œillets de Gueules.

blot Chavigny d'argent à cinq fuſée de Gueules miſes en face, au lambel de Gueu-les de quatre pieces.

blot, d'azur au lyon d'or.

bloceville, porte de Gueules à la bande cottiſée d'argent,

bloſſac, de vair à la face de Gueules.

bobon, d'argent couppé de Gueules à deux teſtes de bœuf, coupée de meſme de l'vne en l'autre.

boches, de Gueules à trois voiles enflez d'argent.

bochart, d'azur au croiſſant montant d'or, à l'eſtoille en chef de meſme.

bocquemar, d'argent au chevron d'or, accompagné de trois teſtes de leopards de meſmes.

bodet de Noyelle, de Gueules, à trois iumelles d'argent au lambel d'aſur.

bodin, de Gueules à deux faces d'hermines.

baudrier la Manche, d'argent au chef de Gueules.

boeſſari, d'argent à la face d'aſur.

Dauphiné. boſſini, d'hermines au bœuf paſſant de Gueules, accorné d'or.

B

Beauce.

Boigency, eschequé d'or & d'azur de six traits à la face de Gueules sur le tout.
boignbourg, escartelé d'argent & de sable.
boisleué, d'azur à trois sautoirs d'or.
brinvilliers berthe, d'azur au sautoir d'argent, accompagné de quatre rozes de mesmes.
belisere, de sinople au lyon d'argent & de Gueules.
boiss, d'argent à la croix de Gueules, chargée de cinq fermeaux d'or.
boiss Reanois, d'or à trois iumelles de sable.
bois des Arpentis, d'or à l'escusson de gueules en abysme a l'orle de six coquilles sable
bois, d'or à cinq lozanges d'azur.
bois Auzyer, d'argent à deux faces de Gueules.
bois Anefar, d'or à la croix engreslée de Gueules.
bois Armé, d'argent au coq de sable, barbé, mambré de Gueules.
bois boudran, d'argent à cinq couronnes de sable.
bois Cervoise, d'azur au chef d'or,
bois Corbin, d'argent au chevron d'azur, accompagné de trois treffles de sinople.
bois Couslié, d'argent à deux faces de Gueules.
bois Dauphin de Laual, à la bordure de sable, chargée de cinq lyonceaux d'argent, les pieds tournez vers l'escu.
bois Eon, d'azur au chevron d'or, accompagné de trois testes de lyon de mesmes posées de front.
bois Fueillet, d'argent à l'arbre de hou de sinople, au franc canton de sable fretté d'or.
bois Fevrier, de sable au leopard d'argent, couronné de Gueules.
bois Gamar, de Gueules au chef d'argent, chargé de trois aigles de sable & mambrez de Gueules.
bois Geoffroy, escartelé au premier & quatre d'azur à trois papillons d'or, le deux & trois d'asur a six fleurs de lys d'argent.
bois Halbram, de sable a l'espée d'argent mise en pal la pointe en bas.
bois Hamon, d'argent au chevron de Gueules, accompagné de trois quintes fueilles de mesmes, percée du champ.
bois Hamon, d'argent au leopard de sable armé & onglé de Gueules.
bois Helon, de Gueules a deux faces bretessée & contre-bretessée d'argent.
bois Hintin, de sable a trois escussons d'or.
bois Hulin, d'argent au lyon de Gueules, armé & couronné d'or.
bois Iardin, semé d'hermines au sautoir d'or.
bois la Mothe, d'argent au chef de Gueules, chargé d'vne macle d'or.
bois la Mothe, d'azur a vnze billettes d'argent 4 3. 4. a la bande d'argent.
bois le Hou, d'argent fretté de sable.
bois le Hou, escartelé d'argent & de sable, au lambel de trois pieces de Gueules sur le tout.
bois Zené, d'asur a trois sautoirs d'or.
bois la Roche, escartelé au premier & quatre pallé d'or & de Gueules de dix pieces, le deux & trois burellé d'or & de Gueules de dix pièces, sur le tout de Rohan, au lambel de trois pieces d'argent.
bois l'Espinay, d'asur au chevron d'or, accompagné de trois quintes fueilles de mesmes.
bois Melet, escartelé le premier & quatre de Gueules, a la tour crenelée d'argent, le deux & trois d'or au lyon d'asur.
bois Meron, d'asur a deux chevrons d'argent, chargez chacun de cinq hermines.
bois Orquant, d'asur a trois testes de chien d'argent, couppées & collettées de Gueules, clouez & bouclez d'or.
bois Menard, d'or a l'aigle de sable, mambré de Gueules couronné de pourpre.
bois Massé, de Gueules a trois heaumes d'argent.
bois Picart, d'or a trois chevilles de sable, au chef d'asur.
bois Rideau, de Gueules au croissant d'argent, duquel il sort vn lyon naissant d'asur.
bois Rion, d'asur fretté d'argent.
bois Robin, d'or a trois bandes de Gueules.

bois Roux, d'argent a la bande fuselée de sable mise en pal.
bois Roüans, d'or à trois croissans d'argent.
bois Yon, pallé d'or & d'azur de six pieces, à la bande de Gueules sur le tout.
boissat, d'azur a trois espics de sable d'or.
boisque, d'or escartelé de Gueules a deux besans d'or.
boisseau, d'or a trois lyons de Gueules sortans de trois boisseaux d'azur.
boisselier, d'argent au chevron rompu, accompagné de trois lezards de sinople, les deux du chef affrontez.
boisset, cinq points d'argent equipolez a quatre d'hermines.
boissit, de Gueules a la bande d'or.
boissi, d'or a l'aigle de sable.
boissieu, de Gueules semé de lyons d'argent.
boissevene, d'or a la croix dantelée de Gueules.
boyain, d'asur a trois croix d'or, & vne face d'argent.
boisse, d'or a la face de sable.
bolonnier, de Gueules au pal d'argent.
boliers, de Gueules au chef d'asur bordé de huict pieces, quatre de Ierusalem, & quatre de Naples.
Prouence. bompars, d'asur au tronc d'arbre d'or, posé en face a deux colombes perchée dessus & affrontée, d'argent.
Dauphiné. bompart, de Gueules coupé d'argent, au Griffon coupé de mesme de l'vn en l'autre.
benabes de Rongé, de Gueules a la croix pattée d'argent, au baston d'asur.
bonay, d'asur au chef d'or au lyon de Gueules, bronchant sur le tout.
boncourt, coupé en chef de Gueules, chargé d'vne dextrochere d'argent a la pointe de mesme.
bonaliez, d'argent a quatre ortelles de Gueules en sautoir.
bongat, d'argent a la face de sable chargée d'vne estoille d'or.
bongard, de Gueules a la face d'or.
bontemps, d'argent a la face d'asur.
bonlieu, lozangé d'or & d'asur.
bonne Lesdiguiere, de Gueules au lyon d'or, au chef cousu d'asur, chargé de trois roses d'argent.
bonneau, d'azur à trois grenades d'or frettée de mesme, ornée de Gueules.
bonneville, d'argent à la face d'azur chargée de huict coquilles d'or.
bonnerot, d'azur à trois freneaux d'or.
bonnet, d'or au lyon de Gueules, à la bordure de sable besantée d'or.
Poictou. bonay, d'asur au chef d'or, au lyon de Gueules, bronchant sur le tout.
bonnatorff La Harpiniere, d'asur au lyon d'or, tenant vne hache d'armes party de Gueules.
Bourgongne. bonnerne, d'argent à trois treffles de sinople.
Poictou. bonnin, d'or à trois restes d'ours, arrachée, emmuselée & enchaisnée d'or.
bonnin Messignac, de sable à la croix ancrée d'argent.
Vallois. bonneil, d'or au chevron de sable, accompagné de trois fueilles de chesnes d'azur.
bonsergent Chasteau-dun, d'or au sautoir de sable, chargé en cœur d'vne teste de leopard d'or.
borcelle, de sable à la face d'argent.
bordages, escartelé au premier & quatre d'or à trois pals de Gueules, le deux & trois d'hermines au chef de Gueules.
bordes Lasalé, d'or au lyon de Gueules, surmonté en chef d'vne croix alisée de mesme, party de Gueules à neuf lozanges d'argent.
bordeaux, de Gueules à la ville d'argent, sommée d'vn leopard d'or, la ville battue au pied d'vn fleuue, chargé d'vn croissant montant d'argent au chef de France.
bordeaux, de Gueules à deux annilles d'argent.
bordet, coupé en chef d'argent à vne teste de cheual naissante de Gueules, en pointe de sinople à vne molette de huict pointes d'or.
Bourgongne. boreas, de Gueules à la croix dantelée d'argent.
bornet le Nain, d'argent à l'escu en abysme de Gueules à l'orle de huict perroquets de sinople mambrez & becquez de Gueules.

B

bordier, d'or à la face d'asur, chargée d'vn croissant montant d'or, accompagné de trois gerbes de bled de mesme.
bastean, d'or au lyon de sable armé couronné d'asur.
boß Radepot, de Gueules à la croix d'argent & de sable, cantonnée de quatre lyonceaux d'or.
Prouence. *bosquets*, de Gueules au lyon d'or à la bordure de mesme.
bossu-Longueil, d'or au double treicheur de sinople au sautoir de gueules, bronchant sur le tout.
bosseter, de sable au chesne ayant ses racines d'or, à vne estoille de mesme en chef.
bossut, de Gueules à la barre d'or.
bossue, party d'argent & de sable, à la bordure de Gueules
bossua, d'argent à la quinte fueille d'hermines.
bosset, de Gueules à trois fremeaux d'or.
Bretagne. *bot*, de sable à la face d'argent, accompagnée de trois coquilles de mesme.
bocard d'Arpigny, d'argent semé d'encolies d'asur.
betheber, d'argent au chevron d'asur, accompagné de trois fleurs de barbeaux, ou auboins de mesme fueilles de sinople.
Bretagne. *bonau Gié*, party d'argent & d'asur au lyon de Gueules sur le tout, armé de mesme.
bonal, pallé d'argent & d'asur de six pieds, à la face de Gueules.
boubaix, d'hermines au chef de Gueules.
bouchard, de Gueules à trois lyons naisans d'or.
Bouchard Champigny, d'asur au croissant d'or, surmonté d'vne estoille de mesme.
Bouche, bandé de Gueules & d'or de six pieces.
Bouchars, de Gueules à trois lyons leopardez d'or armez de sable.
Bouchauene, de Gueules à la croix engreslée d'or.
Bouc, d'asur à la bande d'or, chargée d'vne pate de griffon de Gueules.
Bouesf, de sinople à trois pals de vair au chef d'or.
Bouche bec de Lievre, de sable à deux croix lozangée & pal, le bas bourdonné au pied fiché d'argent, à la coquille en pointe de mesme.
Bouqneral, d'argent à la croix de Lorraine de sable, escartelé d'or à la bande d'azur chargée de trois fleurs de lys d or.
Boucher, de Gueules semé de croisettes d'argent, au lyon d'or.
Boucherat, d'asur au cocq d'or, barbé & cresté de Gueules.
Bretagne. *Bouche*, d'argent à trois molettes de Gueules.
Bouctardu, d'or à deux leopards de Gueules.
Bouuedris, d'argent au chevron de sable, accompagné de trois tourteaux de Gueules.
Boudrad, d'asur à la tour d'argent mass. de sable.
Beuginaut, de sable à la bande d'argent, chargée de trois coquilles de Gueules.
Bruitte, d'argent à la face de Gueules, chargée de trois croissans montans d'argent.
Beuillée, d'asur à la bande d'argent à deux croissans de mesme.
Bout'le de Creance, d'argent à la face de Gueules, frettée de sable, accompagnée de deux borelles de Gueules.
Boulaye, de sinople à trois faces d'argent.
Boulaye, d'asur au chevron d'or.
Boulaye Ferriere, de Gueules à six fers de cheual d'argent 3.2.1.
Boulainvilliar, d'argent à trois faces de Gueules.
Boulaulée, de Gueules diapré d'argent, semé de fers de picques de mesmes, au chevron de sable sur le tout.
Boulancourt, de Gueules à trois pals de vair, au chef d'or, chargé de deux lyons contournez de sable.
Boulant, d'argent à la croix d'asur, cantonnée de deux croix recroisettée d'or.
Boulinger, President, d'asur à trois roses d'or en pointe, deux & vn à la face d'or, accompagnée de trois estoilles en chef de mesme.
Bulleau, d'asur à trois faces ondées d'argent, au chef chargé de trois besans de mesmes.
Batillon la Marke, d'or à la face eschequée d'argent & de Gueules de trois traits.
Boulongne ancien, semé de France au lambel de trois pieces de Gueules.
Boulongne Moderne, d'or à trois torteaux de Gueules.

Boulongne sur Mer, Ville, de Gueules au cygne d'argent.

Vermandois. Boulong, d'or a l'orle de dix merlettes de sable.

Boulon, d'asur a quatorze besans d'or 4.4.3.2.1.

Bounais, d'argent au pot a trois pieds de sable.

Bretagne. Bounert, de Gueules a trois molettes d'esperons d'argent, percée du champ.

Bretagne.] Bounefay Senical, de Gueules au faucon d'argent, perché sur vn tronc d'arbre, posé en pal de mesme.

Bounorville, d'argent a la face de Gueules, chargée de trois anneaux du champ.

Bouebare, d'or au lyon coupé de Gueules & de sinople, couronné d'or.

Bourbon Ancien, de Gueules a l'orle de huict coquilles d'asur.

Bourbon Moderne, d'asur a trois fleurs de lys d'or a la cotice de Gueules perie en bande.

Bourbonbusset, semé de France, a la bande en deuise de Gueules, au chef d'argent, chargé d'vne croix potencée d'or, accompagnée de quatre croisettes de mesme.

Bourbon Barbasan, party d'Anthin, qui est escartelé de Gueules a trois lyons naissans d'argent, aux deux & trois d'argent, a trois tourteaux de Gueules sur le tout d'or, a la clef de sable attachée a la serrure de mesme.

Bourbon Condé, escartelé au premier & quatre de Bourbon Moderne, aux deux & trois d'Alençon.

Bourbon Lauedan, ou Malause, de France a la barre d'argent.

Bourbon Longueville, de France au lambel d'argent de trois pieces, a la barre ou cotice de Gueules.

Bourbon la Marche, de France a la bande ou cottice de Gueules, chargée de trois lyonceaux d'argent.

Bourbon Vendosme, est de mesme.

Bourbon Montpencier, d'asur a trois fleurs de lys d'or, a la cotice de Gueules brisée en chef d'vn carreau d'or, chargé d'vn Dauphin d'azur pasmé.

Bourbon Preaux, de France à la cottice de Gueules bronchant sur le tout, party de Preaux, qui est de Gueules à l'aigle d'or.

Bourbon Roche sur Yon, d'azur à trois fleurs de lys d'or, à la cottice ou baston de Gueules brisé en chef d'vn croissant d'argent.

Bourbon Roussillon, d'azur à trois cottices d'or, à la bordure de Gueules, brisée d'vne barre d'argent.

Bourbon Rochefort, d'argent au franc quartier de Bourbon.

Bourbon Rubempré, party le premier de Bourbon, le deux d'argent à trois iumelles de Gueules.

Bourbon Soissous, d'azur à trois fleurs de lys d'or, au baston de gueules à la bordure de mesme.

Bourbon S. Paul, escartelé au premier & quatre de France à la cottice de Gueules bronchant sur le tout, aux deux & trois de Luxembourg.

Bourbourg, d'asur à trois tierce d'or.

Berry. Bourdeaux, de Gueules à trois canettes d'argent.

Bourau, d'argent à vne face de Gueules, & trois rozes de mesme en chef.

Bourdeilles, d'or à deux pattes de Griffon de Gueules, onglées d'azur posees en bandes.

Bourbonnois. Bourdelot, de pourpre au cygne d'argent chappé d'azur.

Bresse.] Bourderel, d'azur à trois espics d'or.

Bourg Sainte Croix, d'azur au dragon d'or.

Berry. Bourdin, d'azur au chevron d'argent à trois testes de lyon d'or.

Bourges, de Gueules au mouton d'argent, à la teste plumassée & mouchettée de sable.

Bourgongne Ancien, bandé d'or & d'asur de six pieces.

Bourgongne Moderne, de France à la bordure camponée d'argent & de Gueules.

Bourgongne Comté Ancienne, de Gueules à l'aigle d'argent.

Bourgongne Comté Moderne, d'asur semé de billettes d'or, au lyon de mesme.

Bourguignon, d'azur à trois bourguignotres en profil d'argent.

Bournel, d'argent à sept oyseaux de sinople.

Bournen, d'argent au lyon de sable, bouclé de Gueules, la bordure camponée de sable & d'argent, escartelé d'azur à la bande d'argent, accompagnée de deux cotices potencées d'or, reployées de sable.

Bournonville, de sable au lyon d'argent, la queuë passée en sautoir.

Bournonville, bandé de six pieces d'or & de Gueules, au franc quartier d'or à la croix de Gueules, cantonnée de vnze alerions d'azur au franc canton d'argent, chargé d'vne molette de sable.

Bournonvillier, bandé d'or & de Gueules de huict pieces.

Bourg, d'or à la croix encrée de Gueules.

Brunuel, d'argent au sautoir de sable, au franc canton de Gueules, à deux poissons d'argent mis en face l'vn sur l'autre.

Bours, d'argent a la croix de sable, chargée de cinq coquilles d'or.

Bourou de Salart, escartelé au premier de Gueules, au sautoir dantelé d'argent, accompagné de quatre billettes de mesmes, au second de Gueules au lyon d'argent & de sable de deux traits.

Bouuier, vairé d'or & d'azur.

Boynel du Plessis, d'argent au chef d'azur, au lyon de Gueules, bronchant sur le tout.

Brac, de sable à la bande fuselée d'argent.

Brat, d'azur à la gerbe d'or en pal.

Brachet, de Gueules au chien d'argent assis sur sa queuë.

Bracquemot, de sable au chevron d'argent.

Brancarts, d'azur au pal d'argent, chargé de trois tours de Gueules, accompagnées de quatre pattes de lyon d'or, mouuant des flancs de l'escu, deux de chaque costé.

Branchecourt, d'or au lyon de sable.

Brinde, d'or à deux branches de laurier de sinople, tournées & ployées en cœur.

Bragermort, de sable au chevron d'argent.

Brayer, de Gueules a deux demy vols d'argent.

brachet, pousé d'azur à deux chiens bracq d'or passans.

bras de Fer, d'azur à trois poings ou gantelets d'argent, mis en bande.

bras, de Gueules au bras d'argent, tenant vne espée nuë ornée de sable de mesme.

bray, d'argent au chef de Gueules, chargé d'vn lyon passant d'or.

brancher, d'azur au chevron d'or, accosté de trois gerbes de bled, au chef vairré d'argent & de Gueules.

brandon, d'azur a l'aigle d'argent, accompagné de quatre brandons, deux a costé des aigles & deux a costé en pieds flamez d'or & de Gueules.

brossec, d'or a trois cornets de sable eschequé de Gueules.

bragelone, de Gueules a la face d'or, chargée d'vne coquille de sable en cœur.

breauté, d'argent à la quinte fueille de Gueules.

breanté, d'or a deux trefles de sinople.

breauherbert, d'azur au sautoir d'or, accompagné d'estoilles de mesmes.

bretagne, semé d'hermines.

bretsine, d'or au chef de sable, à l'aigle a deux testes d'or, bronchant sur le tout, becq. mambré & palumé de Gueules à l'orle de besans, torteaux passez de l'vn en l'autre.

bretagne Ancien, d'azur a trois gerbes d'or.

bretoüillage de Vvarthy, de Gueules a cinq lozanges d'or.

breteüil, d'or a trois roses de Gueules au chef d'azur, chargé d'vn Soleil d'or.

bretueil, de sable au cerf d'or.

brecuil, d'argent au sautoir de Gueules de sable.

bretigny, d'or au lyon dragonné de Gueules, couronné d'argent.

bretizay, d'argent à la face de Gueules à l'estoille, au canton du chef de sable.

bresseau, de Gueules a trois faces de vair.

brueil Gremonville, d'argent au chevron de sable, accompagné de trois molettes de mesmes au chef de Gueules, chargé d'vne anguille d'argent posée en face ondée.

bretonvilliers le Ragois, de Gueules à l'oyseau d'or, couronné de mesme.

bretonbonvilliers, d'azur au sautoir d'argent, accompagné de quatre roses de mesme.

bretheuil, d'azur a l'espreuvier aux aisles estenduës d'or, grilletté de mesme.

breau Herbot, d'azur au sautoir d'or, accompagné de quatre estoilles de mesme.

bretevolle, d'azur a trois glands d'or.

breille, d'azur a trois gerbes de bled d'or liée de mesme.

brelle ville la Porte, d'azur a trois glands versez d'or.

brey,

B

Poitou. *bresole*, de sable au lyon d'argent, chargé sur l'estomac de trois billettes de Gueules.

bresille, de Gueules à six besans d'or en orle.

bresaire, de Gueules à l'aigle d'or, à l'orle de fers de lances d'argent.

Brey, eschequé d'or & de sable, à la bande d'argent, accompagnée de deux cotices de mesmes.

Brete boyvilliers, d'asur au sautoir d'argent, accompagné de roses de mesmes 2 1.

Breues Sauary, party au premier costé escartelé d'argent & de sable, au second de Gueules, à la croix encrée d'or, coupé & bandé d'or & d'asur de six pieces, à la bordure de Gueules.

Breze, ondé en face d'or & de Gueules de quatre pieces.

Bretonvilliers le Raçois, d'azur au Phenix d'argent, tenant au pied droict vn rameau de laurier d'or, au chef d'argent à trois faucilles de Gueules.

Bree de Foüilleux, facé d'azur & d'argent de six pieces.

brequigny, d'or au leopard lionné de sable, accomp. de trois roses de Gueules 2.1.

briaille, d'argent à la face de Gueules coupé de trois trefles d'or.

briquemaux, de Gueules a trois faces d'or à la bande d'hermines.

briquemar pied de Grimaut, de Gueules à trois faces d'or, à la bande d'hermines bronchant sur le tout.

brillot, de sable au lyon d'argent.

bree, burelé d'argent & d'asur de 8. pieces au lyon de Gueules, bronchant sur le tout.

bridieux, d'azur à la macle camponée a double par le haut d'argent, accompagnée de trois estoilles d'or 2.1.

Aniou. *Brie Serant*, de Gueules à trois restes de lievres d'argent.

Brie la Bochardiere, d'azur a vne halebarde d'argent, emmanchée d'or.

Dauphiné. *Briençon Ville*, d'azur à la croix d'or.

Brichanteau, d'asur à six besans d'or 3 2.1.

Briçonneau, d'asur à la croix d'or.

Briençon, gironé d'argent & d'azur de dix pieces, chargé en abysme d'vn escusson de Gueules.

Normandie. *Bricquebec*, d'or au lion de sinople.

Briqueville, pallé d'argent & de Gueules de huict pieces.

Brillet, d'asur à la face bretessée & contrebretessée d'or, escartelée de Gueules à trois maillets d'or.

Brimeu, d'argent à trois aigles de Gueules.

Brime Fay de Quincy, d'argent à la face de Gueules, brisée au premier canton d'vn escu bandé d'argent & d'azur de six pieces.

Brimen, d'azur à trois soucis ou torne-sol d'or.

Brissac, de Gueules à la bande ondée d'or, accompagnée d'vn lyon leopardé en chef d'argent.

Brissac Cossé, de sable à trois feuilles de scie d'or.

Brienne, de Gueules à deux faces d'or, accompagnée de trois tourteaux de mesme.

Bridies, d'azur à trois estoilles d'or à la lozange d'argent en cœur.

Bricouet, facé d'or & de gueul. chargé de 8. fleurs de lys en chef 3. besans de mesme.

Briet, de Gueules au chevron d'argent, accompagné de trois roses de mesme, au chef aussi d'argent.

Brienne, d'azur au lyon d'or, semé de billettes de mesme.

Brienne, cinq points d'asur equipolez à quatre d'hermines.

Britaut, de Gueules au sautoir d'or.

Brissonnet, d'azur à la bande camponnée de Gueules & d'or de cinq pieces, accompagnée de deux estoilles d'or en chef & d'vn croissant montant en pointe.

Brissay, d'hermines au lyon de Gueules.

Briseteste, d'or au lyon naissant de Gueules au chef d'argent.

Brieux, d'argent à cinq tourteaux de sable en sautoir.

Briot, chappé renuersée ou vestu d'argent & de sable.

Briue la gaillarde, d'azur à neuf espics de bled mis en forme de fleur de lys, deux en chef & vne en pointe d'or.

Briois, de Gueules à trois gerbes d'or à la bordure de mesme.

Brigueul, escartelé d'argent & d'azur.

M

Briois, d'or à la bande de sable.
Brisay, d'argent à quatre face de Gueules.
Brittal, de Gueules au sautoir d'or.
brocamont, d'argent au chevron de sable, accompagné en pointe d'vn maillet de mesme.
broc le Lardiere, de sable à la bande fuselée d'argent de neuf pieces.
 brocart, coupé de Gueules sur or, au chevron d'argent sur Gueules.
broc Laguisse, d'azur à vne estoille d'or au chef de mesme, chargé de trois trefles de sinople.
broies, d'azur au lyon d'or, lesca semé de roses d'argent.
Broin Brondinesu, d'azur à la croix d'argent.
Brongnon, de sinople à trois pals ancrez en chef d'or, chargé d'vn escu de Gueules à neuf annelets d'argent.
Brosses, d'azur à trois brosses d'or, à la bordure camponnée d'argent & de Gueules.
Brosse Vinonne, d'azur à trois gerbes d'or liez de Gueules.
Brouillard, d'argent au chevron d'azur.
Broudiant, d'azur à la croix d'argent frettée de Gueules.
Brouilly, de sinople au lyon d'argent, armé & couronné de Gueules.
Broies, d'or à la bande de Gueules, accompagnée de six molettes de mesmes.
Broyes, d'azur à six broyes d'or en face, liées d'annelets d'argent.
Bross. loir Chaludet, escartelé au premier & quatre de sable à vne face d'or au deux & trois de sable, à deux lyons leopardez d'or, sur le tout d'or à vn lyon de Gueules, rampant vers vne nuée d'azur, chargée d'vne estoille d'or.
Brubach, de Gueules fretté d'or, à la face d'argent.
Brucourt, facé d'or & de Gueules de six pieces, a six fleurs de lys de l'vne en l'autre.
Brucourt, d'or au lyon de Gueules.
Bruges, d'or à la croix de sable.
Bruges, d'or au lyon de sable.
Bruges, d'azur à trois fleurs de lys d'or à la bordure de Gueules, chargée de huict besans d'or.
Bruges, d'asur à dix macles d'or.
Brugny, d'azur à trois points renuersez.
Bruiers, de sable à la bande d'or.
Brailly, de Gueules au lyon d'or.
Brunet, d'or au levrier rampant de Gueules, à la bordure camponée d'or & de sable.
Bruncy, d'argent à la licorne de Gueules.
Bruse, d'or au sautoir de Gueules, au chef d'azur.
Bruse, d'argent à trois massuë, armées de picotons de Gueules posez en bande.
Brussard, de Gueules à vne bande d'or, chargée d'vne trainée de cinq barils de sable.
Brussi, d'argent au chef d'azur, au lyon de Gueules armé, couronné d'or sur le tout.
Brun, escartelé de vair & de Gueules.
Brusson la Mute, d'argent au griffon de sable.
Bruyant, d'azur à la face de sinople.
Bucalt, d'argent au bœuf rampant de sable, a la bordure engreslée de mesme.
Buades, d'asur à trois pattes de griffon d'or posées en bandes.
Buater, d'or au sanglier de sable.
Budes, d'argent à vn pin de sinople, costoyé en pied de deux fleurs de lys de Gueules.
Budes du Plessis, d'or à sept macles d'azur posez 3.1.3.
Bude, d'argent au chevron de Gueules, accompagné de trois grapes de raisin d'azur.
Budee, d'azur à trois bandes d'argent.
Buchard, d'argent à vne main de Gueules, à l'orle de merlettes de mesmes.
Buchard, d'azur à deux pals d'or.
Bulon, escart. au premier & 4. d'azur, a trois faces ondées d'argent, surmontées

B

d'azur, au lyon naissant d'or, au deux & trois d'or, a la bande de Gueules, ac-
accostée de six coquilles de Gueules, trois en chef & trois en pointe.

Bueil, d'azur au croissant d'argent, accompagné de six croix recroisettées, au pied
fiché d'or.

Bussiere, de sable au lyon d'or.

Bussiere, d'or à trois molettes de sable.

Bunault, d'azur au chevron d'or, accompagné en chef de deux aiglons, & deux
estoilles & d'vn lyon en pointe, le tout d'or.

Buray, d'or à six anilles de Gueules, au baston camponé d'argent.

Burdelet, d'azur a la face d'or, accompagnée de trois estoilles de mesmes.

bureau, d'azur au chevron d'argent, potencé & contrepotencé d'or.

buren, eschequé en pal d'argent & d'azur.

buren, d'or au lyon coupé de sable & de Gueules.

bureau La Riuiere, d'argent a la bande d'azur, chargée de sept fermeaux de sable
quatre en chef & trois en pointe.

Bresse. *buret*, d'argent a trois tourteaux de sable.

bury, d'or à quatre faces de Gueules.

burges du Solier, de sable à la croix encrée d'or.

bury, d'azur a deux lyons d'argent passez en sautoir.

busançois, d'or au chef de vair, a l'aigle de Gueules, bronchant sur le tout.

busuis, escartelé d'or & de Gueules.

busset, semé de France a vne bande endentée de Gueules, au chef d'argent, chargée d'vne croix potencée d'or, cantonnée de quatre croix de mesme.

bugnons, gironné d'argent & de Gueules de dix pieces.

buserolle Iuly, de Gueules a la croix d'or, chargée de cinq coquilles d'azur, cantonnee de quatre quintes fueilles d'argent.

busset, d'or au chef de Gueules, au franc canton d'hermines.

bussi de Meruel, escartelé au premier & quatre d'or, a vnze billettes de Gueules,
4.3.2.1. au second & trois d'or, au renard en bande de sable.

bussi bois Ceruoise, au cerf d'or ramé de mesme.

bussi Rabutin, cinq points d'or equipolez à quatre de Gueules,

bussi sainct George, d'azur a trois chevrons d'or, le premier en chef brisé.

bussi Thiart, d'or a trois escreuisses de Gueules, dressées en pal 2.1.

bussi, d'azur a deux espees d'argent passee en sautoir.

busseaux, de Gueules a l'aigle esployé d'argent, mem. & bec. d'azur.

Dauphiné. *bussiere* de Gueules a la bande d'or.

busseil sainct Fremin, burellé d'or & de sable de douze pieces.

bussenauge, d'or a deux chevrons d'asur.

buxeul, face d'or & de sable de six pieces.

buzanual, d'argent au chevron de Gueules accomp. de trois merlettes de sable.

buzanual, d'or au chevron d'asur, accompagné de deux merlettes de sable en chef
& d'vne couleuvre en pointe.

buzançois, d'or au chef de vair, a l'aigle de Gueules, armé d'or, bronchant sur le
tout.

C

Prouence.   CABANES, porte d'or semé de tours & de fleurs de lys sans nombre d'asur.

Cabas, porte d'asur semé de billettes d'argent.

Cabiac, d'azur au demy bois de cerf, arraché d'or.

Prouence.   Cabru, porte d'or à trois chevres de Gueules, l'escu semé de fleurs de lys de mesmes.

Cachart, escartelé au premier d'asur à la tour d'argent, au second d'or à trois pals de Gueules, au trois d'asur à trois coquilles d'argent, au quatre d'asur à trois flames d'argent sortant de la pointe.

Cachet Martinga, d'or à la croix d'enchée au bout, & par les costez, surchargée en cœur d'vne croix alisée d'argent.

Caculite, d'asur à trois chevrons d'or, accompagnez de trois gerbes de bled de mesme.

Cacuron, de Gueules à trois annelets d'argent.

Cadenet, escartelé au premier & quatre d'or, au lyon de Gueules, cour. de mesme, aux deux & trois de Gueules au chef eschequé d'argent & d'asur.

Bresse.   Cadenets de Villars, d'azur au torreau effrayé & aislé d'or.

Prouence.   Cadenet, d'azur au chevron d'or, accomp. & surmonté d'vne estoille d'argent en chef, & d'vn croissant en pointe de mesme, surmonté aussi d'vne rose d'or.

Cadenet, de Gueules au chasteau d'argent.

Caderis, d'argent à l'anchre de mer mise en bande d'azur.

Cadier, d'asur à la teste de cerf d'or.

Cadillac, porte de Gueules à quatre faces d'argent, au baston de Gueules pery en bande.

Guyenne.   Cadillac, d'argent à la bande d'asur, accompagnée de six roses de gueules, trois en chef & trois en pointe.

Cados, d'azur à trois croissans d'or.

Cadoül, d'argent à la croix clechée de sable.

Cadoualon, bandé d'or & d'azur de six pieces au chef de Gueules, chargé d'vne pomme de pin d'or.

Caen, Ville, couppé d'azur & de Gueules à trois fleurs de lys d'or.

Cagnet, d'argent à trois aigles esployez de sable.

Bretagne.   Cabidubec, de sable à trois testes de leopard d'or, armez & languez de Gueules.

Cahusac, d'asur à trois lyon d'or.

Caiet, d'asur à la face d'or surmontée en chef d'vn chevron d'asur.

Caiet, d'azur au chevron d'or, accompagné de trois croix de mesme.

Caieu, de Gueules party d'argent à la croix partie de mesme.

Caillarville, d'argent au chevron de Gueules, accomp. de trois cailles de sable.

Cailleville, de Gueules à trois molettes d'esperon d'or.

Cailleux, d'argent à deux faces de Gueules.

Cailles, d'or semé de cailles d'asur.

Cailles, d'asur à trois cailles d'or, au chef chargé d'vn nuage de mesme.

Caiu, d'argent aux deux sautoirs de Gueules.

Calabre, d'argent à la croix potencée de sable.

Calabre, de Gueules au bras tenant vn coutelas d'argent.

Calac, d'or à deux faces bourdonnées, accompagnées de dix merlettes de sable 4.2.4.

Calais, d'asur à la fleur de lys couronnée d'or en chef, & en pointe vn croissant d'or, d'où il sort vne croix recroisettée d'argent.

Calart, d'or à l'oliuier de sinople tigé de mesme.

Calctot, d'or au lyon de Gueules, armé lamp. d'argent.

Caleu, d'argent au lyon tourné passant de Gueules sur vne terrasse d'or.

Callognay, de sable à trois aiglettes d'or.

Bourgongne.   Callonne, d'argent à l'aigle de sable.

Calucu, d'or au lyon passant de sable couronné d'asur sur vne terrasse de mesme.

Prouence.   Calvisson, d'or au noyer de sinople.

Cambarats,

C

Cambarats, d'azur à trois croiffans d'argent.

Cambray, d'or à trois lyonceaux couronnez d'afur.

Cambray, *Ville*, d'or a l'aigle a deux teftes efpoilées de fable.

Camberonne, facé de huict pieces d'or & de Gueules.

Cambis, d'azur au cypres d'or, fouftenu de deux lyons affrontez de mefme.

Cambouete, de Gueules à trois faces efchequée d'argent & d'afur de trois traits.

Campagnolle, de Gueules, à la croix d'argent party d'afur au lyon d'argent.

Camp d'Aucine, d'afur à vne gerbe d'auoine d'or.

Campion, d'or au lyon d'afur au lambel de Gueules.

Camp-Remy, de Gueules à la bande d'or, accompagnée de fix merlettes de mefme, trois en chef & trois en pointe.

Camp-Rond, d'argent au Roy a l'antique, de Gueules.

Camp, de Gueules à la face d'or, accompagnée de fix befans d'argent mis en face, trois en chef & trois en pointe.

Camfi, coupé de Gueules & d'afur.

Cammade de Cantelou, d'afur au cocq d'or, efcartelé de Gueules au levrier d'or.

Camus, d'afur au pelican d'argent enfanglanté de Gueules.

Camus, d'afur à trois croiffans d'argent.

Canay, d'azur au chevron d'argent, accompagné en chef de trois eftoilles de mefme.

 Candelets, efcartelé d'or & d'azur.

 Candie de Loye, de Gueules femé de fleurs de lys d'or, à la bande d'afur bronchante fur le tout.

Canlers, d'afur à trois chandeliers d'Eglifes d'or.

Canillac, d'argent au levrier de fable accollé d'or.

Canton d'Orgereu, facé d'argent & d'azur de fix pieces, au lyon couronné d'or, bronchant fur le tout.

Canifi, de Gueules coupé d'azur à trois befans d'hermines.

Cani, d'or à dix lozanges de Gueules.

Canone, de Gueules à la bande de fable, accompagnée de deux demy bandes retraittes, celle du chef mouuant du flanc fenextre, & celle de la pointe mouuant du dextre, & deux molettes d'efperon de mefme, l'vn en chef & l'autre en pointe.

Canteloup fainct Amand, lozangé d'argent & d'afur.

Canteloup, d'or fretté de fable.

Canteloup, vairé d'argent & de Gueules.

Cantelu, d'argent à la face de gueules, chargée d'vne gerbe d'auoine d'or.

Canteloup d'Auberville, d'afur à deux leopards d'or.

Cante-Marle, d'argent au lyon de Gueules, couronné d'or.

Canterel de Buffons, d'argent à la bande de gueules, accompagnée de deux autres d'afur, au chef de mefme, chargé de deux colombes d'argent.

Caors Vicomté, de fable à trois lyons d'argent.

 Caors Ville, de Gueules au pont & riuiere d'argent, chargé de trois tours de mefme, & cinq fleurs de lys d'or en chef.

Caors, d'or au chevron renuerfé d'afur.

Captau de Buch, d'or à la croix de fable, chargée de cinq coquilles d'argent.

Cappelle, de fable à la bande d'argent, accompagnée de deux cottices d'or.

Capler, de Gueules à deux faces d'argent.

Capponay, taillé de fable fur argent.

Caraciel, d'argent au lyon d'azur, couronné de Gueules.

 Caradis, d'or au lyon de Gueules.

Caradroux, d'argent à trois lyons d'afur.

Carbon, coupé en chef d'or au lyon de Gueules.

Carbet, de Gueules a la face ondée d'argent.

 Carbonel, d'azur au chef de Gueules, chargé de trois tourteaux d'argent ou coupé de Gueules & d'afur a trois tourteaux d'argent.

Carbonet, coupé d'argent & d'azur, a trois rais de Soleil d'or partant du chef bronchant fur le tout.

C

Carbonel, coupé en chef de Gueules & en pointe d'azur à trois besans d'hermines.

Provence. Carbonet, d'azur au chef de Gueules, chargé de trois tourteaux d'argent.

Carbonniere, d'argent a trois tourteaux de sable, au baston de Gueules, bronchant sur le tout.

Carbonniere Bion, d'argent, semé de charbons ardans de Gueules.

Provence. Carbon, de Gueules à trois tours d'argent.

Languedoc. Carcassonne, semé de France au besan d'or, chargé d'vn tourteau de Gueules, surchargé d'vn Anneau Paschal d'argent, supportant vne croix d'or, ayant vn guidon de mesme, chargé d'vne croix de sable, auec ses mots d'argent, *Ques tesse natæ Agnum conuicentur.*

Provence. Carces Ptolenes, de Gueules au pont de deux arches d'or, mass. de sable.

Carlaillac, de Gueules au lyon d'argent, couronné d'or, à l'orle de treize besans d'argent.

Cardaillac, de sable à trois annelets d'argent.

Cardaillac, de Gueules au lyon d'argent, couronné d'or, reuestu du port de France, qui est d'asur, semé de fleurs de lys d'or, la cotte d'arme enrichie sur le dessus de boutons de mesme, à l'orle de besans d'argent.

Cardonet, de Gueules à trois tours carrées d'argent.

Cardon, d'argent à trois chardons de sinople fleuris d'asur.

Carduze, de Gueules au chardon au naturel.

Carel la Bourdonniere, d'asur a deux fers de lances à l'antique d'argent.

Carentilly, d'argent à trois lyons de Gueules.

Carenray, d'argent a deux faces ondées de Gueules.

Carençon Canteloup, de sable à trois croix pattées d'argent.

Carestome, de Gueules a deux faces d'hermines.

Careto Final, d'or a trois pals de Gueules.

Carette, d'asur a la rouë d'or, escartelé d'asur à trois besans de mesmes.

Cargrege, d'azur au lyon morné d'or.

Carbanet, d'argent a la face de Gueules.

Carion, d'argent au chef d'azur, chargé de trois roses d'argent.

Carioles, d'asur a deux chevrons d'or, accompagné en pointe d'vne roze d'argent.

Carman, escart. au premier & quatre d'azur, à la tour d'argent, au bas de laquelle est vne rouë de mesme, le deux & trois d'or au lyon de Gueules.

Carmagnolles, de Gueules à la bande d'or rebordée de mesme.

Carmausset, vairré d'or & d'asur de quatre pieces.

Carnel Boran, d'argent a trois merlettes de sable.

Carneury, facé, danché d'argent & d'asur au chef de gueules, chargé d'vn leopard d'or, tenant vne teste de cerf de mesme.

Bretagne. Carn, vairré de sable & d'argent.

Carpentier, de Gueules au pal de vair, a deux lyons tournez d'or.

Carpentras Ville, escartelé de gueules a deux pals d'or.

Normandie. Carcages, de Gueules semé de fleurs de lys d'argent.

Caronde Bodegaß, de Gueules à trois oyseaux d'argent.

Carondelet, d'asur à la bande d'or, accompagnée de six billettes de mesme.

Cartier, de Gueules à la face ondée d'argent au lambel d'asur.

Cartilier, d'argent au lyon de Gueules.

Caruarsi, d'or à la bande de Gueules.

Case-neuve, d'argent à deux chevrons d'asur.

Caseneuil, vairré d'or & de Gueules.

Dauphiné. Cassart, d'asur à la licorne passante d'argent.

Cassapirere, coupé de sable & d'argent.

Castallane, d'argent à la tour de Gueules.

Castellane Grignan, de Gueules au chasteau sommé de trois tours d'argent.

Castellane, de Castille.

Auvergne. Castels, de Gueules à deux clefs d'argent passées en sautoir, & vne de Gueules en chef.

Castels, escartelé de Gueules & d'argent, à six fleurs de lys de mesme de l'vne en l'autre.

C

Castelmar, de Gueules à la tour d'argent.

Castelnau, de Gueules à la tour crenelée de cinq pieces d'argent.

Castelnau, couppé de Gueules sur or, chargé d'vn chasteau couuert d'or, & l'or chargé d'vn lyon de Gueules.

Castelnau, d'or au croissant renuersé de Gueules.

Castel sainct Nazar, d'or au chasteau de sable, surmonté d'vne aigle de mesme.

Castel Fremont, de Gueules à la croix encrée. d'or.

Cassini, d'or à la face d'azur, accompagnée de six estoilles de six rais de mesme, trois en chef & trois en pointe.

Castel Maruil, d'argent au chasteau d'or.

Castre la Baume, d'or à l'espée nuë, mise en pal la pointe en haut d'azur, accostée de deux estoilles de mesme.

Castres Ville, emmanché d'argent & de Gueules de sept pieces, semée de chausse-trappe, auec cette deuise, *Debout*.

Catagne, d'argent a six bandes de Gueules, au chef d'or chargé d'vne aigle naissante de sable.

Bretagne, *Catelan*, d'asur a trois porcs espy d'or.

Catelan, d'argent a six lozanges en bandes de Gueules.

Catarcy, de sable à deux espées d'argent passées en sautoir la pointe en haut, accompagnées de quatre croisettes de mesme.

Catillon, d'argent à l'escu en abysme de Gueules, soustenu de deux lyons affrontez de sable, au lambel en chef de trois pendans de mesme.

Catin, d'asur au heaume d'argent, au chef de mesme, chargé de trois merlettes de sable.

Catrenoue, d'argent a deux chevrons d'asur.

Catren, d'azur au chat contourné d'argent courant en barre, tenant vne souris de mesme.

Cavaillon, Ville, d'or au lyon de sable, armé & cour. d'or.

Cauchon, de Gueules au Griffon d'or.

Cauerel, d'argent à la bande fuselée de Gueules.

Cauerre, d'argent au lyon de sable.

Cauxdebec, de Gueules a trois escussons d'argent.

Cauffour, d'or a trois chevrons de Gueules.

Caulincourt, de sable au chef d'or.

Caumartin, burellé d'or & d'asur de dix pieces.

Cau-mesnil, gironné d'or & de Gueules, a la molette de sable, au giron du premier canton.

Caumont, tiercé en bande d'or de sinople & de Gueules.

Caumont la Force, d'asur a trois leopards d'or, cour. lamp de Gueules.

Picardie *Caumont*, d'asur a trois estoilles d'or, l'escu semé de croix recroisettée de mesme.

Cauray, vairé d'argent & de gueules.

Cauret, d'argent a sept fusées de Gueules.

Cayet, d'or au lyon d'asur, armé, lampassé de Gueules.

Cazenoue, d'argent a deux chevrons d'azur.

Bretagne. *Cazet Vautour*, d'azur a trois aigles d'or.

ceissay, d'asur à deux chevrons d'or, chargez de dix coquilles de Gueules, cinq à chacun.

cellier, d'asur au chevron d'argent, chargé de trois rozes de Gueules, accompagnées de deux estoilles en chef d'or, & d'vn croissant de mesme en pointe.

celles, d'hermines à la bande de Gueules.

cellier le Chenel, d'azur au lyon d'or, au chat de mesme, chargé de trois estoilles d'argent.

censay, d'asur a trois croissans d'argent.

Picardie. *cenames*, d'or au lyon de Gueules.

Chabanes, de Gueules au lyon d'hermines.

Chablais, d'argent semé de billettes de sable, au lyon de mesme.

Chabœuf, d'or a la bande de Gueules.

Chabois, d'asur au lyon d'or a la face de Gueules, chargée de trois besans d'argent.

C

Chabot, d'or a trois chabots de gueules posez en pal.

Chabot Iabb., d'azur a trois fleurs de lys d'or, au chef d'argent, chargé d'vn lyon issant de sable.

Chadenac, de Gueules au lyon d'or.

Chahuel, escartelé le premier & quatre d'argent, a la face de Gueules, le deux & trois d'argent au lyon de Gueules.

Chailly, vairré d'argent & de sable.

Chaillet, de Gueules au chevron d'argent, accompagné de trois trefles de mesme.

Challais, d'argent a la croix niellée de sable.

Challamont, d'or a trois faces d'azur.

Chalant, d'argent au chef de Gueules.

Chalant, coupé de Gueules & d'argent, à la bande de sable.

Chalons, d'argent au chef de Gueules, a l'estoille de sable, bronchant sur le tout.

Chalançon, escartelé d'or & de Gueules, a la la bordure de sable, chargée de huict fleurs de lys d'or.

Chrlançon, de Gueules a trois testes de lyon, arrachée d'or.

Chalenzy, d'or au pillier d'azur, semé de larmes d'argent.

Chaisue, d'azur au chesne ayant les fueilles & glands d'or, au chef de Gueules, chargé de trois estoilles d'or.

Chaleron, d'or a trois faces de Gueules emmanchée d'argent.

Chalin, d'argent a l'escureau rampant de Gueules à la bordure de mesme, semée de fleurs de lys d'or.

Chaligault, d'azur a trois cypres d'argent.

Chalons, de Gueules a la bande d'or.

Chalons, d'azur a trois cercles d'or liez de mesmes.

Chalons, d'azur au chevron d'or, accompagné de trois espics de mesme.

Chalonges, d'azur au lyon d'argent.

Chalonges, d'argent au lyon de sable.

Chalouzais, d'argent a la croix pattée de Gueules, cantonnée de quatre lyons de sable.

Chalus, d'azur au barbeau d'or mis en bande, semé d'estoilles de mesmes.

Chaluet, de gueules à la bande d'or, chargée de trois croisettes de Gueules, accompagnées d'vne teste de lyon arrachée d'or, & d'vne quinte fueille de mesme en pointe, escartelé d'azur a trois demy vols d'argent.

Chamaillar, vairré d'or & de Gueules.

Chambel, d'hermines au chef de Gueules, à la cotice d'azur, bronchante sur le tout.

Chambelle, d'or à trois chevrons abbaissez de Gueules, brisée d'vne trangle de sable sur le tout.

Chambelay, d'argent a trois chevrons de Gueules, chargez d'vne face d'azur sur le tout.

Normandie. Chamblais, de sable a la croix d'argent, cantonnée de quatre fleurs de lys d'or.

Chambois, d'or à la fleur de lys de Gueules.

Champagne. Chambry, de Gueules à trois coquilles d'or,

Chambort, de vair.

Chambolay, d'argent à trois chevrons de Gueules.

chambesaut, d'or party d'azur au filet de Gueules en bande.

chambourcier, d'azur à la croix d'argent, accompagnée de quatre fleurs de lys d'or.

chambon, d'azur à la tour d'argent.

chambon, facé d'or & d'azur de six pieces.

chambourault Drou, d'or au lyon de sable.

chambre-Montsaureau, semé de fleurs de lys d'argent au lyon de Gueules couronné d'or sur le tout.

Dauphiné. chambron, d'or à la bande d'azur, chargée de trois cloches d'argent.

chambilant, d'argent à trois hures de sanglier, arrachée de sable.

chamble de Fillo, d'azur à deux pattes de griffon d'or.

chamblemy la Riviere, de sable à la bande d'argent.

chamliuoule,

C

chamliuauli Voust, de Gueules à la bande d'or, accostée de six merlettes de mesme, trois en chef.

chamou, de Gueules au bras armé d'or, tenant vne banniere semée de France, le baston ou traict d'argent.

champagne, d'hermines au chef de Gueules.

champagne, d'asur à la bande d'argent, accompagnée de deux doubles cotices d'or, potencées & contrepotencées de treize pieces.

champagne l'Argentier, de Gueules a trois mains d'or.

champ-Diuers, d'asur au chevron d'or.

champeaux, bandé de huict pieces d'azur & d'or.

champost, d'or à la vache de Gueules, accornée & onglée d'argent.

champestiers, de vair à l'escusson en cœur de Gueules au chevron d'or.

champignereul de Germanvilliers de sable a trois lozanges d'argent.

champigneille, d'argent a trois fleurs de lys d'asur.

champierre, d'asur a l'estoille d'or.

champion, de Gueules au caualier armé d'argent, tenant vne espée en la main dextre de mesme.

champ-luisant, d'asur à huict estoilles mises en sautoir d'or.

champlite, d'asur au lyon d'or.

champ-lu, d'argent au lyon de sable couronné d'or.

champ-Remi, d'argent à la bande de Gueules, accompagnée de six merlettes de sable.

champos, d'argent à la vache de Gueules.

champrou, d'asur au Griffon d'or.

champolant Macin, d'azur au chevron d'or.

champtarsier, d'asur à la croix d'argent, accompagnée de quatre fleurs de lys d'or.

champully, de Gueules a trois molettes d'esperon d'or.

chambalant, de sable au lyon d'argent.

chardée, d'asur à la bande d'or, accompagnée de six besans de mesmes, trois en chef & trois en pointe.

chaudebœuf, party d'asur & d'argent à treize pommes de pin d'or la queuë en haut.

chandieu, de Gueules au lyon d'or.

chandoel, d'argent à la barre de Gueules, accostée de deux cottices d'asur, au chef de mesme, chargé pe deux colombes affrontées d'argent.

chaugi, escartelé d'or & de Gueules.

chanal, d'asur à la bande ondée d'argent à deux lyons de mesme, l'vn en chef l'autre en pointe.

chandon Brieule, d'argent à la face de Gueules accompagnée de trois treffles d'or.

chalencey, d'or à la colonne d'asur, semée de larmes d'argent.

chaule, d'or à trois lyons de sable.

chauliuault, de Gueules à la bande d'or.

chans, d'or à trois chevrons de sable, accompagnez de trois annelets de Gueules.

chana, de sable à dix besans d'or posez en orle.

chante-Merle la Clayette, d'or à deux faces de Gueules, accompagnées de neuf merlettes de mesme posez en orle, vn en chaque flanc, & trois en pointe.

chaniere ou Lestang, escartelé d'asur à deux levriers passans d'argent, au lyon de sable.

chapaton, de Gueules à la face d'or, chargée d'vn pal de sable, accompagné de quatre lyonceaux d'asur.

 chapaniere, d'asur au charbon de sable, accompagné de trois hures de sanglier de mesme.

chappelle-Bouesse, d'argent a trois arbres de sinople.

chapelle-Bonnier, d'argent à la face de gueules, accompagnée de six roses de mesmes percée d'or.

chappellur, d'asur au chevron d'or au chef de mesme.

chappellier, face d'argent & de sinople de six pieces au chef d'azur, chargé de deux rinceaux de palme de sinople.

chappelin, d'asur au levrier d'or, au chef de mesme, chargé de 3. rozes de gueules.

O

C

chappelle Valais, d'afur au dragon d'argent, langué & aiflé de Gueu'es.

chaplaine L'argentier, d'afur à trois chandeliers d'Eglife en pal d'or.

chappelle, d'afur au bœuf paffant de Gueules, accorné & onglé d'afur, au chef coappé de Gueules, chargé de trois aunelets d'or, & de trois eftoilles d'or.

chappuis d'Ache, d'azur à trois halebardes d'argent, au chef de Gueules.

chaponay, d'afur à trois coqs d'or mambr. barbez & becq. & creftez de Gueules.

chaperonniere, de fable à la bande fufelée d'or de fix pieces.

Chaperon, d'argent à trois chapperons de Gueules.

Chapuy, d'argent au chef d'afur, chargé de trois rozes de Gueules,

Chapuifel, d'argent à trois rofes d'azur.

Charbonniere, d'argent à trois bandes d'afur, femées de charbons de Gueules.

Charbonniere, de fable au fautoir d'or, vne eftoille de mefme en chef & vne en pointe.

Charbonniere la Chapelle, d'argent, femé de charbons ardens de Gueules.

Charentonay, d'argent au fautoir de Gueules, accompagné de quatre alerions de fable.

Charenton, d'afur an lyon d'or.

Charlemont, d'or au fautoir engreflé d'argent, cantonné de quatre tourteaux d'azur.

<table><tr><td>*Dauphiné.*</td><td>*Charency*, d'azur à trois oyfeaux d'argent vollans en bande.</td></tr></table>

Charanfonay, d'argent au lyon de fable, chargé d'azur à la bordure engreflée de Gueules.

Charlieu, efcartelé d'argent & de fable.

Charle gault le Tortu Valliere, d'azur à l'efpreuvier d'argent, perchée de mefme, membrée & grillettée d'or.

Charlou, de Gueules à la face d'argent.

<table><tr><td>*Poiftou.*</td><td>*Charlet*, d'or à l'aigle de fable.</td></tr><tr><td>*Bourgogne.*</td><td>*Charlet*, d'argent à l'orle d'afur.</td></tr><tr><td>*Paris.*</td><td>*Charlet*, d'azur au chevron d'or, accompagné de deux eftoilles en chef, & d'vn lyon en pointe de mefme.</td></tr></table>

Charle-Duc, facé d'or & d'azur de fix pieces, à la bordure de Gueules.

Charmely, de Gueulles à la face d'argent,

Charmoluc, de fable à trois barbeaux d'argent.

Charnée, d'azur à la bande d'or, chargée d'vne autre bande de Gueules.

Charnet, d'azur à deux chevrons d'or, accompagnez de trois rozes de mefme.

Charny, de Gueules à trois efcuffons d'argent.

Charno, de fable au lyon d'argent couronné de Gueules.

Charnot, de fable à deux chevrons d'or, accompagnez detrois rozes d'argent 2.1.

Charondor S. Ange, d'azur au chevron d'or, accompagné de deux eftoilles en chef, & d'vne roüe de mefme en pointe.

Charpentier, d'afur à la bande efchequée d'or & de Gueules de trois traits, accompagnez de deux licornes d'argent.

Charpey, d'or à l'aigle efployé de fable au chef d'afur, chargé d'vne croix encrée d'or mife en face vers la pointe.

Chartier, d'afur à deux perdrix d'argent fur vn tronc d'arbre.

Chaftenier-Roche, pofé d'or au lyon pofé de finople.

chaftaigneraye, d'or à la croix de Gueules, accompagnée de quatre molettes de fable.

chaftaigneraye, d'hermines a trois faces de macles d'or, chacunes de deux entieres & deux demies.

chaftaigneraye, d'argent au lyon d'azur femé de fleurs de lys d'or.

chaffeux, bandé d'azur & d'or de fix pieces.

chaffeux-fommaife, d'azur au chevron ondé d'or, accompagné de trois glands de mefme au lambel de Gueules.

chafteon, d'or au chef emmanché de trois pieces de Gueules.

chafteron, de finople au dragon naiffant, armé, lamp. de Gueules, au chef emmanché d'or & d'azur de trois pieces.

chafteau-Briant Ancien, de Gueules, femé de pommes de pin d'or.

Bretagne.   Chasteau-briant, de Gueules, semé de fleurs de lys d'or sans nombre.
Chasteau-brun, d'azur a deux leopards d'or.
Chasteau-brun Roche-percé, d'or au lyon posé de front de sinople.
Chasteau-duy, gironné de Gueules & d'hermines de douze pieces.
Chasteau-dun, d'argent à trois croissans de Gueules au chef de France.
Chasteau-dun, lozangé d'or & de Gueules au baston en bande d'argent.
Chasteau-fort, d'azur à trois poings ou gantelets d'argent mis en bande.
Chasteau-fromont de breau-gay, de Gueules à la croix encrée d'or.
Bretagne.   Chasteau-gal, de Gueules à trois chasteaux d'or.
Chasteau-giron, d'or au chef d'azur à la bordure de Gueules.
Chasteau-giron, vairé d'argent de sable, au baston de Gueules.
Chasteau-gontier, d'argent a trois chevrons de Gueules.
Chasteau-Martin, d'azur à la tour d'or, accompagnée d'vn auant mur de mesme.
Chasteau-morant, d'azur à trois lyons d'argent.
Limosin.   Chasteau-neuf, de sable au lyon d'or,
Lyonnois.   Chasteau-neuf, d'or à l'estoille de Gueules de huict rais.
Dauphiné.   Chasteau-neuf, d'argent au chef de Gueules.
Chasteau-neuf, burellé d'or & d'azur de dix pieces, au lyon de Gueules, bronchant
    sur le tout.
Prouence.   Chasteau-nef. d'azur à demy aigle d'argent.
Chasteau-neuf, l'Aubespine, *voyez Aubespine.*
Chasteau-neuf Lascaris, escartelé de Gueules, à l'aigle d'or & de Gueules, au chef
    d'or.
Chasteau-neuf, de Gueules aux rais de Soleil d'or.
Chasteau-neuf Beffroy, d'or & d'azur.
Chasteau-neuf, d'azur à trois tours d'argent.
Chasteau-neuf, d'argent, semé de tours & fleurs de lys sans nombre d'azur.
Chasteau-neuf m'oblige, d'azur a la tour ou demy chasteau d'argent.
Chasteau-pers, d'argent au chasteau de trois tours d'argent.
Chasteau-Roux, d'argent à la tour crenelée de Gueules.
Berry.   Chasteau Roche-bonne, de Gueules à trois tours d'or surmontée de trois autres de
    mesme, crenelées chacune de trois cœurs.
Chasteau S. Nazaire, d'or au chasteau sommé de trois tours de sable, surmonté e
    en chef d'vne aigle d'asur.
Chasteau Thierry, d'azur au chasteau d'argent, sommé de trois giroüettes d'or, ac-
    compagnées de trois fleurs de lys de mesmes.
Chasteau-vieux, d'azur a trois faces ondées d'or.
Chasteau-vieux, escartelé au premier & quatre d'azur, à trois faces ondées d'or,
    au deux & trois d'azur, à la fleur de lys d'or.
Chasteau-vieux, d'argent à l'escusson de Gueules, chargé d'vne coquille d'or.
Chasteau-vilain, gironné d'argent & de sable de huict pieces.
Chasteau-villain, de Gueules au lyon d'or, l'escu semé de coquilles de mesmes,
Chastelage, escartelé de Gueules & de sable.
Lorraine.   Chastelar, d'or à trois chevrons d'azur, chargez de trois fleurs de lys d'argent.
Chastelet Dereue, d'or au chef de sable.
Chastelain, d'azur au chasteau d'argent, giroüetté de trois penonceaux de mesme.
Chastelier, d'or au chef de sable.
Chastelin, de sable au chef emmanché d'or.
Chastelier, de Gueules au bras mis en bande d'argent.
Chastenay, lozangé en pal d'hermines & de Gueules.
chastenay S. Vincent, d'argent au cocq de sinople, cresté, barbé & armé de Gueu-
    les, accompagné de trois rozes de mesmes, deux en chef & vne en pointe, bou-
    tonnée d'or.
chastelus, d'azur au lyon d'argent, couronné d'or.
chastelus, d'asur à la bande d'or.
chastelus, d'azur semé de billettes d'or à la bande mesme.
chastaigneraye, d'hermines au chef de Gueules.

C

Chastillon, d'or au lyon de Gueules armé de sinople.
Chastillon Berry, d'argent au chef de Gueules.
Chastillon Bleu, de Gueules à trois pals de vair, au chef d'or.
Chastillon Chemillé, d'argent au lyon de sable.
Chastillon Chandieu, d'or à la croix engreslée de Gueules.
Chastillon Coligny, de Gueules à l'aigle esployé d'argent, couronnée d'or, mambré d'asur.
Chastillon S. Paul, de Gueules à trois pals de vair, au chef d'or, chargé de trois fleurs de lys, au pied coupé de Gueules.
Chastillon Dombes, party d'argent & de Gueules au lyon party de mesme de l'vn en l'autre.
Chastillon, de Gueules au lyon d'argent, tenant de ses pattes de deuant vn chasteau de mesme.
Chastillon Lude, de Gueules de trois pals de vair, au chef d'or, chargé d'vne fleur de lys de sable.
Chastillan sur Marne, comme chappelle blais.
Chastillon sur Seine, de Gueules au chasteau d'azur, accompagné de quatre tours de mesme, maçonnée de sable, au chef de France, charge de trois fleurs de lys d'or.
Chastillon Portean, de Gueules à trois pals de vair, au chef d'or, chargé d'vne merlette de sable, au franc canton.
Chassagne, d'argent à trois bandes de sable, escartelé d'argent, à trois quintesfueilles de mesmes.
Chassent, d'argent au sautoir endanté de gueules, accompagné de quatre billettes de mesmes.
Chasse-d'Auuergne, de Gueules à trois aigles d'or.
Chasse paling, party d'or & de Gueules au lyon de sable sur le tout.
Chassin-court, d'argent à l'aigle couronnée de sable.
Chastres fourchault, d'or à la croix de Gueules.
Chastres, d'agent à trois croissans de sable.

Bretagne.   Chatal, facé d'or & de Gueules à l'aigle d'argent, sur le tout, couronné de Gueul.
Chatardon, d'azur à trois chats d'or armez de Gueules.
Chatte, d'or à la clef d'azur, mis en bande
Chatte d. Charpey, d'azur fretté de mesme de six pieces, au chef de mesme.
Chatou, de Gueules à trois tunelles d'argent au lambel de mesme.

Auuergne.   Chauance le Chaual, escartelé d'or & d'azur.
Chauagnes, de Gueules à trois croissans d'or.
Chauars, d'or au lyon de sable.
Chauboissonis, d'argent au lyon de sable, couronné d'asur, à la bordure engreslée de Gueules

Bretagne.   Chauches, d'argent à trois testes de loup, arrachée de sable.
Chaudriere, d'argent à trois chaudrons de sable.
chaudron, de sable à trois chaudieres d'or.
chauue, d'or à la face de Gueules.
chaulée, d'or à la colonne d'azur, semée de larmes d'or.
chaugny Blot, d'argent à cinq lozanges de Gueules, mise en face.
chaueues, de Gueules à trois quintes fueilles d'argent.
Chastenay, d'or à neuf lozanges de Gueules posées en pal.
chaugny Chasteau Roux, d'argent à cinq hure en farée de Gueules.
chauigné le gris, d'or à la face de Gueules.
chauigny le Roy, d'azur à la bande de Gueules.
chauuigny, d'azur à la bande d'or, accompagnée de sept billettes d'argent, quatre en chef & trois en pointe.
chauuet, d'or à trois feux ou brandons de Gueules.
chaumont Fouilles, d'or à la croix encrée de sable.
chaumont Ragny, d'argent à quatre faces de Gueules.
chaumont, d'argent à la face de Gueules, accompagnée de trois aigles de mesmes.
chaumont, d'or à sept bandes ou cottices de Gueules.

chaumont,

C

Aniou. Chaumont, vairé de fable & d'argent.

Champagne. Chaumont, party de Nauarre, au chef d'azur, chargé de trois fleurs de lys d'or.

Normandie. Chaumont, de fable à trois eſtoilles d'or.

Chaunes, d'aſur à trois lyons d'or.

Chauny, d'or a deux lozanges de Gueules.

Paris. Chaunes, d'azur au chevron d'or, accompagné de trois clouds de meſmes 2.1.

Chauſſemoy, de Gueules à la face d'or.

Chauſſonniere, de Gueules au ſautoir d'argent, accompagné de quatre billettes de meſmes.

Chautrans, de Gueules à trois chevrons d'argent.

Chaurret, d'or au chevron de Gueules, accompagné de trois treflles d'azur.

Chaurraye, d'azur à trois croiſſans montans d'or.

Chauuelin, de Gueules à trois molettes d'or.

Chauuel, de fable à trois merlettes d'or.

Chizay la Guerre, d'azur à la face d'or, accompagnée de trois eſtoilles de meſmes.

Aunis. Chef de bois, d'azur à trois teſtes d'aigles, arrachée d'argent.

Chemaillard, chevronné d'or & de Gueules de huiçt pieces, le premier chevron pery en chef.

Aniou. Chemilly, d or à l'orle de molettes de Gueules.

Chenau Ribard, d'argent à trois chevrons de Gueules.

Chenac, burellé d'argent & d'aſur, au chevron de Gueules, bronchant ſur le tout.

Chenel, de fable a la bande d'argent.

Chenet le Celier, d'azur au lyon d'or, au chef de meſme, chargé de trois eſtoilles d'azur.

Chenicon Forgien, d'aſur à deux clefs d'or adoſſées.

Chenu, d'azur à la croix engreſlée d'or.

Cheneuiere, d'argent au chevron de Gueules, a la bordure engreſlée d'or.

Brye. Chepoy, d'or à cinq chaſteaux ou creneaux mis en ſautoir de Gueules.

Chermantray, de Gueules à la face viurée d'argent, acc. de trois rozes de meſmes.

Cheri, d'azur au chevron d'or, accompagné de trois quintes fueilles d'argent.

Niuernois. Chery, d'azur à deux lyons en chef & vne eſtoille en abyſme, & en pointe vn chevron d'argent.

Charnel, voyez *Querounel.*

Sainçt Cheron, de Gueules à trois iumelles d'argent.

Cherpoy, d'or à l'aigle eſployée de fable au chef d'azur, chargée d'vne croix enerée d'argent.

Chenal du *Pleſſis la Chapronniere*, de fable à quatre fuſées d'or poſées en bandes.

Cheſſeleu, d'argent au lyon de fable, accompagné de trois molettes de meſme.

Cheſne-laye, d'azur à deux leopards d'or.

Bretagne. Cheſmes, eſcartelé d'or & d'azur.

Cheſnay, d'or à la bande de fable, chargée de trois pots à trois pieds d'argent.

Cheſnaye, de fable à trois chevrons d'argent.

Cheſac-Feron, d'aſur à dix billettes d'argent.

Cheuallerie, de fable au cheual gay d'argent.

Cheuallerie, d'azur à trois molettes d'eſperon d'or.

Bretagne. Cheuallerie, de Gueules au cheual effrayé d'or.

Cheualier du *Vignar*, de Gueules à la licorne couchée la reſte en bas d'argent, au chef d'azur, chargé de trois anellets d'or.

Cheualier, d'aſur à trois chaudrons d'or.

Cheualier des *Prunes*, d'azur aux lacs d'amour d'or, accoſtez de deux E à l'antique de meſme.

Cheualier, d'aſur à vne teſte de licorne de Gueules, au chef d'aſur de trois demy vols de fable.

Cheualier Preſident, eſcartelé au premier & quatre d'azur aux lacs d'amour d'or, accoſtez de deux E à l'antique de meſme, ao deux & trois d'argent, au lyon de fable ſur le tout de Gueules, à la licorne ſaillante d'argent.

Cheualier, d'aſur à trois oiſeaux de Gueules.

Cheualier, d'aſur au heron d'argent.

P

C

Cheuexar, de sable au sautoir d'argent, accompagné de quatre fleurs de lys d'or.
Chruenon, d'azur à la face de Gueules, accompagnée de trois demie quintes fueilles de mesmes.
Chevreuse, de Gueules à la fleur de lys d'or.
Chevreuse, d'argent à la croix de Gueules, chargée de cinq molettes d'or, accompagnée de quatre lionceaux d'azur.
Chevriere sainct Maurice, d'argent à trois chevrons de Gueules, à la bordure engreslée d'azur.
Chevret, d'argent à trois cœurs de Gueules.
Chevronnaye, party d'argent & d'azur, au croissant party de mesme de l'vn en l'autre.
Chezel, d'azur au lyon de sable, accompagné de trois molettes de mesme souz les deux premieres pattes du lyon.
Chiel, d'or à la bande de de Gueules au lambel de trois pieces d'asur.
Chichon, d'azur au chien passant d'argent.
Chiffler, d'azur au chevron d'or, accompagné d'vne couleuvre mordant sa queue mise en chef.
Chigny, de Gueules au chevron d'argent, chargé de cinq hermines de sable.
Chini, d'or au sautoir de Gueules.
Chinon, d'azur à trois chasteaux d'argent & trois fleurs de lys d'or, deux en chef, accostant vn chasteau, & vne en pointe, accostée de deux.
Chipre Roque-beau, de Gueules à trois escussons d'or.
Chiri, d'or au sautoir de Gueules.
Chiri, burellé d'or & de Gueules de dix pieces, au lyon de sable, bronchant sur le tout.
Chiby Buffard, d'argent au chef emmanché de sable, chargé de trois quintesfueilles d'or.
Chisse Varennes, d'azur à trois tours d'or maçonnée de sable.
Chisoret, d'asur au cerf d'or, accompagné de trois rozes d'argent, au chef d'azur, chargé de trois rozes d'argent soustenuë d'or.
Chiverni, d'or à la croix d'azur, cantonnée de 4. ombres de Soleil de Gueules.
Chivron, d'azur au chevron d'or, chargé d'vn autre de Gueules, accompagné de trois chevrons d'or.
Bretagne.   Choankaeranday, d'argent au cerf de Gueules.
choiset, d'argent à la croix de Gueules, cantonnée de quatre clefs de mesme.
choisi, coupé en chef d'or à trois pals de Gueules, la pointe escartelée d'argent & d'azur.
chombert, d'or au lyon couppé de Gueules & de sinople.
chomel, d'or à la face d'azur, chargée de trois tourteaux d'argent.
chomelen, d'azur à six billettes d'argent, au sautoir escartelé de Gueules.
Champagne   Choiseul, d'azur à la croix d'or, accompagnée de vingt billettes de mesmes.
Chomelet, d'or à trois flames de Gueules.
Chontzain, de Gueules au chevron renuersé d'argent.
Auuergne.   Chousse-malicorne, d'argent à la face de cinq pieces de Gueules.
Chocenot, d'azur à deux chevrons d'or, le deux surmonté d'vne estoille d'argent, & en pointe vn croissant de mesme, surmonté aussi d vne roze d'or.
Chouars, d'argent à cinq faces de Gueules.
Choue, d'argent à trois chous pommez de sinople.
Chouars Busanval, d'or au chevron d'asar, accompagné de trois molettes de sable.
Chouars, d'or au chevron d'azur, accompagné de deux merlettes de sable en chef, & d'vne givre de sinople en pointe mis en pal.
Bretagne.   Chuchevill, d'argent à l'aigle à 2. testes, esployée de sable, mam. & becq de Gueul.
Cican, d'or à la face de sable.
Normandie   Cinel, d'argent à l'aigle esployée à deux testes de sable, memb. & beq. de Gueules.
Cheuelu, d'argent au chef de sable, endenté de trois pieces.
Cheuenx, d'or à la bande de sable, chargée de trois croissans renuersez d'argent, escartelé d'or au loup rampant de sable.

C

Cenoy, d'azur à deux levriers rampans, affrontez d'azur.

Cisier-neufchasles, d'azur à trois licornes d'or.

Cizé, d'asur à trois bandes d'argent, celle du milieu chargée d'vn lyon de Gueul.

Clais, escartelé le premier & quatre lozangé en pal d'or & de Gueules, le deux & trois d'argent à la croix patrée de sable.

Chairvault, de sable au chef d'argent, chargé de deux molettes d'esperon de Gueules.

Cleret, d'or à deux clefs d'azur mises en sautoir à vne croisette de Gueules en chef,

Moyne. Clairaunay, d'argent à trois licornes de sable.

Clary, d'argent à la face d'asur.

Clamecy, de Gueules à deux faces d'or, au chevron de de sable bronchant sur le tout.

Clanleu, d'argent au lyon de sinople, escartelé d'or à deux bandes de sable sur le tout d'argent au lyon de Gueules.

Clares Turchenu, d'argent à trois oiseaux de Gueules.

Claret, de Gueules à trois grillets ou sonnettes d'or.

Auuergne. Claret, d'azur à trois pelles d'argent 2.1.

Claret, d'azur à l'arc en ciel au naturel, accompagné de trois estoilles d'or, en chef & vn Soleil souz l'arc de mesme, escartelé de Gueules au chasteau de trois tourelles d'argent, soustenuës de deux griffons rampans de mesmes.

Clari, de Gueules à trois chevrons d'or au lambel d'asur.

Clari, d'argent à la face d'asur.

Clauefon, de Gueules à la bande d'or, chargée de trois clefs de sable.

Clauet, d'or à trois testes de Mores de sable, liez de Gueules.

Classi, de Gueules à trois pals eschequez d'argent & d'asur de deux traits.

Clastres, d'or à dix lozanges d'asur.

Clausse Marchaumont, d'azur au chevron d'or, accompagné de trois testes de leopards de mesme, ayant chacun vn anneau à la gueule.

Mayne. Clerauzay, d'argent à trois lyons passans de sable.

Clerberry, facé d'or & de Gueules de six pieces, à la bordure de Gueules, chargée de six fers de cheual d'argent.

Clere-fontaine, d'or au chef de sable.

Clermont Alard, de Gueules à deux clefs adossées d'argent, passées en sautoir.

Clermont Galerande, d'asur à trois chevrons d'or, le premier rompu.

Clermont Lodeue, facé de six pieces d'or & de Gueules, au chef d'hermines.

Clermont Neesle, de Gueules à deux bards adossez d'or, semez de trefles de mesme.

Clermont en Bassigni, de Gueules au cerf d'argent.

Clermont, de Gueules à 2. bards adossez d'or, semé de croix au pied fiché de mesme.

Clermont Tonnerre, de Gueules à deux clefs d'argent, adossées & passées en sautoir.

Clermons en Dauphiné, de mesme.

Clermont en Beauvoisis, de Gueules à la tour bercée & crenelée d'or, massonnée de sable, au chef cousu d'asur semé de fleurs de lys.

Clermont Anjou, d'azur au chevron de trois pieces d'or.

Clermont Auuergne, d'asur à la croix plaine d'or, cantonnée de quatre fleurs de lys de mesme.

Mayne. Clere, d'argent à la face d'azur, diaprée d'or.

Clinchamp la Buisardiere, d'argent à six pigeons de Gueules.

Clisson, de Gueules à deux leopards d'argent.

La clisse, de Gueules au chevron d'or, accompagné de trois coquilles oreillées d'argent, lignée de sable la bordure d'or.

Clisson, de Gueules au lyon d'argent couronné d'or.

Clos du Chesnay, de sable à trois clouds d'argent.

Clos Gueusin, d'argent à l'arbre de sinople, au franc canton d'hermines, chargé de deux haches de mesmes, adossées,

Clocquier, de gueules à trois chasteaux d'or, sommez de trois tours de mesmes.

Clugny, escartelé au premier & quatre d'azur, à deux clefs d'or passées l'vne dans l'autre en pal, au second & trois de Gueules au chef d'argent, chargé de trois coquilles de Gueules.

C

chein, d'argene au chef crenelé d'azur, chargé d'vne estoille d'or au costé dextre escartelé d'argent à trois faces viurée de Gueules, au baudrier de France en bande bronchant sur le tout.

Cochefilet, d'argent à deux lyons passans de Gueules, armez & couronnez d'or.

Bretagne. Coet-longnon, de Gueules à trois escus d'hermines.

Coefme, de fable a quatre fusées d'or mises en pal, accompagnées de six besans de mesme 3. 3.

Cahen, d'or au lyon de Gueules.

Bretagne. Coci-ame, de Gueules à sept anelets d'argent 3.3.1.

Bretagne. Ccei-quenfan, d'argent à vne quinte-fueille de fable.

Bretagne. Coeronel, d'hermines à huict lozanges de Gueules rangées en bandes.

Coagne, d'hermines plain.

Coatment, de Gueules à seize anneaux d'argent.

Coetlets, d'or à trois rozes de Gueules, à la teste de licorne en abysme dé mesme.

Coetanese Lesergue, de Gueules a trois espées d'argent, couchées en bandes, les pointes en bas.

Coetmar, d'argent a l'escusson de Gueules, accompagné de six croisettes d'asur en chef, deux en face & vne en pointe.

Coetgouricden Lomaria, de Gueules à la croix engreslée d'argent.

Coefme Luré, d'or au lyon d'asur mouslé de Gueules, facé de vair & de Gueules.

Coefme Montanban, d'or au lyon d'azur couronné de Gueules.

Coefme Grisegault, de Gueules fretté d'hermines.

Coignet Croix-Fontaines, d'or à trois clouds de fable, au palmier de sinople.

Coctansar, d'asur a vne fleur de lys d'or, cottoyée en pointe de deux macles de mesme.

Coequin, bandé d'argent & de Gueules.

Coeteran, d'asur à six besans d'argent, au chef d'or endenché de fable de trois pieces.

Bretagne. Coutivi, bandé d'or & de fable de six pieces.

Coetelie, de Gueules à vne teste de lievre couppée d'or au cœur de l'escu.

Colard, d'argent à l'estoille en chef, & vne teste de lyon arrachée en pointe de fable.

Colas Marolles, d'or au chesne de sinople, & au sanglier passant de fable sur vne terrasse de mesme.

Colas, de Gueules à trois aigles d'or 2. 1. auec trois besans de mesmes 2. 1.

Coluges, d'asur à la bande d'argent, chargée d'vn lyon de Gueules, au chef d'or chargé d'vne aigle esployée de fable.

Colbert, d'asur a vne couleuvre d'argent, la teste leuée.

Picardie. Colembert, d'argent au lyon de fable.

Coligny, voyez Chastillon.

Colin de cheuaux, d'azur a trois colonnes d'or mises en pal.

Cogne, voyez can-d'or.

Coliuet, d'or fretté d'asur.

Colibeaux Malles-mains, de Gueules a trois mains d'or.

Colones, de Gueules a vne colonne d'argent, sommée sur son chapiteau d'vne couronne d'or la base de mesme.

Colon, d'asur a trois colombes d'argent 2. 1.

Picardie. cologne de la Mothe, d'or a la roze de Gueules.

combert, d'or a deux lyons passants d'argent.

combault Dartiere, d'argent a la levrette passante de fable.

combourcier du Terail, de Gueules à la bande d'argent.

combuar, escartelé d'argent & de Gueules.

combladour, d'azur a trois chevrons d'or.

commercy, d'azur semé de croix recroisettée au pied fiché, au lyon d'argent.

comjean de Lange, d'argent a vne perle de fable, escartelée d'asur a trois boucles ou fermeaux d'or 2. 1.

commeau, d'asur a la face d'or, accompagnée de trois canettes d'argent.

combort,

C

combort, escartelé d'argent & de Gueules.

combault, d'or a trois merlettes de sable au chef de Gueules, brisé en la premiere
partie de l'escu de Bourbon, qui est d'or au lyon de Gueules a l'orle de coquilles
d'asur.

comminges, de Gueules a quatre ortelles passées en sautoir d'argent.

comines, de Gueules au chevron d'or, accompagné de quatre coquilles d'argent.

comines, d'or a l'escu en abysme de gueules, chargée d'vne croix de vair.

compeis, d'or a la croix de sable, chargée de cinq coquilles d'argent.

compiegne Ville, d'asur au lyon couronné d'asur, semé de fleurs de lys d'or.

compois, d'hermines au chef de Gueules, chargé d'vn aigle d'or.

condé Bourbon, de France au baston de Gueules pery en bande.

coignet la Tuillerie, d'asur a deux espées d'argent passées en sautoir, la pointe en
haut, accompagnées de quatre croissans d'argent.

conan Blesian, d'asur a dix billettes d'or 4. 3. 2. 1.

conborn, d'argent au lyon de Gueules lamp. d'asur, mamb. b. de sable.

Guyenne.   condon, de Gueules a deux clefs adossées d'argent.

conds, facé d'or & d'asur de six pieces.

conforgion, d'asur a deux clefs d'or adossées.

consignon, de sable a la croix d'or.

Mayne.   conflans, d'asur semé de coquilles d'or, au lyon de mesme, au baston de Gueules
en bande, bronchant sur le tout.

condy, party d'argent & de gueules a trois annelets de l'vn en l'autre de mesme.

condey, d'asur a la fleur de lys d'argent.

conches, d'or a trois tourteaux de Gueules au lambel d'asur de trois pendans.

congnac, burellé d'argent & d'asur de dix pieces, les burelles d'argent, chargées
de dix faucons de Gueules 3. 3. 3. 1.

constantin, de sable a la bande d'or, accompagnée de six croix recroisettées d'or
au pied fiché 3. 3.

Paris.   contain Pusignan, lozangé d'or & d'asur.

conserans, d'asur a la campane d'argent bataillée de sable.

contay, de Gueules fretté d'argent, semé de fleurs de lys d'or.

Dauphiné.   coppier, d'asur au lyon d'or a la bordure d'argent, chargée de trois roses de Gueul.
Dauphiné.   coppier, d'hermines au chef de Gueules.

Gascongne.   corace, de Gueules a vn anneau d'argent, escartelé d'or, a deux vaches de sable.

corbeuil, d'asur a la fleur de lys d'or, soustenuë d'vn cœur de gueules.

Picardie.   corbie, d'argent a la face d'asur, accompagnée de trois merlettes de sable.

corbigni, d'asur a trois corbeilles d'or.

cordes Aurois, d'asur a l'ours en pied d'argent tenant vn monde d'or.

cordisse, d'asur a la face d'or, accompagnée de trois coquilles de mesmes.

cordieu, d'or a la bande de sable, chargée de trois molettes d'esperon d'argent.

cordon, escartelé d'argent & de sable.

corbin Villarc-au, d'asur a trois corbins de sable, becquez d'or.

cormes, d'asur à deux lyons affrontez d'or.

Mayné.   cormes, d'argent a trois iumelles de sable.

Normandie,   cormeilles, d'or à la face de Gueules, accompagnée de trois tourteaux de mesme.

cormaillere, d'argent a la croix de Gueules, chargée de cinq mollettes d'or.

cormaille ou cornuaille, d'or au mouton passans d'argent, au chef d'hermines.

cormes, d'argent a trois coquilles de Gueules.

cor, d'argent à vne chauue-souris, esployée de Gueules, la teste & les aisles d'or
posées de front.

cormieul, d'or à la face de Gueules, accompagnée de trois tourteaux de mesme.

cornon, d'asur à six estoilles d'or, trois en chef & trois en pointe, vn croissant de
mesme en abysme.

cornillats, d'argent à trois corneilles de sable becqué d'or.

cornillon du Moyran, d'argent au lyon de Gueules, à la bordure dantelée de
Gueules.

Dauphiné.   cornilion la Baume, de Gueules à la bande d'or, chargée de trois corneilles d'asur.

cornu, d'argent à la croix d'asur.

Q

Cornuaille, d'argent au croissant montant de Gueules, surmonté d'vn escu d'or à trois tourteaux de Gueules.

Cornuel, de Gueules à la croix couppée d'argent, escartelé d'azur au chevron d'or, accompagné de trois estoilles de mesmes, les escarts separez d'vne croix d'argent, chargée en cœur d'vn levrier passant de sable.

Cornulier, d'azur à la teste de cerf d'or, surmontée en chef d'vne hermine d'argent.

Corpeaux, de Gueules à quatre faces d'or.

Corteber, d'argent à la fleur de lys d'asur, à la bande de sable, bronchante sur le tout.

Corteville, d'argent à trois trompes de sables liées de Gueules.

Cossart, d'argent à la bande crenelée de Gueules & de sinople de l'vn en l'autre, accompagnée de deux lyons naissans de sable, ar. lamp. & cour. de Gueules.

Cosse Brissac, de sable à trois fueilles de scies mises en face d'or.

Coquelaire, d'asur à trois besans d'argent.

Cossigny, d'azur à la bande d'or, chargée de cinq cosses de pois de sinople.

Cosquerca, d'or à vne corneille de sable, becq. & mamb. de Gueules, ayant l'estomach outre-percé d'vne lance de mesme posée en barre.

Cottin Pusigna, d'asur à la face d'argent, accompagné de huict lozanges d'or.

Costal Iacquet, d'or au vol d'azur.

Cotte-Bonne, bandé d'or & d'asur de dix pieces.

Cotereau, d'argent à trois lezards de sinople mis en pal 2. 1.

Cothardy, de sable à deux espées passées en sautoir d'argent les gardes en bas.

Cottebrune, d'asur au sautoir d'or.

Cotrel, de Gueules semé de fers de lances à trois pointes d'argent.

Coucaut, d'asur au lyon d'or, surmonté de deux estoilles de mesmes en chef.

Picardie   Coucy, facé de vair & de Gueules de six pieces.

Coube, burellé d'argent & d'asur de dix pieces, les burelles d'argent, chargées de dix faucons de Gueules.

Condy, party d'argent & de Gueules à trois anelets de l'vn en l'autre.

Couaray, d'argent à la croix encrée de sable.

Coudun, de Gueules à la face d'argent, à vne merlette de mesme en chef.

Couen, d'azur à deux bandes d'argent & sept coquilles de mesmes.

Couditte, d'argent à trois fers de moulin de sable 2. 1.

Coulange, d'asur à la bande d'argent, chargée de trois aigles de sable.

Coulombiers, couppé d'argent & de Gueules.

Normandie.   Coulombier, party le premier pallé de six pieces d'or de Gueules, le deux d'argent au lyon de Gueules couronné d'or, à la bande de sable, chargée de trois estoilles de huict rais d'or bronchants sur le tout.

Coulombiers, d'azur à la croix encrée d'or, chargée de trois cocquilles de Gueules.

Coulon, de sable au lyon d'or semé d'estoilles de mesmes.

Couillard-ville, d'or au chevron de Gueules, accompagné de trois estoilles de sable.

Coulance, facé d'argent & d'azur de six pieces.

Coulombier, d'azur au chevron d'or.

Normandie.   Coulombiere, de Gueules au chef d'or.
Dauphiné.   Coulombier, d'argent au singe de Gueules assis.
Bretagne.   Coulombier, de Gueules à sept besans d'or.

Coulombelle, d'azur au lyon d'or au chef de mesme.

Coulombier, d'azur au chef d'or chargé de trois coquilles de Gueules.

Coulée, d'argent au lyon de sable, ar. lamp. de Gueules.

Brye.   Coupenraye, d'argent à la croix dentelée de Gueules.
Courchy, d'azur fretté d'or.
Courlandon, d'or à trois roües de Gueules.
Courmesail, d'or a la face de Gueules à trois tours de mesmes.

Picardie.   Courcelle, d'or escartelé de sable à cinq lyons d'or.
Courtese, d'hermines à trois quintes fueilles de Gueules.
Courcelles, escartelé d'or & de Gueules.
Courmonsenes, d'argent à trois bandes de sable, celle du milieu chargée d'argent.
Cournillon, d'argent au lyon de Gueules.

C

Courte-Iambe, eſchequeté & eſcartelé d'argent & de ſable, à deux cymeterres de Gueules mis en face l'vn ſur l'autre, virolez & riuez d'or.

Courtin, d'aſur à la face d'or accompagnée en chef d'vn croiſſant d'argent & en pointe, vn treffle de meſme.

Courtin, de ſable au lyon d'argent, au chef d'or, chargé d'vn croiſſant de Gueules.

Courtenay, chevronné d'or & de ſable de ſix pieces, au cartier d'or, chargé d'vn lyon d'argent ar. becq. & cour. d'or, chargé ſur l'eſpaule d'vne mollette d'argent.

Courtenay, d'or a trois tourteaux de Gueules.

Courtenay la Ferté Lou-Pierre, de Gueules à trois beſans d'or.

courſillon, d'argent a la bande lozangée de Gueules, au lyon en chef de ſable.

cour-trambl y, facé d'or & de ſinople de ſix pieces.

courtilles, d'aſur à trois lozanges d'or a la roze d'argent en cœur.

courtin-Roſay, d'aſur a trois roſes d'argent.

couſſi, d'argent à la barre engreſlée de Gueules.

couſtain Puſſ nan, d'aſur à la face d'argent, accompagnée de huict lozanges d'or trois en chef & cinq en pointe.

couſſin, d'aſur à vne eſtoille d'argent en cœur, accompagnée de trois roſes d'or.

couſas Mironin, d'aſur a trois faces encrée d'argent.

couſinet, d'aſur a vn roch deſcheeq d'argent, ſurmonté d'vn baſton d'or pery en face, ſupportant deux colombes affrontées d'argent, entre leſquelles eſt vn croiſſant de meſme d'argent, couronné d'aſur a trois eſcuſſons d'or.

coutarier, de Gueules au lyon d'or.

coutier Flavigny, de Gueules à la face d'argent, accompagnée de trois teſtes de leopards d'or.

couſay, d'or à la bande fuſelee de ſable.

courualon, de ſable à trois faces d'or.

conuran, d'or à trois eſtoilles d'aſur de huict pointès à la bordure d'aſur, chargée de ſept macles d'or.

couuelars, d'argent au lyon d'aſur ar. lamp. de Gueules.

craon, lozangé d'or & de Gueules.

crappado Beffroy, d'or & de Gueules.

craponne de Salon, d'or au chaſteau de ſable à deux tours iointes d'vn entre. mur crenelé penchant en bande, ſur lequel fond vne aigle de meſme.

Prouence. craniz, de Gueule a chappeau de rozes blanches fueillez de ſinople.

creance du Bouille, d'argent à la face de Gueules, accompagnée de deux faces en deuiſe de Gueules, l'vne deſſus, l'autre deſſous.

creil, d'argent au chevron d'or, accompagné de trois clouds ou lozanges d'or.

crecy, de Gueules a trois pals de vair, au chef d'or, chargé d'vne merlette de ſable au franc canton.

Brye. Crecy, de Gueules à la bande d'or, chargée de flames au naturel, accompagnées d'vn eſtoille d'argent en chef.

Cremailles, dit ſainct Supplaix, d'aſur a vne face d'argent, chargée de trois hermines de ſable, accompagnée de trois eſtoilles couronnées d'or 2. 1.

Cremainuille, d'aſur au chef d'or a deux tourteaux d'azur & vn beſan d'or.

Crequi, d'or au crequier de Gueules.

Creſpin, fuſelé de Gueules & d'argent.

Crenan, d'argent à deux hallebardes de Gueules en pal.

Prouence. Creſton D ſtournel, de Gueules a la croix frettée d'argent.

Cremeaux, de Gueules a trois croix trefflées au pied fiché d'or, au chef d'argent, chargé d'vne onde d'aſur

Creneſ y, d'aſur au chevron d'or, accompagné de trois eſtoilles de meſmes, au chef d'argent.

Crequrot, d'argent a trois tours crenelées de Gueules.

Prouence. Creſonſart, de vair au lyon de Gueules.
Vallois. Creſſy Ville, d'or au lyon leopardé de ſable.

Creſpin du Gaſt, d'aſur au chevron d'or, accompagné de trois pommes de pin de meſme.

Greuily, d'argent au ſautoir denchée de Gueules, chargée de cinq tourteaux d'or.

C

Creully sainct Quentin, d'argent a trois lyonceaux de Gueules, au baston de mesme.
Creux, d'asur à la croix d'argent, le premier canton lozangé d'or & de sable.
Creusi, dit *Marcillac*, d'or a trois rozes de Gueules.
Crespi, d'argent au tygre de sable, au chef de Gueules.
Creuant, d'argent escartelé d'asur.
Cresque, d'asur à trois tierces d'or au chef de mesme.
Bourgongne. Creue-cœur, de Gueules à trois chevrons d'or.
Crique-bœuf, burellé d'argent & de Gueules, à trois cocquilles de sable, & vne
    quinte fueille de mesme en chef.
Crisegault de Coesme, de Gueules fretté d'hermines.
Cresse, de Gueules à deux iumelles d'argent, au chef eschequé d'argent & d'asur.
Crispy, d'or au lyon leopardé de sable.
Crochie, burellé d'argent & de Gueules à trois cocquilles de sable.
Creille, d'or a trois lyons de Gueules.
Croisilles, de sable à trois croissans d'or.
Croisilles, de sable à trois croisettes recroisettées d'or.
Normandie. Croisilles, vairé d'or & de Gueules de quatre pieces.
Croix-Chevriere, d'azur à vne teste & col de cheual armé, au chef cousu de Gueu-
    les, chargé de trois croisettes alisée d'argent.
Croiselle, de sable à sept croissans d'or.
Croix-Fontaine, d'or à trois clouds de sable, au milieu vn palmier de quatre bran-
    ches.
Croce, d'azur à la face d'or à deux croisettes d'argent en chef, & vne estoille en
    pointe d'or.
Crosce, d'asur à dix billettes d'or au canton de Gueules à l'espée d'argent mise
    en pal.
Crosne Challgault, d'asur à deux cygnes d'argent.
Cronville, d'argent à la croix engreslée de Gueules.
Crcy Renty, d'argent, à trois haches, ou doloires sans manches, addossées de
    Gueules.
Croix, d'asur à trois cottes d'argent, accompagnéss de six cocquilles de mesmes en
    croix d'argent à trois hermines de sable, passées en palmier, facées d'or & de sa-
    ble de six pieces.
Crouy, party le premier d'azur à trois faces de Gueules, le second vairré & au chef
    de Gueules.
Croual, d'azur à trois papillons d'or.
Crousset, d'argent a trois herissons de Gueules.
Croustes, d'argent à trois aigles esployées de sablé.
Crussol, facé d'or & de sinople.
Cruna, d'or à cinq fueilles de figuier au sautoir de sinople.
Cuetier, d'argent à trois treffles de sinople.
Cacurieu, de gueules au chef d'argent à la face ondée d'asur.
Cucuret de Nesle, d'argent à trois cœurs de Gueules.
Cugnac de Balsac, escartelé au premier & quatre d'asur à la bande d'or, accom-
    pagnée de deux fleurs de lys de mesme, vne en chef & l'autre en pointe, au
    deux & trois d'azur à trois sautoirs alisez d'argent au chef d'or, chargé de trois
    sautoirs d'asur.
Cujas, d'or a trois faces de sable.
Cuisé, d'argent à la croix engreslée de Gueules.
Cuillette, d'azur au chevron d'argent.
Cuilly, d'asur au chef d'or.
Culant, d'azur semé d'estoilles d'or au lyon de mesme.
Berry. Culetot, d'or au lyon de Gueules colleté d'argent.
Normandie. Cumiere, d'argent a vn escusson chargé d'vn lyon d'or à l'orle de 8. hermines.
Caupif, d'argent a trois treffles de sinople.
Curce, de Gueules a trois fusées d'or peries en bande.
Cusaule, d'or a l'aigle de Gueules.
Cusenant, d'asur à la tour d'argent auec son auant-mur de mesme.

C

Cuſé Bourg-neuf, d'argent au ſautoir de ſable, au franc canton de Gueules, chargé de deux poiſſons d'argent mis en face l'vn ſur l'autre.

Cuſeau, d'argent à trois chevrons de Gueules.

Cuſſet, de Gueules au bras dextre d'argent mouuant, d'vne nuë ombrée d'aſur, tenant vne eſpée d'argent, la garde d'or, ſupportant vne couronne de France fermée d'or.

Bourbonnois. *Cuſſi*, d'or a la face ondée d'aſur, accompagnée d'vn huchet de ſable lié de Gueules en pointe.

Cuſi, d'argent au cor de ſable, lié de Gueules, eſcartelé d'or à l'aigle de ſable.

Cuſigny, de Gueules a la face d'argent, chargée de trois eſcuſſons d'azur.

Cuſillac, d'argent a la croix de Gueules, chargée de cinq cocquilles d'or.

Picardie. *Cuſtrelle*, d'argent a l'eſpée de ſable en bande.

Cuynes-Ribaut, d'or au lyon de ſable à la cotice de Gueules, chargée de trois eſtoilles d'argent.

Cygny, de Gueules au cygne d'argent mambré, becq. de ſable.

Cybes, d'or au lyon de Gueules a la bande de ſable, chargée de trois cocquilles d'argent.

Cyray, d'or a la croix encrée de Gueules.

D

D*ACHE*, porte de Gueules à deux haches adoſſées d'or.

Daghé, porte d'argent au ſautoir de Gueules, chargé de quatre beſans d'or.

Dagorne, de Gueules au cor de chaſſe lié en ſautoir, pendu a vne eſpée en pal, la garde en ſautoir d'or.

Dagneres, eſcartelé au premier & quatre d'azur à l'arbre d'or, au deux d'argent au ſanglier de ſable, au trois de ſinople à la burelle d'argent, au quatre de Gueules a quatre tours d'or.

Anion. *Daillon du Ludes*, d'or a la croix engreſlée d'argent ſur le tour.

Daillieres, coupé d'argent & d'or au lyon d'azur.

Daligres, d'aſur a cinq faces d'or ſurmontée en chef de cinq eſtoilles de meſme.

Dalbert, d'azur a quatre chaiſnes poſées en ſautoir & paſſées dans vn anneau en cœur, le tout d'argent.

Dalexandre, d'argent a l'aigle a deux teſtes de ſable, ſur chaſcune vne fleur de lys de Gueules.

Prouence. *Dalon-Becquerens*, de Gueules a deux lyons affrontez d'or.

Bourgongne. *Damages*, d'argent fretté de ſable au chef de Gueules.

Goelle. *Dammartin*, facé d'argent & d'aſur de ſix pieces.

Dammartin, de ſable a la croix d'argent.

Dammanes, de Gueules a l'eſtoille d'argent, au chef d'or, chargé d'vn lyon de ſable.

Prouence. *Damiens*, de Gueules a l'eſtoille de huict rais d'or au chef de meſme.

Damoutourt, de Gueules au ſautoir d'or.

Damozé, de Gueules a trois cocquilles d'or.

Damoſe, d'argent fretté de ſable au chef de Gueules.

Dampierre, d'argent a trois lozanges de ſable.

Dampierre, de Gueules à deux clefs d'or paſſées en ſautoir au poinct d'honneur & vne fleur de lys d'or en chef.

Dampierre, d'azur a deux baſtons noüeux mis en chevron d'or.

Dampierre, de Gueules a deux leopards d'or.

Dampierre Lieramont, d'or a la face de Gueules, accompagnée de trois tourteaux de meſme mis en chef.

Danleſſy, de ſinople au lyon d'or.

Danché, d'argent au lyon de ſable.

Danes-marry, d'or au chevron de Gueules, accompagné en chef de deux teſtes de loup de ſable, & en pointe d'vne roze de gueules.

Bourgongne. *Danoys*, d'argent a trois lozanges de gueules.

D

Bourgongue. Dandelot, de Gueules femé de fleurs de lys d'or.

Dandelot, efchequé d'or & d'azur au lyon de Gueules, bronchant fur le tout.

Dandrie, d'argent au double tres-cheur de Gueules, remply de trois aigles de fable.

Daniel, d'azur au chevron d'or, accompagné de trois artichaux de finople, fueillez de deux fueilles de mefmes.

Danneual, pallé d'or & d'azur au chef de Gueules, chargé de trois merlettes d'argent.

Poictou. Danthon, de Gueules à l'aigle d'or, couronnée & mainbré d'argent.

Dantrehan, de Gueules à la face d'argent, chargée de trois fleurs de lys d'afur.

Daqueau, d'azur au chevron d'or, accompagné de trois rozes de mefmes.

Darbonnay, d'argent à la face de fable.

Darcy, de fable à trois aigles d'or.

Darcy Monteaux, efchequé d'or & de Gueules.

Dargilliers-Dufay, d'or à la face de Gueules, accompagnée de trois treffles de mefmes.

Dargils, d'or à l'orle de merlettes de mefme.

Picardie. Dariens, de Gueules au rouvre ou chefne de finople, fouftenu d'vn lyon d'or, accompagné d'vne roue qui femble tourner derriere le tronc de l'arbre de mefme.

Darpo, couppé, efclopé d'afur fur Gueules.

Darmel, d'afur au chevron d'or, accompagné de deux eftoilles en face, & d'vne larme en pointe de mefme.

Darvilliers, d'or a l'aigle d'afur, mambré, becq. de Gueules.

Daubigny, d'argent à la face de Gueules, chargée de trois befans d'or.

Daubray, d'argent à trois treffles de fable, au croiffant de Gueules en cœur.

Picardie. Dathie, d'argent à trois faces de fable à la bande de Gueules, bronchante fur le tout.

Dautrey, d'argent à trois lozanges de Gueules mifes en bandes.

Dauoir, d'argent au lyon d'azur au lambel de Gueules.

Dauphiné de Viennois, d'or au dauphin pafmé d'azur oreillé de Gueules.

Dauphin d'Auuergne, d'or au dauphin pafmé d'afur.

Dauphin de Foreft, de Gueules au dauphin d'or.

Dauuet des Marets, efcartelé de S. Simon, party de Vermandois, au deux de la Trimouille, au trois de Montmorency, au quatre de Sarbruche, fur le tout bandé de Gueules & d'argent de fix pieces, la premiere bande chargée d'vn lyon de fable.

Deagen, d'argent à l'aigle a deux teftes de fable, chargé fur l'eftomach d'vn efcu d'azur femé de France.

Deanimes, de Gueules au mouton rampant d'argent.

Deauville, efcartelé d'argent & de fable au chef d'or, chargé d'vn lyon naiffant de Gueules,

De Bar-pierre, d'azur a deux bards adoffez d'or, femé de croix recroifettrées au pied fiché de mefme.

Auuergne. De Beffe, efcartelé au premier & quatre d'afur, au lyon d'argent, armé, lamp. & & cour. d'or, au deux & trois alifez d'afur.

Bretagne. De Bon, d'azur à la croix couppée d'argent.

De Blaife-marbœuf, d'azur a trois treffles d'or.

De Bras, de Gueules au bras d'argent, tenant vne efpée nuë de mefme.

de Broffard, efcartelé au premier & 4. d'afur à vn poing ganté d'argent mouuant du cofté fenextre, fupportant vn Autour de mefme, mambré & becq. de Gueules, accompagné de trois fleurs de lys d'or, chacune fouftenuë d'vne moucheture d'hermines de mefme, au deux & trois de fable a trois faces d'argent, fur le tout de fable au chevron d'or, accompagné de deux befans d'argent en chef, & d'vne molette d'or en pointe, C'eftoit les Armes de Meffire *Gaultier de Broffard*, braue & vaillant Capitaine fouz le Roy *Charles VII.* qui euft l'honneur (auec plufieurs autres grands Seigneurs) de commander l'armée d'iceluy contre les Anglois, lefquels furent chaffez de la ville de Montigny l'an 1426. duquel auffi font iffus Meffieurs *de la Noue, de Bipreuil, Mont-Remy, Breuault, Gros-Mefnil, Fredeval, des Annettes, & de Fauerolles*, laquelle famille eft tellement multipliée, qu'il s'en trouue à prefent, non feulement en Normandie, Picardie, Champagne, & autres prouinces de cét Eftat, mefmes s'eftend iufques en Allemagne.

Normandie. de *Beron*, d'or à trois merlettes de fable.

de *Bugnons*, gironné d'argent & de Gueules de dix pieces.

de *Burg*, d'azur à deux efpées d'argent, paffées en fautoir, les gardes d'or.

de *Bury*, facé d'or & d'azur de huict pieces.

de *Caën*, d'az. à 3. teftes d'enfant d'or 2.1. au croiffant d'arg. entre les deux en chef.

de *Calonges*, d'argent à trois merlettes d'afur.

de *Cambray*, de Gueules à la face d'argent, potencée & contrepotencée d'azur, chargée de trois loups rauiffans de Gueules.

Briffe. de *Candié*, de Gueules femé de fleurs de lys d'or, à la bande d'azur, brochante fur le tout.

de *Carville*, d'argent fretté de fable.

de *Carces*, d'or au cygne d'argent accompagné en chef de trois eftoilles d'or.

de *Caffin*, de Gueules à deux baftons noüez d'or, paffez en fautoir en flanc deux cygnes affrontez d'argent.

Bou gogne. de *Chavennes*, de Gueules à trois croifettes d'or.

de *Chattes*, d'azur à la fleur de lys d'or, efcar. de Gueules, à la fleur de lys d'arg.

de *Chaumelies*, d'or au chef de Gueules, chargé des trois fleurs de lys d'or.

de *Clecleron*, de Gueules à la croix pattée d'or, cantonnée de quatre croifettes pattée de mefme.

Normandie. de *Couuaine*, d'argent au lyon de gueul. acc. de 3. croiffans de fable, & d'vne petite branche de laurier de finople.

de *Cernes*, d'or à l'arbre de finople.

de *Coges* dit *Ponigny* de Gueules au chevron d'or.

de *Conigan*, ou *Cangé*, efcartelé au premier & quatre d'arg. à l'eftoille de fable, au deux & trois d'afur à trois boucles ou fermails d'or.

de *Coftes*, de Gueules à trois coftes d'hommes d'argent pofées en face.

de *Corfein*, d'azur au chevron d'or, accompagné en chef de deux glands de mefme en pointe d'vne roze furmontée d'vne eftoille auffi de mefme.

de *Courcelles de Bonfelans*, de Gueu. à la face d'or à 3. eftoilles de mefmes en chef.

de *Creil*, d'azur au chevron d'argent, chargé de trois mollettes de fable.

de *Cucuhgnay*, d'arg. au chevron d'azur, accomp. en chef de 2. eftoilles de mefmes.

de *Creil*, d'azur au chevron d'or, accompagné de trois cygnes de mefmes, au chef de Gueules chargé d'vn laopard d'or.

de *Faltens*, de Gueules à l'aigle d'argent au vol efployé, chaque aifle brifée d'vne roze de Gueules.

de *Fergnes*, d'or au pot de fable.

d'*Effiat Ruzé*, de Gueu. au chevron ondé d'arg. & d'az. accomp. de 3. lyons d'or.

de *Defpences*, de Gueules au chevron d'or.

de *Defpences*, de Gueules à trois chevrons d'or.

de *Dortan de Chaume*, de Gueules à trois croiffans d'or.

de *Drée*, de Gueules à cinq merlettes d'argent, trois en face & deux en pointe.

de *Flotes*, de Gueules au lyon d'or.

de *Fiulé*, feigneur de Pruneuaux, Intendant des Finances de France, Doyen des Maiftres des Requeftes de fon Quartier, port. de Bretagne à trois palz d'azur, c'eft vne maifon fort ancienne, il y a eu trois Maiftres des Requeftes de cette famille.

de *Fours*, d'azur à la croix dantelée d'or.

de *Galles*, d'argent à la bande fufelée de Gueules.

de *Geay*, de Gueules au lyon d'argent à trois canettes de fable.

Prouence, de *Gifray*, *ou Gaufredy*, tranché de gueul. & d'arg.

de *Giues*, d'azur au chevron d'or chargé de cinq annelets de Gueules.

de *Gons*, d'argent au lyon de fable.

de *Gretez*, d'argent au dragon de Gueules.

de *Hames*, vairé d'ot & d'azur.

de *Iean*, d'azur à l'aigle efployée d'argent.

de *Lagny*, d'azur à 3. quintes fueilles d'or & fept billettes de mefmes pofées en chef, vne au point d'honneur & 3. en pointe mife comme les quintes-fueilles.

de Lange, de Gueules au chevron d'or, chargé d'vne teste de More, tortillée de Gueules accomp. en chef de trois croissans d'argent & deux en pointes.

de la Pierre, d'argent à trois aigles de sable.

de la Souchiere, de Gueu. au chevron d'or, chargé de cinq estoilles d'azur, accompagné de trois cocquilles d'argent.

de la Saufaye, d'argent à trois saulx de sinople.

d'Elbœuf, voyez *Lorraine*

Delbene, d'asur à deux bastons fleurdelisez d'argent passez en sautoir.

Debiere Toiaré, d'arg. à la bande de Gueules, chargée de trois coquilles d'or.

de Leftre, d'argent à l'orle de huict merlettes de sable.

de Leftang, d'azur au rocher d'argent.

de Lyonne, de sable au lyon d'argent, ar. lamp. de Gueules.

de Lingendes, d'asur à trois glands d'or.

de l'Isle, de Gueules à la bande d'or, accompagnée de sept molettes de mesme.

de Longes, de Gueu. au sautoir d'or, accōpagné de quatre merlette de mesme.

Champagne. *de Lor*, de sable au lyon d'argent armé de sinople.

Delphin destriac, d'azur à l'espée d'argent, la garde d'or à vne balance en esquilibre de mesme.

Poiſſou. *de Lucé*, d'or au lyon d'asur.

de Luc, d'azur au brochet d'argent posé en face à l'estoille d'or en chef.

Poiſſou. *de Marle*, d'argent à la bande de sable, chargée de trois molettes d'argent.

de Mesle, d'arg. à sept croix pattées de Gueu. 3.3.1. à trois besans de sable en face.

de Mesle des-Morelles, d'or à trois fers de fle ches de sable.

de Menou, d'or à la bande de Gueules.

de Mefme, d'arg. au chevron de Gueules, accomp. de trois merlettes de sable.

de Meun, d'azur au chef d'or, chargé d'vne fleur de lys de sable.

de Mets, de Gueules à deux leopards d'or au lambel d'azur.

Gaſtinois. *de Milly*, de sable au chevron d'argent.

Perigord. *de Mont*, d'argent à deux annelets d e Gueules en chef & vne clef en pointe de mesme posée en pal.

de Mucie, d'azur à la croix fleuronnée, au pied fiché d'or, supportant vn cœur de mesme.

de Nets, d'azur au chevron d'argent, chargé de trois hermines, accompagnées de trois roses d'or.

Bretigne. *de Neubourg*, d'or à trois merlettes d'or.

de Neuville, de Gueules à trois faucons d'argent, becq. & mam. d'or.

de Niau, d'azur à la face d'or, accompagnée de deux cœurs d'argent en chef, & d'vn croissant de mesme en pointe.

de Pré ou du Pré le Iay, escart. 1. & 4. d'or au chevron de gueul. acc. de 3. testes de Iay arraché d'az. au 2. & 3. d'or au chevron d'azur acc. de 2. estoiles en chef de gueul. & en pointe vne trefle de mesme.

de Ponfot, d'azur à la face d'argent frettée de sable, accompagée de trois besans d'argent, les deux en chef affrontez à la bordure de Gueules.

de Ponat, d'or à trois testes de lyon arrachée d'or.

de Queulen, d'argent au rinceau ou branche de laurier de sinople, la queuë & le tige de mesme.

Bourgogue. *de Ray*, de Gueules aux rais d'escarboucle d'or, pommettez & fleuronnez de mesme.

de Refuge, d'argent à deux faces de Gueu. à deux serpents affrontez, ondoyant en pal d'azur.

Bourgogne. *de Rié*, d'azur à l'aigle d'or.

de Ris, de Gueu. au pied de griffon d'or, escar. d'arg. au bœuf effrayé de sable.

de Roche, d'or à l'aigle de sable.

de Rougemont, de Gueules au lyon d'or.

de Saix, escartelé d'or & de Gueules.

de S'affre, de sable à la bande eschequée d'or & de Gueules de deux traits.

de Sailly, de Gueules à l'orle de huict merlettes d'argent.

de Saline, pallé d'arg. & de Gueules de six pieces à la croix niellées de Gueules au chef d'or, chargé de trois cocquilles d'azur.

de Salornay,

D

Bourgongne. De *Salornay*, quatre points d'or equipolez a cinq de Gueules.

De *Salinari*, coupé d'argent & de fable, a la bande dantelée de l'vne en l'autre.

De *Serres*, efcartelé au premier & quatre d'argent au chevron d'afur, chargé de trois eftoilles d'or, accompagné de trois treffles de finople, au fecond & trois de Gueules, au lyon d'or.

Des *Barres*, lozangé d'or & de Gueules.

Des *Barres-Ruffé*, d'azur à la face d'or, chargée d'vne eftoille de Gueules.

Des *Baux*, de Gueules a l'eftoille de feize rais d'argent.

Des *Baux*, d'argent à la croix de fable, chargée de cinq cocquilles d'or.

Des *Brieux*, d'argent à trois tourteaux de fable.

Des *Broyes*, d'afur à trois broyes d'or attachées à des filets paffez en fautoir.

Des *Baatz*, d'argent à la band de Gueules, accoftées de 6. merlettes de mefmes.

Defcamin *Launay*, d'azur à trois cors de chaffe enguichez & virolez d'argent.

Defcars *Merville*, de Gueules au pal de vair.

Des *Champs*, d'argent à trois chevrons de fable, accompagnez de trois tourteaux de finople.

Des *Champs*, d'or a trois chevrons de fable.

Des *Cordes*, de Gueul. à 3. chevrons d'or, celuy du chef brifé d'vn croiffant de Gueu.

Des *Cornes*, d'or au chevron de Gueules, & vn double tres-cheur de finople, chargé d'vn fautoir de Gueules, bronchant fur le tout, furchargé en cœur d'vn efcuffon Geules à la bande d'argent.

De *fcures*, d'azur à deux chevrons d'or, accompagnez de deux eftoilles de mefme en chef, & d'vn croiffant en pointe, fouftenant vn feu de Gueules paffé entre les deux chevrons & chargeant le premier.

des *Defers*, emmanché d'argent & de fable, le chef dargent chargé de cinq coequilles de fable.

Champagne. des *Dormans*, d'azur à trois teftes de leopard d'or lamp. de Gueules.

Normandie. des *Effars*, de Gueules au chevron d'or.

des *Effars de Montagne*, d'azur femé de treffles d'or à vne pate de lyon de mefme bronchante fur le tout.

des *Efchelles*, de Gueules à trois faces d'argent.

des *Foffez*, de Gueules à deux lyons adoffez & paffez en fautoir, armez & lamp. d'argent.

des *Foffez*, d'argent fretté de Gueules.

des *Gardes*, d'argent à la face de Gueules, accompagnée de trois anneaux d'azur.

des *Hayes*, d'afur à trois hayes d'or morte, mife en face.

Mayne. des *Hayes*, d'or au chevron de Gueules, accompagné de trois grappes de raifin d'azur.

des *Loges*, d'afur a cinq fleurs de lys d'or en fautoir.

des *Loges Harengeres*, d'azur au lyon d'or a la bordure camponée d'argent & de Gueules.

Dauphiné. des *Murinets*, de Gueules au lyon d'or.

des *Ormes*, bandé d'argent & de Gueules de fix pieces.

Defpinay, d'azur a deux eftoilles d'or en chef & vn croiffant d'argent en pointe, fouftenu d'vne efpine de trois branches de mefme.

des *Plans-Grimault*, d'azur au vol d'or, au chef de mefme, chargé d'vn croiffant de Gueules, accofté de deux eftoilles de mefmes.

Defpaiffes, d'argent a la la bande d'afur, chargée de trois licornes d'or.

Des *Portes Bouillies*, d'afur à la bande d'argent, accompagnée de deux croix de mefme.

Defpoftat, d'azur au pot a deux ances d'or, duquel fortent trois lys de mefmes, fueillez d'or.

Niuernois.
Picardie. Des *prez*, d'afur au chevron d'or, accompagné de trois cocquilles d'argent.

Des *Prez*, d'argent à trois molettes de fable, au chef de mefme, chargé de trois bandes d'argent.

Des *Preaux*, d'argent au lyon de Gueules, au chef de fable.

Defprit-*Fayelle*, d'or à la face d'azur, accompagnée en chef de deux cœurs de Gueules, & en pointe d'vn croiffant d'azur.

D

Des *Roches*, d'argent au chevron de Gueules, accompagné de trois cloches de sinople.

Des *Roches*, d'argent à la bande fuselée sans nombre de sable, à la bordure de mesme, chargée de huict besans d'or.

des *Sales*, d'or à trois tours de Gueules posées en pal, soustenuë d'vn rocher de sinople.

Des *Serpens de Boudras*, d'or au lyon d'asur, couronné de Gueules.

Despre, d'asur à trois chevrons d'or, accomp. de deux estoilles de mesmes en chef.

Destaing, de France au chef d'or.

Desours, dit *Fleurs*, lozangé d'or & de sable.

Desprades, d'azur à l'arbre d'or, soustenu d'vn tige d'argent moucheté de sable.

des *Vignes*, d'argent à la face de Gueules, chargée de trois besans d'or, accompagnez de sept merlettes de Gueules, au lambel de cinq pendans d'azur.

Deuxes Moulins, d'argent à la bande de Gueules, chargée de 3. estoilles d'or.

de *Theligny*, de sable à la bande d'argent.

de *Thez*, d'argent à deux faces d'azur.

de *Thou*, d'argent au chevron de sable, accompagné de trois mouches de mesme.

de *Thou*, d'argent a la bande de Gueules, chargée de trois fleurs de lys d'argent.

de *Valles au Mesnil*, d'asur a l'arbre d'or, au cerf gisant de mesme, au chef d'argent.

de *Vaux Leuore*, coupé de sable & d'argent, au lyon couronné de mesme de l'vn en l'autre, ar. camp. d'or.

de *Vaux*, d'argent à l'aigle de Gueules sur vne montagne de sable.

de *Vaux*, d'argent à la montagne de sable, supportant vn aigle de Gueules.

de *Vaux*, d'argent au chevron d'or, accompagné de deux estoilles de mesmes en chef, vne en pointe, surmontant vn croissant d'argent.

de *Vendereffe*, d'or a quatre pals de Gueules au cheuron d'or bronchant sur le tout.

Bourgongne.   de *Vere*, dit *la Mouche*, de gueules a la bande d'or, accompagnée de six coquilles de mesmes.

de *Veres*, d'argent a la bande de Gueules, chargee de trois estoilles de mesmes.

de *Vergeur*, d'azur a la face d'hermines de trois moucheture, accompagnee de trois estoilles couronnees d'or.

de *Vic*, de Gueules a deux mains iointes posees en face d'argent, & en chef vn escusson d'azur, chargé d'vne fleur de lys d'or.

de *Villy*, de gueules a trois fleurs de violettes d'argent.

de *Vesin*, d'azur au chevron d'or, accompagné en chef de deux glands de mesme & en pointe d'vne roze.

Auuergne.   D*icane*, d'asur au chevron d'argent, accompagné de trois croissans d'or 2.1.

D*izoigne*, eschequé d'argent & de sable au franc canton d'hermines.

Orleans.   D*ijon Flaffeaux*, d'argent a trois tours de sinople, maçonnée & crenelée de gueules.

Bourgongne.   D*ijon Ville*, de Gueules au chef semé de France, party de Bourgongne moderne.

Bretagne.   D*inan*, de Gueules au chasteau d'or, semmé de trois tours de mesme, au chef d'hermines.

Bourbounois.   D*inet*, de Gueules à cinq quintes fueilles d'or en sautoir, accompagnée de quatre branches de croix encrée de mesme.

Dauphiné.   D*isineux*, de Gueules a six roses d'argent.

D*o de Fresses*, d'hermines au chef emmanché de gueules.

D*.Ileville*, d'argent a trois demy vols de Gueules.

D*.iny*, de sinople à la face d'hermines.

Picardie.   D*islay*, de Gueules a la bande dantelée d'or.
Bourgongne.

D*ol*, escartelé d'argent & de Gueules.

D*alles*, d'or au chevron de Gueules, accompagné de trois rozes de mesmes au chef d'azur, chargé de trois estoilles d'or.

D*andeauville*, d'azur a trois aigles esployées d'or, mambrez & becq. de Gueules.

D*annebaut*, d'azur a trois fermailles diaprez d'or.

D*onon*, d'or a trois hures de sanglier de sable.

D*oraty*, d'argent au levrier courant de sable accolié d'or.

D*orgeau*, d'argent à l'aigle esployée de Gueules.

dorieux, d'asur à la bande d'or, chargée de trois mollettes de Gueules.

doriolles, d'azur a la face ondée d'argent à trois demy vols liez de mesme.

dorleans, facé d'argent & de sinople à neuf anneaux de Gueules sur l'argent.

dormoy, d'argent au lyon de sable couronné d'or.

dornano, escartelé au premier & quatre d'asur au chasteau d'or, maçonné de sable, au second & trois d'or, au lyon de Gueules au chef d'asur, chargé d'vne fleur de lys d'or.

Lorraine. *dorne*, d'argent a cinq annelets de Gueules posez en sautoir.

dorquinville, d'hermines pampelonnée de Gueules, escartelé de sable au lyon couronné d'or.

dortans, de Gueules a la face d'argent, accompagnée de trois annelets de mesmes 2.1.

dorville, de sinople au lyon d'or.

dorsi, de sable à trois aigles d'or.

Vermandois. *dosmont*, de Gueules au vol d'hermines.

Anjou. *douay*, d'argent au sautoir de Gueules.

doublet, de sable a la bande d'or, accompagnée d'vne molette de mesme.

douess, d'asur a six macles d'or.

dousse, de sable à trois iambes de mort, posez en face d'argent.

douvrier, d'or au chevron de Gueules, chargé de sept molettes d'or, accompagnez de neuf espics de bled liez de mesme 3. à 3.

douzy, d'azur a trois pommes de pin d'or.

drac, d'or au dragon de sinople couronné de Gueules.

dreux, d'azur au chevron d'or, accompagné de deux rozes d'argent en chef, & d'vn Soleil en pointe d'or.

dreux, de France escheque d'or & d'azur, a la bordure de Gueules.

dreux-Beauffart, de mesme au baston de Gueules, bronchant sur le tout.

dreux Lagneaux, de mesme a la bordure dantelée de Gueules,

druget, d'azur à trois fleurs de lys d'or, a la bordure de Gueules, accompagnee de trois boucles ou fermailes d'or.

druais, d'argent moucheté d'hermines.

du Bailleul, d'argent a trois testes de loup de sable, coupée & lamp. de Gueules.

du Bailleul, escartelé au premier & quatre d'hermines, a la bordure de Gueules au deux & trois d'argent à deux faces de sinople a l'orle de merlettes de Gueules.

du Bec, escartelé le premier & quatre fuselé de Gueules & d'argent, le deux & trois d'arg. à 2. faces de sinople à l'orle de merlettes de Gueu. sur le tout escartelé de Gueules à la bande d'or, au trois bandé d'or & d'azur, a la bordure de Gueules, au quatre d'argent a deux faces de Gueules, sur le tout du tour d'azur à six annelets d'argent 3.2.1.

du Buz, d'or a trois faces de sable, accomp. de trois annelets de mesme en chef.

du Blée de Cormarin, de Gueules à trois chevrons d'or.

du Bordage, dit *Mont-boucher*, d'or a trois marmites de Gueules.

du Bosq, de Gueules à la croix eschequée d'argent & de sable de deux traits, cantonnée de quatre lyons d'or.

du Boucher, d'argent à trois annelets de sable, escartelé d'azur semé de larmes d'or.

du Bouchet, d'hermines a trois pieces levées en forme de croissans eslargis, posez sur chaque hermines.

du Bourg, d'asur a trois tiges d'espines d'argent perics en pal.

du Breslay, d'argent au lyon de Gueules, foustenant d'vne patte vn croissant de sable.

du Brueil Chalonges, d'azur au lyon d'argent.

du Brutay, d'azur à l'aigle d'or mambré & becq. de Gueules,

du Buisson, d'asur à trois estoilles d'or.

du Champ, d'asur à deux estoilles d'or en chef, & d'vn croissant de mesme en pointe.

du Camboult Pont-Chasteau, de Gueules à trois faces eschequée d'argent & d'asur de deux traits.

du Carpont, de sable au lyon d'argent, l'escu semé de billettes de mesmes.

D

Bretagne.   du *Chariret*, escartelé au premier & quatre d'argent, a trois ondes d'azur mis en face aux deux & trois d'afur, au lyon d'or couronné de mesme ar. lamp. de Gueules.

Bretagne.   du *Chaftelier*, de Gueules au bras d'argent tenant vne fleur de lys, accompagnée de quatre befans de mefmes.

Bretagne.   du *Chaftelier*, de fable au chef endanché d'or.

Bretagne.   du *Chaftel*, borellé d'or & de Gueules de fix pieces.

Bretagne.   du *Chaftel*, d'or a la croix engreflée de Gueules.

du *Chemin*, de Gueules au lyon d'or.

du *Chemin*, d'afur au lyon d'argent.

du *Chefáe*, d'argent à deux efcurieux paffans de Gueules, le deux contourné.

du *Chefne*, d'afur au chefne englanté d'or au chef d'argent, chargé de trois eftoilles de Gueules.

du *Chemre*, coupé d'or, emmanché, d'afur efcartelé d'argent, au lyon de fable, à la bordure engreflée de Gueules, fur le tout d'afur, à la tour crenelée d'argent.

Languedoc.   du *Cluzean*, d'argent au giron de Gueules.

du *Coing*, d'or au pelican d'afur, fe becquant en fon nid auec fes petits, enfanglanté de Gueules.

du *Croc*, d'argent au chevron de Gueules, accompagné de trois macles de fable.

du *Drée*, de Gueules a dix merlettes d'argent 3.3.3.1.

du *Fay*, d'argent à fix rozes de Gueules au lambel d'argent de trois pieces.

du *Fay*, d'or au chef de Gueules, chargé de trois pals de vair.

du *Fou du Vigean*, d'azur à la fleur de lys d'or à deux efpreuuiers affrontez d'or.

du *Frefne*, d'argent au lyon de Gueules.

du *Frefne*, d'or au frefne de finople.

du *Frefnay*, d'or au fautoir de fable.

du *Gaft*, d'azur à cinq befans de fable 2.2.1.

du *Gaft la Boffelaye*, d'azur au chevron d'or, accompagné de trois pommes de pin de mefmes les pointes en bas.

du *Gaft*, dit *de Lifle*, de Gueules à la croix d'or frettée d'azur.

du *Geneft*, d'argent à trois tourteaux d'azur, accompagnez de neuf hermines de fable & de Gueules.

Bretagne.   du *Gay*, d'argent a la croix pattée de gueules.

du *Gouray*, dit *la Cofte*, de Gueules a quatre faces d'or, party de Gueules, à dix billettes d'argent, quatre en chef, trois en face, deux en flanc & vne en pointe.

du *Gaé*, d'azur au chevron d'or, accompagné de trois eftoilles de mefme, & celle de la pointe couronnée de mefme.

Bretagne.   du *Guffelen*, d'argent à l'aigle à deux teftes de fable, couronné, mambré, becqué de Gueules en bafton de Gueules, bronchant fur le tout.

du *Hac*, d'or à trois pape-gais de finople.

Bretagne.   du *Halgouet*, d'afur au lyon morné d'or.

du *Halley*, de Gueules fretté d'argent.

du *Hamel grupeville*, d'or au chevron de gueules, accompagné de trois teftes de limier de fable lampaffé de Gueules.

du *Hee*, d'afur à la dextrochère, tenant vne croix hauffée, fleuronnée d'or, naiffant d'vne nuë mouuant du cofté fenextre.

du *Iuch*, d'afur au lyon d'argent, armé, lamp. de Gueules.

du *Iour*, efcartelé au premier & quatre de Gueules, a deux pals d'or, le deux & trois d'or à l'ombre d'vn Soleil de Gueules.

du *Lac*, d'argent à la face d'afur, chargée d'vne eftoille d'or.

du *Lac*, de Gueules à la tour d'argent.

du *Laurens*, d'or à l'oliuier de finople, au chef d'afur, chargé de trois eftoilles d'or.

du *Lin*, d'azur au lyon d'or, ar. lamp. cour. d'argent.

du *Lion*, d'or au lyon de Gueules.

du *Lis*, d'afur à trois chiens paffans d'argent, en chef vne fleur de lys de mefme.

du *Mas*, de Gueules à trois teftes de lyon arraché d'or.

du *May de Lée*, d'afur a deux baftons noüeux d'or mis en face, accompagnez de
trois

D

trois sautoirs en chef , & en pointe vne hure de sanglier arrachée de mesme
armée d'argent.

du *Mesnil Simon* , d'argent à six mains renuersées de gueules, trois en chef 2.1.

du *Mesnil Iourdain* , d'azur au chevron d'or, accomp. de six coquilles d'argent 3.2.1.

Picardie. du *Mesnil de Vaux* , d'argent a l'orle de huict merlettes d'asur , à l'escu de mesme
en abysme.

du *Mesnil de Vales* , d'azur à l'arbre d'or, au cerf gisant de mesme, au chef d'or,
chargé de deux roses de Gueules d'azur à trois tours d'argent.

du *Moustier* , d'asur a trois tours d'or.

du *Mar* , de Gueules au chasteau d'argent, l'escu semé de tours de mesmes.

du *Nan* , d'asur à la face d'hermines , accompagnée de trois testes de lyon arrachée, chargée, armée & lamp. de Gueules.

du *Nasser* , voyez *Mohun*.

Dauphiné. du *Perier* , d'or au poirier de sinople son fruict d'argent.

du *Perennot* , d'asur à la fleur de lys d'argent, accompagnée de trois poires d'or.

du *Peron* , d'asur au chevron d'argent, accompagné de trois harpes de mesmes.

du *Pezeau* , d'argent au chevron de sable , au franc canton d'azur, chargé de cinq
fleurs de lys d'or en sautoir.

du *Pin* , d'argent à trois cocquilles de gueules, accompagnées de douze hermines
de sable, quatre en chef , vne en cœur , quatre en face , deux en flanc & vne en
pointe, au lambel de trois pieces de gueules.

Aniou. du *Plantin* , d'or fretté de sable à trois treffles de sinople.

du *Plessis guenegault* , de gueules, au lyon d'or.

du *Plessis Iosso* , d'asur à trois cocquilles oreillées d'or.

du *Plessis Liancourt* , d'argent à la croix engreslée de gueules , chargée de cinq
cocquilles d'or.

Du *Pont-l'Abbé* , d'or au lyon de Gueules.

Du *Prat Nantoüillet* , d'or à la face de sable, accompagnée trois treffles de sinople.

Du *Pré* , d'or au lyon de sable, armé, lamp. de Gueules, brisé d'vn croissant en la
patte droitte.

Du *Pré* , de Gueules à la bande d'or , accompagnée en chef d'vn bucher virollé
d'or.

Du *Puget* , d'asur au chevron ondé d'argent, accompagné de 3. molettes d'or.

Gascongne. Du *Puy* , de Gueules , à la plaine inondée d'argent à vn rocher de sinople , supportant au sommet vne Sereine au naturel , laquelle se peigne de sa main
droitte d'vn peigne d'or.

Du *Puy* , de Gueules au lyon d'argent ; au franc canton burellé d'argent & de
Gueules.

Du *Puy* , a la bande d'or , accompagnée de six merlettes de mesmes en bandes.

Du *puy S. Germain* , d'or a la bande de sable, chargée de trois roses d'argent au
chef d'azur , chargé de trois estoilles d'or.

Du *puy digny* ; d'argent a trois pals de sable.

Du *puy-Vatan* , eschequé d'or & de Gueules.

Du *Quelenec* , d'hermines au chef de Gueules, chargé de trois lys d'or.

Du *Quel* , escartelé le premier & quatre de Gueules, a la dextrochere d'or, au
gonfanon de mesme, au deux & trois de sable a la croix d'argent.

Durand , de Gueules au lyon d'or , tenant vne espée d'argent la garde d'or.

Durand , de sable party d'or, au chevron party de mesme, de l'vn en l'autre , au
chef d'argent , chargé de trois testes de mort de Gueules.

Duras , d'or au lyon d'asur a la bande d'argent, bronchant sur le tout.

Durec , d'asur a trois diamans taillez en lozanges au naturel , accompagnez en
cœur d'vn soucy d'or.

Durfort , de Gueules a la bande & bordure d'or.

Durget , eschequé d'or & de sable.

Durments , de Gueules a la bague d'or, au chaton de mesme, chargée d'vne tur-
quoise au naturel.

Aniou. du *Riuage* , de Gueules a la bande d'or.

durtail , d'asur a trois tours d'argent.

T

E

Du Su, d'azur au lyon d'argent, brisé sur l'estomach d'vn croissant de Gueules.

Du Therail, d'argent à la bande de Gueules, chargée en chef d'vne estoille d'or.

du Theil, dit *prenost*, d'argent a trois hures d sanglier de sable.

du Tige, de Gueules a la croix pattée d'argent.

du Tillet la Bussiere, d'asur au chevron d'or, accompagné de trois estoilles de mesmes, escartelé d'or a trois chabots de Gueules.

du Tillet Gonais, de mesmes.

du Toar, de gueules au giron d'or.

du Tronchay, d'asur a l'aigle d'or, regardant vn Soleil de mesme.

du Vair, d'asur a la face, accompagnée de trois croissans d'argent, au lambel de trois pieces de Gueules.

du Vair, d'asur a quatre points equipolez d'or.

du Val, d'asur au chevron d'argent, ccompagné de trois fers de lance de mesme, deux en chef, & vn en pointe.

du Val Fautenay Mareuil, de mesme.

du Verger, de Gueules au Soleil d'or.

E

EBRAR *Sainct Salpice*, porte d'argent au lyon de sable, surmonté de quatre croix de mesme, escartelé d'or a la bande de Gueules, sur le tout party d'argent & de Gueules.

Elbene, voyez *d'Elbene*.

Elbiest, voyez *a Elbiest*.

Emars, d'asur a trois cocquilles d'or.

Encre Rouurel, facé d'argent & de Gueules de huict pieces.

Entain, d'or a neuf tourteaux de Gueules.

Emery, d'or au chesne de sinople, au chef de Gueules, chargé de trois molettes d'or.

Emery de Villars, de sable à cinq estoilles d'or, à vn croissant d'argent en cœur.

Epte, de sinople à cinq aigles esployées d'or.

Erian, de Gueules a la viure d'hermines, accompagnée de trois testes de lyon arrachée d'or.

Ernencourt, de Gueules a la bande d'argent, chargée de trois annelets de sable, l'escu semé de croix recroisettées de mesmes.

Erual, escartelé au premier & quatre d'hermines, au deux & trois d'argent, a deux faces de Gueules.

Eschalart la Boulaye, d'asur au chevron d'or.

Eschaulets ou *Eschel*, d'asur fretté d'or.

Eschelles, de Gueules à trois faces d'argent.

Esches, burellé d'argent & de Gueules de dix pieces.

Escodea, de Gueules a trois chiens courans en bande d'argent.

Escoubleau de Sourdis, party d'asur & de Gueules à la bande d'or bronchant sur le tout.

Escurieux, d'argent au chevron de Gueules.

Escures, d'asur à deux chevrons d'or, accompagnez de deux estoilles de mesmes en chef, & d'vn croissant en pointe, duquel sort vn feu de Gueules passant entre les deux chevrons.

 Eschet, lozangé d'argent & de sable.

Esglantier, d'asur à trois tourteaux de Gueules.

Esine Marien, d'asur au mouton passant d'argent, au chef d'or, chargé de trois rencontres ou testes de torreau affrontées de sable.

Esnenal, pallé d'or & d'asur de six pieces au chef de Gueules, chargez de trois molettes d'argent.

Esnier, d'argent à trois tourteaux de sable.

 Espagny, d'argent a la face de Gueules chargée de trois besans d'or.

Espagny, d'asur au lyon de Gueules à la bordure de sinople, chargée de sept escussons d'or 2.2.2.1. en pointe & vne croix alisée de Gueules.

Espigne Veneville, party le premier d'asur au peigne d'argent posé en face, accompagné de trois estoilles d'or, au deux coupé tiercé, au premier d'azur au pont de trois arches d'argent, au deux d'or à trois faces de sable, au trois d'asur à trois fleurs de lys d'or au baston de Gueules pery en bande.

Esparbe Lucent, d'argent à la face de Gueules, accompagnée de trois molettes de sable.

Espaux des Lions, d'azur au muffle de lyon d'or lamp. de Gueules.

Espernon, vairré de cinq traits au chef de Gueules.

Espiant, d'asur à trois espics de bled d'or, au chef danché de mesme.

Espignat, d'argent au lyon de Gueules à la bordure de sable besantée d'or.

Espilly, d'asur au cocq d'or au chef de mesme, chargé de trois molettes de sable.

Espinay, d'argent au chevron de Gueules, chargé de douze besans d'or.

Espinefort, losangé d'argent & de Gueules.

Espineuse, d'argent à l'escusson de Gueules en abysme à l'orle de huict merlettes de mesmes.

Espinoy, d'azur à trois rozes d'argent posées en bande.

Esponville, de Gueules fretté d'or.

Esquetat Estelan, d'argent à trois faces de Gueules.

Nrmandie. *Esauny*, d'argent au chevron de sable.

Normandie. *Essards la Vauguion*, de Gueules au pal de vair à la bordure engreslée d'argent.

Limosin. *Essards*, d'argent à trois lyons leopardez de Gueules.

Estampes, d'hermines au lambel d'asur semé de France.

Estampes Ville, de Gueules au chasteau d'or, maçonné de sable, chargé d'vn escu de France, escartelé de Gueules à la tour crenelée d'argent.

Estampes Valencé, d'asur à trois girons d'or, la pointe chargée d'vn croissant d'argent, au chef de mesme, chargé de trois couronnes Ducalles de Gueules.

Estample Boisluet, d'argent à la bande de Gueules, chargée de trois tours d'argent.

Estaples, d'hermines à la bande de Gueules.

Estendart, de Gueules au lyon d'argent.

Estienne Mignault, de Gueules à la bande d'argent, accompagnée de trois molettes de sable, au lambel de trois pieces d'or bronchant sur le tout.

Estiffue, d'azur à trois pals d'argent.

Estouteville, burellé d'argent & de Gueules de dix pieces, au lyon de sable armé, couronné & accollé d'or bronchant sur le tout.

Guyenne. *Estrac*, d'argent au lyon de Gueules.

Estrac, escartelé d'or & de Gueules.

Estrée, d'argent à la quinte-fueille de Gueules, à l'orle de merlettes de mesme.

Estrée, de Gueules fretté d'or de six pieces.

Estrée, d'argent fretté de sable au chef d'or, chargé de trois merlettes de sable.

Estuet, d'argent au sautoir de Gueules.

Eu, d'asur au lyon d'or, l'escu semé de billettes de mesmes.

Eucy, de sable à dix losanges d'argent mises en pal 3.3.3.1.

Eudin, d'argent à l'aigle d'asur.

Evil-Chien, d'azur au chevron d'argent, accompagné de trois croix de mesmes.

Evreux, de France au baston camponné d'argent & de Gueules.

Eveché, de Gueules à la croix d'argent cantonnée de quatre fleurs de lys de mesme.

Prouence. *Eymes*, eschequé d'or & de sable, chaque carreau de sable chargé d'vn autre carreau d'argent.

F

FABRE, d'aſur au lyon rourné de Gueules, fouſtenant de ſa patte gauche vne fleur de lys d'or, accompagnée d'vn bras fouſtenu d'vne nuée tenant vne eſpée ſans fourreau, ſupportant vne couronne fleurdeliſée d'or.

Fabry, d'aſur a la face d'argent, accompagnée de trois roſes d'or.

Fabry, d'or au lyon de ſable au lambel de Gueules.

Faconville, de Gueules à la bande d'hermines.

Faideau, d'aſur au chevron d'argent, accompagné de trois cocquilles d'or.

Faiſceul Berbune, bandé d'or & d'aſur de ſix pieces.

Falaiſe, d'azur à la face d'argent, ſupportant vne montagne d'or, accompagnée de deux eſtoilles de meſmes, & d'vn croiſſant d'argent en pal, ſupportant vne eſtoille d'or.

Falets, d'aſur à trois bandes d'argent.

Faletins, de Gueules à l'aigle à deux teſtes d'argent.

Faller I, de Gueules au ſautoir d'argent, chargé aux extremitez de quatre merlettes de ſable.

Falin, burellé de huict pieces d'argent & d'aſur à la bande de Gueules, bronchant ſur le tout.

Farques, eſcartelé de Gueules a deux ſoufflets d'argent en pal, au ſecond d'azur à l'anneau d'argent attaché a vn pillier de meſme, accomp. de deux fleurs de lys d'or, au trois d'or au lyon de Gueules ſurmonté en chef d'vne croix aliſée de meſme, au quatre d'aſur a la cloche d'argent bataillée de ſable.

Farideas, d'azur a la croix d'or.

Faraeſt-Boiſteville, d'argent a cinq furées de Gueules miſes en face.

 Faves, d'or a deux plantes de feves auec leur fruict en haut, tigé & fueillé de ſinople.

Faucigni, pallé d'or & de gueules de ſix pieces.

Fouche-Dempré, d'argent a trois teſtes de licornes d'azur.

Fauconnier, d'aſur au faucon d'or la teſte contournée, reueſtu d'vn manteau d'aſur, ſemé de fleurs de lys d'or.

Fauconniere, d'argent a ſix macles de Gueules 3.2.1.

Faucon, de gueules a la patte de lyon d'or poſée en bandé, eſcartelé d'argent au torreau rampant d'aſur.

Faucangni, d'or a trois bandes de Gueules.

Faveuſe, eſchequé d'or & de Gueules au chef d'azur, chargé d'vn lyon naiſſant d'argent.

 Faverole, d'argent a trois demy fleurs de lys de ſable.

Faverois, de Gueules à la bande d'argent, chargée de cinq fleurs de lys d'aſur, accompagnee de ſix annelets d'or.

Favergne, de Gueules à trois cercles en annelets d'argent.

Favieres, de Gueules à trois gouſſes de feves d'argent.

Favieres, d'aſur à trois eſtoilles d'or au croiſſant eu cœur de meſme.

Favin, d'or à la croix d'azur, chargée en cœur d'vne croix d'argent, cantonnee de quatre aigles affrontez, couronnez & lamp. de Gueules.

 Favre, d'or à la croix encrée de ſable, chargée en cœur d'vne lozange d'or cantonnée de quatre lozanges de ſable.

Favre, d'argent au chevron d'azur accompagné de trois teſtes de Mores, liez & tortillez de Gueules.

Favre, de ſable au chevron d'argent, accompagné de trois roches de meſmes.

Favre, d'or à l'arbre de ſinople.

Eavre de Birdiere, d'or au chef d'aſur, chargé de trois fleurs de lys d'or.

Favre Babiſſon, d'azur à la bande d'argent, chargée de trois croiſſants de Gueul. accompagnez de deux lyons d'or, l'vn en chef & l'autre en pointe.

Fauquerney, d'or au lyon de ſinople, ar. couronné d'argent, au baſton de Gueul. bronchant ſur le tout.

Fauquenberg, d'azur à la face d'or.

Faulq-Rochefort d'aſur à trois faux d'or.

F

Faronville de Bubert, d'argent au chien paſſant de ſable, au lambel de trois pieces de meſmes.

Fancon de Ris, eſcartelé au premier & quatre de Gueules à la patte de lyon poſée en bande, au deux & trois d'argent, au torreau furieux, rampant d'azur.

Fauquieres, d'or a trois molettes de ſable à vne larme de Gueules en cœur.

Faux, d'aſur à trois faux d'argent emmanchées d'or, le manche en haut.

Fay, d'argent ſemé de fleurs de lys de ſable.

Fay Eſtable, de Gueules à 3. pals d'or au chef de meſme, chargé de 3. tours d'azur.

Lyonnois.   fay, d'azur au cerf d'or.

faye, d'or au lyon de Gueules ſemé de croix recroiſettées de meſmes.

Vermandois.   fayette, d'aſur au ſautoir de Gueules, accompagné de merlettes de meſmes.

fayette, d'aſur a la face d'or qui en ſouſtient vne autre de ſable, chargée d'vne coquille d'argent, coſtoyée de deux eſtoilles d'or en chef, vn levrier courant d'argent, accollé de Gueules, & en pointe 3. lozanges d'or, miſes en face & ſe touchant.

fayette, d'or a la bande dantelée de Gueules à la bordure de vair.

Normandie.   fecan, d'argent à trois faces breteſſees de Gueules.

feillans de Chanay, eſcartelé d'argent & de Gueules.

feillans, d'argent au lyon de ſable, armé, lamp. & vilené de Gueules.

feineant S. Germain, d'aſur à trois fleurs de lys d'argent.

Lymoſin.   fenix, d'aſur au phenix d'or regardant vn Soleil de meſme, ayant à ſes pieds vn feu qui le conſume.

fenoüillet, d'or a 3. grenades de Gueul. 2. 1. ſurmontée de trois eſtoilles de meſme.

ferand, d'azur au chevron d'or, accompagné de trois eſpees hautes garnies d'argent.

feray, d'or à l'aigle de Gueules, mambrée & becquée d'azur, eſcartelée de ſable au lyon d'argent, la queuë paſſée en ſautoir.

feray, d'or fretté d'aſur au chef de Gueules.

ferchault la Mothe, d'aſur à ſix fermeaux d'argent.

feret Mont-Laurent, d'aſur au chevron d'argent, accompagné de trois teſtes de cerf miſe en profil d'or en chef.

Poiſtou.   fergon la pataudiere, d'or a la bande d'aſur, chargée de deux gonds d'or.

fergoult, d'or a la bande d'aſur, chargée de trois annelets d'or.

ferieres, d'argent à la tour de Gueules feneſtrée de ſable.

Normandie.   ferrieres, d'hermines à l'orle de Gueules, chargée de huict fers de cheual d'or à l'eſcu en abyſme d'hermines.

ferrieres, d'argent à quatre fers de lances d'aſur diſpoſée en bande, eſcartelé de Gueules à deux gerbes d'or miſes en ſautoir, trauerſée de deux lances de meſ-mes aux liens d'argent.

ferriere, d'or à trois eſcuſſons d'azur, chargez d'vne face d'or.

ferriere S. Iullien, d'or à ſix eſcuſſons de Gueules.

farly, de ſable à la croix nillée d'argent.

Bretagne.   ferron, d'azur ſemé de billettes d'arg. à vne bande d'hermines bronchant ſur le tout.

feuqueret, d'argent à la croix engreſlée de ſable.

Picardie   feuquieres, de Gueules à trois maillets couronnez d'or.

feucherolle, coupé de vair & de Gueules.

feu, de Gueules au chevron d'or, accompagné de trois flames de meſme, au chef d'azur, chargé d'vn lyon d'or.

feurette, d'argent à la hure de ſanglier, arrachée de ſable a lumere d'argent lam-paſſez d'vne flamme de Gueules, eſcartelé d'aſur à trois flames d'or ſur le tout d'azur à la fleur de lys d'or.

Champagne.   Feuillards, bandé d'or & de ſable de ſix pieces, à la bordure de Gueules.
Bretagne.   Feuillée, d'or à la croix engreſlée d'aſur.
Picardie.   Fetard, de Gueules à trois faces d'argent.

Fieffs, d'aſur au lyon d'or.

Fienne, d'argent au lyon de ſable.

Fienbet, d'azur au chevron d'or, accompagné de deux croiſſans d'argent en chef & d'vn rocher en pointe de meſme.

Fieſque, bandé d'argent & d'aſur de ſix pieces.

Fietelle, d'azur au lyon d'or au chef couſu de Gueules, chargée de trois beſans d'or

V

Fiermaçon, escartelé au premier & quatre de Gueules, au deux & trois de Gueu-
     les au lyon d'argent.
Filsnelle, d'asur à l'aigle à deux testes d'or.
Filet la Curée, de Gueules a cinq cottices d'argent.
Filiere, d'or à trois palmes de sinople.
Fiot, d'azur au chevron d'or, accompagné de trois lozanges de mesmes 2. 1.
Fites de Soucy, d'asur à la branche de murtre d'or mise en bande, escar. de sable plain
Fitens, d'asur au chevron d'or.
Fitigny, de Gueules a trois chevrons d'or.
Vermandois. Flani, d'hermines a la croix de Gueules cantonnée de cinq cocquilles d'or.
Flans, d'argent a l'aigle de sable, ayant vne teste de loup contournée de Gueules.
Fleart, d'or au chevron d'azur, chargé en chef d'vn Soleil d'or & deux croix d'ar-
     gent de chaque costé.
Flery-Baudry, de Gueules a la teste humaine sans poil d'argent.
Fleury, d'azur au sautoir d'or, accomp. de 4. serpents de mesmes posez en face.
Fleuranges, d'or a la face eschequée de Gueules & d'argent de trois traits au lyon
     naissant de Gueules.
Fleurigny, de sable a trois roses d'argent, au pal de Gueules bronchant sur celle
     de la pointe.
Prouence. Flourac, d'asur au lyon d'or.
Flexelle, d'asur au lyon d'argent au chef d'or, chargé de trois tourteaux de Gueul.
Flogne, d'argent a cinq escreuisses de Gueules.
Flocquet, facé & contrefacé d'argent & de Gueules de huict pieces.
Florinville, de gueules a trois faces d'argent au lyon de sable bronchant sur le tout
Floris, d'azur au chevron d'or, accompagné en chef de trois roses d'argent & en
     pointe, d'vn lys de iardin de mesme.
Flore, de Gueules au lyon d'or.
Flot, de Gueules fretté d'or au chef d'or fretté de Gueules.
Flote, d'asur a trois lauriaux d'or au lambel de Gueules.
Floué, de Gueules à trois bandes d'or.
Foissi d'asur au cygne d'argent mambré de Gueules.
Foix Ville, d'or a trois pals de Gueules, accompagnez de trois tridents d'asur.
Foix, d'or a quatre pals de Gueules.
Folerant, d'asur au chevron d'or au chef d'argent.
Prouence. Folcalquier, d'or au lyon de Gueules.
Folcalquier, d'or a la croix croix clechée & pomettée de Gueules.
Folleville, de Gueules a la croix pattée d'argent.
Folleville, d'or a dix losanges de Gueules.
Fomesomme-Rauenes de Gueules au lyon d'argent.
Fontaine, d'or a trois escus de vair a la bordure de Gueules.
Aniou. Fontaine, d'asur a l'aigle a deux testes d'or.
Fontaines, d'or a trois cottes mal taillée de Gueules.
Normandie. Fontaines, d'or au chevron d'asur.
Normandie. Fontaines, d'or a cinq chasteaux ou carneaux de sable mis en sautoir.
fontaine Bacquetot, de Gueules a trois besans d'argent.
fontaine Cocquebrune, d'azur au chevron d'or, accompagné de trois cocqs d'argent
     escartelez de Gueules.
fontaine Chalandray, facé d'argent & d'azur.
fontaine Lamoignon, d'argent à la croix de sable, chargée de trois tourteaux d'or.
Normandie. fontaine Martel, d'or à trois maillets de Gueules.
fontaine Normand, d'asur au chevron d'or, accompagné de trois besans de mesmes.
fontaine in Haynault, de Gueules à la bande d'or.
fontenay, d'or à la bande d'asur au lambel de Gueules.
Bretagne. fontenay, d'or à trois bandes cotticées de double cottices de Gueules.
fontenay, d'azur à cinq anneaux d'argent.
fontenay, pallé d'argent & d'asur.
fontenay S. Clerc, eschequé d'or & d'asur au canton d'hermines.
fontenay, d'or à l'escu en abysme de Gueules à l'orle de merlettes de mesmes.

Vendosmois. fontenay, d'azur au brochet d'argent posé en face à l'estoille d'or en chef.

Perche. fontenay la Fresnaye, d'argent à deux lyons leopardez de sable, armez, lampassez de Gueules.

Touraine. fontenay, d'azur à trois pals de sable, au chevron de Gueules bronchant sur le tout.

fontenac, d'azur à trois pattes de griffon d'or.

fontenu, d'or au chevron de Gueules, chargé de quatre croix coupée d'argent, accomp. de trois larmes d'azur en chef, & un lyon passant de sable en pointe.

forbin, d'or au chevron d'azur, accompagné de trois testes de lyons leopardez de sable à la bordure de Gueules.

forbin des Oliers, d'argent à trois faux de sinople.

forcalier, d'or au lyon couronné de Gueules.

fords de Four, d'azur à la croix dantelée d'or.

forest, facé d'argent & de sable de quatre pieces.

forest, d'or à trois pals de vair au chef d'or, chargé d'un lyon passant d'azur.

forest, de Gueules au dauphin pasmé d'or.

forest, pallé d'or & de gueules de 4 pieces à la bande d'or bronchant sur le tour.

forest, d'argent à trois arbres touffus de sinople, sortant d'une terrasse de mesme, au chef d'azur, chargé de trois fleurs de lys d'or.

forges, d'azur à six besans d'or 3.2.1.

forges, d'argent au lyon de Gueules à deux iumelles d'or sur le tout.

forges, d'azur au chevron d'or, accompagné de trois cocquilles de mesme.

forlines, d'or au dauphin d'azur.

forneaux, d'azur à la bande d'or, accompagnée de six billettes de mesmes.

formentin, d'azur au chevron d'or, accomp. de trois espics de froment de mesme.

fosse, d'azur à trois faux d'argent emmanchées d'or.

fosse, d'azur au chasteau d'argent escartelé de Bretagne.

Foucancourt Hacheux, d'argent à l'aigle esployée de sable, party d'or, à la croix de sable.

Foucher, d'azur à la face ondée d'or, accompagnée de trois estoilles de mesmes à la bordure engreslée de Gueules.

Foucher, d'or à trois merlettes de sable.

Foucault, d'azur semé de flames d'argent au chevron d'or, sur la pointe duquel est posé une aigle.

Foncquerolle, d'azur au chevron d'or, chargé à senextre d'un lyon de sable, accompagné de deux estoilles de mesmes.

Fouquet, d'argent à l'escurieu rampant de Gueules, à la bordure d'azur, semée de fleurs de lys d'or.

Fouleuse, d'azur diapré d'argent semé de fers de picques de mesmes au chevron de sable bronchant sur le tout.

Fougeres, d'azur au chef lozangé de Gueules & d'or.

Fourcy, d'azur à l'aigle esployée d'or au chef de mesme, chargé de trois besans de Gueules.

Fournel, d'or à deux faces ondée d'argent.

Fourceli, d'argent semé de treffles de sable.

Fournier, d'azur au gerfaux sur un heron, le tout d'argent (ou selon aucuns d'or)

Fourille, d'argent à la croix encrée de sable.

Fousseux, burellé d'argent & de Gueules au chef de mesme.

Fouterneux d'hermines à la face de Gueules, chargée de trois fermeaux d'or.

Fougasse, de Gueules au chef d'argent, chargé de trois rozes de Gueules.

Fons du Darme, d'azur à la bande d'argent, chargée d'un paon rouant de Gueules.

Faulques, de Gueules à trois Soleils d'or.

Foye, d'argent à trois cœurs de Gueules.

France Ancien, d'azur semé de fleurs de lys sans nombre.

France, d'azur à trois fleurs de lys d'or.

Francieres, d'argent à la bande de sable.

Freart, d'or au chevron d'azur, chargé d'un Soleil d'or, accompagné de deux croissans de mesmes.

F

Frechaucourt, d'or semé de billettes d'asur au lyon de Gueules sur le tout.
Frenay, d'argent au lyon de sable.
Friage, d'argent au lyon de Gueules.
Freual, d'asur à l'esprevier d'argent, soustenu d'vn poing armé de mesme.
Froissard, d'argent a trois faces de Gueules au lambel de mesme.
Frelio, d'argent a trois faucons de sable.
Fulcoche, de Gueules à la croix d'argent, accompag. de 4. fleurs de lys de mesme.

G

GABIANO, porte coupé d'or & de sable au lyon de mesme de l'vn en l'autre.
Gabiot, porte d'asur a trois estoilles d'or en pal.

Provence.   Gadagny, porte de gueules à la croix engreslée d'or.
Bon gongue.   Gagné, d'asur au chevron d'or, accompagné de trois molettes de mesmes.
Gagnon, d'hermines à la croix de gueules.
Gaigneres, d'asur au chevron d'or, accompagné de deux estoilles de mesme en chef, & d'vn croissant en pointe au chef cousu de gueules, au lyon d'argent qui est gaigneres.
Gaillard Maligny, d'asur à deux coutelas passez en sautoir d'argent les gardes & les pointes en haut.
Gaillard, de gueules a deux bourdons de pelerins d'or, posez en chevron, accompagnez de trois rochers d'argent.
Gaillard. Longemeau, d'argent semé de treffles de sinople, & deux T de gueules, & deux perroquets de sinople sous chaque T.
Gaillon, de gueules à trois lyons d'or, qui est de Bousseville.
Gaillonnet, de gueules à trois aigles d'argent au filet de mesme, mouuant du chef brisé d'vne pointe.
Gaillomiel, de gueules au sautoir d'argent.
Galande, d'or au lyon de gueules.
Galande, d'asur au chevron d'or, accompagné dë trois roses de mesmes en chef au dessus de la pointe du chevron.
Provence.   Galaup, d'asur coupé d'vn pan de mur en pointe d'argent, crenelé de trois carreaux surmontez de trois estoilles d'or en chef.
Galber, d'asur a trois faces de sinople.
Provence.   Galbert, d'asur à trois anneaux d'or.
Gaillard, d'or à trois corneilles de sable, mamb. & becq. de gueules 2. 1.
Gallerande de Vaux, d'argent à la face de gueules.
Gallerande, d'asur à trois chevrons d'or, le premier brisé de la pointe.
Galles, d'argent a la bande fuselée de gueules.
Gallieas, d'argent a la bande de sable, contrebandée d'or, accompagnée de deux roses de gueules, feuillée de sinople, escartelées de gueules à la face eschequée d'argent & d'asur de dix pieces, à la cottice d'or, bronchant sur le tout.
Galien, d'asur à la bande de gueules, chargée d'vne cottice d'or, accompagnée de deux roses de gueules, fueillées de sinople.
Galtere, d'asur au chevron d'or à trois estoilles de mesmes en chef, & d'vn croissant d'argent renuersé en pointe.
Galmet, d'asur au chevron d'argent, accompagné en chef de deux palmes droites de mesmes, & en pointe d'vn heaume de costé, & aussi d'vn croissant en chef de mesme.
Galois de Perou, d'argent au chevron de gueules à l'aigle de sable posée en pied, la teste contournée en pointe au chef de sable, chargée d'vne larme d'argent, accostée de deux quintes-fueilles d'or.
Galois, losangé en pal d'argent & de sable.
Galope, d'argent à la face de gueules, bordée & engreslée d'or, accompagnée de trois grappes de raisin de pourpre.
Galoüet, losangé en pal d'or & de sable.
Galus, d'argent a trois bandes de gueules à l'aigle de sable couronné d'or.

Gamba

G

Gamba Cofta, d'or au lyon burelé de fable & d'argent.

Normandie. Ganaches, d'argent au chef d'afur au bafton de Gueules bronchant fur le tout.

gaunay, d'or à l'aigle defarmée de fable.

gaunay, d'or à la face de Gueules, chargée en cœur de trois rofes d'or, accoftées de deux cocquilles de mefmes.

gand, de fable au chef d'argent.

gandela, d'or à la face de Gueules, accompagnée de fix merlettes de mefmes.

ganterot, d'afur au chevron d'or, accompagné de trois quintes fueilles de mefmes.

gantien, facé en ondes d'argent & de Gueules.

garces, d'azur au cygne d'argent à trois eftoilles d'or en chef.

garcin, d'or à la bande de Gueules, chargée de trois teftes de loup ceruiers d'argent.

gardechar, d'argent à neuf merlettes de fable.

garaudeau, d'or à la ciuiere de fable.

garenniere, de Gueules à trois chevrons d'or.

garennes, d'azur au chef d'or, chargé d'vn lyon de Gueules.

garet, d'azur à l'efprevier d'argent, mambré, becqué & grilletté de mefme.

gargan, de Gueules a deux faces d'argent.

garges, d'azur au lyon d'or.

gardes Vins, d'azur a la tour ronde, crenelée d'argent.

garnes, d'azur au chef d'or chargé d'vn lyon de Gueules,

Bretagne. gargelles, de Gueules à la croix encrée d'argent, chargée de fept hermines.

garnier, d'azur au cœur d'or a la viure en deuife de finople, bronchant fur le tout.

garnier, d'azur a trois rofes d'or efcartelées de fable, au fautoir d'argent.

garnier, d'azur au chevron d'or, accompagné de trois eftoilles de mefmes, & d'vn croiffant d'argent fur la pointe du chevron.

Nauarre. gafcoing, d'argent a trois grappes de raifin d'azur.

gaffelin, d'argent au lyon de fable, ar. lamp. & cour. d'or.

Bearn. gaffion, efcartelé au premier & quatre d'azur à la tour d'or, au deux d'or à trois pals de Gueules, au trois d'afur à l'arbre d'or, au lyon paffant au pied de mefme.

Lyonnois. gaffhard, d'azur au lyon d'or, au chef bandé d'or & de Gueules de fix pieces.

Champagne. gaftebois, gironné d'or & d'afur de huict pieces a l'orle dautant d'efcuffons de l'vn en l'autre de mefme.

Paris. gaftelier, d'afur au chevron d'or, accompagné de trois grillets de mefmes.

gaftines Bigot, d'argent a la face de fable, chargee de trois lozanges d'argent, accompagnez de trois treffles de finople.

gaftinare, d'azur a deux os de iambes de mort, paffez en fautoir d'argent, accoftez de quatre fleurs de lys de mefmes.

Prouence. gatz, d'or a cinq tourteaux d'afur.

gatz Lucé, d'afur a cinq befans d'or.

gaubers, d'or a la bande d'afur.

gaudechar, d'argent a neuf merlettes de fable.

gaulard, d'argent a la face de Gueules, accompagnee de quatre fueilles de chefne de finople couchez en face.

Beauuoifis. gau, d'or au cygne d'azur, mamb. & becq. de Gueules.

gaucourt, d'hermines a deux bards adoffees d'afur.

Bretagne. gaucourt, d'hermines a la tour d'or, accoftee de deux bards adoffez de Gueules.

gaudia Marfigné, femé de France au lyon d'or,

gauet, d'afur a l'efprevier d'argent, mamb. perché & grilleté de mefme.

Prouence. gauffonnes, d'or a trois chevrons de fable.

gaumain, dor au bras de Gueules tenant vne efpee nuë d'argent en pal.

gaure, de Flandres au lambel de Gueules.

gauffeville, dargent a la bande d'afur, accompagnee de trois tourteaux de mefme.

gautier des Bofes, dafur a la face d'or, chargee d'vne eftoille de Gueules, accoftee de deux hures de fanglier, arrachee & affrontee de fable, accompagnee de trois befans dargent, vn en chef & deux en pointe.

gautier, coupé de Gueules fur or à trois pals de mefme de l'vn en l'autre.

gauterot, d'afur au chevron dargent, accom. de trois quintes fueilles de mefmes.

gauville la Verfi, de Gueules au chef d'hermines.

G

gayant, d'asur a quatre losanges d'argent 1. 2. 1.

gayant, d'asur au chevron d'or, accompagné de deux croissants de mesme en chef & d'vne aigle en pointe aussi de mesme.

g. dain d'Antigni, dargent au tourteau de sable.

gedoin gonerville, dasur au croissant dargent, accompagné de deux espées d'or au besant dargent en pointe.

geffroy, dor a la bande de gueules, chargée d'vn griffon dargent.

giles de Lehrou, dasur au levron dargent, courant en bande.

gelmant, dasur a trois palmes dor.

g lieres, dargent a quatre pals de Gueules, a la cottice dasur bronchante sur le tout.

gemen, dasur a deux faces de sable.

Dauphiné. genas, dargent au genest de sinople.

genas, dor au lyon de sinople.

genast, d'asur au chevron d'argent.

Lyonnois. gentil, d'azur au chevron d'or, accompagné de trois roües de saincte Catherine dor, deux en chef, vne en pointe, à l'espée nuë mise en pal, bronchant sur le tout.

geneur, cinq points d'or equipolez a quatre d'azur.

geneve Ville, party le premier dargent a laigle de sable, le second de Gueules à la clef d'argent, mise en pal.

genlis, d'argent a la croix de Gueules, chargée de cinq cocquilles d'or.

Bresse. genes, d'asur au chevron d'argent, ou de pourpre mal à propos.

Normandie. genest, dor au sautoir de Gueules.

genest, d'argent semé de cocquille d'asur au lyon de Gueules sur le tout.

Normandie. gensi, dargent a la bande de sable, chargée de trois sautoirs dor.

Dauphiné. genton, dor a la bande dasur, chargée de trois demy vols d'argent.

gentien, dargent a trois faces de Gueules, a la bande semée de France.

genissac, dor au lyon dasur a la bordure dantelée de sable.

genonville, de sinople a la face d'hermines.

geniture, dargent a l'escu dasur, chargé en chef d'vn estrier dor.

geoffroy Tremblay, d'argent a l'arbre de sinople a trois racines de mesmes.

geoffroy, de sable au triangle dor, chargé d'vn Soleil d'asur.

Bourgongne. geoffroy, dazur au chasteau dargent, maçonné de sable.

gequesne, dargent a deux faces d'hermines, chargée au franc canton d'vn escu lozangé en pal dor & de Gueules a deux tourteaux d'hermines.

geraudiere, gironné dargent & de sable de dix pieces.

geraux Aubry, dor a la face dazur, chargée de trois chevrons couchez dor, accompagnez de trois roses de Gueules.

gerbau, d'asur au chef d'argent chargé de trois estoilles de Gueules.

geraments d'or au faucon de Gueules, les grillets d'argent, les longes de Gueules, escartelé d'or à trois pals de Gueules brisez d'vne cottice de sable.

gerenté de Mont Clar, d'or au sautoir de Gueules.

gerez la Mothe, de Gueules au griffon d'argent au chef d'asur chargé de trois estoilles d or.

Bourgongne. gergel ss, d'asur à l'escreuisse cuitte au naturel en pal.

germalle, de Gueules à trois tourteaux d'argent.

geron z, d'or à la croix encrée de sable.

geronaieres de mesmes.

geron de Milac, de Gueules a la bande d'asur bordée d'argent.

Normandie. gerot, d'argent semé d'hermines à la face fuselée de Gueules.

germut, de Gueules a la grue d'argent, la patte droitte leuée tenant vn caillou de mesme.

geslin, d'asur au chevron d'or, accompagné de trois testes de lyon de mesmes.

gesiez, d'azur a deux chevrons de sable.

gecres, de gueules a trois lyons d'or.

gex, d'azur a six morailles d'or liez d'argent au chef de mesmes.

gex Ville, au geay au naturel, couronné d'vne couronne Ducalle d'or.

Picardie. ghestelle, de Gueules au chevron d'hermines.

G

gine, d'or a la bande d'azur, accompagnée de six merlettes de sable.

Granes, d'argent au chef d'azur chargé de deux aigles d'argent.

Giberte, d'azur à la face d'argent.

Gibrie, d'azur a trois tours d'or à l'estoille en abysme de mesme.

Gien Ville, d'azur a la porte accostée de deux tours d'argent, sommée d'vne autre tour de mesme.

Giffar, d'or à la croix engreslée de gueules, cantonnée de quatre lyons d'azur.

Sauoye. Gilly, facé d'argent & de Gueules, à la bande d'argent bronchante sur le tout, chargée de trois corneilles de sable mambrée de Gueules.

Gilliers, escartelé au premier & quatre d'or au chevron, accompagné de trois macles de gueules, au second & trois d'or au lyon de sable à la bande de Gueules bronchante sur le tout, chargée d'vne patte de griffon d'or.

Gilliot, d'azur à la face d'or supportant vn levrier courant d'argent & vne estoille à six points en pointe de mesme.

Ginguni, d'argent au lyon de sable l'escu billetté de mesme.

Ginodi, de sinople au sautoir d'or cantonné de quatre trefles d'argent.

Girard la Roussiere, d'azur a trois chevrons d'or.

Paris. Girard, d'argent à la face de Gueules chargée d'vn leopard couronné d'or en pointe, vne quinte fueille de mesme.

Dauphiné. Girard S. Paul, d'azur a bande eschequée de trois traits d'argent & de sable.

Girardiere, de sable a trois testes de perdrix ou poulets arrachez d'argent, mambrez & becquez de Gueules.

Girard, d'azur a trois trefles d'or.

Bourgongne. Girardot, d'argent au lyon de sable, escartelé de Gueules au lyon d'argent.

Girardin, d'azur a la face d'or, accompagnée de trois testes de loup de mesme.

Giri, dit de Voulans, d'azur a l'escarboucle fleuronnée & pommetée d'or, escartelée d'argent à la bande de sable.

Girin Malines, d'argent au lyon de Gueules.

Giron de Marigny, d'azur a la bande ondée d'or, accompagnée en chef d'vne estoille de mesme & en pointe d'vn croissant d'argent.

Gistelle, d'or au lyon d'azur.

Poictou. Giton, d'azur a trois gettons ou besans d'or.

Givri, de sable à trois quintes fueilles d'argent.

Gladie, de Gueules à trois cerfs d'argent.

Glandeves, d'or a trois faces de sable.

Glandeves, facé d'or & de Gueules de six pieces.

Glarens ou Barens, d'or a l'aigle de sable.

Glosin, lozangé d'or & de Gueules.

Gloudie, de Gueules a trois clefs d'argent.

Gobaille, d'azur à la face d'argent chargée de trois hures de sanglier de mesmes.

Gobelin, d'azur au chevron d'argent, accompagné de deux estoilles d'or en chef & d'vn demy vol d'aigle en pointe de mesme.

Gobineau, d'argent a deux vents d'or soufflans vne mer en pointe ondée de sinople, & vne estoille d'or en chef.

Godart du Becques, d'azur au chevron d'or, accompagné de deux estoilles d'or en chef & en pointe vne roze de mesme.

gode, d'argent au chevron de sable, accompagné de trois molettes de mesmes.

godefroy, d'argent à trois hures de sanglier de sable.

godet des Bordes, d'azur au chevron d'or, accompagné de trois pommes de pin de mesme, les pointes en haut.

Bourgongne. godran, pallé de six pieces d'argent de gueules a deux tours, l'vne a dextre l'autre a senextre, bronchant sur les deux premiers pals & les deux derniers d'argent au chef de sinople, chargé d'vne aigle de sable, couppée & couronnée d'or.

godran Dantilly, d'azur au cadran d'or.

godon, d'azur au cygne d'argent, accollé d'vne couronne de mesme.

gombert, escartelé d'or & de gueules a deux lyons & deux tours de l'vne en l'autre de mesme.

G

gouar, d'azur a la bande d'or, chargée de trois estoilles de gueules, accomp. de deux croissans d'argent.

Gondechal Bachinville, d'argent à huict molettes de gueules.

conay, d'or a deux masses d'armes de sable passées en sautoir liez de gueules par en bas.

Gondrin Montespan, d'or a la tour de gueules sommée de trois donjons de mesmes, maçonnée de sable, & trois testes de Mores en profil, les yeux bandez d'vn bandeau d'argent, posées en face & en chef.

Gonnelier, d'or a la bande de sable.

Gontault S. Genis, escartelé d'or & de gueules.

Gontault de Biron, de mesmes.

Gayenne.
Tronchis. Gordes Simiane, semé de tours & fleurs de lys sans nombre d'asur.

Goreuod au Pont de Vaux, d'azur au chevron d'or.

Goras, de gueules a trois roses d'argent.

Paris. Goret, d'argent a la hure de sanglier de sable.

Goriffar, de gueules à la face d'hermines.

Goussier, d'or a trois iumelles de sable.

Gorgias, escartelé au premier & quatre de gueules à trois vases d'or, aux deux & trois d'or à croix de gueules.

Goulastre, d'argent a trois mains senextre apaumée de sable.

Goulet, de gueules a trois glands la queuë en haut au chef d'azur, chargé d'vn leopard d'or.

Bretagne. Goulaine, party d'Angleterre & de France à demy.

Goupins, de gueules a deux doubles cortices d'argent, chargez chacune de cinq hermines bronchant entre icelle, de sable au lyon passant en chef d'argent.

Gouppillier, d'argent a trois renards d'asur.

Gournay, de gueules a trois tours d'or en bande.

Gourdon, party au premier de gueules a trois estoilles d'or posées en pal, au deux bands d'or & de gueules de six pieces.

Gourchalours, d'asur a la face d'or, chargée d'vne estoille de gueules, accomp. de trois cocquilles d'argent 2.1.

Gourdon d Boulande, d'or au double tres-cheur de sinople au sautoir de gueules bronchant sur le tout.

Goulay, dit d Asnieurt, d'argent à la croix encrée de sable.

Gourraaux, de gueules à la croix dantelée d'or.

Goussant, d'azur a trois gousses d'ail d'argent.

Goussancours, d'hermines au chef de gueules.

Goussantville, d'or a la croix de gueules, cantonnée de seize alerions d'asur au lambel de trois pendans d'ergent.

Goussault, d'azur a trois grenades d'argent au chef de gueules, chargé de trois estoilles d'or.

Goy, d'azur a la face d'argent surmontée de trois besans de mesme.

Savoye. Goy, d'asur au chevron d'or, accompagné d'vne nasse d'argent en pointe.

Goussart, d'argent à trois pieds de griffon.

Grailly, d'argent à trois fermeaux de gueules.

Goulat la Vacherie, de gueules au lyon d'or.

Grammont, d'asur a trois buz de reines d'argent, couronnez d'or a l'antique.

Grommont Chastillon, d'asur a trois testes de reines d'incarnation, couronnée d'or, escartelée de Coligny.

grammont, d'or au lyon de gueules.

graniberges, d'argent a la face d'asur au sautoir de gueules.

grandeville, d'argent a vne teste & col de cheual d'argent, armé de sable & bridé d'or.

grancy, d'or au lyon d'asur, lamp. cour. de gueules.

Champagne. grancey, d'or.

grangest, d'argent au chevron de gueules, accompagné de trois croissans d'asur.

grand-Bois, d'or au cœur flambant de gueules au chef d'asur, chargé de trois estoilles d'or.

grand-

G

Grandcher, d'afur au chevron d'or, accompagné de trois gerbes demefmes au chef vairré de quatre traits.

Granges, d'afur a trois aigles d'or.

Grenaut, de gueules à deux bandes ondées d'argent.

Grandrie, d'argent à trois treffles de finople.

Grand-Pré, burellé d'or & gueules de dix pieces.

Grand-Pré, couppé d'afur & d'or au lyon de gueules bronchant fur le tout.

Graner, party d'afur au lyon d'or, le deux de gueules à trois pilliers d'argent pofez en pal.

Granges, de gueules au fautoir d'or.

Granfon, pallé d'argent & d'azur de fix pieces a la bande d'argent, chargée de trois cocquilles de fable bronchant fur le tour.

Granfelue, dit *la Cofte*, d'afur à la demie croix de Malte d'argent, au chef de gueul.

Graffe de Cabrie, d'or à trois chevrons de gueules.

Berry.   *Graffe*, d'azur au lyon d'or.

Bourgongne.   *Graffet*, d'or à deux chevrons de gueules.

Grateloup, de gueules au loup rampant d'or, au bras d'argent pofé fur fon dos.

Grenault, de gueules a deux bandes ondées d'argent.

Grene, de gueules au chevron d'argent.

Greré, de gueules au chef de vair, au lyon naiffant d'or.

Griffonnier, d'argent à trois Couronnes de Duc de finople.

Grignans, de Gueules au chevron d'or, accompagné de deux croix potencée de mefmes.

Grignan, voyez *de Caftille*.

Grignan, d'or à la bande d'azur à la bordure de France.

Grignan, efcartelé au premier d'or a trois bandes d'afur, au fecond de gueules, au chapeau d'or, fommé de trois tours de mefmes, au trois d'or a vn lyon de gueules touchant le franc canton d'vne patte, au quatre d'argent a vne croix alifée d'afur cantonnée de quatre quintes fueilles de mefmes.

Grilles, d'afur à la face d'argent, accompagnée d'vn grillon d'or en chef & d'vne eftoille de mefme en pointe.

Grillon, d'azur à cinq fleurs de lys d'or pofées en croix à 4. aigles d'or demefmes.

Grillon, d'azur au fautoir d'or.

Grillon, d'or à cinq cortices d'afur.

Grimenil, d'azur à trois chevrons d'argent.

Grimault, d'afur au vol d'argent, au chef d'or, chargé de trois eftoilles de Gueul.

Grimaldi, fuzelé d'argent & de Gueules en lozanges.

Gros, d'or à l'aigle de fable couronnée de Gueules à la bordure de fable, chargée de huict befans d'argent.

Gros, d'afur au chevron d'or, accompagné de trois fautoirs alifez de mefmes.

Groffer, d'afur à trois eftoilles d'argent en chef, & trois befans d'or en pointe au lambel de trois pieces d'or.

Groffeure, d'azur à deux efpées d'argent, garnie d'or les gardes en haut.

Gruel, d'argent a trois faces de fable.

Gruere, d'afur à la croix d'argent.

Grollée, gironné d'or & de fable de huict pieces.

Groin, d'argent à trois teftes de lyon de Gueules.

Grutel, vairré d'or & de pourpre.

Guemadeu, de fable au lyon leopardé d'argent, accomp. de fix cocquilles de mef-mes, trois en chef & trois en pointe.

Gueres, d'argent à la croix de Gueules.

Guerin, d'afur au rocher d'argent.

Guebriant, d'or à fept macles d'afur 3. 1. 3.

Guefteville, d'argent femé de chauffe-trappes de Gueules.

Guenaut, d'or à trois fufée & demie de gueules mife en bande.

Guenegaut, de Gueules au lyon d'or, chargé en chef d'vne croix de Lorraine de mefme, party d'afur à la croix d'or, chargée en cœur d'vn croiffant de Gueu-les, qui eft de S. Roch.

Y

G

Bretagne. guerfaut, d'afur a trois forées d'argent mis en bande.

guepré, d'afur à la face d'or, accomp. de trois lozanges de mefmes.

guibert, d'argent à la bande d'afur, chargée de trois croiffants d'argent au milieu deux eftoilles d'or.

guibert, d'afur a deux baftons noüeux peris en chevron, accompagnez de trois Soleils d'or.

guibert, d'afur a trois efpreviers d'argent grillettez & becquez d'or.

guifroy Bauziers, d'or à la bande de Gueules, chargée d'vn griffon d'argent.

guifroy, d'afur a la face d'argent, chargée de cinq merlettes de fable, accomp. en chef d'vn croiffant d'or & d'vne eftoille dargent en pointe.

guibert de Breda, d'argent a la face de Gueules chargée de trois eftoilles d'or, & trois perroquets de finople en chef & vn croiffant de Gueules en pointe.

guilombraue, de Gueules a la face d'or, accomp. de trois eftoilles de mefmes

guichard, d'ergent a trois teftes de lyon de fable au lambel de Gueules.

guillon, d'afur a trois quilles d'or pofées 2. 1. au chef coufu, baftillé par en bas de fable.

guillart, de Gueules a deux bourdons de pelerin pofez en chevron, accomp. de trois montagnes d'or.

guillart Montans, d'afur a trois teftes de leopard d'argent, armez, couronnez de fable.

Bretagne. guengat, d'afur a trois mains dextres d'argent.

guinet, d'afur a trois fontaines d'or 2. 1.

guienne Ancien, lozangé d'or & de Gueules.

guienne Moderne, de Gueules au leopard d'or.

guillon, d'afur au fautoir d'or.

guillens, d'argent au rozier de finople, boutonné de Gueules, la bordure d'azur, chargée de huict eftoilles d'or.

guillon, d'argent au chef de Gueules, chargé d'vn lambel de trois pieces d'or.

guat la Toufeliere, d'afur a la face d'or, au lyon paffant de mefme en chef & en pointe trois eftoilles d'or.

guy le Verd, d'or au lyon d'afur a la face danchée de Gueules bronchante fur le tout.

gugotat, d'afur au pal d'or chargé de trois cocquilles de fable.

H

HABERT, porte burellé d'or & d'afur de huict pieces.

Hacqueville Dozembray, porte d'argent au chevron d'afur, chargé de cinq aiglons d'or, accompagnez de deux teftes de paon d'or arrachées.

Hacherey Foucaucourt, d'argent à l'aigle efployée de fable, party d'argent à la croix de fable.

Hachue, d'argent à trois efcuffons de Gueules.

Hadonville, d'or au chef d'azur, chargé d'vn lyon d'argent lamp. de Gueules.

Hailly, de fable à la bande d'or.

Hainville, d'or à la croix encrée de Gueules.

Hais, d'argent à trois molettes de fable.

Halain Magnelay, d'argent à trois lyons de fable, couronnez, lampaffez d'or.

Halle du Tuy, d'afur à trois treffles d'or.

Hallencour, d'argent à la bande de fable accoftée de deux cottices de mefmes.

Halenvilier, d'argent à la face de Gueules, accompagnée de trois aiglons d'afur 2. 1.

Halauin, d'argent à trois lyons de fable.

Lorraine. Hamville, d'or a la croix engreflée de Gueules.

Hambie, d'or à deux faces d'afur.

Ham, d'or à trois croiffans de Gueules.

Hament, coupé d'or & d'afur au chevron de Gueules bronchant fur le tout.

Hames, vairé & contrevairé d'or & d'afur.

Hamon, d'or au chef d'or, chargé d'vn chevron de Gueules.

Hamelincourt, d'or fretté de Gueules.

H

Hamel Belangrise, de Gueules au chef d'or, chargé de trois molettes à cinq pointes de sable.

Haugest, d'argent à la croix de Gueules.

Happelincourt, d'or a la croix de Gueules.

Vermandois. *Happelaincourt*, d'asur a la croix d'argent, chargée de cinq croissans de Gueules.

Harate, de sable à trois mains d'or.

Harancourt, d'or a la croix de Gueules.

Harcourt, de Gueules à deux faces d'or.

Harcourt, d'argent au lyon de Gueules au chef d'asur chargée de trois fleurs de d'or.

Haroy, d'or au chevron de Gueules, accompagné de trois flames d'argent.

Hardier, de mesme.

Hardy, d'asur au lyon d'or lamp. de Gueules.

Hardier Herdenson, de sable à la bande d'or, accompagnée de six billettes de mesmes, trois en chef & trois en pointe.

Haricour, de Gueules a deux faces d'hermines.

Harenes la Condane, d'asur à trois croissans d'argent mis en bande.

Harlay, d'argent a trois pals de sable.

Harenvillier, d'argent a trois mains de Gueules.

Harpoulien, de Gueules a la bande d'or brisée d'vne merlette de Gueules.

Harueil, d'asur a trois croissans d'or posez en bande.

Hargicourt, d'hermines au chef de Gueules.

Harguenenville, d'or a la bande cotticée de sable chargée de trois colonnes d'argent.

Haicourt, de Gueules a deux faces d'argent, chacune chargée de 4. hermines.

Hausse Dominois, de sable au sautoir d'argent.

Beauce. *Halzbrand*, de Gueules a la bande d'argent, chargée de trois alerions de sable.

Hauars, d'argent fretté de Gueules au franc canton de mesme.

Haubert, de sinople à la taupiere d'or semée de fromis de Gueules.

Haubert, escartelé d'or & d'asur a la bordure escartelée de mesme de l'vn en l'autre.

Haucourt, de Gueules a deux faces d'or.

Haut, d'or a trois croissans de Gueules.

Houcourt, d'argent au lyon de Gueules, armé, cour. lamp. d'asur, l'escu semé de billettes de Gueules.

Haudestot, d'hermines au sautoir de gueules au lambel de mesmes besantez d'or.

Haustin, d'azur a la face eschequée d'argent & de gueules a quatre lyons leopardez d'or, vn en chef & quatre en pointe.

Hauteville, d'hermines a la face de gueules au baston d'asur bronchant en bande sur le tout.

Haute-mer Feruaeques, d'or a trois faces ondées d'asur.

Hauesquerq, d'or a la face d'argent.

Hautot, d'argent au lyon de gueules la queuë noüée & passée en sautoir, & couronnée de gueules.

Hautefort, d'or a six porcs-espics de sable dantez & allumez d'argent.

Normandie. *Hautal*, d'argent a la face de sable.

Bretagne. *Hay*, de sable au lyon morné & muflé d'or.

Haye-pierre, bandé d'or & de sable.

Haye-passauant, d'or a deux faces de gueules a l'orle de 9. merlettes de mesmes.

Haye Iolain, de gueules à la croix encrée d'hermines.

Haye Neaion, d'or au sautoir de sable.

Hebert-Breau, d'azur au sautoir d'or, accomp. de quatre estoilles de mesmes.

Hector, d'azur a trois tours dor.

Hedin, de gueules a trois croissans & trois treffles d'or.

Vermanduis. *Heilly*, d'argent a la bande fuselée de gueules, accompagnée de six merlettes de mesmes 3.3.

Normandie. *Helauvillier*, d'argent a la face de gueules, accomp. de trois aigles d'azur.

Picardie. *Helande*, d'argent a la bande de gueules chargée de trois marteaux d'or.

H

Henaucourt, d'argent a trois maillets de sable.

Heneville, facé d'hermines & de sable de six pieces.

Hencqueville, d'aſur au chef de Gueules, chargé de trois roſes d'argent.

Vermandois. *Henevillier*, d'argent à trois doloires de Gueules.

Hengeſt, eſchequé d'or & de Gueules a la bande d'aſur, chargée de cinq cocquilles d'or.

Heuequin, vairé d'or & d'aſur au chef de Gueules, chargé d'vn lyon d'argent.

Henru, de Gueules au chevron d'or, accompagné de trois croiſettes de meſmes
au chef d'aſur, chargé de trois mollettes ou eſtoilles de huict rais d'or.

Herbelot Ferriere, d'argent fretté de ſable au chef d'or, chargé de trois colonnes
de ſable.

Herpin du Coudray, d'argent à deux manches ou cottes mal taillées de Gueules,
au chef endenté de ſable de trois pieces au ſautoir d'argent.

Hermangent, de Gueules au chaſteau ouuert de trois tours eſgalles, accomp. de
trois croiſſettes d'or.

Henricourt, de Gueules a la bande d'or.

Henry Hermauſt, d'aſur au leopard d'or ſurmonté de deux eſtoilles de meſmes au
chef d'argent, chargé d'vn cœur d'aſur, ſurchargé d'vn nom de Ieſus d'or.

Herangier, d'aſur a dix lozanges d'argent.

Hericourt, d'or a la croix de Gueules, chargée de cinq coquilles d'argent.

Herce, d'or a trois teſtes de ſanglier de ſable dantée & allumée d'argent.

Henry, d'argent à trois heriſſons de Gueules.

Hermanville, d'or a deux faces de Gueules.

Heronville, d'argent a la face diaprée d'aſur & d'or a trois roſes de Gueules deux
en chef & vne en pointe.

Herquecy Pampelone, d'or & de ſinople.

Hertot Moulins, d'or au cocq de ſinople.

Heripont, de pourpre a la bande d'or.

Hergelay, de Gueules au chevron d'or.

Hervan, d'argent a la face de Gueules & a la bordure de ſable, chargée de huict
beſans d'or.

Hillin, eſcartelé au premier & quatre d'argent a deux vols d'azur, au deux & trois
de Gueules à la face ondée d'argent, accompagnée de trois vols d'or liez de
meſmes.

Paris. *Hinſelin*, d'aſur a la face d'argent, accomp. de trois teſtes de lyon arrachées
d'or 2.1.

Hinſelin, d'or a deux faces d'azur ſemées de croix fleuronnées de l'vne en l'autre.

Hinſelin, d'argent au chevron d'azur, chargé d'vne eſtoille d'or, accompag. de
trois brins de fleur de lin de ſinople au chef de Gueules, chargé de trois croix
patrées d'argent.

Hochard, d'azur a quatre pals de Gueules à deux ſautoirs de meſmes en chef.

Hodie, d'argent à la croix encrée de Gueules a la bordure engreſlée d'aſur.

Hotret, d'or au chevron de Gueules.

Horre, d'azur a trois fermeaux d'argent.

Hoſte, de Gueules a la croix engreſlée d'or.

Hoſtagers, gironné de huict pieces d'or & d'azur a la croix dantelée, partie de
meſme, ſur le tout vn eſcuſſon d'aſur a la fleur de lys d'or.

Hotat, d'or a ſix a ſix marcaſſins de ſable.

Hotot, d'azur au lyon d'or, l'eſcu ſemé de molettes de meſme.

Hotemam, party emmanché d'argent & de Gueules.

Houdan, d'or au crequier de ſinople.

Hubert Landreville, d'argent au chien de S. Hubert au naturel.

Huchon, d'azur a ſix annelets d'argent.

Huchet, d'azur au lyon de ſable couronné d'or, ſemé de billettes de ſable.

Hucé, d'azur a l'aigle eſployée d'argent, mamb. & becqué d'or.

Huory, d'argent à la bande fuſelée de Gueules.

Heſſdiſe, burelle d'argent & d'azur de dix pieces au lyon de gueules, ar. lamp.
d'or ſur le tout.

Hugonet,

H

Hugonet Faillans, vairé d'or & d'azur à la bande de Gueules, bronchante sur le tout.
Hugoleus, d'or à trois chevrons d'azur.
Huilles, d'azur à trois lyonceaux de Gueules.
Huitres Bottetes, d'or à la bande de Gueules, chargée d'vn griffon d'argent.
Humieres, d'azur à la bande d'or.
Humieres, d'argent fretté de fable de six pieces.
Huré, d'argent à la bande de Gueules, chargée de trois estoilles d'or.
Hureau, d'azur à trois estoilles d'or.

I

Bourgongne. **I**ACQVELIN *d'Espernay*, de Gueules au chevron d'or, accompagné de trois estoilles en chef 2.1.

Iacquet la Verriere, d'azur au lyon d'or assis, tenant vne fleur de lys de mesme, en sa patte droitte, auec ces mots, *Accipe daque Fidem.*

Bourgongne. *Iacquet de Mypont*, d'azur à la face d'or, chargée d'vn croissant de fable, accompagnée de trois estoilles d'or à la bordure engreslée de Gueules.

Bourgongne. *Iacquinot*, d'azur au chevron d'or, accompagné de deux rozes de mesmes en chef, & vn croissant d'argent en pointe.

Iacquemin, d'azur à trois espics de blé d'or en pal, & d'vn croissant d'argent en cœur.

Bourgongne. *Iacqueron de la Motthe*, d'azur à la face de Gueules, chargée d'vn croissant d'argent, accomp. de trois rozes de mesmes.

Iacob Lucotier, d'azur au chevron ondé d'argent, accomp. de trois testes de leopard d'or.

Iacques de Caons, d'argent au chevron renuersé d'azur au chef de gueules, chargé de trois estoilles d'argent.

Iacques Cœur, d'azur à la face d'argent, chargée de trois cocquilles de fable, & trois cœurs de Gueules.

Aniou. *Iaille*, d'argent à la bande fuzelée de Gueules sans nombre, à la bordure de fable besantée de huict pieces d'argent.

Iaillon, d'argent à la face de Gueules, chargée de trois besans d'or.

Bourgongne. *Ianlay Morelle*, d'azur, a la face d'argent, accompagnée de trois quintes-fueilles de mesmes.

Ianville, d'azur à trois broyes d'or au chef d'argent, chargé d'vn lyon de Gueul.
Iancourt, de fable à deux leopards d'or.
Iardine, vairé d'or & de fable, escartelé de Gueules à trois cocquilles d'argent.
Iausse, d'or à la roze de Gueules.
Iay, d'argent à trois lances de Gueules, celle du milieu brisée.
Ieanin, d'azur au croissant d'argent, surmonté d'vne flame d'or.
Iean, dit le Clerc, d'azur à trois cygnes d'argent, mambrez & becq de Gueules.
Bourgongne. *Iean*, d'azur au chevron d'argent, accomp. de trois testes de lyon arrachée d'or.
Iean de Clugni, d'azur a deux clefs adossées, les anneaux enlassez d'or en pointe.
Ieanne d'Arc, d'azur à l'espée d'argent en pal, croisée & pointée d'or, soûtenant en haut vne couronne Royale d'or, cottoyée de deux fleurs de lys de mesmes.
Iefferon, d'or au chef d'azur, chargé d'vn œil d'argent.
Icoffroy Fague, d'azur au croissant d'argent en abysme, au chef d'or, chargé de trois estoilles d'azur.
Igni, burellé d'argent & de Gueules de dix pieces.
Illiers, d'or a six annelets de Gueules 3.2.1.
Imbers de la Platiere, d'argent au chevron de Gueules, accomp. de trois anilles de fable.
Intelin, escartelé au premier & quatre d'azur, au griffon d'or, au deux & trois d'or a deux faces de Gueules, accomp. de 14. croisettes fleuronnées 4.4.3.2.1.
Inchi, face d'or & de fable de six pieces.
Ioigni, d'azur a l'aigle esployé d'or.
Ioinville, pallé & contrepallé d'argent de & Gueules.

Z

I

Iayenſe, pallé d'azur & d'or de six pieces au chef de Gueules, chargé de trois hydres d'or, eſcartelé d'azur au lyon d'argent, qui eſt de S. Diſier.

Iolly, d'azur à l'eſtoille d'or au chef de meſme, chargé de trois rozes de Gueules boutonnées du champ.

Iély, d'or a vne plante de lys de iardin entiere d'or, au chef de meſme chargé de croix recroiſettées de meſmes.

Iofferand, de ſable à la croix dantelée d'or.

Ioſier, de Gueules à la tour d'argent, cortoyées de deux beſans d'or en pal.

Ioſſo, dit *du Pleſſis*, d'azur à trois cocquilles d'or.

Iouſſeau, d'argent fretté de Gueules.

Dauphiné. Ioubert, d'azur à trois chevrons d'or.

Iouſſeran, d'azur à l'aigle d'argent.

Iouſſelin de l'aupiere, d'argent à la bande de ſable, eſcartelée d'azur à trois colonnes d'or ſur le tout frettée en face d'or & d'azur.

Ipre, de Gueules à trois lyons d'or à l'orle de fleur de lys d'or.

Iſle, d'argent à trois faces de Gueules.

Iſle-Bouchard, de Gueules à deux Leopards d'argent, lamp. & ar. d'azur.

Iſembach, d'argent à trois forces de rondeur, de ſable mis en face.

Iſoudun, d'azur a Y cantonné de trois fleurs de lys le tout d'or.

Iſque, d'or à la croix encrée de Gueules.

Iter, de ſable à trois fermeaux d'or.

Iubert du Til, d'aſur à la croix aliſée d'or, eſcartelée d'azur a cinq fers de lances ou roquets eſmoulus d'argent.

Iuſhy, facé d'or & de ſable de ſix pieces a la bordure de Gueules.

Sauſoy. Iuq Landie, d'azur à trois roſes d'or.

Iuz-Maurie, de ſable au rocher d'or.

Iuly, d'argent à la croix fleurdeliſée de Gueules.

Iuly Buſſerolle, de Gueules à la croix d'or, chargée de neuf cocquilles d'argent.

Iulien d'aſur au lyon d'or ar. lamp. de Gueules.

Bourgongne. Iupille, party emmanché en pointe d'hermines & de Gueules.

Iuoly, d'azur à trois fers de picques d'argent.

Iuvigné, d'argent au lyon de Gueules, la teſte d'or ar. lamp. de meſme.

Iuſrans, burellé d'argent & d'aſur à l'aigle de Gueules eiployée ſur le tout.

Normandie. Ivry, d'or à trois chevrons de Gueules.

K

KACOT, porte de Gueules à la croix d'hermines encrée & gringolée d'or.

Kairault, dit *Bleray*, d'argent a trois merlettes de ſable.

Keramont, de ſinople à trois grilets d'or.

Keramont, lozangé d'or & de ſable.

Kerauais, vairé d'argent & de Gueules.

Kerazet, burellé d'or & d'azur.

Kerao, de Gueules à vne teſte de cerf ſommée de Gueules.

Kercado, d'aſur à ſept macles d'or.

Kercouaut, loſangé d'or & de ſable.

Kerqneach, d'argent au cheſne de ſinople.

Kericoal, d'argent au chef emmanché de cinq pieces & demie de Gueules.

Kerqneach, d'argent au cheſne de ſinople, chargé d'vn geay au naturel.

Kergroſlay, vairé d'or & de Gueules.

Kergouet, d'argent à quatre faces de Gueules, accompagnées en chef de quatre roſes de meſmes.

Kergouet, d'azur au chef d'argent dentelé de trois pieces & demie de Gueules.

Kergunadec, eſchequé d'or & de Gueules.

Kergoulonates, de ſable au lyon d'argent.

Kergroades, facé d'argent & de ſable.

K

Kerlimer, d'azur au fautoir d'or, accompagné de quatre lyons de mefmes.
Keriolis, d'hermines au chef de Gueules, chargé de trois fleurs de lys d'or.
Keriot Koilanfar, d'azur à la fleur de lys d'or, accompagnée de deux macles de
    mefmes.
Kermadec, d'or à trois annelets & trois croifettes d'azur entremeflées.
Kerhorfam, de Gueules à la boucle ronde d'argent.
Kermaffonnet, de Gueules à trois cocquilles d'argent.
Kermaffonnet, d'afur à l'aigle d'or, chargé fur l'eftomac d'vn efcuffon de Gueules
    chargé de trois cocquilles d'argent.
Kermeno, de Gueules à trois macles d'argent.
Kermilly, d'argent à trois molettes de Gueules.
Kermornau, d'or à trois faces d'azur, chargée d'eftoilles d'argent.
Kermornau, d'argent à la croix encrée d'azur.
Kernapin, d'argent à trois croix de Gueules.
Kernegault, de Gueules au lyon d'argent, l'efcu femé de billettes de mefmes.
Kerouant, d'argent à la croix pattée d'azur.
Keromant, d'azur à la main dextre appaumée d'argent pofez en pal.
Kerousant, efcart. en fautoir de Gueules & d'hermines, chargée d'vn lyon d'argent.
Kerofere, de Gueules au lyon d'argeur, efcart. d'vn fautoir d'hermines.
Kerfondi, d'afur au leopard d'argent.
Kerfanfon, de Gueules au fermail en lozange d'argent.
Kertornan, facé de fix pieces d'argent & d'afur, à trois tourteaux de Gueules en
    chef.
Kernueuo, d'argent à deux faces de fable, efcartelées de Gueules à trois macles
    d'argent.
Kerueno, d'afur au cœur d'argent en pointe, acorté de trois molettes de mefme,
    furmonté de trois efpics pofez en bande, pal & barre appointez fur le cœur
    de mefme.
Keruen, d'afur à la croix racourcie au pied chevronné d'argent, accomp. de deux
    cocquilles en flanc, foûtenuë d'vne autre en pointe.
Keruzret, burellé d'or & d'afur.
Kereuon, d'afur au mouton paffant d'argent.
Keruarpuy, d'argent à trois croiffans de Gueules.

L

LA BARDE, porte d'or à trois cocquilles de fable, au chef d'azur char-
gé d'vne molette d'or.
    La Barre, dit la Tuffiere, d'argent à trois lyons de fable, ar. lamp. cour. d'or.
La Barge, de Gueules à la face efchequée d'or & d'afur de deux traits au chef d'or,
    chargé d'vn lyon de fable.
La Barre, fretté d'argent & de Gueules.
La Barre, d'or à la bande de Gueules, accoftée de deux croiffans de mefmes.
La Baftardie, d'afur à la tefte de daim d'argent, efcart. de Gueules à trois croif-
    fants d'hermines.
La Baume, d'afur à la bande viurée d'or, accompag. de fix hermines de mefmes.
    pofée en orle 3. 3.
La Baume, fretté d'or à trois chevrons de fable, au chef d'azur, chargé d'vn lyon
    naiffant d'or.
La Baume Cornillanne, de Gueules à deux faces d'or, chargées de neuf corneilles
    de fable.
La Baume Maurruert, d'or à la bande viurée d'azur.
La Beliere, d'argent party enimanché de fable.
La Beliere, efcartelé d'argent & de fable.
La Bercaudiere Durfey, efcartelé au premier & quatre d'afur à la croix danchée de
    douze pointes alaifées d'argent, au deux & trois d'or à l'aigle efployée de Gueu-
    les fur le tout de Gueules au pal de vair.

L.

La *Bertonniere*, de Gueules à cinq fuzées d'or en bande.
La *Bigne*, d'argent à trois rozes de Gueules.
La *Bistrade*, de sinople au chasteau d'argent, sommé de trois tours, placées dans des eauës de mesme.

Bretagne. La *Bodramiere*, d'asur au lyon d'argent, armé, lamp. d'or.
La *Botraye*, de Gueules à la croix d'or.
La *Boulaye*, d'asur au chevron d'or.
La *Boulaye Ferriere*, de Gueules à cinq fers de cheual d'argent, les talons en haut.
La *Bourdonniere*, d'asur à deux fers de lances à l'antique d'argent.
La *Boutaille*, vairé d'argent & de sinople à la croix de Gueules sur le tout.
La *Brasse-Desmay*, d'argent au chevron de Gueules, accompagné de trois molettes de sable.
La *Bregement*, voyez de la *Tremoüille*.

[illegible]. La *Brosse*, d'argent au chevron de Gueules, accompagné de trois merlettes de sable 2.1.

[illegible]. La *Boissardiere*, dit de *Clinchamp*, d'argent à trois pigeons de Gueules.
La *Cane*, dit du *Lion*, d'or au lion de Gueules.
La *Capelle Biron*, d'argent semé de charbons ardants de Gueules à trois bandes d'azur.
La *Case de Pont*, d'argent à la pointe de sept pieces d'or & de Gueules.
La *Chabesselaye*, d'asur au chevron d'or, accomp. de 3. pommes de pin de mesmes.
La *Chambre*, d'azur semé de fleurs de lys d'or à la cottice de Gueules sur le tout.
La *Champagne*, d'asur à trois mains d'or.
La *Chappelle Dandelot*, d'argent à l'aigle à deux testes esployee de sable, ayant vne fleur de lys de Gueules sur chaque teste.

Bretagne. La *Chappelle*, de Gueules à la face d'or.
La *Chappelle Troassiere*, d'or à la croix de sable.

Mayne. La *Chappelle Rinssoin*, de Gueules à la croix d'or.
La *Charlotte*, dit *la Vallée*, d'argent à l'engreslure de Gueules.

Berry. La *Chastre*, escartelé au premier & quatre de Gueules, à la croix d'argent, chargee de six pals de vair, au deux & trois de Gueules, à trois testes de loup, arrachee d'argent.
La *Chaussée*, d'asur à neuf croissans d'argent, accomp. de trois besans d'or en chef.
La *Chaussee*, d'asur au lyon leopardé d'or.
La *Chaussee*, d'argent fretté de sable, au franc canton de Gueules.

Bourbonnois. La *Chaussée*, d'or au lyon d'azur, cour. ar. lamp. de Gueules.
La *Chenaye*, d'asur à trois lances, auec leurs guidons d'or.

Beauce. La *Chemmere Montdoucet*, d'argent à trois faces de Gueules, chargee chacune de deux croisettes de Gueules & d'argent de l'vn en l'autre.

Bretagne. La *Chemelaye*, d'asur à deux leopards d'or, ar. lamp. de Gueules.

Lymosin. La *Chetardiere*, d'asur à trois chats passans d'argent.

Piedmont. La *Chiussade*, de Gueul. à la croix d'argent à la cottice de sable bronchant sur le tout.

Bretagne. La *Clarté S. Amour*, vairré d'or & de sinople.
La *Colliere*, esc. au 1. & 4. d'argent au chef de Gueules, chargé d'vne macle d'or, au 2. & 3. d'or au lyon leopardé de Gueules.
La *Collaye*, escartelé au premier & quatre d'argent, au chef d'asur, chargee d'vne macle d'or au deux & trois d'or, au lyon leopardé de Gueules.
La *Coste Gournay*, de Gueules à quatre faces d'or, party de Gueules à dix billettes d'argent 4.3.2.1.
La *Coste*, de Gueules à la manche mal taillee d'or.
La *Coste*, voyez *Grandselue*.
La *Coste*, d'argent semée de tours & de fleurs de lys sans nombre d'asur.
La *Court*, de Gueules à trois bandes de vair, au chef d'or.
La *Cressonniere*, bandé d'argent & d'asur de six pieces, à la bordure de Gueules.
Le *Croix*, d'azur à vne teste de cheual d'or, au chef de Gueules, chargé de trois croissans d'argent.
Le *Croix*, d'asur à la croix pattee d'or, esc. de Gueules au lyon d'argent, ar. lamp. & cour. d'or sur le tout vn escu d'or plain.

L

| Paris. | La *croix*, d'afur à trois croix couppée d'argent 2. & 1. |
| Bourbonnois. | La *croix*, d'afur à la croix d'or, cantonnée de quatre cocquilles de mefmes. |

La *curée*, de Gueules à fept lofanges d'argent pofées en bande.

La *curée*, dit *Filet*, de Gueules à trois fuzée d'argent mife en bande.

Bretagne. La *Driennaye*, femé de France au lyon d'argent.

Paris. La*duocat*, d'azur à la face d'argent, accompagnée de trois croiffans d'or en chef, & d'vn lyon en pointe de mefme.

La *Fare*, d'or au lyon de fable.

La *Fare*, d'afur au chafteau à deux tours fur vn rocher d'argent au lyon paffant de mefme.

Lyonnois. La *Faye*, d'argent à trois arbres de finoples, au cerf au naturel en cœur.

Bourbonnois. La *Fayette*, d'or à la bande dantellée de Gueules, à la bordure de vair.

La *Ferriere*, d'argent à deux lyons leopardez de fable.

La *Ferriere*, d'hermines à la bordure de Gueules, chargée de trois fers de cheual d'or.

Paris. La *ffemas*, de Gueules à vn arbriffeau d'or fortant d'vne terraffe de mefme.

La *Feuillie*, d'argent à la croix engreflée d'argent.

La *Feuille*, d'argent à trois feuilles de hou de finople.

La *Fin de Beaumanoir*, d'argent à trois faces de fable, à la bordure engreflée de Gueules.

Dauphiné. La *Flotte*, d'argent fretté de Gueules au chef d'or.

La *Fontaine*, d'afur à la bande canelée d'argent, accompagnée de trois eftoilles d'or.

Bretagne. La *Fontaine Dongnon*, d'afur à trois bandes efchequées d'or & de Gueules de trois traits.

Bretagne. La *Foreft*, d'hermines à deux haches d'armes adoffées de Gueules.

La *Foreft*, d'argent à trois tourteaux de fable.

Bourbonnois. La *Foreft Mauvoifin*, d'afur à trois leopards d'hermines.

La *Foreft*, d'afur à fix cocquilles d'argent 3. 2. 1.

La *Foffe*, d'afur au lyon naiffant d'or, brifé d'vne eftoille de mefme.

Aniou. La *Frefnaye*, d'argent à deux faces de Gueules, à l'orle de huict merlettes de mefmes.

Poictou. La *Frette*, d'or à deux lyons leopardez de fable.

La *Frette*, pallé d'argent & d'afur de fix pieces.

Bretagne. La *Frette*, d'hermines au fautoir de Gueules, chargée en cœur d'vne croix pattée d'or.

La *Galliffonniere*, d'afur à trois papillons volans d'or.

La *Garde-vins*, d'afur à la tour d'argent maçonnée de fable fur vne coline de mefme, accoflée de deux eftoilles d'or.

Dauphiné. La *Garde*, d'afur à la viure d'or, accompagnée de fix mouchetures d'hermines d'or, trois en chef & trois en pointe.

La *Garde*, de Gueules à trois foleils d'argent.

Auuergne. La *Gardet*, de Gueules à la bande d'or pallée de deux pieces d'afur acoftée de fix eftoilles d'argent.

La *Geraudier*, gironne d'argent & de fable de dix pieces.

La*gny*, d'afur au vol eftendu d'or.

Picardie. La *Gorde*, d'or au chef coufu d'argent, au lyon de Gueules fur le tout.

Picardie. La *Gouppiliere*, d'argent à trois renards d'afur.

La *Goutte*, d'argent au chevron de Gueules, accompagné de trois eftoilles de mefmes.

La *Grange*, palé & contrepallé d'or & d'afur de fix pieces, ou d'or à trois ranchers de Gueules.

La *Grange de Montreuil*, d'afur au chevron d'or, chargé d'vn croiffant de Gueules, accompagné en chef de deux eftoilles d'or, & d'vne rofe en pointe de mefme.

La *Grange*, de finople au lyon d'or, au bafton de Gueules, bronchant fur le tout.

La *Grange le Roy*, d'afur à trois oyfeaux d'argent, au croiffant de mefme en cœur.

La *Grange Trianon*, de Gueules au chevron dantelé d'argent, chargé d'vn autre chevron de fable.

L

La Grange, de Gueules à trois merlettes d'argent au franc canton d'hermines.

La Grand-Haye, d'or à deux faces de Gueules à lorle de merlettes de mesme.

La Gresle, d'argent a trois faces de de Gueules, à la bande d'asur, chargée de trois fleurs de lys d'or bronchant sur le tout.

La Grenade, de Gueules au grenadier d'or, accomp. de deux estoilles de huict rais de mesme.

Aniou.   *La Gresille*, d'argent fretté de Gueules.

La Guerche, de Gueules a deux leopards d'or.

La guesse, d'or au chevron de sable, accompagné de trois coqs ou buchets de mesmes.

La quiche, de sinople au sautoir d'or.

Normandie.   *La Haye*, d'argent au sautoir d'asur.

La Haye, d'asur à la bande d'or, chargée de trois treffles de Gueules.

Bretagne.   *La Haye du Torcé*, de sable à la croix engreslée d'argent.

Normandie.   *La Haye*, d'argent à trois escussons de Gueules.

Paris.   *La Haye Ventelay*, contre parry & chevronné d'or & de Gueules, chaque chevron de mesme de l'vn en l'autre.

La Haye, de Gueules à trois besans d'or en chef, trois billettes d'argent en face 2. 1. de mesmes.

Vermandois.   *La Haye*, eschequé d'or & de sable.

Normandie.   *La Heuse*, d'or à trois houseaux de sable, la premiere chargée d'vn manteau d'argent.

La Houssaye, eschequé d'argent & d'asur.

La Houssiere, d'argent à la face d'asur, chargée au milieu d'vn escu d'argent à vne bande losangée de Gueules accostée de deux cocquilles d'argent, & sur le chef trois merlettes Gueules.

La Iaille, d'or au leopard lionné de Gueules, accompagné de cinq cocquilles d'asur mises en orle.

Prouence.   *La Iaille*, d'argent à trois fuzées de sable.

La Isué, d'asur à trois demy vols d'aigle d'or.

La Iugie, dit *du Puy*, escartelé au premier & quatre d'asur à deux lyons affrontez d'or, au deux & trois d'argent à la bande d'asur, accomp. de six roses de Gueules party d'asur à vne face d'or, sur le tout d'or au lyon de Gueules.

La lain, burellé d'argent & de Gueules au chef d'asur.

La lain, de Gueules à dix losanges d'argent.

La lane, d'asur au demy vol d'argent, au lambel d'or en chef.

La lemand, d'argent au chevron d'asur, chargé de trois estoilles d'or à six rayons au chef de Gueules, chargé de trois estoilles d'or.

Prouence.   *La liere*, d'argent à deux bandes de Gueules, accompagnées de deux billettes de mesmes.

La luserne Bredars, d'or à la croix (ou fer de moulin) encrée de Gueules, chargée de cinq cocquilles d'argent.

La Lathuniere, d'argent à la croix de Gueules, cantonnée de quatre lyons de sable.

La Marck, d'or à la face eschequée d'argent, & de Gueules de trois traits.

La Magdelaine Ragny, d'hermines a trois bandes de Gueules, chargées de cocquilles d'or sans nombre.

Lyonnois.   *La Marche*, d'argent au lyon de Gueules, à la cottice d'asur, bronchant sur le tout.

La Margeliere, de sable à trois fleurs de lys d'argent.

La Mare, d'argent à la croix de Gueules.

La Mare, d'asur à la bande d'or, chargée de trois estoilles de Gueules.

La Mare de Chavigny, de Gueules au chevron d'or, accomp. de trois cocquilles de S. Iacques de mesmes.

La Martiniere, dit *le Comte*, d'argent à la bande d'asur, accomp. de six roses de Gueules mises en orle, trois en chef & trois en pointe, escartelé de face d'or & d'asur de six pieces au baston noüeux mis en bande bronchant sur le tout.

Bretagne.   *La Massué*, de Gueules à trois masses d'argent, à la bordure de sable.

La Manesue, d'argent à lorle de huict molettes de sable, à l'escu en abysme de Geueules, à trois lyons d'argent 2. 1.

L

Lambert, d'afur à deux chevrons, accomp. de trois estoilles de mesmes.

Lambert, d'argent au lyon de finople.

Languedoc. Lambert, d'argent au pal d'afur, chargé d'vne croix de quatre rayons d'or.

Normandie. Lambert, de Gueules au chevron d'or, accomp. de deux croissans en chef & d'vn gland en pointe.

Dauphiné. Lambert, d'argent à trois bandes de fable.

Bretagne. Lambifq, d'argent à trois bandes, celle du milieu de finople, les deux autres de Gueules.

Lambrufche, d'or au cœur d'afur, produifant vn trefle de finople.

Lamcelle, de Gueules au fer de flefche d'argent, pofé en bande la pointe en bas.

La Meilleraye, de Gueules au croissant d'hermines de cinq mouchetures.

La Mer, de Gueules à la bande d'argent, accomp. de fix croix recroifettées, au pied fiché, trois en chef & trois en pointe de mesmes.

La Meet, d'argent à trois maillets de fable, efcartelé de Gueules au lyon d'argent, fur le tout d'or à trois maillets de Gueules.

Paris. La Mirault, d'or à la roze de Gueules, au chef de mesme.

Lamy, d'azur au chevron d'or, accomp. vers le chef de deux tourterelles affrontées d'argent, & en pointe d'vn cypres d'or.

La Moignon, lofangé d'argent & de fable, au franc canton d'hermines.

La Moignon, efcart. au premier & quatre de Gueules à trois mouchetures d'argent au deux & trois d'argent fretté de fable.

La Morodaye, de fable à deux fleurs de lys d'argent, au chef de Gueules, à la bordure d'or.

La Morliere, d'afur au lierre d'or, au chef d'argent, chargé de trois estoilles de finople.

La Mothe Serrans, d'argent à trois lyons leopardez de Gueules.

La Mothe, d'afur à trois rofes d'or.

La Mothe Tigergour, d'or à quatre faces de Gueules, les deux premieres ondées.

La Mothe, d'argent à la face de Gueules, accompag. de fix fleurs de lys au pied coupé de mesme 3.3.

La Mothe de Iarne, d'afur à trois pals d'or.

La Mothe Iacqueron, d'afur à la face de pourpre, chargéed'vn croissant d'argent, accomp. de trois rofes de mesmes.

La Mothe d'Aubigni, vairré d'argent & de finople à la croix de Gueules.

La Mothe Taiff, de Gueules à trois fufées d'argent mifes en pal.

La Mothe, taillé de Gueules fur fable en demy cercle en pointe au lyon naiffant, d'or, & bronchant fur le tout au chef d'argent.

La Mothe de Hermel, efcartelé au premier & quatre d'afur, à la déxtrochere d'argent, tenant vne fleur de lys d'or, au fanon de mesme, mouuant du cofté fenextre, au deux & trois d'argent, à la teste de loup, arrachée de Gueules languée d'or.

La Mothe, d'argent à trois faces de finople.

La Mothe Darcon, d'argent au chevron camponné d'or & de Gueules, accomp. de trois estoilles d'or.

La Mothe de Montigni, d'argent à trois chevrons de finople, chargez chacun de fix pots à fleurs d'or.

La Mothe Vauclere, de Gueules à trois bandes engreflée d'argent.

La Mothe, vairé d'or & d'afur.

La Mothe, d'afur à la croix d'argent, accomp. de quatre fleurs de lys d'or.

La Mothe, d'argent au roch de fable efcar. de fable au roch d'argent, fur le tout d'afur à la fleur de lys d'or.

La Mothe Houdancourt, d'afur à la tour crenelée d'argent, au levrier courant de Gueules, accollé d'afur a la bande d'or, accompagnée de trois tourteaux de gueules au cofté de l'efcu, & d'vn lambel de trois pieces en chef de mesme.

La Muffe Bruflon, d'argent au griffon de fable.

Lamoureux, d'argent à trois macles de fable 2.1.

La Mouffaye, d'argent au lyon couronné de Gueules.

L

La *Nauve*, de Gueules à la nef equipée & voillée d'argent, ses trois masts surmontez de trois estoilles d'or.

Landas, emmanché d'argent & de Gueules.

Lango, d'argent au lyon d'asur.

Langeron Daudran, d'asur à trois estoilles d'argent, escartelées de Gueules à quatre faces endanchées d'argent à vne bande d'asur, chargée de fleurs de lys d'or sans nombre.

Langres, d'asur au sautoir d'or, accomp. de quatre fleurs de lys de mesmes.

Langest de Lion, escartelé au premier & quatre d'asur a trois cerfs d'or, le deux & trois d'asur à trois estoilles d'or.

Auuergne. *Langheac*, d'or à trois pals de vair, ou d'hermines, selon aucuns.

Landes, d'asur à trois chevrons d'or.

Landri de la Tour, d'or à la tour crenelée de Gueules de trois pieces maçonnée de sable.

Lange, d'azur au croissant d'argent, surmonté d'vne estoille de mesme.

Langines, d'asur a la tour crenelé d'or auec son auant-mur de mesme.

Langan Bois-Feurier, de sable au leopart d'argent, ar. lamp. cour. d'or.

Bretagne . *Lanhort*, d'argent à deux bandes de sable.

La *Neuuille*, d'argent à la croix de Gueules, cantonnée de quatre fleurs de lys d'or.

La *Nest Champost*, d'argent à la vache de Gueules, accornée & onglée d'argent.

La *Nion Vieux-Chastel*, d'argent à trois merlettes de sable, au chef de Gueules, chargé de trois quintes fueilles percées d'argent.

Lasuer, d'azur au sautoir de carreaux d'or, accompagné de quatre aigles de mesmes.

La *Noûë*, d'azur à la croix d'or cantonnée de quatre gerbes de mesmes.

La *Noûë*, d'argent bastonné de dix pieces, au chef de Gueules, chargé de trois testes de loup arrachées d'or.

La *Nocle*, dit *la Fin*, d'argent à trois faces de sable, à la bordure engreslée de Gueules.

Bretagne. *Lannoy*, d'argent à a trois lyons de sinople, couronnez d'or au chef de Gueules.

Lannes, d'or à l'estoille de Gueules.

Lansac, burelé d'argent & d'asur, escartelé de cinq points d'asur, equipolez a quatre d'argent.

Lantaige, de Gueules a la croix alisée d'or, escartelée d'azur a la nille d'argent.

La *Pilletiere de Marlœuf*, d'azur a deux espées croisées par les pointes les gardes en haut d'argent.

La *Palisse*, de Gueules au lyon d'argent.

Aniou. La *Palu*, d'argent a la face de sable.

La *Palu*, de Gueules a la croix crenelée d'argent, chargée de neuf hermines de sable.

La *Pause*, d'argent a la bande camponée d'argent & de Gueules.

La *Pause*, de Gueules a trois ondes d'argent, au pont sur vn arche de mesme.

La *Pemente*, dit *le Granger*, de Gueules a trois dragons volans de sable.

La *Plancq*, d'argent semé de billettes de sinople, au lyon de mesme.

La *Plancq*, d'argent a vne main de sable, surmontée de trois besans de mesmes, a lorle de merlettes aussi de mesmes.

La *Platiere Bouruelier*, escar. au 1. & 4. d'argent, au chevron de Gueules a trois annelets de sable, au 2. & 3. de Gueules, a trois molettes d'or.

La *Plume*, coupé d'or & de sable, l'or chargé de trois aigles de sable, & le sable chargé de trois aigles d'or.

La *Plisse Nuchon*, d'asur a trois besans d'argent en cœur & vne fleur de lys d'or.

La *Poipe Despilli*, d'asur au cocq d'or, au chef de mesme, chargé de trois molettes de sable.

La *Poipe Feriere*, de Gueules a la face d'argent.

La *Pirelaye*, de Gueules a trois macles d'or a vn anelet d'argent en chef.

Dauphiné. La *Porte*, de Gueules a la tour d'argent.

La *Porte*,

L.

La *Porte*, de gueules à la croix d'or.

La *Porte Framboisiere*, escartelé au 1. & 4. d'or, à l'aigle à 2. testes de sable, bequé & membré de gueules, aux deux & trois de gueules, à vne cotte d'armes d'hermine, sur le tout de gueules à la tour d'or.

La *Porte Vesins*, de gueule au croissant d'hermine, bordé d'or.

La *Porte neuve dite Gur*, d'azur à 7. macles d'or.

La *Poterie*, de gueules à la croix d'or.

La *Poterie le Roy*, d'azur au chevron d'or, acc. de 3. estoilles d'or.

La *Queille*, de sable à la croix engreslée d'or.

L'*archer*, d'azur au chevron d'or, acc. de 2. roses d'arg en chef, & d'vne croix patriarcalle, de mesme en pointe.

Larchant Grincoul, de gueules à 3. estoiles d'argent, à 1. escart. d'azur au lion d'or, tenant de ses pates vn rameau de laurier de mesme.

Larcot, de sable, à 3. faces d'arg.

La *Raris*, d'arg. au lion de sable ar. cou. de guel. acc. d'vne estoille & d'vn croissant d'arg. en chef, & d'vne rose en pointe de sable.

La *Reste*, d'azur à la croix pattiarcalle, d'arg. esc. de gueule, à la tour d'or.

La *Renardiere*, d'azur à 3. renards d'or.

Largentaye, d'arg. à la bande d'or, viurée de gueul. acc. de 6. merlettes de mesme.

Largentier de Chapellaine, d'azur, à 3. chandeliers d'Eglise d'or, posés en pal.

La *Riuiere*, de gueule au chevron d'hermines.

La *Riuiere*, de gueule à la croix d'or, frettée d'azur.

La *Riuiere Chaulemy*, de sable à la bordure d'argent.

La *Riuiere*, d'argent à la bande d'azur, chargée de 3. lionceaux d'or, acc. de 7. merlettes de sable, au franc canton de gueule.

La *Riuiere*, d'azur au chevron d'or, acc. de 3. croix, au pied fiché de mesme.

Larmage, d'azur, à la bande d'or au chef de mesme.

La *Roche Audry*, losangé de gueul. & d'arg. les losang. d'arg chargée de 2. faces d'azur.

La *Roche Daim*, de sable à 3. testes de Daim d'or, les 2. du chef affrontées.

La *Roche de Couron*, d'hermines, à 3. faces, breteslée & cont. de gueule.

La *Roche*, d'arg. à la face de sable, danchée, acc. de 3. estoilles de gueul.

La *Roche Chemeraut*, escart. au 1. & 4. d'argent, à 3 losanges & demie de gueule, en face, au 2. d'azur, à la croix d'argent, ayant les bouts dentelez de 3. pieces, au 3. d'hermine, au chef de gueule, au 4. d'or, à l'aigle esployé de sable.

La *Roche*, de gueule à 3. losanges en bande, la premiere & 3. partie d'argent & d'azur, celle du milieu partie d'azur & d'argent.

La *Roche Baritault*, de sinople au lion d'argent.

La *Roche Turpin*, de gueule, à 7. losanges en bandes d'arg.

La *Rochelle, ville*, de gueules au Nauire d'arg. les 3. mats som. de 3. fleurs de lys d'or, suportée des ondes d'azur, au chef de mesme, chargé de 3. fleurs de lys d'or.

La *Roche Chenard*, burelé, d'argent & de gueules de 8. pieces, chargée de 5. faces de sable,

La *Roche*, d'or, au Rocher de sable.

La *Roche Bernard*, d'or à l'aigle esployé de sable, m. & becq de gueule.

La *Roche*, ecartelé d'arg. & de gueule, à l'aigle esployé, escartelé de l'vn en l'autre.

La *Roche Tisson*, facé d'hermine & de sinople de 6. pieces.

La *Roche Posay, dit Chastaigner*, d'or au lion posé de sinople.

La *Roche Maillet*, d'azur à trois merlettes d'or.

La *Roque*, d'or, au gazon produisant 3. espics de bled de sinople.

La *Rocque*, d'azur à 3. faces d'arg.

La *Roche-Foucault*, burelé d'arg. & d'azur, de 10. pieces, chargée de 3. chevrons de gueule.

La *Roussiere, dit grand*, d'azur à 3. chevrons d'or.

La *Rossere*, d'argent au chevron de gueule, chargé de 3. rozes d'or.

La *Rouxere*, d'arg. à la croix de sable.

Larsay, d'argent au lion de sable.

L.

La *Ruë*, d'arg. à 3. faces de gueule.

Auvergne. La *Salle*, d'or, à la croix ancrée de sinople au franc canton de gueule.

Bourgogne. *Poictou.* La *Salle*, de gueules à la tour d'argent, soutenuë de deux billots d'or, fichez au pied.

La *Salle*, ondé d'argent & de gueule de 8. pieces.

La *Salle*, d'argent, à 3. tourteaux d'azur, mis en bande.

La *Saugere*, de sable, semé de fleurs de lys d'arg.

La *Sangle Chaouel*, d'argent au sautoir de sable, chargé de 5. cocquilles d'argent.

La *Scalle*, d'or, à l'aigle à 2. testes de sable, tenant sous ses pieds vne eschelle de gueule.

La *stre*, d'argent, à l'orle de 8. merlettes de sable.

La *Sornac*, d'hermines, à 2. haches d'armes, adossée de gueul.

La *Souche*, d'azur, à 3. pigeons d'arg. les 2. du chef affrontés, l'autre en pointe, & vne estoille d'or en cœur.

La *Taillais*, coupé, endanché le 1. d'arg. le 2 de sable, au sautoir d'arg.

La *Taillais*, d'azur, au chevron d'or, acc. de 3. estoilles de mesme.

La *Tour de Buillon*, escartelée, au 1. d'or, au gonfanon de gueule, de 3. pendants, frangé & bordé de sinople, qui est d'Auvergne, au 2. de France, au baston de gueul. pery en bande, qui est Bourbon, au 3. de gueul. au lyon d'or, l'escu semé de billettes de mesme, qui est Nassau, au 4. d'or, à 3. tourteaux de gueul qui est Boulogne, sur le tout de gueul. semé de fleurs de lys d'or, à la tour d'arg. m. de sable, qui est la tour, party d'argent, à la face de gueul. soutenu d'or au corner d'azur, lié & virollé de gueule.

La *Toisson*, de gueule à la bande d'or, chargé d'vne quinze feüille d'azur.

La *Tour Gouuernet*, d'azur à la Tour donjonnée d'arg. m. de sable, au chef de gueul. chargé de 3. casques d'or.

La *Tour*, de gueule à la bande d'or, chargée d'vne foine d'azur.

Prouence. La *Tour*, d'azur à la Tour d'arg. crenelée de 4. creneaux à 2. colombes affrontée, perchée sur les 2. creneaux des extremitez, tenant en leur bec vne estoille d'or, m. & bequée de gueule.

La *Tour Montbelet*, de gueule à trois Tours, crenelées d'or.

La *Touraigne*, de gueule au chevron d'arg. à la bordure componnée de mesme, esc. de Ierusalem & de Naple.

La *Tour Colonné*, d'argent à la Tour de gueul.

Saintonge. La *Tour*, d'argent à l'Aigle de gueul, m d'or, à la bordure d'azur, chargée de six Besans d'or.

La *Tornelle*, d'or à 5. Tornelles d'azur mise en sautoir.

La *Touche Trebery*, de sable à 3. Croissans d'argent.

La *Touche Auxant*, d'azur à la Cotice d'or, acc. de 3. Estoilles de mesme au chef d'argent.

La *Touche Rauland*, d'argent à trois cornets de sable,

La *Touche*, d'or à trois Torreaux de gueule.

La *Trie*, d'or à la face de gueule chargée d'vn Oyson d'or acc. de deux fleurs de Lys de gueule.

Bret. La *Trimeliere*, d'azur au chevron d'or, acc. de 3. Roses d'argent percée d'or.

La *Troussiere*, d'or à la Croix de sable,

La *Troussé*, d'azur au chevron potencé & contre potencé, en dedans d'or, acc. de 3. Aiglettes d'argent au chef d'or, chargé d'vn Lyon Leopardé de gueule.

La *Tuffiere*, d'argent à trois Lyons de sable arm. & lampassés & couronnés d'or.

Laudran Granchamp, de gueule à trois espics de millet d'or.

La *Vache*, d'or à 3. Testes de Vaches de gueule.

La *Val*, d'or à la Croix de gueule, chargée de cinq Cocquilles d'argent, cantoné de 16. Alerions d'azur.

La *Vallette Dardée*, escartelé de gueule & d'azur à la Croix pomerée & fichée d'or.

La *Vallet Parisot ou Cornusson*, de gueule au Peroquet, d'argent party de gueule au Lyon d'or.

La *Vallée*, de gueule à trois fermeaux d'argent.

L.

Anion. Lauardin, d'azur à onze billettes d'argent.

La *Vaugour*, d'argent au chef de geule.

Laubigeois, d'or à la face de gueule, à la bordure d'azur.

La *Veuë*, d'azur à l'Aigle d'or, regardant vn Soleil de mesme au prem. canton.

La *Vergne* d'Aufolle, de gueule au chef d'argent chargé de 3. vanets de fable efcartelé d'azur à 3. efpics d'or.

La *Vergne*, de gueule à 3. Pals d'or chacun chargé d'vne molete d'efperon de fable en chef.

La *Vere*, de gueule à la bande d'or, acc. de 6 Cocquilles de mesme en orle.

La *Vernade*, de gueule à l'arbre auec fes racines d'or, acc. de 2. eftoilles de mefme.

La *Veriere dit Senton*, d'azur au Lyon affis d'or, tenant en fa pate droite vne fleur de Lys de mesme auec ces mots, *Accipe daque fidem.*

Lauedan, d'argent à trois Corbeaux de fable.

La *Verne*, d'azur à 3. demis vols d'or mouuans de l'abyfme de l'efcu, chargé en cœur d'vne Rofe de gueule.

La *Veronne*, d'argent au chef de fable à la bordure de gueule efcartellé d'azur à 2. Nymphes d'argent, foutenant de leurs mains vne fleur de Lys d'or cour. de mefme.

La *Verne*, d'argent à l'Arbre de finople.

La *Vieu*, coupé de vair fur gueule.

La *Vieuuille de Rugles*, d'argent à 6. feuilles de hou d'azur 3. 2. 1.

La *Videuille*, face d'or & d'azur de 8. pieces.

La *Vigne dit de Hout*, d'azur à dix billets d'or 4. 3. 1. 1.

La *Ville dit la Charlotte*, d'argent à la bordure engreflée de gueule.

La *Ville-neuue*, de gueule au Lyon morné d'arg. l'efcu femé de billetes de mefme.

La *Villean*, d'argent à l'Aigle de fable au chef de gueule chargé de trois Croix coupées d'argent.

La *Veziere*, d'or au chevron d'azur acc. de 2. Aiglettes de mefme en chef.

Launay, d'argent à deux bandes d'azur.

Launay *de Genes*, d'hermine à la face de gueule.

Launay *Defcamin*, d'azur à 3. corps de chaffes garnis d'argent.

Launay la *Boffiere*, d'argent à 3. Lyons de finople.

Launay *Demerancourt*, efchiq d'or & d'azur de 25. pieces.

Launay *ponfal*, d'argent au chevron engreflé de fable des 2. coftez, efcartelé d'hermines à la face de gueule chargée de 3 bezans d'or.

Laurans, d'arg. au lorrier de finople au chef d'azur chargé de 3. eftoilles d'or.

Lauris, d'argent à 3. bandes celle du milieu de finople, les 2. autres de gueules.

Lauzon, Tiercé en bande d'or, de gueule, & d'azur.

Lauzon, d'azur à 3. Serpents qui fe mordent la queuë, d'azur.

Lauor, de fable à 6. bezans d'argent.

La *Voipierre*, couppé d'azur fur or au Lyon dragonné de l'vn en l'autre, la queuë tirante vers la pointe de l'Efcu.

La *Vofhe*, de gueule à trois Leopards d'or au lambel d'azur femé de France.

Lautray, d'argent à la face de fable.

La *Vueue de Montagnac*, d'azur à l'aigle efployé d'or à trois eftoilles en chef de mefme.

Prouence. Layncel, de gueule au fer de fléche d'argent mis en pal.

Le *Anthoin*, bandé d'or & de gueules de 6. pieces.

Le *Aumon Puygallar*, d'azur au faucon, au vol eftendu, perché, lié, & grilleté d'arg.

Le *As*, d'azur à 2. Lyons affrontez d'or, au lambel de gueules.

Le *Baueux*, de Gueules au chevron d'arg.

Le *Bauft de Chiray*, d'azur au chevron d'or en pointe, & vne eftoille de mefme au chef coufu de Gueule, chargé de trois pals d'or.

Le *Belin Pufquet*, de finople à trois Beliers accornez d'argent, le fecond du chef fautant.

L

Le Beau, d'azur à la face dargent acc. de 3. Cocquilles de mefme en chef, & d'vne
eſtoille en pointe.

Le Bigot, de Gueule à la bande darg. acoſtée de 6. croiſettes d'or 3. 3.

Le Bloy, d'azur au Lyon d'or.

Le Blond, d'argent à la Herce de ſable acc. de 3. Tours de Gueules.

Le Bois, d'arg. à la Croix de Gueules chargée de 5. fermailets d'or.

Le Borgne, d'or au Lyon de ſable.

Picardie. *Le Borgne de Montigny*, d'or à l'aigle de ſable.

Le Bœuf, de Gueules au bœuf paſſant d'or, la queuë fourchuë paſſée entre ſes
iambes remontant en haut.

Le Boulanger, d'azur à la face d'or acc. de 3. eſtoilles en chef de mefmo.

Le Bourgoin, d'azur à trois encres d'or.

Le Brat, d'or au leurier d'azur à la face de Gueules dantelée d'arg.

Le Bret, d'azur à la Tour d'or au chef d'argent chargé de 3. hermines de ſable.

Le Breton, d'argent au Lyon Leopardé de ſable.

Le Brun la Broſſé, d'arg. au chevron de Gueule, acc. de 3. molettes de ſable.

Le Brun, d'azur à vne montagne de ſinople ayant à la pointe vn roſeau d'or, acc.
de 2. eſtoilles d'argent.

Paris. *Le Camus*, d'argent au Pelican de gueule, au chef d'azur, chargé d'vne fleur de lys
d'or.

Le Captal de Buch, d'or à la Croix de ſable, chargée de 5 coquilles d'arg.

Le Cat, de Gueule à la Tour d'arg.

Le Caron, de Gueule à 3. beſans darg.

Le Cellier, dit *Cheuets*, d'azur au Lyon d'or au chef de mefme, chargé de 3. eſtoilles d'azur.

Le Chaſtelin, de Beaumon, d'azur à 2. bares d'arg. tenant l'vne à l'autre.

Le Charon, d'azur au chevron d'or, acc. de 2. eſtoilles en chef & d'vne Rouë de
charette en pointe.

Le Chaleux, d'or à la face de ſable chargée d'vn ſautoir d'or, acc. en chef de 3. Roſes
de Gueule, & en pointe de 2. bandes de ſable.

Le Chaſtel, facé d'or & de Gueule.

Le Cheron, d'azur, à 3. Teſtes d'hommes d'or couuerts de chappeaux de mefme.

Le Cirier, d'arg. à 4. hermines d'azur, & en cœur vne eſtoille de Gueule.

Le Cirier de Neuchelle, d'azur à 3. Licornes d'or.

Le Clerc, d'arg. à l'eſcurieu rampant de Gueule tenant de ſes pates de deuant vne
pomme d'or la rongeant.

Le Clerc, d'azur à 3. Croiſſants d'arg. à la bordure d'hermine.

Le Clerc Mauny, darg. à la Croix d'azur, acc. de 4. Coquilles de Gueule.

Le Clerc Salencourt, d'azur à 3. Croiſſants d'or au lambel en chef de mefme.

Le Clerc Leſeuille, de mefme.

Le Clerc Boiſrideau, de Gueule au Croiſſant d'arg. d'où naiſt vn Lion de mefme.

Le Coc, d'azur à 3. cocqs d'or m. b. de gueule.

Le Compaſſeur, party coupé au 1 d'azur à trois compas ouuerts en chevron d'or au
2. d'or au crequier de Gueule ſouſtenu d'azur à 3. bandes d'or.

Le Comte, d'arg. à 3. Croiſſants d'or à l'eſtoille de mefme en cœur.

Le Comte, d'arg. à la bande d'azur, acc. de 6. roſettes de Gueule mis en orle eſcartelé facé d'or, & de Gueule de 6. pieces au baſton noüeux, bronchant
ſur le tout.

Le Cogneux, d'azur, à 3. porcs eſpics d'or.

Le Coſie, de Gueule au Croiſſant d'or, acc. de 6. Trefles de mefme.

Le Coudre, darg. au Lyon Leopardé de ſable.

Le Court, de Gueule à 3. bandes d'azur au chef d'or, chargé d'vn chevron d'azur.

Breſ. *Le Deuin*, de Gueule à la face d'arg. acc. de 3. eſtoilles de mefme.

Le Duc, d'or à la bande de Gueule chargée de 3. Ducs dargent, acc. de 2. echets
de Gueule.

Le deuille dit *Baugy*, d'azur à 3. troncs noüeux d'or poſez en pal à la molete d'eſperon en chef de mefme.

Lediguier

L

Lesdiguieres, de gueule au Lion d'or, au chef cousu d'azur chargé de trois Roses d'argent.

Le *Faouet Bauteville*, d'arg. à 5. faces de Gueule.

Dauphiné. Le *Fay de Perault*, d'arg. à la bande d'or, chargée d'vne Tour d'azur.

Le *Feron*, d'or au sautoir d'azur, acc. de 2. molettes de mesme, vne en chef l'autre en pointe, costoyée de 2. Aigles de sable.

Le *Févre*, d'azur à trois Lys de iardin boutonnez d'or, feüilles de sinople

Le *Févre*, d'azur à 2. bastons noüeux d'or en sautoir, acc. de 2. Croissants affrontez d'or en chef, & d'vne estoille de mesme en pointe.

Paris. Le *Fevrure*, d'azur à la Tour d'argent, acc. de 2. estoilles d'or & d'vne pencée de mesme en pointe.

Le *Fevrure de Pauilly*, d'azur à la Croix d'argent, escartelée d'or à 3. Couronnes à l'antique de Gueule.

Le *François Mausal*, d'argent à trois cocqs de sable.

Le *Gentil-homme*, d'argent à la face de Gueule, chargee de 3. besans d'arg.

Le *Gallo-Darchy*, chevronné d'or & de Gueules de 6. pieces.

Le *Gendre*, d'azur à la face d'argent, acc. de 3. Testes de filles de mesme.

Le *grand S. Germain*, d'azur à 2. bastons noüeux d'or, en sautoir, au chef endenté d'or.

Le *Grand*, d'azur à la face d'argent chargée de 3. estoilles de Gueules, acc. de 3. Lyons d'argent en chef.

Le *Granger Pinquernon*, d'arg. à 3. Dragons volants de sable.

Le *Gruyer*, de Gueule à la Croix endanchee d'or, cantonnez de 4. fers de Lances d'argent.

Le *Gruyer*, de sable au Chasteau sommé de 2. Tours d'or, eschequé d'argent & de Gueules.

Le *Grand de Varnay*, vairé d'or & de Gueules.

Beauce. Le *Gros*, d'azur à la face d'or, acc. de 3. sautoirs d'argent.

Bretagne. Le *Haudoin de Nanteüil*, de Gueules à 6. fleurs de Lys d'or 3. 2. 1.

Le *Hene*, d'or au chevron de Gueules, acc. de 3. Trefles de mesme.

Le *Homet Dauchy*, chevronné d'or & de Gueule de 6. pieces.

Le *Hirel*, d'arg. au pin de sinople chargé de 2. pommes d'or, sommé d'vn espreuier de mesme.

Houle. Le *Houle dit Vigne*, d'azur à 10. billetes d'or 4. 3. 2. 1.

Le *Mairat*, d'or au chevron d'azur, acc. de 3. testes de Paon arnaché au naturel lemp. party d'or & de Gueules, au Lyon party de mesme de l'vn en l'autre.

Dauphiné. Le *Martin de Champoleon*, d'azur au chevron d'or, au chef d'azur, chargé de 3. cors d'or.

L'*Hermite*, d'azur à trois Gerbes de blé d'or.

Le *Iar*, d'azur à l'Aigle d'argent.

Le *Iau*, de Gueule à trois lozanges d'argent, escartelé eschiqué d'or & d'azur au franc canton d'or au griffon de sable.

Le *Iay*, d'azur à l'Aigle, accompagné de trois Aiglons d'or, regardant vn Soleil au franc canton de mesme.

Bretagne. Le *Iuch*, d'azur au Lyon d'argent.

Le *Liévre*, d'azur au chevron d'or, acc. en chef de deux Roses d'argent & en pointe vn Aigle à 2. testes de mesme.

Le *Ly*, d'or à trois chevrons d'azur.

Le *Lorain*, d'azur au chevron d'or, acc. de 3. Colombes d'argent.

Le *Loup*, dit *de Fax*, de Gueule au Loup, ar. lamp. d'argent.

Le *Maistre*, la bonduë, d'or à 2. foüets mis en pal & adossez d'azur, au chef de mesme chargé de deux estoilles d'or.

Le *Maistre*, d'azur à 3. soucils d'or.

Le *Masson*, d'argent au chesne de Gueules, à la bordure de mesme.

Le *Meneust* dit *Brequigny*, d'or au Leopart de sable, acc. de 3. Roses de Gueules.

Br. s. Le *Moyne* dit *Rauergat*, d'argent à trois cocquiles de Gueules & en cœur vn Croissant de mesme.

Cc

L

Anion. Le *Moyne*, d'argent à sept lozanges de Gueules.

Le *Nain*, eschequé d'or & d'azur.

Lenoncourt, d'argent à la Croix danchée de Gueule.

Lenglantier, d'argent à trois torteaux de Gueules.

Lenfernal. d'azur au chevron d'or chargé de 2. Lyons de Gueule, acc. de trois branches de blé d'or feüillé de mesme.

Le *Ny Coetch*, de Gueule à la teste de Liévre coupé au naturel, escartelé d'argent à l'Escu en abysme d'azur, à l'Orle de 8. annelets de Gueules.

Le *Noble*, d'azur à trois Roses d'argent feüillée d'or, posées au flanc de l'Escu, mis en pal surmonté d'vn Croissant d'argent.

L' *Noir*, d'or au chevron de Gueules, accompagné de trois trefles de sinople.

Bretagne. *Leon*, d'or au Lyon morné de sable.

Picardie. Le *Page*, d'azur au chevron d'argent, accompagné de 3. cocqs d'or.

Le *Page*, d'azur au chapeau d'argent, & 3. estoilles d'or en chef escartelé de gueules à 2. Lyons affrontez d'or, le tout surmonté en chef de Ierusalem.

Le *Perier*, d'azur semé billets d'or.

Le *Perche*, d'azur billeté d'or au Lyon de mesme.

Le *Petit de Caën*, d'azur à la face d'argent, & au Leopard d'or en chef.

Le *Picard*, d'azur au Lyon d'or, Armé lamp de Gueules.

Le *Picard Estelan*, de Gueules à trois fers de Lances d'argent.

Le *Pin*, d'argent au chevron de Gueules.

Le *Porc*, d'or au Sanglier de sable.

Paris. Le *Prestre*, d'azur au chevron d'or, acc. de 2. besans de mesme en chef & d'vne Couronne de Gueule en pointe.

Bretagne. Le *Prestre*, d'azur à trois escus d'hermine.

Paris. Le *Preuost*, eschequé d'or & d'azur, au franc canton d'or, chargé d'vn griffon dé sable.

Le *Prud'home*, d'or à l'Aigle esployé de sinople, manbré & becq. de Gueule.

Le *Puymonbrun*, d'or au Lyon d'asur, ar. lamp. de sable.

Auuergne. Le *Quesnelée*, d'hermine au chef de Gueule chargé de 3. fleurs de Lys d'or.

Le *Raix*, d'azur à 4. billetes en Croix cantonnée de 4. estoilles d'or, en sautoir & en cœur vne fleur de Lys de mesme.

Le *Rayer*, d'hermine à la quinte-feüille de Gueule.

Auuergne. Le *Ré*, d'argent au Lyon de Gueules au lam. de sable.

Auuergne. Le *Rigal*. d'asur à la Tour d'argent.

Le *Roy Guisancourt*, d'argent à sept fleurs de Lys de Gueule escartelé d'or à la bande de sable.

Le *Roy* dit *la Veroulliere*, de sable à trois chevrons d'argent, à la face de Gueule brochant sur le tout.

Le *Roy* dit *Gomberville*, de sable à trois chevrons d'argent, escartelé d'asur à la Croix danchée d'arg. sur le tout, d'arg. à trois chevrons de sable, à la face de Gueule bronchant sur le tout.

Le *Roux*, d'asur au chevron d'argent, acc. de 3. Roué d'or.

Le *Roux S. Laurent*, facé d'arg. & de Gueules au chef d'asur, chargé d'vne molette d'or.

Guienne. Le *Roux*, de sable à 2. Leopard d'or.

Le *Roux*, de Gueule à 4. pals d'arg. chargez de 3. besans d'or sur le tout.

Le *Sellier du Dehan*, d'or à l'Aigle, d'azur manbré & becqué de Gueule.

Les *Baux*, d'or à l'estoille, à 16. Rais d'asur marbré & beq. de Gueule.

Les *Bares*, lozangé d'or & de Gueule.

Prouence. Les *Baulx*, d'or au mouton de sable acollé d'argent.

Les *Bay*, d'or au Sanglier de sable au chef de Gueule chargé de 3. Roses d'arg.

Les *Boches de Veres*, de Gueules à 5. voilles d'argent 21.

Les *Biet*, d'arg. à la bande de Gueule chargée de 3. cocquilles de S. Michel d'or.

Lescalopier, d'or à la Croix de Gueules cantonnée de 4. Croissants de mesme.

Lescó, de sable à la teste de Cerf d'arg. acornée d'or.

Lescot de Liss, de sable à la teste de Cerf d'argent les cornes d'or & d'asur.

L

Lescoit, de sable à la face d'argent, chargée de 3. quinte-feüille de sable.

Paris. *Lechassier*, d'azur au chevron d'argent, chargé de 5. hermine de sable, acc. de trois demy vol d'argent.

Lescun, d'argent à 3. bandes de gueule, escartelé d'or à 9. losanges en pal 3. 3. 3.

Lescuyer Dongnon, d'azur au chevron d'argent chargée de 5. Rose de Gueules, acc. de 3. estoille d'or.

Les Essards, de Gueule au chevron d'or, & au lyonceau ayant la queuë fourchée de mesme.

Bretagne. *Les Essars*, de Gueule au chef d'hermines.

Les Groins, d'argent à 3. testes de Lyon arrachée de gueule.

Les Gentils, d'azur au chevron d'or, acc. de 3. Roüe de Sainte Catherine 1. 1. & d'vne espée en pointe de mesme.

Les Glantier, d'argent à trois tourteaux de gueules.

Prouence. *Les Grilles*, de Gueule à la bande d'argent, chargée d'vn Grillon de sable.

Bref. *Les Maes*, d'argent à 3. merlettes de sable, en cœur vn cornet de mesme.

Lespare, losangé d'or & de Gueule.

Bref. *Lessernet*, de sable à trois iumelles d'or.

Lesperuier, d'argent à l'espreuier d'azur, perché sur vne perche de Gueule & grilleté d'or.

Lespinay, d'argent au Croissant de Gueule, à 6. billettes de sable 3. 3.

Les Sangate, d'azur à la Croix d'or.

Lestang, d'azur à 2. Carpe d'argent en face.

Lestendart, d'argent au Lyon de sable ar. lamp. de Gueule chargé sur l'espaule

Limosin. d'vn escu de Hongrie.

Bourgongne. *Lestang*, de vair à 2. pals de Gueule.

Les Tours, losangé d'or & de sable.

Guienne. *Lestrade*, d'argent au Croissant renuersé de Gueule.

Les Raouls, facé d'argent & de Gueule de 6. piece, au chef d'azur chargé d'vne estoille d'argent.

Les Renauders, d'argent à l'arbre ou espine de sinople, au chef d'azur chargé de 3. estoille d'argent.

Bref. *Les Roux*, de sable à 2. Leopards d'or.

Maine. *Les Serpents*, d'or au lyon de sable.

Les Tuars de Briant, d'azur au sautoir d'arg. acc. de 4. mollete d'esperon de mesme.

Les Songant Prateras, d'azur à la Croix d'or.

Le Vayer, escartelé au 1. & 4. d'argent à la Croix de sable chargées de 5. miroüers glacés d'argent entournées & cerclez d'or au 2. & 3. de chabot.

Le Valle, de Gueules à 6. macles d'rgent.

Le Verat, losangé d'or & de Gueule, à la bordure de Gueule, escartelé de Vair.

Le Veyer, d'hermine à vne quinte-feüille de Gueule.

L'Euy, d'or à 3. chevrons de sable.

Le Visle, d'argent à la bande d'azur chargée de trois Croissant d'or.

Le Viuier, d'azur à l'aigle d'or.

Leully, escartelé au 1 & 4. d'argent à 2. face de gueules au 2. & 3. eschequé d'or & de Gueule.

Le Vetier, de Gueule au Croissant d'or, escartelé d'eschequé d'argent au chef de Gueule chargé d'vn lyon naissant d'or.

Le Vet, escartelé d'or & de sable.

Leizgnan Burelle, d'argent & d'azur de 10. pieces.

L'hermiee, d'azur à trois gerbes de blé d'or.

L'hermite, de sinople au Chapelet d'or mis en chevron.

L'Hospital, de Gueule au coq d'argent, cresté, manbré, bequé d'or, soustenant vn escusson d'azur, chargé d'vne fleur de lys d'or.

L'Hospital, d'azur à la Tour d'argent sur vn Rocher de mesme, au chef de gueule chargé d'vne molette d'or.

L'Huillier Dinteruille, d'azur à la face d'or à 3. Croissans moutans en chef de mesm.

L'Huilier, d'azur au lyon d'or, acc. de trois Cocquille de mesme, ou d'azur à trois Cocquille d'or, au lyonceau en abysme de mesme.

L.

Lintad, d'or à la bande de sable, chargée en chef d'vn estoille d'argent.

Limagne, d'azur à 3. limaçons d'argent 2. 1. à la fleur de lys en chef d'or.

Lieu Dieu, d'or à 5. face de gueule, escartelé d'azur à 5. Aiglons d'or.

Liege, d'azur à la Croix Patriarchale de sable fichée sur vne terrasse de sinople.

Liedlan, d'azur à trois clefs d'argent passée l'vne dans l'autre posée en perle.

Liede Kerq. de gueule à trois lyons d'or, au lambel d'azur.

La Borne de Porcié, d'argent à l'orle de merlettes de sable.

Ligny, de gueule à la face d'or, au chef eschequé d'arg. & d'azur de 3. traits.

Ligny, burellé d'argent & d'azur au lyon de gueule, semé de billetes d'arg.

Lignery, d'or au chef de vair au lyon de gueule bronchant sur le tout.

Ligny, de gueule à la face eschequée d'argent & d'azur de 3. traits.

Luramont, d'azur à 2. Leopards d'or.

Liedet, d'azur à 3. Rochers d'argent 2. 1. & pour deuise, *non est à terra molis ad astra via.*

Ville. *Limoges*, de gueule à la teste d'vn Saint orné à l'antiq d'argent au chef de France.

Limoges, d'or à trois lyonceaux d'azur.

Lineu, d'argent à la face de sable fretté d'or, acc. de 3. estoilles de sable.

Lyons, d'or au Lyon de sable.

Prouence. *Liorcel, ou Lugnei*, de gueule au fer de flesche mise la pointe en bas, d'arg.

Lisle Auger, d'or à la bande de Gueules.

Lisle Adan, d'azur au chef d'or, chargé d'vne dextrochere mouuant du flanc senextre reuestu & habillé d'hermines.

Lisine, d'or au chef d'azur au lyon naissant d'argent.

Guienne. *Lisle*, de Gueule au chef d'or.

Lisle, d'or à la bande de gueule.

Lisle Fresne, de gueule au chef d'argent.

Lisle du Gast, de gueule à la Croix d'argent frettée d'azur.

Ville. *Leon*, de Gueule au lyon d'argent au chef de France.

Listel, de sable au lyon d'argent.

Listenaü, de sable à 3. testes de leopards d'argent.

Linanges, d'azur à trois aigles d'argent.

Linteres, d'argent à la Croix ancrée de Gueule.

Liniere, d'argent à la bande de Gueules.

Lins, d'or au chef d'azur, au lyon yssant d'arg.

Limbaus, d'azur à trois marteaux d'or.

Liuron de Bourbon, d'argent à trois faces de Gueules au franc canton d'argent au Roch d'échiquier de Gueules.

Liuer, d'argent à la bande d'azur.

Liuerson, de mesme.

Normandie. *Lizieux*, de Gueule à 2. clefs passées en sautoir, cantonnées de 4. estoilles de mes.

Lobardemont Martins, de Gueule à la Tour d'or.

Loche, de gueules à 6. poissons d'argent 3. 2. 1. posez en face au chef de Franc.

Locheran, d'azur à trois testes d'hommes leurs chapeaux d'argent.

Bref *Loeac*, Vairé de trois pieces.

Lothe. *Lomelay*, d'or coupé de Gueule.

Lorsier. *Lombardie*, d'azur coupé sur l'or, au lyon passant de l'vn de l'autre.

Lomenie, d'or à l'arbre de sinople aux racines de mesme chargée d'vn tourteau de sable au chef d'azur, chargé de trois losanges d'argent.

Longemeau, de Gueules semé de tréfles à 2. taph. de Gueule mis en face & à deux Perroquets de sinople affrontez.

Longuenil, d'azur à 3. quinte-feüilles ou Rose d'argent au chef d'or chargé de trois quinte-feüilles de Gueules.

Longueil des Chenets, de mesme à la bordure camponée d'argent & de Gueule, de 16. piece.

France. *Longueil*, de mesme à vne teste de leopart d'or en pointe.

Longueil du Rancher, de mesme, au soucy d'or en pointe.

Longuenil, de la touche de mesme, au lambel en chef de 3. piece d'azur.

Longueuille

L.

Normandie. Longueville, d'hermine à la face d'argent.

Longueual, bandé de Gueules & de vair de 6. pieces.

Normand. Longueville, escartelé au 1. & 4. de Gueules au Lyon d'or, le 2. & 3. d'or à l'aigle esployé de sinople escartelé de Gueule.

Normand. Longueville, d'azur à 3. Roses où quinte-feüille d'argent au chef d'or à 3. Roses de gueule à la bordure camponée d'argent & de gueule de 16. piece, qui est des cherets.

Longchamp, d'argent à trois Croissants de gueules.

Longue-joüe, de gueule au ceps de vigne, chargé de trois grapes de raisin, le tout d'argent.

Orleans. Longuet, d'azur à la face d'or à trois musles de Lyon mis en chef de mesme.

Picardie. Longue Fort, d'hermines au Lyon d'azur.

Longemeau, d'argent semé de rréfles de sinople à 2. raph. de gueule mis en face & à 2. Peroquets de sinople affrontez au dessus.

Longroy, de gueule à l'escusson d'or à la bande d'azur au chef d'or.

Loraine, d'or à la bande de gueule chargée de 3. alerions d'argent.

Bref. Lorgueil, de gueule au chevron d'hermine, acc. de 3. estoilles d'argent.

Loriol, d'azur à la Tour d'arg. auec vn auant mur de mesme, massonné de sable.

Lorix, d'or à la face d'azur, accomp. de 3. aiglons de gueules.

Lorcade, d'azur à la bande d'hermine à 3. iumelles de gueules mises en bande.

Louuat, d'azur au Loup passant d'or.

Dauphiné. Louuat, pallé d'or & de gueule à la bande d'arg. chargé de 3. Lyonceaux de mesme.

Loubins de Verdal, de gueules au Loup, ramp. d'or.

Loudun, de gueules à la Tour donionnée & crenelée d'argent massonnée de sable.

Louuet, d'or à 3. hures de Sanglier de sable.

Loupy, de gueules à 5. annelets d'or en sautoir.

Lonuancourt, voyez Vauchelles.

Lospiee, d'argent à 10. billettes de gueules. 3. 2. 3. 2.

Picardie. Lose, d'argent au Lyon de gueule au lamp. d'or.

Losse, d'azur à 9. estoilles à 6. rais d'or rangée. 3. à 3.

Loyac, d'azur au chevron d'or surmonté d'vn Croissant d'argent, acc. de deux estoille d'or.

Lynes, d'azur à 7. besans d'or 4. & 3. au chef de gueule chargé d'vne face partie d'azur & d'or chaque partie chargé d'vne pinte de l'vn en l'autre la face soustenuë de 2. demy sautoirs d'argent.

Loz, de sable au Lyon d'argent couronné d'or.

Champagne. Loisie, d'azur au filet en face d'or à la bordure de mesme.

Loissier, d'argent à la face de gueule à vn arbre de sinople bronchant sur le tout en chef vn aigle d'or sur l'arbre.

Loiseleuch, d'arg, an Bœuf rampant de gueule onglé acolé & acorné de sable.

Lubrin, d'argent à la Licorne d'azur.

Lucien, d'argent à 3. chevrons de gueules.

Lucingo, escartelé 1. & 4. bandé d'argent & de gueules de 6. piece 2. & 3. d'azur à 3. faces de sinople.

Lucy, de gueules à 2. luths d'argent les manches ioignant les flanc de l'escu.

Lugny, d'azur au Lyon couronné d'or.

Luynes, escartelé au 1. & 4. d'or, au Lyon de Gueule couronné d'or, au 2. & 3. d'azur à 2. Louues rauissantes affrontées d'arg. sur le tout, d'or à la masse de sable mise en pal clotiée d'argent, au chef d'arg. chargé d'vn lambel de gueule.

Luyrieux, d'or au chevron de sable.

Luyset, d'azur au cygne d'argent mambré & becqué, de sable.

Lumagne, d'azur à 3. limasses d'argent montrant leurs cornes à vne fleur de lys en chef.

Prouence. Luna, eschequé d'or & de sable au chef d'arg. chargé d'vn Croissant renuersé eschequé d'or & de sable de 2. traits.

Lussac, de sable à 9. estoilles d'or rangée trois à trois.

Dd

L.

Prouence. Luſſenay, de gueule à 3. muſles de Lyon d'or.

Guienne. Luſe, de gueules à trois chevrons d'or.

Luxembourg, d'argent au Lyon de gueule la queuë paſſée en ſautoir ar. lamp. & couronné d'or.

Poiſtou. Luſignan, burellé d'argent & d'azur de 10. pieces.

M.

MAcel, de ſable à la face d'argent, accompagné de trois teſtes de belier de meſme. 2. 1.

Marchant, d'argent à trois teſtes do Corbeau attachées de ſable.

Machecol, d'argent à trois chevrons de Gueules.

Machecol, d'azur au chevron d'or, acc. de trois teſtes de Perdrix attachées de meſme.

Machefer, de ſable à trois fers de cheual d'argent.

Maconville, de ſinople au ſautoir d'or chargé de 5. merlettes de ſable adoſſées & affrontée.

Macriel, d'argent à la face diaprée de ſinople.

Madam, de gueules à l'eſcu d'hermine en abyſme.

Madron, d'or au Bœuf de gueule clariné d'azur au chef de meſme, chargé de 3. eſtoilles d'or.

Madelaine, d'hermine à la bande de 3. pieces de gueules chargée de 11. cocquilles d'or.

Maencourt, d'or à la bande fuſellée de gueule.

Bretagne. Magien Dandart, de ſable à trois eſtoilles d'or.

Magnac, de gueule à 2. pals de vair au chef d'or, chargé d'vn lambel d'azur de cinq pendents.

Magnerel, d'argent à la face de gueule, acc. de 3. Roſes de meſme.

Maillans, d'or à la bande de Gueules chargées de trois Croix d'argent.

Maillart, d'or à vn eſcu d'azur vidé & remply d'or chargé d'vn autre eſcuſſon de ſable duquel eſt yſſant vn Lyon de meſme bronchant ſur le tout.

Maillart la Roſiere, d'azur au chevron d'or chargé en chef d'vn tourteau de ſable ſurchargé d'vne Croix d'or, acc. de deux quinte-feüilles en chef d'or & d'vne face d'azur bronchant ſur le tout.

Malabarbe, d'hermines à 6. Roſes de gueules.

Malabarbe, d'azur au chaſteau d'or.

Malain, d'azur au Sauuage tenant ſa maſſe leuée d'or party d'argent au Lyon de gueule.

Malauſe-Bourbon, d'azur à 3. fleurs de lys d'or à la barre d'argent.

Maillé, d'argent au ſautoir de ſable

Mailly Nedra, d'or à trois maillets de ſable.

Mailly d'Auteville, d'or à trois maillets d'azur.

Mailly Laiſné, d'or à trois maillets de ſinople.

Mailly Conty, d'or à trois maillets de gueules.

Mailly, d'or à trois maillets de ſinople à l'eſcu en cœur party d'or & d'azur.

Mailly Ondoyé, d'or & de gueule en face.

Moilly, d'or à trois maillets de gueules.

Bourgogne. Maillet, d'azur au chevron d'or, accompagné de 3. muſles de Lyon de meſme.

Mailleraye, d'azur au chevron d'or, acc. de 3. Tourterelles d'argent couronnées d'or.

Maillans, d'or à bande de gueule chargée de trois Croix d'argent.

Mailloc, de gueules à 3. maillets d'argent.

Maillé, d'argent au ſautoir de ſable.

Maine, de gueule au Croiſſant d'or à la bordure de ſable chargée de cinq beſans en orle.

Mainard, d'azur à vne main au naturel, acc. de 3. eſtoilles d'or.

M.

Maireuille Filet, de fable au Lyon d'or paffant deuant vne Ville d'argent.

Maiſeres, de finople à la face d'argent.

Maiſe, face d'or & de gueule de 7. pieces à 7. fleurs du lys de l'vn en l'autre de meſme.

Breragne. *Maleſtroit*, de gueules à 10. befans d'or.

Maleſtede, de fable au chef d'arg. briſé au canton droit, d'vn efcuffon de gueule au fautoir d'argent chargé d'vne face d'azur.

Maleret, d'or au Lyon de gueule.

Maldonat, de gueule à 6. fleurs de lys d'or en fautoir.

Maleteſte Tiercé, en face le premier d'azur à la fleur de lys d'or, le 2. d'or, plain, le 3. de gueule à vn chevron d'argent au chef d'or.

Malet, d'azur à la face d'or fuportant vne Croix coupée de meſme & au deffous 3. Roſes en pointe d'or.

Maletelle Groſmenil, de finople à trois fermeaux d'or.

Maleſpine, d'argent au Lyon d'or.

Mallemains, d'or à trois mains dextres apaumée de Gueules.

Malleville, de finople au fautoir d'or chargé de 5. merlettes de fable les quatre affrontée.

Malleville, d'azur au chef emmanché d'argent chargé d'vn Lyon de Gueules.

Malherbe, de la meauſe d'or à trois iumelles de Gueule.

Malier, d'argent à la face d'azur, acc. de 3. Roſes de Gueule.

Malier du Houſſay, de meſme.

Maligny la Grange, d'azur à trois ranchers ou moutons d'or.

Maligny, de Gueules à la face d'argent.

Malicorne, de fable à 3. poiſſons en face d'argent.

Malines, d'or à quatre pals de Gueule.

Maliſſy, d'azur à 3. pointes d'or renuerſée aboutiſſant à meſme point.

Maituert, bandé d'argent & de Gueules de 6. pieces.

Malor, efcartelé au 1. & 4. vairé d'or & d'azur au 2. & 3. de Gueule.

Paris. *Malo*, d'azur au chevron d'or, acc. de 2. Roſes d'argent en chef & d'vn Croiſſant en pointe.

Mandat, d'azur au Lyon d'or au chef d'argent chargé d'vne teſte de Sanglier de fable coſtoyée de 2. Roſes de Gueules.

Mandelot, d'argent à la face d'azur.

Mandelot Paſſilarne, d'argent à la face d'azur.

Mandy, d'argent à 3. faces de Gueules chargée de 10. Loups de fable.

Mandré, d'zur à la bande d'or, acc. de 4. billettes de meſme.

Mancuille, d'argent à la bande de Gueule.

Maneuille, de Gueule à l'aigle à 2. teſtes d'argent.

Maneuille, de fable au Lyon d'or furmontée d'vne Ville d'argent.

Maneuille, d'or au Lyon de Gueule.

Mangot, d'azur à trois efpreuiers d'or, chaperonnez grilletez & leurs longes de meſme.

Manigrendé, d'or à l'aigle de Gueule briſé fur l'eſtomach d'vne fleur de lys d'or.

Marbœuf, d'argent femé de Billettes de Gueules à la bande d'azur fur le tout.

Marbœuf, d'azur à 2. efpées nuës paſſées en fautoir les pointes en bas d'argent les gardes d'or.

Marchaumont, d'azur au chevron d'or, acc. de trois teſtes de Leopart de meſme ayant chacun vn anneau en la bouche d'argent.

Marchand, d'azur au chevron d'or, acc. de 3. trefles auec leurs queuë d'or.

Marcy, d'argent au chef de Gueules chargé de 3. Roſes d'argent.

Marcaunay, de Gueules à 3. pals de vair au chef d'or.

Marcouſſy, d'azur au chevreul paſſant d'argent coleté de Gueule.

Marchez, d'azur à 3. pointe de Diamant ou Trigons d'argent à l'eſtoille d'or en chef.

Mardoſil, d'or au chevrent au naturel fur vn bucher enflammé de meſme.

D d ij

M.

Mardoigne, d'azur femé de fleurs de lys d'argent.

Mardoigne, d'or à la Croix encrée de finople.

Mareschal, d'or à la bande de Gueules, acc. de 6. cocquilles de mefme en orle.

Mareschal de Læfe, d'argent à 3. faces de fable à la bande de Gueule bronchant fur le tout.

Auvergne. Mareschal, de Gueules à trois molettes d'efperon d'or au chef de mefme.

Mareschal mont Simon, d'azur à la face d'argent, acc. de 2. eftoilles de mefme & vn Croiffant auffi de mefme en pointe.

Mareschal de Nos, d'or à 3. tourteaux d'azur bordez d'vn filet de fable chargé de trois eftoilles d'or.

Bretagne. Marec Naualet de Launay, d'azur à 6. cannettes adoffées d'argent.

Mareüil, de Gueules à trois befans d'or.

Brie. Mareüil, de Gueule au chef d'argent au Lyon d'azur bronchant fur le tout.

Mareuil, coupé d'argent & de Gueule au Lyon d'or bronchant fur le tout.

Mareüil, efchequé d'or & de Gueule.

Bretag. Mareüil de Berniere, d'azur à la bande d'argent.

Marefcot, de Gueule à 3. faces d'or au Leopart Lionné de mefme bronchant fur le tout.

Marefnin, de Gueule au papillon de 4. aifles d'argent les teftes en haut, acc. de trois eftoille d'or.

Maridad, d'azur à la Croix d'argent.

Marillac, d'arg. maffonné de fable de 7. piece chargée de 6. merlettes de fable.

Normandie. Marigny, d'azur à deux faces d'or.

Marigny, d'azur à trois Gerbes d'or, au franc canton d'argent chargé de cinq hermines.

Bourgogne. Marifot de Senoü, d'argent à la quinte-feüille de Gueule mife en abyfme, acc. de 3. merlettes de mefme.

Mariuant, de Gueule à la face d'argent, accompagné de 7. merlettes de mefme pofée 4. & 3.

Marle de Verfiguy, d'argent à la bande de fable.

Marle, d'azur au chevron d'or, acc. de 6. Cocquille d'argent.

Marly, d'or au chevron d'azur, acc. en chef de 2. teftes de Loup de fable & en pointe d'vne Rofe de Gueule.

Marly, efcartelé au 1. & 4. d'azur à 3. Tours d'argent au 2. & 3. d'or à la bande de fable chargée de 3. molettes d'efperon dargent.

Marmont, d'azur à la bande d'argent.

Marnaü, de fable au chevron d'or.

Marnay, d'azur à trois chevrons d'or.

Marnier, de Gueule au marmot d'or.

Marquemont, d'azur au chevron d'or chargé de 3. Croiffant de Gueule, acc. de 3. Rofes d'argent.

Marqueville, d'or au Lyon de Gueules.

Maronville, d'argent à 6. annelets de fable.

Marolles Bajolet, d'argent au chevron d'azur, acc. de 3. cannete de fable.

Marolles, d'argent au Renard rampant de Gueules.

Marfeille, de Gueule au Lyon couronné d'or.

Marfey, de Gueules à trois Lyons d'argent.

Marfey, de fable femé de fleurs de lys d'or.

Marfillac Creufi, d'azur au Griffon d'or à l'eftoille de mefme, mife en chef.

Marfilly, efchequé d'argent & d'azur.

Martas, lozangé d'or & d'azur.

Martin des Onges, d'argent à 3. martinets d'azur.

Martin, d'azur à 2. maffe d'or paffée en fautoir.

Martigné, d'azur à la quinte-feüille d'or.

Martineau du Pont, d'azur au demy vol d'arg. au chef d'or chargé d'vn Croiffant montant de fable, acofté de 2. eftoilles de mefme.

Mafcon, d'argent à l'aigle efployé d'azur.

M.

Mascon Ancien, d'azur à vne M. capitalle à l'antiq. d'or.

Mascon, de sable à trois merlettes d'argent.

Mascarine, de Gueules à trois faces viurez d'argent, au chef cousu d'azur, chargé d'vn Aigle d'azur, couronné & acosté d'vne clef en pal, & d'vn Heaume de costé de mesme, au cœur de l'escu vn petit escusson d'azur, chargé d'vne fleur de lys d'or.

Massia, d'azur à la bande d'argent, acc. de 4. estoilles d'or.

Berry, *Masson*, d'asur à trois canettes d'or.

Massé, d'or à trois masse de sable.

Missy, d'or au pal de sable, chargé d'vne vergette d'argent.

Masson, d'argent au chevron de sable, acc. d'vne cloporte ou pourcelet Saint Anthoine de mesme.

Massot, d'or au Lyon de Gueule, mis de fronc suportant de sa pate droite vne mase de Gueule, & de sa gauche vn Soleil de mesme.

Massarault, d'argent au Lyon de Gueule à la bordure d'or, chargée de 8. tourteaux de Gueule suportant autant d'estoilles d'or.

Masurier, d'or au chevron de sable à la bordure de Gueule.

Matan, party de Gueule & d'asur à 2. iumelles d'arg. passée en chef de mesme.

Matefelon, d'or à 6. escussons de Gueules.

Matherons, d'asur au Rocher d'argent, sur vne mer de pourpre, à vne voille en face d'or.

Dauphiné. *Matheferon*, d'azur au Torreau passant d'or.

Mathelon, d'argent à la bande de Gueule, acc. de 6. merlettes de mesme.

Normandie. *Matignon*, d'or à 2. bourdons en face de Gueule, acc. de 6. merlettes de mesme, 3.2.3. le tout en bande.

Maubec, de Gueule à trois Leopards d'or, ar. lamp. d'argent.

Maubert Monlor, de Gueule à 2. Lyons Leopardez d'or, escartelés d'asur au Lyon d'or, at. lamp. de Gueule à la bordure d'or.

Maubourg, de Gueule à la bande d'or, chargée d'vne foine de sable.

Maubuisson, d'azur à 2. Lyons affrontez d'argent.

Maulandrin, de Gueule à la face palée de 6. pieces d'or & d'azur, acc. de 3. testes de Lyon arrachée d'or.

Maulevrier, brisé d'azur à l'escusson d'or, vidé & remply d'argent en cœur à l'orle de 8. croisettes d'or, 3. en chef 2. en face 3. en point.

Mauleon Courdan, de Gueule au Lyon d'argent.

Maugiron, gironné d'argent & de sable de 6. pieces.

Maulane, de gueule camp. d'argent & d'azur, au Levrier passant d'argent.

Maugis, d'azur à l'arbre d'or.

Meauconduit, de gueule à 3. molettes d'or.

Mauclerc, d'argent au fer de moulin d'azur.

Maupeou Dableges, d'argent, au Sanglier ou Porc epic de sable, au chef d'azur, chargé de 3. estoilles d'or.

Maumont, d'azur à 2. faces d'or.

Maucourt, d'or à 10. Lozanges de sable, mise en pal. 3. 3. 3. 1.

Mauny le Clerc, d'argent à la Croix d'azur, accompagné de quatre Cocquilles de Gueules.

Mauny Minice, d'argent au Croissant de Gueule.

Mauny, losangé en pal d'or, & de gueule.

Mauny, de sable à la Croix clechée d'argent.

Mauny, d'argent à la Croix de Gueule.

Mausigny, d'argent à la Croix de sable, acc. de 16. merlettes de mesme.

Mayerre, de Gueule à 3. faucilles d'ar. danchées, & emmenchées d'or en cœur.

Mauvoisin, d'or à deux faces de Gueules.

Maureny, de Gueule à 3. pals de vair, au chef d'or, chargé d'vn Lyon Leopardé de sable.

Maure, de Gueule au Croissant de vair.

Maureuille, de Gueule à l'Aigle à 2. testes esployée d'argent.

Ee

M.

Maurey, de sinople à la Croix d'argent, chargée d'vn Lyon de sable, ar. lamp. de Gueule.

Mauroy, d'azur au chevron d'or, acc. de 3. couronnes de mesme 2. & 1.

Mazariny, escartelé d'hermine & de Gueule.

Mericourt Varoquier, d'azur à vne main dextre d'argent.

Maigret, d'azur à 3. besans d'or, 2. & 1. au chef de mesme, chargée d'vn Lyon naissant de Gueule.

Milolet, d'azur au sautoir d'or, surmonté d'vne Croix alisée d'argent.

Milly, coupé d'argent & de sable.

Minard, d'argent au Pont de Gueule soutenu de 3 arches au naturel, maçonnée de sable, acc. de 6. hermines de sable.

Miolans, bandé d'argent & de Gueule de 10. pieces.

Miossans, escartelé de France & de Gueule.

Mion, escartelé d'or & de gueule.

Mipont, d'azur au chevron d'or.

Mirabel, escartelé d'or & de Gueule, à la face d'hermines en devise, posée vers le chef.

Mirabeau, d'or à trois faces d'azur.

Mirebeau Vergy, de Gueule à trois quinte-feüilles d'or, à la bordure de mesme.

Miraumont, d'argent à 6. Tourteaux de Gueules.

Miremont, d'azur au pal fretté d'argent, acosté de 2. fers de Lances de mesme.

Mire, d'argent au sautoir de Gueule, à la bordure de sable, chargée de 8. fleurs de lys d'or.

Miron, de Gueule au miroüer d'argent, orné d'vne bordure d'or en rond, pometé, ou acc. de 8 pommes de mesme.

Missitien, d'argent au chesne de sinople glanté d'or au canton de Gueule, chargé de 2. Haches d'armes adossée d'argent.

Mitry, d'argent à la face de Gueule à l'orle de merlette de mesme, à l'escu de Damartin.

Mistrats, d'azur au chevron d'or chargé de 3. Treffles de sinople.

Molan, coupé d'or & d'argent, au Lyon d'azur couronné de Gueule sur le tour.

Molambais, d'argent à 2. estriers de Gueule, vn en chef sur le second quartier, l'autre sur la pointe au franc quartier de gueule, chargé d'vne bande d'arg.

Molon, pallé d'or & d'azur de 6. pieces.

Molart, d'or à la bande de sable, acc. de 2. casques de mesme, vne en chef l'autre en pointe.

Molac, de Gueule à 9. macles d'argent.

Molac Rosmadec, escartelé au 1. palé d'argent & d'azur de six pieces, au deux de Montmorency, au 3. de Gueules, à 9. macles d'argent, au 4. d'azur, à 11. billettes d'argent. 4. 3. 4.

Maine. *Molay*, d'or à l'orle de merlettes de sable.

Molart Dieu l'Amant, de Gueule à 3. losanges d'or.

Moligny, d'or à l'escusson de Gueule, à l'orle de 9. Cocquilles d'azur.

Beauce. *Molitar*, de Gueule au Torreau passant d'or, encorné de mesme, la queuë passée entre ses iambes & releuée sur le dos aussi d'or.

Molame, de Gueule à l'escu en abysme d'hermines.

Molé, de gueule au chevron d'or, acc. de 2. estoilles en chef d'or, & d'vn Croissant en pointe de mesme, escartelé d'arg. au Lyon de sable, qui est de Megrigny.

Berry. *Moison*, de sinople à la bande ondée d'argent de 3. pieces au chef d'azur, chargé de trois estoilles d'or.

Moine, d'or fretté de sable au franc canton de mesme.

Moley, de gueule à 6. Roses d'argent.

Moine, d'azur à la Croix d'or, chargée en cœur d'vn Croissant d'azur.

Molinet, d'argent à trois Anilles, ou fers de moulin de sable.

Montbel, d'or au Lyon de sable, armé lamp. de Gueule à la bande componée de Gueule & d'hermine, bronchant sur le tout.

Montagu Formigeres, de gueule à la Tour d'argent, donjonnée de 2. Tours, l'vne dessus l'autre de mesme.

Montauben, d'or à la bande de sable, chargée de 3. fleurs de lys d'or.

Montataire, d'azur au chevron d'or, acc. de 3. estriers de mesme.

Montallier, d'azur à trois pals d'or.

Montausier, d'argent à la face de gueule.

Montail de Prade, d'azur à 6. besans d'or au chef de mesme.

Bourbonnois. Montaumer, d'azur à 10. besans d'or 4 3. 2. 1. au chef de mesme.

Montault, d'or à la bande de sable, chargée de 3. estoilles d'or.

Bourgogne. Montaigu, bandé d'or & d'azur de 6. pieces à la bordure d'argent.

Montaigu, de gueule à 6. espics d'or.

Montaigu, d'azur à la Croix engreslée d'or.

Montaigu, de gueule au pal d'or, à 6. losanges en pal de mesme.

Montaigu, d'argent à 2. bandes de sable, acc. de 6. Cocquilles de mesme en orle, & vne en cœur.

Montaigu, d'or au Lyon d'hermine.

Montauban, d'azur à trois Tours d'or.

Montargy, d'azur à vne M. capitale couronnée d'or, accompagnée de 3. fleurs de lys 2. 1.

Montafilant, de gueule à 4. fuzées d'hermines en face, & 6. besans de mesme.

Montaigu, d'azur à 3. Testes de Leopart arrachées d'or.

Montagu, d'or à la Croix d'azur, acc. de 4. Aigles de gueule.

Montagne, d'argent à la bande de sable, à 7. Cocquilles de mesme en orle.

Quercy. Montauban, d'or à l'arbre de sinople terrassé de sable, au chef de France.

Picardie. Montafié, d'argent à l'estoille de Gueule, chargée d'vn Croissant torné d'or.

Montagny le Borgne, d'or à l'aigle de sable.

Montaboulin Renault, d'argent à la face de Gueule, au Lyon yssant de sable, acc. de 3. tourteaux de sinople, au chef vairé d'or & d'azur.

Montagu, de Gueule semé de Tresfles d'or à vn pied d'aigle armé de mesme.

Montagne, d'or à trois Testes de Lyon arrachées de sable, couronnées lamp. de Gueule.

Montandre, de Gueule au Lyon d'or, l'escu semé de Tresfles de mesme.

Montagu Lesbois, de Gueule à 3. testes de Loup arrachées d'or.

Guienne. Montlanbert, d'argent à la Croix encrée de sable.

Auuergne. Montault, d'azur à 3. Cocquilles d'or au chef d'argent.

Montalaix, d'or à trois chevrons renuersez d'azur.

Bretagne. Montauban port de Rohan, au l'ambel d'azur.

Montauban Renault, à la bande d'argent.

Montargot Mergot, d'azur à trois chevrons d'or.

Montagne des Essards, d'azur semé de tresfles d'or, à la pate de Lyon de mesme, bronchant sur le tout.

Montagne la Vouée, d'azur à l'aigle esployé d'or, acc. de 3. estoilles en chef de mesme.

Montaffier, d'argent à l'estoille de Gueule, chargée d'vn Croissant d'or.

Montbaut, de Gueule au Croissant d'or, acc. de 6. estoilles de mesme 3. 3.

Poitou. Montboissier, d'or semé de Croix potencée de sable, au Lyon de mesme.

Montbason, de Gueule au Lyon d'or.

Montbrison, d'azur au Chasteau d'arg. flanqué de 4. Girouettes d'or au chef d'azur, chargée de 3. fleurs de lys d'or.

Bretagne. Montbouchet, d'or à 3. pots, sur 3. tripiers de Gueule à la bordure d'azur.

Montbeliart, de Gueule à l'Aigle esployée d'argent.

Montbilet, de Gueule à 3. Tours d'or.

Montberon, facé d'argent & de Gueule de 10. pieces.

Montbos, d'argent à trois faces ondées d'azur.

Montbel d'Entremont, d'or au Lyon de sable à la bande camponée d'hermine & de Gueule de 6. pieces sur le tout.

Auuergne. Montbrun, d'or à la Croix de Gueule.

Montboissier, d'argent à 3. faces de sable à la bordure engreslée de Gueule.

M.

Montbardic, d'azur à la face d'or, acc. de 6. fleur de lys de mesme.

Monbas, tiercé en bande de Gueule d'or & d'azur.

Moubrun le Puy, d'or au Lyon d'azur, ar. lamp. de sable.

Monthise Bernard, d'azur à la Licorne d'argent.

Monchalon, de sinople à 3. pals de vair au chef d'or, chargés d'vne fleur de lys de Gueule.

Moncavrel, de Gueule à trois quinte-feüille d'or au chef d'argent.

Dauphiné. Montchenalier, d'argent à la bande d'azur, chargée de 3. fleurs de lys d'or, acc. de 6. merlettes de sable.

Montchenu, de Gueule à la bande engreslée d'argent.

Montchevret, de sable au chef d'or, chargé d'vn Lyon naissant d'azur.

Moncals, de sable à 3. colombes d'argent, escartelé d'azur au chasteau de trois Tour d'argent.

Anjou. Monchalois, d'or à la face d'azur, à trois chevrons de Gueules bronchant sur le tout.

Montchiaux, d'hermine à l'escu en abysme de gueule, au fer de cheual d'or, au franc canton.

Vermandois. Monchablon, de vair au chef d'or.

Monchal, de Gueule au chef d'or, chargé de 3. moletes d'azur.

Moncontour, d'argent au Lyon de sable.

Moncornet, de Gueule au pal d'hermine.

Montcenis, de Gueule à 2. faces la premiere d'argent, la 2. ondée d'or.

Montcassin Lupiat, escartelé d'or au Loup passant de sable, au 2. & 3. d'argent, à 5. canettes de sable posée en sautoir au 4. d'azur, au Lyon d'argent.

Monchevrel, de Gueule au sautoir d'argent, acc. de 3. fleurs de lys d'or.

Monleaux d'Anxi, eschequé d'or & de Gueule.

Bourgongne. Monconis, de Gueule à 2. faces, la premiere ondée d'or, la seconde plaine d'arg.

Monceau, de Gueule à la face d'argent, acc. de 6. annelets d'or.

Monceau, d'azur à trois trefles d'or.

Monchy, de Gueule à trois maillets d'or.

Montchenu beau Semblant, escartelé au 1. & 4. de Gueules, à la bande dantelée d'arg. chargé en chef d'vn alerion d'azur, le 2. & 3. losangé d'or & d'azur.

Monts, d'argent à 3. Cocquilles de Gueule.

Mont-Didier, d'azur à la face d'argent, acc. de 6. fleurs de lys d'or en orle.

Mont-Dragon, de sable au Lyon d'or, sortant d'vne muraille d'argent mac. de sable.

Mont Dragon, de Gueule au Dragon ailé d'or, ayant face humaine, tenant de sa patte dextre sa longue barbe, qui se termine en serpenteaux de mesme.

Mont Escot, de gueule à trois Rochers d'argent.

Monestey, d'argent à la bande de sable, chargée de 2. estoilles d'or, acostées de 2. filets de sable, escartelé des forges.

Monestier, d'argent coupé d'azur à 3. faces d'or, surmonté de 3. fleurs de lys, de mesme.

Mont Emar, de vair au chef de Gueule, chargé d'vn Lyon naissant d'or.

Mont Eurin, d'argent au Lyon de sable.

Mont Espedon, de sable au Lyon d'argent, ar. lamp. de Gueule.

Guienne. Montendre, de Gueule au Lyon d'or.

Montenay, d'or à 2. faces d'azur à l'orle de 8. alerions de Gueules.

Montespan, d'or au Chasteau de gueule, sommé de 3. testes de mors de sable tortillé d'argent, escartelé d'argent au Lyon de Gueule, à la bordure de sinople, chargée de 7. escussons d'argent.

Monteil Grignan, escartelé au premier d'or à trois bandes d'azur, au 2. de Gueule au Chasteau sommé de 3. Tours d'argent, au 3. de Gueule, au Lyon d'argent, au canton de Bretagne, au 4. de gueule, à la Croix coupée d'or, cantonnée de quatre quinte-feüilles de mesme.

Monteil, de Gueule à 3. pals de vair, au chef d'or, chargé d'vn Lyon de gueule, au franc canton.

Monferans,

M.

Auvergne Montferant, d'or au Griffon coupé de Gueule, & de sinople.

Montfort, d'argent à la Croix encrée de Gueule, les bouts gringolés de Serpens d'or.

Montfaucon, escartelé en triangle d'or & de Gueule, à 2. fleurs de lys d'or, & 2. d'azur.

Monfort Lamaury, de Gueule au Lyon d'argent, la queuë fourchée.

Monfarville, de Gueule à la bande d'or, semée de croisettes récroissetée de mesme.

Montfort, d'argent au chef de Gueule.

Mont Didier, d'azur au Lyon d'or.

Mont Donat, d'argent à trois faces de Gueules, chargée de 2. Croisettes d'arg. dans le chef, & le chef chargé de Croisette de Gueules 2. outre chaque face.

Montfort, de sable à la bande d'or, acc. de 8. billettes de mesme.

Molaine, d'argent à la bande de Gueule.

Montgay Massene, d'azur à la bande d'or.

Montgascon, de Gueule au chef de vair.

Montgeron, d'or à trois Lyons de sable.

Montgé de Vvalles, d'azur à l'arbre d'or, au Cerf gisant de mesme, au chef d'arg. chargé de 2. Roses ou quinte-feüilles de Gueules.

Mongeroult Patry, d'or à 3. Lyons de sables, 2.1. au baston de Gueule, bronchant sur le tout, en bande.

Mongis, eschequé d'argent & de Gueule.

Mongobert, de Gueule à la Croix fleuronnée d'argent.

Montgomery, d'azur au Lyon d'or, à la bordure de mesme.

Montgomery, de Gueule fretté d'or.

Montgomery, escartelé au 1. & 4. de Gueule, à 3. fleurs de lys d'or, aux deux & trois d'argent à trois Cocquilles de Gueules.

Mongon, eschequé d'or & de sable.

Mongouy, de Gueule fretté d'or.

Mongueüil, de Gueule au Griffon d'or.

Monthaimer, de vair au chef de gueule, chargé d'vn Lyon naissant d'azur.

Monteuil, d'argent à la bande d'azur, chargée de 3. estoilles d'or.

Montholon, d'azur, au mouton passant d'argent, acc. de trois quinte-feüilles en chef d'or.

Mont-Itu, d'or semé de billetes de sables, au Lyon de mesme.

Mont-Iay de Mons, de Gueules au chevron d'or.

Montiuy, d'argent à la Croix de gueule, chargée de cinq Cocquilles d'or, au lambel de 5. pendans de sable.

Montigny Lauberan, d'azur au chevron d'or, acc. de 3. Roses d'argent.

Montigny la Grange, d'azur à 3. Rochers en montans d'or.

Montigny Beaumont, d'azur à la bande d'or, chargée de 3. annelets de sable.

Gastinois. Montigny cotissé, d'or & de gueule, au franc canton de mesme, chargé d'vn orle de Cocquille de mesme.

Montignac, de gueule à la bande d'argent.

Vermandois. Montiers, d'argent à la bande d'azur frettée d'or.

Montier Tomberel, de Gueule au chevron d'or, accompagné de 3. gerbes de bled de mesme.

Mont-Iean, d'or fretté de Gueule.

Mont-Iorand, de sable à 3. fleurs de lys d'or, escartelé d'argent au Lyon de sable, cour. lamp. ar. de Gueule.

Mont-Iornal, de sable à 3. fleurs de lys d'argent.

Mont-Iouans, de gueule au sautoir engreslé d'argent.

Montiuilier, d'argent à 3. fleurs de lys, au pied coupé de gueule.

Mont-Lambert, d'argent à la Croix encrée de sable.

Mont-Lamy Cossins, d'argent au Lyon de gueule, armé lamp. & couronné d'or à l'orle de cancites de sable.

Mont-Loy, de gueule au Lyon de vair, ar. lamp. de sable.

Mont-Lor, d'or à 2. Lyons Leopardez d'azur.

M.

Mont-Loir, de gueule à la Croix d'argent, acc. de 4. Cocquilles de mesme.

Mont-Loüis, d'or au chef de gueule, chargée d'vne Croix patée d'argent.

Mont-Louuet, d'argent à 3. faces de gueules, chargée de deux rangs de croisettes d'argent & de gueule de l'vn en l'autre.

Mont-Luel, d'or à la trangle de sable au Lyon de gueule, ar. lamp. d'argent, & bronchant sur le tout.

Montluc Balagny, escartelé au 1. d'azur au Loup d'or, au 2. & 3. d'or, au tourteau de gueule, au 4 d'azur à vne Louue d'or.

Mont-luet, d'argent à 3. fers de moulin de sable.

Mont-luel, burelé d'or & de sable, au Lyon de Gueule, bronchant sur le tout.

Mont-martin dit *tiueroult*, de Gueule à 3. Lyon d'argent. 2. 1.

Mont-magny Huant, d'or à la face d'azur, chargée de 3. molettes d'or, acc. de 3. Cocquerelles de Gueule, qui est vne fleur qui croist dans les bleds.

Mont-mirail, burellé d'argent de sable, au Lyon de Gueule, bronchant sur le tout.

Montmer, d'azur, au Griffon rampant d'argent, accompagné de trois Croissants de mesme.

Montmiral, d'azur, tranché & emmanché de Gueule.

Mont-mer, d'or, au chevron de sable, à la bordure de Gueule.

Mont-moret, losangé d'argent & de Gueule.

Champagne. *Mont-morin*, de Gueule, semé de molettes d'argent, au Lyon de mesme sur le tout.

Mont-Oliue, de Gueule à trois Chasteaux d'argent, massonés de sable.

Montost, eschequé d'or & de Gueule.

Monpaon, d'argent au Paon roüant d'azur mambré, & becq. & la queuë d'or.

Montpencier, de France au baston de gueule, chargé d'vn carreau d'argent, surchargé d'vn Dauphin d'azur.

Montpellier, ondé d'azur & d'argent au tourteau de gueule.

Montpellier, d'argent à la pome de grenade, de gueule, la queuë de mesme.

Montpezat, d'or à 2. bandes de gueule, au chef d'azur, chargé de trois estoilles d'or.

Montpezat, de gueule à 3. balances d'or, mises en equilibre.

Montreuel de Soissons, semé de France, au baston de Gueule en bande sur le tout, au Lyon naissant d'argent.

Montroland d'or au Lyon d'azur, ar. lamp. de Gueule.

Mont-redon, d'argent semé d'hermines, à la face de Gueule, chargé de trois fleurs de lys d'or.

Mont-richard, losangé d'argent & de Gueule.

Montreüil, d'argent au chevron de Gueule, acc. de trois tourteaux de sinople au chef d'or.

Monrodez, d'or semé de molette de gueule, au Dauphin en bande, sur le tout de mesme.

Monroye, escartelé au 1. & 4. d'azur, à 10. feüilles de lierre d'arg. mises en pal, 3. 4. 3. au chevron d'or, chargé d'vn Taph de sable, au 2. & 3. de Gueules, à 3. Lyons d'or, ar. lamp. & couronnez d'azur.

Monsperg, d'argent, à 2. chevrons de sable au chef d'or.

Mont S. Iean, de Gueules à trois escussons d'or.

Monsigny, de sable à 5. Chasteaux ou creneaux d'argent.

Morard Darcy, d'azur à la Rose d'argent, au premier quartier de Gueule, à la bande d'argent.

Morard, d'azur au franc canton d'or, à la Rose de Gueule.

Morand, d'azur à 3. cor-morands d'argent.

Morouilier, d'argent à 9. merlettes de sable 3. 3. 2. 1.

Picardie. *Moreaumes*, vairé à 2. chevrons de Gueule, sur le tout.

Moreau, d'argent à trois testes de mors de sables, tortillez d'argent.

Moreau des Rouls, d'or, au chevron de Gueule, accompagné de trois Roses de mesme.

M.

Moreau du Tramblay, d'arg. au chevron d'azur, acc. de 3. testes de mores de sable, tortillées d'argent.

Moreli, d'azur à vne nuë d'argent en bande, percé de 3. esclairs flambant d'or.

Moreüil, semé de France, au Lyon naissant d'argent.

Morely ou Moros, d'azur à 6. morailles d'or liez, d'argent.

Mores-Iodres, d'argent à 6. annelets de sable.

Mores Beranger, gironné d'or & de gueule de 8. pieces.

Mor-fontaine, voyez Hauteman.

Morges, d'azur, à 3. testes de Lyon, arrachées d'or, lamp. d'argent.

Morgemme Beffroy, de vair de trois traits.

Morbier, de gueule à la face d'or, acc. de 6. cocq d'argent 3. 3.

Morianaye, de vair à 3. chevrons de gueule.

Moriers, d'or au cœur d'azur, produisant vn trefle de sinople.

Morin, d'or à 3. testes de mores de sables tortillée, d'argent.

Morin, d'or au chevron d'azur, acc. de 3. testes de mores de sable, liez d'argent au chef d'azur.

Morin, d'argent à 3. murets de pourpre.

Morinville Guiharville, d'azur à la Sphere d'or.

Morin Landon, d'or à 3. faces de sinople.

Morinvilliers, eschequé d'or & d'azur, à la bordure de gueule, chargée de 10. Roses d'argent.

Morigny, de gueule à 2. Gerbes d'or, au franc quartier d'hermine.

Morin la Maßiere, d'or à trois faces de sinople.

Morin Planchette, d'azur à l'aigle d'or, & 3. Croix encrées de mesme en chef.

Morley du Museau, d'argent à vne teste & col de Bœuf, coupé de mesme en profil de gueule, emmuselée d'or.

Mortain, d'hermine au chef dantelé de Gueule.

Mortagne, de gueule au pal d'or, acc. de 6. Losanges de mesme en pals.

Mortemer, facé d'or & de sinople de 6. pieces, chargée de 17. fleurs de lys d'or, de l'vn en l'autre.

Mortemer, facé d'or & de vair de 6. pieces, au baston de gueule en bande d'or, freté de sable, au franc canton.

Mortenay, d'or à 4. faces d'azur, à l'orle de 5. coquilles de gueule.

Mornay la Ferté, burellé d'argent & de gueule de 10. pieces.

Moruilliers, d'or à 3. merlettes de sable, à la bordure dantellée de gueule.

Morniliers, escartelé au premier & 4. d'or, à 3. merlettes de sable, à la bordure de gueule, le 2. & 3. d'argent, à vne Laye de sable.

Moruat le François, d'argent à 3. cocqs de sable.

Mossigny, d'argent à la Croix de sable, acc. de 16. merlettes de sable.

Mouchy Mont-caurel, de Gueule à 3. maillets d'or.

Mouchiaux, d'argent à 3. Losanges de sable.

Moucy, d'or à l'arbre de sinople au chef d'azur, chargé de 3. estoilles d'or.

Moucy d'Interville, de mesme.

Moucy le viel, escartelé d'or & de gueule.

Moucy, de Gueule à 3. maillets d'or.

Moulins, d'argent à 3. fers de moulin de sable. 2. 1.

Moulin Chaßeüil Pomereul, de Gueule au chevron d'or, acc. de 4. molettes d'esperon de mesme.

Mourant, de gueule à 3. casques ou salades d'argent, posez en face.

Mouton, de gueule à 3. testes de Belier d'argent.

Mouton Blainville, d'azur à la Croix d'argent, acc. de vingt Croix au pied fiché d'or.

Mouy de Beaupuis, de gueule fretté d'or.

Mouy la Meilleraye, de mesme.

Mouy, d'or au sautoir de gueule, acc. de 4. merlettes de mesme.

Moyon, d'or à 2. Lyons d'azur, l'vn sur l'autre.

Moyamant, coupé d'argent & de sable, au lambel d'argent.

Mucidan, coupé emmanché d'azur & d'argent.

Muleat, d'argent à la face de Gueule, à 6. macles posées en face, 3. en chef 3. en pointe.

Muriné, de Gueule au Lyon d'or.

Murviel, d'azur à 5. Tours d'argent, massonnées de sable.

Mussey, pallé d'or & de sinople.

Musse, de Gueule au Lyon d'or.

Muy de Blé, d'azur à la Croix d'argent, chargée de 5. Cocquilles de sable.

† Cette lettrine *me*, doit commëcer en la page 106. apres *Mazariny*.

† Meaux, d'argent à la face de Gueule.

Meaux, party de Gueule & de sinople, à vne M. à l'antique, couronnée d'vne Couronne de Marquis d'or.

Meaufle, d'or à deux iumelles de Gueule, & deux Lyonceaux passans en chef, de mesme.

Meaux Bois-bourdran, d'argent à cinq espines de sable. 2. 2. 1.

Meautes, de Gueule à 5. Losanges vidée d'or.

Meaufle, de sinople à 3. fleurs de lys d'or.

Medanid, d'or à trois cocqs de gueule.

Medicis, d'or à 5. tourteaux de gueule, 2. 2. 1. & vn en chef d'azur, chargé de 3. fleurs de lys d'or.

Megnelay, d'argent à 3. Lyons de sable, couronnez, lampassez & armez d'or, à l'escu en abysme, d'azur à la face d'or, acc. de 6. billettes de mesme, 3. en chef 3. en pointe.

Meilleraye, de gueule au Croissant d'hermine de 5. mouchetures.

Bretag.   Meirens, pallé & contre-pallé d'argent & d'azur, à la face de gueule, bronchant sur le tout.

Mellay, d'or à l'orle de merlettes de sable.

Mellemont, d'or à la Croix de gueule.

Melledron, de gueule à 2. Renards passans l'vn sur l'autre, la queuë trainante de sable.

Mellefont, eschequé d'argent & de Gueule.

Melliauy, d'azur à la Croix d'or, acc. au 1. & 4. canton, d'vn aigle d'or, au 2. & 3. d'vne Ruche aussi d'or.

Melisant, d'azur à la face d'or, acc. de 3. armez d'argent.

Melo, d'or à 2. faces de Gueule, acc. de 9. merlettes de mesme. 4. 2. 3.

Normandie.   Melung, d'azur semé de France, à la Tour sommée de 3 Tours d'argent, hercée de mesme.

Melung, d'azur à 7. bezans d'or, 3. 3. 1. au chef de mesme.

Mendelot, d'argent à la face d'azur.

Menou, de Gueule à la bande d'or.

Nivernois.   Meruë, d'azur à trois bandes d'or.

Memers, d'azur au chevron d'or, acc. de 3. estoilles de mesme, à la molette d'arg. en abysme.

Merante, de sinople à la Croix de vair, cantonnée de 4. clochettes d'or, bataillée d'azur.

Mercy, de Gueule au Lyon d'or, l'escu semé de molettes de mesme.

Meranville, d'or au Lyon d'azur, armé lamp. de Gueule.

Beauce.   Mergot Montergon, d'azur à trois chevrons d'or.

Mardengné, d'or à 2. faces noüées de Gueule, à l'orle de 9. merlettes de mesme.

Merlo, d'argent à 2. faces de Gueule, accompagné de 9. merlettes de mesme en orle.

Merode, d'or à 4. pals de gueule, la bordure engreslée d'azur.

Merle, d'or à la bande de sable.

Mersaut, de Gueule au Lyon naissant d'argent.

Mersignac, de sable à la Croix encrée d'argent.

Mesalin, d'azur à la teste de Cerf d'or, ramée de mesme, au chef d'argent.

Meste, d'azur à 3. Tours d'or, maçonnez de sable.

Meste, de Gueule à 3. Gantelets d'hermines.

Mesme,

M.

Mefme, efcartelé au 1. & 4. d'or, au Croiſſant de fable, au 2. & 3. d'argent, à 2. Lyons Leopardez de Gueule, au 4. d'or, à l'eſtoille de fable, au chef de Gueule, & fur la pointe 3. ondes d'azur.

Alefme de Marolles Bacolet, d'argent au chevron d'azur, acc. de trois cannettes de fable becq. & memb. de Gueule.

Mefnager de Lagne, d'or au Lyon de fable, au chef de Gueule, chargé de 3. Coquilles d'argent.

Meulang, femé de France.

Meulang, efchequé d'azur & d'or.

Meulten, de fable au Lyon d'argent.

Menefe, d'or plain.

Mefuillae, vairé d'or & d'azur, au baſton camponné d'or & de Gueule.

Mefnil Garnier, d'argent à 2. cotices de Gueule, acc. de 6. Cocquilles de mefme, vne en cœur.

Merly ou *Danes*, d'or au chevron d'azur, acc. de 3. teſtes de Loup de fable en chef, & d'vne Rofe en pointe.

Merle, de Gueule à 3. rayons d'argent, mouuant du franc quartier en bande.

Mefenne, d'or à trois fleurs de lys de gueule.

Meurdrac, de gueules à 2. iumelles d'or, au Lyon paſſant de mefme en cœur.

Michault, d'or à 3. fautoirs de gueule au chef d'azur, chargé d'vn Lyon paſſant d'or.

Michon la Pliſſe, d'azur à 3. befans d'argent, & en cœur vne fleurs de lys d'or.

Midorge, d'azur au chevron d'or, acc. de 3. efpics de mefme.

Migieu, de fable à trois eſtoilles d'or.

Millet, d'azur au Lyon d'or, au chef efchequé d'argent & de gueule de 2. traits.

Millaut, efcartelé de gueule & d'azur, à la Croix pometée & fichée d'or.

Millaut, d'or, au pal de 4. pieces de gueule, au chef d'azur femé de fleurs de lys d'or.

Bourgogne. *Millet la Cofne du Vergy*, de Gueule à la Croix lofangée d'argent de 5. pieces.

Bourgogne. *Milet & de Villy*, d'argent au Lyon de fable, armé lamp. de Gueule, tenant de fa patte droite vne Rofe de Gueule, foûtenuë & feüillée de finople.

Bourgogne. *Miliere*, d'azur à 3. efpics de millet d'or.

Gaſtinois. *Milly*, coupé danché de Gueule & d'argent.

Bourbonnois. *Milles des Morelles*, d'or à 3. fers de flefches de fable. 2. 1.

Milié, de Gueule à 2. faces d'argent, acc. de 7. merlettes de fable 4. 2. 1.

N.

Bourgogne. **N**agu, d'azur à 3. fuzées d'argent en face.

Namy, d'azur à la face d'or, acc. de 3. eſtoilles d'or, 2. en chef 1. en pointe.

Nancey, de Gueule à la Croix de vair.

Nancy, d'argent au chardon de finople feüillé de mefme, fleury de Gueule.

Nantes, de Gueule au Nauire d'argent fur des ondes, d'azur au chef de France.

Nanteuil Haudouin, de Gueule à 6. fleurs de lys d'or.

Nantoüillet, Lofangé d'argent & de Gueule au franc canton d'azur.

Nangu, voyez Brichanteau.

Narbonne, de Gueule à la Croix Patriarchalle d'argent, accoſtée d'vne clef de mefme mife en pal.

Nargonne, d'azur au chevron d'or, accompagné de 3. teſtes de Lyon arrachées de mefme.

Nauarre Royaume, de Gueule à l'efcarboucle pometée & accolée d'or, à la double chaifne pofée en fautoir, face, pal, de mefme

Nau, d'azur au chevron d'argent, chargé d'vn Croiſſant, & de deux Rofes de Gueule, acc. vers le chef de 2. eſtoilles d'or, & d'vne Lycorne en pointe, rampante, la queuë le long du flanc, d'argent.

Nedouchel, d'azur à la bande d'argent.

N.

Negne, d'argent au chevron de gueule, acc. de 3. testes de mores en profil de sable tortillée d'argent.

Negre Pelice, d'argent au Lyon d'azur, à l'orle de 8. tourteaux de Gueule au chef d'azur, chargé de 3. fleurs de lys d'or.

Negre, de gueule à la bande d'argent, chargée de 3. annelets d'azur.

Néle-ancien, de gueule à la Penthere d'argent, moucherée de sable.

Néle, de Gueule à 2. bares adossez d'or, semé de trefsles de mesme.

Néle-laual, d'or à la Croix de gueule, chargée en abysme d'vne fleur de lys d'or.

Néle-Curet, d'argent à 3. cœurs de Gueule.

Néle, d'argent à la face de Gueule.

Nemours, de Gueule à la Croix d'argent, à la bordure engreslée d'azur.

Paris. *Nemont*, d'or à 3. cornets de sable, liez d'azur.

Guienne. *Nerac*, d'argent au Soleil d'or, auec cette deuise, *Sol iustitia aristus.*

Normandie. *Nese*, d'or à 3. chevrons de sable.

Champ. *Nestancourt*, de gueule au chevron d'or.

Poitou. *Neuchese des Francs*, de gueule à vne molette d'argent.

Neufbourg, d'or à trois bandes de gueule.

Neuchelle le Cirier, d'azur à 3. Lycornes d'or.

Neuf-maison, d'argent à 6. macles de sable. 3. 2. 1.

Maine. *Neufville* d'argent au Lyon de gueule, à la bordure engreslée de sable.

Neufville, d'argent semé d'hermine.

Neufville, de Gueule au chef d'hermine.

Neufville, d'or fretté de Gueule.

Neufville Villeroy, d'azur au chevron d'or, acc. de 3. Croix encrées de mesme.

Neufville Karadreux, d'or à 3. Lyons d'azur, ar. lamp. & couronné de Gueule.

Neufville, de Gueule à 3. faucons d'argent, mambrez & bequez d'or.

Neuet, d'or au Leopart de Gueule.

Neuelet, d'argent au chevron d'azur, brisé en sa pointe d'vn Croissant montant d'argent.

Nesumery, d'azur à la fleur de lys d'or.

Neueu Charney, d'azur à 3. pomes de pin de Gueule.

Neues, d'azur au Lyon d'argent.

Neuers, d'azur semé de billetes d'or, au Lyon de mesme sur le tout.

Prouence. *Nice*, d'argent à vne montagne de sable, à l'aigle de gueule, esleuée au dessus.

Nicey Romelly, de Gueule au chevron d'argent, au chef d'azur, chargé de deux Cocquilles oreillez d'argent.

Nicolas, d'azur au chevron d'or, acc. & surmonté de deux Lyons affrontez d'or, tenans vne targe d'argent, & vne coupe couuerte d'vne Couronne en pointe de mesme.

Nicolay, d'azur au Leurier d'argent, accolé de Gueule, bardé & bouclé d'or.

Nijmes Ville, d'or au palmier de sinople, auquel est attaché de 2. chaisnes vn Cocodrille d'azur, auec ses mots abregez, COL. NEM.

Nison le Plenses Miserieu, d'argent au chesne de sinople, glanté d'or, au canton de Gueule, chargé de 2. haches d'armes, adossées de mesme.

Nogentel, d'azur au Lyon d'or.

Niuelle, vairé d'argent & de Gueule.

Niuelle, d'argent à la Croix de Gueule.

Nogaret, d'argent au noyer de sinople.

Noaille, de Gueule à la bande d'or.

Noblet, d'or à la bande de Gueule.

Nointeau-Roy, d'azur à la Croix alisée, acc. de 2. merlettes d'argent, l'vne en chef du costé droit, l'autre en pointe du costé gauche.

Nolent Trouuille, d'argent à la fleur de lys de gueule, acc. de 3. Roses de mesme.

Nogaret S. Felix, de vair au chef de gueule, chargée d'vne selle d'or.

Nonant le Comte, d'azur au chevron d'argent, accompagné de trois besans ou jettons de mesme.

N.

Nonpart de Caumont, tiercé en bande de Gueule d'or & d'azur.

Normandie, de Gueule à 2. Leopards d'or.

Normanville Biaffet, d'or au chef emmanché de 3. pieces de Gueule, au franc canton d'hermine.

Norenuille, d'azur au chef de Gueule, chargé de 3. anneaux d'or.

Noreftan, d'or à trois bandes de Gueule, celle du milieu chargée de 3. eftoilles d'or.

Normieu Grantmond, d'azur à 3. fautoirs d'or.

Norroy, d'arg. à la face de Gueule, & au Lyon yffant de mefme.

Noftradamus, efcartelé au 1. & 4. de gueule, à la roüe ouuerte d'or, de 8. rais au 2. & 3. d'or à vne tefte d'aigle arrachée de fable.

Noubray, de Gueule au Lyon d'argent.

Noue, efchequé d'argent & d'azur au chef d'or.

Noyers & Taigny, d'azur à 3. aigles d'or.

Noyon, d'argent à la face de gueule.

Noydant, de Gueule au chevron d'or, au lambel de 3. pendants de finople.

Noyelle Vion, de Gueule à 3. iumelles d'argent.

O.

*O*Ctonuille, de fable au Lyon d'argent.

Ocquident, d'azur à la face d'or, acc. en chef d'vne eftoille de mefme, & en pointe vne Croffe d'argent.

Offemont, de gueule à 2. bards adoffez d'or, fur l'efcu femé de Croifettes au pié fiché de mefme.

Ognies, de finople à la face d'hermine.

Oignon Fontaine, d'azur à 3. bandes efchequée d'or & de gueule, de 3. traits.

Normand. *Oillé*, d'argent à la bande de gueule.

Oliuet, porte de Laual, à la bordure de fable, chargée de 8. befans d'argent.

Oliuier de Leuuille, d'azur à 6. befans d'or, au chef d'argent, chargé d'vn Lyon yffant de fable, efcartelé d'or à 3. bandes de gueule, la feconde chargée de 3. eftoilles d'argent.

Ollioles, de gueule au Lyon couronné d'or, au chef de mefme.

Ongle-herte, de fable au Lyon d'or, au bafton de gueule pery en bande.

Oæquelfen, d'argent à la quinte-feüille de fable.

Oppede, d'argent à 2. chevrons rompus, le premier à dextre, le fecond à fenextre d'argent.

Oraifon, de gueule à trois ondes ou faces, ondée d'or.

Orange, d'or au cor d'azur lié de Gueule.

Orenge, pallé d'argent & de Gueule, au bafton pery en bande de fable, bronchant fur le tout.

Orcanal, d'azur à la Truite d'argent mife en bande, accofté de 5. eftoilles d'or, en chef, & 3. en pointe.

Orbec, d'or au Lyon de gueule.

Orgemont, d'azur à 3. efpics d'orges d'or.

Orglande, d'hermine femé de carneaux fans nombre, de gueule.

Orleans Ville, d'azur femé de caillous d'or.

Orleans, d'azur à 3. fleurs de lys d'or, au lambel d'argent.

Orleans - Longueuille, de France au lambel d'argent, au bafton de mefme, pery en bande.

Dauphiné. *Orly*, de fable à Lours ramp. d'or.

Orquinuille, d'hermine pampefoné de Gueule, efcartelé de fable au Lyon d'arg.

Ortez, de Gueule au Pont de 3. arches d'or, chargé d'vne Tour, & 2. Pont-leuis de mefme, au chef de France.

Quercy. *Offa*, d'argent au Lyon d'azur, à l'orle de tourteaux de Gueule.

Vermandois. *Offenuilier*, d'or à la bande fuzellée de Gueule.

O.

Dauphiné. Ourciers, d'argent au chef de Gueule, à Lours en pied de sable, brochant sur le tout, tenant de l'vne de ses pattes de deuant vne Couronne d'or.

Ourville, de sinople au Lyon d'or.

Bourgongne. Oyen-bruche, facé d'or & de sinople de 6. pieces.

Oyselay, de Gueule à la bande dantelée d'or.

Oysse, voyez Brancats.

Oyssic, d'azur à 6. Losanges vidées d'or.

Bretagne. Ozange, party d'argent & de Gueule, au Croissant party de l'vn en l'autre.

P.

PAcy Laual, de Laual au canton de Gueule, chargé de trois Lyonceaux d'argent.

Pagan, de Gueule à 2. faces ondées d'or, au chef de mesme.

Pagan, bandé d'azur & d'or, de 6. pieces, au chef d'hermine, à la bordure camponné d'Anjou, Naples, & Ierusalem.

Pajot, d'argent au Lyon de sable.

Pajot, d'azur au chevron d'or, acc. de 3. Roses de mesme.

Pairost, d'azur à vn besant d'argent.

Paisnel de Marcy, d'or à 2. Lyons passant de Gueule.

Palaiseau d'Herville, de Gueule à la Croix d'argent, chargée de 5. Coquilles de sable.

Paleran, d'or à 9. macles de Gueule.

Palomeq. d'azur à la Tourterelle ou palombe d'argent, à la bordure de Gueule, chargée de 7. sautoirs d'or.

Palmier, d'azur à 3. palmes d'or. 2. 1.

Paluau, d'or au chevron de Gueule, chargé de 3. Roses d'argent, auec 3. fleurs d'aubifoin de Gueule.

Paluoisin, d'argent à la herce de gueule.

Paluert, pallé de 6. pieces d'hermine, & de vair.

Palus, d'or à trois faces de sable au chef de Gueule, chargé d'vne main dextre d'argent.

Panthieure, d'hermine à la bordure de gueule.

Panisse, d'argent à trois tiges de nielle de sinople, auec leur fleurs de pourpre.

Panissy de Lucq, d'azur à 10. espics d'or, versez & rangez 6. 2. 2.

Picardie. Papillon Dansac, d'azur à 3. faces d'argent, & vne face d'or.

Papillon Vauberault, d'or au Lyon de Gueule, acc. de 3. Roses de mesme, posées en pal, du costé droit.

Parade ou de Lestang, d'or au Lyon d'azur.

Pargin, d'azur à trois faces ondées d'or.

Pardaillan Gondrin, d'argent au Lyon de Gueule, à 7. escussons de sinople en orle.

Parenel, d'or à 2. Leopards de Gueule.

Parfait, d'argent à 13. flames de gueule, mise en bande, accostée de 2. cotices d'azur, la premiere de deuant, chargée d'vne fleur de lys d'or.

Paris Ville, de Gueule à la nef d'argent, sur vne Riuiere de mesme, au chef de France.

Parisis, de Gueule à la bande d'argent, contre-bandée d'azur, chargée de cinq estoilles de Gueule au Chasteau d'argent ouuert, & d'vne demie fleur de lys en chef, à la bordure d'or.

Parisse, d'argent à 3. Corbeaux de sable, tenans de leurs griffes 3. sauterelles de sinople, lesquelles semblent vouloir manger.

Paris, d'azur à 3. bources à pendents d'or, vne estoille de mesme en chef, & vne en Croissant d'argent en cœur.

Parisot, de Gueule à l'oyseau de sable, sur vn Rocher d'argent.

Bretagne. Paron, d'azur à 2. macles d'or.

P.

Partenay, burellé d'argent & d'azur, à la bande de Gueule, bronchant sur le tout.

Partenay, maillé d'argent au sautoir de sable.

Pascal, d'azur à l'anneau pascal d'argent, sa Croix de mesme, le penon de deux pieces d'argent, chargé d'vne Croix de gueule.

Passart, d'argent à trois merlettes de sable. 2. 1.

Passart, d'azur à trois cornes de cerf arrachées d'or, 2. 1. mise en face.

Dauphiné. *Passauant*, d'or à 2. faces de Gueule, à 9. merlettes de mesme en orle.

Passe, d'or à trois masses de sable.

Pasquier, d'azur à 3. pasquettes ou hepatiques d'argent, feüillés de sinople.

Pastoureau, d'azur au chevron d'argent, chargé de 7. Aiglons de sable, acc. d'vne gerbe d'or, en pointe.

Paterne, d'azur à la bande d'argent, acc. d'vne Roüe d'or.

Paul, d'azur au chevron d'argent, acc. en pointe d'vn Croissant de mesme.

Paudy, d'azur à 3. testes de Lycornes arrachées d'argent.

Paumy, d'azur à 2. Leopars couronnez d'or.

Paumier, d'azur au chevron d'or, chargé de 3. palmes de sinople, acc. de 2. Roses d'or en chef, & d'vne Grenade en pointe de mesme.

Payro Rocherane, dit la *Taille*, d'argent à la bande de Losange de Gueule, à vn escu au canton senextre d'argent, à la face de Gueule.

Parnach, d'azur à la teste & col de cheual de sable, bridé d'or.

Peimarch, d'or à 3. molettes d'asur.

Pelletiere, d'argent au chesne de sinople, costoyé de 2 Roses de Gueule, & d'vne en pointe de mesme.

Pelet, d'argent au chef de sable, à la bordure de gueule.

Pelourde, de gueule à l'aigle d'or, acc. de Croix recroissetée de mesme.

Pelué, de Gueule à la teste d'hermine, au poil leué d'argent.

Bretagne. *Pennes*, eschequé d'argent & de Gueule.

Auvergne. *Penquilly*, d'azur à la Croix patée d'argent.

Penec, de Gueule à 3. testes de pucelles, collet & cheueux d'or.

Penthieure, de Gueule à 3. gerbes de bled d'or, liées de sable.

Bretagne. *Pennauerne du Pereau*, d'azur à la fleur de lys d'argent.

Pentur, de Gueule à vn arche de Pont d'argent.

Pantin la Hameliere, d'argent à la Croix de sable, cantonnée de 4. estoilles de Gueule.

Perisix Ardoüin, d'azur à 9. estoilles d'argent.

Penhoüet, d'or à la face de Gueule.

Pente-Croix, d'azur au Lyon morné d'argent.

Percy, de sable au chef endenté d'or.

Pereau, d'argent au chevron de sable, au franc canton d'azur, chargé de 5. fleurs de lys d'or, posées en sautoir.

Periere, d'argent semé d'estoilles de sable, au Lyon de mesme, sur le tout.

Perigord, de Gueule à 3. Lyons d'or, arm. & lamp. d'azur.

Perigord le Comte, d'argent au fer de moulin de sinople, à vne bande de sinople.

Perche, d'azur à 4. Lyons d'or.

Pericard, d'or au chevron d'azur, accompagné en pointe d'vn ancre de sable, au chef d'azur, chargé de 3. aiglettes d'or.

Perier, d'or au poirier de sinople.

Perier, de Gueule à la bande d'or, acc. d'vne teste de Lyon en chef, couronnée d'argent contournée à la bordure dantelée d'azur.

Perilleux, de Gueule au Lyon d'argent, au chef de mesme.

Peris, d'azur à vn R. double d'argent.

Perche Comté, d'argent à 2. chevrons de Gueule.

Peronne, d'or à 3. Roses de Gueule.

Peronne, d'azur au P. Capital d'or, couronné de mesme.

Perot, de sable, à vn rencontre de bellier d'or.

Perche, d'azur au Lyon d'or, semé de billets de mesme.

Hh

P.

Peruse, d'argent à 3. poires pendentes en bas, garnies de leur queuës, auec chacune 2. feüilles de sable.

Peruse Brachet, d'azur à 2 chiens Brachs passans d'argent.

Philipeaux la Vrilliere, escartelé au 1. & 4. d'azur, semé d'œnemones d'or, au 2. & 3. d'argent, à 3. Lezars de sinople mis en pal.

Philipeaux, d'azur semé de 4. feüilles d'or, au canton droit d'hermine, escartelé d'argent à 3. Lezards de sinople mis en pal, la teste en haut.

Philippe de Billy, d'argent au chevron de gueule, acc. de 3. Glands, & 3. Oliues de sinople, vn gland & vne Oliue, couplez & liez de gueule, au chef d'azur, chargé de 3. estoilles d'or.

Philemelle, d'or à l'aigle esployée de sable.

Piast la Belangerie, d'azur au Soleil d'or.

Pibrac, d'azur, à 2. faces en deuise d'or, à 6. besans d'argent, 3. 2. 1.

Picarea, d'azur au Pelican, se becquant pour ses petits, ensanglanté de gueule.

Picheri Donadieu, d'azur à vne main sortant d'vne nuée, tenant vn cœur de gueule, sortant du costé gauche, à 3. estoilles d'or en chef.

Picart Estelan, de gueule, à 3. picques d'argent les pointes en haut.

Picot, d'azur au chevron d'or, acc. de 3. trefles de mesme.

Pied de Bœuf, d'argent à 3. pieds de Bœuf de gueule, onglez d'azur.

Pied-Ligo, d'azur à l'aigle de sable, tenant vn escusson de gueule, chargé de 3. barres d'or.

Piennes, d'argent à l'escusson en abysme d'azur à vne face d'or, acc. de 6. billetes de mesme.

Piennes, d'azur à vne face d'or, acc. de 6. billettes de mesme, 3. en chef, & 3. en pointe.

Piencourt, de sable à 3. mains droites d'azur.

Pierre Buffiere. Voyez Buffiere.

Piere Fort-fregneau, de gueule à deux faces d'arg. à l'orle de merlettes de mesme.

Pistresan, de Gueule au Lyon d'argent.

Picardie. *Pied de Fer*, eschequé d'or & d'azur.

Piere-Olons. Voyez Bleterans.

Pied de Fer, d'azur au Lyon d'or, ar. lamp. de gueule.

Pierre du Pau, d'or à la Croix patée de gueule.

Piere-Rine, escartelé d'or à 3. pals de gueule, chacun chargé en chef d'vn Diamant d'argent.

Pilly, de gueule au pal d'or, chargé d'vn autre pal de Gueule.

Pinard Cadoualan. Voyez Cadoualan.

Pince, d'argent à 3. merlettes de sable.

Pinau, d'argent à 5. estoilles de Gueule.

Piquet Santour, d'argent au pal de sable, au pied fiché, au chef de Gueule, chargé de 3. Roses d'or.

Piqueny, facé d'argent & d'azur de 6. pieces, à la bordure de Gueule, chargée de Roses d'argent.

Piquets, d'azur au chevron d'argent, à la picque de sable, mise en pal.

Piquigny. Voyez Ailly.

Pipernante-Lincourt, d'azur fretté d'argent au chef de Gueule.

Picardie. *Piron*, de sinople à la bande cotissée d'argent.

Pisselau, de Gueule à la bande fuzelée d'or.

Pisseleu-hely, d'argent à 3. Lyons de Gueule.

Plaissis Bandouin, d'or à la Croix patée de Gueule.

Plaissis Chevray, d'argent au Lyon de sable, couronné d'or.

Plaissis Bourgoniere, d'hermine à la Croix dantelée de gueule, ou cantonnée de 4. hermines de sable.

Plaissier, d'argent & d'azur au chef de gueule.

Plassais, de mesme.

Plaissy Richelieu, d'argent à 3. chevrons de gueule.

Plaissier, semé de France, à la bordure d'argent.

P.

Plaiſſy Paté, d'hermine à 3. chevrons de gueule.

Plaiſſy Chaſtillon, d'argent à 3. quinte-feüilles de Gueule.

Plaiſſy Anger, vairé & contre-vairé.

Plaiſſy au Chat, d'argent à 3. Cocquilles de Gueule.

Plaiſſis Mangeron. Voyez Mauron.

Plaiſſis l'Alter, de Gueule au chevron d'argent, acc. de 3. Cocquilles d'or.

Plaines, de Gueule à la face d'argent, acc. de 3. ſonnettes de meſme. 2. 1.

Plancy, de vair au baſton de Gueule, bronchant ſur le tout.

Plancy la Croix, d'azur à la Croix d'or, chargée en cœur d'vn Croiſſant de gueule.

Planchette. Voyez Morin.

Plancques, d'arg à la main ſenextre de ſable, à l'orle de 11. merlettes de meſme.

Plantade, d'or à la racine, & neuf feüilles de plantin de ſinople, au chef de Gueule, chargé d'vn Croiſſant d'or, accoſté de 2. pelicans de meſme.

Picardie. *Plate-corne*, d'argent à trois bois de Cerf de ſable.

Platrieu, d'or à la face d'azur, acc. de 3. teſtes d'hermines de ſable.

Pleoran, d'or à 7. macles d'azur. 3. 3. 1.

Plaire, d'azur au chevron d'argent, accompagné de 3. Lyonceaux d'or, les 2. du chef affrontez.

Bretag. *Ploeue*, d'hermine à 3. chevrons de Gueule.

Bretagne. *Ploermel*, d'azur au Griffon d'or, timbré d'argent, ſommé d'vn Lyon Leopardé d'or.

Pluſcalet, de Gueule à 3. chevrons d'argent, au lambel d'azur en chef.

Pluſquelet, d'argent à trois chevrons de Gueule.

Pluuinel, d'azur à vn homme d'harme à cheual, tenant l'eſpée nuë, & haute d'or, eſcartelé d'azur à vn flambeau d'argent, poſé en barre, la barre en bas.

Poart prerenat, d'argent à l'aigle eſployé de ſable, à l'orle de huit Trefles de ſinople.

Poigny, d'Angennes à la bordure d'or.

Poigné, d'azur au Soleil d'or.

Ancien. *Poitou*, de Gueule à 6. Chaſteaux d'or.

Poitiers Ville, de meſme au chef de France.

Poitiers Moderne, d'azur à 6. bezans d'argent.

Poitrincourt S. Iuſt, d'argent à la face de Gueule, accompagné de 7. merlettes de ſable 4. 3.

Poitiers, d'argent au Lyon de Gueule, à la bordure de ſable, chargée de 11. beſans d'or.

Poiſſay, d'argent party d'azur, au Lyon Leopardé de Gueule, ar. lamp. cour. d'or, bronchant ſur le tout.

Poiſſy, lozangé d'argent & de Gueule.

Poiſſieux, de Gueule à 2. chevrons d'argent, à la burelle en chef de meſme.

Poix, d'or à 2. vols de Gueule.

Poix, de Gueule à la bande d'arg. acc. de 6. Croiſettes de meſme.

Auuergne. *Polignac*, facé d'argent & de Gueule de 8. pieces.

Poligny, d'azur au Vaſe d'or, à 3. fleurs de lys de meſme.

Bretagne. *Pomenar*, d'hermine au Lyon de Gueule, bronchant ſur le tout.

Pomereul, de Gueule au chevron d'or, acc. de 3. molettes de meſme.

Pomereul, d'azur au chevron d'or, acc. de 3. pommes de meſme.

Pompierre, ſemé de France au chef d'arg. chargé d'vn Lyon paſſant de Gueule.

Pompinian, de Gueule à la face d'argent, chargée de 3. fleurs de lys d'azur.

Pompadour, d'azur à 3. Tours d'argent.

Pompierre, ſemé de France, au chef d'arg. chargé d'vn Lyon paſſant de Gueule.

Pompone, vairé d'or & de Gueule.

Pons, d'azur à vne face vidée d'argent.

Pons, bandé d'or & de Gueule de 6. pieces.

Pont de Corlay, d'argent à 3. hures de Sangliers de ſable.

Pons, de Gueule à l'aigle d'or.

Pontalier, de Gueule au Lyon d'or.

ponthon, de sable fretté d'or.

pont-briant, d'azur au pont de 3. Arches d'argent.

pontcher, d'argent à 3. chevrons d'azur, acc. en chef d'vne Tour de Gueule & d'vne merlette de sable.

poncet, d'azur à la Gerbe d'or, suportant 2 petits oyseaux affrontez de sable.

poncet Champeaux. Voyez Champ.

pont la Case. Voyez la Case.

Bretagne. *pont-l'abbé*, d'or au Lyon de Gueule.

pontenes Carces, d'azur au pont de 2. Arches d'or.

ponthieu, d'or à 3. bandes d'azur.

ponthievre, d'hermine à la bordure de Gueule.

pontoise, d'azur au pont d'argent, chargé de 3. Tours de mesme, & 2. fleurs de lys d'or, en chef.

pont-salle, d'argent au chevron engreslé des 2. costez de sable, escartelé d'hermine à la face de Gueule, chargée de 3. besans d'or.

pontou, de sable fretté d'or.

pont-eau de mer, de Gueule à 3. arches d'arg. au Lyon de mesme passant en chef.

ponty, de sable au Lyon d'or.

ponty, pallé d'or & de sable.

Normandie. *pons*, d'or à 3. doubles cotices de Gueule en face.

pontoslamuce, de Gueule à 9. annelets d'argent.

poquiers, d'argent à 5. fuzées & 2. demie, mises en pal de Gueule.

porcian, de Gueule à 3. pals de vair au chef d'or, chargé d'vn Lyon de sable au franc quartier.

Prouence. *porcelets*, d'or à la Truye de sable, passant sur vne mothe de sinople.

porçon, d'azur à la face d'hermine, acc. de 3. fleurs de lys d'or.

porte-voisins, voyez la Porte.

porte-franboisier, d'azur à 3. pals d'argent, à la face de mesme, bronchant sur le tout.

portail, d'azur au bœuf passant d'or, acc. de 6. fleurs de lys de mesme. 3. 3.

Bourgogne. *porte-fort*, d'azur à 2. bards adossez d'or, au milieu de 7. Croix récroissetées au pied fiché de mesme.

porsie, de gueule à 2. Tours d'argent, crenelées chacunes de 2. pieces, & 2. demie iointe par vn entre-mur de mesme, auec vne porte au milieu dudit entre-mur.

posses, de sable au Chasteau d'arg. sommé d'vn Lyon naissant de gueule.

postel, d'argent au Lyon de sable, armé lamp. & couronné d'or.

poteau, de mesme.

pot, d'or à la face d'azur au lambel de 3. pieces de gueule.

Potar, d'argent à la Croix encrée de sable, cantonnée de 8. Cocquilles de mesme, 2. à chaque canton, posées en face.

potier de Gevres, d'azur à 2. mains dextres d'or, au franc quartier eschequé d'argent & d'azur.

potier Blanc-mesnil, d'azur à 2. mains droites d'or, au franc canton de mesme.

pouliane, eschequé d'argent & de gueule.

poulignac, facé d'azur & de gueule de 8. pieces.

pouillac, de sable au Lyon d'or.

poulpin, d'argent à la teste de sable sommée de Gueule.

poulmie, eschequé d'argent & de Gueule.

pouls, d'azur à 2. bastons noüeux passez en sautoir d'or, acc. de 4. aiglons de mesme.

pouppart, d'or à l'aigle esployé de sable.

pots, d'or à 3. pots ou marmites de sable.

prailly, d'argent à 2. Lyons Leopardez de sinople.

praigaux, d'or à l'aigle de gueule, memb. & becq de sinople.

pralin. Voyez Choiseul.

prats Maria, de gueule à trois coutelas d'argent, mis en bandes, les pointes vers le chef.

Bretagne. *praieurs*. Voyez Sergat.

P.

Preaux, de Gueule à l'aigle esployée d'or.

Preaux, d'argent au Lyon de Gueule, au chef de sablé.

Precy, losangé d'argent & de Gueule, au chef d'or, chargé d'vn Lyon Leopard de sable.

Precigny, de Gueule semé de Croix coupée d'argent, à l'escu de mesme.

Precigny, coupé la partie en chef, encor coupé de 2. la premiere pallée & contre-pallée d'or & d'azur, au 2. gironné de 8. pieces d'or & d'azur, la 2. facé & contre-facé d'or & d'azur, la partie de la pointe partie de mesme, sur le tout vn escu d'argent.

Preuille, d'argent à la bande d'asur, chargée de trois annelets d'or.

Preuost, d'or au Dragon de sinople, couronné & lamp. de Gueule.

Preuost, d'asur à trois testes de Lyon Leopardés d'or.

Preuost du fort, de Gueule à la Croix d'or, acc. de 4. escussons d'argent.

Preuost, eschequé d'or & d'asur, au franc quartier d'or, chargé d'vn Griffon de sable à la bordure de gueule, chargée de 8. besans d'or.

Preuost du Teil, Voyez Teuil.

Preuost S. Cir, Voyez S. Cyr.

Preuille, d'argent au Lyon de sable, semé de billettes de mesme.

Priley, d'argent à 2. Lyons d'azur.

Prie, d'azur à 3. tierce-feüilles d'or.

Prohanes Begnes, de Gueule à la Colomne d'or, couronnée d'vne Couronne de mesme, entournée d'vn vipere de sinople.

Paroissy, de sable à 3. Lyons d'argent.

Prolene, de Gueule à 6. espics d'or.

Proleure, de Gueule à 4. Roses, de 4. feüilles d'or, à la bordure de mesme.

Pronence, d'or à 4: pals de Gueule.

Pronence, d'azur à la fleur de lys d'or, au lambel de Gueule.

Puget, d'argent à la Vache passante de Gueule, sommée entre les cornes d'vne estoille d'or.

Puy Gaillard, d'azur à l'espreuier posé sur vne perche, auec ses longes & grilles, le tout d'argent.

Puy Gareau, d'or au chevron d'azur, acc. de 3. macles de Gueule.

Puy du Fou, de Gueule à 3 macles d'or.

Puy Lobier, d'azur à la Coulombe essorée d'argent, tenant en son bec vn rameau d'Oliuier retroussé en pennache, mamb. & beq. de Gueule.

Puisieux, party le premier de Gueule, à la Croix partie danchée d'or, le 2. d'or à l'estoille de 16 rais, coupée de Gueule.

Puy-michel, d'azur à 6. estoilles d'or. 3. 2. 1.

Puy-valant, eschequé d'or & de Gueule.

Q.

QVatre-Barbes Bouillé, d'argent à la bande de sable, accompagnée de 2. filets de mesme.

Quatre-fols, d'azur au Lyon d'or, en chef vne estoille de mesme, & vne plume d'arg. couchée en pointe.

Quarques, d'or à 2. pals d'azur, escartelé & contre escartelé en sautoir d'or.

Bretagne. *Quebriac*, d'azur à la fleur de lys d'or.

Queilles, de sable à la Croix engreslée d'or.

Quelenec, d'hermine au chef de Gueule, chargé de 3. fleurs de lys d'or.

Quelen Vieux-Chasteau, d'argent à 3. feüilles de hou de sinople.

Bretagne. *Quelan du Bourry*, burelé d'argent & de Gueule de 10. pieces, escartelé d'azur à l'aigle d'or.

Quelin, d'arg. au Rameau de laurier de sinople, la queuë & la tige de Gueule.

Bretagne. *Que-naset*, burelé d'argent & de Gueule à 2. Colomnes d'azur confrontée, ondoyant en pal.

Q.

Quesnaye, d'argent à la Croix de Gueule frettée d'or.

Quequesat, de Gueule à 2. faces d'hermines, chargé au franc canton d'vn escusson party d'or, & de Gueule à 3. tourteaux d'hermines.

Quequereux, contre emmanché d'or & d'azur, de l'vn en l'autre.

Quebourg, d'or à 3. faces de Gueule.

Quieres, d'hermines à 3. fleurs de lys, au pied coupé de Gueule, 2. 1. au baston d'azur, pery en bande.

Quermur, de sable fretté d'or.

Picardie. *Quesnoy*, d'or à l'aigle esployé de sable.

Quesne, d'argent à la Croix de Gueule, frettée d'or.

Bret. *Quimper-corentin*, d'azur au mouton passant d'argent, au chef d'hermines.

Picard. *Quinquenpoix*, d'or à 6. Tours de Gueule, rangée en face.

Quinquenpoix Vignory, de Gueule à 6. faces d'argent.

Quinault, d'azur au chevron d'argent, accompagné de 3. soucils d'or, feüillés de sinople.

Quingo, d'or au Lyon de sable armé de Gueule.

Quirnie, d'azur au chef d'or, au Lyon de Gueule, bronchant sur le tout.

Quittinie, de Gueule à 3. molettes d'argent.

R.

Rabestan, Voyez *Conan*, d'or au Corbeau de sable, sur vne terrasse de mesme.

Dauphiné, *Rabot*, d'argent à 5. pals flamboyant, les 2. du chef renuersez de Gueule, au chef d'azur, chargé d'vn Lyon Leopardé d'or.

Rabutine Bussy, d'or à 5. points Equipolez, à 4. d'azur, qui est de Genéve.

Raconis, escartelé au 1. & 4. contre escartelé en sautoir d'argent & d'azur, & en pointe de Gueule, au 2. & 3. coupé d'argent & de sinople, au Lyon de l'vn en l'autre, armé lamp. & cour. de Gueule.

Radeponts, Voyés Bost.

Ragny, Voyés la Magdelaine.

Ragnier, d'argent au sautoir de sable, accompagné de quatre Perdrix au naturel.

Racquette, de Gueule à vne racquette d'argent en pal.

Ragnis, de Gueule à la chevre tornée & coupée d'argent.

Vermandou. *Raillard*, d'argent à la Croix de sable, frettée d'or.

Raimault, d'azur au vaisseau d'argent, au chef d'or.

Bretagne. *Rais*, d'or à la Croix de sable.

Rais Guillaume, de mesme.

Raquineau, d'azur à 3. melons d'or tigez de mesme, leur queuë mouuant du costé senextre.

Rambouillet, de sable au sautoir d'argent.

Picard. *Ranbures*, d'or à trois faces de Gueule.

Ramers-val, de Gueule à 2. espées d'argent, posées en sautoir.

Rancher, de Gueule au sautoir d'or, acc. de 4. annelets de mesme.

Rancher la Cuse, d'azur au sautoir d'or, chargé d'vne Rose de gueule, acc. de 4. annelets d'or.

Picard. *Ranevelle*, de Gueule au Papillon volant & montant d'argent, marqueté de sable.

Ramfaut, party danché d'or & de gueule.

Raquerez. Voyés la Beliere.

Rastant, d'argent à 3. iumelles d'azur à la bande de deuise, ou à la cotice viurée de Gueule, bronchant sur le tout.

Rasse, d'or à trois chevrons de sable.

Rata, d'azur au Lyon d'argent, ayant dans sa pate dextre vn Croissant d'azur.

Raoul de Clermont, de Gueule à 2. bards, adossez d'or, au lambeau d'azur.

R.

Raoul, de sable au poisson d'argent, acc. de 4. annelets de mesme, 3. en chefs 1. en pointe.

Rauenel, d'argent à 3. quinte-feüilles de Gueule, à l'orle de merlettes de mesme.

Rauenelle Rantilly, de gueule à 7. Croissant d'or, posez en orles ouuerte & surmontez de 7. estoilles de mesme.

Raulin-eouet, d'or à 3. macles de gueule.

Raulen Beauchamps, d'asur à 3. clefs d'or mise en pal.

Raimond, de gueule à la Croix d'argent, acc. de 4. Cocquille de mesme.

Raimondy d'Aubetere, losangé en bande d'or & d'asur, au chef de gueule.

Berry. *Ray*, de gueule à l'escarboucle fleurdelisée d'or.

Raxay, d'argent à la bande de gueule, chargées de 3. Cocquilles d'argent.

Razily de Launay, d'azur à trois fleurs de lys d'argent.

Rebeq, d'or à 3. merlettes de sable, escartele d'or à la face ondée de gueule, sur le tout de Gueule, à 3. chevrons d'argent.

Rebours, de Gueule à 7. losanges d'argent.

Reilly, d'or à 3 chevrons d'azur.

Refuge, d'argent à 2. faces de Gueule.

Rennes, de Gueule à la Grenoüille d'argent.

Renes, pallé d'or & de sable de 6. pieces, au chef d'hermine.

Ville. *Renel*, d'asur à trois chevrons d'or.

Reneual, escartelé d'argent & de sable.

Bretagne. *Reneual*, d'or à la Croix de sable, chargée de 3. Cocquilles d'argent.

Vermandois. *Regnac*, d'or au Lyon d'azur, coupé sur gueule.

Reculo, de Gueule au chevron d'argent.

Renard, d'azur au chevron d'or, acc. de 3. Croissants d'argent & d'vne estoile d'or, au milieu du chef.

Lyonnai. *Renault*, de Gueule, à la face d'argent, acc. de 2. losanges d'or.

Renaudin, d'or au Laurier de sinople, acc. de 2. tourtes de sable, affrontez au pied de l'arbre.

Renans, d'argent à 1. face de gueule, acc. de 6. merlettes de mesme.

Reneuille, d'hermine à 3. Tourteaux de gueule, au franc quartier, chargé d'vn Lyonceau d'argent.

Renier Guerchy, d'azur, à 6. besans d'argent.

Prouence. *Reilans*, d'azur au soc de charuë d'argent, mis en pal.

Rammefort la Grilliere, d'azur à 3 couronnes antiques d'or.

Renty, d'argent à 3. doloueres de gueule, les 2. du chef adossez.

Renol, d'azur à 3. trefles de sinople.

Reux, d'or à 3. Lyons fle Gueule.

Rethel, de Gueule à 3. Rateaux démanchez d'or.

Rians-Villemy, escartelé au 1 & 4. de Gueules, à 3 bandes d'argent, chargée de merlettes de sable, au 2. & 3. d'argent, à 6. annelets de Gueule, sur le tout vn escusson de gueule, à 2. bards adosses d'or, semé de trefles de mesme.

Ribaupré, d'argent à 3. escussons de gueule.

Riberac, de gueule à 4. Lappins d'argent.

Richarme, de gueule à la face d'or, surmontée en chef, de 3. Heaumes d'arg. chacun chargé d'vn Croissant d'or.

Richebourg, chevronné d'or & de gueule.

Richebourg, d'argent à la bande de gueule, à la bordure de mesme.

Riche-Dame, d'argent semé de fleurs de lys de gueule.

Picard. *Richemont*, d'hermine à la bordure de gueule.

Bretagne. *Richelieu*, d'argent à 3. chevrons de gueule.

Ricoüar, d'asur au Soleil d'or, au chef d'arg. chargé d'vn Lyon Leopardé de sable.

Landoussois. *Riencourt*, d'argent à la face de gueule, frettée d'or.

Languedoc. *Rieux la Iugie*, d'or au lys naturel de gueule.

Rieux, d'asur à 10. besans d'or. 3. 3. 3. 1.

Normand. *Rigas*, de sable à 3. estoilles d'or.

Touraine. *Rigné*, d'asur à 3. Anctes de sable.

R.

Rimont la Roche, d'azur à la face d'argent, chargée de 3. alerions de gueule, aec. de 3. estoilles d'or.

Rinson. Voyez la Chappel.

Riou le Saint, d'azur à 7. macles d'argent.

Auvergne. Rion, d'azur à 2. fleurs de lys d'or en chef, & d'vn R. de mesme en pointe.

Ripault, de Gueule au sautoir eschequé d'or, & d'azur, acc. de 4. fleurs de lys d'or.

Riuarde la Taille, de Gueule à 5. fuzées d'argent, mise en pal.

Riuaux, voyez Montalin.

Riuery, de Gueule à 3. pals de vair, au franc canton d'or.

Riuiere, d'azur à la face d'or, acc. d'vne estoille de mesme en chef, & de deux Croissants d'argent, en pointe.

Dauphiné. Riuoire, facé d'argent, & de Gueule à la bande d'or, chargée de 3. fleurs de lys de sable.

Riuoire, de sinople au Rocher d'or.

Bretagne. Robert, de Gueule à 3. Cocquilles d'argent.

Artois. Roberte, d'argent à la bande fuzelée de sable.

Robichon, d'azur au Serpent mordant sa queuë d'argent, entourant vn chevron de mesme, acc. en chef de 2. estoilles d'or.

Roche-Derual, escartelé au 1. & 4. de gueule à la Croix patée d'argent, au 2. & 3. d'argent, à la face de Gueule.

Roche-Baron, de gueule au chef eschequé d'argent & d'azur.

Roche-Bonne, voyez Chasteau-neuf.

Angonnois. Roche-Beaucourt, d'argent à 9. losanges de Gueule. 3. 3. 3.

Roche-Chouart, de gueule à 3. faces nebulée d'argent, celle du chef brisée d'vne molette de Gueule.

Roche-Fort, d'azur semé de billette d'or au chef d'argent, chargé d'vn Lyon passant de Gueule.

Roche-Fort, d'or à 3. chevrons de sable, au chef d'azur, chargé d'vn Lyon naissant d'argent, couronné d'or.

Rochefort, vairé d'or & d'azur.

Normandie. Rochefort, d'argent à la Croix d'azur, chargé d'vne molette d'or en abysme.

Normand. Roche-Gnyon, d'or à 3. bande en Cotice d'azur.

Roche-Giffar, de Gueule à la face d'hermine.

Roche-Maillet, d'or à 3. merlettes de sable.

Rochefort la Croisette, d'azur à 25. billettes d'or, cinq à 5. en pal au chef d'argent, chargé d'vn Lyon de Gueule, à la bordure dantelée de mesme.

Bourgogne. Rochefort, d'argent au Lyon de Gueule, armé lamp. d'or.

Rochefoucault, burellé d'argent & d'azur de 10. pieces, à 3. chevrons de gueule, bronchant sur le tout.

Roche-Turian, de gueule à 7. fuzées en bandes d'argent.

Rocherolle, de gueule diapré en escaille, semé de pointes de picques d'argent.

Rochefort de Vaudragon, de vair party de gueule.

Rosque-feuille, des 2. Vierges, d'argent à 2. Filles d'incarnation, leurs cheueux esparpillez, supportans vne fleurs de lys d'or, de leur main gauche.

Roque-feuille, eschequé d'or & de gueule, de 4. traits.

Rocquieres, d'argent à la face fuzelée de Gueule.

Rocquelaure, d'azur à 3. Roches d'argent, 2 escartelé d'argent, à 2. Vaches de gueule, accolé & clarinée d'azur au chef de mesme, chargé de 3. estoilles d'or sur le tout, d'azur au Lyon d'or.

Rodez, d'azur au Lyon d'or.

Rotez, de Gueule au Leopard d'or.

Rodez, de Gueule plain.

Rodez, de Gueule à la Croix d'arg.

Rodepot, de Gueule à la face d'or.

Roger, d'or à 4. feüilles de hou, de sinople.

Roguier, d'azur à l'estoille de 6. rais d'argent en abysme.

Rohan,

R.

Rohan, de Gueule à 9. macles d'or.

Roland, d'azur au cors de chasse lié de Gueule, en sautoir.

Roland, de Gueule à 4. fuzées d'hermine, acc. de 6. besans de mesme.

Rolancourt, d'argent à 3. maillets de Gueule.

Roaban, d'or à la pome de Gueule mouuant en pieds, & 2. estoilles de sable en chef, escartelé d'or à 3. chevrons de Gueule.

Rocherolles, d'argent à 2. faces de Gueule.

Ronsart, d'azur à 3. Roses d'argent 2. 1.

Paris. Rocquemont le Vest, d'argent au chevron de Gueule, acc. de trois testes de mores de sable, tortillées d'argent.

Rotbourg, de Gueule au Soleil d'or, à l'orle de larmes d'argent.

Roos, d'or au chevron eschequé d'argent & de sable, de 3. tires, acc. de 3. bandes de sable.

Bretagne. Rosay, losangé en pal d'or & de Gueule.

Rosernau, d'hermine à 3. faces de Gueule.

Roscors, d'or à vne quinte-feüille percée, & enfilée d'vne flesche de gueule, ou lance la pointe en bas.

Rosmadec, pallé d'argent & d'azur de 6. pieces.

Rosmadec, d'argent à 3. iumelles de Gueule en face.

Rostel, d'argent à l'escusson de Gueule, chargé d'vn Lyon d'or à l'orle d'hermine.

Rosternan, d'hermine à 3. faces de Gueule, chargée de 6. macles d'or.

Rostaing, d'azur à la face en deuise d'or, surmontant vne roüe de 8. traits d'or, & en chef, 3. portes d'or.

Rosset, de Gueule à 6. annelets d'or.

Dauphiné. Rossillon, eschequé d'or & d'azur à la bordure de Gueule.

Picardie. Ronbaix, d'hermine au chef de Gueule.

Champ. Roucy, d'or au Lyon d'azur.

Niuernois. Roussignac, d'or au Lyon de Gueule, escartelé d'azur à la bande d'or, acc. de 6. merlettes de mesme.

Berry. Rougerolle, de Gueule diapré en escaille, semé de pointes de piecques d'argent.

Rougé, de Gueule à la Croix patée d'argent.

Champ. Rougemont, d'or à l'aigle esployé de Gueule.

Rouillé, d'azur à 3. mains gauches d'argent, & vn Croissant de mesme au dessous de celle de la pointe, au chef chargé de 3. molettes d'or.

Rouhane, de sable, à 2. Leopards d'or.

Valois. Rouion S. Marc, d'azur à la face gironnée d'or & de sable, de 8. pieces.

Roucherolle, escartelé au 1. & 4. d'argens à 2. faces de Gueule, au 2. & 3. d'argent à la Croix de gueule.

Roumilly, Voyés Nicey.

Roumilly, Voyés la Chemelaye.

Roure Grimoir, d'azur à la Tout d'argent.

Lyonnois. Rousselet, d'argent à l'arbre de sinople, à la bande de gueule, bronchant sur le tout.

Maine. Rousselet, d'argent à 3. haches d'armes de sable.

Roussillon Tournon, d'azur semé de fleurs de lys d'or, party de gueule au Lyon d'or.

Dauphiné. Roussillon Bourbon, d'azur à 3. fleurs de lys d'or, au baston de gueule mis en barre.

Roussillon, eschequé d'or & d'azur à la bordure d'or.

Rouanais Gauffier, Voyez Gouffier.

Rouan, Ville, de gueule à l'anneau Paschal d'argent, tenant vne Croix d'or, à la banderolle d'argent, chargée d'vne Croix de gueule, au chef d'azur, chargé de 3. fleurs de lys d'or.

Languedoc. Rouure, d'azur au chesne englanté d'or.

Normandie. Rouuray, burellé d'or & d'azur de 10. pieces.

Ronuray, de sable à la Croix d'argent, chargé de 5. Cocquilles de sable.

R.

Bourgogne. Rouuray, de gueule à 6 anneaux d'or, au baston d'azur mis en bande.

Rouuray, de Gueule à vn orle de 7 billettes d'argent, & en cœur vn Croissant de mesme.

Rouuray, de Gueule au sautoir de vair.

Roux, d'azur au chef d'or, chargé de 3 Croix encrées de Gueule.

Rouxelie-la-Troille, d'or à 3 pals d'azur, à la bande d'argent bordée de Gueule.

Touraine. Roüy, de sable au chevron d'argent.

Roye, de Gueule à la bande d'argent.

Bourle. Roy-Nointeau. Voyez Nointeau,

Roy, d'azur au chevron d'argent, acc. de 2. testes d'aigle en chef de mesme.

Rossinuille, d'argent à la face de Gueule, acc de 2. hermines de sable.

Rose, de Gueule semé de losange en bande d'argent, & d'azur sans nombre.

Royan, d'azur à 3. chevrons d'or.

Ruais, de Gueule à 3. faces d'hermines.

Rubespré, d'argent à 3. iumelles de Gueule.

Raffey, de Gueule à l'aigle d'or, à l'escu en abysme de Gueule, chargée d'vn cocq d'or.

Ruffac, burellé d'or & de Gueule.

Ruffier, d'azur au Lyon d'argent, l'escu semé de billettes de mesme.

Rub-Goux, de sable au Lyon d'or.

Russerolles-Tully, de Gueule à la Croix d'or, chargée de 5. Cocquilles d'azur cantonnées de 4 quinte-feuilles d'argent.

Russe des-Bares, d'azur à la face d'or, chargée d'vne estoille de Gueule, acc. de 3 Croissants d'argent.

Ruze-Deffiat, de Gueule à 3. Lyons d'or, au chevron d'argent, brizé de 3. ondes d'azur.

S.

Prouence. Sabran, de Gueule au Lyon d'or.

Brie. Sablonniers, d'argent à la Croix passée de Gueule.

Normandie. Sacqueuille, d'hermines à l'aigle pasmé de Gueule.

Sacq-espée, de sinople à l'aigle d'or, semblant tirer auec le bec vne espée hors du foureau d'argent, le foureau de sable, la poignée & gardes posée en bas.

Saffres, de sable à la bande eschequée d'or & de Gueule de 2. traits.

Sagey, d'azur à la Croix encrée de sable.

Sailly, de sable fretté d'or.

Saint Amand, ondé d'argent & d'azur de 6. pieces en face, à la bordure componée d'or & d'azur.

Saint Amand, losangé d'or & de sable.

Dauphiné. Saint André, d'argent à l'aigle d'azur, mambré de Gueule.

Niuernois. Saint Aubin de Gruel, d'or à bande eschequée de 2. traits de sable & d'argent.

Saint Agnan, d'argent à 3. faces de sinople, à 6. merlettes de Gueule sur l'argent.

Saint Aubin, d'argent à la bande de Gueule, chargée de 3. besans d'or.

Saint Aufstier, d'azur à la Croix d'or de 20. Croix recroissetées, acc. de mesme.

Saint Auel de Chaumont, d'hermine à la bande de Gueule.

Bretagne. Saint Aldegonde, d'hermine à la Croix de Gueule.

Saint Amadour, de Gueule à 3 testes de Loup arrachées d'argent, ou 2. Leuriers à l'escu en abysme d'azur à 3. fleurs de lys d'argent.

Saint Astier, burellé d'or & de Gueule.

Saint Astier, d'or à la face de Gueule.

Sainctré, de Gueule à la bande d'argent, au lambel de 3. pendents d'or.

Sainte, de Gueule au Pont d'argent, chargée de 4. Tours de mesme, au chef de France.

Saintraille, d'argent à la Croix alisée de Gueule.

S.

Saint *Aoust Fradel*, d'azur à 3. fers de picques d'or.

Sainte *Basse*, pallé d'or & de gueule de 6. pieces.

Sainte *Beuve*, d'azur à 3. anneaux d'argent.

Saint *Baussant*, de sable à 3. annelets d'or posez en pal, party d'argent à 3. chevrons de Gueule.

Champagne. Saint *Belin*, d'azur à 3 testes de Bœuf accornées d'or.

Brie. Saint *Benoist de Reuillon*, de gueule à 2. bandes de petits carreaux d'or, à 2. Lyons de mesme, vn en chef, l'autre en pointe.

Saint *Bonet Toirac*, de gueule à 3. fers de cheual d'argent. 2. 1.

Sainte *Baisme*, d'azur à 3. annelets d'argent, posez en orle.

Saint *Blaise* de *Brugny*, d'azur à la pointe d'argent.

Saint *Brieu*, de gueule au Griffon, couronné d'vne couronne Contalle de mesm.

Saint *Brisson*, d'azur semé de fleurs de lys d'argent.

Saint *Cassien*, burellé d'argent & de gueule de 6. pieces.

Saint *Cheron*, d'or au fer de moulin de sable.

Saint *Clar*, *du Puy-Martin*, d'or à la cloche d'azur, bataillée de sable.

Saint *Cler*, d'argent à 3. Lyonceaux de gueule.

Saint *Cron*, d'or à la Croix encrée de sable.

Sainte *Croix*, d'argent au Lyon de sable.

Saint *Cyr Preuost*, d'or au chevron renuersé.

Saint *Denis* de *Hartray*, de sable fretté d'argent.

Saint *Denis*, d'argent à 3 bandes d'or, semé de sautoirs de gueule.

Saint *Denis*, de gueule à 2. iumelles d'or, au Lyon passant de mesme en chef.

Saint *Denis de Tully*, d'argent à la Croix fleuronnée de gueule.

Saint *Didier*, ou *Disier*, d'azur au Lyon d'argent à la bordure de gueule, chargée de 8 fleurs de lys d'or.

Sainte *Flame*, de gueule au fer de moulin d'argent.

Saint *Felix*, d'azur au Leurier rampant d'argent, accolé de gueule cloüé & virolé d'or.

Saint *Felix* de *Heurtour*, de sable au faucon d'argent, tenant sous ses serres vne perdrix d'or.

Saint *Flour*, party d'azur & d'or, party de France de l'yn en l'autre, à la bordure endentée de gueule.

Saint *Genest*. Voyez Murillac.

Saint *Gelais*, 5. points d'azur équipolez à 4. d'argent.

Saint *Germain-dongnon*, semé de France au lambel d'argent en chef.

Saint *Germain Grand*, d'azur à 2. bastons noüeux d'or, posez en sautoir, au chef endenté d'or.

Saint *Germain Beaupré*, d'azur semé de fleurs de lys d'or.

Saint *Germain*, d'argent à vne nuë d'azur remply d'vn cœur d'or.

Saint *George*, de gueule à la Croix d'or.

Saint *Gearge* de *Montere*, d'argent à la Croix de gueule.

Saint *George*, d'azur à 3. chevrons d'or.

Bourgongne. Saint *Gilles*, d'azur semé de fleurs de lys d'argent.

Saint *Giles*, d'azur à l'aigle esployée à 2. testes d'or.

Brie. Saint *Giles*, de gueule à 6. Chasteaux d'or.

Saint *Gobert*, Voyez Montgobert, de gueule à la Croix tresflée d'argent.

Saint *Gouesnon*, de gueule à la face d'argent, acc. de 3. tourteaux de mesme.

Saint *Heront*, de gueule au Lyon d'argent, l'escu semé de molettes d'or.

Saint *Hilaire*, de gueule à 2. molettes d'or.

Saint *Hirier*, d'azur à 3. estoilles d'argent.

Saint *Hilaire*, de gueule à 2. canards passans d'or.

Saint *Iulien Dassé*, de gueule au bras d'argent, tenant vne espée de mesme en contre-bande lignée de sable.

Saint *Iulien*, de gueule à 3. iumelles d'argent.

Saint *Iulien*, de sable au Lyon d'or, l'escu semé de billettes de mesme.

S.

Saint Iuſt, d'argent à 5. Chaſteaux crenelez de Gueule.

Saint Ioire-Gros, d'or à l'aigle eſployé de ſable, couronné de Gueule, à la bordure de ſable, chargée de 8. beſans d'argent.

Sain Iulien, voyez Portrincourt.

Saint Lambere, d'or à la Croix fleuronnée de Gueule.

Saint Laurent, de ſable à trois mains d'or.

Saint Leger, de pourpre ſemé de fleurs de lys d'or, à la bande de gueule.

Saint Leger, de Gueule à la Croix d'argent, eſcartelé de meſme.

Saint Luc. Voyez Eſpinay.

Saint Martin, d'or à 10. billettes de Gueule 3. 2. 3. 2.

Sainte Marthe, de Gueule à 13. beſans d'or. 3. 3. 3. 3. 1.

Sainte Marie aux Eſpaules, de gueule à la fleur de lys d'or.

Sainte Marthe, d'argent à 3. fuzées & demie de gueule miſe en pal.

Sainte Marguerite, de *Thomas*, party de gueule & d'azur à la Croix pometée d'or.

Saint Maures Chevrieres. Voyez Chevrieres.

Saint Meſmain, d'azur à la Croix camponée d'argent & de Gueule, acc. de 4. fleurs de ly d'or.

Sainte Maures, d'or à la face de Gueule.

Saint Maure Montauſier, d'argent à la face de Gueule.

Saint Offrange, d'azur au chevron d'argent, accompagné de trois molettes de meſme.

Saint Omer, d'azur à la face d'or.

Saint Palau, d'argent à 3. chevrons de gueule, au chef de meſme.

Saint Paré, d'or à la bande de gueule, chargée de 2. cotices d'argent.

Saint Paul, d'azur à vne gerbe d'auoine d'or, liée de meſme.

Saint Paul de Ricaut, ou la *Hiere*, d'or au Crequier de gueule.

Saint Pere, d'or à la bande d'azur, acc. de 2. Cotices de meſme.

Saint Paul, d'azur au Paon roüant d'or.

Saint Pons de Tomieres, d'argent à vn ormeau de ſinople au tronc de ſable.

Auvergne.   *Saint Prix*, d'or à 4. billettes poſées en Croix d'azur.

Saint Quentin, d'argent à 9. hermines de ſable.

Saint Quentin, de gueule à la face d'argent, ſommées de trois fleurs de lys de meſme.

Saint Ricault, d'hermine eſcartelé de ſable, au Lyon d'argent couronné d'or.

Saint Romain de la Mothe, eſcartelé au 1. d'azur au cheual paſſant d'argent, à 2. eſtoilles en chef de meſme, au 2. d'azur, à 3. pals ondez d'or, au 3. eſchequé d'argent & de ſable, au 4. d'azur, au Lyon d'or.

Saint Sernin, burellé d'or & de ſable.

Saint Seuringe, d'argent à la face de gueule.

Saint Simon, de ſable à la Croix d'argent, chargée de 5. Coequilles de gueule.

Saint Simon, d'or à la face d'azur, au lambel de gueule.

Saint Solieu, d'azur à la Croix d'or.

Sainte Suſanne, d'azur au Levrier ramp. d'argent, acc. de meſme.

Saint Triuier, d'or à la bande de gueule.

Saint Vidal, d'or à la Tour crenelée de gueule.

Saint Valery, d'azur ſemé de fleurs de lys d'or, frettées de 8. pieces de meſme.

Dauphiné.   *Saint Valier*, d'azur à 6. eſcuſſons d'or. 3. 2. 1.

Saint Vrain, d'argent au chef de gueule, chargé de 3. eſcus d'or.

Santeüil, de gueule à 3. Croiſſants d'argent.

Sautour Bopinets, d'argent à 3. Croiſſants de gueule.

Sac-Ville, d'azur ſemé de fleurs de lys d'or.

Normandie.   *Saganville*, d'hermine à l'aigle eſployé d'or.

Saix, eſcartelé d'or & de gueule.

Sains, de gueule à la face d'or, au chef eſchequé d'argent & d'azur de 3. traits.

Salart de Beuvron, voyez Beuvron.

Sala, de ſable au buz de femme couronnée d'or.

Salazar.

S.

Salazar, coupé d'arg. & de sable, à la bande engreslée de l'vn en l'autre de mesme.

Saligny, de gueule à 3 creneaux ou Tours d'argent.

Salignac, d'or à la bande de 8. pieces de sinople.

Saligny S. Florent de mesme.

Saligdon, d'azur au chevron party d'or & de gueule.

Salins la Nocle, de gueule à la bande d'or, accostée au canton senextre du chef d'vne teste de Cerf, & en pied d'vn huchet de mesme.

Salman, coupé d'argent & de sable, à la bande dantelée de l'vn en l'autre.

Salmes, de gueule à 2. Saumons adossez d'argent, l'escu semé de croisette recroisetée au pied fiché d'or, escartelé d'argent au Griffon de gueule arm. lamp. d'or, tenant vn Lievre entre ses pates de deuant de mesme.

Champagne.   *Salornay*, eschequé d'or & de Gueule.

Bourgogne.   *Salornay*, quatre points d'or, équipolez à 5. de gueule.

Prouence.   *Salen*, d'or au Chasteau de sable de 2. Tours l'vne plus haute que l'autre, iointe par vn entre-mur crenelé panchant en bande de sable, sur lequel est vn aigle fondant dessus de mesme.

Saluage, d'or au Tourteau de sable, chargé d'vn Lyon d'argent.

Dauphiné.   *Saluving*, de l'Empire à la bordure de France.

Piedmont.   *Saluce*, d'argent au chef d'azur.

Maine.   *Samay la Goute*, d'argent à 3. Tourteaux de sable.

Sanxon, d'or au Lyon de sable, qui est de Flandres.

Berry.   *Sancerre*, d'azur à la bande d'argent, acc. de 2. cotice d'or, potencées & contrepotencées de 13 pieces de mesme, qui est aussi de Champagne, à la bordure de gueule.

Sancerre Comté, escartelé de Dauphiné & de Champagne.

Bretagne.   *Sandinez*, de gueule à 3. besans d'hermine.

Sangler, d'or au Sanglier de sable, armé & alumé d'argent.

Sanglier, d'azur à la face d'arg chargée de 3. hures de Sanglier de sable, armez & allumez d'argent.

Sanguin, d'azur à la bande d'or, acc. de 3. glands en chef, & en pointe de 2. pieds de Griffon, auec 3. demies Rose, qui touchent l'escu de mesme.

Dauphiné.   *Santeüil*, d'azur à vne teste d'Argus semée d'yeux, au naturel.

Saprecigné, d'azur à la la Croix engreslée d'or.

Sarbruche, d'azur au Lyon d'argent, l'escu semé de Croix recroisetées au pied fiché d'or.

Sarcie, de gueule au sautoir d'argent, acc. de 4 merlettes de mesme.

Sarlat, de gueule à la Salemandre d'argent, la queuë & la teste passée sous les iambes.

Maine.   *Sarcel*, de sinople au Lyon d'argent.

Sarenay, d'hermine au sautoir de gueule.

Sarel de Vie, de gueule à vne foy d'arg. posée en face, & en chef vn escu d'azur, chargé d'vne fleur de lys d'or.

Picardie.   *Sarmoise*, d'argent à 3. pals de losanges de gueule.

Sarny, d'or à l'escu en abysme de sinople au baston de gueule en bande, bronchant sur le tout.

Sarsan, d'argent à 2 bastons nebuleux, le premier de Gueule & le 2. d'azur.

Sarsais, eschequé d'or & de Gueule.

Dauphiné.   *Sassé Mallemains*, d'or à 3 mains senextres apaumées de Gueule.

Paris.   *Sassé*, de Gueule à 7. chevrons d'argent.

Bourgogne.   *Sassé*, d'azur à la viure d'or mise en face, à la bordure de mesme.

Sauary de Breue, d'or à la Croix engreslée de Gueule, escartelé & bandé d'or & d'azur de 6. pieces.

Sauary Chesan-Gautier, escartelé d'or & de sable, au sautoir de Gueule.

Aniou.   *Sanary*, d'argent à 3 tourteaux de sable, à la bordure de Gueule.

Saueuse, de Gueule à la bande d'or, acc. de 6. billettes de mesme, 3. en chef, 3. en pointes.

Saueray, d'or à la Croix encrée de gueule.

S.

Saucher, de Gueule à deux bares adoſſez d'or, ſemé de treſles de meſme, à la bordure d'azur.

Sauigny, de Gueule à 3. Lyons d'argent, couronnés lamp. d'or.

Bourgogne. *Saultin Tiercé*, facé d'or au chef de gueule, chargé de 3. eſtoilles d'or.

Saumaiſe, d'azur au chevron ondé d'or, acc. de 3. glands de meſme.

Sault Dagoult, eſcartelé 1. & 4. d'or, au Loup rampant, armé lampaſſé d'azur à 3. Tours d'or, au 3. de Gueule, à 3. pals d'argent, au chef d'azur, au 4. d'or, au Lyon d'azur.

Sauoye Ancien, d'or à l'aigle de ſable, manb. & becq. de Gueule.

Sauoye Moderne, de Gueule à la Croix d'argent.

Segriſe, d'argent à la Croix engreſlée de ſable.

Seguiran, de Gueule au Cerf d'or.

Seguier, d'argent au chevron d'or, acc. de 2. eſtoilles en chef, & d'vn mouton paſſant d'argent en pointe.

Picardie. *Senerpant*, party d'or & d'azur à la Croix encrée de Gueule, chargée de 5. Coquilles d'argent.

Normandie. *Senechal-Deu*, d'or à la bande de ſable, & 2. cotiſſes de meſme.

Serſel, gironné d'or & d'azur.

Seneçey, vairé d'or & de Gueule.

Sentere, d'azur à 5. fuzées d'argent en face.

Niuernois. *Sens*, de Gueule au chevron d'argent, accompagné de quatre eſcuſſons de meſme.

Champ. *Semur*, coticé d'argent & de Gueule de 6. pieces.

Segné, d'argent à la Croix danchée de ſable.

Semur teſmont, d'argent à 3. bandes de Gueule.

Senerpont, party d'or & d'azur à la Croix encrée de Gueule ſur le tout, chargée de 5. Cocquilles d'argent.

Bourgogne *Senailly*, de ſable à 3. chevrons d'or.

Seneton la Verriere, d'azur au Cerf courans en chef d'or, au poiſſon noüant en pointe, & contornée d'argent.

Serant Trémſeur, d'azur à 3. quinte-feüille d'hermine.

Sericourt, d'argent à la Croix de Gueule, chargée de 5. Cocquilles d'or.

Sermaiſe, d'argent à 3. pals de loſanges de Gueule.

Scepeaux, vairé contre vairé d'argent & de Gueule.

Scaron, party d'or & d'azur à la bande crenelée d'or.

Schomberg, d'argent au Lyon coupé de Gueule & de ſinople.

Sendery, de Gueule au Lyon d'or.

Sarny, de ſable à 3. annelets d'or.

Saur, facé d'or & de ſable de 6. pieces, à la bordure camp. d'or & de ſable.

Seuigny d'Oluet, eſcartelé de ſable & d'argent.

Seuin, d'azur à la gerbe d'or, liée de ſable.

Sigongne, de ſable à la Croix d'argent, chargée d'vne autre de ſable, cantonnée de 4. Cocquilles d'or.

Silly, d'hermine à 9. torteaux de Gueule miſe en chef, & vne face viurée de Gueule.

Silly, d'or à 6. Lyons poſez en pal, l'vn ſur l'autre de Gueule.

Simiane de Gordes, d'or ſemé de Tours, & fleurs de lys d'azur.

Soiſſons Royaume, eſchequé d'or & d'azur.

Soiſſons Ancien, d'or au Lyon de Gueule, à la bordure de meſme, au baſton auſſi de gueule, pery en bande.

Soiſſons, d'argent à 3. pals au pied fiché de Gueule, chargé en chef de 3. beſans d'argent.

Soiſſons Moderne, de France au baſton de Gueule pery en bande, à la bordure de meſme.

Ville. *Soiſſons*, de Gueule à vne fleur de lys d'argent, auec cette deuiſe *Fidelis Aduro Antere*.

Sojecourt, d'argent fretté de Gueule.

S.

Soisay, d'argent à 2. Lyons Leopardez de sable, couronnez lamp. & armez de Gueule.

Somereux, d'argent à l'orle de merlettes de Gueule.

Anion. *Somen*, d'hermine à la Croix pattée de Gueule.

Bourgogne. *Sonnerte*, de Gueule à l'aigle d'or, au chef de mesme.

Sonnette, d'azur à 3. espics d'or, au chef emmanché de mesme.

Sorbiere, d'azur au Lyon d'or.

Sordes, de Gueule à 3. testes de Levrier d'argent, coletée bouclée & couronnée d'or.

Sorbiere, de Gueule au chef d'argent, chargé d'vn Lyon Leopardé d'azur.

Sorel, de gueule à 2. Leopards d'argent.

Souatre, de sinople fretté d'argent.

Soubise, burellé d'argent & d'azur.

Soucy. Voyez Fites.

Sourdis. Voyez Escoubleau.

Souples Cremaille. Voyez Cremaille.

Puisaye. *Souron*, gironné d'or & de sable de 8. pieces.

Dauphiné. *Sousier*, de Gueule à 3. besans d'or.

Dauphiné. *Souuré*, coticé d'or & d'azur de 10. pieces.

Soutereau, d'azur à la Croix d'or, acc. de 4. espreuuiers d'argent.

Souuert, de Gueule à l'aigle d'or.

Soman, d'hermine à la Croix patée de Gueule.

Bretagne. *Soyeul*, d'argent à 3. tourteaux de sable.

Spinely, d'azur au Lyon d'or party de vair au pal d'azur.

Sablet des Noyers, d'or au pal de sable, accomodé en chaisne de muraille.

Suars, d'argent à la main senextre de Gueule, à l'orle de 10. merlettes de mesme.

Berry. *Suilly*, d'azur au Lyon d'or, l'escu semé de molettes de mesme.

Suilly. Voyez Betune.

Sury Varenne, eschequé d'or & d'azur.

Surgerres, de Gueule fretté de vair.

Suramont, d'azur à 3. flesches mises en sautoir & en pal, les fers en bas.

Surgeres Fonseque, d'or à 5. estoilles de Gueule à la face de vair.

Susane, de sable à 3. annelets d'argent.

Suse, d'or à 3. chevrons de sable, au chef d'azur, chargé d'vn Lyon yssant d'or.

Vermandois. *Sussy*, de Gueule fretté o'or, au franc canton de mesme.

Symieres, d'azur à la bande d'or, chargée d'vn Croissant torné d'azur, surmonté d'vne fleur de lys de mesme, acc. de 2. Lyonceaux aussi de mesme.

T.

Tailleuast, d'argent à 6. lozanges de Gueule.

Talansac la Loudsierre, de sable à 3. Lozanges d'argent posées en face, surmontées de 3 estoilles de mesme.

Talansac, d'argent à 3. fuzées de sable mise en pal.

Normandie. *Talaru*, party d'or & d'azur à la bande de Gueule, bronchant sur le tout.

Taloir, d'argent à 3. pommes de pin de gueule.

Bretagne. *Taloit Keramen*, lozangé d'argent & de sable.

Bretagne. *Taloit Kerseruant*, de Gueule à 10. billettes d'argent 4. 3. 2. 1.

Paris. *Tamboncan*, d'azur à la face d'or, acc. de 3. merlettes de mesme en chef, & d'vn aigle esployé de mesme en pointe.

Bourgogne. *Tamerlay*, d'or au chef de Gueule.

Picardie. *Tanquez*, d'or à 3. tanches de Gueule mise en pal.

Normandie. *Tancaruille*, de Gueule à l'escusson d'argent, à l'orle de 11. estoilles d'or.

Tanger, de Gueule à la face d'argent, chargée d'vne autre face d'azur 3. Roses d'argent, acc. de 2. cors de chasseur garnis d'or, l'vn en chef l'autre en pointe.

T.

Tanchou, d'argent au chou de sinople au chef d'azur, chargé de trois estoilles d'or.

Guienne. *Tarbes*, d'or à 2. Lyons passans de Gueule, arm. lamp. d'azur.

Tarides, escartelé au 1. & 4. d'argent, au Lyon de Gueule, au 2. d'azur au treillis d'or de 4. pieces, au 3. de Gueule, à 9. besans d'or. 3. 3. 2. 1.

Tartigny, de Gueule à 2. bards adossez d'or semé de trefles de mesme.

Tartonne, de Gueule fretté de 6. Lancos d'or, semé d'escussons de mesme.

Paris. *Tasteron*, d'argent au scorpion de sable au chef d'azur, chargé de trois estoilles d'or.

Telly, d'or à la fleur de lys de Gueule.

Telecost, de Gueule à 3. lozanges d'argent.

Tellier, d'azur à 3. Lezards d'argent posez en pal, 2. 1. au chef de Gueule, chargé de 3. estoilles d'or.

Paris. *Tessier*, d'azur à 3. haches d'argent.

Telligny, de sable à la bande d'argent, à la bordure de mesme.

Tempeste, de Gueule fretté d'or, semé d'escussons de mesme.

Bourgongne. *Tenare*, d'azur à 3 chevrons d'or.

Tende, de Gueule à l'aigle esployé d'or.

Tenost, d'azur au sautoir d'or, acc. de 4. Croissants d'argent.

Tenon, de sable à 2. Lyons Leopardez d'or.

Dauphiné. *Terail*, d'azur au chef d'argent, chargé d'vn Lyon naissant de Gueule, au filet d'or en bande sur le tout.

Terare, d'azur à 3. chevrons d'or.

Teron, d'azur en chef danché d'or, à la bande de mesme.

Ternans, eschequé d'or & de Gueule.

Termes, party emmanché de 4. flames d'or mises en pal.

Terlat, d'azur à 2. cornes d'abondances d'arg. passées en sautoir, plaines de fleurs & de fruits de mesme.

Bretagne. *Tesquedy*, d'or à 3. pommes de pin de Gueule.

Tessart, d'or à la face d'azur, acc. d'vne roüe de Gueule en chef.

Testa, d'or à 3. Lyons de Gueule l'vn sur l'autre celuy du milieu contre-passant.

Tesse la Feriere, d'or à 6. fers de cheual d'azur.

Normand. *Tessez*, d'azur à 3. fers de moulin d'argent.

Bourgogne. *Tissu*, d'or à la bande de Gueule, chargée de 3. sautoirs d'or.

Normand. *Tessun*, facé d'hermine & de sinople diapré d'or.

Maine. *Tiville*, d'or à 3. annelets de sable.

Normand *Texier*, de Gueule à la Levrette courante d'argent, accollée & bouclée d'or au Croissant de mesme en chef.

Tchermes, d'argent au Lyon de Gueule.

Thesart, d'or à la face d'azur, acc. d'vne Rose de Gueule en chef.

Thesan, escartelé d'or & de Gueule à la bande d'azur.

Theain la Dubliere, d'or à 3. Cocquilles de sable, à 6. estoilles de mesme en abysme.

Theville, d'argent à 3. aigles de Gueule.

Thiars, d'or à 3. escreuices de Gueule.

Thiange, d'or à 3. Roses de Gueule.

Normandie. *Thibouville*, d'hermine à la face de Gueule.

Thibouville, facé d'argent & d'azur au chef de Gueule, chargée de 3. annelets d'or.

Tibaut Beaurin, d'azur à la face d'or, chargée de 3. molettes de sable.

Thibergeant, d'or à 4. face de Gueule, les 2. premieres ondées.

Thiembrune, d'azur à la bande d'or, accostée de 2 fleurs de lys de mesme.

Thionville, de sinople à 3. Limaçons d'argent, à l'escu en cœur de mesme, vne en chef, l'autre en pointe.

Thionville, escartelé au 1. & 4. d'argent, au Croissant de Gueule, au 2. & 3. Lozangé d'or & de Gueule en pal.

Thignonville, de gueule à 6. annelets d'or. 3. 2. 1.

Thoart,

T.

Thoaré, Voyez Elbieſt.

Thoueſt, de ſable à 5. eſtoilles d'or en Croix.

Thomaſſin, d'argent à la bande d'or, accompagné d'vne teſte de Lyon en chef de meſme.

Thomelin, eſcartelé d'azur & de gueule, l'azur chargé de 5. billetes d'argent.

Thouars, d'or ſemé de fleurs de lys d'azur, au franc canton de gueule.

Thoret, d'azur à l'eſcuſſon d'argent, chargé d'vne teſte de Vache de gueule.

Tiange, d'or à la Croix patée, partie de gueule & de ſable.

Tiange, d'or à la Croix encrée de gueule.

Tiange, d'or à 3. tierce-feuilles de gueule, percées d'or.

Tiercelin Apelvoiſin, d'argent à 2. tierces d'azur, paſſées en ſautoir, acc. de quatre merlettes de ſable.

Tignouville, de gueule à 13. annelets d'or.

Tigny, d'argent à la Croix patée & alaiſée, eſcartelée de gueule & de ſable.

Tilly le Roux, d'azur au chevron d'argent, acc. de 3. teſtes de Leoparts d'or.

Normand. *Tilliers* de gueule au Lyon d'argent ſemé de Cocquilles d'or.

Champ. *Til*, d'or à 3. Lyons de gueule.

Tilliers le Veneur, d'argent à la bande d'azur.

Tillet, d'or à la Croix patée de gueule.

Maine. *Tillon du Cheſne*, de ſable à 2. eſpées d'argent.

Tingecourt, eſchequé d'or & d'azur au franc canton d'argent, chargé d'vn Lyon naiſſant de ſable.

Tingry, d'argent à 3. teſtes de bœuf de ſable.

Bretagne. *Tiuerlan*, de gueule au Chaſteau ſemé de 3. Tours d'or.

Tolouaſt, d'argent à 6. Lozanges de gueule.

Toloſe, de gueule à 6. Chaſteaux ouuers d'or.

Tomberel Voyez Moulins.

Tonnelier de Conty, d'azur aux aiſles eſtenduës d'or, grilleté de meſme.

Vermandois. *Tonnelle*, d'or à 5. Chaſteaux ou creneaux d'azur en orle.

Tonnay, d'azur à 2. faces d'or.

Tonerre, de gueule à la bande d'or.

Torcy, d'argent à 3. pals de vair.

Bourgogne. *Torcy*, de gueule à la bande d'argent.

Dauphiné. *Torchefelon*, de gueule au chef bandé d'argent & d'hermine.

Tereau. Voyez Molitar.

Torigny, d'argent au Croiſſant de gueule.

Ville. *Tornus*, de gueule au Chaſteau d'argent au chef d'azur, chargé de 3. fleurs de lys d'or.

Tormbus, de gueule & d'argent, à la bande d'azur.

Tornon, de gueule à 3. pals d'hermine.

Tournon, ſemé de France party de gueule au Lyon d'or.

Tournemine la Hunaulaye, eſcartelé d'or & d'azur.

Toulon Sainte Iaille, de ſinople à vne Oye ou Iars d'argent, manbrée d'or.

Toulongeon, de gueule à 3. iumelles d'argent.

Ville. *Toulouſe*, de gueule au mouton d'argent, ſuportant vn baſton de meſme, au haut duquel eſt vn cercle d'or, dans lequel eſt vne Croix clechée adextrée d'vn Chaſteau ſommée de 3. Tours couuertes d'or, ſenextrée d'vn autre Chaſteau meſme, ſommé auſſi de trois Tours non couuertes au chef d'azur ſemé de France.

Vermandois. *Toutelle*, de gueule au Lyon d'or.

Artois. *Touritau de Breues*, d'azur à la bande d'argent.

Tourneville Bellangues, de Gueule à 3. tourtes d'argent ſemées de croiſettes recroiſetées au pied fiché de meſme.

Tourqenville, pallé d'or & d'azur de 6. pieces au chef de gueule, chargé de trois fermeaux d'or.

Tourbault, de gueule à la Croix de vair.

Tourette, d'azur à 3. Tours d'argent maçonnées de ſable.

T.

Ville. **Tours**, de Gueule à 3. Tours crenellées d'argent, au chef de France.

Tousi, porte de Chastillon sur Marne, à 3. merlettes de gueule sur le chef.

de Champagne. **Trainel**, bandé d'argent & de Gueule de 6. pieces, au chef d'argent, chargé d'vne Rose de Gueule, le chef soutenu d'or.

Trainel, porte de vair.

Trambley, d'argent à 3. faces d'azur.

Bretagne. **Tranche-Lyon**, de Gueule à vn poing d'argent, mouuant du bas flanc dextre, tenant vne espée, dont il perce vn Lyon de mesme.

Bret. **Tranche mer**, de Gueule coupé en orle sur vne mer d'argent, agitée d'azur à vn couteau d'or fiché dans la mer, le manche sur gueule.

Trans, d'argent à 2. faces de sable, chargées de 5. bezans d'or. 3. 2.

Trasiquier, bandé d'argent & d'azur de 6. pieces, au Lyon de sable, sur le tout à la bordure engreslée de gueule.

Trasiguie, bandé d'or & d'azur de 6 pieces à l'ombre d'vn Lyon de sable, bronchant sur le tout.

Treat-Gouray, de Gueule au Croissant burellé d'argent & d'azur.

Trebrit des vortes Bouilles, Voyez des Portes.

Tred ues, bandé d'hermines & de Gueule de 6. pieces.

Trecisson, de Gueule à 3. chevrons d'hermine.

Tremont Semur, Voyez Semur.

Bretag. **Tremeliere**, de Gueule à 3. Croissants d'argent.

Trenan, d'hermine à la face de Gueule.

Tresme Baillet, Voyez Baillet.

Tresme Potier, d'azur à 2. mains adextré d'or, au franc quartier eschequé d'arg. & d'azur à la bordure engreslée d'or.

Trescol, d'azur à 3. Soleils d'or.

Bretagne. **Treson Cauchon**, de Gueule au Griffon d'or.

Bretagne. **Tressan**, de Gueule à 3. chevrons d'hermine.

Normand. **Tresequiey**, d'or à 3. pommes de pin de Gueule, lignées de sable.

Trie Dammartin, facé d'argent & d'azur de 6. pieces, à la bordure de Gueule.

Trie, d'or à la bande d'azur.

Trie Varennes, d'or à la bande camponée d'argent & d'azur.

Troustel, d'or à la Clef de Gueule en pal.

Triptot, d'argent à la Croix engreslée de Gueule.

Tristan l'Ermite, d'argent à 3. chevrons de Gueule.

Tronfart, d'or à 10. tourteaux de sable. 4. 3. 2. 1.

Tronquide-Coulombier, de Gueule à 7. besans d'or.

Trousseau, de Gueule à la bande de vair.

Normand. **Trosses** ou **Troles**, de Gueule au Lyon d'or.

Ville. **Trouville**, d'argent à 3. bandes de Gueule à l'orle de Cocquilles de mesme.

Troye, de Champagne au chef d'azur, chargé de 3. fleurs de lys d'or.

Trudaine, d'or à 3. daims passans de sable.

Aniou. **Trully**, d'argent à 3. Lyons de Gueule.

Tué, de sable fretté d'argent au chef de mesme, chargé d'vn Lyon naissant de

Auvergne. Gueule.

Turenne, d'argent à 4. bandes de gueule.

Turgot S. Clair, escartelé 1. & 4. d'hermine fretée de Gueule, au 2. & 3. d'argent fretté de sable.

Turpin, Lozangé en pal d'or & de Gueule.

Turnebus Dubuci, d'argent à la bande d'azur.

Tubœuf, d'argent à 3. aiglons esployées de sable.

Turquant, d'argent au chevron de Gueule, acc. de 3. testes de Turcs au naturel en profil, leurs Turbans de sable.

Tossé, de sable à 4. lamelles d'argent.

V.

Ville. V*Agnie*, d'argent à la face de fable, à 7. merlettes de mefme.

Valence, de gueule à la Ville clause de murs, flanquée de Tours, auec la porte, le tout d'argent, maffonnée de fable.

Valery, de gueule à la Croix d'or.

Valentinois, d'azur à 6. befans d'argent, au chef d'or.

Valette dit *Parifot*, de gueule au Peroquet, la pate leuée d'argent.

Valfenon ou *Vigemont*, d'or à la bande viorée d'azur.

Vallée, d'argent à la quinte-feuille de fable.

Valency, de Gueule au pal chevronné de fable & d'or.

Valentin, d'or à 3. Rofes de Gueule.

Valancé. Voyez Eftampes.

Vallée Chenaille, efcartelé d'or à 4. barbeaux ou bluets d'azur, pofez en pal 2. 1. au 2. de Gueule, au Heaume d'argent, au 3. d'or, à 3. befans de Gueule, au 4. d'or, à 4. trefles de finople.

Vallée du nom *de Foffé*, efcartelé au 1. & 4. de gueule, à 3. fermeaux d'argent, au 2. de Gueule, efcartelé d'vn filet ou Croix de Gueule, au 1. & 4. d'azur, au Chafteau d'argent, au 2. & 3. de Bretagne.

Vallée de Roche, de Gueule au Lyon d'or, party de gueule auffi au Lyon d'or, enté en pointe d'or au Lyon de gueule.

Vallée du Mefnil. Voyez du Mefnil.

Vallée de Monge. Voyez Mongé.

Anjou. *Vallenton*, party au 1. d'or, à la bande d'azur, à la bordure de mefme, au 2. coupé en chef d'argent, à la bande de gueule, accoftée de 6. Rofettes de mefme en pointe, d'argent à la bande d'azur, au lambel de 4. pendants de mefme pofé en chef à fenextre.

Valeron de Meurs, d'or à la face de fable, efcartelé de fable à l'aigle efployé d'argent.

Valon, d'azur à la Lycorne d'argent.

Valkmondreville, d'azur à 3. Croix coupées d'or, mifes en face, efcartellées d'hermine fur le tout de gueule, à la tefte de Lycorne d'argent.

Vaillac, d'azur à 3. eftoiles mifes en pal d'or.

Valincourt, d'or au Lyon de gueule, l'efcu femé de billettes d'azur.

Vaffe, d'argent à 3. tourteaux de Gueule.

Vadripont, d'or à 2. Lyons adoffez de Gueule.

Vademar-Gouuernet, d'azur à la Tour d'argent maffonnée de fable au chef de Gueule, chargé de 3. Heaumes d'argent.

Valois, de France à la bordure de Gueule.

Vantadour, voyez Leuy, efchequé d'or & de Gueule.

Vendofme, de France au bafton de Gueule perv en bande.

Bretagne. *Vannes Ville*, de Gueule à vn hermine au naturel, reueftuë d'vn manteau d'hermine doublé d'vne toille d'or.

Vantenaife, de Gueule au Lyon d'argent, party d'argent à 2. faces de Gueule.

Vanel, d'azur au chevron d'or, aec. de 3. eftoiles de mefme.

Verdalles Loubiers, de Gueule au Loup ramp. d'or.

Varnier Blainville, de gueule à 3. chevrons d'argent.

Varenes, de gueule au Levrier paffant, accolé d'azur, l'efcu femé de fleur de lys d'or.

Picard. *Varennes*, de gueule à la Croix d'or.

Vare, d'azur à 6. cotices d'or, au chef d'argent, chargé de 3. Corneilles de fable, becquées de gueule, party d'argent à la bande d'azur, chargée de trois teftes de Lycornes d'or.

Varas, de vair efcartelé de gueule.

Normand. *Varambon*, de gueule à la Croix crenelée d'argent, chargée de neuf hermines.

V.

Varoy, breteſſé & contre-breteſſé en face d'argent & d'azur de 6. pieces, au lambel de gueule.

Varie, de gueule à 3 caſques d'argent en profil.

Vardes, fuzelé d'argent & de Gueule.

Varocquier, d'azur à vne main droite apaumée en face d'azur.

Vaſſé, d'or à 3. faces d'azur.

Vaſſy, d'or à 3. tourteaux de ſable.

Vaſenare, de Gueule à 3. eſcuſſons d'argent.

Vaſconcelles, d'argent à 3. faces viurées de Gueule.

Valan du Puy, eſchequé d'or & de gueule.

Vauberault Papillon, voyez Papillon.

Vaulere, d'argent à 3. choüettes de ſable becq. & manbré de Gueule.

Vaucelles, facé d'or & d'argent de 8. pieces, à 3. annelets de gueule, bronchant ſur la premiere & ſeconde face.

Vauchelles Lonnencourt, d'or à 3. teſtes de Loup de ſable, eſcartelées de ſinople à l'aigle d'or manbré & becqué de gueule, trauerſé d'vne eſpée d'argent garnie de Gueule, le pommeau & le bout d'or, le foureau de ſable.

Vaubecourt, d'or fretté de Gueule au franc canton d'azur.

Vaucheles, d'argent au chef de Gueule billeté d'or.

Vaubecourt, voyez Notancourt.

Vaugrenenil, d'azur au Cocq d'or.

Vauaſſeur, de Gueule au Lyon d'argent.

Vaugris, d'azur à la face d'or.

Vauquelin des Yueteaux, d'azur au ſautoir engreſlé d'argent, accompagné de 4. croiſettes d'or.

Bretagne.   *Vaudragon*, de vair.

Vauder, d'argent à 3. choüettes de ſable.

Bourgogne.   *Vaudray*, de Gueule à vne emmanchure d'argent de 2. pieces & demies.

Vauvreuille la Verny, de gueule au Croiſſant d'argent, accomp. de 2. eſtoilles de meſme.

Vaumoire, d'argent à la face de ſable, acc. de 7. merlettes de meſme.

Vaux, d'argent à la Montagne de ſable ſuportant vn aigle de gueule.

Vaux Leneré, coupé de ſable ſur argent, au Lyon coupé de meſme de l'vn en l'autre.

Vanſin, d'azur à 3. beſans d'hermine.

Vaugrigneuſe, d'or fretté de ſable.

Vecourt, d'argent à 3 Croix de ſable.

Vegneux, coupé danché de Gueule & d'hermine.

Venice, de gueule à 2. Clefs d'or paſſées en ſautoir liées d'azur.

Velaru, d'argent à 3. Croix encrées de ſable.

Vely, d'azur à la face d'or, acc. de 3 eſtoilles de meſme.

Bourgogne.   *Velourt*, d'argent à 3. Croix de ſable.

Vendoſme, d'argent au chef de gueule, au Lyon bronchant ſur le tout d'azur.

Vendoſmeu, d'or à 3. faces de Gueule coupées d'hermine.

Vendegris, de ſable à la roüe de 6. rais d'or.

Ventes, eſchequé d'argent & de gueule.

Ventet, d'azur à 2. Lyons affrontez d'or, ſuportans vne couronne de meſme, briſé d'vne face en deuiſe d'argent.

Veoy, d'argent au Lyon de ſable, l'eſcu ſemé de billettes de meſme.

Verderonne Lanbeſpine, eſcartelé au premier de gueule, à la quinte-feüille d'or, au 2. d'or à la face d'azur, au 3 de gueule, au caſque d'or mis de coſté, au 4. de gueule, à la Croix encrée de vair ſur le tout d'azur au ſautoir d'or, acc. de 4. billettes de meſme.

Vermandois, eſchequé d'or & d'azur, ſurmonté de France.

Paris.   *Vertamont*, de gueule au Lyon d'or.

Verchin, d'azur au Lyon d'argent ar. lampaſſé de gueule, l'eſcu ſemé de billettes d'argent.

Vermeille,

V.

Vermeille, d'argent au Lyon de Gueule.

Verneuil, d'azur à l'escu en abysme d'argent.

Verdun, d'or fretté de sable.

Versoris, d'argent vne face de Gueule, accompag. de 3. ancoligées d'azur de sinople.

Vernin, paslé de vair & de Gueule de 6. pieces, au baston d'or, sur le tout.

Languedoc. *Verieul*, d'or à l'arbre de sinople, au chef d'azur, chargé de 3. estoilles d'or.

Verigny de sable à la Croix fleurdelisée d'argent, cantonnée de quatre Coquille d'or.

Verdet, de sinople, au Lyon d'argent, tenant vn cœur de Gueule.

Vert, eschequé d'or & d'azur.

Vergy, de Gueule à 3. quinte-feüilles d'or.

Verny Fauerolle, d'azur au Lyon d'or couronné.

Vernuins, de Gueule au Dragon d'or posé, aux aisles estenduës.

Vere, de gueule à bande d'or, acc. de 6. Cocquilles de mesme.

Vernon, de gueule au sautoir d'or, chargé de 5. torteaux de sable.

Verton, d'azur à la face d'argent, chargé d'vne mouche au naturel de sable, lignée d'or.

Vialar, d'azur au sautoir d'or, acc. de 4. Croix, en croc, de mesme.

Victor, d'azur au chevron d'or, acc. de 5. fuzées de mesme.

Viau Chamliuant, de Gueule à la bande d'or, accompagnée de 6. merlettes de mesme.

Vic Garde és Sceaux, de Gueule, à 2. mains iointes posée en face d'argent, & en chef vn escu d'azur, à la fleur de lys d'or.

Vienden, de Gueule à la face d'argent.

Dauphiné. *Viennois*, d'or au Dauphin pasiné d'azur, barbé & oreillé de Gueule.

Vidame de Châlons, de Gueule à 3. pals de vair, au chef d'or, chargé de 2. Lyons de Gueule, Leopardez & affrontez.

Viegemant, voyez Valsenon.

Champ. *Vienne*, d'azur à l'aigle d'or, escartelé d'azur au Lyon couronné d'argent.

Vienne Saint George, de Gueule à l'aigle d'or, brisé sur la poitrine, d'vne Cocquille de Gueule.

Bourgogne. *Vienne Vineille*, de Gueule à l'aigle d'or, escartelé de Gueule à 6. anneaux d'or 3. 2. 1.

Vienne, de Gueule à l'aigle d'or.

Vielle-Maison, d'azur à la herce ou coulice d'arg. de 5. pieces au pied fiché.

Vietre, d'argent à la bande d'azur, acc. de 3. torteaux de Gueule 2. 1.

Normandie. *Vieu-pont*, d'argent à 10. anneaux de Gueule.

Vieu-Chastel Lannion, d'argent à 3. merlette de sable, au chef de Gueule, chargé de 3. quinte-feüille d'argent.

Vignes, d'argent à la face de Gueule, chargée de 3. besans d'or, acc. de 7. mazeles de gueule, au lambel d'azur de 5. pieces.

Vignancourt, d'arg. au chevron de Gueule, acc. de 3 molettes de sable.

Vignacourt d'Auerton, d'argent à 3. fleurs de lys, au pied norry de Gueule.

Vignacourt de Maricourt, de mesme.

Vignacourt de Charly, de mesme brisé d'vn Croissant de gueule.

Vignacourt Destay, brisé d'vn lambel de gueule.

Vignemont, d'or à 3. torteaux de sable.

Normandie. *Vigneral*, d'azur au chevron d'or, acc. de 2. estoilles en chef, & d'vne teste de Lyon de mesme en pointe.

Saintonge. *Vigney*, d'argent à 2. faces de Gueule, & 3. merlettes de mesme, en chef.

Vignolle la Hyre, escartelé au 1. & 4. d'azur, au Paon roüant d'or au 2 & 3. de sable, au cep de vigne d'argent, monté sur vn eschalat d'or, qui est la Hyre.

Viger, d'azur à la Croix encrée d'argent.

Viger, escartelé au premier & quatre de gueule, au chef d'or, au 2. & 3. d'azur, au trefle d'or, à la cotice d'argent & de gueule, bronchant sur le tout, de l'escu.

Nn

Vigat, d'argent à l'aigle de fable, au chef chargé de 5. molettes d'or.

Vilars, d'azur à 3. molettes d'or, au chef d'arg. chargé de 3. molettes de gueule.

Villars la Faye, d'or à la face de Gueule.

Villars, de Gueule à la bande d'argent, accostée de 6. croisettes de mesme.

Dauphiné. Villars de Tende, voyez Tende.

Vilirnal, vairé d'argent & de Gueule.

Vilarceau, burellé d'argent, & de Gueule au Lyon de fable, tenant de fa pate vn Croissant de mesme, arm. lamp. couronné d'or.

Vilamont, d'argent au Lyon de Gueule, tenant vne fleur de lys de mesme.

Villager, voyez Renoüard.

Villaine, d'azur au Lyon d'or, lamp. de Gueule, escartelé eschequé d'or & d'azur.

Villame, fretté d'argent, & de fable, au chef d'argent, chargé d'vn Lyon naiffant de Gueule.

Village, d'argent à la bande d'azur, diaprée d'or.

Limofin. Ville-neuue, d'or à la Croix encrée de Gueule, à la bordure d'azur.

Ville-Brefme, d'argent au Dragon aiflé de Gueule.

Bref. Ville-Neuue, de Gueule à la Croix d'argent, accomp. de quatre Cocquilles de mesme.

Provence. Ville-Neuue, de Gueule fretté de Lances rompuë d'or, femé d'escuffons d'arg. fur le tout, vn efcu d'azur, chargé d'vne fleur de lys d'or.

Ville-blanche du Pin, d'azur à la face d'argent, acc. de 3. testes de Poiffons de mesme.

Ville-Montée, coupé danché d'or fur azur, l'or chargé d'vn Lyon Leopardé de fable.

Ville Dauret, de Gueule à la face d'or, acc. de 9. merlettes de mesme.

Villeroy Neuuville, d'azur au chevron d'or, accompagné de 3. Croix encrée de mesme.

Villeroy, escartelé au 1. & 4. de Gueule, à 3. bandes d'argent, chargé de merlettes de fable, au 2. & 3. d'argent, à 6. annelets de gueule, fur le tout vn efcuffon de Néefle qui eft de Gueule, à 2. bards adoffez d'or, femé de trefles de mesme.

Ville Moreau, d'azur au Cygne d'argent, manbré de fable.

Ville Sauoye Equilar, d'hermine au Lyon de Gueule.

Villiers Lifle Adam, d'or au chef d'azur, chargé d'vn bras droit ou dextrochere d'argent, portant vn fanon femé d'hermine, mouuant du cofté gauche fur le chef, pendant fur le tout.

Villiers du Hommet, facé d'argent & d'azur de 6. pieces, à 3. molettes de fable en chef.

Villiers, de Gueule femé de billettes d'argent, au Lyon de mesme fur le tout.

Villiers, d'or à la Croix d'azur.

Vilquier, de Gueule à la Croix fleurée d'or, cantonnée de vingt billettes de mesme.

Vinerot, ondé d'argent & de finople, à 3. orties de finople en chef.

Vindac, d'azur à 3. Lyons d'argent.

Paris. Violle, d'or à 4. chevrons de fable.

Lyonnais. Vinolet, d'argent à 3. Cocquilles d'azur, au chef coufu de Gueule, chargé de 3. Cocquilles d'or.

Vion, d'azur au chevron d'argent, chargé de 3. fleurs de lys de Gueule, acc. de 2. molettes d'or.

Virier Fauergne, escartelé au 1. & 4. d'or & de fable, au deux & trois de Gueule, à 2. chevrons d'argent, fur le tout de Gueule, à 3. Viures d'argent l'vn dans l'autre.

Dauphiné. Virieu, de Gueule à 3. annelets d'argent paffés l'vn dans l'autre.

Bourgogne. Viry, de fable à la Croix encrée d'argent, chargée en cœur d'vn carreau de fable.

Vitré, de Gueule au Lyon d'argent.

V.

V*iuian*, d'azur flancqué d'argent, au sautoir engreslé de Gueule, chargé de 2. estoilles d'or, vne en chef, l'autre en pointe.

V*iuiers la Brenaufiere*, d'argent à 3. viuiers ou reseruoirs d'eau de sinople, remplis d'eau d'azur. 2. 1.

V*iuonne*, d'hermine au chef de Gueule.

V*oifins Gilbert*, d'azur à la Croix engreslée d'argent, cantonné de 4. Croix d'or.

Paris. V*oifin*, d'azur à 3. estoilles d'or 2. 1. au Croissant d'argent en cœur.

V*oire*, de gueule au Chasteau d'argent, composé de deux Tours, celle du flanc senextre plus basses, iointes par vn entre-mur esquipolé en bande, du haut de la premiere Tour, au milieu de la seconde d'argent, massonnée de sable.

V*oluire*, burellé d'or & de Gueule de 10. pieces.

V*ouel*, d'azur au chevron d'argent, acc. de 3. fleurs de lys d'or.

V*ouflans*, pallé d'or & de Gueule de 6. pieces, à la face d'or, sur le tout.

V*rille*, d'argent à la bande d'azur, à la bordure de Gueule.

Dauphiné. V*riage Bofins*, d'or au bœuf de Gueule, au chef de mesme, chargé de 5. potences d'or.

V*rfay Beraudiere*, voyez Beraud.

V*rfins*, bande d'argent & de Gueule, au chef d'argent soutenu d'or, chargé d'vne Rose de Gueule, greuée d'or.

V*zaix*, de Gueule à la bande de 3. pieces d'or.

V*zarche*, d'azur semé d'estoilles à 6. rais d'argent, & 2. Bouuars passant l'vn sur l'autre d'or, bronchant sur le tout la queuë entre leurs cuisses.

X.

X*Aintrailles*, d'argent à la Croix racourcie de Gueule.

Y.

Y*Ve de la Courtille*, d'azur à 3. Lozanges d'or, & vne Rose d'argent en cœur, au chef d'or, chargé de 3. merlette de sable.

Y*uelin*, de Gueule à 3. Roses d'argent, au chef d'or, chargé d'vn Lyon Leopardé de sable.

Y*voy*, d'or à 3. chevrons de Gueule.

Y*vry*, de Gueule à 3. cheurons d'or.

Y*ffembourg*, d'or à la face pallée d'argent & de Gueule.

Prouence. Y*Zes*, d'argent au Lyon de Gueule, chargé d'vne bande d'azur, ayant en chef vne fleur de lys d'or.

Z.

Z*Ames*, d'azur au Lyon d'or, à la face en deuise d'argent, surmontée d'vne fleur de lys d'or.

AVERTISSEMENT
à la Noblesse.

CE trauail & recueil eſtant d'vne longue halleine, & d'vne tres penible recherche, pour ne pas connoiſtre ny auoir connoiſſance certaine des armes de chaque maiſon Noble, particulierement des Gentilshommes de ce Royaume, non ſeulement à cauſe de la multitude, mais à cauſe de la grande eſtenduë de cét Eſtat, & qu'ils habitent en des Prouinces de ce lieu, ce qui en rend l'accez difficile, ny meſme de la certaineté de pluſieurs qui ſont icy décrits, pour n'en pouuoir pas auoir vne connoiſſance parfaite, d'autant que les vns blaſonent vne arme d'vne façon & l'autre d'vn autre, l'vn met vn eſmail l'autre vn autre, ou changent les pieces : ie ſçay bien qu'il y a de l'ignorance aux vns ou aux autres, ce qui fait qu'en cette diuerſité on eſt bien empeſché de connoiſtre le veritable blaſon : C'eſt pourquoy, tres-illuſtres Seigneurs, & genereuſe Nobleſſe, & tous ceux qui ſont rendus illuſtres & dignes de tenir ce rang, par les genereux exploits & emplois de leurs predeceſſeurs, ou par les leur meſme, & qui ont intereſt, que leurs Armes ſoient doreſnauant bien repreſentées pour l'honneur de leur famille & poſterité, & pour en connoiſtre les veritables diſtinctions, ſoit par briſures, émaux, differends noms, ſobriquets ou qualitez, ſont tres-humblement ſuppliez (pour leur honneur particulier) de vouloir tant obliger le public & l'Auteur, que de luy enuoyer leurs vrayes Armes, i'entends de celles qui pourroient eſtre mal blaſonnées dans ce recueil) principalement l'originaire, c'eſt à dire la paternelle, à laquelle ils pourront adioindre celle de leurs alliances maternelles, des collateraux, & de leurs amis autant qu'ils en pourront auoir connoiſſance, leurs noms qualitez, leur differentes briſeures & eſmaux, leurs Seigneuries, & en quelle Prouince elles ſont ſcituées. L'Autheur prēdra vn ſingulier plaiſir de les inſerer dans ſon ſecond Volume, ſurquoy il trauaille, qui ſera Dieu aydant auſſi gros que le preſent, & où les Armes qui ſe trouueront auoit eſté mal blaſonnées par les raiſons cy-deſſus dans le Liure, ſeront amandées par la communication des memoires qu'il plaira à ceux qui y ont le plus d'intereſt, d'enuoyer à l'Auteur, qui leur ſouhaite à tous vne parfaite ſanté. Où chez Louys Boiſſeuin, Marchand de Taille-douce, ruë Saint Iacques, proche Saint Seuerin, à l'Image Sainte Geneuieſue, qui les fera tenir à l'Autheur.

Apres cette ſeconde partie ſuiura la troiſiéme, dont la premiere partie contient les noms, Armes, & blaſons des hommes Illuſtres, ſous chaque regne, depuis Pharamond *iuſques au Roy* Hugues Capet, *& la ſeconde depuis ledit Roy, iuſques au Roy Louys XIV.*

TROISIESME PARTIE
DV PROMPTVAIRE ARMORIAL.

CONTENANT LES NOMS DES HOMMES ILLVSTRES, QVI ONT PARV
sous chaque regne, depuis le Roy PHARAMOND, iusques à present, diuisé
en deux partie, la premiere contient ceux de la premiere lignée Royale.
Sçauoir les Morouingiens, & les Carlouingiens, & la seconde celle qui
regne à present.

Auec vne Table Alphabetique, contenant leurs noms, & les Blasons des Armes figurée
sous chaque Roy de cette premiere partie.

A PARIS,

Chez { GERVAIS CLAVSIER, sur les degrez de la Sainte Chapelle, } au Palais.

ET

OLIVIER DE VARENNES, en la Gallerie des Prisonniers,

Les Figures se vendent chez LOVIS BOISSEVIN, ruë Saint Iacques,
prés la Fontaine S. Seuerin, à l'image Sainte Geneuiéve.

M. DC. LVII.
AVEC PRIVILEGE DE SA MAIESTE'.

AVIS

AV LECTEVR.

NE *vous estonnez pas (Amy Lecteur,) si dans ce receüil ie n'ay pas obserué l'ordre des Illustres personnes , selon leur rang qualitez , dignitez & merites , ny les Années qu'ils se sont faits connoistre par leurs emplois & genereuses actions , les vns commencent en vn temps , les autres en vn autre sous vn mesme regne , aucuns ayant continué sous plusieurs regnes suiuant. C'est pourquoy ie me suis contenté de les rapporter indifferemment sous les regnes qu'ils ont paru autant qu'il m'a esté possible , sans auoir esgard à l'ordre d'iceux.*

PHARAMOND (fils de Marchomir le Grand) s'estant fait signaler, combattant genereusement souz la conduite de son pere pour les Romains, où il fit paroistre la grandeur de son courage, & sa valeur, gagna tellement la bonne grace des François, que tous d'vn vnanime consentement, l'esleurent & le proclamerent Roy sur eux, en la plaine de VVirtzbourg, où estant esleué sur vn Bouclier à leur mode, selon leur coustume, fut porté & promené par trois fois alentour de l'Assemblée, où toutes les nations de la Hance Françoise luy firent serment d'obeissance & fidelité sur leurs Armes, enuiron l'an 417. le premier iour du mois de May, deceda l'an 4 2 9.

CEST ce Prince de qui nos Monarques tirent leur premiere origine, & d'eux s'estiment estre descendus les Maisons plus Illustres de la Chrestienté. Regna enuiron vnze ans, pendans lesquels, il poliça son peuple auec ses principaux Seigneurs. C'estoit vn Prince veritable, tenant sa parole, vertus qui l'auoient rendu preferable a toute autre.

Il eut pour femme Argotte, fille du Roy des Cymbres, de laquelle il eut son successeur, & sa fille Blisinde, qu'il maria à Flandeberg, auquel on tient qu'il donna le gouuernement de la Belgique.

LES PLVS ILLVSTRES QVI SE SONT SIGNALEZ, TANT SOVS
ce Roy que sous Clodion son fils & successeur, furent

I. VVISOGAST, II. BODOGAST, III. SOLOGAST, IV. & VVIDOGAST, les quatre principaux Seigneurs de Franconie, ausquels le Roy Pharamond auoit commis la Sur-Intendance de la Iustice, & charge de ramasser en vn Code les anciennes Loix des François, lesquels s'estans assemblez en trois diuers iours de Parlement aux Seigneuries dont ils portoient le nom, couchererent lesdites Loix par escrit en langage Germanique; & cette Loy fut appellée Salique, à laquelle le Roy Pharamond ne fit qu'adjoûter le sixiesme Paragraphe au Tiltre des ALEVDS, lequel est le soixante-deuxiesme de ladite Loy, suiuant lequel les Successions des FIEFS & FRANCS-ALEVDS estoient reglées.

VOICY LES PARAGRAPHES DE CE TILTRE.

LE PREMIER. Le François (*Homo Francus*) venant à deceder sans hoirs masles, le pere & la mere suruiuant succederont a la Seigneurie qu'il tenoit.

LE DEVXIESME. Si le pere & la mere sont predecedez, & que le defunct, aye laissé des freres & des sœurs, les freres succederont audites Seigneuries.

L'E TROISIESME. Et où il n'y aura point de frere, les sœurs du costé paternel heriteront d'icelles.

LE QVATRIESME. Et à leur defaut celles du costé maternel.

LE CINQVIESME. Et s'il n'y a point de sœurs, de pere ny de mere, de frere de pere, ny de mere au iour du deceds de l'Homme-Franc, la succession feodalle appartiendra au plus proche parent du costé paternel.

LE SIXIESME. Mais de la Terre conquise par les François Soliens, à la pointe de l'Espée, les Femmes ne pourront succeder au total, ny mesmes en la moindre partie & portion d'icelle; Ains elle appartiendra entierement aux Masles, & de Lance en Lance, sans tomber en Quenoüille.

VOILA la Loy Fondamentale du Royaume de France, qui n'admet que les Masles à la Couronne d'iceluy, en excluant les femmes & les Masles descendans d'elles.

V. SVNON & GENEBAVLT auoient le Gouuernement des François, lors que le Roy Pharamond leur nepveu fut esleu.

VI. EBOVIC, vaillant Capitaine, estoit pour lors General de l'Armée des François.

VII. STILICON, VVandale de nation, Beau-pere de l'Empereur Honorius, & son Lieutenant General, se voyant puissant en credit & Richsses, & fort bien entendu au fait de la Guerre, desirant d'acquerir le Royaume pour son fils, esmeut les Sueuiens, Vandalles & Allemands à l'encontre dudit Honorius, souz pretexte d'vn si beau butin, mais ils en furent chassez par VIdin & Sarus auec l'Armée des Huns & de Gots, où ils furent tous deux tuez.

VIII. LVCIVS aussi vaillant Chef de guerre & Lieutenant de l'Empereur Honorius, se fit signaler souz le Regne suiuant

CLODION, fils de Pharamond, surnommé le Cheuelu, commença à regner enuiron l'an 430. selon Sigisbert, & regna dix-huict ans, le deuxiesme de son regne,
il conquist la Thuringe, puis trauersa le Fleune du Rhin, chaffant les Romains des Riues
d'iceluy, assiegea & prit Cambray & Tournay, ayant mis l'armée des Romains en déroute, s'empara de Valentienne & de Monts, poursuiuant sa pointe par l'Artois, paruint
à la Riuiere de Somme, qui fut la borne de ses conquestes, mourut au Chasteau de Dis-
parg en Thuringe, & fut porté à Francxemberg, où il fut inhumé enuiron l'an 448.
autres disent à Cambray.

IL eut pour femme Basine, fille du Roy d'Austrasie ou Austrie, de laquélle il eut trois
enfans maslés; Sçauoir, ALBERIC, RAINCARE & ADOBERON.

IX. MAIORIAN, Capitaine Romain & depuis Empereur, ayant surpris les François qui faisoient des Nopces en vn Bourg nommé Helene (que l'on croit estre Hedin en Artois) auec tel aduantage qu'il en fit vn grand carnage, prist l'Espousée & partie de ceux qui l'accompagnoient.

X. AETIVS PATRICE, Capitaine de Valentin Empereur d'Occident, parut souz se regne, & le suiuant estoit gouuerneur des Gaules pour les Romains; c'estoit vn personnage tres-expert, tant en matiere Ciuile qu'en matiere de Guerres: & toutesfois apres auoir vaincu Attilla, Roy des Huns, en bataille & fait plusieurs autres choses dignes de louanges augmentant de iour à autre sa felicité, fut mis à mort par la finesse de Maximus, ou par le commandement de l'Empereur Valentinian.

XI. ALBERIC, fils de Clodion, estant priué du gouuernement des François par MEROVEE, son Tuteur, se retira en la France Orientale, où il fut reconnu Roy, ayant son siege à Cologne, il s'allia auec Theodomir, Roy des Gots, duquel il espousa la fille.

XII. FRANCAIRE aussi chassé du Royaume se retira à Cambray, duquel lieu il prit le tiltre de Roy, recouurant auec l'aide de ses amis vne partie de son patrimoine, laissa deux enfans qui luy succederent; à sçauoir RANCHAIRE & RICHIMER: Mais depuis le Roy CLOVIS les ayant vaincus & pris en bataille, furent tous deux tuez.

XIII. VCHERIVS, fils de Stilicon, fut aussi Lieutenant de l'Empereur Honorius, & combattant auec son pere fut tué.

XIV. GENSERIC, Roy des Vandalles, en ce temps-là enuahit l'Affrique, contraignit l'Empereur Valentinian de faire paix auec luy, & luy laisser vne partie de sa conqueste.

XV. Souz ces Regnes viuoient aussi les Lumieres de l'Eglise; Sçauoir,

SAINT HIEROSME Docteur de l'Eglise, ayant appris toutes sortes de sciences, imité la vie des plus parfaits Religieux, atterré par sa doctrine plusieurs monstres d'heresies, mourut en grande vieillesse en Bethléem.

SAINT AMBROISE Euesque de Milan, lequel par son soing & doctrine, conuertit à la foy Orthodoxe quasi toute l'Italie, leur faisant quitter l'Arianisme dont ils estoient infectez.

SAINT AVGVSTIN Euesque de Bonne en Affrique, tres-excellent Docteur de l'Eglise, conuerty à la foy par S. Ambroise, l'ayant courageusement deffendue contre les Manichéens & autres Heretiques de son temps, il deceda en ladite ville auparauant les rauages d'Affrique.

SAINT IEAN SVRNOMMÉ CHRYSOSTOME pour son admirable Eloquence, lequel par ses Predications & bons exemples aduança grandement la Religion Chrestienne, ayant beaucoup enduré, mourut en exil.

MEROVEE, parent de Clodion, apres son deceds prit le Regne de son Estat, enuiron l'an 448. La vaillance de ce Prince & les rauages des Huns, contraignirent les Empereurs d'Occident d'accorder auec luy touchant les Prouinces conquises par son predecesseur, à la charge du secours. Iceluy ayant pris les armes auec Aetius Lieutenant de l'Empereur dans les Gaules, desfirent l'armée d'Atilla dans la plaine de Chaalons, qui se montoit de six à sept cens mil hommes, le contraignant de reprendre le chemin de Panonie, par ce moyen Merouée s'establit dans la Gaule, à laquelle fut donné le nom de France. Il deceda l'an 456.

LE nom, la vie & les mœurs de la femme de Merouée ne se trouuent point dans aucuns Autheurs Historiens.

LES ILLVSTRES SOVS CE REIGNE ET SOVS LE
Reigne suiuant : Sont

I. SAINT LOVP Euesque de Troyes par ses prieres deffendit sa ville contre Atilla

qui alloit rauageant la France, fut en Angleterre pour combattre l'herefie malheureu-
fe des Pelagiens.

II. SAINT AGNAN Euefque d'Orleans eſtoit dans la ville, lors qu'Attilla la tenoit fi eſtroitrement aſſiegee: Il auoit deuant chaque porte vn gros eſquadron ou garde
pour empeſcher que perſonne ne ſortiſt. Ce Barbare les menaçant, que s'ils n'obeiſſoient
& s'ils faiſoient reſiſtance contre ſa volonté il les feroit cruellement mourir. Eux crai-
gnans & eſtans en extreme perplexité ; ce ſaint Prelat les conſola & les encouragea de
tenir ferme, & que dans peu de iours ils auroient ſecours d'vn endroit, dont ils ne le
pouuoient eſperer : Il diſoit vray, car il ſçauoit de la part de Dieu, que Thierry Roy des
VViſigots y deuoit arriuer fort à propos auec ſon armee, pour aſſieger les Huns, cequ'il
fit, & donna en telle façon au dos des ennemis, qu'ils furent contraints de leuer le ſiege,
& ainſi la ville fut deliurée.

III. THIERRY Roy des VViſigots en Languedoc, auec ſon fils Toriſmond,
ioignirent auſſi leurs armes auec Merouée & Aetius contre Attilla, & le pourſuiuirent
iuſqu'en la plaine de Chaalons, où la bataille fut donnée & Attilla mis en deroute, lequel
ſe ſauua de bonne heure, & en demeura ſur la place, tant d'vne part que d'autre enuiron
cent quatre vingts mille hommes, entre leſquels fut Thierry Roy des VViſigots. Aucuns
eſtiment, & croit-on que cette bataille fut donnée dans les plaines de Solongne, entre
Orleans & Bourges.

IV. VVALAMER Roy des VViſigots, & Ardatic Roy des Guefpides, accompagnoient Attilla & conduiſoient l'armée, qui conſiſtoit à ſix ou ſept cens mil hommes :
Mais Merouée, s'eſtant comme, nous auons dit, joint auec Aetius & Theodoric, aba-
tirent l'orgueil de ces Barbares, lors qu'ils ne ſe promettoient rien moins que l'Empire
de tout le monde.

V. THEODOSE le plus ieune fils d'Arcadius fut fait participant de l'Empire,
eſtant encore ieune enfant, ſouz la Tutelle du Roy de Perſe : il eut le gouuernement
de l'Empire qu'il n'auoit pas encore atteint l'aage de huict ans, ayant pour ſon Capitaine le Preuoſt Antemius. C'eſtoit vn Prince de bonne vie, & ſur tout addonné à la
Foy Chreſtienne, & à la lecture des Saintes Lettres, & il faiſoit chercher par tout les
Liures de la Sainte Eſcripture, & les faiſoit garder dans ſa Bibliothecque.

VI. VALENTINIEN fils de Conſtantin & de Placidia, apres la mort de l'Empereur Honorius, fut appellé Ceſar, traitta paix auec Genſeric Roy des Vandalles, mena
vne groſſe armée contre Attilla, lequel taſchoit d'vſurper l'Empire, & fut le dernier Empereur d'Occident, iuſques à Charlemagne.

VII. AVITVS, Auuergnac de nation, fut Prefect du Pretoire des Gaules apres
Aetius, lequel auſſi fut diſgracié par l'Empereur.

VIII. ATTILA Roy des Huns (ſurnommé *flagellum Dei*) entra dans les Gaules
enuiron l'an 450. ſaccageant & mettant à feu & à ſang tout ce qu'il rencontroit, eſtant
aſſiſté de VValamer, d'Arderic & des Guefp.s, & autres nations du Nort, rauagea Treues
& Straſbourg, & la veille de Paſques eſtant entré dans la ville de Mets, apres l'auoir pillée
la fit reduire en cendre & paſſer par le fil de l'eſpée les Habitans d'icelle, maſſacrant inhumainement les Paſteurs à l'Egliſe. Comme vn torreau impetueux, vint ſaccager la ville
de Reims, paſſa au trauers de Troyes, ſans y faire aucun dommage, admirant la ſainteté
de vie de ſainct Loup ſon Euefque. En ſuite fouragea toute la Gaule Belgique, & vint
deuant Paris, qui fut deliurée miraculeuſement par les prieres de la Vierge ſaincte Geneuiefue leur Patronne. De là vint à Orleans, qu'il aſſiege & la preſſe ſi fort, que ſans
les feruentes prieres de ſainct Agnan, ſon Euefque, elle eſtoit à la veille de courir la riſ-
que & fortune des villes qu'il auoit deſolées : Mais à l'inſtant parut le ſecours amené par
Patrice & Aetius accompagné de Theodoric Roy des Gots & de Thoriſmond ſon fils, &
des François qu'ils firent decamper Attilla, & le pourſuiuirent iuſques à la campagne de
Mauriac (autres diſent la campagne de Chaalons) là où de part & d'autre chacun ſe
prepara au combat, où Attilla voyant ſon armée en deroute, ſe ſauua, eſtans morts ſur la
place tant de part que d'autre cent quatre-vingt mil hommes, comme nous auons dit.

CHILPERIC auoit acquis la reputation de vaillant & courageux, commë son pere, mais sa vie lubrique & desordonnée, attira sur luy la hayne & mal veillance de ses sujets, lesquels se leuerent contre luy, & fut contraint pour se sauuer sortir hors du Royaume par le conseil d'vn sien fidelle amy, par le moyen duquel aussi, il fut restably, defit Gillon gouuerneur de Soissons, qui auoit esté establily Roy en sa place. Il vainquit Odoacre chef des Saxons, prit Angers, où le Comte Paulus commandoit pour les Romains, deceda l'an 482.

IL espousa Basine (cy-deuant femme du Roy de Turinge, où il s'estoit refugié) cettë femme ayant conceu vn ardant amour pour le Roy Chilperic au temps de sa disgrace & retraitte en Thuringe, estant asseurée qu'il seroit restably en son estat, poussée autant d'ambition que de luxure, quitta son mary pour le venir trouuer, & ne fi aucune difficulté de l'espouser, luy disant qu'elle auoit tant reconnu de vertus en luy, que cette consideration l'auoit obligée de le venir trouuer, & que si elle eust creü qu'il y eut eu vn Prince au monde, plus vertueux que luy elle eut esté le chercher. Il eut de cette Reine Clouis, Lancielde, femme de Thielbide Prince d'Austrasie.

IX. THIERRY ou THEODORIC Roy des Oftrogots en Italie, fut ènuoyé par l'Empereur qui eftoit à Conftantinople, contre Odoacre, où il deffit grand nombre de fes gens, & le pourfuiuit iufques à Rauenne, où il fe retira. Theodoric y entra par capitulation, y eftant & fe voyant le plus fort, il mit à mort Odoacre & fon fils l'an 495. felon Sabellicus.

X. SAINT GERMAIN Euefque d'Auxerre viuoit en ce temps là.

XI. PAVL Comte d'Angers, n'eftoit aagé que de huict ou neuf ans quand fon pere mourut, fa mere gouuerna le pays d'Anjou, iufques à ce qu'il fut paruenu en aage, & pource que ledit Comte auec fa mere auoient retiré Odoacre dans leur ville qui eftoit ennemy de Chilperic, indigné qu'il en fuft, vint à Angers accompagné de grand nombre d'hommes, entre dans la ville, fit tuer ledit Comte & s'empara du Comté.

XII. BAZIN Roy de Thuringe, chez lequel le Roy Chilperic s'eftoit refugié.

XIII. MONMALDVS de Haute fueille.

ODOACRE coufin du Comte Paul d'Angers, eftoit au pays de Saxe, lors qu'il entendit la mort d'iceluy & le bruflement des Temples des Chreftiens, fafché qu'il en fut, vint à Angers auec vne armée de dix mil hommes, les Angeuins le receurent pour Comte, & comme heritier du Comte Paul. En ce temps-là le Roy Childeric auoit guerre contre les Allemands, & pour mieux leur refifter, & pour auoir du fecours, fit paix auec Odoacre, luy laiffant la libre iouiffance du Comté d'Anjou. Ce Comte fut tué auec fon fils à Rauenne en Italie, comme nous auons dit.

XV. GILLES ou GILLON, Senateur Romain, Gouuerneur de Soiffons pendant la difgrace de Chilperic fut eftably Roy, (lequel par le Confeil de Guinemaux, amy de Childeric) chargea les François d'impofts & fubfides de telle façon qu'il acquit leur mauuaife grace : fi bien que les François rappellerent leur Roy, qui eut à fon retour bataille contre ledit Gillon, le contraignit de fe retirer à Soiffons, où il mourut, laiffant fon fils Syagrius.

XVI. GVINEMAVX Confeiller de Childeric, homme fort prudent & de grand efprit, fon intime amy, luy ayant promis qu'il difposeroit tellemene fes affaires en fon abfence, qu'il pratiqueroit dans peu de temps fon retour, luy donnant à fon depart la moitié d'vne piece d'or rompuë, afin qu'il n'adiouftaft foy pour fon retour qu'à celuy qui luy rapporteroit de fa part l'autre moitié.

CLOVIS par la mort de Childeric, son pere, succeda au Royaume de Francé, aagé de quinze ans, Prince digne successeur de son pere, & comme donné du Ciel pour esleuer la Monarchie Françoise au dessus des Royaumes naissans de l'Empire d'Occident, & subjuguer sous ses commandements les vns & les autres. L'an 480. il declara la guerre à Syagrius de Soissons, pres duquel lieu il le vint attaquer, Syagrius estoit assisté de Rancaire, fils de Rancaire Roy de Cambray, fils aisné de Clodion Roy de France, contre lequel il vint aux mains auec tel aduantage, qu'il remporta vne victoire signaléé par la prise de Soissons: Rendit la Thuringe tributaire, prist Melun, estimée en ce temps-là imprenable, qu'il donna à Aurelien son Conseiller, vainquit les Allemands à Tolbiac, embrasse la Religion Chrestienne, se fait baptizer auec plus de treize mil hommes de son armée. L'an 503. gaigne la bataille contre les Bourguignons, mettant en déroute Gombaut & Godregesile, tuë Alaric de sa propre main en la bataille de VVogledin, l'an 507. prit Cologne, deceda l'an 514. il auoit espousé

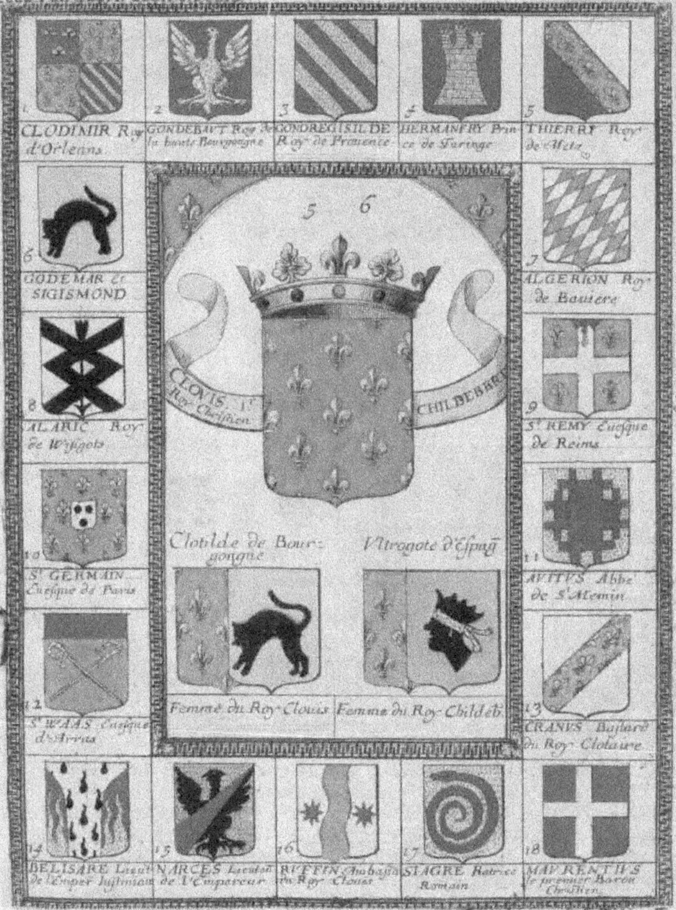

CLOTILDE fille de Chilpéric, Roy de Bourgongne, sage & vertueuse Princesse, laquelle par ses saintes & doctes admonitions induit le Roy, son mary, à croire & adorer le seul vray Dieu, & quitter les faux dieux du Paganisme, luy representant que les dieux qu'il adoroit n'estoient que Dieux de paille, qui ne pouuoient seruir ny à eux mes-

mes ny à d'autres, qu'ils estoient charpentez de bois, ou bien taillez en pierre, ou bien de
fonte, luy remonstrant que celuy qu'il falloit adorer & croire, estoit celuy qui a creé le
Ciel & la Terre & tout ce qui est en iceux. Bref elle fit tant par ses prieres & remonstrances qu'à la fin le Roy son mary embrassa la Religion Chrestienne. Cette Reine par qui la
Foy Chrestienne prist accroissement en France, vesquit en telle reputation de pieté & de
saincteté, qu'elle a obtenu d'estre placée au nombre des saints bien-heureux.

LES ILLVSTRES SOVS CE REIGNE ET LE
suiuant : Sont

I. CLODOMIR Roy d'Orleans, fils de Clouis, pretendant le Royaume de Bourgongne de par sa mere, fit attaquer si viuement Sigismond & son frere Godemar, qu'il
gaigna sur eux vne bataille, en laquelle fut pris Sigismond & sa famille, qu'il fit mourir
à Orleans, nonobstant les remonstrances d'Auitus. Puis ayant derechef assemblé vne armee auec l'ayde de son frere Thierry, Roy de Mets, donnerent la bataille à Godemare,
qu'ils vainquirent pres de Vienne en Dauphiné l'an 521. Mais comme il poursuiuoit sa
victoire les ennemis tournant teste le tuerent, & luy couperent la teste qu'ils mirent au
bout d'vne lance pour la monstrer aux François, qui toutesfois reduisirent la Bourgongne sous leur puissance, il laissa trois fils ; sçauoir, Theodoric, Gontier & S. Cloud, les deux
premiers furent tuez par leur oncle Clotaire & le troisieme, fut vn miroüer de saincteté.

II. GONDEBAVT Roy de la haute Bourgongne, petit fils d'Atanaric, tua son
frere Chilperic & jetta sa femme dans la riuiere du Rosne, luy ayant fait mettre vne pierre
au col, où elle se noya, Chilperic auoit laissé deux filles, & l'aisnee desquelles nommee
Macura na fut par ledit Gondebault, rendue Religieuse, & la plus ieune appellée Cloril-
de il la retint pres de soy. Aurelien qui pour son maistre Clouis alloit souuent en Bourgongne, ayant veu cette ieune Princesse doüée d'vne exquise beauté de corps & par conse-
quent de l'esprit, en fit vn tel recit a son maistre, qu'il se resolut d'en faire la demande au
Roy de Bourgongne Gondebaut ; ce que fit Aurelian, auquel Gondebaut ne l'osa refuser,
& l'ayant fiancée au nom de Clouis, selon l'ancienne coustume des François, il l'emmena
en la ville de Soissons, où les nopces furent celebrées en toute magnificence : c'est celuy
qui est l'Autheur de la Loy des Bourguignons, appellée Gombette.

III. GONDREGISILDE frere de Gondebault, tenoit toute l'estenduë du pays
qui est à l'entour du Rosne, de la Saone & la Prouince de Marseille, (c'est la Proucoce)
Ces Rois aussi biens que leurs peuples estoient infectez de l'heresie de l'impie Arius, estans
en querelle ensemble, & Gondregisilde se voyant le plus foible, entendant les victoires
de Clouis, luy enuoya secrettement des Ambassadeurs pour implorer son secours, & l'appelle au partage des tiers du Roy Gondebaut son frere, ou bien tirer par chacun an ce tribut qui luy vouloit imposer. Clouis le prend au mot, & met sur pied vne puissante armée
qu'il fait marcher en Bourgongne. Gondebaut voyant vne armée sur ces terres, à recours
à son frere Gondregisilde, le priant de luy donner main forte de ses troupes ; ne sçachant
rien du traitté par luy fait auec Clouis. Clouis presente la bataille à Gondebault qui l'ac-
cepta, croyant estre assisté de son frere : On combat sur la riuiere Douche, où Gondregisilde se rangea du coste de Clouis, ce qui fut cause qu'il fust fait vn grand carnage de
l'armée de Gondebaut, taillez pour sa pluspart en pieces, & lui contraint de se sauuer à
Avignon, où en fin il fut contraint d'accorder à Clouis vn tribut annuel.

IV. HERMANFROY Prince de Turinge, (frere de Baudry Roy dudit pays) estant
assisté des Rois de Mets & d'Austrasie, en la guerre qu'il eut contre son frere, le defit & le
tua en bataille : mais ne tenant conte d'accomplir sa promesse faite enuers eux, il fut par
eux mesmes deffait, se precipita des murs de la ville de Zulg, puis s'emparent de son Estat.

V. THIERRY, Roy de Mets, fils bastard de Clouis, reduisit à l'obeissance de son
pere les pays d'Albigeois, Rhodez & Auuergne, depuis il assista Hermanfroy, comme
nous auons dit cy-dessus. Aida pareillement ses freres à la conqueste de Bourgongne, où
Gondebault fut vaincu. Il entreprit encore la guerre contre Maurentius, parent dudit Roi
qui vouloient partager l'Estat auec les enfans de Clouis, & l'ayant assiegé dans Vitry, il
le força à se rendre, puis luy fit trancher la teste en suite, deceda l'an 536. laissant pour
successeur

CHILDEBERT troisiesme fils de Clouis, le partage estant fait entrë ses freres & luy, fut non seulement Roy de Paris, mais estoit aussi Souuerain des pays Chartrain, du Perche, du Maine & d'Anjou. Il fut fort cruel à l'endroit de ses nepueux, & fut bon frere : car sa sœur espousa Amaury Roy des VVisigots en Espagne, & oyant qu'elle y estoit fort mal traittée par luy, passa en Espagne, le vainquit & le tua luy-mesme d'vn coup de lance pres la ville de Tolede, prit ses Tresors & ramena la Princesse sa sœur, puis fut auec ses freres contre les Bourguignons, & fit guerre à son frere Clotaire Roy de Soissons. Deceda à Paris, l'an 562. le 40. de son regne.

LA Reine Vltrogote, son espouse, estoit originaire d'Espagne, elle se rendit fort recommendable pour son extresme deuotion & charité enuers les pauures ; Elle n'eust que deux filles du Roy son mary, Crothberge & Crothesinde, qui apres le deceds de leur pere, furent emprisonnez auec la Reine leur mere, de peur qu'vn iour elle ne fussent le sujet de quelque guerre. Cette Reine estant decedée, fut inhumée pres le Roy son mary, en l'Eglise S. Vincent, dite depuis S. Germain des prez.

VI. GODEMARE & SIGISMOND, enfans de Gondebaut, deffaits par les trois Rois de France, estans suscitez par leur mere Clotilde de passer en Bourgongne pour vanger la mort de Childeric leur pere, sur les descendans dudit Gondebaut. Gode-mare assez vaillant & courageux, reconquit quelque temps apres la Bourgongne, qu'il perdit derechef au voyage que firent Childebert & Clotaire, l'an 532.

VII. ALGERION, Roy ou Duc de Bauiere, assista le Roy Theodebert contre Odillon, Roy de Dannemarc, habitant le pays des Cymbres, qu'il tua lors qu'il se char-geoit du butin d'vne ville d'Austrasie, auquel pour recompense de sa valeur, luy donna le gouuernement d'Anuers.

VIII. ALARIC, Roy des VVisigots, tenoit son siege en la Gaule Narbonnoise, & qui comprenoit toutes les prouinces d'entre la riuiere de Loire & les Monts Pirenées, eut bataille en la plaine de Ciuaux pres Lussac, Bourg esloigne de cinq lieues de Poictiers (où on void encore vn grand nombre de supultures:) là les Vvisigots furent taillez en pieces, & Alaric tué de la propre main de Clouis, qui apres la victoire s'empara du Poictou, du Bourdelois, Perigord Quercy, & Auuergne, & de la ville de Thoulouze, où il trouua les Tresors d'Alaric, & en suitte Angoulesme se rendit à luy.

IX. SAINT REMY, Euesque de Reims, eut l'honneur d'endoctriner le Roy Clouis en la Loy Chrestienne, & luy administrer le Baptesme.

X. SAINT GERMAIN Euesque de Paris, viuoit en ce temps-là, estoit vn tres-excellent personnage, & homme de sainte vie.

XI. AVITVS, Abbé de S. Mesmin lez Orleans, tascha par ses rémonstrances de diuertir Clodomir, Roy d'Orleans de la volonté de faire mourir les prisonniers qu'il auoit entre les mains, à sçauoir, Sigismond, Roy de Bourgongne, sa femme & ses enfans; ce que n'ayant pû empescher, le bon Abbé luy predit qu'il en seroit puny par la main de Dieu.

XII. VVAAS Euesque d'Arras, accompagna S. Remy au Sacre du Roy Clouis, lé-quel estoit en grande reputation de piete en ce temps-là.

XIII. BELISARE, Lieutenant de l'Empereur Iustinien, homme tres-excellent en guerre, par le moyen duquel il deliura la ville de Rome de la seruitude des Gots, & chas-fa les VVandales d'Afrique, laquelle il mit souz l'Emptre; il prit aussi leur Roy Gelimer. D'auantage, estant accompagné de

XIV. NARCES autre Lieutenant de l'Empereur & vaillant Capitaine, il mit à mort Totilla, Roy des Gots, lequel auoit desja regné plus de dix ans en Italie; tant y a qu'il abolit le nom des Gots en Italie.

XV. RVFFIN, que le Roy Clouis enuoya en Ambassade en Italie vers le Pape Pe-lagius, pour estre informé de quelque point concernant la Foy.

XVI. SYAGRIVS PATRICE, fils de Gillon, qui auoit entrepris d'vsurper l'Estat sur le Roy Childeric, pere de Clouis, en vengeance de ce Clouis despoüilla le fils de cét vsurpateur du sien mesme, & de la ville de Soissons, l'vne des dernieres forteresses que les Romains occupoient en la Gaule Belgique.

XVII. SYAGRE fut contraint de s'enfuir vers le Roy des VVisigots, Alaric qui sommé de le rendre, redoutant vn si puissant ennemy luy mit incontinent le Patrice entre les mains, auquel le Roy victorieux fit trencher la teste.

XVIII. MAVRENCIVS Cheualier de la suitte du Roy, fut le premier Baron Chrestien en France.

CLOTAIRE

CLOTAIRE, premier du nom, succeda à son frere par le partage qu'ils auoiént fait de la Monarchie de Clouis le Grand, leur pere, il eut le Royaume de Soissons qui faisoit partie de la Normandie, Picardie & Flandres, iusques à l'emboucheure de la riuiere de Meuse. Depuis ayant suruescu à ses Freres & Nepueux, il reünit toute cette Monarchie Françoise sous son pouuoir, poursuiuit les Bourguignons, Saxons, Thuringiens & Bretons. Il eut beaucoup à demesler auec ses freres, fit mourir ses nepueux & son propre Fils. Mourut à Compiegne, ayant regné cinq ans seul. Il auoit espousé

RADEGONDE fille de Bertier, Roy de Thuringë, Princesse doüée de grandes perfections de corps & d'esprit, qui porterent le Roy Clotaire à la preferer au plus rare butin qu'il pouuoit remporter de la guerre de Thuringe auec son frere Thierry, elle fut six ans auec son mary sans auoir enfans, puis touchée du saint desir de quiter le monde, elle se separa de luy & de son consentement, & prit le voile de Religieuse à Noyon. Deceda le 13. Aoust 592.

GONTEVQVE ou INGONDE, veufue de Clodomir, Roy d'Orleans, fut la seconde femme du Roy Clotaire, dont il eut cinq fils & vne fille nommée Clasinde, qui fut mariée à Alboyn Roy des Lombards.

ARIGONDE fut la troisiefme femme de Clotaire, bien qu'elle fut fœur d'In-gonde, & en eut vn fils nommé Chilperic, Roi de Soiffons, puis Roi de Paris, lequel continua la lignée Royalle.

CHVNSONNE ou RODINE fut la quatriefme femme de Clotaire, & en eut vn fils nommé Chrame, lequel s'eftant reuolté contre le Roy fon pere, fut pris auec fa femme & enfans, puis liez enfemble & iettez dans vn feu par le commandement du Roi.

VANDRADE, fut la derniere femme que Clotaire prit fur fes vieux iours, elle eftoit fille de Vachon, Roy des Lombards, & veufue du Roy d'Auftrafie. Thibault petit petit neueu du Roi, qui s'empara dudit Royaume d'Auftrafie efpoufant cette cinquiefme femme, de laquelle il eut deux filles, Indegonde femme de Sigilbert, Roi d'Auftrafie, & Ingeltrude qui fonda vn tres-beau Monaftere dans la ville de Tours, laquelle fut mere de Bertrand, Archeuefque de Bourdeaux.

I. GONTRAND, Roi d'Orleans fils dudit Clotaire, eut en fon partage les Royau-mes d'Orleans & de Bourgongne, Charibert Roy de Paris, eftant mort fans hoirs, fes freres Sigilbert & Chilperic firent vn nouueau partage, & pour Paris ils s'accorderent par ferment, que nul d'eux n'y entreroit, fans le confentement des deux autres Rois. Gontrand feul entretint fon ferment, la Prouence luy fut renduë par l'Empereur, en laquelle Sigilbert Roy d'Auftrafie, fon frere, ayant quelque pretentions, fut caufe qu'il fe forma de longues diuifions entr'eux.

II. SIGISBERT fils de Clotaire I. fut Roy d'Auftrafie qu'il eut pour fon partage. Il eftablit le fiege de fa Cour à Reims, fut Prince martial, il deffit les Huns dans vn premier combat : mais eftás venus derechef rauager les frontieres de fon Eftat, il en vint aux mains; toutesfois fans donner aucun combat les Auftrafiens prirent la fuitte : ce peuple Idola-tre leur ayant fait voir par art diabolique quelques Spectres ou Fantofmes, dont les hom-mes & les cheuaux furent tellement effrayez, que toute l'armée fut mife à vauderoutte & le Roi fait prifonnier, dont il fe deliura par rançon. Apres la mort de Charibert, fon frere, accreut fon Eftat des deux Prouinces de Touraine & de Poictou. Il eut auffi guer-re contre fon autre frere Chilperic, Roy de Paris, lequel il pourfuiuit iufques à Tournay, où il le fit affieger, mais il fut admonefté par S. Germain Euefque de Paris, de faire paix auec fon frere, autrement qu'il tomberoit en la foffe qu'il luy preparoit : mais ce Prince aueugle de fa paffion, ne laiffa de faire marcher fon armée deuant la ville de Tournay, & paffant à Vitry, les Barons de France luy vindrent au deuant, & le reconnurent pour leur Roi, l'ayant leué fur le Pauois ou Bouclier, felon la couftume : mais comme il eftoit fans deffenfes, deux affaffins pratiquez par Fredegonde, femme de Chilperic, le maffa-crerent dans fon camp, fon corps fut porté à Soiffons en l'Eglife S. Medard qu'il auoit fait baftir, le 14. de fon regne l'an 578. il auoit efpoufé Brunehault, fille d'Atanagil de Roi des VVifigots, dont il fera parlé cy-apres.

III. ALBOIN Roi des Lombards, qui ayant quitté les panonies, vint auec fon peuple conquefter l'Italie, dont il fe fit declarer Roi, s'eftant rendu maiftre de la ville de Milan l'an 570. Il auoit efpoufé en premiere nopces Clofinde, fille du Roi Clotaire, & fa feconde fut Rofemonde, fille de Guinemont Roi des Guefpides. Comme il pourfuiuoit fes conqueftes, elle le fit empoifonner à Veronne l'an 576. il ne laiffa aucuns enfans, les Lombards efleurent en fa place Clebe.

IV. VVARIC, Prince des Bretons qui donna bataille au Roy Gontrand, & défit vne partie de fes troupes.

V. ETHELBERT, Roi de Kend en la grande Bretagne, qui ayant efpoufé Adil-berge, fille de Charibert, laquelle lui auoit efté accordée à condition que ce Prince Payen la laifferoit viure en fon libre exercice : elle mena en cét Eftat vn Euefque nommé Luitart pour lui adminiftrer les Sacremens, & par fon bon exemple fit embraffer la Foi Chreftien-ne à fon mari, auquel temps S. Gregoire Pape enuoya dans la grande Bretagne vn Saint Prelat pour y prefcher la Foi; lequel s'acquitta fi heureufement, qu'il conuertit tout ce pais, il s'appelloit Auguftin Etelberg, deceda l'an 607.

CHARIBERT troisiesme fils du Roi Clotaire, ayant eu la ville de Paris pour partage, il porta le Sceptre François, parut seuere à maintenir les droicts de la Couronne contre l'entreprise d'aucuns Ecclesiastiques, comme il tesmoigna lors qu'Emeri Euesque de Saintes, ayant esté pourueu de cét Euesché par le commandement du Roi Clotaire, quelques Euesques assemblez en vn Sinode oserent le deposer : mais Charibert cassa leur decret, & outre les condamna à vne grosse amende. Il aima la paix & la Iustice, en fin apres auoir regné neuf ans, mourut en la ville de Blaye, laissant la Couronne à ses freres. Il auoit espousé

INGOBERGE, laquelle fut par luy repudiée, estant deuënu amourëux dé deux seruantes de cette Princesse *Maroflede* ou *Miresleur* & de *Marcoüete* sa sœur, ce qui donna suiet à S. Germain, Euesque de Paris, de proceder par censure contre le Roi, qui ne vouloit quitter ses concubines, que Paradin dit auoir esté fille d'vn Cardeur : il eut encore vne concubine appellée Teogilde (fille d'vn berger) qui s'enrichit grandement à la Cour, & apres la mort de Charibert, tesmoigna vouloir espouser Gontrand, Roi d'Orleans, à quoy il feignit vouloir entendre, mais s'estant saisi de ses meubles & joyaux plus precieux, au lieu de l'espouser la fit mettre en Religion en la ville d'Orleans.

Quand à la Reine Ingoberge ce fut vne sage Princesse, qui vescut fort pieusement, &

fit de grands biens aux Eglises de Touraine & du Maine, suiuant en la conduite de sa vie les bons aduis & preceptes de S. Gregoire de Tours. Elle mourut aagée de 70. ans, l'an 539. ayant eu vne seule fille Adilberge, femme de Ethelberg Roi de Kent.

VI. LANDAGESILDE, Comte de l'estable Lantgraue de Hesse, qui conduisit l'armée Roialle contre Gondebaut, qu'il assiegea dans Comminge & Monmol qui estoit auec lui, il fut persuadé de se rendre, & à peine fut-il sorti de la place qu'il fut tué d'vn coup de pierre.

VII. GAVTIER, Prince d'Yuetot, que le Roy Clotaire tua le iour du Vendredy Sainct : La plus-part des Autheurs tiennent que cette action attriua de ce que le Roy auoit violé sa femme, logeant en sa maison. Le Roy pour reparer sa faute, ordonna que les Seigneurs d'Yuetot seroient de là en auant quittes de tous hommages, seruices & obeissance dûe aux Rois pour leurs terres qui sont en Normandie, lesquelles terres ont long-temps iouy du nom de Royaume, mais depuis quelques années en ça nos Rois ont permis aux Seigneurs du Bellay, qu'ils l'ont eue par succession hereditaire, de s'en qualifier Princes.

VIII. BAVDOVIN premier Chancelier de France.

IX. GOMBAVT, bastard de France, qui s'estoit sauué de Cologne où Sigisbert l'auoit fait arrester, il fut trouuer en Italie Narces qui lui fit espouser vne femme riche, puis l'incita d'aller à Constantinople, où l'Empereur le receut comme Prince François : en suitte il reuint en France. Apres le deceds du Roi Clotaire I. son pere, accompagné du Patrice Monmol entra en la Septimanie, ou Languedoc, païs d'Aquitaine, puis se fit declarer Roi de France à Briue la Gaillarde en Limosin, sur qui Gontrand, Roi d'Orleans, fit marcher vne armée, commandée par Landagesilde, comme nous auons dit.

X. MAGAIRE, Comte d'Angoulesme, beau-pere du Roy Gontrand, ayant espousé sa fille MARCATEVDE, & depuis fut Euesque d'Angoulesme.

XI. MONMOL PATRICE, Romain, assista Gombaut Bastard de France, léquel ayant eu aduis que le Roi Gontrand auoit mandé qu'on le fit mourir auec les autres conspirateurs, il se presenta à Leudegesilde armé de toutes pieces, & se deffendant vaillamment, fut tué à coups de picque, sa femme prise descouurit les tresors de son mary, montant à plus de deux cens mille escus de nostre monnoye, qui furent partagez entre les Rois Childebert & Gontrand, cestui-ci, ayant par vne Charité louable donné toute sa part aux pauures.

XII. INIVRIOSVS & BAVDIN, que nous auons ci-deuant nommé, furent tous deux Chanceliers de France & Archeuesques de Tours, l'vn apres l'autre sous ces regnes.

XIII. EMERIC, Euesque de Saintes ayant esté pourueu de cét Euesché par le commandement de Clotaire, quelques Euesques assemblez en vn Sinode, oserent le disposer, mais Charibert cassa leur decret, & outre les condamna à de grosses amendes, comme nous auons desja dit cy-deuant.

XIV. SAINT GREGOIRE, Euesque de Tours estoit natif d'Auuergne de la maison de Polignac, & auoit au pour mere Armentarta. Il est tenu pour le plus ancien Pasteur qui ait escrit des Rois François : de sorte qu'à bon droict, on peut l'appeller, pere de l'Histoire Françoise, qu'il continua presque iusques aux dernieres années du Roi Childeberg son Prince, estant mort l'an 596. à cause de sa pieté & bonne vie & grande doctrine, & pour l'intelligence qu'il auoit des affaires d'Estat, aussi fut-il empolyé pour le Roy en plusieurs Ambassades & Negociations. On a escrit que la Gaule n'a pas moins esté honorée de lui, que l'Italie a esté par Gregoire le grand, Pape, qui viuoit de son temps. FORTVNE Euesque de Poictiers, contemporain de ces deux lumieres de l'Eglise, les compare à Gregoire de Nazianzene, disant que l'vn a esté donné au Midy, & cestui-ci à l'Occident : il viuoit sous Sigisbert Roi d'Austrasie.

XV.

CHILPERIC premier du nom, Roy de Soissons, puis de Paris, apres le decés de son frere Charibert, ayant encouru la haine de ses freres, mesmes pour le meurtre qu'il permit, qui fut commis en la personne de sa seconde femme. Sigibert son frere s'estant saisi sur luy des villes de Soissons & de Paris, le poursuiuit de sorte, qu'il fut contraint se renfermer dans Tournay : ce Prince luxurieux, cruel & auare ne regna que parmy les diuisions, il fut toutesfois aucunement loüé d'auoir fauorisé les lettres : Fut assassiné en l'an 588. ayant espousé

AVDOVERE sa premiere femme, laquelle fut peu d'années aprés son mariage, repudiee à l'instigation de FREDEGONDE, concubine du Roy, qui pareillement donna ordre que cette Reine fut renfermée dans vn Monastere en la ville du Mans auec sa fille Basinde qu'elle auoit tenuë elle mesme sur les fonds de Baptesme, ayant esté persuadee a cela par ladite Fredegonde, durant l'absence du Roy qui faisoit la guerre en Austrasie : à son retour Fredegonde luy dit, qu'il ne pouuoit plus coucher auec la Reine sans offenser Dieu, parce qu'Audouere estoit sa Comere, ce qui fut la cause du diuorce d'entre luy & la Reine, que la mesme Fredegonde fit depuis inhumainement mourir, ayant eu dudit Roy trois fils, Theodebert, Meroüee & Clouis.

Sa seconde femme, fut Galsinde ou Galsonde, fille puisnée d'Atanagilde Roy des

VVifigots en Espagne & fœur de Brunehaut Reine d'Auftrafie, laquelle par les ordres de
Fredegonde, fe trouua vn iour eftranglée dans fon lict, ce qui produit vne grande haine
entre Fredegonde & Brunehaut iuftement indignée de la mort de fa fœur, qui auoit efté
richement dottée & honorablement receüe par le Roy qui l'efpoufa en la ville de Roüen.
Fortunat dit qu'il la vit paffer à Poictiers dans vn chariot d'Argent fait en façon de Tour.

F R E D E G O N D E ayant en fin par fes menées, acquis l'honneur de la Couronne
par fon mariage auec le Roy, laquelle le fit fauuer a Tournay, comme eft desja dit, & le
perdit en fuitte, machinant auffi bien fa mort que celle du Roy d'Auftrafie qu'elle auoit
fait affaffiner : Elle complotta ce cruel parricide auec Landry de la Tour, Maire du Palais fur l'opinion qu'ils eurent que le Roy voudroit fe reffentir de l'adultere qu'ils com-
mettoient enfemble, & que Fredegonde mefme defcouurit par mefgarde, lors que fe faifant coeffer le Roy luy donna par derriere de fa baguette fur le dos, elle croyant que ce
fut Landry, dit : L'on ne prend pas ainfi les Dames par derriere Landry. Elle fit executer cette enorme action à Chelles, faifant affaffiner le Roy reuenant de la chaffe,
l'an 528.

Apres la mort du Roy, Fredegonde fe retira en franchife dans l'Eglife Cathedrale de
Paris, où elle fut deffendue par l'Euefque Raimond, & auffi toft pria Gontrand Roy d'Orleans de prendre le Royaume du defunct Roy fon frere, & la tutelle & protection du ieune
Roy qu'il auoit eu d'elle : ce que ce bon Roy fit, & cette protection fut tres-aduantageufe
à Fredegonde, toutesfois ingrate à tant de biens faits, elle entreprit mefme d'attenter fur
fa vie. Elle mourut l'an 602. eftant diffamée & detestée de tout le monde pour fes paillar-
difes, parricides & affaffinats; loüée neantmoins d'auoir efté mere d'vn Monarque vertueux : toutesfois elle eft encore admirable, tant pour fon grand iugement en la conduite
des affaires publiques, que pour fon courage viril, s'eftant fouuent trouuée dans les Armées auec fon fils, où elle remporta deux fignalées victoires contre Childebert Roy d'Auftrafie, marchant en fes occafions de rang en rang parmy les foldats en les encourageant,
& faifant tout le deuoir d'vn prudent & genereux Capitaine.

XIV. SAINT GERMAIN, Euefque de Paris, (viuoit en ce temps-là) ce fut
luy qui admonefta Chilperic Roy de Paris, de faire paix auec fon frere, luy predifant
qu'autrement il tomberoit luy mefme en la foffe, ce fut luy auffi qui cenfura le Roy Aribert pour fa vie mauuaife & deprauée.

*T H E O D E B E R G   E T   M E R O V E E   F I L S   D E   C H I L P E R I C
de fa premiere femme.*

XV. THEODEBERG, frere de Merouée, ennemi de fon oncle, le Roi d'Auftrafie
prit fur lui les villes de Tours, de Poictiers & autres au dela de la Loire, & deffit en bataille
le Duc Gombaut : mais depuis les Capitaines de fon oncle lui donnerent bataille pres Angoulefme, où il fut tué.

MERVOEE ayant efpoufé la Reine Brunehault, veufue de Sigisbert Roy d'Auftrafie
contre la volonté de fon pere, il fut arrefté prifonnier, puis fe fauua, & fut retrouuer
Brunehault en Auftrafie, Boffon fauory de Fredegonde s'eftant inutillement efforcé de
le furprendre fur le chemin.

XVI. PRETEXTAT Euefque de Roüen, Parain de ce Prince, qui l'auoit marié à
Brunehault, fut arrefté prifonnier à la pourfuitte de Fredegonde, & puis enuoyé en exil.
Quand à Merouée, s'eftant depuis retiré à Terouane, il y fut trahy, & fe voyant preft de
tomber és mains de fon pere irrité, il pria l'vn de fes amis & feruiteurs de le tuer; de forte
que Chilperic le trouua mort à fon arriuée.

XVII. CVPPA DE BRANDEBOVRG fut auffi (en ce temps) Duc & Mai-
ftre de la Chaualerie de Chilperic, lequel en vne bataille donnée contre les Allemands,
fut deffait & rendu fugitif, au raport de du Feron.

XVIII. LANDRY DE LA TOVR, Seigneur de Glatigny auffi Maire du Palais, & General des Armées fous le ieune Clotaire fauory de Fredegonde.

HERMANAGILDE fils de Leuuigilde, Roy des VVifigots en Efpagne, regnoit
auffi en ce temps, qui ayant efpoufé Ingonde fille de Sigisbert, Roy d'Auftrafie, fus nommé,
fit tant par fes exemples faintes, qu'elle conuertit le Prince fon mary, qui eftoit Arien, en
haine dequoy fon propre frere la fit decapiter la nuict auant la Fefte de Pafques l'an 587.

CLOTAIRE II. surnommé le Grand, paruint à la Couronne, n'estant aagé que de 14. mois. Gontrand Roy d'Orleans fut son Parain & son Tuteur, & apres son deceds la Reine Fredegonde prit le gouuernement de l'Estat, recueillit les successions des Rois d'Austrasie, Bourgongne & d'Orleans, qu'il reünit à son Estat, deffit Corbe & Sigisbert, bastards de Thierry Roy d'Austrasie, qui par le Conseil de Brunehault leur bisaveulle, se sousleuerent contre luy, dompta les Saxons, où il tua Bertier leur Duc, puis luy fit couper la teste. Deceda l'an 632. le 45. de son aage, il auoit espousé en premiere Nopce

BERTRADE, selon aucuns de la maison de Saxe. Elle tesmoigna par vn acte signalé combien elle estoit chaste & vertueuse, car Leudmont Euesque de Sens ayant pris la charge de la suborner, elle en aduertit prudemment le Roy son mary, qui pour le respect de la qualité de celuy qui s'estoit tant oublié, luy sauua la vie & luy pardonna, ne le punissant autrement, qu'en luy faisant deffenses de sortir hors de son Diocese, qui fut vne grande humanité de ce pieux Roy. Elle deceda l'an 623.

SICHILDE fut la seconde femme de Clotaire, elle estoit sœur de Brunulphe, qu'on dit auoit esté Seigneur de Hainault & d'Ardennes, & eut vn fils nommé Aribert, qui fut Roy d'Aquitaine.

CEVX QVI ONT ESTE' SIGNALEZ EN CE TEMPS.

I. VVARTO Maire du Palais de Clotaire que le Feron appelle grand Seneschal de France, & Maire hereditaire du Royaume de Soissons, lequel tua Saint Vigille Euesque d'Auxerre en la forest de Cuisse, pres Compiegne.

II. TASSILLON, Lieutenant en Bauiere, apres que Garibaut en eut esté chassé par Childebert II. Roi d'Austrasie.

III. ARNOVLFE Maire du Palais, fils d'Aselbert ou Ausbery Senateur, & de Blithilde, fille de Clotaire I. pere de S. Arnould Euesque de Mets, fut premierement Maire du Palais de France, puis d'Austrasie, puis en fin Chancelier de France l'an 632.

IV. CARLOMAN, Maire du Palais.

V. PROTADVS Duc & Maistre de la Cauallerie de France, lequel fut tué par la malice de Brunehault, d'autant qu'il vouloit mettre la paix entre les deux freres Thierry & Theodebert.

VI. ELEVTERE DE MOSELANE Maire du Palais, que le Feron dit estre descendu de Lucien Duc de Lorraine, & qu'il fonda le Monastere des Dames de Mets.

VII. CARIMERVS Chancelier de France & d'Austrasie en l'an 642. homme de grand sçauoir, fut sur la fin de ses iours Euesque de Verdun.

VIII. ROBERT Chancelier de France, qui fut pere de S. Angadrisine, homme de noble race.

IX. GOMBAVLT ce fut luy qui fit sauuer Childebert II. Roi d'Austrasie, dit le Ieune, (cousin du Roi Clotaire) des mains de Chilperic son oncle, le faisant descendre de nuict dans vne Corbeille, le retira ainsi de Paris le menant à Metz, où il le fit couronner Roi le iour de Noel l'an 578. puis estant grand & se voulant vanger de la mort de son pere, enuoya des Ambassadeurs vers Gontrand pour auoir la Reine Fredegonde, ce que le Roi Gontrand refusa.

X. BERTRAND Lieutenant de l'armée du Roi Thierri, prit Merouée, fils de Clotaire en vne bataille pres Estampes.

XI. BRVNVLFE Comte de Hainaut & d'Ardennes.

XII. CORBE & SIGISBERT bastards de Thierri d'Austrasie persuadez par Brunehault leur bisayeulle de s'armer contre Clotaire, furent deffaits, & en suitte ladite Reine se retira en Bourgongne, où elle fut prise par VVarnier.

XIII. THIERRY Roi de Bourgongne & d'Orleans puis d'Austrasie, estant conformement auec son frere Theodebert sous la tutelle de Brunehaut, leur ayeule paternelle, perdirent vne sanglante bataille contre Landri qui se saisit sur Thierri, & depuis apres la mort de Fredegonde ils eurent la victoire contre Clotaire pres la ville de Sens, où moururent trente mil hommes, rendirent les Gascons tributaires, il mourut de poison que lui fit donner Brunehaut.

XIV. VVARNIER Maire du Palais de Bourgongne, lequel apres le deceds des deux Rois, cousins de Clotaire, trauailla puissamment à le faire reconnoistre Roi de cét Estat, son parti ayant preualu celui de Brunehault, aussi il trouua moyen de liurer cette miserable entre les mains de Clotaire; c'est pourquoy le Roy le fit marier, & luy donna pour armes à luy & à ses descendans la Banniere de France qui est bande d'Or & d'Azur.

XV. ERPON Maistre de l'Escurie l'amena de la Bourgongne Transjuranie, où elle croyoit estre à couuert sous les Armes de ce Roi victorieux, en presence duquel estant arrinée on l'accusa d'auoir machiné la mort de dix Rois & Princes; Sçauoir de Sigisbert, Merouée, Chilperic, Theodebert, Clotaire, Merouée fils du mesme Clotaire, Thierri, & ses trois fils, ce qui esmeut tellement Clotaire qu'il commanda qu'elle fut liée à la queuë d'vn cheual farouche qui la demembra en plusieurs parties. Adon escrit qu'elle fut tirée à quatre cheuaux.

DAGO.

DAGOBERT Roy d'Austrasie & de Bourgongne, fut aussi surnommé le Grand, le Iuste, & le Sainct, digne fils d'vn digne pere, fut instruit & gouuerné par S. Arnould Euesque de Mets, & par S. Cumbery Euesque de Cologne, tous deux Chanceliers de France ensemble : il eut pour chef de son conseil Pepin l'ancien, auquel son pere l'auoit recommandé, il succeda à la Couronne à l'aage de 26. ans, malgré les efforts de son frere Aribert, son aisné, auec lequel il partagea le Royaume l'an 628. suiuant la volonté de leur pere, chastia les Gascons rebelles & ceux de Poictiers, dont il raza leur ville. Deceda l'an 644. Il fust le dernier Roy de cette Race qui donna des preuues de valeur, & qui estendit la reputation du nom François parmy les Estrangers.

CLOMATRVDE sœur de la Reine Sigilde, derniere femme de Clouis, qui luy commanda de l'espouser, comme il fit l'an 629. mais cette Princesse estant sterile, ou bien pource que le Roy se deffioit d'elle, à cause de Brunulphe son frere qu'il auoit fait mourir, il la delaissa à Ruilly lez Paris, & espousa depuis

NANTILDE, qui selon aucuns estoit fille de Sandregisile, Maire du Palais, ayant esté tiree d'vn Monastere. Deceda l'an 648. laissant Clouis II. qui continua la lignée; Imine & Adelle, Religieuses à Tours & Rotilde, femme de Ledarie, grand Forestier des Ardennes, duquel sont issus les Comtes de Flandres.

I. ARIBERT de France Roy d'Aquitaine, Prince genereux & prudent dompta toute la Gascongne & estendit les limites de son Estat, iusques sur la frontiere d'Espagne. Le Roy Dagobert son frere luy enuoya souz la conduite de Pepin Maire du Palais son fils, (nouueau né) qu'il nomma sur les fonds de Baptesme, regna 8. ans, Deceda l'an 639. Laissant pour successeur Chilperic son fils, qui le suruesquit peu de iours.

II. IVDICAEL Roy de Bretagne, estant en la mauuaise grace du Roy Dagobert, à l'instance de S. Eloy, Euesque de Noyon, le vint trouuer en son Palais de Chichi la Garenne (aujourd'huy S. Oüen) où il rendit l'hommage qu'il deuoit à la Couronne de France, & ainsi luy & les Bretons rentrerent en grace. Mais il fut contraint de quitter le tiltre de Roy & prendre celuy de Comte.

III. PEPIN DE LANDAN, dit l'Ancien, Maire du Palais de Dagobert, auquel son pere l'auoit recommandé. Il estoit pere de sainte Gertrude & pere de Begua, femme d'Anchise, pere de Pepin Heristel, aussi Maire du Palais, dont nous parlerons cy-apres.

IV. AVDOMIVS Chancelier de France, où S. Oüen, homme tres-vertueux, plain de valeur & entendu aux affaires, il fut general de l'Armée enuoyée contre les Gascons ou Basques, & depuis il s'addonna à la saincteté de vie, il fut Archeuesque de Roüen & Abbé de Rebez en Brie.

V. SANDREGESIL Maire du Palais, & beaupere du Roy, qui s'estant voulu esleuer au dessus du Roy son maistre, il descheut (ce dit le Feron) de toute authorité, le Roy luy arracha la barbe, puis luy osta le Duché de Guyenne & le gouuernement de sa personne.

VI. AVBERT DE LEMBOVRG, ou LVXEMBOVRG, Chancelier de France, Abbé de Fontenelles & depuis Archeuesque de Roüen apres la mort de S. Ouyn qui l'auoit sacré, & auoit esté premierement Secretaire, faisant les priuileges Royaux, puis il eut la garde de l'Anueau Royal.

VII. EQVA, Maire du Palais, Duc & Maistre de la Cauallerie de France, homme vertueux, qui conduisit prudemment les affaires de l'Estat auec la Reine Nantild el'espace de trois ans.

ARCHENAL fils d'Equa fut aussi Maire du Palais apres son pere souz le regne de Dagobert & Clouis.

VIII. ARCHENAL BRIENLAND homme de tres-Illustre race, Maire du Palais, du nom duquel il s'est trouué deux autres qui se sont fait aussi signaler, l'vn fils de Hembert & de Histilde, fille de Clotaire, & l'autre d'Ega.

IX. GONDELAND, aussi Maire du Palais sous Dagobert.

X. COGON NORANT, pareillement Maire du Palais de Dagobert & Gouuerneur de Sigisbert son fils, il auoit esté receu en cét Office par les Barons de France au lieu de Chrodin qui ne l'auoit voulu accepter.

XI. SIGISBERT Roy d'Austrasie, frere naturel du Roy Clouis II, duquel Royaume il fut inuesti l'an 639. n'ayant lors que quatre ans, il auoit esté tenu au Baptesme par Aribert Roy d'Aquitaine & Baptizé par Saint Amand Euesque de Strasbourg, ce Prince estant vn iour à la chasse fut griefuement blessé par vn Sanglier, fut long-temps tenu pour mort : mais par les prieres de ce S. Euesque, il fut comme ressuscité, il auoit adopté Childebert fils de Grimoald pour son successeur.

XII. GRIMOALD Maire du Palais d'Austrasie apres le deceds dudit Sigisbert, s'empara du Royaume d'Austrasie, violant la Loy de l'Estat, entreprit d'establir au Trône Royal Childebert son propre fils : mais Clouis ayant pris les armes contre luy, liura bataille, où il fut pris (& son fils tué) conduit à Paris, où il fut executé à mort.

XIII. ARCHENOAL ou ARCHAMBAVLT, cousin du Roy Dagobert de par sa mere & Parain de Clouis, que le Feron dit auoit esté l'Ambassadeur qui amena la Reine sainte Baudour en France, l'ayant, (dit-il) pour sa beauté & noble sang rachetée & amenée des parties transmarines, ce fut luy qui conseilla le Roy de faire part de ses tresors à son frere Sigisbert Roi d'Austrasie.

CLOVIS II. prit naissance l'an 639. succeda à la Couronne, aagé de huict ans souz la Regence de Nantilde, sa mere & du Maire du Palais. Ega fit la guerre aux Turingiens qu'il vainquit de son temps: il y eut vne grande famine en France, & pour y obuier & suruenir à la necessité des pauures, il fit vendre la couuerture de l'Eglise S. Denis qui estoit d'argent.

EVT pour femme Baudour, fille de Sigueard Roy de Saxe, de laquelle il eut pour ênfans Clotaire III. Childeric II. & Thierry III. leur mariage fut celebré l'an 565. Cette Princesse fonda l'Abbaye Royalle de Chelle, où à la fin de ses iours se rendit Religieuse, & y deceda le 26. Ianuier 676. où son corps repose: elle fonda aussi l'Eglise de S. Pierre de Corbie pres Amiens.

XIV. FLOOCATE Maire du Palais de Bourgongne, auec Guillebault Patrice d'outre le Mont Iura, par leurs querelles & animositez pensèrent troubler l'Estat, pendant lesquels mouuemens Guillebault fut tué, auquel Floocate ne suruesquit gueres, & apres sa mort n'y eut plus de Maire du Palais en Bourgongne.

XV. GERARD DE DAMMARTIN, grand Mareschal de France, qui au raport de du Feron, fit le voyage de la Terre Sainte auec Clouis, où il fit plusieurs actions dignes de memoire : mais il n'y a pas d'apparence que cela soit veritable.

XVI. BERTAIRIVS Chancelier de France, disciple de S. Ouen, fut garde de l'Anneau Royal, il escriuit l'histoire de son temps, qui fut poursuiuie par Bertairius son disciple : mourut à Chichi la Garenne, qui porte aujourd'huy son nom.

XVII. IDVMERA Duc de la Cauallerie Françoise.

XVIII. CVNIBERT Archeuesque de Cologne & **PEPIN** Maire du Palais, eurent la charge de conduire le Roy Clouis à Orleans, lors de son Baptesme, où Aymont dit, qu'il respondit *Amen* à l'Euesque, quand on le baptisa, bien qu'il n'eust que quarante iours.

AVDEBERT Anglois de nation, fut jetté hors de son Euesché par le commandement du Roy d'Angleterre, vint en France, où le Roy Clouis le receut humainement, le faisant pouruoir de l'Euesché de Paris, eut pour successeur à l'Euesché Landry, du consentement duquel l'Abbaye de Saint Denis fut exempte de sa Iurisdiction, à la priere dudit Roy Clouis.

SISENAVLT Seigneur Espagnol, ayant imploré le secours du Roy Dagobert contre **SVINTILLA** Roy d'Espagne, par le moyen duquel ce Roy fust mis hors de son Trosne, & **SISENAVLT** estably en sa place, s'emparant de son Estat & de sa Coronne, pour lequel signalé bien fait, il fit de grands presens au Roy Dagobert, qui les employa au bastiment Royal de S. Denis en France.

CLOTAIRE III. Roy de France, commença son regne l'an 660. & fut mis sur le
Trône François auec la Reine sa mere, estant fort ieune, aussi bien que son pere, lors
qu'ils paruindrent à la Couronne, qui fut la cause de la grande authorité des Maires du
Palais, lesquels abusoient de leur pouuoir. Il regna enuiron 4. ans & deceda sans hoirs.

CHILPERIC II. Roy de France & de Bourgongne fut ennoyé en Austrasie pour
y estre Couronné, & son frere estably Roy de France par les artifices d'Ebroin, côntre lesquels Chilperic s'arma, prit Ebroin & l'enferma dans vn Monastere. Thierry pris & degradé des marques Royales, & enfermé dans l'Abbaye de S. Denis. Ce Roy fut assassiné
par Bodille enuiron l'an 667.

THIERRY apres la mort du Roy Childeric fut retiré de son Abbaye & restably au
Trône Royal, & luy fut baillé pour Maire de son Palais Landregesilde, fils d'Arche-
noald, lequel fut tué par Ebroin & le Roy Thierry, ayant regné enuiron 13. ans deceda
l'an 690. laissant de Clode sa femme deux fils, Clouis & Childebert.

L. SAINT LEGER natif de Poictou fut Grand Maistre de France, & depuis
Euesque d'Autun, lequel ayant par le rapport des mauuais garnemens, encouru la haine
du Roy, eut commandement de se retirer à Luxeul en Bourgongne, & depuis estant reue-
nu en son Euesché, fut mis à mort par Ebroin Maire du Palais, qui estoit en grand saueur
& credit pour lors.

II. LEVDESILE ayant esté establi Maire du Palais, (en consideration de son perē Archambault qui auoit bien administré l'Estat en son temps) tenant le Roy & les Richesses du Royaume, contre lequel Ebroin (estant sorty de son Monastere) s'arma, & se rendit si puissant, qu'il gaigna vn bataille sur luy, & s'estant asseuré de la dignité de Maire le fit mourir.

III. CLODOVLPHE fut Euesque de Mets apres S. Arnould, son pere, & depuis Archeuesque de Treues. Deceda l'an 700. estoit aagé d'enuiron cent ans.

IV. ANCHISE autre fils de S. Arnoul, Duc & Comte Palatin, fut malheureusement assassiné par Gandouin, son filliol, lequel il auoit fait esleuer à de grands Estats & dignitez. Il fut pere de Pepin Heristel, dont nous parlerons cy-apres.

V. VVOLFAND ou VVilfoald, que le Feron appelle Duc d'Austrasie, qui apres la mort du Roy son maistre, se retira vers Pepin, puis ayant fondé l'Abbaye S. Michel pres Veronne, s'y retira, & y finit ses iours.

VI. BODILE estoit vn Gentilhomme François ou de Franconie, & de bonne renommée, qui ayant esté fustigé par le commandement du Roy Chilperic, estant au desespoir de cette ignominie, se resolut de le tuer, ce qu'il executa, l'ayant vn iour rencontré à la chasse en la forest de Liury, puis fut au Chasteau de Chelles, où il tua aussi la Reine qui estoit enceinte de son premier enfant.

VII. PEPIN surnommé Heristel, lequel eut pour ayeul S. Arnoul & Sainte Begue pour mere, femme du Duc d'Anchise, son pere, il eut auec le Duc Martin, son cousin, le commandement de l'Estat souz les Rois Childebert II. & Thierry II. Roy d'Austrasie, lors Ebroin estoit Maire du Palais de France, lequel par son ambition dereglée, voulant attirer à soy tout le gouuernement & conduite des affaires des deux Royaumes, les poursuiuit par armes, comme aussi fit Berthier, gendre de VVaraton, qui auoit esté esleu à cette dignité, laquelle Pepin paruint aussi, où son rang ayant vaincu & dissipé les forces de Berthier par vne bataille donnée au pays de Vermandois : ce qu'y fit qu'en fin il eut seul l'entier maniement des deux Royaumes de France & d'Austrasie, lesquels il conduit auec toute la prudence & adresse qu'on pourroit desirer en vn fidelle Ministre, sous les Rois Clouis III. Childebert III. & Dagobert II.

VIII. EBROIN Maire du Palais, issu du pays de Germanie, homme cruel, perfide & sanguinaire, lequel abusant de son authorité par sa maudite ambition, embraza toute la France de troubles & guerres ciuiles entre les Rois Childeric II. & Thierry freres.

IX. GVERIN frere de S. Leger fut aussi mis à mort par les menées d'Ebroin, le faisant lapider.

X. HERNANFROY parent de S. Leger entra secrettement de nuict en la Chambre d'Ebroin, le tue en son lict, & s'enfuit vers Pepin.

XI. GILLEMER fils de VVaraton, fut Maire du Palais, ayant supplanté son pere qui auoit esté establi au lieu d'Ebroin, mais ce mauuais garnement apres tel malheureux acte, ne iouit gueres de cette dignité par la permission de Dieu, qui voulut vanger cette meschante action.

XII. VVARATON fut restitué en son Estat. Vincent de Beauuais dit, que VVaraton auoit succedé à la cruauté d'Ebroin, ayant fait tuer S. Vigile Euesque d'Auxerre dans la forest de Compiegne.

XIII. BERTHIER gendre de VVaraton, homme de peu de courage & peu apte à manier telles affaires, eut guerre contre Pepin, auec lequel il eut bataille, où il fut tué par les siens mesme.

XIV. VINDECIAN Euesque d'Arras ayant par ses doctes exhortations induit le Roi Thierri à penitence & amendement de ses fautes, tant pour le meurtre qu'il auoit tolere de Saint Leger qu'autres, afin que cette reparation faite à Dieu, seruit au salut de son ame & d'exemple au public ; Fonda l'Abbaye de Saint VVast pres Arras, où il fut enseuely.

XV. ELEVTER Cheualier François, fut en ce temps Chancelier de France. Lē Feron le fait descendre d'vn nommé Lucian, Duc de Lorraine.

XVI. DIDON Euesque de Poictiers, qui ayant assisté l'vsurpateur du Royaumē d'Austrasie, se saisit du ieune Prince Dagobert, qui deuoit succeder à son pere, le conduisit en Escosse & le confina dans vn Monastere.

NOMS & Armes des Illustres souz les regnes des Roys de France, CLOVIS III.
CHILDEBERT II. DAGOBERT II. CHILPERIC II. & CLO-
TAIRE IV. THIERRY IV. CHILDERIC III. & PEPIN LE BREF,
sous le Gouuernement des Maires du Palais, Pepin Heristel & ses enfans, Dreux ou
Drogon, Grimoald, Charles Martel & Pepin le Bref son fils, qui fut Roy de France.

D'Autant que les Regnes suiuans iusques à Pepin le Bref (inclusiuement) ont esté de peu
de durée, & que les personnes Illustres contemporains, ont presque esté tous sous les Regnes de
ces Rois; I'ay creu n'estre à propos de les repeter pour éuiter prolixité, ains me suis contenté
de dire qu'il eut esté besoin de mettre les Maires en chef plustost que les Rois mesmes, d'autant
qu'ils estoient regis & gouuernez par les Maires de leurs Palais, à sçauoir Pepin Heristel & ses
enfans qui en suitte ont obtenu la Couronne de France.

I. **CLOVIS III.** du nom, fils aisné du Roy Thierry, commença son regne l'an 689. sous la conduite de Pepin Maire de son Palais, qui passa le Rhin, dompta les Saxons, Frisons & Sueuiens, qui s'estoient distraits de l'obeïssance des François. Ce Roy mourut fort ieune, n'ayant regné enuiron que trois ou quatre ans, laissant son Royaume & sa Couronne à son frere.

II. **CHILDEBERT II.** surnommé le Iuste, il est aussi appellé Dagobert II. souz luy Villiers Prince des Sueues qui s'estoit reuolté, fut viuement poursuiuy, contre lequel Anepos Euesque fut conducteur de l'Armée au nom du Roy, qui deceda l'an 711. le nom de son Aliance est inconnu en l'histoire.

III. **DAGOBERT II.** dit le Ieune succeda à la Couronne de France par le decez du Roy Childebert son pere. Apres le deceds de Pepin Heristel & de Grimoald son fils Maires du Palais, Plectrude sa veufue s'empara du gouuernement de l'Estat qu'elle administra quelques années sous l'authorité de son petit fils Thibault, contre lesquels les François s'esleuerent, où le Ieune Thibault fut vaincu, lequel s'estant enfuy, ils esleurent en sa place Ragenfroy iadis Comte du Palais. Le Roy Dagobert deceda l'an 715.

IV. **CHILPERIC III.** dit Daniel, Roy de France, fut tiré d'vn Monastere & puis esleué sur le Trône Royal par Rainfroy Maire du Palais, lequel faisant la guerre au Prince des François Charles Martel. Ce Prince estant victorieux sur le Roy Chilperic & son Maire, leur opposa vn autre Prince nommé

V. **CLOTAIRE** qu'il fit reconnoistre, & luy fit prendre la qualité de Roy qui fut le IV. de ce nom. Chilperic estant auec son Maire vaincus par Martel en la plaine de Vinciac dans le Cambresis. Ce Roy deceda à Noyon l'an 720. sans lignée.

VI. **THIERRY IV.** Surnommé de Chelle, (apres la mort de Chilperic) le Prince Charles Martel le fit declarer Roy la mesme annee : mais il ne laissa pas de gouuerner l'Estat sous luy & de s'acquerir toute l'authorité. Pendant ce regne il deffit la puissante armée des Sarrazins, pres la ville de Tours. Ce Roy deceda sans hoirs qui luy ayent succedé l'an 733. Apres sa mort

VII. **CHILDERIC III.** fut esleué à la dignité Royale l'an 742. Sous luy les enfans de Charles Martel furent la matiere de l'histoire de France, prenant la qualité de Maire du Palais. Carloman pour l'Austrasie, & Pepin pour la Neutrie & Bourgongne, qui comprenoient toute la France. Carloman s'achemina à Rome, où y estant se rendit Religieux, & Griffon tué en Aquitaine par le commandement de Gaultier.

VIII. **PEPIN** fit tenir vne Assemblée ou Parlement à Soissons, où les Prelats & la Noblesse du Royaume resolurent l'an 752. que le Roy Childeric fut degradé, & enfermé dans vn Monastere, ce qui fut approuué par le Pape Zacharie; ce fut le dernier Roy de la race des Merouingiens, & Pepin fut en mesme temps esleu Roy de France, oingt & sacré par Boniface Euesque de Mayence, Legat du Pape & fut le premier Roy de cette lignée le premier May l'an 752. Il contraignit les Saxons de luy rendre l'homage comme ils deuoient à ces predecesseurs Rois de France, secourut le Pape Estienne contre Adolfe Roy des Lombards, fit leuer le siege de deuant Rome, prit Toulouze. Il deceda l'an 768. apres auoir affermy à sa posterité l'Estat & Couronne de France. Il auoit espousé Berte ou Bertrade, le nom de sa famille n'est asseuré.

LES ILLVSTRES SOVS LES REGNES DE CES ROYS
cy dessus nommez, furent

I. **DREVX** ou **DROGON**, fils de Pepin, fut Comte de Changé & Duc de Bourgongne, lequel souz l'authorité de son pere, fut Duc ou conducteur de la Cauallerie de France, & à continué souz les regnes de Childebert & Dagobert.

GRIMOALD, autre fils de Pepin, fut Maire du Palais de VVesterce souz ce regne, lequel comme il alloit visiter son pere à Ioynuille, sur Meuse, fut assassiné dans l'Eglise S. Lambert par vn Capitaine de la gardé de Rabert, Duc de Frize, & à continué sous les Roys Childebert & Dagobert.

THI-

THIBAVLT fut eftably en la place de Grimoald, fon frere, par Pepin Heriftel, leur pere, lequel Pepin mourut toft apres, laiffant fa femme Plectrude, Princeffe d'vn courage viril, qui s'empara du gouuernement fouz l'authorité de fon ieune fils Thibault, & craignant d'eftre fupplantée par Charles Martel, elle le fit arrefter à Cologne, lequel apres s'eftre mis en en liberté deffit Reinfroy qu'elle auoit efleu & conftitué en fa place, combien qu'il fut alié de Rabord Duc de Frize qu'il combattit vaillamment fouz le regne du Roy Dagobert.

CHARLES MARTEL, Duc & Prince des François, fils de Pepin & d'Alpaïde fa feconde femme, les calamitez qu'il fouffrit au Prin-temps de fon aage les iniures domeftiques, dont il fut affligé par les puiffans aduerfaires qu'il eut en tefte, tant dedans que dehors le Royaume, ne l'empefcherent pas qu'en fin il ne paruint au deffus de fes hauts deffeins, & s'acquift l'authorité fouueraine, en l'adminiftration du Royaume, faifant par fa puiffance regner en France quatre Princes ; fçauoir, Dagobert II. du nom, Chilperic II. qui fut tiré du Cloiftre, Cloraire IV. & Thierry. Plectrude autre femme de fon pere luy portoit vne fecrette enuie, craignant qu'il l'a fupplantaft, elle le traitta fort mal, mefmes le fit emprifonner dans la ville de Cologne, d'où eftant efchapé & ayant recouuert fa liberté eut guerre contre le Roy Chilperic, conduit par fon Maire Rainfroy, où il eut du pire, depuis s'eftant remis, à fon tour obtint vne victoire contre Chilperic & fes aduerfaires, lefquels il pourfuiuit fi viuement qu'il les mena battant iufques aux portes de la ville de Blois, mift l'Auftrafie en fon obeiffance, fit declarer Cloraire Roy, l'oppofant à Chilperic, lequel il deffit, prit Rainfroy dans Angers, rangea les Suenes & Saxons, puis s'eftant fait declarer Prince & Duc des François en vn Parlement ou Affemblée des Eftats Generaux, fit guerre au Duc d'Aquitaine. En l'an 726. le 22. Iuillet gaigna la Memorable iournée de S. Martin le Bel pres Amboife & Blere, où le combat dura fept ou huit iours, où il fut tué plus de trente fix mil hommes, n'ayant fait perte que d'enuiron quinze cens Chreftiens : c'eft en cette bataille où il acquit le furnom de Martel, fe rendit maiftre de la Bourgongoe, deffit Amorée Roy infidelle venu d'Efpagne, lequel il tua, dompra les Frifons, Saxons, Allemands & Bauarois, en fin apres auoir diuifé fes Eftats entre fes enfans, fit la paix en l'Italie & Allemagne. Deceda le 21. Octobre l'an 741. il fut mis au rang des Rois à Saint Denis, auec cette infcription fur fon tombeau CAROLVS MARTELLVS REX.

II. NODEBERT, que le Feron appelle Grand Maiftre de l'Hoftel du Roy Clouis, & qu'il dit auoir commandé en la prefence de Pepin.

III. CARLOMAN Duc & Prince des François, fils aifné de Martel, & qualifié Roy par quelques Autheurs, eut le pays d'Auftrafie & Thuringe, par le partage qu'il fic auec fon frere le Roy Pepin, & vainquirent conjointement Odillon Duc de Bauiere, le contraignant de quitter le tiltre de Roy & reprendre celuy de Duc, & faire homage à la France, quittant le monde, laiffa fes Eftats à Pepin fon frere, & vne partie à Dreux fon fils vnique, qu'il mift es mains dudit Pepin.

IV. GODOIN Capitaine des Bandes Royalles, qui malheureufemént tua le Duc Anchife fon parain, qui auoit efté efleué par luy aux grandes charges, Eftats & dignitez.

V. GRIFFON Duc d'Auftrafie & d'Andely, eftoit fils puifné de Mattel, cettui-cy pour n'auoir efté partagé au Gouuernement de l'Eftat comme il pretendoit, s'arma contre Carloman & Pepin fes freres, fe faifit de Laon, où il fut affiegé par iceux & contraint de fe rendre à leur mercy, & s'eftant derechef rebellé paffa en Saxe, puis en Bauiere, qu'il mit fouz fon pouuoir, fut tué en la Morienne allant en Italie, par Gaultier pour auoir violé les droicts d'hofpitalité.

VI. RABOD, Duc de Frize, Payen, ayant donné fa fille Tudofuinde à Grimoald fils de Pepin Maire du Palais, fut conuerty à la Foy Chreftienne, mais eftant fur le poinct d'eftre baptizé par S. VVlfran, retira fes pieds des Fons du Baptefme, lors qu'on luy dit que fes predeceffeurs eftoient en Enfer, il refpondift qu'il aimoit mieux aller auec eux qu'auec vne poignée de Chreftiens : mais fes quatre fils embrafferent la Religion Chreftienne auffi bien que leur fœur.

VII. ODILLON Duc de Bauiere garda le Roy Chilperic depuis sa deposition, & qu'il eut esté tiré du Monastere de Luxeul. Il estoit beaufrere de Pepin, ayant espousé Hiltrude sa sœur. Ce Duc auoit esté nourry & esleué en la Cour de Martel, & possedoit de grandes Seigneuries en Allemagne. Apres qu'il eut vaincu Landfrid & Thibault Duc de Sueue, voyant le mauuais gouuernement de Chilperic, Roy de France, osa prendre le tiltre de Roy de Bauiere sans crainte, dont Carloman & Pepin, ses beaux freres estans aduertis luy firent quitter le nom de Roy, luy laissant leur sœur qu'il auoit rauie.

VIII. VVILIER Prince de Sueue, s'estant reuolte contré le Roy Childebert, Anepos Euesque fut conducteur de l'armée Royale, qui fut enuoyée pour le ranger au deuoir, duquel toutesfois il n'eut pas bonne issuë.

IX. RAINFROY, Maire du Palais, assista le Roi Chilperic contre Martel, lors Maire du Palais d'Austrasie, lequel estant vaincu par Martel, fut contraint de reconnoistre Clotaire pour Roi que ledit Martel auoit fait opposer à Chilperic, & Rainfroi chassé de sa Cour.

X. PEPIN surnommé le Bref, & fils de Martel, fut aussi Maire du Palais, & depuis Roi. Bernard qui eut la conduite de l'armée d'Italie sous Charlemagne. Remi Archeuesque de Roüen (qui a son instance le Roi Pepin, son frere, apporta d'Italie en France le chant dont on vse à present en l'Eglise Romaine.) Hierosme Comte de Vermandois Abbé de S. Quentin, tous enfans de Charles Martel, souz ces regnes.

XI. CHILDEBRAND, Duc & Comte, selon aucuns, Duc de Moselane, fils du Duc Martin, & selon autres freres de Martel, auec lequel il estoit lors de la bataille de S. Martin, & conduisoit vne partie de l'armee.

XII. EVDES, Duc d'Aquitaine, vers lequel le Roi Chilperic eut recours apres qu'il eut esté deffait par Martel auec Rainfroi, son Maire, lesquels ioints ensemble donnerent bataille audit Martel, lequel demeura victorieux, faisant paix auec Eudes. Ce Roi fut mis entre ses mains, où il deceda tost apres.

XIII. MELIARD de la maison de de Caourse en Bretagne, Chancelier de France & de Paris l'an 726.

XIV. SAINT BONIFACE, Archeuesque de Mayence, appellé Apostre des Allemands, Ambassadeur ou Legat en Allemagne pour le Pape Gregoire II. il fut particulierement recommandé par lui à Pepin, lors que ce Prelat passa par la France & y sacra ledit Roi Pepin.

XV. ESTIENNE III. du nom Pape, estant persecuté par Atolfe Roi des Lombards, vint en France vers Pepin, lequel le receut magnifiquement, & fut par lui sacré, & oingt derechef auec ses deux fils Charles & Carloman, & fut audit Pape restitué par le Lombard tout ce qu'il auoit vsurpé.

XVI. DIVRAIS ou DREVRVS (c'est à dire face vermeille) Roy de Bretagne estoit vn grand Prince, apres la mort duquel la Bretagne fut diuisée en sept parties, où les Princes du païs, se nommerent chacun Roy en sa portion, & eurent guerre perpetuelle ensemble iusques au temps de Charlemagne qu'ils furent vaincus par le Duc Gourdon ou VVidon son Connestable, & lors fut aboli le nom de Roy en Bretagne.

XVII. GODEGRANE, Chancelier de France, fut enuoyé au deuant du Pape Estienne auec autres Seigneurs, lesquels emmenerent sa sainteté en France.

XVIII. ATAVLFE, Roy des Lombards, tres-grand ennemi du siege Romain apres la mort du Pape Zacharie, voyant Estienne son successeur monté au siege Pontifical, commença de troubler & inquieter, non seulement ledit siege, mais presque toute l'Italie. Le Pape se voyant foible obtint d'Ataulfe par presens la paix pour 40. ans, mais 4. mois apres le Roy Lombard prit Bologne, apres laquelle il manda au Pape, que s'il vouloit que la paix fut entr'eux asseurée, il falloit que chaque Romain payast vn escu par an de tribut : le Pape effrayé de celle menasse, eut recours à nostre Roi Pepin, qui le remit & restablit en ses Estats, comme nous auons dit.

NOMS ET ARMES DES ILLVSTRES SOVS
LE REGNE DV

ROY ET EMPEREVR CHARLES LE GRAND, fils du Roy PEPIN, lequel fut alié en premiere nopce auec THEODORE ou Hermograde sœur de DIDIER, Roy des Lombards, qui l'espousa contre son gré pour complaire à la Reine Berthe sa mere, ce fut en l'an 769. aussi le mariage fut dissous vn an apres, on croid quo ce fut plustost parce qu'elle estoit sterile, & depuis espousa

HILDEGRADE, elle estoit fille de Childebrand Duc de Sueue, de laquelle il eut CHARLES Roy d'Allemagne, PEPIN Roy d'Italie, LOVIS Roy de France & Empereur. Berthe femme d'Engilbert deceda le dernier Avril 785.

FASTRADE fille du Comte Raoul fut sa troisiesme, de laquelle il eut deux filles. Elle deceda l'an 794.

LVITGARDE fut sa derniere femme, issué de la maison de Sueue, de laquelle il n'eut point d'enfans, deceda l'an 800.

LE ROY CHARLEMAGNE prit naissance l'an 742. à Ingelheim en Allemagne. Les premieres années de sa ieunesse furent employez en la guerre d'Aquitaine, viuant encore le Roy Pepin son pere, apres le deceds duquel Carloman son frere puisnay partagerent les Estats, Charles eut en partage la France Occidentale, & fut couronné à Noyon, aucuns disent à VVormes, puis il tourna ses armes contre le Duc d'Aquitaine qui s'enfuit en Gascongne chez vn Seigneur nommé Loup qui fut sommé de le rendre, par ce moyen la paix se fit, (de ce Loup sont issus les Seigneurs de Belle-Nase en Limosin) duquel il reduisit tout le pais en son obeissance auec celuy de Gascongne. Son frere CARLOMAN, ayant peu regné. Il demeura seul Monarque des François.

Il entreprit en l'espace de trente trois ans neuf ou dix guerres contre les Saxons encore Payens, en fin les vainquit, fut secourir le Pape Adrien contre Didier Roy des Lombards, & se rendit maistre de son Estat, fit en suitte le voyage de Rome, où il fut couronné Roy d'Italie par le Pape. Les Chrestiens d'Espagne gemissans sous la tirannie des Sarazins implorerent l'assistance de ce grand Monarque, qui prompt à les secourir passa heureusement les Monts Pyrenées, prit la ville de Pampelonne, puis ayant passé l'Ebre prit Sarragosse & Barcelone. Alfonce Roy de Leon fut aussi secouru de ses armes, força & saccagea plusieurs villes Sarazines: mais il perdit beaucoup de ses gens à Ronceuaux par la trahison de Ganes notable Seigneur de sa Cour. Charles apres son retour d'Espagne retourna pour la troisiesme fois en Italie, où le Pape en sa faueur couronna ses deux fils; l'vn Roy d'Italie & l'autre Roy d'Aquitaine, là aussi il contraignit ARGAISE Duc de Beneuent, qui vsurpoit la qualité de Roy, de s'humilier, priua de son Estat Tassillon Duc de Bauiere qui s'estoit reuolté, il vainquit aussi les Huns & Auarois qui auoient tenu le party dudit Tassillon.

Le Pape Leon qui deuoit succeder au Pape Adrien, le declara Empereur Auguste, le couronna & sacra solemnellement à Rome le iour de Noel l'an 801. lors de cette solemnité le peuple qui depuis plus de trois cens ans n'auoit veu d'Empereur, s'escria à haute voix. Viué & Triomphe CHARLES AVGVSTE, Couronné de Dieu, Grand & Pacifique Empereur des Romains.

NICEFORE Empereur d'Orient qui auoit recherché son amitié, ayant arresté ensemble qu'ils s'appelleroient freres & Augustes, l'vn Empereur Latin ou d'Occident, duquel appartiendroit les Gaules, l'Espagne, l'Allemagne, la Hongrie, la Dace, l'Esclauonie, auec partie de l'Italie, & tout le reste seroit d'Orient, de Grece ou de Constantinople.

Apres sa promotion à l'Empire Romain, il dressa trois armées, l'vne souz la conduite de Charles son fils aisné, dont il desfit les Esclauons, l'autre repoussa les Sarrazins de l'Isle de Corse, & la troisiesme fut en Espagne.

Il fit tenir cinq Conciles, il entreprit de ioindre les fleuues du Rhin & du Danube, & par mesme moyen la mer Septentrionale à la mer noire, ce qui ne peut estre effectué à cause des pluyes.

Il ioignit à ses Estats la Gascongne, l'Italie, partie de l'Espagne, l'Allemagne la Saxe, la Bauiere, la Hongrie, l'Esclauonie, les Isles Baleares & autres grands pays. Il commandoit dans tous les pays qui sont d'vn costé, depuis la ville de Bourges & l'extremité de Biscaye Espagnolle iusques à Danzic, & aux extremitez de Pologne. Et de l'autre costé depuis Tortoze & l'emboucheure du Fleuue Ebre en Castille, iusques à celle du Fleuue Silaro, & les derniers recoins de l'Italie. Apres qu'il eut pacifié le reste des troupes d'Italie, finy la guerre de Saxe, dompté les Auarois & Danois, & que derechef il eust receu le Pape Leon en France. Il fit son premier Testament l'an 806. il disposa de ses Royaumes en faueur de ses fils, deux desquels moururent auant luy. Il deceda à Aix la Chappelle, lieu de sa plus ordinaire demeure, l'an 814. le 28. Ianuier aagé de 72. ans, ayant regné 47. ans en France & tenu l'Empire quatorze. Il fut canonizé par le Pape Pascal l'an 1165. à la poursuitte de l'Empereur FEDERIC.

I. CARLOMAN, Roy d'Allemagne, frere du Roy Charlemagne, fut aussi Roy de Prouence & de Bourgongne, par le partage fait par le Roy Pepin, leur pere. Assista son frere Charle en la guerre qu'il eut contre Hunault Duc d'Aquitaine. Ce Roy deceda l'an 711.

II. CHARLES, Roy d'Alemagne ou France Orientale & de Bourgongne, fils de Charlemagne, en l'an 784. deffit les Saxons qui s'estoient rebellez, fut enuoyé par son pere au deuant du Pape Leon III. iusques en Sauoye pour le receuoir auec honneur, en l'an 804. s'opposa à Godefroy Roy des Danois, & l'empescha d'entrer en Saxe, puis deceda en Bauiere sans auoir esté marié, l'an 811.

PEPIN aussi fils de Charlemagne, ayant esté couronné Roy d'Italie par le Pape Adrien I. du nom, fut couronné de la couronne de fer, par Thomas Archeuesque de Milan, où il tint sa Cour, puis à Rauennes, fut enuoyé par son pere contre Grimoald Duc de Beneuent, lequel s'estoit reuolté, & l'obligea de se mettre à sa discretion, & le confina dans Pauie, contraignit les Turcs de faire tresue auec luy. Deceda à Milan l'an 810. aagé de 33. ans, laissant plusieurs enfans.

MILON D'ANGLAIRE ou d'Angers, beaufrere de l'Empereur, que le Feron dit auoir esté tué par le Roy Aigoland en la Vallée de Roncevaux, il le qualifie Grand Maistre de France, & remarque, que Roland son fils estoit Admiral ou Gouuerneur de Bretagne, & qu'il fut tué en ladite bataille.

III. OLIIVIER, Comte de Geneve &

IV. OGER LE DANOIS, assez celebrez par les Romans, aussi bien que Roland, viuoit en ce temps-là.

V. AYMARD, Chancelier de France, viuoit souz ce regne; c'est luy qui composa l'histoire de son temps.

VI. VVITIKINDEL, Duc & Prince des Saxons, grand personnage de prudence & valeur, auquel Charlemagne donna en mariage Berthe sa niepce (apres l'auoir assujetty) & duquel sont issus les Augustes races de par les Rois aujourd'huy regnants, les Ducs de Saxe & de Sauoye.

VII. LES QVATRE FILS AYMOND, ont esté des plus grands Heros de ce regne, si renommez en toutes leurs expeditions Militaires, & qui ont donné origine à la tres-noble race de la Roche-Aymond en Limosin, de Renault, fils du sieur de la Roche-Aymond & d'Anthoinette de Brichanteau, sœur du Marquis de Nangis, Cheualier des ordres du Roy : les Cadets de cette Maison, sont le Marquis de Saint Maixent & les Seigneurs de Fernillac en Perigord.

VIII. ANSELINE fut aussi Comte du Palais.

IX. THIERRY ou THEODORIC, Lieutenant General de l'Empereur, nourry & en ses ieunes ans en sa Cour, par lequel il fut fait Comte & Gouuerneur de la France. Apres la deffaite de VVitising espousa Iuste sa fille pour les mieux entretenir en l'obeïssance des Saxons, dont il auoit le gouuernement.

X. TVRPIN Archeuesque, estoit contemporain & compagnon d'Armes de Roland, d'Oliuier, les fils d'Aimond & de Renault de Montauban.

XI. LOVP, Seigneur de Limosin, chez qui Hunault Duc de Guyenne, se retira estant poursuiuy par Charlemagne, & de cette Illustre Maison sont issus les Seigneurs dé Belle-Naue, qui font aujourd'huy aliez des maifons de la Roche Aimond & de du Pleſſis Guenegault.

XII. RADVLFE, que le Feron appelle Lantgraue de Strimbourg, Maiſtre de la Caualterie de France l'an 773. il deſfic les Bretons & Anglois, & rapporta à Charlemagne leur Armes, & amena les Princes dudit pays qui s'eſtoient ſoulmis.

XIII. ARNOVL DE BEAVLANDE, Duc & Conneſtable de France, qui tua de ſa main le Roy Aigoland, pres Pampelonne & mourut combattant vaillamment à Roncevaux; c'eſt de luy qu'on tient eſtre iſſue la maiſon de Boſſut, qui en retient encores les Armes, de laquelle looz Henry I I. eſtoit le Seigneur de Longueval.

XIV. DIDIER Roy des Lombards ayant indigné l'Empereur Charlemagne, ſon beaufrere, parce qu'il auoit retiré Berthe, femme du Roy Carioman auec ſes enfans, de l'eſtat deſquels Charles s'eſtoit emparé & pour les oppreſſions qu'il faiſoit iournellement au ſiege Romain, & auſſi qu'il auoit receu Hunault Duc d'Aquitaine, leſquels auoient machiné enſemble de troubler Charles en tout ce qu'ils pourroient, reſolut d'enuoyer vne armee, conduite par ſon oncle Bernard, auquel commanda de ſe ſaiſir du Mont S. Bernard, & luy tira vers le Mont Cerus, où il eut vne cruelle bataille contre les Lombards, d'où Didier ſe ſauua, puis encore vn autre où Didier eſtant eſpouuanté ſe ietta dans Pauie, où en fin il fut pris & amené en France, confina ſes iours à Montdidier en Picardie, mettant fin au Royaume des Lombards.

XV. ACAIVS Roy d'Eſcoſſe, Prince deuot & prudent, chaſſa les Irlandois de ſes riuages, & les contraignit de ſe tenir en paix, fit alliance auec noſtredit Charles luy enuoya Rabaut & Alcuin les deux plus grands perſonnages de ce temps-là.

XVI. HVNAVLT ſe portant heritier de Gaultier au Royaume d'Acquitaine, voulut empeſcher le Roy Charles d'en iouïr, mais Charles eſtant entré en Aquitaine, s'enfuit à Loup Duc de Gaſcongne, fut tué en l'Abbaye de S. Richard Lombardie.

XVII. ANGILBERT, ce fur cettui cy à qui Charlemagne donna la charge de porter à S. Pierre partie du Treſor qui auoit eſté pris ſur les Huns ſuiuant le teſmoignage d'Adelſme.

XVIII. Taſſillon Duc de Bauiere, gendre de Didier Roy des Lombards, ayant excité les Huns & les Auarois à faire la guerre au Roy ſon Souuerain, par la perſuaſion de ſa femme, fut accuſé de felonnie, & fut condamné à perdre la vie : mais par la clemence de Charles il obtint ſa grace, & fut enfermé dans vn Monaſtere comme ſon fils Theodon, Ainſi fut la Bauiere reduite à la Couronne de France.

LOVIS LE DEBONNAIRE succeda à l'Empereur Charlemagne, son pere, lequel auoit esté desja associé par luy, & auoit esté couronné Roy de Guienne par le Pape Adrien dés l'an 781. porta ses Armes par deux fois en Espagne contre les Infideles, renouuela alliance auec les Empereurs d'Orient, receut homage de Harold Roy de Dannemarc, qui se fit baptiser, dompta les Sueues, Saxons & Frisons qui s'estoient reuoltez, se fait Couronner par le Pape Estienne IV. ayant designé son fils CHARLES Roy d'Allemagne ses autres enfans LOTHAIRE, LOVIS & PEPIN en furent tellement indignez, qu'ils s'armerent & conspirerent contre luy sous pretexte de vouloir reformer les abus de l'Estat, le constituerent prisonnier en l'Abbaye de Soissons & l'Imperatrice sa femme à sainte Radegonde à Poictiers : mais depuis estant mis en liberté par le Comte Leonard de VVarin, contraignit ses enfans de luy demander pardon, lesquels se reuolterent derechef, & comme il les poursuiuoit pour les ranger à leur deuoir. Il deceda à Ingelheim l'an 840. sa premiere femme fut

HERMANGARDE, fille du Comte Ingheleand, Duc Illustré de la maison de Saxe, la seconde fut Iudith fille de VVelfon, premier Comte d'Altorf, ou Rauagear, vne des plus vertueuse & patiente Dame de son temps.

I. LOTHAIRE fils aisné de Louis, fut par luy associé à l'Empire & declaré son successeur l'an 838. puis quelque temps apres couronné Roy d'Italie par l'Archeuesque de Milan, receut le nom d'Auguste le iour de Pasques par le Pape Pascal I. entreprit d'oster tout l'Estat à son pere, sous pretexte de mauuais gouuernement, l'emprisonna, & le fit degrader, s'estant saisi de sa personne. Apres la mort de son pere, se proposa d'empieter les Royaumes de Germanie & de France sur ses freres, auec lesquels il eut bataille pres Fontenay en Auxerrois le iour de Pasques l'an 841. où il mourut plus de cent mille hommes, & fut vaincu, il le fut derechef en vne autre bataille l'année suiuante. Apres tant de trauerse meu de deuotion se rendit en l'Abbaye de Prum pour viure religieusement (apres auoir fait declarer son fils Empereur) & finir ses iours, l'an 855.

II. PEPIN frere de Lothaire, Roy d'Aquitaine, s'arma aussi & marcha contre l'Empereur son pere, se ioignant aux mauuais desseins de ses freres, estant opiniastre en son mal. L'Empereur estant sorty de leurs mains l'enuoya prisonnier puis derechef estant sorty & continuant en sa desobeïssance fut priué du Royaume d'Aquitaine, & le Prince Charles son fils en fut inuesty l'an 837. il deceda la mesme année.

III. LOVIS autre fils fut Roy d'Allemagne, ayant pour sa part l'Allemagne, la Baniere & la Hongrie, sous le nom de France Orientale, ayant aussi quelque temps trempé dans la reuolte de ses freres, fut finalement persuadé d'assembler des forces conjointement auec ses amis pour la deliurance de son pere, & le mettre en liberté, ce qu'il executa. Il deceda à Francfort, l'an 876.

IV. MVRMAN se portant pour Roy en Bretagne, eut guerre auec nostre Loüis, duquel il soustint heureusement les forces: mais en fin s'estant soûmis à luy à condition qu'il quitteroit le nom de Roy, reprenant celuy de Duc fit sa paix.

V. HAROLD, est Roy de Dannemarck, estant en guerre contre Regnier fils de Svvard qui auoit esté esleu Roy en sa place, se voyant le plus foible eut recours à l'Empereur Loüis pour estre secouru, & pour cét effet se fit baptizer à Mayence auec plusieurs Danois de ses gens, afin d'obtenir plus aisément de nostre Loüis ce qu'il pretendoit, l'an 826. mais ainsi qu'il vid qu'il ne pouuoit obtenir le Royaume, & que son competiteur l'emportoit sur luy, il reprit son Idolatrie en laquelle il mourut au Duché de Frize.

VI. HVGVES LE GRAND, dit l'Abbé, fils naturel de l'Empereur Charlemagne, Duc de Bourgongne, fut Prince magnanime & General d'armée sous l'Empereur Charles le Chauue son nepueu, fut tué en vne bataille pres la ville de Tholoze, l'an 844.

VII. DREVX ou DROGON, aussi fils naturel de Charlemagne, paruint à l'Euesché de Mets, fut Archichapelain ou Grand Aumosnier de l'Empereur Loüis son frere & de Lothaire, se porta auec generosité pour son restablissement, qui fut au Concile de Thionville, où ce Prelat presida l'an 835. Il presida aussi en vn autre Concile l'an 845. qui fust tenu pour le restablissement de la paix entre ses freres, conduisit à Rome Loüis II. afin de receuoir sa Couronne Imperialle, où il fut fait Legat & Vicaire du Sainct Siege par toutes les Prouinces qui sont par deçà les Alpes, estant qualifié Archeuesque. Il deceda l'an 857.

VIII. VVARIN de Bourgongne, lequel ayant en horreur la mauuaise action des enfans de Loüis qui l'auoient mis en prison, prist les armes pour sa liberté auec les autres amis de l'Empereur auec tant de succez que Lothaire fut contraint de le deliurer & luy demander pardon.

IX. BERTRIX, Comte de Paris, ou Cubiculaire, fut Garde du corps de l'Empereur.

X. ADELHARD, Comte de Paris & de Spolette.

XI. CHARLES D'ARGIES Connestable de France, deffit en bataille Murman Duc de Bretagne le contraignant de receuoir la loy de Loüis le Debonnaire.

XII. GOVRDON de Beaulande, fils d'Arnoul, aussi Duc & Conestable de France.

XIII. BERNARD Duc de Septimanie en Languedoc, sauory de l'Empereur Loüis qui le fit son grand Chambellan, & Lieutenant General de tous ses Estats, Tegen dit qu'il estoit fillol de l'Empereur & de race Royale, ce fut vn de ceux qui trauaillerent fortement pour la liberté de l'Empereur.

XIV. FEDERIC Euesque d'Vtrech.

XV. BERNARD DE VIVERO Aragonois, Comte du Palais & Garde du Corps de l'Empereur, qui lors de la detention de son Maistre fut enuoyé en exil à Poictiers.

XVI. NEOMENE fut establly Gouuerneur de Bretagne pour l'Empereur.

XVII. VVLRICVS, Chancelier de France porta l'interest de l'Empereur, on tient qu'il estoit de la maison de Mursan.

XVIII. GVILLAVME de Rosternan aussi Chancelier de France fut tué par les Normands,

CHARLES

CHARLES furnommé le Chauue, premierement Roy de France, couronné à Orleans l'an 843. euft plufieurs guerres, tant contre le Roy d'Allemagne fon oncle, que contre les Normands & les Bretons, contre lefquels il fut quatre fois. Apres le deceds de Lotaire Roy de Lorraine, decedé fans enfans, s'en fit couronner Roy par l'Archeuefque de Reims, L'Empereur Louys fecond eftant auffi decedé fans hoirs mafles, le Pape Iean VIII. le declara Empereur, puis le couronna à Rome l'an 875. Receut la couronne de Lombardie à Pauie par l'Archeuefque de Milan, où il receut auffi les hommages dudit Royaume. Secourut le Pape trauaillé par les Sarrazins. Retournant en France eftant en Piedmont, mourut empoifonné par fon Medecin qui eftoit Iuif, l'an 877.

HERMANTRVDE fille du Comte Vodon & d'Ingeltrude, petite fille du Comté du Palais, Adelhard qui auoit acquis grand credit à la Cour de l'Empereur Louys le Debonnaire, elle deceda l'an 869. fut la premiere femme dudit Debonnaire.

RICHILDE fut fa feconde femme, elle eftoit foeur de Bofon Roy de Prouence, & fille du Comte de Buuin, elle auoit efte efprife d'amours dudit Charles, qui depuis l'efpoufa l'an 870. fut couronnée à Tortonne par le Pape Iean VIII. Mais pendant fa viduité, mena vne vie fi deshonnefte, que Foulques Archeuefque de Reims l'en reprift aigrement; elle n'euft que deux enfans, Louys qui mourut apres fon baptefme, & Charles dont elle accoucha de frayeur, le lendemain de la bataille d'Andernac que fon mary auoit perdue contre Louys II. Roy d'Allemagne, qui auffi mourut au bout de l'an.

K

I. ROBERT dit le Vaillant & le Fort, surnommé le Saxon, & cousin de l'Empereur Charles le Chauue, vint en France à sa requeste, accompagné de ses trois fils, Thierry, Eudes & Robert, auec bon nombre de ses Gentilshommes Saxons, luy donna l'Anjou en tiltre de Comté hereditaire à luy & à ses descendans, & le nom de Marquis des Costes de Bretagne.

II. RENAVLT DE SAVLCE Duc & Connestable de France, l'an 879. donna deux fois bataille aux Normands, qui eurent aduantage sur luy, estans commandez par Rolo & Hastingues leurs Capitaines ou Rois. Ce Connestable fut tué par vn Pescheur ou Marinier d'vn coup de dard, ayant auparauant fait quelque trefue auec ledit Hastingue, duquel il achetta la ville & Comté de Chartres, comme le Feron dit l'auoit leu dans vne vieille chronique de France, se disant issu des Princes de Saulce.

III. BAVDOVIN Comte, ou Forestier de Flandres, Gendre de l'Empereur (lequel fut surnommé Bras de Fer) ayant espousé sa fille Iudith, veufue du Roy d'Angleterre, qu'il auoit rauie à ce consentant Louys le Begue son frere, dont Charles offensé le fit excommunier : mais ce Prince estant allé à Rome, obtint son absolution du Pape Nicolas I. qui enuoya ses Legats pour faire sa paix auec l'Empereur qui luy accorda auec le tiltre de Marquis de France, Baudoüin presta serment de fidelité au Roy pour la terre qui est entre les Riuieres de Lescault, la Somme & la Mer, ce qui depuis a esté appellé Flandres, auec tiltre de Pairie de France, & de ce Baudoüin sont issus les Comtes de Flandres.

IV. SALOMON Roy de Bretagne, l'an 866. fit homage à Charles le Chauue, en faisant alliance auec luy, apres la mort de Herispont, il assista ledit Charles au siege d'Angers contre les Normands, & fut tué en vne Eglise par ses gens mesmes l'an 776.

V. GRILLON Connestable de France fut tué par les Esclauons, lesquels il poursuiuoit pres le Fleuue de VVesser.

VI. BOSSON frere de la Reine Richilde fut fait Vice-roy, & Gouuerneur de Lombardie par l'Empereur Charles son beaufrere, & depuis pour môstrer sa puissance le fit Roi de Prouence.

VII. RAOVL DE CREVENBERG fut Chancelier de France.

VIII. RODOLPHE Abbé de S. Riquier fut principal Ministre du Palais, & Condal son frere Côte de Paris, & tous deux oncles de l'Empereur à cause de l'Imperatrice Iudith leur sœur.

IX. PROTADE Marquis de Saulce, Connestable de France l'an 846. fut tué en Bourgongue en vne sedition : Quelqu'vn croid qu'il estoit de la maison de Gamache.

X. GERARD Comte de Vienne quitta le party de l'Empereur pour suiure Lothaire, s'empara de la ville de Vienne au nom de Lothaire lors Roy de Prouence, & contraignit Charles d'y venir mettre le siege, auquel en fin il se rendit par composition.

XI. HERNICVS DE VERGES Chancelier de France.

XII. BERNARD issu des anciens Comtes d'Auuergne, Connestable de France, qui au raport de le Feron, conduit vne armée naualle enuoyée en Corse, Sardaigne, Majorque & Minorque pour la deffense du pays contre les Mores.

XIII. RANVLPHE premier Duc d'Aquitaine, apres la reduction faite par le Roy Charles du Royaume en Duché : il estoit proche parent du Roy, fut tué en vne bataille contre les Normands auec Robert Comte ou Duc d'Anjou.

XIV. POPON vaillant Capitaine estoit Lieutenant de Louys le Ieune, deffit en vn combat les Saxons rebelles.

XV. ROLO, ou ROV, Roy ou Conducteur des Danois, peuples Septentrionnaux apres plusieurs combats, ayant en fin contraints les Rois & Princes François de leur laisser libre iouïssance du païs de Neustrie, pour auoir paix auec eux, & pour mettre fin aux guerres & troubles du Royaume, espousa Gillette, fille du Roy Charles le Simple, lequel se faisant baptizer, fut appellé Robert, & fut le premier Duc du pays de Neustrie, qui fut depuis à cause de luy appellée Normandie.

XVI. HVMERVS ou VIEVIL issu de Dannemarc, s'estant embarqué auec Rolo, Hastingue & autres Septentrionnaux, vint aborder en la coste de Constantin, basse partie de la Neustrie, lequel s'estoit voüé, que s'il venoit à bon port il se feroit Chrestien, ce qu'il fit estant arriué, il se fit baptizer en vne Chappelle qu'il fit edifier, au lieu dit les Dunes de VVarauille, & en ce lieu fut nommé Vieuil aux Humeres, & au têps que l'on fir Rou Duc de Normandie : le Roi Charles le Simple, luy changea ses armes qui estoient de gueules à la cote mal taillée, & luy donna de gueules à la Fleur de Lys d'or, que ses descendans ont portée, comme fait encore auiourd'huy Monsieur le Marquis de Nesle René de la Val, dit aux Espaules.

XVII. VLRIC Abbé de Flauigny, homme de grand reputation.

XVIII. ARCHAMBAVLT DE BOVRBON Connestable de Fance, dit le Begu, homme de grand Valeur.

LOVIS II. du nom, surnommé le Begue, fut couronné à Reims le 8. Decembre par Hincmare Archeuesque du lieu, se porta Empereur apres son pere, estant fauorisé du Pape Iean VIII. Rome estant pillée par les ennemis du Pape, luy s'estant refugié vers Louys en France le couronna derechef Empereur en la ville de Troye l'an 878. deceda à Compiegne le 6. Avril l'an 879. non sans soupcon de poison.

ANSGARDE fut premiere femme de l'Empereur Louys le Begue, on tient qu'elle estoit de bas lieu, & que Louys l'auoit espousée clandestinement contre la volonté de son pere, surquoy il fut contraint de la quitter & repudier; ce qui a fait qu'aucuns l'ont estimée concubine, & les deux fils qu'il eut d'elle bastards contre la verite de l'histoire.

ADELHAYDE fut la seconde femme de cét Empereur, elle estoit sœur de VVilfrid, Abbé de Flauigny en Bourgongne, duquel elle eut vn fils posthume qui regna apres ses freres. Du Bouchet la tient estre sœur du Roy d'Angleterre.

I. LOVIS son fils aisné ayant esté recommandé par luy (peu auparauant son exil) à Bernard de Poictiers. Theodoric Comte de Mascon, Eudes Euesque de Beauuais & le Comte Autin, auquel il enuoya sa Couronne, son Espée & autres ornemens Royaux, fut conjointement reconnu Roy de France auec son frere Carloman pour euiter vne guerre ciuille: Ainsi de l'aduis des Barons du Royaume, Hugues l'Abbé, Duc de France, les fit promptement corronner & Sacrer en l'Abbaye de Ferrieres en Gastinois, lesquels en suitte se trouuerent en Sauoye auec Charles le Gras leur cousin, pour aduiser aux moyens de chasser Bosson, qui s'estoit depuis le deceds de leur pere emparé de la Bourgongne, & mesprisoit les freres Rois, les appellans Bastards ; Les Normands furent par eux battus sur les costes d'Anjou, le iour sainct André, où dix mil des ennemis demeurerent sur la place, plusieurs des fuyars noyez dans la Vienne, pres la ville de Montfaureau, partagerent leurs Estats en la ville d'Amiens; la France escheut à Louys, & la Bourgongne & Lorraine à Carloman, bref ayant ioint leurs forces Louys deceda l'an 882. son frere Carloman l'ayant suruescu enuiron d'vn an & demy, deceda laissant vn fils nommé Louys le Faineant, qui n'est pas mis au nombre des Rois, ayant esté deposé par sa pusillanimité, tondu & mis Moine à S. Denys.

II. CHARLES surnommé le Gros ou le Gras, Roy d'Italie, d'Allemagne, & Lorraine & Bourgongne, fut aussi Couronné & Titré Roy de France, il estoit troisiesme fils de Louys I. Roy d'Alemagne, & fut couronné Empereur dans Rome le iour de Noel l'an 880. Il auoit espousé Richarde d'Escosse, de laquelle il n'eust lignée, l'ayant repudiée affermoit par serment ne l'auoir iamais connue, la Reine en estant aduertie, dit cela va bien, puis que par le serment de mon mary, ie demeure vierge & pucelle. Estant appellé des François, deffit les Normands en bataille pendant la minorité du Roy Charles le Simple, l'an 885. estant retourné de France en Allemagne, fut trauaillé d'vn grand mal de teste, tellement que depuis il eut l'esprit plus rassis qu'auparauant, ce qui obligea les Allemands de donner le Gouuernement de l'Empire à Arnould Duc de Bauiere son nepveu, & les François appellerent

III. EVDES ou ODO Comte de Paris, fils de Robert le Fort, Comte d'Angers, & fut par les Estats assemblez à Compiegne créé Regent du Royaume, & quoy qu'il ne deust estre que Tuteur du Ieune Roy Charles le Simple, neantmoins pour l'authoriser d'auantage, il fut couronné auec ceremonie par l'Archeuesque de Sens. Deffit les Normands, & en tua iusques à dix-neuf mil, deceda sans hoirs l'an 898.

IV. ROBERT Comte d'Anjou & de Paris, frere d'Eudes, tascha à force d'armes d'obtenir la Couronne de France apres le deceds de son frere, qui causa vne sanglante guerre entre Charles le Simple & luy, qui dura fort long-temps : il fut tué pres Soissons l'an 922. & fut pere de Hugues le Grand.

V. RAOVL neveu d'Eudes & de Robert, estant porté tant par la faueur de Hugues le Grand, Comte de Paris, que du Comte de Vermandois, qui tenoit lors Charles le Simple, vsurpa le Royaume l'espace de deux ans, & deceda l'an 929. mangé de cirons. Il fut allié à la maison de Sueve, ayant espousé Berte sœur du Duc, de laquelle il eut Adelhaide, qui fut la premiere femme de l'Empereur Othon le Grand.

VI. ARNOVL fils de Carloman, Roy de Bauiere fut declaré Empereur apres Charles le Gras son oncle, il donna vne memorable bataille aux Normands pres Louuain, auec tant de bon-heur qu'il en demeura cent mil sur la place, chassa Tuendebold d'Esclauonie, rengea sous son pouuoir le Royaume d'Italie. Deceda l'an 899.

VII. HVGVES LE GRAND, Comte de Paris, surnommé l'Abbé, Duc de France, il fut surnommé le Grand, à cause de la grandeur de ses faits, en donnant ordre que les vrais heritiers du Royaume fussent reconnus & couronnez, auec telle condition toutesfois qu'ils dependroient tousjours de luy. Apres le deceds de Raoul fit venir d'Angleterre le ieune Louys, dit d'outre-mer, & fut au deuant de luy iusques à Boulongne, le Roy aussi pour gratifier le Comte de Paris, ne faisant rien que par luy : fut surnommé l'Abbé, d'autant qu'il iouïssoit des Abbayes de S. Denis, de S. Germain des Prez & de S. Martin de Tours, il fut appellé le Blanc, tant à cause de sa Blancheur, que pource qu'il se plaisoit à estre habillé de blanc. Deceda l'an 958.

VIII. GVILLAVME, surnommé Longue Espée, Duc de Normandie, fils de Rou ou Robert, ayant adheré à la ligue de Hugues le Grand, contre le Roy Louys d'Outre Mer & de Raoul, Comte de Cambresis, fils de Baudouin Comte de Flandres, fut mis à mort par les gens d'Arnulphe, Comte de Flandres son neveu en vne Isle que fait la riuiere de Somme, pres Pequigny, enuiron l'an 942.

IX.

CHARLES III. du nom, furnommé le Simple, fils pofthume du Roy Louis
le Begue, nafquift felon aucuns en Angleterre, l'an 879. Ce Prince fut merueil-
fement trauerfé en fa minorité : tellement que pendant icelle on vid regner
cinq autres Rois en France, ou qui en vfurperent le tiltre, (ce qui a fait remarquer à
quelqu'vn, que comme la maifon de Charlemagne commença d'eftre exaltée, &
croiftre fouz deux excellents Princes ; Sçauoir, Charles Martel & Charlemagne, que
auffi fon declin arriua fouz deux autres Charles, qui furent, le Chauve & le Simple,
fon petit fils) fut couronné à treize ans l'an 893. à l'inftance de Foulques Archeuefque de Rheims : Et apres fut tellement perfecuté, qu'il mourut de fafcherie & de
trifteffe dans la ville de Peronne, eftant prifonnier de Hebert Comte de Vermandois,
il auoit efpoufé en premiere Nopces

FRIDERINE fœur de Bouon Euefque de Chaalons, de laquelle il eut vne fille
nommée Gile, qui fut mariée à Robert Duc de Normandie. Sa feconde femme
fut Edgine ou Ogine d'Angleterre fœur du Roy Adelftan, de laquelle Louys fon
fils pendant fa captiuité, la Reine Ogine fon efpoufe fe retira auec luy chez le Roy
Adelftan en Angleterre, qui luy acquit le nom d'Outre-mer.

L

SVITTE DES ILLVSTRES SOVS LES REGNES
de LOVYS LE BEGVE & CHARLES LE SIMPLE son fils.

IX. HINCMAR, Abbé de Saint Michel, Chancelier de France, l'an 684. fut homme de singuliere vertu & erudition, deceda l'an 896.

X. GOSSELIN Abbé de S. Germain des Prez, ou selon aucuns, Euesque de Paris, fut celuy qui d'vne valeur incroyable soûtint le siege de cette ville contre les Normands, assisté d'Eudes Roy titulaire des François.

XI. OTTON, Duc de Saxe, fut vn tres-vertueux personnage, qui fut esleu Empereur : Ce fut luy qui moyenna la reconciliation des Comtes de Vermandois, pere & fils enuers leur Souuerain, & fit en sorte qu'ils se submirent à luy : & fut si bon qu'il procura aussi (à cause de sa vieillesse) l'election de Conrad Duc de Franconie à l'empire.

XII. BERNARD de Poichiers, Comte de Burges & d'Auuergne, Marquis de Neuers, fut l'vn de ceux qui trauaillerent fortement a establir au Royaume de France les Rois Louis & Carloman.

XIII. BERNARD, Marquis de Gothie s'estant rebellé contre le feu Empereur, continuant en sa reuolte, tâcha d'occuper le Comté d'Autun, ce qui obligea cet Empereur de le pourfuiure, & mener contre luy vne puissante armée pour le ranger à son deuoir : si bien qu'en fin il fut despouillé de ses biens & dignitez.

XIV. GILBERT Duc de Lorraine assista le Comte de Vermandois contre le Roy Louys d'Outre-Mer, s'estant mis en campagne s'empara de Pierre-Pont, assiegea la ville de Laon, dont le Roy le contraignit de leuer le siege : mais depuis reuenant derechef pour l'assieger auec ledit Comte, le Roy leur vint au deuant, les voulant combattre fut deffait & mis en fuitte.

XV. HERBERT Comte de Vermandois, fust l'vn des plus perfide Seigneur de son temps, s'estant resolu de surprendre le Roy Charles le Simple, pour couurir sa perfidie, luy manda par son Cousin Bernard, Comte de Senlis, qu'il desiroit de communiquer auec sa Majesté pour affaire importante, le priant de venir en vn sien Chasteau, & donna tellement de faux entendre au Roy, qu'il le fit condescendre d'aller à Perronne, & continuant sa perfidie le fit conduire à Chasteau Thierry prisonnier.

XVI. CONRARD Duc de Franconnie, fut esleu Empereur, à cause de sa magnanimité, du consentement d'Otton Duc de Saxe & par son conseil, lequel auoit esté esleu. Depuis se sentant malade à l'extremité fit tant enuers les plus grands d'Allemagne, que Henry fils dudit Otton fut esleu Empereur en sa place, & luy fit deliurer les ornemens Imperiaux.

XVII. GILBERT Duc de Bourgongne, par la cession que luy en fit son frere Raoul, estant paruenu à la couronne de France il eut plusieurs differents auec les Normands, aussi bien que ses pere & frere, & où il fit preuue de son courage.

XVIII. SIGIFROY ou GODEFROY, fut l'vn des chefs des Normands auec Raoul, lequel ayant esté mis en déroute par les François, fut trouuer l'Empereur Arnoult, auquel il promit & iura de sortir hors du Royaume, & emmena quarante mil hommes : mais depuis s'estant fait baptizer, l'Empereur le retint aupres de luy & luy donna en mariage vne Princesse.

LOVYS IV. dit D'OVTRE-MER, fils du Roy Charles le Simple & de la Reine Ogine, fut esleué en la Cour du Roy Adelstan, son oncle maternel, Roy d'Angleterre, fut appellé en France par Hugues le Grand, Comte de Paris & autres Seigneurs, qui luy enuoyerent en Angleterre vne notable Ambassade pour l'esleuer sur le Trône Royal, lequel prenant le chemin de France receut à Boulongne les Homages des grands Seigneurs du Royaume ses sujets : En suitte fut couronné à Laon par Artaux Archeuesque de Rheims. Deffit Tourmonde & Getrie Roy ou Princes Danois, qui vouloient contraindre le Duc de Normandie à retourner au Paganisme. Enfin apres plusieurs Guerres & trauerses deceda à Rheims de la cheute d'vn cheual l'an 954. il auoit espousé

GERBERGE de Saxe, fille de l'Empereur Henry premier du nom & sœur de l'Empereur Otton, estant veufue de Gilbert en partie Duc de Lorraine, de laquelle il eut Lothaire son successeur.

I. OTTON Duc de Bourgongne, frere de Hugues Capet, auec lequel il accompagna Lothaire Roy de France au siege du Chasteau de Dijon, où il fit voir l'experience de la valeur, duquel Robert Comte de Troyes s'estoit emparé: il espousa selon aucuns Lodegarde Duchesse de Bourgongne, qui en consideration de ce mariage le Duc Gilbert son pere laissa son Duché au Prince Otton son gendre, lesquels estans decedez sans lignée, laisserent les Duchez à ses freres puisnez Eudes & Henry.

II. CHARLES DE FRANCE Duc de Lorraine, fils du Roy Louys, Prince courageux & vaillant, ce qui estant connu par l'Empereur Otton second, fit tant qu'il l'attira à son party, sçachant aussi qu'il estoit en mauuais menage auec le Roy Lothaire son frere, auec lequel s'estant ioint, alliena de telle sorte le cœur des François, que son nepueu Louys V. estant decedé sans enfans fut exclus de la Couronne de France qui luy appartenoit de droict de naissance, pour s'estre ligué auec l'Empereur contre la France sa patrie. Voulant depuis maintenir son droict par les armes, se saisit de la ville de Laon, dans laquelle il fut inuesty & pris, fut mené prisonnier à Orleans où il mourut enuiron l'an 993.

III. ARNVLPHE ou ARNOVL, Comte de Flandres, surnommé le Grand, fut attaqué par les Danois Normands, lesquels il combattit valeureusement, & les vainquit, estant assisté de Rodolphe de Bourgongne, depuis il fut tué par le Duc de Normandie Guillaume Longue-espée.

IV. HENRY Duc & Marquis de Bourgongne, surnommé le Grand, assista le Roy Lothaire, auec Hugues Capet son frere, contre l'Empereur Otton 2. lors qu'il s'acheminoit dans le Royaume en faueur de Charles Duc de Lorraine, lesquels ils repousserent vigoureusement, d'où Henry remporta le surnom de Grand: il estoit Prince fort doux & modeste, deceda l'an 1001.

V. OTTON LE GRAND, fils de Henry Loiseleur, fut esleu & couronné Empereur en la ville d'Aix; Au commencement de son Empire il eust de grands differents à demesler auec Eberhard Palatin & Giselbert Prince de Lorraine, touchant la succession à l'Empire, disants qu'ils estoient descendus de l'Empereur Charlemagne, dont il veut vne forte guerre, en laquelle Eberhard mourut à Andernau, & le Duc Giselbert s'enfuyant se noya dans le Rhin.

VI. RICHARD, surnommé Sans-Peur, Duc de Normandie eut de grands demeslez auec Thibault Comte de Blais: Ce fut luy qui fut tiré d'entre les mains du Roy Louys d'Outre-mer, caché dans vn faisseau d'herbes.

VII. EBLES Comte de Poictou, fut aussi Duc d'Aquitaine, ce fut luy qui auec Richard Duc de Bourgongne, donnerent conseil au Roy Charles le Simple de ne passer le traicté de paix qu'il auoit accordé aux Danois, dont il en aduint mauuais succez par la bataille que les François perdirent pres Chartres, deceda l'an

VIII. HENRY Duc de Bauiere, issu de la famille d'Otton Duc de Saxe, fut le premier Empereur, esleu par les Electeurs: il fut grandement heureux aux guerres d'Italie, d'Allemagne & Boheme. On dit de luy qu'il vescut Vierge auec Cunegonde son espouse.

IX. LVDOLF Duc de Souabe, fils d'Otto premier, ayant espousé Ido fille de Herman Duc de Souabe, qui luy donna son Duché, faisant sa residence au Chasteau de Tuuiel fut fait aussi Marquis d'Austriche, laissa Otto Duc de Suabe, qui mourut sans lignée.

X. HVGVES DE VERMANDOIS, fils de Herbert 2. n'estoit qu'à l'aage de cinq ans lors qu'il fut esleu Archeuesque de Rheims, ce qui fut trouué nouueau &
extraor-

extraordinaire, le Comte son pere commit au regime de cette grande Prelature Oudry Archeuefque d'Aix qui auoit efté chaffé de fon fiege, il eut pour Competiteur Artol Religieux de S. Remy de Rheims (combien que cette eflection fut approuuée du Pape Iean dixiefme.)

XI. RENAVLT DE ROVCY, beaufrere du Roy Lothaire, ayant efpoufé Albrade de France, fille de Louis quatriefme, dit d'Outre-mer, fonda Roucy & en porta le tiltre.

XII. EVDES ou ODON premier Comte de Champagne & Brie, eut guerre auec Raoul, dernier Roy de Bourgongne, entreprit fur la Lorraine, ce qui fut caufe de fa ruine, où il fut deffait & fut tué par le Duc Gontelon.

XIII. OSMOND Gouuerneur du Duc Richard de Normandie. Ce fut lui qui fauua ldit Duc d'entre les mains du Roi Louis d'Outre-mer dans vn fagot d'herbes.

XIV. ARTAVLT Archeuefque de Rheims, Competiteur de Hugues ordonné en l'an 932. à l'inftance du Roy Raoul, aucuns grands Seigneurs de France voulurent prendre fa caufe pour le maintenir, lequel fut en fin perfuadé de renoncer, retenant l'Abbaye de S. Bafol & le Monaftere Durnac.

XV. GERLON Prince Dannois ou Normand, tenu l'vn de ceux qui trauaillerant la France auec Raoul, dont il eftoit proche parent, auquel le Roy Charles le Simple donna le Mont des Montils, & le fort de Blais enuiron l'an 920. duquel lieu il fut premier Comte.

XVI. BERNARD Comte de Senlis, fils de Pepin, Comte dudit lieu, foûtint le Duc Richard fon nepueu contre le Roy Louys d'Outre-mer, qui fe vouloit emparer de fon Duché, puis s'eftant ioint auec Herbert fils du Comte de Vermandois fon coufin, firent la guerre au Roy & prirent fur luy quelques places.

XVIII RORICON ou RICVIN, frere naturel du Roy Louys d'Outre-mer, fut ordonné Euefque de Laon par ceux mefmes de la ville, & fut facré par Artault Archeuefque de Rheims : mais eftant empefché d'eftre receu en ladite ville par Thibault Comte de Chartre, fe tint à Pierre-Pont lors fortereffe, & teint le fiege Epifcopal enuiron huict ans : il eftoit tres-docte Prelat, deceda l'an 966.

XVII. CHARLES CONSTANTIN, fils de Louys quatriefme, qui fut falué Empereur & Roy d'Arles, eftant paffé en Italie pour entrer en poffeffion de l'Empire, pendant lequel temps Hugues fils de Lothaire feftant faifi du Royaume d'Arles, & Conftantin s'empara du Comté de Vienne, dont il demeura Seigneur, & s'y maintint valeureufement.

LOTAIRE fils aisné de Louys d'Outremer luy succeda, lequel auoit pris naissance l'an 941. Le Duc Guillaume, surnommé Longue-espée, fut son parrain: il estoit aagé de 13. ans lors que la Coronne luy escheut l'an 954. fut Coronné & Sacré à Reims en la mesme année par le moyen de Hugues Caper, succeda à la haine que le Roy son pere portoit aux Normands, ausquels il fit la guerre, prenant Evreux sur le Duc Richard, qui fut secouru par ses sujets. Les Barons & Prelats firent tant en fin que le Roy & le Duc pacifierent leurs differents, moyennant quelque restitution que le Roy fit audit Duc, qui renouuela l'homage au Roy Lothaire pour toutes ses terres, il deceda à Rheims, apres auoir regné enuiron 32. ans, qui fut en l'an 966. (il auoit adjoint au Royaume Louys son fils vnique, lequel ne regna qu'vn an apres luy & deceda sans enfans.) Il auoit espousé

EDME d'Italie, fille du Roy Lothaire second du nom, Roy de France, de laquelle il eust Louys cinquiesme son successeur.

I. OTHON Duc de Lorraine & de Brabant, fils de Charles de France & nepueu de Lothaire. Les mauuaisés fortunes de son pere empescherent, vray-semblablement, ce Prince d'auoir des emplois dignes de sa haute naissance : il deceda enuiron l'an 1004. par son deceds aduenu sans lignée, le Duché de Lorraine tomba entre les mains de Geoffroy, l'ancien Comte d'Ardennes, qui s'en empara du consentement de l'Empereur Henry second.

II. GEOFFROY GRISEGONELLE, fils de Foulques le Bon, Comte d'Anjou, il eut ce nom de ce qu'il portoit ordinairement vne robe grise : il fut Guidon ou Cornette du Roy Lothaire, auquel il amena trois mil hommes pour aller contre l'Empereur Othon, & pour recompense le Roy le fit Grand-Maistre pour luy & ses successeurs. Les Danois estans ennuyez auprés Paris, demanderent que la guerre fust terminée par deux Capitaines, l'vn François & l'autre de leurs gens, Geoffroy fut esleu qui tua Bertoldus leur homme.

III. HENRY Duc & Marquis de Bourgongne, aprés ses freres Othon & Eudes fut surnommé le Grand, il assista auec son frere aisné le Roy Lothaire contre l'Empereur Othon second, lequel s'estoit acheminé pour maintenir Charles Duc de la basse Lorraine, par lequel il fut vigoureusement repoussé. Le Duc Henry n'ayant point d'enfans auoit adopté pour fils & heritier Othe Guillaume, fils d'Adelbert & de Gerberge sa femme : il deceda l'an 1001.

IV. ARNVLPHE Comte de Flandres second du nom, appellé aussi le Ieune, fils de Baudouin le Ieune, qui pendant les guerres qu'il eut auec le Roy Lothaire, prit Calais & toute la Comté de Guines.

V. ROBERT fils du Duc Richard Sans-Peur, fut aussi pere de Richard Comte d'Evreux & de Guillaume son frere, & depuis aprés le deceds de sa femme fut Archeuesque de Rouen.

VI. HVGVES CAPET fils de Hugues le Grand, eut la garde de la personne du Roy Louys V. ainsi qu'il luy fut recommandé par le Roy Lothaire son pere, coniointement auec la Reine Edme mere du Roy, laquelle en estoit desia pourueuë ; aprés le deceds duquel il monta luy-mesme au Trône Royal des François.

VII. BRVNON Archeuesque de Cologne, frere de l'Empereur Othon & de la Reine Herberge, homme de grand credit, tant en France qu'en Allemagne.

VIII. TIBAVLT, premier du nom, Comte de Blois & de Chartre, surnommé le Tricheur, fils du Comte Gerlon, qui fut contraire à Hebert Comte de Vermandois, & accusa le Duc Richard Sans-Peur vers le Roy Lothaire. Le chargeant d'entreprise contre la Maiesté qui causa de grands troubles dans le Royaume.

IX. OTTON second Empereur, fils d'Otton le Grand, fut declaré Roi des Romains du viuant de son pere, chassa les Grecs & les Sarrazins de la Calabre, dompra par armes Henri Duc de Bauiere, & depuis ayant attiré à son parti Charles frere de Lothaire, l'innestit du Duché de Lorraine, & le fit vassal de l'Empire, dont Lothaire fut tellement indigné, qu'il assembla vne grosse & puissante armée, & alla contre l'Empereur iusques à Aix, & le desconfit en telle sorte qu'à grand peine se peult il sauuer.

X. GVILLAVME troisiesme de ce nom, Duc d'Aquitaine, Comte de Poictou & d'Auuergne, & sixiesme Duc d'Aquitaine, surnommé Teste-d'estoupes, estoit vn Prince pacifique & fort deuotieux, abandonna le monde & se renferma auec les Religieux de Saint Ciprien de Poictiers, où il deceda enuiron l'an 1011. sous le regne de Hugues Capet.

XI. RENE' ou RENIER, Comte de Monts & de Haynault, dit le Jeune, à la differance de son pere fut priué pour vn temps de la Comté de Hainault par Brunon Archeuesque de Cologne : mais ayant imploré le secours de Lothaire , qui enuoya Charles de France son frere pour le restablir , ayant ioint ses forces auec celles de Hugues Capet beau-pere de Renier, fut remis en son estat & demeura paisible posses-seur dudit Comté : il deceda l'an 1029.

XII. BERALDE Prince de Saxe. fils d'Otthon, & frere d'Otthon trosiesme, fut fait Gouuerneur & Vice-Roy d'Arles, de Sauoye & de la Vallée d'Aost, Gouuer-nement qui luy fut continué par les Rois de Bourgongne ses parents, sous les reignes suiuants, & a donné origine à l'Illustre maison de Sauoye.

XIII. RENE' Comte de Sens s'estant esleué contre le Roy, & se voulant main-tenir par armes, sa ville & Comté de Sens fut confisquée, & ioincte au Domaine du Roy.

XIV. OMFROY Seigneur de Beaujeu, fils puisné d'vn Comte de Lionnois, Fo-rest , & Seigneur de Beaujeu viuoit en ce temps, & de luy on croit que de sa Maison celle de Flandre à pris son origine.

XV. LANDRY Comte de Neuers, qui aprés le decez d'Henry Duc de Bour-gogne , fils de Hugues le Grand Comte de Paris, s'empara de la ville d'Auxerre, com-mença de commander en Bourgongne, s'attribuant le nom de Duc iusqu'au temps du Roy Robert fils de Hugues Capet, par lequel il fut rangé à la raison par force, & luy de-meura la ville d'Auxerre.

XVI. ARNVLFE fils naturel du Roy Louys d'Outre-mer, ou selon d'autre de Lothaire, il fut creé Archeuesque de Reims, l'an 989. à l'instance & du consentement de Hugues Capet, nouuellement paruenu à la Couronne, qui par ce moyen esperoit retenir ce Prince à son party ; mais ce fut tout au contraire, cet Archeuesque ayant esté gaigné par Charles de Lorraine, luy mit entre ses mains la ville de Reims; depuis estant pris il fut demis de sa dignité, & mené prisonnier à Orleans.

XVII. ROBERT de Vermandois, Comte de Troyes , fils du Comte Herbert second , s'empara de la ville de Troyes, & en chassa l'Euesque Anseaume, se rendit aussi maistre de Dijon. Le Roy Lothaire s'irrita tellement de la prise d'icelle, qu'il la fit remettre entre ses mains par la force des armes, sous la conduite de Brunon Arche-uesque de Cologne.

XVIII. GODEFROY Comte Dardennes , dit l'Ancien, fut pere de Bonne, premiere femme du Duc Charles de Lorraine & de Brabant, se signala dans les guerres que ledit Charles eut contre le Roy Hugues Capet.

Le Roy Louys V. fils de Lothaire fut le dernier Roy de la seconde lignée, il ne regna qu'vn an ou enuiron l'an 988. & eut pour successeur Hugues Capet, Comte de Paris , lequel par sa puissance auec l'aide de ses gens-d'armes fut premierement esta-bly Roy à Noyon, & incontinent apres fut Couronné & Sacré à Rheims, & apres auoir deffait Charles Duc de Lorraine , demeura iouissant de cette Monarchie , de laquelle l'heureuse posterité iouit iusques à present.

TABLE

OV INDICE, CONTENANT LES NOMS
ARMES ET BLASONS DES PLVS ILLVSTRES,
contenuës en cette premiere partie.

Par ordre Alphabetiques.

A.

A

A.

4. *Artaux*, Archeuefque de Roüen.

45. *Artaul*, Archeuefque de Rheims.

30. *Atauf̈e*, Roy de Lombardie.

6. *Atilla*, Roy des Huns, d'argent au bras fortant d'vne nuë de fable, mouuant d'vn cofté fenextre, tenant en main vn foudre de gueule.

22. *Aubert*, Chancelier de France, efcartelé au 1. & 4. d'argent, le 2. & trois d'or, au Lyon de gueule.

24. *Audeberg*, Anglois.

22. *Audomerus*, Chancelier de France, efcartelé au 1. & 4. d'azur, à la face d'or, à la bordure de mefme, le 2. & 3. d'or, à la face d'azur, à la bordure de mefme.

6. *Anitus*, Gouuerneur des Gaules, de gueule à vn M. à l'antique d'or.

12. *Anitus*, Abbé de Saint Mefmin, d'or à la Croix double, double de gueule.

6. *Saint Agnan*, Euefque d'Orleans, d'azur au fautoir d'argent, chargé d'vne Croix de fable.

4. *Saint Auguftin*, d'or au cœur flambant de gueule, tranfperfé d'vne fléche de mefme.

B.

p. 12. a **B**audouin, premier Chancelier de France, efc. au 1. & 4. de gueule, à la Croix d'argent, le 2. & 3. facé de 6. pieces d'or & de fable, au chevron de Gueule fur le tout.

38. *Baudouin*, Comte de Flandre, d'or au Lyon de fable.

12. *Beliffaire*, d'argent au pal chappé, femé de larmes de fable, les flancs flamboyant de gueule & d'argent.

24. *Bertarius*, Chancelier de France, de gueule à la face ondée d'argent, furmonté d'vne main de mefme, pofée en face.

36. *Bertrix*, Comte de Paris, lofangé en bande d'or & d'azur.

26. *Bertier*, Maire du Palais, d'argent au chef de gueule, chargé d'vn aigle auffi coupé d'argent.

20. *Bertrand*, Lieutenant du Roy, Thiery fretté d'or & de finople.

38. *Bernard de Viuero*, facé en onde de 6. pieces d'argent, à 3. Rinceaux de hou pofez en pal de finople.

42. *Bernard de Poitiers*, Comte de Burge, de Gueule au Leopard d'or.

46. *Berald Saxon*, porte de Saxe qui eft facé d'or & de fable de 10. pieces, à la Couronne en bande de finople, brochant fur le tout, depuis il porta d'or à l'aigle efployé de fable.

36. *Bernard de Septimanie*, de gueule à l'eftoille de 7. rais d'argent, à chaque pointe vne fleur de lys d'or.

45. *Bernard*, Comte de Senlis, efcartelé en banniere, d'or & de gueule.

38. *Bernard*, Comte d'Auuergne, efcartelé au premier & 4. de gueule, au Leopart d'or, le 2. & 3. d'or, à l'aigle de finople.

42. *Bernard de Cotie*, de Gueule à la Croix clefché d'or, pommetée de 12. pommes de mefme.

8. *Birfin ou Bafin*, Roy de Turinge, tiercé en pal de Gueule, d'argent & de finople, à la fléche de fable, pofée en bande fur le tout.

26. *Bodille*, d'or au Hydre de fable.

30. *Saint Boniface*, Archeuefque de Mayence, d'or à la Croix pometée, au pied fiché de gueule, acc. de trois tourteaux de mefme.

2. *Bofogaft*, party d'argent & d'azur, à la face de gueule, chargée de 3. Croix d'or, l'efcu enté en pointe de mefme.

38. *Boffon*, Roy de Prouence, de gueule au Lyon d'or.

20. *Brunulfe*, Comte de Haynault, d'or à 3. chevrons de fable.

45. *Brunon*, Archeuefque de Coulogne, efcartelé au premier & quatre de Saxe, burelée de 10. pieces d'or & de fable, à la bande fleuronnée de finople, le 2. & 3. d'argent à la Croix de fable.

C.

p. 20. **C**Arloman, Maire du Palais, d'azur au chef d'hermines, d'vn Lyon passant de gueule.

Carloman, Duc & Prince François.

33. Carloman, Roy d'Allemagne Frere de Charlemagne, port. semé de France, au lambel de 3 pieces de gueule.

20. Carimerus, Chancelier de France, d'azur à la Coulombe d'argent.

45. Charles, Constantin Comte de Vienne, de gueule à l'aigle d'argent.

33. Charles, Roy d'Allemagne.

40. Charle le Gros, Empereur, portoit de l'Empire brisé de France.

29. Charle Martel, de gueule à 6. allerions d'or.

36. Charle Dargie, Connestable de France, d'or à l'orle de merlettes de gueule.

44. Charles, de France Duc de Lorraine, porte de Lorraine, party de France.

30. Childebrand, Duc de Moselane, de gueule à la bande coupé en chef, & en pointe d'azur, semé de France.

10. Clodomir, Roy d'Orleans, escartelé au 1. & 4. de Gueule, à 9. cailloux posez 3. à 3. semé de France, au 4. burellé d'or & d'azur de 10. pieces.

26. Cledonife, Euesque de Mets, d'argent à vn Saint au naturel tenant 2. Clefs d'azur vestu de mesme.

22. Cogon Narant, Maire du Palais, escartelé au 1. & 4. d'or, à l'aigle à deux testes de sable, le 2. & 3. bandé d'or & de gueule.

42. Conrard de Franconie, porte de Franconie.

12. a Combault, Bastard de France, d'argent à la barre d'azur, semée de France.

22. Corbe, de gueule au Tygre d'argent, moucheté de sable, retenu d'vn chaisne d'azur, mouuant du costé senextre de l'escu.

Cranus, Bastard du Roy Clotaire, d'argent à la barre d'azur, semée de France.

12. a Cupa, de Brandebourg, d'argent à l'aigle esployé de gueule.

24. Cumberg, Archeuesque de Coulogne, d'argent à la Croix de sable.

D.

p. 30. **D**Iuxus, portoit de Bretagne.

Didier, Roy des Lombards, de gueule au Lyon d'or.

26. Didon,

28. Dreux ou Drogon, escartelé au 1. & 4. de sinople, semé d'aiglettes d'or, le 2. & 3. d'argent, au Lyon de Gueule, à l'orle de Cocquille d'azur.

36. Drogon, Euesque de Mets, semé de France.

E.

p. 44. **E**Bles, Comte de Poitou, de gueule au Leopard d'or.

26. Ebroyn, Maire du Palais, d'azur au Lyon facé d'argent & de gueule.

2. Edouic, General d'Armée, de gueule à 3. plumes d'argent, posées en Y.

20. Eleutere de Moselane, d'argent au Cerf de sinople.

26. Eleutere, Chancelier de France, de mesme.

12. a Emeric, Euesque de Sainte, de gueule semé de Croix recroissetée d'or.

20. Erpon, Maistre de l'Escurie.

22. Equa, Maire & Gouuerneur de la Caualerie, d'or au Griffon de gueule.

30. Estienne, troisiéme Pape, de gueule à la Clef d'argent, posé en barre.

10. a Estelberg, Roy de Kend, de sinople au Croissant renuersé d'argent, acc. de 8 Croix patée, en orle de mesme.

4. Eucherius, triangle d'or & de gueule.

30. Eudes, Duc d'Aquitaine, de gueule au Leopard d'or.

E.

40. *Eudes ou Odo*, Comte de Paris, port. de France, party de Bourgogne.
45. *Eude ou Odon*, Comte de Champagne, port. de Champagne.

F.

p. 36. **F**Ederic, Euesque d'Vtrech, tranché d'argent sur azur.
24.   *Floscates*, coupé pallé & contrepallé d'argent & de gueule.
    Fortunat, Euesque de Poitiers, de gueule au Chasteau d'argent sans porte, escartelé de gueule à la Rouë d'or.

G.

p. 12. a **G**Autier, Prince Diuetot, d'argent à la bande futelée de gueule, acc. de 6. fleurs de lys d'azur.
Gaifer, d'or à trois iumelles de sable en faces.
4. *Genseric*, Roy des Vandalles, d'or à la teste de Morte, couronnée & bandée d'argent.
38. *Gerard*, de Vienne, de gueule à l'aigle d'argent.
24. *Gerard*, de Dammartin, facé d'argent & d'azur, à la bordure de gueule.
8. *Saint Germain*, Euesque d'Auxerre, d'or semé de Croix, patée de gueule.
12. a *Saint Germain*, Euesque de Paris, semé de France, à l'escu en abysme d'or, chargé de 3. tourteaux de sable.
45. *Gerlon*,
45. *Geofroy ou Grisegonelle*, semé de France à la bordure de gueule.
42. *Gillebert*, Duc de Bourgogne.
8. *Gille ou Gilon*, Senateur Romain, d'or à deux masses à l'antique de sinople, passée en sautoir.
26. *Gilmer*, Maire du Palais d'or, au Lyon Dragonné de gueule, au chef d'azur.
42. *Gilebert*, Duc de Lorraine.
46. *Godefroy*, Comte Dardenne, d'argent au Lyon d'azur, bandée d'argent & de sinople, l'argent chargé d'Arbre de sinople.
29. *Godouin*, pallé en onde de 16. pieces d'argent & de sable.
30. *Godegranne*, Euesque de Mets, taillé d'azur sur Or, au Lyon de gueule sur le tout.
12. *Godemar & Sigismond*, d'or au chat effarouché de sable.
20. *Gobault*, Gouuerneur du Roy Childeberg, d'azur au Liure ouuert d'argent posé sur vn baston alisé en pal d'or.
12. a *Gombaut*, Bastard de France, d'argent à la batre d'azur, semée de France.
10. a *Gontrand*, Roy d'Orleans, semé de France, party de gueule, à 9. cailloux d'or, posez l'vn sur l'autre en triangle.
10. *Gondebault*, Roy de la hautê Bourgogne, de gueule à l'aigle d'argent.
22. *Gondeland*, Maire du Palais, d'azur à l'aigle d'argent.
10. *Gondregisilde*, Roy de Bourgogne, de gueule à l'aigle d'argent.
42. *Gosselin*, Abbé de Saint Germain, semé de France, à l'escu en abysme d'or, chargé de 3. Tourteaux de sable.
12 a *Gregoire* de Tours, facé de 8. pieces d'argent & de gueule, party de gueule au Cheual passant d'or.
29. *Griffon*, tranché de gueule sur azur.
38. *Grillon*, Connestable de France, d'azur à 5. fleurs de lys en sautoir, acc. de 4. aigles, à 2. restes d'or.
12. *Grimoald*, Maire du Palais, escartelé au 1. & 4. de gueule, à 3. aigles esployée d'or, le deux & trois d'argent, au Lyon de sable, à l'orle de Cocquilles de gueule.

36. Gourdon,

G.

36. *Gourdon*, de Beaulande, d'or au Trefcheur de finople, chargé d'vn fauteir de gueule.

26. *Guill.* fils de Vvaraton, d'or au Lyon Dragonné de gueule, au chef d'azur.

40. *Guill.* longue efpée Duc de Normandie, de gueule à 2. Leopards d'or.

36. *Guill. de Rofternau*, d'hermine à 3. faces de gueule, chargée de 6. macles d'or 3. 2 1.

8. *Guinemaux*, Chancelier de France, de gueule à la piece d'or, rompuë de fable.

26. *Guerin*, frere de Saint Leger, de gueule à la Croix efcartelé d'argent & d'azur, acc. de 4. fleurs de lys d'or.

45. *Guillaume*, Duc de Guyenne, de gueule au Leopart d'or.

H.

p. 36. **H**arault, Roy de d'Annemarck, d'or à 3. Leopards d'azur, femé de cœurs de gueule.

38. *Hericus de Verges*, Chancelier de France, de fable au cerf paffant de gueule.

26. *Hermanfroy*, de gueule à la tefte de Medufe d'or.

10. *Hermanfroy*, Prince de Turinges, de gueule à la Tour donjonnée de trois Tours de mefme.

18. *Hermanagilde*, Roy des Vvifigots.

42. *Hincmarus*, Chancelier de France, d'or à la Croix de fable, bordée en filet d'or, port. tranché de fable, chargé d'vne fleurs de lys d'or

4. *Saint Hierofme*, de gueule à la trompettes d'or, pofée en bande, mouuant d'vne nuée d'argent, au canton dextre de l'efcu.

36. *Hugues le Grand*, dit l'Abbé, femé de France, party de Bourgogne.

40. *Hugues le Grand*, d'or à l'aigle de finople, à la bordure de France, brifé d'vn canton de mefme.

38. *Humerus ou Hefpaules*, de gueule à la fleur de lys d'or, il portoit de gueule à la cofte mal taillé d'or.

44. *Henry*, Marquis de Bourgogne, comme cy-deuant.

44. *Henry*, Duc de Bauiere, comme cy-deuant.

42. *Hurbes*, Comte de Vermandois, efchequé d'argent & d'azur.

34. *Hunault d'Aquitaine*, de gueule au Leopart d'or.

44. *Hugues de Vermandois*.

I.

p. 24. **I**Dumera, d'argent à 2. Leopards d'azur, coutonnez de gueule.

12. a **I**niuriofus, Chancelier de France, & Euefque de Tours, port. de gueule à la Croix d'argent.

22. *Iudicaël*, Comte ou Duc de Bretagne.

4. *Saint Iean Crifoftome*.

L.

p. 12. à **L**Andry de la Tour, Maire du Palais, d'or à la face crenellée par en haut de gueule.

46. *Landry*, Comte de Neuers, femé de France, à la bordure camponée d'argent & de gueule.

12. a *Landagefilde*, Conneftable de France, d'azur au Lyon facé d'argent & de gueule.

25. *Saint Leger*, de gueule à la Croix, efcartelé d'argent & d'azur, acc. de 4. fleurs de lys d'or.

L.

M.

N.

O.

P.

R.

pag. 29. **R**Abot, Duc de Frife, d'azur à 2. Lyons Leopardez d'or, femé de
cœurs de mefme.

34. *Radulfe Lant-graue*, de Strambourg, de gueule au chef d'or, chargé de 3.
Comte de fable.

Raginaire, taillé de finople fur Or, à la Lance en pal de fable, à la bordure
de Gueule.

Ranulfe, Duc d'Aquitaine.

30. *Rainfroy*, Maire du Palais, d'azur à l'aigle facé d'argent & de gueule.

4. *Ranchaire*, fils de Clodion, de gueule à 3. Couronnes d'or, party de mefme.

38. *Raoul de Creuemberg*, efcartelé au 1. & 4. de Gueule, à la Croix d'or, au deux
& 3. de vair, de 3. tire fur le tout d'or, à l'aigle à 2. teftes de fable.

47. *Renaul de Roucy*, d'argent au Lyon d'azur.

40. *Raoul*, Neveu d'Eudes, femé de France.

44. *Richard* fans peur, de Gueule à 2. Leopard d'or.

12. *Saint Remy*, Euefque de Rheins d'azur, à la Croix d'argent, chargée d'vne
fiolle d'azur.

46. *René*, Comte de Sens, d'or à l'aigle efployé de Gueule, couronné à la
cotice burellé d'argent & de gueule.

38. *Renault*, de Saules.

46. *René*, Comte de Martel, d'or à 3. chevrons de fable, la pointe de l'efcu,
chargé d'vne montagne de finople.

38. *Robert le vaillant*, dit le fort.

20. *Robert*, Chancelier de France, de gueule à 3. chevrons d'or, au chef de vair
de 2. tire.

46. *Robert*, Comte de Troyes, de Champagne, au chef de France.

40. *Robert*, Comte d'Ajou, d'or à l'aigle de finople, à la bordure de France.

38. *Rodolphe*, Abbé de Saint Riquier, d'argent à la main apaumée de fable, au
chef de gueule, chargé d'vne Croix d'or, accoftée de 2. lettres, d'vn S. & d'vn
R. capitale.

38. *Rolo ou Rou*, de gueule au Leopart d'or.

45. *Roricon*, fils naturel de Louys.

12. *Ruffin*, d'argent au pal ondé d'azur, acc. de 2. eftoilles de 8. rais d'azur.

S.

p. 2. **S**Alogaft, d'argent à la bande de Gueule, chargée de 3. couronnes d'or,
acc. de 2. fléches de fable, la pointe en haut.

38. *Salomon*, Duc de Bretagne, port. de Bretagne.

22. *Sandregifilde*, efcart. au 1. & 4. de Gueule, au Leopart d'or, le 2. & 3. coupé
d'or & de Gueule, au Lyon coupé de mefme.

42. *Sigifroy ou Godfroy*, Normand.

10. a *Sigisbert*, Roy d'Auftrafie, port. d'Auftrafie, party de France.

12. *Siagre*, d'or à la Givre en Serpent de gueule, tourné en ligne fpiralle.

24. *Sifenault*, Seigneur Efpagnol.

2. *Stilicon*, d'argent à l'aigle de finople.

2. *Sunon*, d'or au Lyon de fable, tenant vne hache de mefme.

T.

p. 33. **T**Affillon, Lieutenant de Chilberg, facé d'argent & de finople de 10.
pieces, au fautoir d'azur, chargé de 5 bezans d'or

34. *Tafillon*, Duc de Bauiere, lozangé en bande d'or. & d'azur.

18. *Theodebert*, Frere de Meroüée, femé de France.

6. *Theodofe* Empereur, d'argent à l'aigle couronné de gueule.

33. *Thiery*, Lieutenant de l'Empereur.

T.

6. *Thiery*, Roy des Vvisigots, d'argent à 2. masses d'Armes, de Gueule posées en bande, la poigné en bas.

8. *Thiery*, Roy des Ostrogots, de sable au chevron renuersé d'argent, mouuant du chef.

    Thiery, Roy de Mets, Theodbert son fils, tiercé en bande d'argent d'azur & de Gueule, l'azur semé de France.

20. *Thiery*, Roy de Bourgogne, bandé d'or & d'azur.

    Thibault, Comte de Chartre.

46. *Thibault*, Comte de Blois, de gueule à 3. pals de vair, au chef d'or.

V.

p. 9. **V**alamer, Roy des Ostrogots, coupé d'or & de sable, à 2. triangles de mesme de l'vn en l'autre, l'or chargé de trois Croissans tournez de gueule, & le sable chargé de 3. Croissans tornez d'or.

    Valentinian, Empereur d'Orient, de gueule à l'aigle d'or.

20. *Vvarnier*, taillé eschancré arrondy en haut d'argent & de Gueule.

20. a *Vvarato*, Grand Senechal, d'or au Lyon Dragonné de Gueule.

26. *Saint Vvaast*, Euesque d'Arras, d'azur à 2. Crosses d'arg. passée en sautoir, au chef de Gueule.

10. *Vvario*, Prince Bareton, semé d'hermine.

36. *Vvarin*, de Bourgogne, d'or & d'azur, au lambel de gueule, à la bordure de mesme.

    Vvofoald, Maire du Palais, de Gueule à la bande d'hermine, acc. de 2. Lyons d'or, vn en chef, l'autre en pointe.

2. *Vvidegast*, taillé d'or sur sable, à la bordure de gueule.

2. *Vvisegast*, de sinople à 3. faces d'argent, brisez d'vn sautoir de Gueule, chargé de 5. Couronne d'or.

38. *Vvlrich*, Abbé de Flauigny, d'or semé de flammes de Gueule, au franc canton de mesme, chargé d'vn Aigle d'or.

36. *Vvlric*, Chancelier de France, de gueule au Lyon naissant d'argent.

33. *Vvitiquind*, Prince Saxon, de Gueule au cheual Guay tourné d'argent.

26. *Vvindelicin*, Euesque d'Arras.

30. *Vviluer*, Prince de Sueue, d'or à 3. Leopards de sable,

    Vvolfang d'Austrasie, de gueule à la bande d'hermine, accompagné de 2. Lyons d'or.

SVITTE OV SECONDE PARTIE
DES ILLVSTRES.

COMMENCENT AV ROY HVGVES CAPET,
Iufques à noſtre inuincible Monarque, *Lovys Dieu donné*

Catalogue des Roys de France, & le temps qu'ils ont commencé leur regne.

Premiere lignée.		Seconde lignée.	
I. Haramond,		V. Clouis le Grand,	485.
II. Clodion le Cheuelu,	420.	VI. Childebert,	515.
III. Meronée,	431.	VII. Clotaire,	560.
IV. Childeric I.	456.	VIII. Cheribert,	567.
	456.		

A

Des Capeuingiens, ou troisiesme lignée.

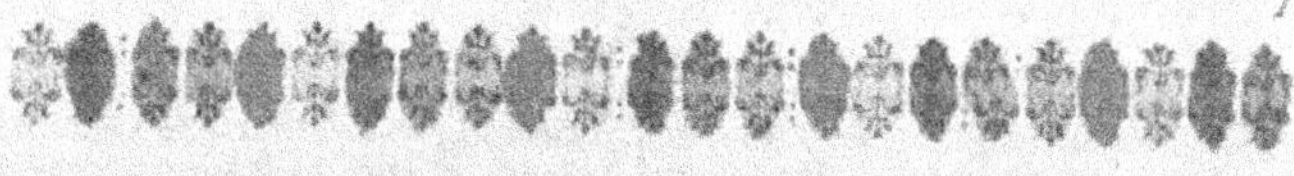

TABLE
ALPHABETIQVES,
CONTENANT LES NOMS DES HOMMES
ILLVSTRES, CONTENVS EN CETTE SECONDE PARTIE,
auec les Blazons de leurs Armes.

LES CHIFRES MONTRENT LE NOMBRE
des Roys, sous lesquels ils ont paru.

A.

30. *Chiles d'Estampes*, porte gironné de 5. pieces d'or & d'azur, ou d'azur à 2. Girons d'or, au chef de mesme, chargé de trois Couronnes de Marquis, de Gueule.

2. *Adalberon* Euesque de Laon, d'azur semé de France, à la Crosse d'argent mise en pal.

20. *Adam Panée*, facé de 6. pieces d'argent & de sinople.

13. *Adam Heron*, d'azur à 3. Croissants d'argent posez en bandes.

7. *Adam*, Vicomte de Melun, d'azur à 6. Tourteaux d'or, au chef de mesme.

4. *Ademar de Monteil*, escartelé au 1. & 4. d'azur, à la Crosse d'argent senextrée d'vne espée en pal de mesme, le 2. & 3. de Gueule, au Lyon d'argent.

23. *Ademar de Monteil*, escartelé au 1. d'or, à trois bandes d'azur, au deux de Gueule, au Chasteau sommé de 3. Tours d'argent, au 3. de Gueule, au Lyon d'argent, au canton de Bretagne, le 4. de Gueule, à la Croix coupée d'or, cantonnée de 4. quinte-feüilles de mesme.

21. *Adrien de l'Hospital*, de gueule au cocq d'argent.

5. *Alain* de Bretagne, semé d'hermine.

1. *Albert de Pagan*, bandé d'argent & d'azur de 6. pieces, au chef de Bretagne.

3. *Alberie*, Conestable de France.

2. *Albon*, Euesque de Paris, de France à la Croix d'argent.

14. *Alexandre de Caumont*, d'azur à 3. Leopard d'or.

Alexandre d'Aumont, d'arg. au chevron de Gueule, acc. de 7. merlettes de mesme, 4. en chef, 3. en pointe.

14. *Alfonce d'Espagne*, escartelé le 1. de Castille & de Leon, le 2. & 3. semé de France.

9. *Alfonce de Luzignan*, burellé d'argent & d'azur.

25. *Amaury*, Comte de Montfort, de Gueule au Lyon d'argent, la quenë passée en sautoir.

11. *Amedée*, Comte de Sauoye, de Gueule à la Croix d'argent.

28. *André de Brancas*, de Gueule au pal d'argent, chargé de 3. Tours de gueule, acc. de 4. pates de Lyon d'or, posez en faces mouuant des 2. costez de l'escu.

8. *André de Chauigny*, d'argent à la face fuzelée de 5. pieces de gueule, au lambel de mesme.

19. *André de Laual*, d'or à la Croix de Gueule, chargée de 5. Cocquilles d'arg. acc. de 16. Alerions d'azur.

24. *André de Mout-Lambert*, d'argent à la Croix encrée de sable.

68. *Anguerrand de Couss*, facé de Gueule & de vair de 6. pieces.

TABLE.

A.

A.

B.

C.

C.

Claude d'Annebault, de gueule à la Croix de vair.

10. *Claude de la Chastre*, de gueule à la Croix encrée de vair.

25. *Claude d'Escars*, de gueule au pal de vair.

29. *Claude de Saint Simon*, escartelé le premier eschequé d'or & d'azur, au chef d'azur, chargé de trois fleurs de lys d'or, party de sable à la Croix d'argent, chargée de 5. Cocquilles de gueule, le 2. & trois d'or, à la face de gueule sur le tout, lozangé d'argent & de gueule au chef d'or.

Claude de la Tremoüille, d'or au chevron de Gueule, accomp. de trois Aigles d'azur.

25. *Claude d'Vrfé*, de vair au chef de Gueule, & *transposé à la Planche.*

25. *Claude l'Hermite*, d'argent à trois chevrons de gueule, au chef de Malthe, *transposé.*

29. *Claude de Lorraine*, Duc de Chevreuse, escartelé au premier & quatre de Lorraine, au deux & trois de Neuers, qui est escartelé au 1. & 4. de gueule, à l'escarboucle fleuronné & pometée d'or, qui est de Cleves party de la Marck, au 2. & trois de Bourgogne & Moderne.

5. *Conon*, Comte de Bretagne, semé d'hermine.

D.

3. *Damas de Vaes*, pallé de 6. pieces d'or & d'azur, au chef d'arg.

1. *Dalmatius*, Comte de Cemur, bandé de 6. pieces d'or & d'azur.

18. *Dauid de Rambures*, d'or à trois faces de gueule.

23. *Didier de Tolon*, de sinople à l'Oye d'argent, au chef de Malthe.

28. *Dominique de Vic*, de gueule à 2. bras mouuant des 2 costez de l'escu, soûtenant vn escusson d'azur, chargé d'vne fleurs de lys d'or.

5. *Dreux de Melo*, d'or à 2. faces de Gueule, accompagné de 8. merlettes de mesme, 3 2. 3.

4. *Dreux de Nesle*, de gueule à 2. bards adossez d'arg. semé de Crox recroisettée de mesme.

8. *Saint Dominique*, d'or à 2. Chaudieres eschequée d'argent & de sable, à la bordure camponée de Castille & de Leon.

E.

Elie de Saint Trier, d'argent à 2. Leopards de gueule.

12. *Elsaar de Sabran*, de gueule au Lyon d'or.

15. *Enard de Clermont*, de Gueule à 2. Clefs d'argent passée en sautoir.

21. *Engilbert de Cleues*, escartelé au 1. & 4. de Gueule, à l'escarboucle fleuronnée & pometée d'or, au 2. & 3. de France, à la bande camponée d'arg. & de Gueule.

15. *Enguerand de Coucy*, facé de 6. pieces de gueule & de vair.

10. *Enguerand de Bailleul*, de gueule party de Bretagne.

11. *Enguerand de Marigny*, d'argent à 2. faces d'azur.

4. *Estienne*, Comte de Chartres, port. de Champagne.

3. *Estienne*, Comte de Chaalons, de Gueule à la bande d'argent.

5. *Estienne de Garlande*, de Gueule à 2 faces d'argent.

12. *Estienne de Marnay*, facé d'argent & de Gueule de 6. pieces, au Lyon de sable, brochant sur le tout.

22. *Estienne Poncher*, d'argent au chevrons de gueule, accomp. de trois Cocquilles de sable.

2. *Estienne*, Comte de Troye, porte de Champagne.

19. *Estienne de Vignoles*, escartelé au 1. & 4. de sable, au cep de vigne d'argent, monté sur vn eschalat d'or, le 2. & trois d'azur, Paon roüant d'or.

E.

21. *Estienne de Vaes,* pallé d'or & d'azur, au chef dargent.
    Erard Montmorency, port. de Momorency.
10. *Erad de Vallery,* de gueule à la Croix d'argent.
2. *Eudes,* Comte de Blois, port. de Champagne.
12. *Eudes,* escartelé au 1. & 4. semé de France, au lambel de gueule, le 2. & trois burellé d'argent & de gueule.
15. *Eudes,* de Bourgogne bandé d'or & d'azur, à la bordure de gueule.
30. *Eustache de Refuge,* d'argent à 2. faces de gueule, à 2. Giutes affrontée d'azur, ondoyant en pal sur le tout.

F.

3. *Fédéric de Lorraine,* de gueule au Cerf d'argent.
    Fédéric Maurice de la Tour, Duc de Boüillon, esc. au 1. d'azur, semé de France, à la Tour d'argent, au 2. & trois d'or, à 5. Cotices de gueule, le 4. d'or, à la face de gueule, sur le tout d'or, au Gonfanon de gueule, frangé de sinople.
11. *Felix de Nogaret,* de vair au chef de gueule, chargé d'vne celle de Cheual d'or.
12. *Fortunio Almorani,* d'azur à trois Aigles d'argent.
2. *Foulques,* Comte d'Aniou, semé de France, à la bordure de Gueule.
11. *Foulques de Vilaret,* d'argent à trois faces de gueule, acc. en chef de trois merlettes de sable.
20. *François de Balsac,* de gueule chargé de trois X. ou sautoirs d   au chef d'azur ou de trois sautoirs d'argent.
27. *François de la Baume,* d'or à trois cheurons de sable, au chef d'azur, chargé d'vn Lyon naissant d'or.
29. *François de Bones de Lesdiguieres,* de gueule au Lyon d'argent, au chef d'azur, chargé de trois Roses d'argent.
23. *François de Bourbon,* escartelé de Bourbon, au 2. & trois de France, à la bordure de gueule, chargée de 6. bezans d'or.
21. *François,* Baron de Bretagne, esc. de Bretagne, le 2. de France, le trois de Milan sur le tout d'argent, au chef de Gueule.
24. *François de Cleues,* patty de trois, le premier coupé du chef de Cleues, le 2. de la Marc, le trois de Sicille.
23. *François d'Orleans,* de France au baston de gueule pery en bande, au lambel d'argent.
27. *François d'Espinay,* d'argent au chevron d'azur, chargé de 11. bezans d'or.
28. *François de la Grange,* d'azur à 3 Ranchers d'or, esc. de la Roche Chouart.
29. *François Anibal d'Estrée,* esc. au 1. & 4. d'argent, fretté de sable de 6. piece, au chef d'or, chargé de 2. merlettes de sable, au 2 & trois d'or, au Lyon d'azur, cour. lamp. de gueule.
    François de l'Aubespine, comme Charle de l'Aubespine, cy-deuant.
30. *François Potier,* d'azur à 2. mains senextre d'or, au franc cartier eschequé d'argent & d'azur.
31. *François l'Hospital,* escartelé premier de Naple, le 2. d'Aragon, le trois de la Chastre, au 4. de sable, à 2 Leopards d'or, party facé d'or & d'azur de 10. pieces, soutenu de Mont-Bazon sur le tout de gueule, au Coq d'argent, soutenant vn Escusson d'azur, à la fleurs de lys d'or.
29. *François de Sublet des Noyers,* d'or au pal croissé de trois pieces de sable.
24. *François de Lorraine,* de Lorraine au lambel d'argent.
    François Poncher, d'arg. au chevr. de gueule, acc. de trois Coquilles de sable.
25. *François Oliuier,* de gueule à trois chevrons d'or, au chef de mesme.
    François d'Orleans, de France au baston de gueule, pery en bande au lambel d'argent.
27. *François d'à,* d'hermine au chef de gueule.
29. *François,* Cardinal de la Rochefoucaut, facé d'argent & d'azur à 3. chevrons de gueule brochant sur le tout.
25. *François d'Angture,* de gueule semé de Croissants d'or suportant chacun vn grillet de mesme.

H.

1. *Hebert*, Comte de Vermandois, eschequé d'or & d'azur.
25. *Hector Pardaillant*, escartelé au 1 & 4. d'or, à la Tour de gueule, sommée de trois testes de Maures, au 2 & 3. d'argent, à 3. faces ondée d'azur, sur le tout d'argent à vn Lyon de gueule, à l'orle de 7. escussons de sinople.
18. *Henry de Marle*, d'arg. à la bande de sable, chargée de trois estoilles d'arg.
28. *Henry de la Tour*, Duc de Boüillon, escartelé de France à la Tour d'argent, le 2. & 3. bandé de 10. pieces d'or & de gueule, sur le tout d'or au Gonfanon de gueule, frangé de sinople.
30. *Henry de Lorraine*, Duc de Guise, port. de Lorraine au lambel.
17. *Henry de Mal-estroit*, de geule à 6. bezans de sable.
30 *Henry de Maille*, d'or à 2. faces ondée de gueule.
29. *Henry de Montmorency*, d'or à la Croix de gueule, acc. de 16. alerions d'azur.
29. *Henry*, Duc de Rohan, de gueule à 9 macles d'or.
29. *Henry*, Comte de Chomberg, d'or au Lyon coupé de gueule & de sinople.
13. *Henry de Sully*, semé de mollette d'esperon d'or, au Lyon de mesme sur le tout.
30 *Henry de la Tour*, Mareschal de Turenne, escart. semé de France, à la Tour d'argent, le 2. & trois bandé de 10. pieces d'or & de gueule sur le tout, d'or au gonfanon de gueule, frangé de sinople, party de Boulogne.
4. *Herpin*, Comte de Bourges, escartelé de Bretagne à 6. tourteaux de sable, au 2. & d'azur, à trois moutons d'argent.
12. *Herpin de Herquery*,
8. *Herné de Douzy*, de gueule à trois pommes depin d'or.
26. *Honorat de Sauoye*, escartelé au 1 & 4. de Sauoye, le 2. & trois escartelé de l'Empire au 1, & 4. le 2. & trois de Saluce.
24. *Horace Fernese*, d'argent à 6. fleurs de lys d'azur.
    Hugon Dupuy, de gueule au Lyon d'argent.
5. *Hugues d'Argus*, d'or à l'orle de 8 merlette de sable.
9. *Hugues de Beaucay*, d'argent à la Croix encrée de gueule.
2. *Hugues de Beauuau*, d'azur à la Croix d'or, acc. de quatre Clefs, posées en pal de mesme.
7. *Hugues de Broyes*, d'or à la bande de gueule, de merlettes de mesme.
14. *Hugues de Monpesat*, d'azur à 2. balances mise en équilette d'or.
2. *Hugues de Pagan*, bandé d'argent & d'azur de 6. pieces.
8. *Hugues de Reuel*, d'argent au demy vol d'azur.
3. & 7. *Hugues de Vergy*, de gueule à trois quinte feüilles d'argent.
15 *Humbert Dauphin*, d'or au Dauphin d'azur, oreillé & barbelé de gueule.
6. *Humbert de Mauriene*, d'or à l'aigle de sable.

I.

16. *Iacques*, Duc de Bourbon, semé de France à la bande de gueule, chargée de trois Lyonceaux d'or.
23. *Iacques Daillon*, d'azur à la Croix engreslé d'argent.
15. *Iacques Daunoy*, d'or au chef de gueule, brise au canton droit d'vne molette d'or.
23. *Iacques Ademar de Monteuil*, escartelé le 1. d'argent à trois bandes d'azur, le 2. de gueule, à la Tour d'argent, le trois de gueule au Lyon d'or au canton de Bretagne, le 4 de gueule, à la Croix alisée d'arg. acc. de 4. quinte-feüilles de mesme.
19. *Iacques d'Albon*, de sable à la Croix d'argent, au lambel de gueule.
19. *Iacques Chabannes*, de gueule au Lyon de vair.
26. *Iacques Guyon*, d'argent au Lyon gueule.
14. *Iacques du Four*, d'argent à la bordure de gueule.

I.

16.&18. *Iean le Maingre*, d'argent à l'aigle de sable, chargé d'vn escu d'azur. chargé d'vne fleur de lys d'or.

17. *Iean Louys de Nogaret*, d'or à l'Arbre de sinople, party de gueule, à la Croix de Toulouse partie, au chef de Malthe sur le tout d'azur à la Cloche d'arg.

28. *Iean de Montagu*, d'or à la Croix d'azur, acc. de 4. Aigles de sable manb. de gueule.

26. *Iean de Moruillers*, d'argent au Porc de Sanglier, passant de sable.

25. *Iean d'Alleuçon*, d'azur à 6. besans d'or, au chef de mesme, chargé d'vn Lyon naissant de

17. *Iean* Comte de Monfort, port. de Bretagne.

17. *Iean* Comte de Salbruche, d'azur au Lyon d'argent semé de Croix recroisettée au pied fiché de mesme.

21. *Iean* Marquis de Coaquen, d'argent à trois bandes de gueule.

30. *Iean de Choiseul*, d'azur à la Croix d'argent, acc. de 20. billettes de mesme, posées en sautoir.

24. *Iean de Saint Prez*, de sable à 9. annelets d'argent.

29. *Iean de Saint Bonet*, escartelé au 1 & 4. de gueule, à trois fers de Cheual d'arg. le 2. & 3. d'azur, au Lyon de gueule.

9. *Iean de Ioinuille*, d'azur à 3. Broyes d'or, mise en face, au chef d'argent. chargé d'vn Lyon de gueule.

15. & 17. *Iean de Vienne*, de Gueule à l'aigle esployé d'argent.

24. *Iean le Veneur*, de Gueule à la bande d'azur, chargée de trois sautoirs d'or.

21. *Iean de Rieux*, d'azur à 10. bezans d'argent, 4. 3. 2. 1.

10. *Iean* Comte de Harcourt, de Gueule à 2. faces d'or.

8.& 10. *Imbert de Beau-jeu*, d'or au Lyon de sable, au lambel de 5. pendants de gueule.

20. *Imbert de Bastarnay*, esc. d'or & d'azur, au lambel de 5. pendants de Gueule. *Imbert de Vergy*, d'azur à trois quinte-feüilles d'or.

10. *Imguerand de Bailleul*, de Gueule party d'hermines.

26. *Imbert de la Platiere*, escartelé au 1. & 4. d'argent, au chevron de gueule, acc. de trois Rochs de sable, le 2. & trois de gueule, à trois molettes d'esperon d'or.

19. *Ioachin de Roüaut*, de sable à 2. Leopards d'or.

30. *Iosias de Ransau*, escartelé au premier d'azur, au chef emmanché en creneaux d'argent, au 2. de sable, à l'aigle party de sable, au trois d'or, à trois vols se joignant en perle, le 4 d'argent à la Hure de Sanglier de sable, sur le tout party de sable & de Gueule.

30. *Iulles Mazarin*, d'azur à la Hache consulaire d'or, liez de Gueule, à le face de mesme, chargée de trois estoilles d'or, brochant sur la tout.

L.

1. **L**andra, Comte de Neuets, d'azur au Lyon d'or, semé de billettes de mesme.

26. *Laurent de Maugiron*, escartelé au 1. & 4. Gironné, manb. lamp. d'argent & d'azur, au 2. & trois de gueule, à trois chevrons d'or.

2. *Lautiere*, Archeuesque de Sens, d'azur à la Tour d'argent, à l'orle de fleurs de lys d'or.

17. *Le Begue de Vilaine*, de gueule à trois Lyons d'argent, au canton escartelé de Castille & de Leon.

29. *Leon Bouillier*, d'azur à trois fusées d'or, mise en face.

29. *Louys de Bourbon*, Comte de Soissons, de France au baston en bande de gueule, & à la bordure de mesme.

30. *Louys de Bourbon*, Prince de Condé, de France au baston de gueule, pery en bande.

27. *Louys de Berton*, d'argent à 6. Cotices d'azur.

L.

28. *Louys de la Chastre*, de Maison-For, escartelé au 1. & 4. de gueule, à la Croix encrée de vair, le 2. & trois de gueule, à trois testes de Loup arrachée d'arg.

13. *Louys*, Comte d'Evreux, semé de France, à la bande camponnée d'argent & de Gueule.

29. *Louys le Févre*, facé d'argent & d'azur.

18. *Louys de France*, Duc d'Orleans, de France au lambel d'argent de 3. pieces.

21. *Louys de Luxembourg*, escartelé au 1. & 4. Luxembourg, le deux & trois de Bretagne.

20. *Louys de Bourgogne*, de Gueule au Lyon d'argent, la queuë passée en sautoir.

12. *Louys de Marigny*, de gueule à 2. faces d'or.

18. *Louys de Mont-Joye*, de Gueule à la Clef à l'antique d'argent, mise en pal.

17. *Louys de Sancerre*, port. de Champagne.

Louys de Sicille, semé de France, au lambel d'argent.

21. *Louys de la Tremoüille*, d'or au chevron de Gueule, accomp. de 3. alerions d'azur.

29. *Louys*, Cardinal de la Vallette, escartelé au 1. & 4. party & coupé en chef, le premier party d'argent, à l'arbre de sinople, le second party de Gueule, à la Croix vidée & pometée d'or, le chef manb. de Gueule, au 2. & 3. quartier, escartelé de Foix & de Bearn.

M.

6. 7. 10. *Mathieu de Montmorency*, d'or à la Croix de gueule, accomp. de 16. alerions d'argent.

11. 14. 15. *Mathieu de Trie*, facé de 6. pieces d'argent.

18. *Mathieu de Humiere*, d'arg. fretté de sable à la bordure de Gueule.

29. *Mathieu Molé*, escartelé au 1. & 4. de Gueule, au chevron d'or, acc. en chef de 2. estoilles de mesme, & d'vn Croissant en pointe d'argent, le 2. & trois de Gueule, au Lyon d'or.

28. *Maximilien de Betune*, port. escart. au 1. de France, au 2. & trois d'azur, à 7. bezans d'or, au 4. d'arg. à 2. Lyons de Gueule, sur le tout d'arg. à la bande de Gueule.

25. *Michel de Castelnau*, coupé de Gueule en chef, à la Tour d'argent, & en pointe d'argent, au Lyon de Gueule.

25. *Michel de Marillac*, port. vne muraille d'argent maçonnée de sable, chargé de 6. merlettes, 3. 2. 1. & d'vn Croissant en pointe de mesme.

25. *Michel de l'Hospital*, d'azur à la Tour d'arg. montée sur vn Roch de mesme, au chef d'azur chargé de trois estoilles d'argent.

10. 15. *Eudes des Noyers*, de gueule à l'aigle esployé d'argent.

Mouton de Blainville, de sable à la Croix d'argent, acc. de 10. Croix recroisettée au pied siché de mesme.

N.

26. *Nicolas de Bauffre-mont*, vairé d'or & de gueule.

24. *Nicolas de Bossut*, d'argent à trois bandes de vair.

27. *Nicolas de Brichanteau*, d'azur à 6. bezans d'or.

28. *Nicolas Bruslard*, de gueule à la bande chargée d'vne traisnée de 5. barrils de sable, liez d'or.

27. *Nicolas de Harlay*, d'argent à 2. pals de sable.

30. 29. *Nicolas de Neuville*, d'azur au chevron d'or, acc. de trois Croix encrée de mesme.

O.

24. *Odard de Biez*, d'argent à trois faces de sable, le chef chargé de trois molettes de sable.

O.

P.

R.

1. *Renaut,*, Comte de Vandofme, d'argent au chef de gueule, chargé d'vn Lyon d'azur, brochant fur le tout.

11. *Renaut*, Comte de Dammartin, facé de 6. pieces d'argent & de fable, à la bordure de gueule.

23. *René de Monte-jan*, d'argent fretté de gueule.

29. *René de Vilquier*, de gueule à la Croix alifée d'argent, & fleurdelifée par les bouts, acc. de douze billettes de mefme.

29. *René Longuet*, d'azur à trois Rofes d'argent, au chef d'or, chargé de trois Rozes de gueule.

11. *Renier de Grimaldy*, lozangé en pal d'argent & de gueule.

1. *Richard*, Duc de Normandie, de gueule à 2. Leoparts d'or.

12. *Robert de Courtenay*, d'or à trois Tourteaux de gueule.

10. *Robert d'Artois*, femé de France, au lambel de 3. pendants de gueule, chargé de 9. Tours d'or.

13. *Robert*, Comte de Clermont, femé de France, à la bordure de gueule.

6.8.12. *Robert*, Comte de Dreux, efchequé d'or & d'azur, à bordure de gueule.

14. *Robert Bertrand*, d'or au Lyon de Gueule.

2. *Robert Guychard*, de gueule à la bande efchequée de deux traits d'argent & d'azur.

16. *Robert de Clermont*, d'azur à deux bards adoffez d'or femé de trefles do mefme.

21. *Robert de Baudricourt*, d'or au Lyon de fable.

11. *Robert de Milun*, d'azur à 6. bezans d'or, au chef de mefme.

18. *Robert l'Hermitte*, d'argent à trois chevrons de gueule.

2.3. *Robert*, Duc de Normandie, de gueule à deux Leopards d'or.

7. *Robert Malet*, de Gueule à 3. fermaillets d'or.

13. *Robert de Mendon*, gironné de 6. pieces d'argent & de gueule.

23. *Robert de la Marck*, d'or à la face efchequée de 3. traits d'argent & de gueule, au Lyon naiffant en chef de mefme.

27. *Robert Miron*, efcartelé au 1. & 4. de Gueule, au Miroüer d'argent, enchaffé & pometé d'or, le 2. & 3. d'or, à la Croix d'azur, acc. de 4. ombre de Soleil de Gueule.

9. *Robert Sorbon*, de Gueule à la Roüe de 12. rais d'or.

16. *N. Vicomte de Rohan*, de Gueule à 9. macles d'or.

24. *Roch Chaftaignier*, d'or au Lyon pofé de finople.

29. *Roger de Belle-Garde*, efcartelé au 1. d'azur, au Lyon d'or, au 2. d'or à 4. pals de gueule, au trois de gueule, au Vafe d'or, au 4. d'azur, à quatre pals flamb. d'or.

12. *Roger d'Anglurre*, comme Robert cy-deuant.

S.

Sanary *de Mauleon*, de Gueule au Leopard d'argent.

6. *Sebran Chabot*, d'or à 3. Chabots de Gueule, pofez en pal.

11. *Siara Colona*, de Gueule à la Colomne d'argent, fa bafe & le Chapiteau d'or, Couronné de mefme

9. *Simon*, Cardinal de Brie, face de 8. pieces d'argent & de Gueule, au Lyon de fable, brochant fur le tout.

16. *Simon*, Comte de Dammartin, d'argent à 2. faces de Gueule.

7. *Simon*, Comte de Montfort, de gueule au Lyon d'or.

9. *Simon*, Comte de Nefle, de gueule à 2. bards adoffez d'or, femé de trefles de mefme.

6. *Surger*, Abbé de Saint Denys, femé de France, au Cloud de la Paffion pofé en pal, broch. fur le tout d'argent.

T.

19. **T**Anequy du *Chastel*, facé d'or & de Gueule de 6. pieces, au lambel
d'argent.

6. *Tibault Chastenier*, d'or au Lyon posé de sinople.

3. *Tibaut de Montmorency*, d'or à la Croix de gueule, acc. de 16. alerions d'azur.

9. *Tibaut*, Comte de Champagne, Roy de Nauarre, de Nauarre party de
Champagne.

3. *Tibaut de Clermont*, d'azur à la montagne de sinople, surmontée d'vn Soleil
rayonnant d'or.

5.7. *Tibaut Palatin de Champagne*, port. de Champagne.

5. *Thiery d'Alsace*, escartelé de Flandre, & d'Alsace.

10. *Thiery de Lemoncourt*, d'azur à la Croix engreslée d'argent.

5. *Thomas de Marle*, facé de Gueule & de vair de 6. pieces.

7. *Thomas de S. Valery*, d'azur fretté d'or, semé de fleurs de lys de mesme.

N. de Tournemine, escartelé d'argent & d'azur, au lambel de trois pieces de
Gueule.

27. *Tristan de Rostaing*, d'azur à la face en deuise d'or, à la Roüe de 8. rais de
mesme.

29. *T. de Nemont*, d'or à trois Cornets de sable, virolez d'or, liez d'azur.

V.

28. **V**Rbain de Laual, d'or à la Croix de Gueule, chargée de 5. Cocquilles
d'argent, acc. de 16. alerions d'azur.

Y.

22. **Y**ves d'Alegre, de Gueule à la Tour crenelée d'argent, acc. de 6. fleurs
6. de lys d'or.

Yues de Nesle, port. de Nesle comme cy-deuant.

5. *Yues*, Euesque de Chartres, d'argent à 2. faces de gueule.

HVGVES CAPET Roy de France, surnommé le Grand, fils de Hugues le Grand, Comte de Paris, & de Heluvide, fille de Henry premier Empereur, ayant défait & mis prisonnier son ennemy, Charles de Lorraine reforma son Estat, reunit la Mairie & Comté du Palais à la Couronne, & accreut l'authorité de Comte d'Estable, depuis nommé Connestable, comme celle des Mareschaux de France, qui n'auoient au-parauant pouuoir que sur l'Escurie, il mourut le vingt-huict Aoust, l'an 998. l'onziéme de son Regne, il auoit épousé

ADELIDE fille de Lotaire quatriéme Roy d'Italie, yssu du sang de Charlemagne, par le deceds de son mary, elle se reconcilia par ses vertus à l'Empereur Otton troisiesme, & sa pieté parut dans la fondation du Monastere de sainct Frambaut à Senlis, & a la restauration de celuy des filles d'Argenteuil.

C

1 Les plus Illustres souz ce regne furent GERBERI, Archevesque de Reims, precepteur de Robert fils du Roy, depuis Archevesque de Rauennes, à la requisition de l'Empereur Othon troisième, dont il auoit aussi esté gouuerneur, & qui auoit esté en particuliere estime ce Prelat : enfin par ses vertus il fut esleu Pape apres le deceds de Gregoire V. il estoit yssu de la ville d'Aurillac, mourut l'an 1003. le vnziéme May.

2 RICHARD deuxiéme Duc de Normandie, à la priere duquel le Roy restitua le pays d'Artois au jeune Arnoul, Comte de Flandres, qui auoit perdu la bataille contre Hugues, auec tous ses Estats.

3 HEBERT DE VERMANDOIS Comte de Troyes, nommé entre les plus puissans de ce siecle, Lequel ayant pris les armes pour la conseruation de sa Seigneurie, fit paix auec Hugues Capet à des conditions honnestes, & fut conservé dans tous ses biens, comme il estoit auparauant.

4 GVILLAVME troisiéme Duc de Guyenne & Comte de Poictou, qui fut aussi continué dans la possession de toutes ses terres, apres s'estre armé pour maintenir son authorité.

5 GVILLAVME DE TALERAND Comte d'Angoulesme, de Perigord & d'Agenois, qui assiegea la ville de Tours contre le Roy & Robert son fils, c'est de luy que sont yssus les Seigneurs de Talerand & Princes de Chalais.

6 VVALON DE VERGY Comte de Bourgongne, qui auec Iudich de Fonvens donna commencement à l'illustre maison de Vergy.

7 BERARD le Saxon, premier Comte de Maurienne, qui a donné origine aux Ducs de Savoye,

8 RAIMOND DES BAVX Prince d'Orange, yssu de Balthazar Roy de Tarce, qui a donné origine aux Comte Davelin, aux Ducs Dandrie ; Princes de Tarante & Empereurs Titulaires de Constantinople.

9 GIRARD ADEMAR DE MONTEIL, duquel sont yssus les Comtes de Grignan, il estoit fils de Giraut Hugues Ademar, & de Brigide d'Elbret, & a donné le nom à la Ville de Monte-limard.

10 DALMATIVS Comte de Semeur, qualifié en ce temps Prince Illustre, & seigneur Consulaire.

11 RENARD Comte de Vandosme, Chevalier de France.

12 IENSELIN de Senlis grand Bouteiller de France, duquel sont yssus les Comtes de Moucy & de Vineul.

13 ALBERT chef de la maison de PAGAN, Seigneur en Bretagne, qui ayant épousé la Niepce du Duc de cette Province, chargea le chef de ses armes Dermines.

14 GAVSSELIN fils naturel du Roy, Archevesque de Bourges.

15 LANDVS Comte de Neuers.

16 GIRARD Comte de Fonvens, yssu des plus anciens Comtes de Bourgongne.

17 ADALBERON Evesque de Laon, qui liura cette ville és mains du Roy.

ROBERT Roy de France, surnommé au Concile de Limoges le plus docte de tous les Roys, merita pareillement celuy de Tres-Chrestien, il instruit par l'ordre de Gerbet, depuis Pape Siluestre deuxiéme, ce Prince posseda son Estat sans aucun trouble estranger, n'ayant eu guerre contre aucun Souuerain, bon-heur qui n'est arriué à aucun Roy de France : Il deceda le vingtiéme iour de Iuillet 1032. Et fut inhumé à Saint Denys, il auoit espousé

CONSTANCE DE PROVENCE, surnommée Blanche, fille de Guillaume, premier du nom, Comte d'Arles, de Provence, & d'Adelais d'Anjou, il la voulut repudier à cause du degré de parenté, toutesfois estant de retour de Rome, il la reconnut sa legitime épouse, cette Reyne ambitieuse excita de grands troubles dans l'Estat, par la diuision du Roy & de ses enfans, & sur la fin du Regne de Robert, elle émeut vne guerre ciuile, voulant auoir seulle l'administration du Royaume, elle deceda l'an 1033 au Chasteau de Melun, & gist à Sainct Denys.

1 Entre les plus renommez souz ce regne furent GOZELON Duc de Lorraine, pere de Frederic, qui fut Pape souz le nom d'Estienne dix.

2 GVILLAVME Duc de Guyenne, de mesme que Henry de Bourgongue, prit les armes contre les infidelles Mores & Sarrasins d'Espagne, où ils se signalerent.

3 ESTIENNE Comte de Troyes, qui soustint vne longue guerre contre le Roy.

4 ROBERT GVISCHARD, fils de Guillaume, surnommé Bras de fer, & fils de Tancrede Comte de Hauteville en Normandie, qui conquist les villes de Capouë & de Benevent, & qui premier porta le tiltre de Duc de Calabre & de la Poüille, laissant en mourant les deux Royaumes de Sicile à ses successeurs, qui les ont possedez plus de deux cens ans.

5 EVDES Comte de Blois & de Sancerre, qui se signala pareillement contre les Infidellesr.

6 FOVLQVES Comte d'Anjou, Oncle de la Reyne, qui fit deux fois le voyage du sainct Sepulchre, auec beaucoup de progrez & de merite.

7 RAIMOND DAGOVLT, Prince yssu de Vvolphe, de Trich, de Pomeranie, qui prit le nom de Vuolt, qui en Alemand signifie Loup, pour auoir esté conservé au berceau par vne Louve qui l'aillaitta quelques iours, il passa en France auec Berard de Saxe, chef de la Maison de Savoye, & donna origine aux Comtes de Sault en Provence, laissa pour fils & successeur Isnard, qui épousa Don-Seline de Ponteves, & quitta comme son pere les armes de Pomeranie, pour prendre d'or à la Louve d'azur : cette maison est passée par alliance en celle de Crequy le Diguiere, qui porte encore auiourd'huy la mesme Louve dans vn quartier de ses armes, & la sepulture de Raymond Dagoust paroist encore pres la Tour Daigue, au convent de l'Observance en Provence.

8 AMAVRY Comte de Montfort, fils naturel de Robert, ou comme il est plus croyable, de Guillaume de Haynault, qui a seruy de tige à l'illustre Maison des Comtes de Monfort-Lamaury.

9 BOVCHARD Seigneur de Montmorency, auquel le Roy par Chartre expresse, octroya la permission de rebastir le chasteau de Montmorency, ruyné par les Saxons.

10 ALBON Evesque de Paris, & Chancelier de France, envoyé en Ambassade à Rome, pour reconcilier sa Majesté auec le sainct Siege.

11 HVGVES DE BEAVVAIS Comte du Palais, & favory du Roy, que la Reyne fit assassiner.

12 BRVNO Euesque de Tules.

13 LOTHERIC Archevesque de Sens, qui appuya quelque temps l'opinion de Berengarius sur la Realité du sainct Sacrement, & fut retiré de cette erreur par les soins du Roy grandement devotieux & sçauant.

14 HVGVES DE PAGAN, premier grand Maistre des Chevaliers Templiers, yssu de l'illustre Maison en Bretagne, & de laquelle sont encore auiourd'huy les Comtes de Pagnan en France, & les Ducs de Terranoüe, au Royaume de Naples.

15 ROBERT de Normandie, surnommé le Liberal à cause de sa grande largesse, il estoit second fils de Richard second, fit le voyage de la terre Saincte, au retour duquel il deceda en Bytinie, l'an 1035.

16 RENAVT Come de Nevers.

17 ODILLE de Mercœur.

18 THIBAVT II. du nom de Clermont, qui l'an 120. mit sur pied vne puissante armée, & fut replacer le Pape Calixte deuxième dans le sainct Siege, que Maurice Bourdin anoit vsurpé : c'est de ce Thibaut second, frere de ce seigneur, que sont yssus les Comtes de Tonnerre, du nom de Clermont.

HENRY premier du nom se rendit redoutable à ses ennemis, principalement aux Comtes de Champagne, dont il dissipa les forces, aucuns ont voulu dire qu'il fut contre l'ordre naturel reconnu Roy, bien que Cadet de Robert son frere, ce qui est faux, il deceda à Paris l'an mil soixante, le cinquante-cinq de son âge, & le vingt-huit de son regne, il eut pour femme

ANNE DE RVSSIE, fille de George Roy des Russiens & Moscovites, apres le deceds de Henry son mary, elle retourna en son pays, ayant auparauant fondé à son exemple l'Eglise de Sainct Vincent à Senlis.

Les plus renommez souz ce regne, furent

1 ROBERT frere Cadet du Roy, Duc de Bourgongne, duquel sont descendus les Roys de Portugal.

D

2 FEDERIC Duc de Lorraine, qui atterra l'ambition d'Odon Comte de Champagne, par la perte de la vie, & la defaitte de son armée, dont ce braue Prince demeura victorieux.

3 ROBERT Duc de Normandie, qui prit le party du Roy contre Robert de France, & depuis fit le voyage de la terre Sainâte auec beaucoup d'auantages pour la Chrestienté : ce Prince deceda en Bithinie, & institua pour heritier Guillaume son fils naturel, qui depuis conquit l'Angleterre.

4 RAOVL Comte de Vermandois, fils aisné de Hugues de France, surnommé le Grand, il fut Seneschal, ou grand Maistre de France, & souscriuit à la Charte de l'Abbaye Sainât Martin, fondée par le Roy, duquel il épousa la vefue.

5 GEOFROY MARTEL Comte d'Anjou, auquel le Roy donna la Ville de Tours, pour auoir vtilement seruy l'Estat contre Thibaut & Estienne de Champagne, qu'il défit deuant la mesme ville de Tours.

6 THIBAVT de MONTMORENCY Connestable de France, qui contribua beaucoup aux victoires que le Roy remporta sur ses subjets rebelles, il florissoit encor souz le Regne de Philippes premier.

7 GVIGVES, surnommé le Gras, Comte de Vienne & d'Albon, qui fit premier porter à son fils le titre de Dauphin de Viennois.

8 ALBERIC Connestable de France, renommé és guerres d'Aquitaine & de Normandie, & qui souscriuit à ladite fondation de S. Martin des Champs.

9 GAVTIER Euesque de Meaux, qui fut enuoyé Ambassadeur en Russie, pour traitter le mariage de la Reyne.

10 ALAIN de Bretagne, surnommé le Rebru, qui épousa Berthe de Champagne, & fut en estime d'homme de grande valeur.

11 BOVCHARD GVEFFIER, Comte de Melun, grand Maistre des Arbalestriers Royaux.

12 ODON Comte de Champagne, qui prit le party de Robert de France, contre le Roy, & assembla vne puissante armée pour ce Prince.

13 HVGON DVPVIS gentil-homme Dauphinois, qui se signala à la premiere Croisade contre les Infideles, c'est de luy que sont yssus les Marquis de Monbrun & de Sainât André, auiourd'huy Mareschaux de Camp dans les armées du Roy, les noms & armes desquels paroissent en la page precedente.

14 HVGVES ou IMBERT de VERGY Euesque de Paris, qui fut en grand credit souz ce regne, & qui accompagna le Roy au siege du chasteau de Timeraye, autrement appellé Chasteau-neuf.

15 ESTIENNE Comte de Chaalons, renommé entre les plus vaillans Capitaines de son temps.

16 GVILLAVME CHABOT personnage de grande qualité, qui assista Geoffroy Martel dans toutes les occasions, où ce Prince fit paroistre son courage : ce mesme Seigneur est nommé à la fondation de l'Abbaye de Bourgueul par le susdit Prince, & c'est de luy qu'est yssu par succession Charles Chabot, Duc de Rohan, gouverneur d'Anjou, auiourd'huy viuant.

17 AIMON DE SVLLY, Archeuesque de Bourges, Prelat d'insigne vertu & doctrine.

18 DAMAS de VASCE premier du nom, Chevalier natif du Languedoc, qui a donné origine aux Seigneurs de cette maison, dont estoit Estienne sauory de Charles huictiesme.

PHILIPPES Premier commença de regner souz la tutelle de Baudoüin Comte de Flandres, il dompta les Gascons rebelles, eut guerres contre Robért le Frison, frere de son Tuteur, & Guillaume Roy d'Angleterre & Duc de Normandie: Les Chrestiens s'armérent souz son regne pour conquerir la Terre Saincte, il mourut à Melun l'an 1109. le cinquante-septiéme de son âge, & le quarante-neuf de son regne, il eut pour femme

BERTHE DE HOLANDE fille de Florent Comte de Holande & de Frise, & de Gertrude de Saxe, elle fut mariée l'an 1071. & peu apres repudiée & releguée à Montreüil, d'où elle fut rappellée apres que Bertrade de Montfort, concubine du Roy eut esté chassée du Palais: cette Princesse Berthe fut mere du Roy Louis sixiéme.

1 GVILLAVME LE BASTARD Duc de Normandie, qui souz ce regne conquit le Royaume d'Angleterre, estant assisté de plusieurs Seigneurs François, entre lesquels on remarque Regnaud Lhermite, pere de Pierre, Autheur de la Saincte guerre susditte.

2 GODEFROY DVC DE BOVILLON, premier Roy de Ierusalem, fils d'Eustache second, Comte de Boulongne, & Duc de Lorraine. Ce Prince fut esleu general de l'armée des Chrestiens à la premiere Croisade, & en cette qualité signala son extresme valeur par la prise des villes de Nicée, Antioche & Ierusalem, & la defaite de plus de deux cent mille Sarrazins qu'il combattit en diuerses rencontres.

3 RAIMOND Comte de Thoulouse, qui en son particulier leua vne superbe armée pour la conqueste de la terre Saincte. Il fut aussi au secours d'Alphonse sixiéme Roy de Castille, qu'il restablit en son Royaume.

4 HERPIN Comte de Bourges qui vendit pareillement ses Estats pour l'entreprise de ce voyage.

5 GVILLAVME Comte de Forests.

6 BAVDOVIN DV BOVRG, Comte de Retel.

7 ADEMAR DE MONTEL, Euesque du Puy, dont la pieté & valeur se signalèrent en la susdite Croisade. Les Comtes de Grignan sont de cette mesme maison, si renommée dans la Provence & le Dauphiné.

8 ESTIENNE Comte de Chartres, signalé dans la mesme entreprise, de mesme que

9 THIBAVT DE MONTMORENCY, qui par son extresme valeur, merita l'épée de Connestable de France.

10 PIERRE LHERMITE yssu des Comtes de Clermont & d'Auuergne, fils de Regnaud premier du nom, & d'Adelide de Montagu, appellé Lhermite, non pour en auoir fait la profession, mais pour ce que son pere qui en porta le premier le nom, nasquit en la celulle d'vn Hermite, ainsi que rapporte Geofroy le Bouteillier dans son Epithalame, qu'il composa l'an 1419. ce Gentil-homme apres auoir seruy le Roy Philippes és guerres de Flandres contre Robert le Frison, fit le voyage de la Palestine, & à son retour exhorta tous les Princes Chrestiens à la loüable & glorieuse entreprise de la Terre Saincte, il fut vn des Lieutenans Generaux de cette nombreuse armée: & en cette qualité seruit si vtilement la Chrestienté, qu'il merita d'estre fait premier Vice-Roy de Ierusalem. De luy & de Beatrix de Roussy sont yssus les Seigneurs de Lhermite Souliers en France, & les Comtes de Siarco en Espagne, qui ont changé leurs armes depuis l'alliance qu'ils ont contractée dans la maison de Souliers: Les Hermites du pays-bas sont pareillement sortis de cette Illustre souche, qui a donné des Connestables, Mareschaux & grands Prevosts aux Couronnes de France & de Castille.

11. BAVDOVIN Comte de Flandres Regent en France, & tuteur du Roy, qui reprima l'insolence des Gascons, ainsi que tous les seditieux du Royaume qu'il gouuerna auec beaucoup de prudence, & de fidelité.

12 GASTON de BEARN &

13 GVI de GARLANDE grand Chambellan.

14 GASPARD ARTAVT de Montauban, Comte de Die.

15 RAMBAVLT Comte d'Orange, qui se signala aussi à la conqueste de la Terre Saincte de mesme que,

16 GOBERT DASPREMONT, qui ont eternisé leur memoire dans cette memorable guerre.

17 DREVX de NESLE grand Maistre de France.

18 RAOVL de BEAVGENAI, DODON de Comps, & CONON de Montaigu furent aussi au susdit voyage.

LOVIS sixiéme, dit le Gros, fut renommé le deffenseur de l'Eglise, pour en auoir porté les interests auec beaucoup de zele, lors des differents qui s'émeurent en son Estat, entre les Ecclesiastiques & les Seculiers, il mourut l'an mil cent trente-sept le premier d'Aoust, le trentiesme de son regne, & le soixantiesme de son âge. Son corps est inhumé à Sainct Denys.

Boisseau excudit.

LA Reyne Alix de Savoye, femme de Louis sixiéme, dit le Gros, estoit fille de Humbert deuxiéme, Prince de Piedmont, Comte de Mauriene, ou Savoye, eut pour mere Guille de Bourgongne, sœur du Pape Calixte deuxiéme, Son mariage arriua l'an mil cent treize, mais ayant suruescu le Roy, elle convola en secondes Nopces auec Matthieu de Montmorency, Connestable de France, elle fonda le Monastere de Mont-Martre, où elle deceda l'an 1154. & y fut pareillement inhumée.

E

1. Entre les plus renommez fouz ce regne, furent GVY DE BOVRGONGNE, Archevefque de Vienne, depuis Pape Calixte II. fils de Guillaume furnommé Tefte Hardie, Comte Palatin de Bourgongne, duquel nous auons parlé cy-deuant, & qui fut replacé dans la Chairre Sainct Pierra à la faveur des armes d'Enard de Clermont : il portoit encore l'Aigle d'Argent dans fes armes, mais quelque temps apres les Comtes de Bourgongne le changerent, & prirent le Lyon accompagné de billettes d'or, comme il paroift en cette figure.

2. THIERRY DALSACE Comte de Flandres, qui apres l'affaffin commis en la perfonne de Charles Comte de Flandres, fils de Canut Roy de Dannemarx, fut appellé par les Flamans, & reconnu leur Souuerain.

3. THIBAVT Comte de Champagne, qui s'eftant reconcilié aux bonnes graces du Roy, apres plufieurs differens eut la conduitte de la perfonne de Louis, depuis Roy feptiéme du nom, lors qu'il fut en Guyenne époufer la Princeffe Alienor.

4. RAOVL Comte de Vermandois, Prince du Sang, duquel font yffus les Seigneurs du nom de Sainct Simon.

5. CONON Comte de Bretagne, chef de l'armée du Roy, lors qu'il donna la chaffe à l'armée Imperialle.

6. GVILLAVME, dit Courthéuffe, fils de Robert Duc de Normandie, qui s'oppofa aux forces de Thierry fus-nommé, & fut fecouru en cette occafion des forces de France, toutesfois ayant liuré combat à fon ennemy, il fut bleffé à mort, de forte que Thierry demeura paifible poffeffeur de cet Eftat.

7. HVGVES DARGIE Conneftable de France.

8. CHARLES DE DANNEMARK Comte de Flandres inhumainement affaffiné dans vne Eglife par fes fujets.

9. ESTIENNE DE GARLANDE Evefque de Paris, Chancellier & grand Senefchal de France, premier Miniftre & fauory du Roy, qui le difgracia toutesfois du depuis, & le perfecuta, de forte que Sainct Bernard predit à fa Majefté qu'il perdroit bientoft fon fils aifné pour auoir commis cette violence envers ce Prelat.

10. AMAVRY Baron de Monfort, qui repouffa vigoureufement l'armée Angloife lors qu'elle faifoit effort pour entrer dans le Royaume.

11. DREVX DE MELO Conneftable de France, renommé en toutes les occafions de valeur qui fe font rencontrées pendant ce regne.

12. HVGVES DE CARBONNEL, renommé és guerres de la Terre Saincte, & duquel font yffus les Seigneurs Marquis de Canifi en Normandie.

13. THOMAS DE MARLE ou de COVCY, l'vn des plus renommez Seigneurs de ce temps, pour fon extreme valeur.

14. YVES Evefque de Chartres, nommé l'vn des plus grands Prelats de ce temps, lequel pacifia le trouble interuenu touchant les priuileges de l'Archevefque de Rheims.

15. Le Seigneur de Gournay.

16. GVY de Senlis, grand Bouteiller de France, yffu des puifnez des fieurs Comtes de Vermandois, comme il paroift en la Genealogie de cette maifon faite par Monfieur du Chefne.

17. GILBERT Archevefque de Sens, qui facra le Roy en la Ville d'Orleans, & eut vn grand demeflé contre l'Archevefque de Rheims (appellé Rodolphe, qui eftoit appuyé du Pape Pafcal) touchant les priuileges du Sacre des Roys.

18. GVY TROVSSEL, frere du Seigneur de Rochefort, duquel le Roy auoit époufé la fille, comme il a efté parlé cy-deffus.

LE Roy LOVIS VII. surnommé le jeune & le pieux, porta ses armes contre les Infidelles, contre lesquels il eut de grands avantages, il mourut à Paris l'an 1180, le 20 Septembre, ayant vescu pres de 69 ans, & regné 43. Son corps fut inhumé en l'Eglise de Barbeau, souz vn magnifique tombeau, orné d'or, d'argent & de pierres precieuses.

ALIENOR DE GVIENNE premiere femme de ce Roy, estoit fille aisnée de de Guillaume de Guyenne & d'Alienor de Chastelleraut, elle accompagna ce Prince au voyage d'outre-mer, & s'arresta long temps à Antioche avec vn nommé Saladin, duquel elle fut amoureuse; de sorte qu'à son retour le Roy fit dissoudre ce mariage par l'authorité du Pape Eugene III, souz pretexte de la proximité du sang.

CONSTANCE de CASTILLE, fut seconde femme du mesme Roy, & mourut en travail de l'acouchement de sa derniere fille, sept ans apres son mariage, Alix de Champagne 3 femme du Roy, fille de Thibaut, surnommé le Grand, Comte de Champagne, fut mere de Philippes Auguste, & Dieu-donné, & mourut à Paris au mois d'Avril 1205, & fut inhumé en l'Abbaye de Pontigny en Bourgongne.

1 SAINCT GVILLAVME Duc d'Aquitaine & Comte de Poiétou, qui aprés auoir quelque temps porté les interefts de Pierre Leon-Antipape conrte Innocent II. & vexé les Prelats de fes terres, en conceut vn fi grand regret, qu'il fe refolut d'en faire penitence tout le refte de fa vie, comme il fit, acheuant fes iours en folitude, où il mourut accablé d'années, & de Sainéteté.

2 Entre les plus renommez fouz ce regne, furent le deuot S. BERNARD, de la Noble maifon des Fontaines en Bourgongne, Abbé de Clervaux, Fondateur & Patriarche de l'Ordre des Bernardins.

3. SVGER Abbé de fainét Denys, qui fut Regent en France, pendant l'abfence du Roy, renommé grand homme d'Eftat, & de profonde doétrine, qui a écrit l'Hiftoire de fon temps.

4 ROBERT Comte de Dreux, frere du Roy, qui fe croifa au voyage d'outre-mer auec Sa Majefté, où il acquit beaucoup de reputation, principallement au fiege de Damas, à fon retour en France, il fonda l'Eglife Sainét Thomas du Louvre en l'honneur de Sainét Thomas Archevefque de Cantorbery, & mourut l'an 1181.

5 HVMBERT Comte de Maurienne, nommé entre les principaux qui fe croiferent auec le Roy, au voyage d'outre-mer.

6 MATTHIEV de MONTMORENCY, furnommé le Grand, qui merita par fa valeur l'épée de Conneftable de France, ainfi que ie remarqueray plus particulierement au regne fuiuant.

7 RAOVL Comte de Vermandois Senefchal, ou grand Maiftre de France que le Roy laifla Regent auec l'Abbé Suger, lors qu'il fut au voyage d'outre-mer.

8 ARCHAMBAVT de BOVRBON, furnommé le Grand, à caufe de fon extrefme valeur.

9 RAIMOND BERANGER, Maiftre des Chevaliers Hofpitaliers de Sainét Iean de Hierufalem, qui fut prefent au fiege de Damas, dont le fuccez fut finiftre par la trahifon des Syriens, ce Beranger eftoit de Dauphine de la mefme maifon, d'où font fortis les Seigneurs de Morge.

10 RAIMOND DE PONS Cardinal, yffu de Helie de Pons, que l'on tenoit Neveu de Pompée, c'eft de cette maifon que font yffus les Marquis de la Cafe.

11 PIERRE ALEGRAIN Chancelier de France, renommé pour fa valeur, autant que pour fa fidelité & doétrine.

12 YVES de NESLE renommé au fiege de Damas, & qualifié perfonnage, doüé d'vne finguliere beauté, & d'vne vertu heroïque.

13 GEOFROY DE RANCONE Seigneur Poitevin, qui conduifoit l'auant-garde de l'armée Royale au fufdit combat contre les Turcs, où fe fignalerent pareillement le Comte de Garence, Gaucher de Monge & Evrard de Bretolie.

14 PIERRE DE LA CHASTRE Archevefque de Bourges, que le Pape Innocent fecond efleua à cette dignité contre le confentement du Roy, ce qui émeut beaucoup de troubles dans le Royaume.

15 ENGVERRAND de COVCY, remarquable au femblable combat donné prés du fleuve de Meandre.

16 GVILLAVME BOVTEILLER de la maifon de Senlis, qui s'aquit beaucoup de reputation au combat que le Roy donna contre les Turcs prés le fleuve de Meandre, où l'armée ennemie fut prefque toute deffaitte : de luy font yffus les Comtes de Mouffy, heritiers de fa vertu, comme de fon nom & de fes armes.

17 THIBAVT CHASTEIGNIER Seigneur de la Chaftegneraye, duquel font yffus les Marquis de la Roche-pofay en Poiétou.

18 SEBRAND CHABOT Seigneur de Vouvent & Doulmes, dont la memoire s'eft defenduë de l'oubly depuis tant de fiecles, & duquel font yffus les Ducs de Rohan & Comte de Charny, & de Bufançois.

PHILIPPES AVGVSTE, & Dieu Donné, nasquit suiuant les vœux des François le 22. Aoust 1165. Son heroïque valeur se fit particulierement admirer à la memorable bataille de Bouvines, où il dissipa presque toutes les forces de l'Europe assemblées contre son Estat, ayant mis en fuitte l'Empereur, le Duc de Limbourg & le Comte de Louvain, & fait prisonniers les Comtes de Flandres & de Bourgongne, il regna quarante-quatre ans, & vescut cinquante-huit, & mourut le 14. Iuillet 1223. eut pour femme

IZABEL DE HAYNAVT fille de Baudoüin IV. Comte de Haynaut & de Margueritte Comtesse de Flandres, son mariage fut consommé en la Ville de Bapaume 1180. n'ayant pour lors encore treize ans, elle deceda à Paris le 8. de son regne le 22. Février, & fut inhumée au milieu du cœur de Nostre-Dame, elle fut mere de Louis 8.

ANDELBERGE fille de Valdemar le grand Roy de Dannemarx, fut deuxiéme femme de Philippes Auguste, mais le mesme iour de son mariage qui fut celebré à Arras 1193. le Roy prit en telle haine cette Princesse, qu'il l'a repudia le lendemain, bien qu'elle fust tres-belle & tres-vertueuse.

AGNES DE MERANIE fille de Berthold quatriefme Duc de Meranie
efpoufa ce mefme Roy 1196. mais depuis fa Majefté ayant repris Ingerburge ou Andelberge, Agnes en conceut tant de defplaifir qu'elle en mourut toft apres, l'an 1201. à
Poiffy, où elle eft inhumée, fes enfans furent toutesfois reconnus legitimes, s'eftant mariée, apres vne Sentence de diffolution du mariage dudit Roy, & la Bulle du Pape Innocent.

1. Les plus renommez fouz ce regne furent BAVDOVIN Comte de Flandres,
qui ayant pris la Croix dans la Saincte guerre, que les Chreftiens entreprirent contre les
Infideles, merita dans cette mefme expedition d'eftre efleu Empereur de Conftantinople.

2. GAVTIER DE BRIENNE, qui par vn prodige de valeur & de fortune,
conquit le Royaume des deux Siciles, auec foixante Cavaliers, & quarante gens d'armes.

3. BONIFACE Marquis de Mont-ferrat, qui apres la mort du fufdit Thibaut,
fut eftimé digne de commander cette saincte milice.

4. THIBAVT Comte Palatin de Champagne efleu general de l'armée des Croi-
fez.

5. PHILIPPES DE DREVX Euefque de Beauvais, coufin germain du Roy,
grand homme de guerre, vne fois prifonnier de l'Anglois, & tres-fignalé à la journée de
Bouvines, où portant vne maffe d'armes, il terraffa entr'autres le Comte de Salifbery
qu'il fit fon prifonnier.

6. HVGVES DE BROYE, general de l'armée du Roy en Bourgongne au fecours de

7. GAVTIER DE CHASTILLON, qui dans ce mefme combat penetra
deux fois le premier bataillon des ennemis, renuerfant tout ce qu'il rencontroit de refi-
ftance, encore qu'il fuft bleffé de douze coups de lances.

8. BARTHELEMY DE ROYE Chambrier & grand Chambellan de France,
dont la valeur fut pareillement remarquée au iour de cette fufdite bataille.

9. MATTHIEV deuxiéme du nom de Montmorency, furnommé le Grand,
Conneftable de France, qui fe fignala en la mefme journée de Bouvines, où il remporta
douze drappeaux fur les Imperiaux, à l'exemple de fon predeceffeur Bouchard, premier
du nom, qui auoit pris quatre enfeignes Imperiales fur l'Empereur Othon II. l'an 978.
dont il chargea le camp de fes armes, ainfi que fit ce Conneftable, qui adioufta douze Alerions aux quatre precedens, qui cantonnoient la Croix de Sienne.

10. GVERIN Chevalier Hofpitalier, Euefque de Senlis, & Chancellier de France,
qui fit la fonction de Marefchal de Camp le iour de la bataille de Bouvines, tres-genereux
& fçauant perfonnage, il fut pareillement executeur du Teftament du Roy.

11. SIMON Comte de Montfort, le dompteur des Heretiques Albigeois, qui remporta principalement cette infigne victoire fur eux, lors qu'il en défit vingt mil auec vn
nombre de Catholiques beaucoup inégal, & que le Roy d'Arragon couronna par fa mort
cette celebre action.

12. ADAM Vicomte de Melun.

13. THOMAS de Saint Valery.

14. GVILLAVME DES BARRES, & Guillaume de Garlande, qui tous
fe fignalerent en cette glorieufe occafion.

15. HVGVES DE VERGY, qui fut affifté des armes du Roy contre le Duc de
Bourgongne.

16. ROBERT MALET Comte d'Alençon, duquel font yffus les Sires de Graville, & qui acquit beaucoup de renommée en cette iournée, de mefme que firent

17. IEAN & HVGVES DE MAROLLES.

18. GALON DE MONTIGNY, qui le iour de la bataille de Bouvines por-
toit la Banniere Royalle, & fans lequel le Roy eftant abatu de fon cheual, auroit efté tué,
ce genereux Gentil-homme ayant paré en fon corps plufieurs bleffures, dont il garentit
fa Majefté.

LOVIS VIII. couronné Roy d'Angleterre, surnommé Lyon, prit possession de
cet Estat insulaire, auec beaucoup de gloire & d'auantage, il fit aussi la guerre aux
Albigeois, qu'il acheua d'exterminer, & mourut le troisesme de son Regne, &
le trente-neufiesme de son âge, l'an 1226. commettant par sa derniere volonté la Regence du Royaume, & la tutelle de son fils & successeur à la Reyne.

BLANCHE DE CASTILLE sa femme, fille du Roy Alphonse IX. & d'A-
lienor d'Angleterre, cette Princesse fut doüée d'vne extreme beauté, & d'vne grande vertu, elle composa les factions de l'Estat, & combattit l'orgueil de ses ennemis, elle
fut deux fois Regente, & deceda à Melun le 26. Nouembre, l'an 1251. son corps fut inhumé en l'Abbaye de Maubuisson, lez Ponthoise.

1 Entre les plus renommés fous ce regne furent SAINT DOMINIQVE du nom de Queman, qui accompagna fi pieufement & genereufement nos armes contre les Albigeois, marchant toujours à la tefte de nos troupes avec fon Crucifix, exhortant les foldats au combat.

2 HENRY Comte d'Enguien, puifné du Comte de Flandres, qui fut efleu Empereur de Conftantinople.

3 GAVTIER DE CHASTILLON, cy-devant renommé à la bataille de Bouvines, & tué fous ce regne devant la Ville d'Avignon, tandis qu'elle eftoit affiegée par le Roy, qui regretta extremément cét illuftre fujet.

4 ISAMBERT DE BEAVIEV, que le Roy laiffa en fon abfence Gouverneur de Languedoc.

5 PIERRE DE COVRTENAY Prince du Sang, grand Bouteiller de France, qui donna bataille à Hervé de Donzi.

6 ENGVERRAND Sire de Coucy, grand Chambellan de France, qui fuiuit le Roy à la conquefte de l'Angleterre, de mefme que

7 ROBERT Comte de Dreux, qui confeilla le Roy d'entreprendre de rechef la guerre contre les Albigeois, & y retourner en perfonne, où il fuivit fa Maiefté, & affifta au fiege & prife d'Avignon, il mourut l'an mil deux cens trente-trois.

8 ARCHAMBAVT DE BOVRBON, furnommé le Grand, à caufe de fa valeur, qui eut part à toutes les victoires que nous remportafmes de fon temps.

9 GVY, frere puifné d'Aimery, Vicomte de Thoüars, qui aquift beaucoup de renom au voyage d'outre-mer, & époufa Conftance Duchefe de Bretagne.

10 HERVE' DE DONZI, qui apres s'eftre fignalé dans la guerre des Albigeois, entreprit le voyage de la Terre Saincte, & fe trouva au fiege de Damiette, où il acquit beaucoup de reputation, avec cet eloge que luy donne vn Autheur de fon temps, d'avoir efté l'arc de iuftice, & la tempefte continuelle de fes ennemis.

11 ANDRE' DE CHAVVIGNY, perfonnage de valeur finguliere.

12 GEOFROY, Chancellier de France.

13 SAVARY DE MAVLEON General de l'Anglois, qui ayant conduit vne armée en Guyenne, puis à la Rochelle, y fut affiegé, & contraint de capituler, & rendre la place au Roy, d'où retournant en Angleterre, il n'y fut pas fauorablement receu, ce qui l'obligea de repaffer en France, & fe donner au feruice du Roy, qui luy fit de grands biens en Poitou : c'eft de luy que font yffus les Seigneurs de Mauleon, de Guyenne & de Poitou, qui font entrez par alliance dans la maifon de la Roche-pofay.

14 GVY GROSSVS Archidiacre, & depuis Evefque Dupuy, & enfin Cardinal Legat vers fainct Louis, foubs le regne duquel il mourut, occupant la Chairre de Sainct Pierre.

15 HVGVES DE REVEL Dauphinois, grand Maiftre de l'Ordre de Sainct Iean de Hierufalem, fouz le regne duquel la Ville d'Antioche fut prife par le Souldan d'Egypte, où furent tuez quarante-fept mille Chreftiens.

16 BERTRAN DE COMPS Dauphinois, grand Maiftre de Malthe, qui mourut des bleffures qu'il receut, combattont contre les Infidelles.

17 GERARD DE PEQVIGNY, Vidame d'Amiens, &

18 GVY DE PONCHER Chevaliers remarquables pour leur noble extraction, & grandes richeffes, lefquels fouz le regne fuiuant, fe rendirent interceffeurs vers le Roy pour le Comte de Pontieu, dont ils furent auffi les cautions.

LE Roy Saint LOVIS, neufiefme du nom, fut vn modele de pieté & de valeur tout enfemble, il employa fes armes contre les Infidelles, & fit deux fois le voyage d'Oultre-Mer, pour les chaffer de la Terre Sainte, fon zele & fon courage s'accreurent dans les difficultez de fes entreprifes, les horreurs de la prifon ne feruirent qu'à faire éclatter le feu de fa charité, & la mort bornant fes conqueftes fur la terre, luy ouurit le chemin à des Couronnes immortelles : il deceda à Thunis le 25 Aouft 1270.

G

1. Les plus renommez sous ce regne furent Charles de France Comte d'Anjou, puis Roy de Sicile, Frere du Roy, dont la reputation fut si grande par toute l'Europe, que le Pape Vrbain 4 luy enuoya l'inuestiture du Royaume des deux Siciles, dont il se rendit Maistre par les memorables batailles qu'il gagna contre Manfroy, le jeune Conradin, & Frederic, deceda l'an 1285.

2 THIBAVT I, Comte Palatin, de Champagne & de Brie, Roy de Nauarre, Chef & conducteur de plusieurs troupes au voyage d'Outre-Mer, & qui accompagna saint Louis en Afrique, ce Prince fut doüé d'excellentes qualités, tres-eloquent & excellent Poëte, ayant luy-mesme composé plusieurs œuures.

3 RAOVL Cardinal de Cheuriers, Euesque d'Albes & d'Eureux, Chancelier de France, fils de Goy de Cheuriers, Bailly & Lieutenant du Comte de Mâcon, qui couronna le Roy de Sicile à Rome dans l'Eglise de saint Iean de Latran, de cette maison sont les Seigneurs de saint Mauris.

4 SIMON Cardinal de Brie, de la maison de Villiers l'Isle Adam, qui par sa vie exemplaire merita le souuerain Pontificat sous le nom de Martin 4, sous le Regne de Philippe III.

5 PIERRE DE NEMOVRS, Seigneur de Villebeon & de la Chappelle Gautier, surnommé Pierron, & le Chambellan, premier Ministre d'Estat, & fauory de saint Louis, qualifié le plus juste, & pieux de ceux de son temps.

6 ODE Cardinal de Chasteauroux, que le Roy appelloit, selon son cœur, il fut legat en France, & suiuit sa Majesté au voyage du Leuant.

7 SIMON Comte de Nesle, auquel le Roy commit la Regence de son Estat, au second voyage qu'il fit outre-mer: & luy donna pour Adjoint Mathieu Abbé de S. Denys.

8 GVY DE LEVY, Seigneur de Mirepoix, Mareschal de France, qui conduisit le premier bataillon de l'armée de Charles Roy de Sicile, le jour de la defaite de Manfroy, & eut la principale part de cette memorable victoire: c'est de luy que sont issus les Seigneurs Ducs de Ventadour & d'Anuille, & Marquis de Mirepoix.

9 RAOVL & THOMAS DE COVCY, l'vn tué par les Sarrazins à la ville de Mazere, auec Robert Comte d'Artois: & l'autre, General de l'armée de Charles de France, Roy de Sicile & de Ierusalem, qui contribua beaucoup à la conqueste de ces deux Royaumes.

10 GAVCHER DE CHASTILLON, conducteur de l'arriere-garde de l'armée du Roy en Afrique, qui le iour de la prise de sa Majesté, soustint long temps tout seul vn passage contre le gros des ennemis, & apres en auoir défait grand nombre, estant tout percé de fleches, aima mieux mourir l'épée à la main, que de se rendre aux Infideles.

11 BOVCHARD, Comte de Vandosme, nommé le premier des Illustres Seigneurs, qui accompagnerent le sus-nommé Charles à la conqueste de ses couronnes.

12 ARNAVD Vicomte de Coserans, qui conduisant le sixiéme bataillon de l'armée de Sainct Louis au combat, où les Turcs furent défaits deuant Damiette, dégagea le Sire de Ioinville des mains des ennemis, il portoit lors pour armes d'or à la bordure de gueules, & c'est de luy que sont yssus les Seigneurs de Gondrin, & Marquis de Montespan, ou selon aucuns de la maison d'Arragon ou de la Cerde en Castille.

13 RAOVL DESTREES, Mareschal de France, signalé dans tous les combats qui se donnerent souz ce regne, ainsi que

14 ALPHONSE DE LVSIGNAN, Comte d'Eu, &

15 HVGVES Seigneur de Beauçay, dit le Grand, du pays de Loudunois, qui fut tué au second voyage que le Roy fit en Afrique.

16 IEAN Sire de Ioinville, Mareschal de Champagne, qui a écrit l'Histoire de son temps.

17 GVILLAVME L'estendart, Goy de Montfort, & Iean de Beaumont, autres braues & genereux Capitaines.

18 ROBERT SORBON, Confesseur & Aumosnier du Roy, fondateur de la Sorbonne, & le Sire de Boileve, premier Preuost de Paris, les armes de plusieurs desquels paroissent en la figure precedente.

PHILIPPES III. du nom, surnommé le Hardy, commença son regne par deux insignes Victoires qu'il remporta sur le Roy de Tunes, qu'il rendit son tributaire, il porta aussi ses armes Victorieuses dans l'Arragon, & faisant encore la guerre dans le Roussillon, il mourut d'vne fiévre chaude à Perpignan l'an 1285. le quarantiéme de son âge, le quinziéme de son Regne, ses entrailles furent ensevelies en l'Eglise de Sainct Iust à Narbonne, son corps fut apporté à Sainct Denys.

LA Reyne IZABEL D'ARRAGON, premiere femme de ce Monarque, estoit fille de Iacques premier du nom, Roy d'Arragon & d'Yoland de Hongrie, son mariage fut celebré à Clermont en Auuergne, du viuant de Sainct Louis son beau-pere, & n'estant encore âgée que de vingt-quatre ans, elle deceda à Cosence dans la Calabre, retournant d'Afrique, où elle auoit suiuy le Roy son mary, le 22. Ianuier 1272.

MARIE BRABANT deuxiéme femme du mesme Roy, eut pour pere & mere Henry VI. Duc de Brabant, & Alix de Bourgongne, ses nopces furent celebrées au Chasteau de Vincennes, l'an 1274. & fut couronnée l'an suiuant dans la Saincte Chappelle du Palais Royal à Paris, cette Princesse suruesquit le Roy son mary prés de trente-six ans, n'estant decedée que le dixiéme de Ianuier 1321. Son corps fut inhumé dans l'Eglise des Peres Cordeliers de Paris.

1. Entre les plus celebres de ce temps, furent PIERRE DE FRANCE, frere du Roy, Comte d'Alençon, qui accompagna le Roy dans toutes les guerres de son regne, de mesme que le Prince Robert son frere Comte de Clermont, & Sire de Bourbon, qui a donné origine à la Royalle branche des Princes de ce nom.

2. ROBERT Comte d'Artois, Prince du Sang, general de l'armée du Roy, & souz Philippes le Bel, qui se signala par plusieurs memorables victoires, nommément contre Roger de Doria Admiral d'Arragon, ainsi que sur les Anglois commandez par le Comte de Lanclastre, & les Flamans, qu'il défit en bataille rangée, où plus de seize mille demeurerent sur la place, il fut toutesfois du depuis deffait par les mesmes Flamans, & blessé mortellement de trente coups de picques, dont il expira au combat qu'il rendit près de Courtray, l'an 1382.

3. IEAN D'ACRE, ou de Brienne, fils du Roy de Ierusalem grand Bouteillier de France, commandé par le Roy d'entrer hostilement dans l'Arragonnois, ce qu'il executa, desolant tellement cet Estat, que le Roy reuoqua sa commission, pour l'auoir executée auec trop de violence.

4. ROBERT DE BOVRGONGNE grand Chambrier de France Enguerrand de Coucy, & plusieurs autres qui ont beaucoup merité de l'histoire de ce temps, les armes desquels paroissent en la page precedente.

5. MATTHIEV DE MONTMORENCY, se fit remarquer és guerres de Flandres & d'Arragon.

6. RAOVL DE NESLE &

7. IMBERT DE BEAVIEV, tous deux Connestables de France, le premier desquels apres auoir plusieurs fois dissuadé le Prince Robert d'Artois, d'attaquer les Flamans dans leurs retranchemens, prés de Courtray, fut tué dans la bataille susditte.

8. GVY Euesque de Langres, executeur du Testament de la Reyne, employé en diuerses negotiations pour le seruice du Roy.

9. BERNARD Comte de Foix, qui suiuit le Roy au voyage d'Arragon, apres s'estre repenty de sa felonnie.

10. IEAN DE HARCOVRT Mareschal de France, qui accompagna le Comte de la Marche contre l'Arragonnois, partagea auec ce Prince la gloire d'vn combat, où il en demeura trois milles sur la place, le Roy de Castille y ayant mesme esté blessé à mort.

11. GVY DE MONTFORT &

12. MILES DE NOYERS, Mareschal de France, qui auec

13. AVBERT DE LONGVEVAL, qui dans ce combat Naual, contre la flotte Arragonnoise, se pouuant sauuer, aima mieux mourir les armes à la main; c'est de cette maison que sont yssus les Marquis de Trenel, les Comtes de Buquoy, & les Seigneurs de Manican, aliez dans la maison des Mirons.

14. ENGERAND DE BAILLEVL, Admiral de France, qui apres vne longue resistance, auec peu de vaisseaux contre ladite flotte Arragonnoise, commandée par Roger de Doria, fut enfin défait, & pris prisonnier.

15. EVSTACHE DE BEAVMARCHAIS, ou Beaumarest Chevalier, fut enuoyé par le Roy de Nauarre pour gouuerner le païs, les Nauarrois s'estant reuoltez contre luy, l'auoient assiegé dans le chasteau de Pampelune, dont il fut deliuré par Robert Comte d'Artois son cousin, que le Roy luy enuoya auec vne grande armée, si qu'il fit punir ceux qui estoient cause de ladite reuolte, & receut les hommages des Barons de Nauarre.

16. ERARD DE VALERY renommez dans les mesmes guerres, que le Roy Philippes eut contre les ennemis de sa Couronne.

17. PIERRE BARBETE Chevalier de France.

18. GVY DE CHASTILLON, Comte de Saint-Pol, & Iacques Seigneur de Leuie son frere, qui remportérent sur Othelin Comte de Bourgongne, les villes de Cassel, Bergues, Bourbourg & Nieuport.

PHILIPPES quatriesme dit le Bel, n'eust pas moins de charmes de valeur que d'attraicts de beauté, & ses vertus connuës par toute l'Europe donnerent autant de jalousie à Boniface huictiesme que d'amour à Clement cinquiesme, il domta les Flamans, fit abolir l'Ordre des Templiers, & ce fut en sa consideration que le Pape transmit le sainct siege en Auignon, ce monarque deceda l'an 1314. le 28. de son regne le 58. de son âge.

Boisseau ex.

IEANNE Reine de Nauarre, auant que l'estre de France eut pour pere & mere Henry premier du nom Roy de cét estat, & Blanche d'Artois, elle fut mariée au Roy Philippe dans la ville de Paris le 16. d'Aoust 1284. deux ans apres, elle fut Couronnée à Rheims par Pierre Barbette Archeuesque du lieu au commencement de son regne, elle fit bastir le College de Champagne depuis dit de Nauarre, elle fonda aussi l'Abbaye de Bar, & fut aussi belle d'esprit que de corps, de mesme que son mary son decés arriua au Chasteau de Vincennes le 2. Auril 1304.

H

1.   Les plus illuftres de ce regne furent. CHARLES Roy de Maiorque Prince qui merita beaucoup de la Couronne de France, & qui fut tué au combat de Courtray, en combattant pour le feruice & les interefts de l'Eftat.

2. CHARLES de France Côte de Valois Empereur titulaire de Conftãtinople côme Roy d'Arragon, furnômé le deffenfeur de l'Eglife chef & digne tige de cefte brãche de Valois de laquelle font yffus 13. Roys de Fráce Charles Duc d'Angoulefme, fils naturel du Roy Charles 9. & le Côte d'Alets fon fils perpetuent encore cette Royale branche.

3. AMEDEE Comte de Sauoye furnommé le grand qui fe fignala à la deffenfe de l'Ifle de Rodes, contre Orhoman Empereur des Infideles auquel il fit honteufement leuer le fiege de deuant cette place l'an 1510.

4. FOVLQVES de Villaret grand Maiftre des Cheualiers de Rhodes, qui furprit & emporta l'Ifle dont fon Ordre prit le nom le iour de l'Amy Aouft l'an 1309.

5. GAVCHER de Chaftillon Comte de Porcean Conneftable de France furnommé le tuteur de nos Roys qui fouftint genereufement l'authorité de la Couronne contre tous les Princes qui la voulurent vfurper.

6. REGNIER GRIMALDI Genois Amiral de France, qui defit l'armée de Guy Comte Namur affiegeant Xiricxé, de cette mefme maifon eft aujourd'huy le Prince de Monaco Duc de Valentinois.

7. SCIARA Colomne d'Illuftre maifon d'Italie qui durant fon exil fut pris puis racheté des Pyrates par le Roy Philippe qu'il feruit depuis en plufieurs occafions, ce fut luy qui accompagna Felix de Nogaret en Italie, & qui s'eftant rendu maiftre de la ville Danagnia y furprit le Pape Boniface 8. & le menaça de venger en fa perfonne les iniures faites à ceux de fa maifon.

8. FELIX de NOGARET Chancelier de France, qui entre plufieurs notables feruices qu'il rendit fous ce regne fut enuoyé en Italie vers le Pape pour luy declarer que le Roy fon maiftre appelloit de fes Sentences au 1. Concile, le Duc d'Efpernõ Comte illuftre perfonnage entre fes predeceffeurs.

9. RAIMOND de GOVT ou Got Archeuefque de Bourdeaux, qui eftant efleu Pape fous le nom de Clement 5. tranfera le S. fiege en Auignon, le Marquis de Roüillac, tire fon origine de cette Maifon, & porte mefme nõ & armes que ce fouuerain Pontife.

10. REGNAVT Comte de Dammartin Conducteur de l'auangarde de l'armée Royale qui defit les Flamans au paffage du Lis.

11. CHARLES de MONTESPAN qui fe fignala à la iournée de Furnes ou les Flamans furent desfaits.

12. ENGERRAND de MARIGNI Comte de Longueuille grand Chambellan de France Sur-Intendant des Finances & feul fauory du Roy par l'ordre duquel il fit baftir le Palais de Paris.

13. PIERRE FLOTTE Chancelier de France.

14. ROBERT & GVILLAVME de Melun pere & fils Comtes de Tancaruille grands Chãbellans de France qui tous deux parurent entre les plus vaillans de ce regne.

15. IEAN SIRE de Grauille qui fut tué au combat que l'on rendit contre les Flamans au paffage du Lis.

16. PIERRE GENTIAN Archer de la garde du Roy qui feruit fi dignement fa Maiefté à la iournée de Montfempule, qu'il merita non feulement d'eftre ã nobly, mais eut encore confefion de charger fes armes d'vne bande de Fráce, les Seigneurs d'Herigny en Anjou font chefs de cette maifon de laquelle font iffus de par les femmes, les Barons de Langeron & Myron, de l'Hermitage.

17. GVY de NESLE Marefchal de France & Iean Seigneur de Harcourt, tous deux memorables par les combats qu'ils rendirét tant par mer que par terre, le dernier defquels fift defcente en Angleterre, prit & faccagea la ville de Douure.

18. ANSELME de CHEVREVSE qui porta l'Oriflame à la bataille de Montfempule où il fut tué apres auoir en diuerfes rencontres acquis beaucoup de reputation en portant cette banniere.

LE Roy Loüys X. dit Hutin à cause de son humeur violente, & colere finit presque son regne par son commencement estant decedé 1316. dix-huict mois apres
son couronnement, il rendit le Parlement sedentaire & eut pour femmes.

MARGVERITE de Bourgogne 2. fille de Robert Duc de Bourgogne, & d'A-
gnes de France, fille de S. Louys son mariage fut celebré en la ville de Vernon
en Normandie le 21. Septembre 1305. l'inpureté de cette Princesse soüilla le lict Royal,
ce qui la fit confiner en prison perpetuelle au Chasteau Gaillard, où depuis elle fut
estranglée par l'ordre de Louys Hutin 1313.

CLEMENCE de Hongrie fille du Roy Charles Martel, & de Clemence de
Habspurg fut 2. femme de ce Monarque qui mourant la laissa grosse, mais l'extreme regret qu'elle conçut de cette perte la fit tomber dans vne maladie qui causa la
mort du postume dont elle accoucha peu apres, lequel ne regna que vingt iours au plus
soubs le nom de Iean 2. cette Reyne deceda à Paris, le 13. Octobre 1328. son corps
est inhumé aux Iacobins.

Les plus renommez soubs ce regne furent.

1. CHARLES Comte de Valois, oncle du Roy, cy deuant appellé deffenseur de l'Eglise qui soubs ce regne fit violance à la Iustice pour satisfaire à sa colere, causant l'innocente mort de Marigny qui auoit si fidelement serui le Roy son frere.

2. IACQVES Cardinal d'Ossa, depuis Pape Iean 22. ce Prelat estoit Limosin.

3. LOVYS de SICILE dit de Marseille Euesque de Toulouze, fils de Charles Roy de Sicile & de Ierusalem, & de Marie de Hongrie non moins esclatant en miracles qu'en grandeur de naissance.

4. ELZEAR de SABRAN Comte d'Ariane en Prouence dont les exemplaires vertus luy ont faict meriter vn rang glorieux entre les Ss. de mesme que sa condition luy en auoit donné entre les premiers de ce Royaume.

5. EVDES Comte de Bourgogne oncle maternel de la Princesse Ieanne de France fille de Louys Hutin, en faueur de laquelle il s'efforça de destruire les Lois fondamentale de l'Estat pour la faire couronner Reine de France.

6. PIERRE Cardinal de la Chapelle Taille-Fer Chancelier de France, ce Prelat estoit issu du pays de la Marche pres le Chasteau de Souliers l'Hermite, de laquelle maison il estoit alié, ses merites luy firent porter les Mitres des Eueschez de Paris, Carcasonne, & Tholouse, & en fin le Chapeau de Cardinal comme nous dirons au regne suiuant.

7. ROBERT de COVRTENAY Archeuesque de Rheims, lequel sacra le Roy Louys Hutin.

8. GAVCHER de CHASTILLON Connestable de France qui porta courageusement les interests de la Couronne contre tous ceux qui s'estoient armez à sa ruine.

9. ROBERT de DREVX Seigneur de Beu, grand Maistre de France.

10. IEAN de BEAVMONT Mareschal de France.

11. ARNAVL de POIANE Euesque de Panpelone que les Nauarois deleguerent Ambassadeur vers le Roy leur Souuerain, ensemble.

12. FORTVNIO ALMORANID qui vint aussi reconnoistre Louys Hustin Roy de Nauarre, apres le decéds de la Reyne sans sa mere.

13. MATHIEV de TRIE Seigneur de Fontenay, grand Chambellan de France.

14. ESTIENNE de MORNAY Chancelier de France, au commencement de ce regne.

15. ROGER DANGLVRE premier du nom dont le courage esclata dans la deffence des droits de cette Monarchie lors du decéds du Roy.

16. LOVYS de MARIGNY filleul du Roy, auquel sa Maiesté fit don par testament de 5. mil liures.

17. PIERRE DAVMONT fils de Iean, & de Agnes d'Ailly, Cheualier & Chambellan du Roy, il seruit plus particulierement Philippe de Valois, & sa valeur esclata encore en sa posterité, aujourd'huy tres recommandable en la personne des Seigneurs d'Aumont, & de Vilequier, l'Euesque d'Avranche leur frere, n'accompagne pas sa pieté d'vne moindre generosité & grandeur de courage.

18. HERPIN de HERQVERY qui porta l'Oriflame au voyage de Flandres.

PHILIPPES cinquiéme dit le Long, frere puisné du Roy mort, luy succeda à la Couronne, qu'il ne porta que six ans durant, lesquels il appaisa la sedition appellée des Pastoureaux, chassa les Iuifs de son Royaume, & y establit la police des poix, & mesures, il deceda l'an 1353. ne laissant aucun successeur de son mariage de son espouse.

IEANNE de BOVRGOGNE, fille d'Othon Comte de Bourgogne, & de Mahaut d'Artois, ces Nopces furent somptueusement celebrées à Corbeil, l'an 1306. cette Princesse fut ainsi que ces belle Sœurs accusée d'adultere, mais son innocence fut bien tost reconnuë, elle fonda le College appellé de Bourgogne, & mourut en la Ville de Roye en Picardie, le 1. May 1329. son corps fut inhumé és Cordeliers de Paris.

Les plus Illustres sous ce regne furent.

1. CHARLES de France Comte de Valois, qui apres le decés du Roy Louys son frere, disputa long-temps la Regence au prejudice de Philippe son aisné, & ne mit bas les armes qu'apres l'accouchement de la Reyne, & le traité de Vincenne.

1

2. EVDES Duc de Bourgogne, qui ayant porté quelque temps les interests de Ieanne de Erance contre le Roy, entra dans l'alliance de sa Majesté espousant sa fille aisnée, qui luy porta en dot le Comté du mesme Pais de Bourgogne.

3. LOVIS Comte d'Evreux, depuis Roy de Nauarre, en faueur de son mariage auec Ieanne susdite fille de Louys Hutin.

4. OTHON Comte de Bourgogne, pere de la Reine, lequel fit don de tous ses Estat à la Couronne.

5. ROBERT Comte de Clermont, Sire de Bourbon Prince du Sang, grand Chambrier de France.

6. PIERRE Cardinal de la Chappelle, Taille-Fer Chancelier de France, le modelle des Prelats de son siecle, son éloquence parut en ses Harangues, par lesquelles il soûtint les droits du Royaume, sa pieté ne fut pas moins remarquable par le celebre College de Chanoines qu'il fit bastir, & fonda à la Chappelle lieu de sa naissance, ou il fut inhumé l'an 1312. sous vn superbe Tombeau de cuiure émaillé, sur lequel paroissent encore auiourd'huy ses armes meslées de celles de ses alliances, auec les maisons de Bourgogne d'Offa, & de l'Hermite Souliers.

7. PIERRE BERTRAND Euesque d'Autun depuis Cardinal, executeur du Testament de la Reyne, à l'exemple de laquelle il fonda le College d'Autun, prés Saint André des Ars à Paris, & pour ses grands seruices rendus à l'Estat, eut concession d'adiouster trois Fleurs de lys dans ses Armes.

8. PHILIPPES HERCVLES de REDON, Comte de Belesme, de la Roche Brehant de Blaye, & de Maçon en partie, Seigneur de la Ferté-Milon, grand Eschançon de France, sous les Roys Philippe V. Charle dit Bel, & Philippe VI. Gouuerneur & Lieutenant General en Champagne Brie & Bassigny, issu des anciens Comtes, tant de Salmes que de Forests du nom Redon, fit le voyage de Grenade contre les Maures, 1342. ou il s'acquita dignement de sa charge, & fit preuue singnalée de sa valeur, & en 1360. Ænor de Redon sa fille vnique heritiere vniuerselle, ayant esté conjointe auec Guillaume de Dreux, fils de Simon de Dreux, non Vicomte de Dreux, comme quelques-vns se sont imaginez, mais Vicomte de Castillon, porta les susdites Comtez, & autres Terres & Seigneuries anciennes, auec le surnom & Armes de ladite Maison de Redon, en celle de Dreux de laquelle Monsieur le Marquis de Dreux, autrement de Pranzac, qui en est le chef auiourd'huy.

9. HENRY de SVILLY fut enuoyé en Ambassade vers le Pape Iean 22. ce Seigneur de Suilly, fut executeur du Testament du Roy.

10. GAVCHER CHASTILLON Connestable de France, qui assista Philippe legitime successeurs de la Couronne, contre tous les Princes opposez.

11. IEAN de BEAVMONT &

12. IEAN des BARRES tous deux Mareschaux de France.

13. PIERRE de CAPPES, Chancelier apres le Cardinal de la Chappelle.

14. NICOLAS de LIRA, fameux Theologien de l'ordre des Freres Prescheurs, nommé par la Reyne Directeur de la fondation du College de Bourgogne.

15. IACQVES DAVNOY qui abusan enfin de la faueur & credit qu'il eut dans la Cour des deux derniers Rois, fut conuaincu d'adultere auec la Princesse Marguerite, & Blanche de Bourgogne, & fut escorché tout vif.

16. ROBERT de MEVDON grand Pannetier de France, &

17. ADAN HERON grand Chambellan, & autres dont les armes sont grauées en la precedente page

18. SIMON Cardinal d'Achial, Archeuesque de Vienne, il fut aussi Ambassadeur auec ledit Henry de Suilly.

CHARLES 4. dit le Bel Frere & succeſſeur du Roy Philippes paruint à la Couronne l'an 1322. & ne regna que ſix ans, qu'il employa à reprimer la felonnie de quelques-vns de ſes ſuiets, il contraignit Edouard 2. de luy rendre l'hommage qu'il luy deuoit, rengea au deuoir le Comte de Flandres & deceda l'an 1328. ſans laiſſer aucun fils de ſes trois femmes.

BLANCHE 1. fille d'Othon Comte de Bourgongne & de Mahault d'Artois, eſtant conuaincuë d'adultere auec le Seigneur d'Aunoy, fut confinée en priſon perpetuelle au Chaſteau Gaillard, depuis ſon mariage fut diſſous à cauſe du degré de parenté & fut voilée en l'Abbaye de Maubuiſſon où elle mourut.

MARIE de LVXEMBOVRG 2. femme du Roy eſtoit fille de l'Empereur Henry 7 & de Marguerite de Brabant, ſon mariage fut celebré à Troye, & ſon deceds arriua à Iſſoudun l'an 1324. elle fut inhumé à Montargis, &

IEANNE D'EVREVX aussi Reyne de France fille de Louys de France Comte
d'Eureux, & de Marguerite d'Artois demeura grosse lors du deceds du Roy, Mais
elle n'accoucha que d'vne fille cette Princesse deceda fort âgée à Brie Comte Robert
l'an 1370. son corps fut inhumé à Sainct Denis.

Les plus renommez soubs ce regne furent.

1. IACQVES DV FOVR qui par son seul merite & vertu fut esleué au souuerain
Pontificat soubs le nom de Benoist 12. il estoit fils d'vn Fournier de Sauerdun en l'E-
uesché de Pamiers en Gascongne.

2. PIERRE ROGER Euesque d'Aras puis Archeuesque de Sens & de Rouën, &
enfin creé Pape soubs le nom de Clement 6. Il fut aussi garde des Seaux de France, les
Marquis de Canillac sont yssus de cette maison.

3. ALPHONSE D'ESPAGNE general de l'armée du Roy, contre la reuolte de
Gascongne, & mourut des blessures qu'il receut en cette expedition.

4. ..... Comte d'Eureux executeur du testament du Roy.

5. ELIE de Sainct Yrie Cardinal Limosin, du titre de S. Estienne grand Theologien oncle de Iean de S. Yrié qui auoit espousé Magdelaine l'Hermite de Souliers il
est inhumé en l'Eglise Cathedrale d'Auignon.

6. GAVCHER de CHASTILLON qui continua soubs le regne de maintenir
l'authorité Royale, faisant tousiours sa charge de Connestable de France.

7. ERARD de MONTMORENCY grand Bouteiller de France de mesme que.

8. GILLES de SOYECOVRT Gentil-homme Picart qui seruit dignement
soubs ce regne.

9. ROBERT BERTRAND Seigneur de Briebée Mareschal de France.

10. ALEXANDRE de CAVMONT chef des auanturiers qui defirent l'armée
d'Alphonse de Castille.

11. HVGVES Seigneur de Monpesat en Agenois qui bien que refractaire aux
Ordonnances du Roy parut toutefois tresvaillant & hardy dans ses entreprises; de
cette maison est yssu de Comte de Lognac Capitaine au Regiment des Gardes.

12 ARNAVLD du FOR sire du Fessin renommé entre les auanturiers susdits
pour lesquels la Reyne d'Angleterre obtint du Roy vne abolition generale.

13. GVILLAVME de Ste. MAVRE Chancelier de France de mesme que.

14. FREMIN de COCHEREL duquel est yssu le Seigneur de Bourdonné Mareschal de Camp & gouuerneur de Moyenvic, &c. qui de Geneuiefue le Morier sa femme
de l'antienne Maison de Villiers & de St. Pres en Beausse à plusieurs enfans.

15. PIERRE RIDIER aussi Chancelier & Euesche de Carcassonne, de la maison
duquel est encore aujourd'huy le Premier President de Gueret.

16. GEOFROY du PLESIX Prothenotaire Apostolique d'insigne vertu, & Doctrine qui fonda à Paris le College appellé de son nom.

17. MATHIEV DE TRIE Mareschal de France.

18. PIERRE D'AVMONT Cheualier Chambellan du Roy, qui se signala con-
tre les susdits Auanturiers & autres, les armes desquels paroissent en la precedente page.

PHILIPPES DE VALOIS cy-deuant premier Prince du sang, succeda au trois
Roys precedents qui decederent sans enfans masles & commença de regner l'an
1328. il assista le Comte de Flandre contre ses sujets, se fit rendre hommage par Edoüard
Roy d'Angleterre reçeut en don le pays de Dauphine par Humbert dernier Prince de
cét Estat, & mourut à Nogent laissant la Couronne à Iean son aisné le 65. de son âge
l'an 1350. le 23. de son regne, il eut pour femmes.

IEANNE de BOVRGOGNE fille de Robert Duc de Bourgogne, & d'Agnes
de France fille de Sainct Louys, fut Couronnée auec le Roy son mary en l'Eglise
Nostre Dame de Rheims le 27. May 1328. & mourut 1348. elle gist aux Cordeliers de
Paris.

BLANCHE de NAVARRE fille de Philippes Roy de Nauarre, & de Ieanne de
France fut 2. femme de ce Monarque, mariée l'an 1349. elle passa les iours de sa
viduité auec vn remarquable exemple de continence, elle suruesquit le Roy 50. ans
& deceda l'an 1398. son corps est inhumé à S. Denis.

Les plus renommez furent

1. IEAN de LVXEMBOVRG Roy de Boëme lequel bien que vieil & aueugle
voulut se trouuer à la bataille de Crecy, contre l'Anglois où il fut tué en combatant.

2. CHARLES de VALOIS Comte d'Alençon, frere du Roy surnommé le magnanime auquel fut donné l'honneur de la victoire de la bataille de Mont-Cassel, il se
trouua aussi à la funeste iournée de Crecy, où il fut tué l'an 1546.

3. CHARLES de CHASTILLON dit de Blois Duc de Bretagne, de part sa
femme Ieanne fille de Guy de Bretagne, que le Duc Artus auoit instituée son heritiere
au preiudice de Iean de Bretagne son frere, se Prince aussi Religieux que vaillant se
trouua en dix-huict batailles qu'il donna pour se rendre paisible possesseur de la Bretagne, & fut tué au dernier combat qu'il rendit prés Olroy l'an 1364.

4. EVDES 4 Duc & Comte de Bourgogne, qui fut en si grande consideration prés
du Roy que sa Maiesté luy donna pouuoir de remplir les plus fortes places du Royaume de tels gouuerneurs qu'il luyplairoit.

5. HVMBERT DAVPHIN de Viennois qui fit transport du Dauphiné au Roy
embrassant la vie monastique en laquelle il mourut auec beaucoup de pieté.

6. AYMAR de POITIERS & le Comte de Valentinois son frere lesquels auec
les Comtes de Comminges, de Perigot, de Carmain, & autres s'assemblerent à Bergerac pour s'opposer à l'armée Angloise qu'il combattirent auec beaucoup dauantage.

7. RAOVL de NESLE Connestable de France, qui se signala en diuerses occasions contre les mesmes Anglois principalement au siege de Tournay auec.

8 GALOIS de la BAVME grand Maistre des Arbalestiers & gouuerneur de cet-
te place, qui ne rendit pas de moindres preuues de son extreme valeur à la iournée de
Crecy, de ce grand Capitaine est yssu le Comte de Monreuel Lieutenant de Roy en
Bourgongne & Bresse.

9. IEAN de MELVN Vicomte de Tancaruille grand Chambellan de France qui
present à l'hommage qu'Edoüard Roy d'Angleterre rendit à sa Maieste, luy commanda d'oster sa couronne, son épée & ses Esperons, & de se mettre à genoux puis luy
leut la forme accordée pour son hommage.

10. EYNARD premier Comte de Clermont Connnestable hereditaire grand
Maistre & premier Baron de Dauphiné qui premier rendit hommage de ses terres
A humbert dernier Prince de la race des Dauphins.

11. GODEMARD de FAY Chambellan du Roy qui auec douze mil hommes
fit long-temps ferme contre toute l'armée Angloise sur le bord de la riuiere de Somme, de cette maison sont les Seigneurs de Chasteau Rouge, & Ducarnoy en Picardie.

12. OTHON de HORNES Admiral de France qui donna batailles à la Comtesse
de Montfort pres les Isles de Grenescay & ne fut separé du combat que par la nuict qui
luy déroba l'antiere victoire.

13. IEAN de VIENNE Admiral de France Gouuerneur de Calais reputé l'vn des
plus vaillants & sages Capitaines de son temps il sera plus particulierement parlé de
luy ou regne suiuant.

14. GEOFROY de CHARNY gouuerneur de Picardie, autres Heros de son siecle
qui fit vne genereuse entreprise sur Calais que l'Anglois auoit prise l'Admiral de Viéne.

15. MILLES de NOYERS qui porta l'Oriflame à la bataille de Cassel ou il s'acquit vne glorieuse renommée.

16. ARNOVL d'ANDREHAN aussi porte Oriflame soubs ce regne & qui sous les
suiuäts se signala auec Bertrand du Guesclin au recouuremét du Royaume de Castille.

17. MATHIEV de TRIE renommé dans tous les combats qui se sont rendus de
son temps contre les Anglois & les Flamans.

18. PIERRE de SALVAIN Seigneur de Boissieul l'vn des principaux auteurs du
transport du Dauphiné, auquel le Roy Philippes permit d'adiouster à ses armes la bordure de France.

IEAN premier du nom fils aifné du Roy fon predeceffeur commença de regner l'an 1350 fon eftat fut troublé par les guerres que luy firent les Roys d'Angleterre & de Nauarre, il perdit la bataille prés Poictiers & fut prifonnier de l'Anglois l'efpace de quatre ans, & peu apres fa liberté recouurée il retourna mourir à Londre lieu de fa precedente prifon le 28. Auril 1364. il eut pour femmes.

BONNE de LVXEMBOVRG fille de Iean ROY de Boëme, & d'Elizabeth heritiere du mefme Royaume, fon mariage fut traicté à Fontainebleau l'an 1341. & elle deceda l'an 1349. fon corps fut inhumé en l'Abbaye de Maubuiffon lez Pontoife.

IEANNE Comteffe de Boulongne fille de Guillaume Comte de Boulongne & d'Auuergne, & de Marguerite d'Eureux fut 2. femme de ce Monarque qui l'efpoufa le 19. de Feurier de la mefme année 1349. elle deceda en Bourgogne durant la prifon du Roy dont elle neut aucun enfant.

Les plus renommés soubs ce regne furent.

1. CHARLES D'ESPAGNE Prince du sang de Castille fils d'Alphonse dit de la Cerde & petit fils de Blanche de France, fille de S. Louys, ce Prince fut particulierement aymé du Roy, qui l'honora de l'épée de Connestable, dont il ne fit pas longtemps la charge ayant esté inhumainement assassiné par les gens de Charles Roy de Nauarre.

2. IACQVES Duc de Bourbon Comte de la Marche qui fut prisonnier à la bataille de Poictiers.

3. LE CARDINAL de PERIGORT de la maison de Tallerand qui porté d'vn extreme zele pour le bien de l'estat s'employa pour empescher que les deux armées n'en vinsent aux mains prés de Poictiers, & proposa diuers accommodemens au Roy qui ne voulut entendre à aucun, de cette maison sont les Vicomtes de Lomagne.

4. IEAN Comte d'Estampes qui fut fait Cheualier de la main du Roy à son euenement à la Couronne, & eut aussi part à la disgrace commune, & combattant à la susdite iournée fut fait prisonnier comme aussi les Comtes de Vandosme, de Sarebruche & les.

5. SIRES DE PARTENAY & de Montandre, de Pompadour, de Pierre Busierre & autres personnes de marque.

6. GAVTIER de BRIENNE Duc d'Athennes Connestable de France signalé es guerres d'Italie où il seruit dignement Charles de Sicile Duc de Calabre qui luy donna le gouuernement de Florence, & depuis fut tué à la funeste iournée de Poictiers.

7. IEAN LE MINGRE dit Boucicault Mareschal de France non moins sage au conseil que vaillant au combat, & qui entre plusieurs grands seruices rendus à cet estat auança la paix de Bretigny qu'il negotia auec Iean des Dormans.

8. IEAN de CRAON Archeuesque de Rheims lequel se voyant assiegé dans la mesme ville la defendit courageusement contre l'armée d'Angleterre que ce Roy commendoit en personne, dont il fut contrainct de camper auec grande perte des siens.

9. IEAN DE CONFLANT Mareschal de Champagne &.

10. ROBERT de CLERMONT tous deux fauoris de Charles Dauphin & tous deux inhumainement massacrez a ses pieds par le commandement du Preuost de Paris.

11. ANGVERRAND Sire de Coucy qui fut enuoyé en hostage en Angleterre pour le Roy, & auoit si deuant defait les trouppes des seditieux appelez Iacquerie qui auoiét exercé de grandes cruautez enuers la Noblesse.

12. LE VICOMTE DE ROHAN gouuerneur de Rennes en Bretagne qui defendit cette place auec tant de valeur que le Duc de Lanclastre qui l'auoit assigée pour l'Anglois fut obligé de decamper.

13. SIMON COMTE de Dammartin prisonnier à la mesme iournée nommé entre les personnes de marques ausquelles le Prince de Galles donna à souper en ceremonie.

14. GEOFROY de CHARNY de sa maison de Mont S. Iean qui porta l'Oriflame le iour de la bataille, & fut tué au commancement du combat.

15. GVY de ROCHEFORT gouuerneur de Nantes qui surpris par l'escalade des Anglois leur accourut a la rencontre, & les repousa si vigoureusement qu'il en demeura plusieurs sur la place, & força les autres à descendre sans eschelle.

16. IACQVES L'HERMITE Baron de Caumont, qui accompagné de Boucicault & de Craon furent commandez de garder les frontieres contre les Anglois qu'ils batirent pres de Remorantin, où ils soustindrent long-temps le siege & ne le rendirent qu'à la violence du feu qui embrasa toute la ville.

17. IEAN de MELVN Comte de Tancaruille aussi prisonnier à la mesme iournée de Poictiers, il fut depuis deputé de la part de Regent pour le traicté de Bretigny.

18. LE SIRE de GRAVILLE aussi renommé entre les plus vaillans Capitaines & grands Seigneurs qui perdirent la liberté en cette funeste iournée.

CHARLES V. digne du furnom de fage combattit par fa prudence & iudicieufe conduite, les forces d'Angleterre & de Nauarre, Il fut le premier de la maifon de France qui porta qualité de Dauphin de Viennois, il paruint à la Couronne le
9. Mars l'an 1364. & deceda au Chafteau de Beauté fur Marne le 3. Septembre l'an
1380. âgé de 42. ans le 16. de fon regne laiffant vn fucceffeur de la femme.

IEANNE DE BOVRBON fille de Pierre premier du nom Duc de Bourbon & d'I-
zabel de Valois, elle fut couronnée à Rheims auec le Roy fon mary le 19. May
1364. eut pareillement féance à cofté de fa Majefté dans l'affemblée des Eftats
l'an 1369. fon deceds arriua à Paris le dernier Février 1377. le 40. de fon âge, Princeffe
tres accomplie & d vne extreme beauté, fon corps repofe à Sainct Denis & fes entrailles aux Celeftins de Paris, que le Roy fon efpoux auoit fondez.

L

Les plus renommez soubs ce regne furent.

1. IEAN Comte de Monfort qui apres vne longue guerre contre Charles de Blois resta enfin victorieux & paisible dans la possession du Duché de Bretagne par le gain de la bataille Dolroy où son illustre ennemi fut tué.

2. BERTRAND DV GVESCLIN Connestable de France & de Castille, le plus parfaict & redouté Capitaine de tous les siecles passez, il defit l'armée de Charles Roy de Nauarre à la iournée de Cocherel, chassa par deux fois Pierre le Cruel du Royaume de Castille pour y Couronner Henry son frere, reconquit des Prouinces entieres sur les Anglois qu'il defit en plusieurs rencontres, ainsi que les Nauarrois leurs confederez, & mourut Couronné par les mains de ses propres ennemis, qui porterent sur son Cercueil les clef de la place de Rondon qu'il assiegoit au temps de son deceds. Son corps par le commandement du Roy, fut inhumé dans la mesme Chappelle ou sa Maiesté auoit esleu sa sepulture, à Sainct Denis.

3. LOVYS DE SANSERRE yssu des Comptes de Champagne dont le Roy affectionna tellement les rares qualitez de valeur & de prudence, qu'il l'honora non seulement du Baston de Mareschal de France, mais encore le declara Ministre d'Estat & ordonna par testament que le Roy son fils & successeur l'appelleroit en son Conseil, de mesme que.

4. MOVTON DE BLAINVILLE aussi Mareschal de France &

5. IEAN Comte de Sarebruche Grand Bouteiller de France, non moins redoutez à la guerre qu'vtiles au maniment d'Estat le dernier desquels fut enuoyé Ambassadeur vers Edouard Roy d'Angleterre.

6. ARNOVL D'ANDREHAN Mareschal de France non moins renommé que les precedens & qui entre plusieurs occasions où il se signala, partagea l'honneur de la conqueste de Castille auec le Connestable comme firent.

7. LE BEGVE de VILAINE.

8. OLIVIER DE MOSNY & Renaud ou Arnauld de Souliers surnommé le Limosin, pour estre yssu de ce pays. Le Mareschal d'Andrehan ayant commandé auec auantage l'armée du Roy en Escosse contre les Anglois, accompagna encore le Connestable aux memorables rencontres du Pont Valain, ou cinq cens Anglois demeurerent sur la place, & les poursuiuant iusques à Bresuire, ils en defirent encore autant, peu apres ledit Mareschal mourut à Saumur 1369. le Begue de Vilaine rendit de si importans seruices au Roy Henry de Castille, qu'il receut de sa Maiesté auec beaucoup de terres & Seigneuries, confession de charger ses armes d'vn quartier de Castille, & Leon. Oliuier de Mosny accompagna le Connestable en ses glorieuses entreprises contre Pierre de Nauarre, de mesme que le sudit Renaud de Souliers proche parent du Connestable qu'il suiuit à la conqueste de Castille, & se signala principalement és iournées de Monclaire contre Pierre le Cruel, & le Roy de belle Marine, & de Montel, d'où le Tyran gagna le Chasteau ou il fut assiegé & pris par le Begue de Vilaine. Depuis le mesme de Soulier, commenda en qualité de Mareschal de Castille l'armée du Roy Iean, deuant la ville de Lisbonne, & peu apres fut tué au combat que ce mesme Roy perdit contre les Anglois & Portugais sur les Frontieres de Galice au lieu appellé la Gabasse de Iubrot l'an 1385. Il laissa des enfans de son mariage en ce Royaume dont sont yssus plusieurs grands d'Espagne le dernier desquels fut Don Iean de Siarco Vice-Roy d'Aragon, & Connestable de Castille qui peu auant sa mort arriuée l'an 1608. auoit appellé à sa succession Tristan l'Hermite Seigneur de Souliers aysné des l'Hermites de France, en qualité de son heritier vniuersel de par Mahault, sœur dudit Arnaud, & son heritiere qui apporta la terre de Souliers en la maison des aysnés

de l'Hermite qui en ont pris les armes, & quitté les trois Gerbes d'Or qu'ils portoient auparauant en champs d'Azur.

9. BVREAV Seigneur de la Riuiere, premier Chambellan & fauory du Roy, executeur du testament de sa Majesté, au pieds de laquelle il eut l'honneur d'estre inhumé.

10. ENGVERRAND Seigneur de Coucy qui refusa l'épée de Connestable aptes le deceds de Bertrand du Guesclin s'en excusant auec tant de Ciuilité, qu'il reçeut plus de loüanges de ce refus qu'il n'eust eu d'honneur en acceptant cette charge.

11. IEAN DE DORMANS Euesque de Beauuais Cardinal & Chancelier de France, grand homme d'Estat & dont les Conseils ioints à l'épée du Connestable restaurérent cette Monarchie.

12. PIERRE D'ORGEMONT aussi Chancelier de France renommé plus particulierement sous le regne suiuant.

13. IEAN DE VIENNE Amiral de France signalé particulierement es fameuses iournées de Rosbec, & Nicopoli, comme à la descente qu'il fit en Angleterre auec vne armée Nauale dont il força & saccagea plusieurs villes dans ce Royaume insulaire.

14. PIERRE DE VILLIERS Seigneur de l'Isle Adam, grand Maistre de France.

15. HENRY DE MALESTROIT dont la valeur appuya les interest de Charles de Blois iusques à la funeste iournée d'Olroy, où ce Prince perdit la vie & ce Seigneur la Liberté ainsi que.

16. LE SIRE de TOVRNEMINE pareillement signalé es guerres de Bretagne & de Guyenne, ainsi que le Mareschal de Beau-Manoir.

17. CHARLES de DINAN tué à la susdite bataille d'Olroy auec plusieurs autres grands Capitaines.

18. TRISTAN L'HERMITE Cheualier de l'Estoile & Grand Preuost de France, celuy-cy eut commandement de courir sus aux troupes qui rauagoient le pays apres la paix publiée entre les Roys de France & de Nauarre. Il en defit vne partie & força l'autre de suiure le Connestable en Espagne, comme il paroist par ces vers du Seigneur de Froymond qui viuoit en ce temps.

> *Tristan ia grand Preuost de ché noble Royame*
> *Sous Charles le cinquiesme, mit tost à sa mercy,*
> *Tous les Escherpeleurs, Larrons, Meurtriers aussi,*
> *Et ceux là qui mettoient la France en feu & flame.*

CHARLES 6. dit le bien aime monta sur le thrône l'an mil trois cens quatre vingt neuf, n'ayant encore atteint l'âge de douze ans, son regne est plus remarquable par ses malheurs, que par aucune conqueste qui ait Couronné sa vie, bien qu'il ait chaslié les Flamans rebelles à la iournée de Rosebec, ou plus de quarante mille furent tuez avec leur general Philippe d'Arteuelle, Ce monarque deceda l'an 1422. apres vne maladie de vingtneuf ans qui à depuis laislé l'Estat dans vne bien plus longue Lethargie causée en partie par la Reyne sa femme.

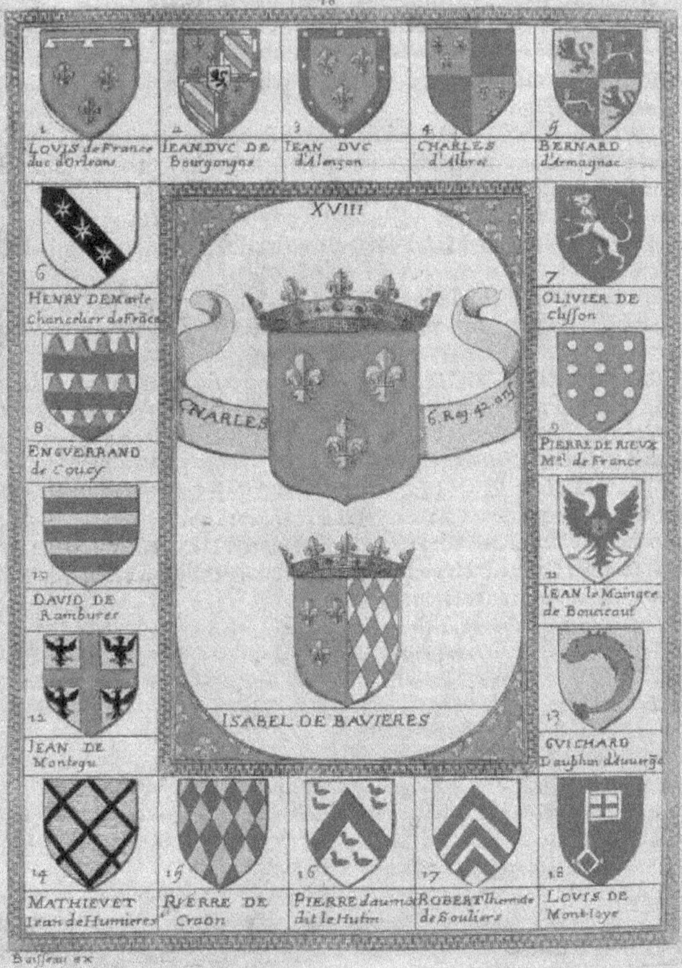

Bassens ex.

ISABEL de Bauieres fille d'Estienne Duc de Bauieres Comte Palatin du Rhin, & de Tadée de Milan, cette mere denaturée persuada le Roy de desheriter le Dauphin Charles leur fils & d'Appeller l'Anglois à la succession du Royaume, mais enfin estant mesprisée & de l'Anglois, & du Bourguignon, & abandonnée de ses plus proches elles mourut en l'Hostel Sainct Paul à Paris le dernier Septembre l'an mil quatre cens trente-cinq, son corps fut inhumé sans aucune Pompe à Sainct Denis.

Les

Les plus renommez sous ce regne furent.

1. LOVYS de France Duc d'Orleans frere vnique du Roy qui s'acquit par sa valeur le Duché de Venceslas Empereur, prit les villes de Montmedy, Yuoye, Damuilliers & Ochimont, se traçant auec son épée vne illustre chemin à l'Empire, s'il n'eust esté trauersé par les menées du Bourguignon qui en fin le fit assassiner à Paris l'an mil quatre cens sept.

2. IEAN Duc de Bourgogne surnommé sans peur, fils de Philippe le Hardy à l'exemple duquel il se fit craindre dés l'âge de douze ans és guerre des Flamans, sa valeur ne fut pas moins recommandable à la iournée de Nicopolis, enfin il entreprit à force d'armes la regence & administration du Royaume, aux despens de la vie du Duc d'Orleans & de plusieurs autres grands du Royaume, qui fut expiée par son sang propre, à Montreau Fault-Yonne.

3. IEAN premier Duc d'Alençon Pair de France particulierement affectionné à la maison d'Orleans, & mortel ennemi des Anglois, contre lesquels il se signala à diuerses rencontres & principalement à la iournée d'Azincourt où il perça tous les bataillons ennemis, tua de sa main le Duc d'Yorc, & frappant mesme le Roy Anglois d'vn coup de Hache sur le Heaume, luy abbatit partie de sa Couronne, mais n'estant point secondé fut tué sur le champ auec dix mille François.

4. CHARLES D'ALBRET Connestable de France, Partisan du Duc d'Orleans dont il soustint tousiours les interest insques à sa mort arriuée à la susdite bataille D'azincourt.

5. BERNARD COMTE d'Armaignac Connestable de France chef des Orleanois contre les Bourguignons il donna son nom à ceux de sa faction, il soustint le siege Royal auec les Orleanois dans la ville de Bourges, & le Roy honora tellement sa valeur que sa Maiesté entreprenant de faire guerre au Bourguignon voulut prendre sa liurée qui estoit l'Escharpe blanche, à la fin le mesme Bourguignon, fit assassiner ce Prince dans Paris auec.

6. HENRY DE MARLE Chancelier de France dont la vie est amplement descrite en l'Histoire des premiers presidens du Parlement de Paris, par le Cheualier de l'Hermite Soulie & le S. Blanchar.

7. OLIVIER DE CLISSON Connestable de France aimé du Roy si ardamment, que le Royaume fut long-temps embrasé des guerres ciuiles que causerent ses vehementes affections, c'estoit vn parfait Capitaine, & digne de porter cette épée, qui le rendit si celebre tant és guerres de Flandres, que celles de Bretagne, où il contraignit son souuerain de luy demander la paix.

8. ENGVERRAND DE COVCY autres Heros de ce temps qui à la iournée de Rosebeque fut choisi du Conseil, pour faire fonction de Connestable dont il s'excusa genereulement se contentent de commander le corps de bataille, depuis il se signala à la Conqueste des deux Siciles, à la batailles de Nicopolis au voyage d'Afrique contre les Mores, & partout ou ce grand homme tira son épée.

9. PIERRE DE RIEVX Mareschal de France illustre seruiteur de la maison d'Orleans & du Dauphin qui entre plusieurs memorables actions estant accompagné de seize cens hommes seulement s'estoit emparé de la moitié de la ville de Paris, qui auoit fermé les portes au Roy & au Dauphin, de luy sont yssus les Marquis d'Asserac, & Euesque de Leon.

10. DAVID DE RAMBVRES grand Maistre des Albalestiers qui en cette qualité se signala par tout ou le Roy employa ses armes.

14. IEAN LE MEINGRE dit Boucillant Mareschal de France Connestable de

M

Constantinople, & Gouuerneur de Gennes, qui à l'exemple de son pere aussi Mareschal de France, à executé tant d'actions memorables qu'elles ne peuuent qu'à peine estre toutes d'escrites dans le volume qu'en a composé le sieur Godefroy.

12. IEAN DE MONTEGV grand Maistre de France l'vn des fauoris du Roy, & tres affectionné au party d'Orleans qu'il appuya en diuerses expeditions, où il acquit beaucoup d'estime de valeur, mais enfin tomba sous la main du Bourguignon qui le fit ignominieusement decapiter.

13. GVICHARD DAVPHIN d'Auuergne aussi grand Maistre de France renommé dans toutes les guerres de son temps comme.

14. MATHIEV & Iean de Humieres illustres Seigneurs de Picardie qui furent ensemb'e tuez à la funeste iournée d'Alincourt, c'est de cette maison qu'est yssu le Marquis de Humieres aujourd'huy viuant digne du sang & de la valeur de ces Heros.

15. PIERRE DE CRAON fauory du Bourguignon & l'ennemi du Connestable qui pour se venger de quelque deplaisir reçeu à la Cour, mit tout le Royaume en combustion, portant le Roy à faire iniustement la guerre au Duc de Bretagne.

16. PIERRE D'AVMONT dit Hutin premier Chambellan & garde de l'Oriflame, qui le dernier posseda cet honneur qu'il augmenta par plusieurs actions de valeur sous les regnes de Charles 5. & 6. & dont la pieté ne fut pas moins recommandable, ayant à son trespas donné à diuerses Eglises, toute sa vaiselle d'Argent pour estre employée à faire soixante & dixhuict Calices, c'est de luy que sont yssus les Seigneurs de Villaquier general des armées du Roy en Picardie, & Roger Daumont Euesque d'Auranche freres, aussi pieux que genereux, & tres dignes d'vne si illustre extraction.

17. ROBERT L'HERMITE de Souliers surnommé Menuot enuoyé Ambassadeur Extraordinaire en Angleterre pour la paix des deux Couronnes qu'il negotia heureusement comme il paroist par ces vers de Iean le Bouteiller Seigneur de Froymont.

Robert dit Menuot à cause de sa mere
Fuit chil par qui moyen entre Richard Anglois
Et Charles le sixiesme regnant sur les François
La paix fut retrouuée apres si longue guerre.

18. LOVYS DE MONTIOYE Conseiller & Chambellan du Roy, depuis Mareschal du Sainct siege soubs le Pape Clement septiesme, puis Mareschal des Royaumes de Sicile, & de Naples, sous les Roys Louys premier, & second, il estoit du Diocese de Besançon, & nom de Sauoye comme il paroist dans son Epitaphe aux Iacobins d'Auignon, où il est representé auec l'Ordre de l'Anonciade de Sauoye bien que l'Epitaphe n'en fasse mention.

CHARLES VII. du nom surnommé le victorieux employa presque tout son regne à meriter ce digne titre. Il chassa les Anglois du Royaume, assisté du secours diuin qui luy fit Iustice sur l'vsurpation de ses ennemis, il fit paix auec le Bourguignon, & deceda l'an 1461 le 39. de son regne, & le 59. de son âge, laissant plusieurs enfans de la Reyne sa femme.

MARIE d'Anjou fille de Louys 2e. Roy de Ierusalem & de Sicile Duc d'Anjou, & d'Iorand d'Arragon, son mariage fut celebré en la ville de Tours l'an 1413. leurs Majestés estant encore fort jeunes, cette Princesse deceda le 29. Nouembre l'an 1463.

Les plus renommez soubs ce regne furent.

1. IEAN BASTARD d'Orleans Comte de Dunois Lieutenant general de l'armée du Roy en tout l'Estat de France, qui laua dans le sang de plus de douze mille Bourguignons, & Anglois, l'affront fut à la Couronne, c'est de ce Heros qu'est yssu le Duc de Longue-ville aujourd'huy viuant.

2. ARTVS de Bretagne Comte de Richemont Connestable de France dont l'épée victorieuse chassa les Anglois de Paris, dix-huict ans apres leur vsurpation comme elle fit d'vn grand nombre d'autre places.

3. POTON de SAINTRAILLE Mareschal & grand Escuyer de France. &

4. ESTIENNE de VIGNOLES dit la Hire, tous deux freres d'Armes les Estoilles de bonne esperance parmy les tempestes & confusions de l'Estat, signalés par autant de conquestes que leur valeur à rencontré de combats, le Seigneur de Saintraille auiourd'huy page de la Chambre du Roy, est de la race de Poton, & de Philipes de Vignoles, sœur de la Hire & de Geofroy l'Hermite Seigneur de Souliers sont yssus Tristan, & Iean Baptiste l'Hermite de Souliers, freres germains.

5. CHARLES & Louys de Culant Seigneurs de Galoigne l'vn Mareschal l'autre Amiral de France, le dernier desquels se signala particulierement à la prise du Seigneur de Toulongeon Mareschal de Bourgogne.

6. ANDRE de LAVAL Seigneur de Yoeac Mareschal & Amiral de France en faueur duquel le Roy erigéa la Baronie de Laual en Comté.

7. RANOVL Seigneur de Gaucourt grand Maistre de France & Gouuerneur de Dauphiné victorieux sur le Prince d'Orange ou trois mille des ennemis demeurerent sur la place, de cette Maison est yssu le Seigneur Marquis de Gaucourt digne de cette illustre extraction.

8. IACQVES de CHABANES grand Maistre de France qui entre plusieurs actions signalées ayant asseuré la ville de Dieppe au Roy, reduisit les villes de Fecam, Montieruilliers, Honfleur, Tancaruille, Grauille, Preaux, Aumale & autres places & forteresses.

9 GILBERT de la Fayette Mareschal de France remarquable és combats auantageux qu'il rendit aux Anglois, & plus encor par la paix qu'il negotia entre le Roy, & le Duc de Bourgogne.

10. GEORGES Seigneur de la Trimoüille grand Chambellan de France & fauory du Roy dont il posseda parfaictement les affections.

11. PREGEN DE COITIVI Seigneur de Taillebourg Amiral de France qui contribua entre les plus vaillans à la conqueste de Normandie, & fut enfin tué deuant Cherbourg.

12. IEAN de BROSSE, Seigneur Saincte Seuere, & de Boussac, Mareschal de France qui entre plusieurs memorables actions batit à diuerses fois les Anglois dans la Picardie.

13. TANEGVY du CHASTEL autre Heros de ce siecle que le Roy appeloit son pere pour les seruices tres importans qu'il rendit à sa personne & à son estat.

14. IEAN FOVCAVLT Mareschal de France dont la valeur fut remarquée à la prise de S. Denis où il commandoit trois cens hommes d'armes sous le Connestable a la onseruation de Corbeil, & la belle retraicte qu'il fit deuant Lagny, les Marquis de S. Germain Beaupré, gouuerneur de la Marche, le Côte du Dognion gouuerneur de Broüage, la Rochelle & pays d'Aunix, & l'Abbé de Beneuant sont yssus de ce grand Capitaine.

15 IOACHIN ROVAVT Mareschal de France remarquable en toutes les occasiós ou se signalerent les plus renommés de son temps, le Marquis de Gamache allié dans la maison de Brienne, est digne successeur des biens & des vertus de ce grand homme.

16. GVILLAVME Seigneur de Barbasan surnommé le Cheualier sans reproche qui merita pour ses grands seruices l'honneur de la sepulture en la Chapelle du Roy à Sainct Denis.

17. GVILLAVME IVVENAL des Visins Chancelier de France qui par son conseil & bonne conduite rendit les armes du Comte de Dunois si florissantes.

18. IEAN DESTOVTEVILLE Seigneur de Blainuille & de Torcy grand Maistre des Arbalestiers qui commanda en cette qualité dans tous les combats & rencontres qui se rendirent sous ce regne.

LOVYS XI. succeda à son pere l'an mil quatre cens soixante & vn, ce Prince comme l'on dit mit les Roys ses successeurs hors de page, toutesfois la prudence n'accompagna pas toutes les principales actions de sa vie, la pieté fut superstitieuse, sa iustice plustost cruelle que seuere, il fut de peu de naturel enuers ses plus proches, n'aima gueres que des gens de basse condition, & se defia de tous, il survesquit le Duc de Bourgogne comme plusieurs autres de ses ennemis, & ne deceda que le 61. de son âge au Plessis lez Tours, l'an 1483. son corps est inhumé à Nostre Dame de Clery, il eu r pour s

MARGVERITE d'Escosse, fille de Iacques 1. du nom Roy d'Escosse, son mariage fut celebré en la ville de Tours le 25. Iuin, l'an 1436. elle mourut sans enfans le 26. Aoust l'an 1445.

CHARLOTTE fille de Louys Duc de Sauoye & d'Anne de Chipre son mariage fut celebré à Namur, elle survesquit le Roy & deceda l'an 1483.

Les plus renommez soubs ce regne furent.

1. PIERRE Duc de Bourbon Seigneur de Beauieu Pair & grand Chambellan de France gendre du Roy, chef du Conseil de sa Maieste & administrateur de tout l'Estat pendant la minorité de Charles 8.

2. LOVYS DE LVXEMBOVRG Connestable de France qui apres beaucoup de seruices rendus à l'Estat, perdit les bonnes graces du Roy, & peu apres la vie sur vn eschauffaut.

3. PIERRE de ROHAN, Seigneur de Gié Mareschal de France particulierement signalé au regne suiuant

4. IEAN BALVE Euesque d'Angers puis en fin Cardinal du tiltre de Saincte Susanne principal ministre d'Estat qui enfin cessant de seruir auec fidelité fut confiné en prison, d'où il ne sortit que peu auant son deces.

5. IEAN BASTARD d'ARMAGNAC Comte de Comminge Seigneur de Lescun Mareschal & Amiral de France & gouuerneur de Dauphiné, particulierement aimé du Roy qui l'enuoya son Ambassadeur à Geneue épouser en qualité de son procureur la Princesse Charlotte de Sauoye.

6. PIERRE DE BREZE' grand Seneschal de Normandie general de l'armée du Roy en Angleterre où il defit les Yorchois en plusieurs rencontres, puis fut tué à la bataille de Mont-le-Hery defendant la personne & les interest du Roy.

7. ANTHOINE de CHABANNES Comte de Dammartin grand Maistre de France signalé particulierement au recouurement de toute la Guyenne qu'il remit en l'obeyssance du Roy.

8. IEAN DE DAILLON Baron du Lude fauory & principal Ministre du Roy qui eut vne particuliere confiance en ce grand Ministre Gouuerneur du Dauphiné Lieutenant pour sa Maiesté en Languedoc Roussilon & Artois, c'est de luy que sont yssus les Seigneurs Comtes du Lude, & Euesque d'Albi auiourd'huy viuans.

9. IMBERT DE BASTARNAY Seigneur du Bouchage, pareillement tres affectionné de sa Maiesté qu'il suiuit en tous voyages, & ne l'abandonna iusques à la mort cette maison est finie en celle de Ioyeuse, & de la Chastre.

10. TRISTAN L'HERMITE grand Preuost de France, & Seneschal de Poictou petit fils de Tristan 2. du nom aussi grand Preuost de France, & frere aisné de Geoffroy l'Hermite Seigneur de Souliers, ce Gentilhomme fut seuere & fidele executeur des commandemens du Roy son Maistre, qu'il seruit en plusieurs importantes occasions comme il fit sous le regne precedent.

11. PALAMEDES DE FOVRBIN surnommé le grand, Vicomte de Martigues & Gouuerneur de Prouence qui eut aussi grand credit prés du Roy auquel il fit donner par Charles 4. Roy de Ierusalem les Comtés de Prouence & de Forcalquier de cette maison sous les Seigneurs de Soliers en Prouence.

12. CLAVDE DE LA CHASTRE Capitaines des cent Gentil hommes de la garde du Roy, dont il perdit quelque temps les bonnes graces pour auoir esté fidelle seruiteur du Duc de Guyenne.

13. THIERRY DE LENONCOVRT Gouuerneur de la Rochelle Chambellan du Duc de Guyenne, & l'vn des executeurs du testament de ce Prince.

14. CHARLES SEIGNEVR de Crussol grand Maistre de la garderobe du Roy, duquel il fut tres affectionné.

15. PIERRE DE MORVILLIERS Chancelier de France qui fut enuoyé en Ambassade vers le Duc de Bourgogne pour auoir la liberté de

16. IEAN BASTARD de Rubempré que ce Prince auoit arresté sur ses terres.

17. PHILIPPES DE COMMINES Seigneur d'Argenton employé en plusieurs Ambassades par le Roy qui l'attira à son seruice, ce Seigneur à escrit la vie de ce Monarque auec beaucoup d'esprit & de iugement.

18. ADAM FVME'E Seigneur Desroches Gardes des Seaux de France qui fut enuoyé à Rome pour la promotion du Cardinal Balue.

CHARLES 8. vainceur de ses sujets rebelles à la iournée de S. Aubin, humilia la Bretagne par la force de ses armes, & en releua la gloire par son alliance auec la Princesse heritiere de cét Estat, il porta auec le Septre François les Couronnes de Ierusalem & de Naples, mais aussi tost perdues que conquises, surquoy meditant vn 2. voyage en Italie, il deceda à Amboise le 4. Auril 1498. le 28. de son âge & le 14. de son regne, ne laissant enfans de sa femme.

ANNE Duchesse de Bretagne fille & heritiere de François, 2. Duc de Bretagne & de Marguerite de Foix, son mariage fut celebré à Langes, en Touraine le 26. Decembre 1491. le Roy Charles estant decedé elle espousa en 2. nopces le Roy Louys 12. & fut tres vertueuse quoy que colere & vindicatiue, son deceds arriua à Blois le 9. Ianuier 1513. le 37. de son âge son corps gist à S. Denis prés celuy de Louys son 2. mary. Les plus renommez.

1. GILBERT DE BOVRBON Comte de Montpensier Vice-Roy de Naples sa-

gnalé es combats de Buffi, & de Cluny, de mesme qu'és guerres de Bourgogne quoy que malheureux en la conseruation des deux Siciles.

2. GVILLAVME BRISSONNET Cardinal Euesque de S. Malo, principal Ministre d'Estat & fauory dn Roy à la persuasion duquel sa Maiesté entreprit la conqueste de Naples.

3. PHILIPPES DE SAVOYE Comte de Baugé, oncle maternel du Roy si renommé par Philbert Pingon dans son Histoire des Ducs de Sauoye, dont ce Prince porta la Couronne apres le deceds de Charles 2.

4. ENGILBERT DE CLEVES Comte de Neuers surnommé le pieux, & le vaillant Capitaine general des Suisses & dont la valeur fut particulierement remarquée à la iournée de Fournoüe.

5. FRANCOIS pr. Baron de Bretagne frere naturel de la Reyne, qui voyant que le Duc son Pere auoit pris les armes contre la France quitta son party pour se ietter dans les interests du Roy, qu'il seruit si dignement que sa Maieste passant en Italie le laissa son Lieutenant general en Bretagne, le Comte de Vertus est yssu de ce Seigneur.

6. ESTIENNE DE VAESC Duc de Nosle, Seneschal de Beaucaire, principal fauory du Roy, ce Gentilhôme Dauphinois de tres ancienne maison estoit fils de Pierre & de Fremine de Gaudiac & contoit entre les predecesseurs Damas de Vaesc Seigneur de la Bastie & conseigneur de Dieu le fils en Dauphiné, & de Caderouse qui viuoit l'an 1190. cét Estienne de Vaesc persuada plus que nul autre l'entreprise de Naples & defen sit auec plus d'ardeur les restes de nos conquestes en Italie.

7. PHILIPPES DE CREVE COEVR Seigneur des Cordes Mareschal de France, cy deuant tant renommé soubs Louys 11. qu'il appella à son seruice.

8. BERAVT STVART Seigneur d'Aubigny Connestable de Naples, hautement loué d'auoir dignement seruy en cette charge de mesme que.

9. ROBERT DE BAVDRICOVT Seigneur de Vignory Mareschal de France, & gouuerneur de Bourgogne.

10. PIERRE D'VRFE' grand Escuyer de France qui disgrasié soubs le regne precedent passa au seruice du grand Seigneur qui le fit Lieutenant general en ses armées Nauales ou il acquit vne glorieuse renommee, le Roy Charles le rappella à son euenement à la Couronne, c'est de ce Heros qu'est yssu le Marquis d'Vrfé auiourd'huy Bailly de Forest digne aussi de l'Illustre sang des Empereurs d'Orient, & Ducs de Sauoye dont il tire son origine.

11. IEAN DE RIEVX Mareschal de Bretagne tuteur de la Princesse Anne si renômé és guerres de Bretagne & qui seul defendit l'honneur de cet estat à la bataille de S. Aubin depuis il seruit les Roys Charles & Louys douze & merita beaucoup de la France.

12. IEAN MARQVIS de Cotquen grand Maistre de Bretagne non moins prudent que genereux & qui par les negotiations auança l'heurenx mariage de leurs Maiestez.

13. PHILBERT DE CLERMONT Seigneur de Montoison, particulierement remarqué entre les plus vaillant à la iournée de Fournoüe.

14. L'ADMIRAL de GRAVILLE l'vn des fauoris du Roy à qui sa Maiesté passant les monts donna les gouuernements de Picardie, & Normandie.

15. GVILLAVME de Rochefort Chancelier de France, qui contribua beaucoup à l'vnion des deux Estats de France, & de Bretagne.

16. CHARLES DE MAVPAS signalé particulierement à la iournée de Fournoüe ou il combattit pres la personne du Roy, c'est de luy que sont yssus les Barons du Tour & l'illustre Euesque Dupuy premier Aumosnier de la Reyne.

17. GEORGES DE SVILLY Gouuerneur de Tarente aussi tres renommé à la conqueste de Naples.

18. ADRIAN DE L'HOSPITAL si recommandable pour son extreme valeur qu'il employa és guerres de Bretagne, & particulierement à la bataille de S. Aubin c'est de ce grand Capitaine que sont yssus les Duc de Vitry, & Mareschal de L'hospital Gouuerneur de Paris.

LOVYS 12. furnommé le Pere du peuple cy-deuant Duc d'Orleans & premier Prince du fang foûmit à fon obeiffance le Milanez & la Lombardie, l'Eftat de Genes les Ifles de Corfeque & de Chio, reconquit & partaga le Royaume de Naples auec le Caftillan battit les Venitiens és iournées de la Giradade & de Breffe fit paix auec l'Efpagnol, & cette fufdite Republique, & fur le point de repaffer les Alpes auec vne puiffante armée mourut à Paris aux Tournelles le 2. Ianuier 1515. le 17. de fon regne & le 53. de fon âge, ne laiffant aucun enfant malle de fes femmes.

ANNE DE BRETAGNE furnommée, & Marie d'Angleterre fille & fœur des Roys Henry 7. & 8. Princeffe d'excellente beauté dont le mariage fut celebre à Abbleuille le 9. Octobre de l'an 1514. apres le deceds du Roy, elle paffa en Angleterre & fe maria au Duc de Suffort, & mourut en Iuin 1533.

Les plus renommez sous ce regne.

1. FRANCOIS DORLEANS 1. Duc de Longueville qui accompagna le Roy au voyage d'Italie où il se signala à la bataille d'Agnadel, il eut aussi le commandement de l'armée Royale enuoyée au secours de Iean Roy de Nauarre.

2. GASTON DE FOIX Duc de Nemours neueu du Roy & general de son armée en Italie dont il se rendit la terreur.

3. LOVIS DE LVXEMBOVR Comte de Ligni autre general de l'armée du Roy en Italie, ayant pour Lieutenant en cette expedition le Seigneur Daubigny & Iean Iacques Triuulse.

4. PHILIPPES DE CLEVES Seigneur de Rauastein cousin du Roy & general de l'armée Nauale enuoyée contre le Turc, il fut aussi gouuerneur de Genes ayant pour principal Conseiller Baptiste Fregouse.

5. GEORGES Cardinal d'Amboise principal Ministre d'Estat & duquel le Roy se seruit tres vtilement.

6. LOYS de la Trimoüille Lieutenant general de l'armée du Roy en Italie si renommé sous le regne precedent par les memorables iournees de Sainct Aubin & de Fournoüe, & non moins recommandable sous ce regne par la victoire de Nouarre celle d'Agnadel, la conseruation de Dijon & plusieurs autres immortelles actions.

7. PIERRE DAVBVSSON Cardinal & grand Maistre de Rhodes qui defendit genereusement cette place contre Mahomet.

8. IEAN IACQVES TRIVVLSE Lieutenant general de l'armée du Roy en Italie gouuerneur de Milan où il rendit de tres fidelles seruices au Roy qui l'honora du Baston de Mareschal de France.

9. IACQVES DE CHABANNES Seigneur de la Palisse aussi Mareschal de France dont la valeur parut particulierement auec couurement de la ville de Genes qui s'estoit reuoltée, à la bataille d'Agnadel, au secours de Teroüane, & de Fontarabie.

10. YVES DALLEGRE qui apres cent actions de valeur fut tué auec son fils à la bataille de Rauennes.

11. CESAR BORGIA Duc de Valentinois fils du Pape Alexandre 6. hardy Capitaine quoy que trop entreprenant.

12. ANTOINE D'ARSE surnommé le Cheualier blanc gouuerneur de Treuize en l'Estat Venitien, puis Lieutenant general du Royaume d'Escosse, où il acquit reputation d'vn des vaillans Capitaines de son temps.

13. GALEAS de SALEZAR gouuerneur du Chasteau de Genes appellé vaillant & hardy de mesme que Tristan son frere bien qu'Archeuesque de Sens qui parut armé de toutes pieces autour de la bataille contre les Genois.

14. IEAN IOVBERT de Baraut gouuerneur de Bergame, & pays bergamesque qualifié Capitaine de mil hommes qu'il conduisit en Italie & qui accompagnerent sa valeur à la iournée de la Giradade.

15. IACQVES GALIOT grand Maistre de l'Artillerie signalé à la Conqueste de Naples comme les Seigneurs.

16. DE BORDEILLE de Riberac de Grammont, de Podenasde Chandieu & autres.

17. ESTIENNE DE PONCTIER euesque de Paris & Garde des Seaux de France qui apres le deceds du Cardinal d'Amboise, eut la principale administration de l'Estat, de cette maison sont auiourd'huy les sieurs de Poncher & de Bretouille, freres l'vn Capitaine de Caualerie & l'autre Lieutenant au Regiment des Gardes.

18. IEAN de SAINCT GELAIS Seigneur de Monlieu, particulierement affectionné du Roy personnage de grande doctrine qui a escrit l'Histoire de ce Monarque.

FRANCOIS I. cy-deuant Comte d'Angoulefme & 1. Prince du fang auroit iuftement merité le furnom de grand, fi fon malheur s'eftoit rendu moindre ou que
fes ennemis euffent efté plus petits, les Conqueftes de Nauarre, & du Milanois, la deffaite des Suiffes aux deux memorables iournées de Marignan, auroient rendu fa valeur
toufiours incomparable, fi les forces & conduite de l'Empereur n'euffent interrompu le
cours de fes triomphes par la funefte bataille de Pauie, qui arrefta les profperitez du
Royaume auec la perfonne du Roy, dont le deceds arriua le dernier Mars 1547. il eut
pour femmes.

CLAVDE fille du Roy Louys 12. & d'Anne de Bretagne qui deceda à Blois le 20.
Iuillet de l'an 1524 fon corps fut inhumé à S. Denis foubs vn fuperbe tombeau
de marbre.

LEONOR D'AVTRICHE 2. femmes François 1. fille de Philippes 1. Roy d'EL-
pagne, & vefue d'Emanuel Roy de Portugal, fut couronnée à S. Denis l'an fuiuant fon mariage arriué en l'Abbaye de Capfioux prés de Bordeaux 1530. apres le decés du Roy, elle fe retira prés l'Empereur fon frere, & mourut à Badois 1558.

Les plus renommés furent.

1. FRANCOIS DE BOVRBON Comte d'Anguien general de l'armée du Roy en Italie où il se signala particulierement à la iournée de Serisoles.

2. CHARLES DE BOVRBON Connestable de France dont la valeur parut si esclatante és iournées de Marignan & deffence du Milanois heureux s'il n'eust refusé l'aliance de Louyse mere du Roy qui causa son desespoir & sa mort.

3. ODET DE FOIX seigneur de Lautrec general de l'armée d'Italie où il auroit sans doute emporté le Royaume de Naples si l'amort n'eust arresté ses conquestes.

4. GVILLAVME GOVFIER Marquis de Bonniuet Admiral de France aussi general de nos armées en Nauarre, & Italie principal fauory du Roy qui en auroit receu des seruices tres signalez s'il auoit eu autant de prudence que de valeur.

5. PHILIPES CHABOT Admiral de France aussi fauory du Roy qui porta la terreur dans le Piedmont & Sauoye & reduisit en l'obeissance du Roy tout cet Estat il ne triompha pas moins des ennemis de sa vertu.

6. ROBERT DE LA MARCK seigneur de Florenge Mareschal de France si renommé par le memorable siege de Perronne qu'il soustint contre toutes les forces de l'Empereur.

7. CLAVDE D'ANNEBAVT Admiral & Mareschal de France & Colonnel general de la Caualerie Françoise qui entre plusieurs actions remarquables conserua Landrecy contre l'armée de l'Empereur.

8. RENE DEMONTEIAN aussi Mareschal de France Colonnel de l'Infanterie Françoise, de là monts ou sa valeur remporta pareillement de tres glorieux auantages.

9. ANTOINE DE CREQVY seigneur de Pondormy gouuerneur de Hedin signalé en Picardie contre les Anglois & Imperiaux qu'il defit à diuerses rencontres.

10. PIERRE DE TERAIL Seigneur de Baiard Lieutenant de Roy en Dauphiné surnommé le Cheualier Sans reproche Heros de valeur si generalement admirée que le Roy voulut estre fait Cheualier de sa main.

11. GVILLAVME DV BESLAY Seigneur de Langey gouuerneur de Turyn personnage non moins renommé pour sa valeur que pour la grande suffisance au Ministre de l'Estat.

12. ANTOINE DE LA ROCHE FOVCAVLT Seigneur de Berbesieux Admiral des Mers du Leuant & gouuerneur de Marsille qu'il soustint genereusement contre l'Empereur Charles Quint.

13. IACQVES de DAILLON Baron du Lude Lieutenant de l'armée du Roy en Nauarre & gouuerneur de Fontarabie que ce parfait Capitaine conserua plus d'vn an contre toutes les forces d'Espagne qui le tenoient assiegé.

14. IACQVES ADHEMAR Demonteil Comte de Grignan gouuerneur de Prouence fauory du Roy signalé à la prise de Nisse & qui accompagna Barberousse en diuerses expeditions.

15. ANTOINE PAVLIN Baron de la garde Admiral de France & Ambassadeur pour sa Maiesté à la porte du grand Seigneur lequel en l'vn & l'autre employ s'aquit vne immortelle reputation.

16. DIDIER de THOLON sainte Salle qui au temps du siege de Rhode seruit si dignement en qualité de Maistre de l'Artillerie qu'au rapport Paradin il fut cause que la ville persista longtemps en son entier & depuis merita l'auguste qualité de grand Maistre de la religion.

17. ANTOINE du PRAT Chancelier, puis Cardinal & Legat en France dont les eloges se peuuent voir en la vie des premiers Presidents par le Cheualier de l'Hermite & le sieur Blanchart.

18. GVIGNES de GVYFRAY Seigneur de Boutieres Lieutenant des armées du Roy en Piedmont où il acquit beaucoup d'estime de valeur & notamment à la bataille Deseribole, où il commandoit l'auangarde de nostre armée, la Dame du Reuel dont la vertu est si conneuë est petite niepce de ce digne Capitaine originaire de Dauphiné.

LE Roy Henry II. appellé le restaurateur & defenseur de la liberté Germanique, le fut pareillement de l'Escosse dont il chassa l'Anglois, il protegea le Duc
de Parmes, comme l'Isle de Corse, rendit la liberté à la Republique de Sienne, conserua Mets contre l'Empereur qu'il batit à la iournée de Renty, laissa la paix à ses sujets,
& mourut d'vn esclat de Lance à Paris le 10. Iuillet 1559. le 40. de son âge, & le 12. de
son regne laissant plusieurs enfant de la Reine.

CATHERINE DE MEDICIS fille vnique de Laurent Duc d'Vrbin & de
Magdaleine de la Tour Comtesse d'Auuergne son mariage fut celebré à Marseille l'an 1533. fut couronnée à S. Denis 1549. & apres le deceds du Roy fut regente du
Royaume plusieurs fois, & mourut au Chasteau de Blois le 5. Ianuier 1589. son corps repose à S. Denis, prés celuy du Roy son mary, en la manifique Chapelle qu'elle auoit fait
bastir.

Les plus renommez furent.

1. IEAN DE BOVRBON Comte d'Anguien digne successeur de la vertu de
son frere susdit, lequel soustint le siege de Mets auec autant de courage qu'il resista au

combat de Sainct Quantin, où il mourut de ses blessures.

2. FRANCOIS DE LORAINE Duc de Guize signalé soubs ce regne és deux memorables actions de la deffence de Mets, & du combat de Ranty.

3. FRANCOIS DE CLEVES Duc de Neuers qui à la iournée de Sainct Laurent ayant le faix de l'armée ennemie sur les bras combattit d'vne valeur toute heroïque & se deffendant en retraicte rallia les fuyards qu'il conduisit à la Faire.

4. HORACE FARNESE Duc de Castres frere d'Octauian Duc de Parme qui commandant dans la ville de Heldin fut ensene ly dans vne mine que les ennemis firent ioüer il auoit epousé Diane fille naturelle du Roy.

5. IEAN LE VENEVR Cardinal de Tilliers grand Aumosnier de France qui receut le Chapeau à la requisition de sa Majesté lors encore Dauphin de mesme que.

6. ODET DE COLIGNY Cardinal de Chastillon frere de l'Amiral celebré par tous les autheurs de son temps pour sa grande generosité & doctrine.

7. ANNE DE MONMORENCY Connestable de France tant signalé es prises de Toul, Mets & Verdun, Mariambourg & Dinan, il commanda aussi à la bataille de Renty ou sa valeur parut sans exemple.

8. PAVL DE TERMES Mareschal de France Vice-Roy d'Ecosse renommé dans l'vn & l'autre Royaume de mesme qu en Italie, Flandres & Isle de Corse, ou par tout il laissa de se atantes marques de la valeur.

9. CHARLES DE COSSE' Seigneur de Brissac Mareschal de France grand Maistre de l'Artillerie & Lieutenant general de l'armée du Roy en Piedmont ou il secourut les Princes de Parmes, & de la Mirande, prit les villes Verseil, Yurée, Cazal, & la Citadelle.

10. ODART Seigneur de Bies Mareschal de France si parfaictement estimé du Roy encore Dauphin que sa Majesté voulut estre fait Cheualier de sa main, le malheur toutefois opprima ce vertueux Capitaine ver la fin de sa vie causé par le crime de son gendre.

11. GVY CHABOT premier du nom Baron de Iarnac &c.

12. FRANCOIS DE VIVONNE Seigneur de la Chastaigneraye tous deux bien voulus du Roy pour leur merite & extreme valeur & particulierement le dernier que sa Majesté croyoit deuoir sortir vaincœur du combat ou düel qui leur auoit permis, toutefois Iarnac par ce coup tant renommé, luy en osta la gloire, auec la vie.

13. PIERRE STROSSY Mareschal de France & Colonel des Bandes Italiennes signalé au secours des Escossois auec.

14. ANDRE' DE MONTLAMBERT Seigneur d'Essé tant renommé au siege de Laudrecy.

14. NICOLAS DE BOSSV Seigneur de Longueual gouuerneur de Champagne si renommé soubs ce regne precedent, & dont les excellentes qualitez causerent la disgrace pour le trop d'estime que la Duchesse de Valentinois faisoit de ce Seigneur ayeul de Henry Baron Descry mort au siege de Roye.

16. ROCH CHASTEIGNER de la Roche Posé qui seruit dignement en Italie principalement à la guerre de Parme & de la Mirandole, & depuis fut tué au siege de Bourges.

17. CHARLES TIERCELIN Seigneur de la Roche du Maine remarqué entre ceux qui defandirent plus vigoureusement l'honneur de la France à la funeste iournée de S. Laurent où son fils fut tué à son costé & luy prisonnier,

18. IEAN DE S. PRES Cheualier de l'Ordre du Roy Lieutenant de la Compagnie de gens d'arme du Baron d'Alegre, estimé si grand homme de Lance que le Roy voulut iouster contre luy, de ce Gentil homme & de Anne de Chasteau Chalons, est yssue Denise ayeulle de la Dame de Bourdonné & de Tristan & Iean Baptiste l'Hermite de Souliers.

FRANCOIS II. surnommé sans vice ne vit pas long-temps regner son innoscen-
ce parmi les tumultes & desordres de ses sujets rebelles & seditieux , il auoit à
peine porté le Sceptre dix-sept mois quand la mort luy fit passage aux Couronnes im-
morteiles, laissant icy bas celles de France & d'Escosse, & point d'enfans de sa femme.

MARIE STVART fille vnique & heritiere de Iacques 5. Roy d'Elcosse & de
Marie de Lorraine, son mariage fut Celebré à Paris le 24. Auril 1559. apres le
deceds du Roy, ceste Princesse repassa en Escosse où elle espousa Henry Stuart Comte Delenox ayeul de Charles dernier Roy d'Angleterre, heritier de la funeste & tra-
gique mort de cette Reine, qui finit aussi ses iours sur vn eschaffaut à Londres le 18.
Feurier 1587.

Les plus renommez furent.

1. CHARLES DE BOVRBON Prince de la Roche sur d'Yon qui signala sa
valeur au siege de Mets où il defendit le costé du Pont de Moselle & qui assista sous
ce regne à l'assemblée tenuë à S. Germain apres le tumulte d'Amboise.

2. FRANCOIS DE LORAINE Duc de Guise generalissime des armées du Roy qui decouurit la coniuration ou tumulte d'Amboise, en fit punir les autheurs, & merita par cette action que le parlement l'appelast le conseruateur de la patrie.

3. FRANCOIS CARDINAL de Tournon Prelat de rare erudition integrité & prudence qui rappellé de Rome soubs ce regne fut restably au Conseil auec plus d'autorité qu'auparauant.

4. CLAVDE DESCARS Cardinal de Giury particulierement bien voulu du Roy pere de sa Majesté à la requisition duquel il reçeut le Chappeau.

5. LOVYS DE BVEIL Comte de Sancerre Cheualier de l'Ordre du Roy qui seul refusa de signer l'Arrest de mort du Prince de Condé.

6. CLAVDE DVRFE' Gouuerneur du Roy & Ambassadeur pour sa Maiesté en Italie digne de ces glorieux amplois ou l'appella son merite & le chois de la Reyne Catherine de Medicis, auiourd'huy Iacques Comte Durfé, & de Sommeriue, porte le nom & armes de Lascaris à cause de Renée de Sauoye son ayeulle.

7. LAVRENT COMTE de Maugiron gouuerneur de Dauphiné ou sa valeur reprima en plusieurs combats redoubles l'insolence des Religionnaires il estoit fils de Guy & d'Olane l'Hermite, petite fille de Tristan grand Preuost de France.

8. HECTOR DE PARDAILLON Seigneur de la motte Gondrin Lieutenant de Roy en Dauphiné dont la valeur fut aussi genereusement employée contre les fauteurs de l'Heresie en ceste Prouince.

9. MICHEL DE CASTELNAV Seigneur de la Mauuisiere Ambassadeur en Angleterre homme de grand Sçauoir & valeur & qui a escrit l'Histoire de son temps.

10. CHARLES DE MARILLAC Archeuesque de Vienne qui a l'assemblée tenuë à Fontaine-Bleau representa auec beaucoup d'Eloquence & de resonnement le besoin que l'Estat auoit de conuocquer vn Concille dans l'Eglise Gallicane, auec les Estats generaux, de cette mesme maison tres antienne en Auuergne, estoit le Mareschal & garde des Sceaux de France.

11. MICHEL DE L'HOSPITAL Chancellier de France successeur de.

12. FRANCOIS OLIVIER qui fut restably soubs ce regne tous deux de rare & singuliere doctrine & qui ont beaucoup merite de la France.

13. FRANCOIS DANGLVRE Vicomte destauge signalé entre ceux qui passerent en Escosse d'où ils chasserent les Anglois.

14. IEAN DAVANSON Conseiller d'Estat Ambassadeur à Rome, puis Sur-Intendant des Finances tres chery du Roy Henry 2. & le Messene des gens de lettres.

15. FRANCOIS LE ROY Seigneur de Chauigny Capitaine des Gardes du Corps du Roy qui par l'ordre de sa Maiesté arresta le Prince de Condé à Orleans.

16. ANTOINE RAFFIN dit Poton Seigneur de Pecaluary Seneschal d'Agenois gouuerneur de la personne du Roy en l'absence du Seigneur Durfé.

17. CLAVDE L'HERMITE Commandeur de Mesonnisse nommé grand Prieur d'Auuergne Lieutenant de Roy en la Marche gouuerneur de la ville & Citadelle de Gueret, fidelle & genereux deffenseur des interests du Roy dans cette prouince qu'il conserua tousiours contre les forces de la Ligne, il estoit frere de Iean Seigneur de Souliers Lieutenant des trouppes du Vicomte de Turenne, qui de Ieanne de la Roche Aymon n'eut qu'vn fils pere de Tristan & de Iean Baptiste l'Hermite de Souliers.

18. PIERRE DE RONSARD de tres noble famille en Vendoumois aliée és Maisons d'Hires, Creuant, & S. Prés, appellé le Princes des Poëtes pour s'estre rendu le restaurateur de la Poësie Françoise, il estoit oncle de Denise Dame de Sainct Prés ayeule de Geneuiefue le Morier Dame de Bourdonné comme des cy-dessus nommez freres, Tristan, & Iean Baptiste de l'Hermite Souliers.

CHARLES IX. commença de regner par la mort de François son frere, la violance de sa complexion ne donna pas vn grand agrément à sa parole, toutefois il ayma les personnages eloquens, son regne fut obscurcy par la cruelle resolution qu'il prit de la journée de Sainct Berthelemy qui cousta tant de sang à la France, & ne seruit point à la conuersion des Heretiques, il deceda le 13. May 1574. ne laissant point d'enfans de la Reyne.

ELIZABETH D'AVSTRICHE fille de l'Empereur Maximilian 2. & de Marie d'Austriche son mariage fut consomé à Mesieres le 26. Nouembre de l'an 1570. apres le decez du Roy, elle demeura en perpetuelle viduité & mourut à Pragues le 22. Ianuier 1592.

Q

Les plus renommez foubs ce regne furent.

1. ANTOINE DE BOVRBON Roy de Nauarre & Lieutenant general du Roy par tout le Royaume appellé l'Achille de France qui apres s'eftre fignalé en diuerfes memorables occafions fut tué au fiege de Roüen.

2. CHARLES CARDINAL de Lorraine fi renommé au Colloque de Poiffi, & Concile de Trente.

3. ANTOINE CARDINAL DE CREQVY autre Prelat de grande vertu & Doctrine, fauory du Roy en faueur duquel Pie 4. l'honora de Chapeau de Cardinal.

4. HONORAT DE SAVOYE Marquis de Vilars Marefchal & Admiral de France, particulierement fignalé à la bataille de Moncontour.

5. ANNE DE MONTMORENCY Conneftable de France, tué à la bataille de Sainct Denis âgé de 78. ans chargé de Loriers & de gloire.

6. GASPART DE SAVX Seigneur de Tauanes premier Seigneur Marefchal de France Admiral des Mers du Leuant Gouuerneur de Prouence, & Lieutenant general pour le Roy en Bourgogne, renommé és batailles de Dreux Iarnac & Moncontour.

7. CHARLES DE LA ROCHEFOVCAVLT Seigneur de Rendan Colonel general de l'Infanterie Françoife, qui mourut au fiege de Roüen des bleffures qu'il auoit receuës à celuy de Bourges.

IACQVES D'ALBON Seigneur de Sainct André Marefchal de France qui prit d'affault la ville de Poictiers fur les Religionnaires, affifta à celle de Bourges & fut tué à la iournée de Dreux.

9. ARTVS DE COSSE' Seigneur de Gonor Marefchal de France fignalé particulierement à la bataille de Moncontour où il commandoit le corps de l'armée fous Monfieur frere du Roy.

10. IMBERT DE LA PLATIERE Seigneur de Bourdillon Marefchal de France & Lieutenant general de l'Armée du Roy en Piedmont, où il rendit de tres fignalés & importants feruices.

11 IACQVES GOVION de Matignon Comte de Torrigny, gouuerneur de Normandie qui depuis merita le Bafton de Marefchal pour s'eftre fignalé contre les Rebelles.

12. GASPART DE COLIGNY Admiral de France, le plus excellent & vigilant Capitaine de fon temps capable de tout, s'il euft efté auffi heureux à executer que refolu dans fes entreprifes.

13. BERTRAN DE SIMIANE Seigneur de Gordes Lieutenant de Roy en Dauphiné, où il eut pour glorieux aduerfaire le Marquis de Montbrun qu'il combattit à diuerfes rencontres.

14. IEAN DE MORVILIERS Euefque d'Orleans Garde des Sceaux de France Prelat de la plus grande vertu & integrité qui ait iamais efté dâs le miniftere de l'eftat.

15. FRANCOIS DE BALSAC Seigneur d'Antragues gouuerneur d'Orleans, renommé à la prife de Mirabeau au fiege de Sanferre & autres notables occafions.

16. FRANCOIS DE SEPEAVX Seigneur de Ville ville Marefchal de France qualité qui merita par fes importans feruices rendus contre les Religionnaires.

17. IEAN DE LEAVMONT Seigneur de Puy Gaillard gouuerneur d'Angers dont la valeur & bonne conduite fut remarquée à l'entreprife d'Angers qu'il prit fur les Huguenots, il fut honoré depuis du Collier de l'Ordre du S. Efprit.

18. NICOLAS DE BEAVFREMONT Baron de Seneçay qui peu apres la iournée de Moncontour reçeut pour recompenfe de fes feruices le Bafton de Preuoft de l'Hoftel & grand Preuoft de France.

HENRY III. du nom & le dernier de la branche des Valois merita par le bruit de ses victoires la Couronne de Poulogne, mais il ne peut conseruer sans troubles celle que sa naissance luy donna, son regne fut remply de confusion, il eut trop d'indulgence pour des Sujets desobeyssants, & trop de generosité pour des ingrats qui susciterent vn autre monstre qui se couurit du Manteau de Religion pour oster la vie a ce Monarque tres Chrestien le 2e. Aoust 1589. ne laissant point d'enfant de la Reyne.

LOVYSE DE LORAINE fille de Nicolas de Lorraine Comte de Vaudemont & de Marguerite d'Egmont, le mariage fut celebré à Reims le 15. de Féurier 1575. & son deceds arriua au Chasteau de Moulins l'an 1601.

Les plus renommés soubs ce regne furent.

1. ANNE DE IOYEVSE Duc Pair & Amiral de France principal fauory du Roy en faueur duquel sa Maiesté erigea la terre de Ioyeuse en Pairie.

2. IEAN LOVYS DE NOGARET Duc d'Epernon autre fauory du Roy & qui par sa valeur & grande conduite en a conserué ce bonheur sous les regnes suiuans.

3. ROGER Duc de Bellegarde aussi fauory du Roy & tres recommandable pour les seruices qu'il rendit en Pologne & au recouurement des places vsurpées sur l'authorité Royale.

4. IEAN D'AVMONT Mareschal de France si renommé pour sa fidelité & l'importance de ses seruices qu'il rendit l'espace de plus de quarante ans aux Roys Henry troisiesme & quatriesme.

5. BLAISE DE MONLVC Mareschal de France dont la valeur generalement reconnuë ne la pû dispenser d'en faire luy-mesme l'Histoire.

6. IACQVES Seigneur de Matignon Mareschal de de France qui reduisit plusieurs villes & places à l'obeyssance du Roy.

7. PHILIPPE STROSSY Amiral & general de l'armée Nauale commandée pour le recouurement du Royaume de Portugal en faueur d'Antoine Monarque de cet est t dans laquelle entreprise il fut tué en combattant.

8. FRANCOIS Seigneur d'O Cheualier des Ordres du ROY Sur-Intendant de ses Finances & Gouuerneur de Paris & Isle de France qui seruit vtilement les deux Rois Henry.

9. FRANCOIS DE LA BAVME Comte de Suze aussi Cheualier des Ordres & Lieutenant general de sa Maiesté en Prouence qui par ses seruices n'accrut pas moins sa maison que sa renommée.

10. RENE' DE VILLEQVIER Baron de Cleruaut Cheualier des Ordres du Roy, Grand Maistre de Pologne & Gouuerneur de Paris & Isle de France signalé dans l'vn & l'autre Royaume.

11. NICOLAS DE BRICHANTEAV Seigneur de Nangis remarqué en toutes occasions ou les interests de la Couronne appellerent les personnes de sa condició.

12. FRANCOIS DEPINAY Seigneur de Sainct Luc grand Maistre de l'Artillerie Gouuerneur de Broüage, nommé par excellence le Braue Sainct Luc signalé a la defence de son gouuernement, ainsi qu'a la iournée de Coutras & autres glorieuses actions de sa vie, le Comte de Sainct Luc n'est pas moins digne de sa gloire qu'il est heritier de son sang & de ses biens.

13. LOVYS DE BERTON Seigneur de Crillon Cheualier des Ordres du Roy Maistre de Camp du Regiment des Gardes l'Horace François de son temps qui entre cent actions de grand courage soustint sur le Pont de Tours contre l'armée du Duc du Maine, où il receut vne mousquetade dans le corps, le Baron de Crillon l'honneur du Comptat d'Auignon est aujourd'huy l'aisné de cette Maison.

14. PHILIPPES HVRAVT Comte de Chiuerny Chancelier de France Seigneur de grande vertu & Doctrine & d'ancienne & noble maison de Bretagne aujourd'huy alliée es plus illustres familles de ce Royaume.

15. TRISTAN DE ROSTAING Cheualier des Ordres du Roy Gouuerneur de Melun où il soustint deux fois le siege contre le Duc de Guise qui ne peut iamais corrompre sa fidelité ni forcé cette place, le Marquis de Rostaing Comte de Buri à succedé à la vertu de ce grand homme dont il a receu la nayssance.

16. IACQVES DE LEVY Comte de Quelus principal des jeunes fauorys du Roy lequel blessé de 19. coups d'epée dans vn combat singulier mourut au grand regret de sa Majesté qui le visita tous les iours de sa maladie.

17. ROBERT MYRON Seigneur de Chenailles Sur-Intendant des Finances & l'vn des principaux Ministres du Conseil, Secret qui seruit tres vtilement le Roy de mesme que firent ses autres freres entre lesquels Pierre Baron de Cramail Gouuerneur & Bailly de Chartres Colonel d'vn Regiment de Suisses qu'il fut leuer à ses despens pour resister aux forces de la Ligue, ce dernier ne laissa que des filles de Denise de S Prés de l'vne desquelles sont yssüs Tristan, & Iean Baptiste l'Hermite de Souliers.

18. NICOLAS DE HARLAY Seigneur de Sancy & Achilles premier President au Parlement de Paris, qui tous deux employerent leurs biens, leurs vies, & leur liberté pour maintenir l'honneur de la Couronne.

HENRY 4. surnommé le Grand, Chef de la Royalle branche de Bourbon, paruint à la Couronne par la force & la iustice de ses armes, aussi bien que par le droit de succession, ce restaurateur de la Monarchie apres auoir rendu le calme à son estat le repos & la paix à ses Sujets, fut proditoirement assassiné dans son Carrosse par vn monstre incarné appellé Rauaillac le 14. May l'an 1610. aagé de 57. ans & cinq mois le 20. de son regne en France & le trente-huict de celuy de Nauarre, laissant vn successeur de la Reyne.

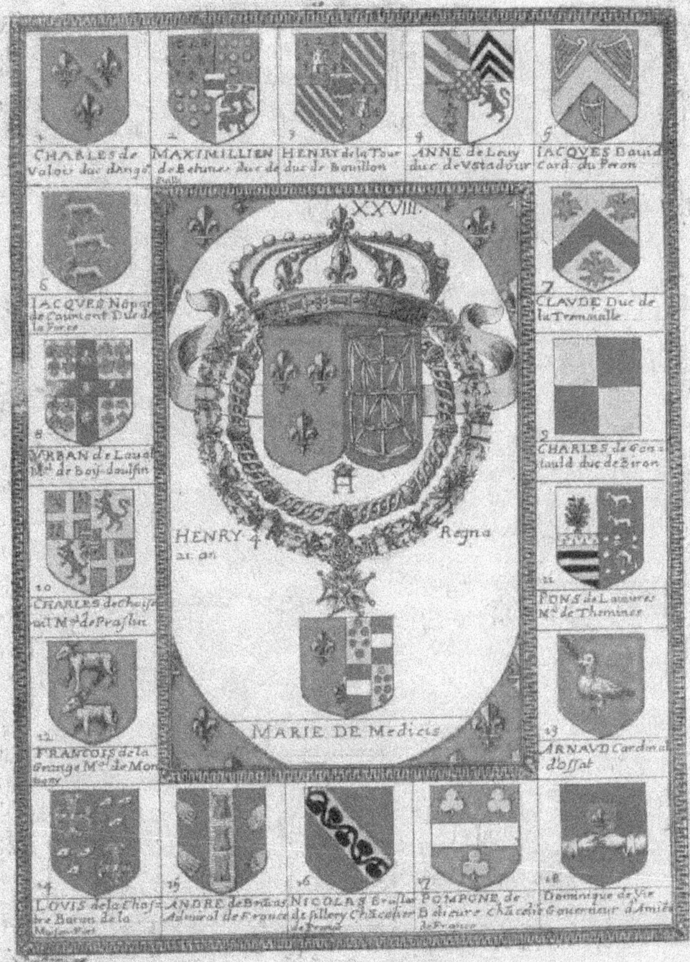

MARIE DE MEDICIS fille de François, Grand Duc de Toscane & de Ieanne Archiduchesse d'Austriche, les ceremonies de son mariage furent faites à Lyon le dix-septiesme de Decembre 1601. & l'année d'apres elle accoucha du Prince Dauphin, pendant la minorité duquel elle fut declarée Regente, depuis pour quelque mescontentement s'estant retirée de la Cour & du Royaume, elle decéda à Cologne le 3. Iuillet 1642. & son corps est inhumé à sainct Denys pres le corps de Henry le Grand son mary.

Les plus renommez sous ce regne furent

1. CHARLES DE VALOIS Duc d'Angoulesme fils naturel du Roy Charles 9. qui signala particulierement sa valeur és batailles d'Arques & d'Iury, en l'vne desquelles il tua de sa main le Comte de Sagonne General de la Caualerie legere des ennemis.

2. MAXIMILIAN de Bethune Duc de Sully, Ministre d'Estat, en faueur duquel le Roy erigea la terre de Sully en Duché & Pairie, aussi fidele dans le maniment des Finances, dont il fut Sur-Intendant, que grand Politique pour le Conseil.

3. HENRY de la Tour Duc de Boüillon, l'vn des grands Capitaines de son siecle, & qui a contribué entre les premiers à la restauration de cette Monarchie, sa vie est amplement décrite dans la Genealogie de sa maison composée par le sieur Iustel.

4. ANNE de Leuy Duc de Ventadour, qui premier fut esleué en cette qualité pour auoir accompagné sa Majesté és combats les plus remarquables, & les plus auantageux pour la gloire & la reputation de nos armes.

5. IACQVES DAVY Cardinal du Perron, grand Aumosnier de France, qui sçeut opposer à la foiblesse de sa fortune & de sa naissance, les auantages qu'il auoit reçeuës de la nature.

6. IACQVES NOMPAR DE CAVMONT depuis Mareschal & aujourd'huy Duc de la Force, qui a merité l'vn & l'autre qualité par cent actions de valeur, tant sous ce regne que sous celuy de Louys le Iuste, son fils le Marquis de la Force, suit aujourd'huy noblement ses vertueuses traces.

7. CLAVDE Duc de la Trimoüille tres particulierement signalé és iournées d'Arques, & d'Iury ou il soustint auec tant de valeur l'effort des ennemis de cét estat, qu'il fut reconnu entre les principaux qui contribuerent au gain de ces deux grandes victoires.

8. VRBAIN de Laual Mareschal de Boisdauphin, qui entre ses signalez seruices remit le Mans en l'obeissance du Roy, comme les villes de Sablé, Laual, Chasteaugontier & autres places.

9. CHARLES de Gontaut, Mareschal de Biron dont la valeur si reconnuë sous le regne precedent, parut encore auec tant d'éclat à la iournée d'Arques, d'Iury, & de Fontaine Françoise; son fils Duc de Biron, ne fut pas moins considerable pour sa valeur.

10. CHARLES de Choiseul, depuis Mareschal de Praslin signalé entre les autres Heros de son temps.

11. PONS de Losieres, depuis Mareschal de Themines, qui apres auoir rendu des preuues certaines de sa valeur sous ce regne, & raffermy l'authorité du Roy dans la Gascongne, ne seruit pas moins dignement en Languedoc, sous le Roy Louys le Iuste, contre les rebelles de cette Prouince.

12. FRANC,OIS de la Grange, depuis Mareschal de Montigny, si recommandable pour sa valeur reconnuë, particulierement és batailles de Fontaine Françoise & siege d'Amiens, le Comte de sainct Aignan, son petit fils fait encore auiourd'huy esclatter en sa personne cette mesme grandeur de courage.

13. ARNAVT Cardinal d'Ossat, autant connu par les rares qualitez de son esprit, qu'inconnu par l'obscurité de sa naissance.

14. LOVYS de la Chastre, Mareschal de France, qui non moins fidele au seruice du Roy que zelé pour sa religion, reduisit au pouuoir de sa Majesté, les Duchez d'Orleans & de Berry, & fut des premiers qui abandonnerent le party de la ligue.

15. ANDRE' de Brancas, Marquis de Villars, Admiral de France, qui porté de la mesme inclination remit au pouuoir du Roy la Prouince de Normandie.

16. NICOLAS BRVLART, Seigneur de Sillery, Chancelier de France, l'vn des grands Ministres d'Estat, qui ait iamais exercé cette charge de la Couronne, qui auoit succedé à

17. POMPONE de Beliévre, autre grand personnage dont les seruices furent recommandables sous vne race entiere de nos Roys.

18. DOMINIQVE DE VIC, Gouuerneur de Calais, renommé particulierement à la bataille d'Iury, à saint Denys, ou il défit le Cheualier d'Aumale, au siege d'Amiens & autres occasions remarquables

LOVYS 13. du nom surnommé le Iuste, dompta la rebellion de ses sujets, estouffa l'heresie qui s'estoit esleuée contre son authorité, secourut ses alliez, fit la guerre à l'Empereur & à l'Espagnol, auec tant de glorieux succez que la France nombre encore parmy ses conquestes, le pays d'Artois, auec vne partie de la Flandre, le Comté de Roussillon & beaucoup de villes en Allemagne, il mourut le 14. May 1643 l'an 42. de son aage, & le 33. de son regne, laissant vn successeur de la Reyne sa femme.

ANNE D'AVSTRICHE fille aînée de Philippe 3. Roy d'Espagne, & de Margueritte d'Austriche, encore que le mariage de cette Princesse eut esté celebré à Burgos en Espagne l'an 1615. sa Majesté estant arriuée à Bordeaux, les ceremonies de la Benediction nuptiale y furent faites le 25. de Nouembre de l'année suiuante, aujourd'huy cette grande Reyne dans l'administration de sa Regence, exprime par des soins continuels l'amour qu'elle a pour cét estat.

Les plus illustres sous ce regne furent

1. ARMAND Iean du Plessis, Cardinal Duc de Richelieu, le plus grand homme de son siecle aussi bien que le premier Ministre de cét estat, qui trauaillant sans cesse pour la gloire de nostre Empire en a si loin reculé les frontieres.

2. FRANC,OIS Cardinal de la Roche-Foucaut, grand Aumosnier de France & Doyen du sacré College, non moins recommandable pour son insigne pieté que pour sa grande suffisance dans la conduite des affaires.

3. 　　　　　Cardinal de la Valette, General de l'armée du Roy en Allemagne où il se signala en plusieurs occasions, & principalement à la prise des villes de Binguen & de Landrecy.

4. BERNARD DE SAXE Duc de Veimar & General des armées Françoises en Allemagne ou il gaigna la bataille de Rheinau & de Reinfeld, ou les Generaux Sauelli & Iean de Vvert furent prisonniers, il prit aussi les villes de Fribourg, de Brisgau & de Brisac.

5. HENRY Duc de Montmorency Mareschal & Amiral de France, la gloire des Heros de son temps, dont la mort fut aussi deplorable que la vie auoit esté glorieuse.

6. CHARLES D'ALBERT Duc de Luynes Connestable de France, fauory du Roy, qui porta le plus puissamment sa Majesté à la destruction de l'heresie.

7. FRANC,OIS DE BONNES Duc de Lesdiguieres Connestable de France l'vn des plus vaillans Capitaines qui ait iamais porté cette espée & dont le nombre des Heroiques actions est connu par toute l'Europe.

8. HENRY Duc de Rohan, General de l'armée du Roy en la Valteline, ou par quatre combats glorieux il affoiblit le party de l'Empire, & de l'Espagne.

9. CHARLES Duc de Crequy Mareschal de France digne gendre du Connestable surnommé auec lequel il partagea tant de victoires.

10. GASPARD DE COLIGNY nommé Duc de Chastillon Mareschal de France l'vn des parfaits Capitaines de son temps signalé particulierement à la bataille d'Auen.

11. IEAN BAPTISTE BVDES Comte de Guebriant, Mareschal de France, General de l'armée du Roy en Allemagne, particulierement victorieux à Ordinguen où les Imperiaux furent deffaits & le General Lamboy prisonnier.

12. PHILIPPE de la Mothe-Houdancourt Mareschal de France, signalé particulierement à la iournée de Ville-Franche, où il défit l'armée Espagnole.

13 IEAN de saint Bonnet Mareschal de Toiras, dont la valeur fut si éclattante en la deffence de l'Isle de Ré & Citadelle de Casal.

14. FRANC,OIS ANNIBAL D'ESTRE'E, Marquis de Cœuures, Mareschal de France, renommé particulierement és guerres de la Valteline ou il commandoit les armes de France.

15. HENRY Comte de Schomberg, & Charles Duc d'Halluyn son fils tous deux Mareschaux de France renommez pour leur valeur & pour leur conduite, l'vn signalé au siege d'Amiens, de saint Iean d'Angely, au secours de Ré & de Casal, au combat de Castelnaudary, l'autre au combat de Rouuroy, à la leuée du siege de Locate à la prise de Tortose & plusieurs autres occasions memorables.

16. CLAVDE premier Duc de saint Simon fauory du Roy, & de qui la vertu a paru digne de sa fortune.

17. ANTOINE DE GRAMMONT Comte de Guiche, Mareschal de France, renommé sous ces deux regnes.

18. LOVYS LE FEBVRE Baron de Caumartin, garde des Sceaux de France, que le merite, & les importans seruices rendus par ses Ambassades & autres glorieux employs, éleuerent à cette charge, le Seigneur de Caumartin, son petit fils digne chef de cette illustre maison de Picardie, ne fait pas moins aujourd huy esclater sa sufisance dans le Parlement.

SVITTE DES ILLVSTRES
SOVS LE REGNE DE LOVYS XIII.

I. **G**ASTON DE FRANCE, Frere Vnique du Roy, Duc d'Orleans, &c. Lieutenant General pour le Roy son Nepueu, dans toute l'estenduë du Royaume de France. Ce Prince a fait paroistre sa conduite & sa valeur aux conquestes de Graueline, Mardick, Bourbour & autres places.

II. HENRY DE BOVRBON Prince de Condé, premier Prince du Sang, Pair & Grand-Maistre de France, &c. Lieutenant General pour le Roy en Bourgongne, & General des Armées de sa Majesté, Prince de courage, fort sçauant & grand Politique, sa qualité & ses emplois font assez paroistre quel estoit son merite.

III. LOVYS DE BOVRBON, Comte de Soiſſons, de Clermont & de Dreux, Lieutenant General pour ſa Majeſté en Dauphiné, Champagne & Brie, Pair & Grand-Maiſtre de France, Lieutenant du Roy au ſiege de la Rochelle, fut tué en la bataille de Sedan, l'an 1641.

IV. CESAR DE VENDOSME, Duc de Vandoſmois, de Mercœur, de Pontieu, de Beaufort & d'Eſtampes, Prince d'Anet & de Martegue, Pair & Grand-Maiſtre des Mers, chef & Sur-intendant du commerce & nauigation de France. Ce Prince s'eſt tousjours monſtré zelé au ſeruice du Roy & de l'Eſtat.

V. LOVYS EMANVEL DE VALOIS, Duc d'Angoulesme, &c. Gou-uerneur de Prouence, Colonel General de la Caualerie Legere de France, monſtra des ſignes de ſa valeur. Premierement, au ſiege de Montauban en 1625. à Saraualle en Italie, fut au ſiege de la Rochelle, où le Duc d'Angoulesme ſon pere comman-doit 1627. & 28. fut à l'attaque de Priuas en 1629. &c. deceda le 13. Nouembre 1653.

VI. HENRY D'ORLEANS, Duc de Longueville & d'Eſtouteville, Prince & Comte Souuerain de Neuf-Chaſtel, &c. Lieutenant General pour ſa Majeſté en Normandie. Ce Prince a non ſeulement ſeruy dignement dans les armées de ſa per-ſonne: mais encore de ſon Conſeil qu'il fit paroiſtre en l'aſſemblée de Munſter pour la paix d'Allemagne 1648.

VII. CHARLES Duc de Guiſe, Prince de Ioinville, &c. Gouuerneur de Pro-vence & Admiral des Mers du Leuant, ſes premiers exploits commencerent ſouz le regne de HENRY LE GRAND, lors qu'il eſſaya de faire leuer le ſiege de deuant la ville de Roüen: mais apres qu'il ſe fuſt reduit & ſouſmis à ſon obeïſſance, il reduiſit en peu de temps la ville de Marſeille en 1596. ſe ioignit au Mareſchal d'Auene, fut fait Lieutenant General du Roy contre les Rochelois, & les deffit ſur mer: mais depuis s'eſtant retiré de la Cour, mourut à Florence, l'an 1640.

VIII. CHARLES DE LORRAINE, Duc de Mayenne & d'Aiguillon, Chambellan de France, Gouuerneur de Guyenne. Dans ſa ieuneſſe fut meſlé dans le party de la Ligue, dont ſon pere eſtoit l'vn des principaux chefs: il fut l'vn des pre-miers qui s'eſleua contre la faction du Marquis d'Ancre l'an 1617. ſoûtint le ſiege de Soiſſons: mais depuis ayant eſté enuoyé par le Roy LOVYS XIII. contre les villes rebelles en Guyenne, en ayant miſes pluſieurs à la raiſon, & s'eſtant attaché auec vn grand courage au ſiege de Montauban, fut tué d'vn coup de mouſquerade à l'œil, l'an 1621.

IX. CLAVDE DE LORRAINE, Duc d'Elbœuf, Pair de France, Gou-uerneur & Lieutenant pour le Roy en Auuergne, priſt auſſi auec vigueur le parti de la Ligue: mais s'eſtant reconcilié auec le Roy Henry IV. ſon Souuerain Seigneur, monſtra des effets de ſon courage aux ſieges de la Fere & d'Amiens l'an 1596. fut au voyage de Hongrie l'an 1598. fut preſque en tous les exploits contre ceux de la Reli-gion qui eſtoient reuoltez apres la mort du Duc de Mayene, fut fait grand Cham-bellan de France.

X. HENRY DE LORRAINE, Comte d'Harcourt, fut fait General des Armées Naualles du Roy l'an 1636. reprit les Iſles de Sainte Marguerite & de Sainct Honorat, depuis eſtant General 1640. ſecourut Cazal & reprit Turim, il fut honoré de la charge de grand Eſcuyer de France 1643. & en ſuitte Viceroy en Catalogne, & depuis encore general en Guyenne.

XI. HERCVLES DE ROHAN, Duc de Montbazon, Pair & grand Ve-neur de France. Ce Duc s'eſt tousjours trouué dans les armées Royales depuis l'an 1585, & a eſté tousjours pourueu de bons Gouuernemens, & particulierement de celuy de Paris & Iſles de France, deſquels il s'eſt dignement acquitté.

XII. HENRY Duc de la Tremoüille, Duc de Toüars, Pair de France, Prince de Tarante & Talmant, Comte de Laual, &c. s'est trouué en plusieurs occasions, & particulierement en Italie, où il fut blessé, depuis n'a pris aucun party.

XIII. **FEDERIC MAVRICE DE LA TOVR**, Duc de Boüillon, seruit au commencement de ses armes les Princes d'Orange, puis apres fut General des Armées du Roy en Italie.

XIV. **BERNARD DE FOIX**, Duc d'Espernon, de la Valette & de Candalle, &c. Gouuerneur & Lieutenant General en Bourgongne, s'est trouué au siege de S. Iean d'Angely, où il fut blessé l'an 1621. se trouua aussi à l'attaque, & fut en 1628. au siege de Nancy, de plus dissipa les croquants en Guyenne, & fit plusieurs autres actions genereuses.

XV. **FRANCOIS DE BASSOMPIERRE**, Marquis d'Haroüel, Colonel des Suisses, fut blessé au siege de Rhetel en 1617. se trouua à la deffaite du Pont de Cé, en 1620. commanda au siege de S. Iean d'Angely en 1621. à Montheurt, à la deffaite du sieur de Soubize en l'isle de Rié, & à l'attaque de Royan, fut Lieutenant General au siege de la Rochelle au quartier de Laleu & à sa prise en 1628. se trouua au pas de Suze & à la conqueste de Sauoye 1630.

XVI. **CHARLES DESCHOMBERG**, Duc d'Alhuin, Pair & Mareschal de France, Gouuerneur des Ville & Citadelle de Metz, pays Messin, Colonel General des Suisses, Grisons, troupes Allemandes & estrangeres en l'an 1637. secourut Locate que le Comte de Serbelon tenoit assiegée, où il força les ennemis au clair de la Lune dans leurs retranchemens, commanda l'armée à la prise de Salce 1639. & à Perpignan, en 1642. estant enuoyé Viceroy en Catalogne, prit Tortoze & secourut Flix.

XVII. **CHARLES DE LA PORTE**, Marquis de la Meilleraye, Grand-Maistre de l'Artillerie, fut à diuerses fois Lieutenant General en Flandre, Roussillon & Italie, assiegea & reduit en la puissance du Roy plusieurs places fortes, receut le Baston de Mareschal de la main du Roy sur la Bresche de la ville de Hesdin l'an 1639. il a esté Gouuerneur de Bretagne pour la Reine, & Sur-intendant des Finances.

XVIII. **ANTOINE D'AVMONT, ROCHE BARON**, Marquis d'Isle, Seigneur de Vilquier, &c. s'est trouué à tous les sieges, combats & prises, de S. Antonin, Royan & Isle de Rié, & à toutes les conquestes du Roy dans la Flandre, où il estoit Lieutenant General, se signala particulierement au passage de la Riuiere de Colme, commanda l'aisle droitte de la bataille de Lens, conserua la frontiere de Champagne, fut General des armées du Roy en Flandre, où par ses signalez conseils & preuoyance empescha les ennemis de profiter desdiuisions qui s'estoient glissées en cét Estat.

XIX. **HENRY DE SENETERRE**, Mareschal de France, Gouuerneur de Nancy, Lieutenant General pour sa Majesté en Lorraine, les seruices qu'il rend iournellement à cét Estat tesmoigne assez sa valeur.

XX. **CHARLES DE MOVCHY**, Seigneur de Hocquincourt, Gouuerneur de Peronne, Mondidier, Roye & Han, Viceroy de Catalongne, Roussillon & Sardaigne, s'est trouué pour le seruice du Roy dés l'année 1620. depuis laquelle il ne s'est passé année qu'il n'ait rendu quelque signalée action de sa valeur heroïque, soit en Allemagne, Flandre, Lorraine, Bourgongne, Espagne, Angers, Pont de Cé, Arras, &c.

XX. **HENRY RVSE' D'EFFIAT**, Marquis de Cinq Mars, Grand Escuyer de France, fut vn des Gentils-hommes de son siecle des plus accomply, & par le moyen de ses rares qualitez, merita la bien-veillance & faueur du Roy, fut Grand-Maistre de sa Garderobe, tesmoigna sa prudence en la conduite de la maison du Roy au siege d'Arras: mais depuis s'engagea insensiblement dans des intrigues qui luy firent perdre la faueur & la vie en la ville de Lyon le 7. Septembre 1642.

XXII. LOVYS DE MARILLAC, Comte de Beaumont, Lieutenant du Roy aux Gouuernemens de Metz, Toul & Verdun, & General des Armées de sa Majesté en Italie, eut la charge de Mareschal de Camp en tous les sieges de Guyenne, au secours de l'Isle de Ré, contre les Anglois & à la prise de la Rochelle 1628. fut au secours de Cazal auec M. de Montmorency, où il fut arresté prisonnier estant accusé du crime de peculat au bastiment de la Citadelle de Verdun, il finit ses iours à la Greve le dix May 1632.

XXIII. FRANCOIS POTIER, Marquis de Gesvres, Mareschal de Camp des Armées du Roy, Capitaine des Gardes du corps de sa Majesté, signala sa valeur seruant en qualité de Lieutenant General de l'Armée souz le Duc d'Anguien au siege de Tionville, où il fut tué le 6. Aoust 1643. apres auoir donné des preuues de sa valeur en plusieurs rencontres.

XXIV. M. MATHIEV MOLE', Cheualier, Seigneur de la Cy & de Champlastreux, Premier President au Parlement de Paris & Garde des Seaux de France, il auoit esté Conseiller audit Parlement six ans, & 4. ans President aux Requestes du Palais, & 27. ans Procureur General du Roy, puis fut honoré par le Roy Louys xiij. de la charge de premier President l'an 1641. & finalement pour ses rares qualitez & vertus eust celle de Garde des Seaux de Louys xiiij. l'an 1651. le lendemain de sa majorité.

XXV. M. RENE' DE LONGVEIL, Cheualier, Seigneur de Maisons & de Grisoles, Gouuerneur & Capitaine des Chasteaux d'Evreux, de S. Germain en Laye & de Versaille, Conseiller du Roy en ses Conseils, President en la Cour du Parlement de Paris, & fait Sur intendant des Finances l'an 1649.

XXVI. M. FRANCOIS THEODORE DE NESMOND, Cheualier, Conseiller du Roy, second President de sa Cour de Parlement de Paris, desquelles charges, emplois & commissions importantes qui luy ont esté commises, s'est tousjours dignement acquité pour le seruice de sa Maiesté.

XXVII. M. LEON BOVTELIER, Comte de Chavigny & de Pont, Baron de la Greve & d'Antibes, Seigneur des Caves, Gouuerneur du Bois de Vincenne, Ministre & Secretaire d'Estat : mais depuis s'estant meslé l'an 1652. dans les affaires des Princes, s'estant retiré mourut le dix Octobre la mesme année, soit de regret ou autrement.

XXVIII. M. FRANCOIS SVBLET, Cheualier, Baron de Dangu, Seigneur de Noyers, la Boissiere &c. Conseiller du Roy en ses Conseils d'Estat & Priué, Secretaire de ses commandemens, Sur intendant des bastimens & manufactures de France, Capitaine & Concierge du Chasteau de Fontainebleau, Sur-Intendant des Finances, & eut plusieurs charges & emplois des plus importantes de l'Estat, desquels il s'est tousiours acquitté auec soin & probité, pendant son administration tascha de faire regner la paix & les arts en France par les beaux ouurages de Peintures, Graueures, Architectures & d'Imprimeries qu'il entretenoit, s'estant retiré de la Cour mourut l'an 1645.

XXIX. M. HENRY DE GVENEGAVD, Marquis de Plancy, Vicomte de Semoine, Baron de S. Iust, du Plessis Belle-Ville & de Fresne, Conseiller du Roy en ses Conseils, Tresorier de son Espargne, Secretaire d'Estat & des Commandemens de sa Maiesté, charges qu'il a tousiours dignement exercées.

XXX. M. EVSTACHE DE REFVGE, Conseiller du Roy en ses Conseils, Seigneur de Precy sur Marne, fut employé à l'execution de l'Edict de Nantes en Guyenne, & sous le regne de Henry le Grand, au traitté de paix d'entre la France & Sauoye, eut l'Intendance de Iustice à Lyon, & plusieurs autres emplois tant dedans que dehors le Royaume, soit en Flandre, Hollande, Allemagne, où il auoit esté euuoyé, tant par le Roy Henry le Grand, que le Roy Louys xiij. desquels s'est tousiours deuëment acquitté, & fait paroistre par sa prudence & son courage son zele au seruice du Roy & de l'Estat.

LOVIS XIV. *Dieu-donné*, Roy de France & de Nauarre, par le decés du Roy Louis XIII. son Pere 1643. il auoit pris naissance a S. Germain en Laye le 5. Septembre 1638. Declara la Reine sa Mere Regente à son auenement à la Couronne, le 18. May 1643. Ce ieune Monarque trouuant la France armée contre ses Ennemis, les défit deuant Rocroy, prit Thionville, leur fit la Guerre en Espagne, Flandre, Italie & Allemagne, ou il fit de Grands progrés, prit par ses Lieutenants, Grauelines, Bourbourg, Courtray & Dunquerque, il fut declaré Majeur le 7. Septembre 1651. jusques à present il n'a prit aucune alliance.

I. PHILIPES de France Duc d'Anjou Frere de sa Majesté, naśquit à S. Germain le 21. Sepembre 1640. Ce Prince estant pourueu d'vn bon esprit, joint au belles qualitez qu'il possede de Nature, nous font esperer qu'il sera vn iour le support du Roy son Frere, & trauaillera à combler de bon-heur la France, & pourra paruenir aux Estats qu'ont possedez hors de ce Royaume les Ducs d'Anjou ces predecesseurs.

T

II. Lovis de Bovrbon Prince de Condé, Premier Prince du Sang, Grand Maiſtre de France Duc d'Anguien, d'Albret de Chaſteau-Roux, de Montmorency, & de Belle-garde, Gouuerneur & Lieutenant General pour le Roy en Guyenne & Berry, General des Armées de ſa Majeſté, ſa generoſité à commencé à paraiſtre en la Bataille de Rocroy gagnée par ſa valeur, celle de Fribourg 1644 de Norlingue 1645. de Lens 1648. & par la priſe de pluſieurs Villes & Fortereſſe, & autres qui ont porté ſa renommée par tout l'Vniuers. Mais depuis s'eſtant aliené des bonnes grace du Roy, c'eſt retiré du coſté des Ennemis qui en font grand eſtat.

Armand de Bovrbon Prince de Conty ſon frere, Gouuerneur & Lieutenant General pour le Roy, le Prince de Condé ſon frere (s'eſtant retiré) luy laiſſa ſon Gouuernement de Guienne, ou il a donné & donne encore tous les iours beaucoup de marques de ſon courage & de ſa conduite, tant en Eſpagne qu'Italie où il expoſe ſouuent ſa perſonne.

III. Lovis de Vandosme, Duc de Mer-cœur, Pair de France ſon courage s'eſt porté à imiter les exploits Heroïques du Roy Henry le Grand ſon ayeul, ſe ſignalant par ſon premier exploit au Siege & priſe de Montmelien l'an 1630. ou il monta à l'aſſaut comme volontaire, fut au voyage d'Italie en 1631. & 1632. donna des preuues de ſa valeur en la bataille d'Auain, en 35. ſuiuit le Roy és années 37. 38. & 39. commanda les volontaires au grand Conuoy d'Arras l'an 1640. combatit aux lignes vaillamment, qui eſtoient attaquée par le Cardinal Infant, en 1650. fut fait Vice Roy de Catalogne, le Roy d'apreſent eſtant majeur luy donna la Lieutenance de ſes armées en Prouence, où il eſt à preſent en qualité de Gouuerneur.

François de Vandosme ſon frere, Duc de Beaufort, Pair de France, pourueu en Surviuance à la Charge de Grand Maiſtre des Mers, Chef & Sur-Intendant de la Nauigation & du commerce, montra des marques de ſon courage à la priſe de Montmelien, c'eſt trouué en tous les ſuſdits exploits ainſi que ſon frere, & comme luy par tout a fait preuue de ſon courage.

IV. Henry de Lorraine Duc de Guiſe, Chef de la Maiſon de Lorraine, habituée en cét eſtat, Grand Chambelan de France, ſon grand courage & valeur luy fit entreprendre le voyage de Naple, ou il fut trahy & mené priſonnier en Eſpagne, ou il à eſté fort long temps.

V. Meſſire Pierre Segvier, Cheualier Chancelier de France, Comte de Gien & d'Autry, a eſté premier Preſident au Parlement de Paris, Maiſtre des Requeſtes, Preſident au Mortier l'an 1624. le Roy Louys XIII. le fit Garde-des-Seaux, puis apres la mort du Sieur d'Aligre Chancelier 1633. Louis XIV. luy oſta les Sceaux pour les donner au Sieur Molé, là liberté d'entrer dans les Conſeils du Roy luy eſt demeurée.

VI. Ivles Cardinal Mazarin Miniſtre d'Eſtat, ſous la Regence de la Reine Anne d'Auſtriche Mere du Roy, & à rendu toutes les preuues de ſeruice & de fidelité, que ſa Maieſté pouuoit exiger de ſa haute capacité, tellement qu'il à touſiours maintenu l'authorité Royale au deſſus de ceux qui l'ont precedé au Miniſtere, & par ſa Sage conduite ſurmonté les Ennemis de l'Eſtat, qui penſoient par leurs puiſſante diuiſions partager la France, & contribuë iournellement tout ſes ſoins & labeurs pour le ſalut du Roy & de l'Eſtat.

VII. Henry de la Tovr, d'Auuergne, Vicomte de Turenne, Mareſchal de France, n'auoit pas 16. ans qu'il commença à ſe ſignaler en Holande, ſous le Prince d'Orange ſon Oncle, & qui pour ſe rendre tant plus illuſtre

Guerrier, à voulu fuiure tous les degrez pour y paruenir, depuis le fimple Soldat iufque à eftre Marefchal de France, ayant inceffamment & glorieufe-ment feruy en Holande, Flandre, Italie, Allemagne, & Lorraine, fe trouuant en toutes les belles occafions, aux fieges de Bois-le-Duc, Maftreich, la Mothe, au Palatinat, retraite de Mayence, prife de Sauerne, fut bleffé au fiege de Landrefy, fut au fiege de Brifac, fous le Duc de Vvymar, eut le commandement de l'armée du Roy en Allemagne, qui eftoit prefque diffipée apres la mort du Marefchal de Guebrian, bref il continuë encor iournellement à témoigner fa valeur & fon zele au feruice du Roy & de l'Eftat, côme chacun fçait, il faudroit vn gros volume pour décrire le détail de toutes ces belles actions.

VIII. HENRY CHARLES DE LA TREMOVILLE, Prince de Tarente & de Talmont fon Neveu, à commencé fa première Campagne l'an 1638. fous le feu Prince d'Orange Frederic de Naffau, où il a continué plufieurs années, où il s'eft roufiours fignalé, tant par la grandeur de fon courage que par fa iudicieufe conduite, ne dégenerant en rien de fon illuftre naiffance.

IX. VRBAIN DE MAILLE', Marefchal de Brezé, Gouuerneur d'Anjou, le fils duquel qui portoit la qualité de Duc de Fronfac & d'Admiral, fut tué l'an 1646. au fiege d'Orbitelo, commandant l'armée Nauale, & luy mourut le 13. Février 1650. apres auoir rendu plufieurs tefmoignage de fa fidelité au feruice du Roy.

X. GASPARD DE COLIGNY, Duc de Chaftillon, Lieutenant General des Armée du Roy, rendit des preuues de fon courage & bonne conduite en plufieurs campagne pendant la Minorité du Roy Louys XIV. en Flandre & Allemagne, fe fignala à la bataille de Lens, l'an 1648. où il eftoit Lieutenant General fous la conduite du Prince de Condé, mais feruant fa Majefté en l'armée Royale qui attaquoit Charenton, reçeut plufieurs bleffures, dont il mourut au Bois de Vincenne, l'an 1649. au mois de Fevrier.

XI. CHARLES AMEDE'E DE SAVOYE, Duc de Nemours, de Geneuois & d'Aumale Pair de Fráce, Marquis de S. Sorlin, Côte de Gifors, c'eft trouué en plufieurs actions militaires, fous le Roy Louis XIV. nommément aux prife de Mardick & Dunquerque, où il donna des preuues de fa valeur, depuis pour quelque mefcontentement particulier fe ietta dans le party des Princes, & enfin ayant querelle auec le Duc de Beaufort fon Beau-frere, fe battant au Piftolet, fut tué par luy.

XII. FRANÇOIS DE L'HOSPITAL Comte de Rofnay, Seigneur du Hallier, Lieutenant General au Gouuernement de Champagne & Brie, Gouuerneur de la Ville Preuofté & Vicomté de Paris, Marefchal de France, eftoit Capitaine des Gardes de fa Majefté, l'an 1621. & commandé les Armées du Roy, auec bon fuccés en Guienne, Languedoch, Italie, Sauoye & Franche-Comté, fut bleffé à la bataille de Rocroy, où il fit preuue de fa generofité.

XIII. IEAN DE GASSION, Marefchal de France, prit les armes pour le Roy dés l'âge de 16 ans fous le Duc de Sauoye, d'où il repaffa les Alpes, & de fimple Caualier deuint Cornette de Caualerie au pas de Sufe, ou il commença à montrer fon courage, de la tira en Allemagne, où il s'offrit au Roy de Suede, auec vne vintaine de Gentil-hommes que fa Majefté Suedoife reçeut de bonne grace, le fit Capitaine, puis apres Colonel d'vn Regiment qui feruit roufiours à la tefte de fon armée iufqu'à fa mort en la bataille de Lutzen, puis il reuint en France pour feruir fon Roy & fa Patrie, ou il ne s'eft prefenté aucun exploit militaire, où il ne fe foit fignalé auec fon victorieux Regiment particulierement à la bataille de Rocroy, Tionville & Graueline, & fut tué deuant Lans, le 18. Septembre 1647.

XIV. Iosias de Rantzav, yssu de Dannemarck, Gouuerneur de Dunquerque, Mareschal de France, fut Soldat en Holande & Capitaine en l'armée Suedoise, le feu Roy de Suede, lequel l'ayant rappelé à son seruice dont il s'estoit retiré pourquelque mécontentement, de là passa en France & offrit son seruice au Roy Louys XIII. lequel le fit Mareschal de Camp, l'enuoya au siege de Dole, ou il perdit l'œuil, au siege d'Arras il perdit vne iambe & vne main, à Aire il reçeut trois blessures, & quatre à la bataille d'Honecourt, depuis il fut au siege de Thionville, bref il s'est trouué à tous les siege & combats, iusques à la prise de Dunquerque & Mardick, où il fut fait Gouuerneur & reçeut le Baston de Mareschal, puis finalement mourut d'ydropisie au mois de Septembre 1650.

XV. Cesar de Choisevl, Comte du Plessis-Pralin, Gouuerneur de Mr Frere vnique du Roy, Mareschal de France, a esté cy-deuant General des Armée du Roy en Italie, Catalogne, Flandre, Luxembourg, Champagne, Picardie & autres lieux, ou il a montré par tout de grande marque de son courage.

XVI. Nicolas de Nevvile, Baron d'Alincourt, Gouuerneur du Lionnois, Forest & Beau-jolois, & Gouuerneur de la personne du Roy à present regnant. Apres auoir esté plusieurs fois Lieutenant General des Armée du Roy en Italie, Franche-Comté & Lorraine, où il fut honoré du Baston de Mareschal de France, l'an 1646.

XVII. Messire Charles de Lavbespine, Marquis de Chasteau-neuf Cheualier & Lieutenant pour sa Majesté en Touraine, Garde des Sceaux de France, en 1602. fut Conseiller du Parlement en 1606. Ambassadeur extraordinaire en Holande, auec Monsieur le President Iannin, ou la Trefve fut concluë en 1620 fut fait Chancelier des ordres du Roy, fut enuoyé en Ambassade vers l'Empereur & les Potentats d'Allemagne, en 1626 & 1629. Ambassadeur extraordinaire en Angleterre, où il conclud la Paix entre les deux Couronnes, fut fait Garde des Sceaux en 1633 ayant esté desmis de ses charges en 1633. fut restably en 1650. & fut choisy par le Roy pour son premier Ministre, puis relegué à Leuuille, ou finalement il mourut l'an 1655.

XVIII. Messire Pompone de Believre, Cheualier Marquis de Grignon, fut reçeu Conseiller en Parlement, l'an 1618. Maistre des Requestes en 1631. & enuoyé Intendant de Iustice en Languedoc, en 1635. fut en Ambassade vers les Princes d'Italie, & en Angleterre, en 1642. fut President au Mortier, duquel il auoit reçeu la Suruiuance de son Pere huit ans auparauant, fut pour la seconde fois Ambassadeur en Angleterre & en Holande en 1651 pour le renouuellement de l'alliance entre cette Couronne & les Estats, dans lesquels emplois il s'est acquis vne merueilleuse reputation par sa haute qualité, par son zele au seruice du Roy, fut fait Premier President en 1653 il tomba malade le 3 Mars 1657. dont il deceda le 13. regretté de toute la France.

AVIS AV LECTEVR.

IE sçay bien, (Amy Lecteur,) qu'il eust esté tres à propos de de s'estendre d'auantage sur les Eloges de tous ces Illustres Personnages, & mesme de faire mention d'vn nombre infiny d'autres, dont les illustres actions reluisent de toute pars. Mais m'estant proposé vn certain nombre seulement sous chaque Regne, & ce auec le moins de discours qu'il m'a esté possible, n'estant mon intention de faire l'Histoire d'vn chacun d'iceux; mais seulement vn petit abregé pour soulager la memoire, & representer le mieux qu'il m'a esté possible le Blazon des Armes en deuises qu'ils ont porté, le tout pour le contentement du public.

Apres quoy, en suitte ie vous represente les Noms Armes & Blazons des Cheualiers des Ordres du S. Esprit, des Cheualiers de la Iartiere, des Cheualiers de la Toison d'or, ou de Saint George, des Cheualiers de l'Annonciade, qui sont autant d'Illustres personnes qui ont paru depuis plusieurs Siecles, qui seruiront de supplement à nos Illustres.